INHALT

Vorwort des Autors IX

I DIE FRIEDHOFSPFLANZE 1
Der königstreue Pastor *2* Das Aschenbrödel und der Prinz *5* Der kleine Freund *10* Ein Gespenst, das den Tod bringt *12*

II DAS LEBEN, EIN ALPTRAUM 17
Im Griff der Naumburger Tugend *18* Masken des Dämons *25* Begegnung mit der Kotmaus *29* Wotans Wilde Jagd *32* Wenn der Schlaf Ungeheuer gebiert *36*

III DIE VERWIRRUNGEN DES ZÖGLINGS FRIEDRICH 43
Der kranke Kadett *44* In Dantes Inferno *47* Der Kuß des Mondknaben *51* Erste Anfechtungen *57* Der Lord der Laster *61* »Du stehst, gebogen leis zurück« *68* Der geprobte Aufstand *73*

IV RITTER, TOD UND DOMINA 79
Ein Knall in der Silvesternacht *80* »Explodirende Vergnügungen« *84* Ein Gespenst in den Zeiten der Cholera *89* Philosophische Osmose *95* Zwei junge Götter *100* Der Genius der Gattung *109* Besuch von einer schlimmen Herrin *113*

V ERLÖSUNGSFEST DER BRUDERGÖTTER 125
Der Schöne und das Ungeheuer *126* »Selbsterlebtes, Selbstorgiasmus« *132* Der Monolog des letzten Menschen *144*

VI IN KLINGSORS ZAUBERGARTEN 151
Als Student beim Geisterfürsten *152* »Orpheus alles heimlichen Elends« *164* Der Rufmord *174* Der Held im Mithraswahnsinn *187*

VII BASLER FEHLTRITTE 197
»Herr Professor spielen Theater« *198* Kreideherz mit Veilchensträußen *204* Die Kröte essen *210* Eine Gesellschaft von Lügnern *219* »Ein Mund zum Küssen!« *224* Die Stimme aus brauner Nacht *230* »Eine unsichtbare und dunkle Bürde« *237*

VIII »STERNEN-FREUNDSCHAFT« 245
»Der Knabe mit den müden, heißen Augen« *246* Stella *252*

IX DER NEUE COLUMBUS 267
Das Rätsel der großen Loslösung *268* Strand-Archäologie *277* Die Abenteuer des Prinzen Vogelfrei *282* »Caesar unter Seeräubern« *291* »Unerschöpfliche Gelegenheit zur Wiederkehr« *298*

X AUF DEN GLÜCKSELIGEN INSELN 305
Der verschwiegene Jünger *306* Eine verlockende Zauberwelt *311* ». . . wo Götter sich tanzend aller Kleider schämen« *318*

XI »DAS RAUBTHIER, DAS SICH ALS HAUSTHIER STELLT« 325
Die heilige Dreieinigkeit *326* »Eine Grausamkeit des Schicksals« *339* Freuds Abwehrschlacht *348* Das künstliche Paradies *362*

XII ZARATHUSTRAS GEHEIMNIS 369
Das Elephanten-Weibchen *370* Vision am See *378*
Der Schatten an der Wand *400* Zarathustras Vorrede *414*
Die Reden Zarathustras *432* Zweiter Teil *456* Was geschah auf der Berg-Burg des Todes? *495* Dritter Teil *522*
Das Genie des Herzens *562* Vierter Teil *572* »Das Nachtwandler-Lied« *598*

Quellen- und Zitatnachweis *605*
Personen- und Ortsregister *635*

Vorwort des Autors

»Es ist ein Glück, daß entscheidende Fortschritte, die das Wissen vom Menschen in den letzten Jahren gemacht hat, uns erlauben, von vielem mit schon selbstverständlichem Freimut zu reden, wovor eine ältere Ehrfurcht die Augen verschließen zu sollen glaubte.« Die Rede ist von August von Platens »exklusiv homoerotischer Anlage«, und es spricht Thomas Mann, der sie nicht nur gegen »Unwissenheit und heute überholte Diskretion« in Schutz nimmt, sondern als eine für den Dichter »lebensentscheidende Tatsache« den Mitgliedern der Ansbacher Platen-Gesellschaft nahebringen möchte. Platens Griechentum, obgleich von ihm selbst eingestanden, war ein Tabu, das zu brechen noch 1930 einer Thomas Mannschen Autorität bedurfte. Daß die Homosexualität nicht nur eine »peinliche« Eigenschaft ist, sondern geradezu Mittelpunkt eines Dichterlebens sein kann — und das meinte der Vortragende —, belegte er mit dem Zitat eines anderen vielfach tabuisierten Sprachkünstlers — Friedrich Nietzsche: »›Grad und Art der Geschlechtlichkeit eines Menschen‹, sagt Nietzsche, ›reichen bis in die höchsten Gipfel seiner Geistigkeit‹« — so zitiert Mann die damals unumstrittene Autorität, ohne allerdings anzudeuten, weshalb gerade er sich in diesem Zusammenhang als Gewährsmann anbot.

Bei Nietzsche findet sich das Zitat etwas anders. Er spricht nicht von Gipfeln, sondern dem »letzten Gipfel« des Geistes, und sieht »Grad und Art« nicht, wie sein Bewunderer Mann, als getrennt an: »Grad und Art der Geschlechtlichkeit eines Menschen reicht . . .«, sagt Nietzsche, nicht »reichen«. Denn er spricht von seiner eigenen, deren Art mit ihrer Intensität wesensmäßig zusammenhängt.

Thomas Mann war nicht der erste, der den Mut aufbrachte, den Geistesheroen in die Nähe des bemitleideten Troubadours der Männerminne zu rücken. Der Griechenkenner Erwin Rohde, den Nietzsche 1889 unter die Götter versetzte, scheute sich ebensowenig vor dem Vergleich. »Es ist«, so schreibt er über das Werk seines Freundes, mit dem er sich längst auseinandergelebt und -gedacht hat, »wie bei Platen«; will sagen, »ein Ausbruch eines geistreichen, aber zu dem, was er eigentlich *möchte,* eben doch *unfähigen* ingeniums.« Das war nicht das einzige herabsetzende Urteil des ehemaligen Studienkollegen, aber sicher, zumal vertraulich gegenüber einem anderen Nietzsche-Freund geäußert, das offenste. Rohde wußte um das Rätsel des »Zarathustra«-Autors, der das, was er »eigentlich möchte«, nicht tun darf oder kann, und dasselbe Schicksal in seinem schriftstellerischen Schaffen erleidet.

Auch einer von Nietzsches Studenten fühlte sich an Platen erinnert. Ludwig von Scheffler hatte die Aufmerksamkeit des Griechischlehrers an der Basler Universität geweckt, Nietzsche ihn zu sich nach Hause eingeladen und schließlich, im Überschwang der Annäherung, einen gemeinsamen Italienurlaub angeregt, vergeblich. Scheffler, der später Platens Tagebücher herausgab, durchschaute den Professor. »Jener Einblick in die Seele Nietzsches«, schrieb er in der Wiener »Neuen Freien Presse«, »hat mir indes späterhin nicht nur viele seiner scheinbaren Absonderlichkeiten erklärt, auch für die Ergründung ähnlicher psychischer Probleme ist mir seine Bekanntschaft von größtem Vorteil gewesen. Ich nannte schon Platen! Wie groß die Ähnlichkeit beider Männer in ihrer Gemütsanlage sei, war mir von jeher Überzeugung. Bei Platen sprechen dafür die alles sagenden Memoiren, bei Nietzsche hat mich das Leben, die Erfahrung selbst darüber belehrt!«

Schefflers aufschlußreiche Erinnerungen blieben nicht unbemerkt. Als das Thema »Nietzsche« in Sigmund Freuds Mittwochsgesellschaft diskutiert wurde, wies einer der Anwesenden auf das »ungefähr vor Jahresfrist in der ›Neuen Freien Presse‹ erschienene Feuilleton hin, wo ein Schüler Nietzsches dessen homosexuelle Neigungen hervorhob«. In Freuds Zirkel wußte man über diese Entdeckung Genaueres; der Meister schloß interessante Spekulationen an, die sich mit Art und Grad der Geschlechtlichkeit Nietzsches beschäftigten. Doch die Ergebnisse der psychoanalytischen Durchleuchtung von 1908 fielen unter den Tisch. Freud selbst erwähnt sie erst wieder Jahrzehnte später, als er seinem Korrespondenzpartner Arnold Zweig dringend davon abrät, einen Nietzsche-Roman zu schreiben — »zwei Wächter« verwehren »den Eingang«!

1917 schrieb der Freud-Schüler Wilhelm Stekel über die »unbewußte homosexuelle Komponente, ohne deren Kenntnis uns das Liebesleben Nietzsches unverständlich wäre«. Welches Liebesleben? Man wußte so wenig darüber, daß man sich darauf einigte, er habe keines gehabt. Die von Stekel ausgemachten »Masken der Homosexualität«, die bei dem Philosophen »viele Rätsel auflösen«, wurden ignoriert. Als Günter Schulte 1982 die These weiterführte und auf Nietzsches Werk anwandte, erregte das höchstens als Kuriosität Aufmerksamkeit. »Seine Philosophie«, schrieb er, »erwies sich als die der verdrängten Weiblichkeit des Mannes«.

Der Arzt und Seelenforscher Georg Groddeck, der wie Nietzsche im Internat Schulpforta gedrillt wurde, hatte von ihm nicht nur den Begriff des »Es« übernommen, sondern auch eine wichtige Erkenntnis: daß »die tiefe Verdrängung der Homosexualität« zu den »Grundlagen der eigentümlich einseitigen europäischen Denkweise« gehört. Erst durch einen Gedanken des Philosophen sei er auf die »Folgen der Ächtung männlicher Homosexualität in der christlichen Kultur« aufmerksam geworden.

Nietzsche hat diese einseitige Denkweise des Abendlandes überwunden, im Süden eine andere Welt entdeckt, die sich ihm als dem »neuen Columbus« erschlossen hat: der unbekannte

Kontinent, der Leib. Der alte Gott, Nietzsche wußte es, war tot, nur sein Schatten drohte noch — das Christentum, gegen den er einen »Todkrieg« entfesseln wollte. Das neue Gestirn, dessen Morgenröte ihn bereits anstrahlte, hieß Dionysos, der Gott der befreiten Sexualität. Sein Jünger, als der er sich bezeichnet, hat immer wieder angedeutet, was ihn beschäftigte, antrieb, mit unstillbarer Sehnsucht erfüllte. »Welch sonderbares Schicksal«, schreibt er seinem Freund Franz Overbeck, »40 Jahr alt werden und *alle* seine wesentlichsten Dinge, theoretische wie praktische, als Geheimnisse mit sich noch herumzuschleppen!« Overbeck ahnte. Das Wort Geheimnis, zumal in Verbindung mit »praktisch«, ließ wenig Deutungsspielraum. Auch Platen hatte einmal über einen Freund geschrieben, sein »Geheimnis ist nichts anderes, als daß er die Frauen nicht lieben kann und eine unbezwingliche Neigung zum eigenen Geschlecht empfindet«.

Geheimnisse hatte Nietzsche einige. Der Nachwelt wurden sie zu Tabus. Seine syphilitische Ansteckung, von der man annimmt, er habe sie bei einer Kölner oder Leipziger Prostituierten aufgelesen, könnte, nach anderer Quelle, genausogut von einem Mann stammen, mit dem er nicht in einem gründerzeitlichen Plüsch-Etablissement, sondern einem Genueser Männerbordell verkehrte. Aber auch gegen eine »ordentlich« akquirierte Lues führte die Schwester und mit ihr ein Heer von Verehrern einen verbissenen Kampf. Als wäre er der einzige gewesen . . .

Schon damals ging es um die »reine Lehre«. Was hat Philosophie überhaupt mit dem Körper zu tun? Sehr viel, meint Nietzsche. Ein Denker, so schreibt er einmal, »*kann* eben nicht anders als seinen Zustand jedes Mal in die geistigste Form und Ferne umsetzten, — diese Kunst der Transfiguration *ist* eben Philosophie. Es steht uns Philosophen nicht frei, zwischen Seele und Leib zu trennen. Wir sind keine denkenden Frösche.« Nietzsche hat seinen Leib zu Wort kommen lassen, seine Begierden auch im »Zarathustra« ausgesungen, seine Satyr-Natur bloßgestellt. »Ihr Brüder«, läßt er seinen Helden ausrufen, »ich habe mich enthüllt: ich schäme mich nicht, mich nackt zu zeigen.« Nein, zumal er Jünger jenes Gottes ist, der »keinen Grund« hat, seine »Blösse zu decken«! Dionysos kommt gerne nackt. Und Nietzsche hatte, wie er oft betont, einen Sinn für diese Nacktheit. Meist fehlte ihm allerdings der Mut, seine orgiastischen Neigungen, denen er schon in der »Geburt der Tragödie« einen Tempel errichtet hatte, auch in Druck zu geben. Als er sie, Folge seiner Apotheose, 1889 dem Freund Overbeck tanzend vorführte, wich der entsetzt zurück. Erst dank der neuen historischen Gesamtausgabe aller Aufzeichnungen und Notizen ist der hüllenlose Nietzsche in Ganzheit zu bewundern.

Man darf nur nicht wegsehen. Eine seiner lustvollen Zukunftsvisionen: »Nun ist die Zeit erhitzt, Brand ist ihre Luft«, beginnt er sein Weltuntergangs-Szenario, das für ihn zum Fest wird; denn »nun gehen alle *nackend,* Gute und Böse! ein Fest des Erkennenden ist diese Welt ohne Kleider«. Und ihn überkommt, ganz Priester seines Gottes, ein »*Jauchzen,* daß alles sichtbar wird und birst. Es wird mir so wohl! Ende aller Sitten und Heimlichkeiten.«

Nietzsches heimliche Sehnsucht, die sich hinter seinem Haß auf Sitten und Heimlichkeiten verbarg, galt einer Welt der schönen, gesunden Körper in einer wiedergeborenen Antike. Ihr Motto: »Jede Verachtung des geschlechtlichen Lebens ... ist die eigentliche Sünde wider den heiligen Geist des Lebens.« In Italien fand der Aussteiger, was er suchte. Der Philosoph, der inkognito an den Küstenstrichen vagabundierte und nur poste restante zu erreichen war, legte selbst keinen allzu großen Wert darauf, als ein solcher angesehen zu werden. »Ob ich ein *Philosoph* bin?« schreibt er einem Bewunderer. »Aber was liegt daran!« Geschmeichelt ist er, als man in ihm einen Offizier zu erkennen glaubt. »Ich verstehe mich«, so gibt er im selben Brief zu verstehen, »auf zwei Waffen: Säbel und Kanonen — und, vielleicht, noch auf eine dritte ...« Nietzsche, der Satyr, hat keinen Grund, seine Blöße zu decken. Oder gar die Meinung der anderen zu fürchten. Seinen Zarathustra läßt er sagen: »Ich liebe das Brausen des schlechten Rufes.«

Und was hat das mit Philosophie zu tun? Nach Nietzsche sehr viel. Jede »grosse Philosophie«, schreibt er, sei »das Selbstbekenntnis ihres Urhebers und eine Art ungewollter und unvermerkter mémoires«. Nur was ein Mensch erlebt, erleidet, kann, transfiguriert, zu Philosophie werden. »Schreibe mit Blut«, fordert Zarathustra. Gerade damit konnte sich die Nietzsche-Gemeinde bis heute nicht anfreunden: Man wollte ihn so erhaben über alles Menschliche, Allzumenschliche, wie sein angebliches Ideal von der »blonden Bestie« ihnen suggerierte und seine Schwester Elisabeth bei den Zeitgenossen durchsetzte. Sie erdachte den körperlosen Gipskopf mit dem Schnauzbart-Markenzeichen. »Meine Absicht und Aufgabe«, schrieb sie im Bewußtsein ihrer globalen Mission: Die »Persönlichkeit Nietzsches als die edelste Lichtgestalt den Leuten fest in die Herzen zu prägen«. Das gefiel. Kristallklare Individualität war gefragt, der Edelmensch als Selbstgestalter seines Schicksals. Nietzsche Übermensch.

Dazu mußte viel vernichtet, gefälscht, gelogen werden. Auch verheimlicht. Als Elisabeth mit einer Nietzscheanerin in Streit geriet, ließ sie sich zu einer Andeutung hinreißen. Keiner habe eine Ahnung, welche »leidenschaftliche Liebe« sie für ihren Bruder empfinde — »Ich lache im Stillen darüber, denn ich könnte leicht jedermann allerhand Illusionen nehmen.« Ähnlich äußerte sich auch Nietzsches Amanuensis Köselitz; in der Herrenschwester sah er einen Drachen: »Sie weiß fast nichts, als die Menschen zu beunruhigen, zu quälen, zu schinden.«

Auch Martin Heidegger verliebte sich in den körperlosen Denker der nach seiner Überzeugung das Wesentliche so dachte, wie das Sein selbst es ihm eingab. Darüber, daß an diesem prächtigen Philosophenschädel noch ein Mensch hing, machte er sich keine Illusionen. »Nietzsche selbst hat sich zu einer zweideutigen Gestalt gemacht«, schrieb er mit gesträubter

Feder, »und innerhalb des Gesichtskreises seiner und der jetzigen Gegenwart machen müssen. An uns liegt es« — das gilt seinen Studenten, die demnächst zur Wehrmacht eingezogen werden —, »hinter dieser Zweideutigkeit das Vorausweisende und Einzige, das Entscheidende und Endgültige zu fassen«. Kerniges aus dem Wörterbuch des Übermenschen. »Die Vorbedingung dafür«, so fährt er fort, »ist das Wegsehen vom ›Menschen‹, insgleichen das Absehen vom ›Werk‹, sofern dieses als Ausdruck des Menschentums, d.h. im Lichte des Menschen gesehen wird.«

Nur läßt sich das, ohne Heideggers »seinsgeschichtliche« Prämissen, kaum vermeiden. Nietzsches »Philosophie«, längst eiserner Besitz der Fachwissenschaft, wirkt heute abstrus, mißverständlich, dunkel. Begriffe wie »Herrenmoral«, »Wille zur Macht« oder »Zucht und Züchtung« haben Hautgout angenommen, die fixe Idee einer »ewigen Wiederkunft des Gleichen« beschäftigt nur noch Doktoranden. Ein Buch wie »Also sprach Zarathustra« bleibt selbst heißem Bemühen verschlossen. Die Deuter haben es als Dichtung und Pseudoevangelium geopfert, um wenigstens den Rest zu erhalten — am Tropf ihrer gedanklichen Hilfskonstruktionen.

Ernüchternd wirkte die Nietzsche-Lektüre auch auf die beiden italienischen Herausgeber der neuen Gesamtausgabe. Nietzsche, so notierte sich Mazzino Montinari 1963, »ist weder ein poetisches Genie noch ein Philosoph noch ein ›Moralist‹ noch ein Psychologe. Nietzsche ist eine Krankheit«, mehr noch, ein »nicht gelöstes Problem«. Den Rest seines Lebens verwendete er darauf, das Problem einer Lösung zuzuführen. Über Nietzsches Hauptwerk schrieb er: »Wenige Zuckerkörnchen machen Zuckerwatte — Zarathustra!« Er erschrak über die »Armut an Ideen«, konstatierte gar in seinem Denken eine »allmähliche Entleerung (Auflösung) von Inhalten«. Montinari starb über der Arbeit.

Auch Giorgio Colli, der andere Herausgeber, erlebte nur einen Teil der Edition. Er wußte um die Gefahr, in die Nietzsches Philosophie durch die Publikation sämtlicher Notizen kommen würde. »Indem er sich entblößt«, schreibt er, »setzt sich Nietzsche den vulgärsten Interpretationen aus. Mit einem, der die Haustüre offen läßt, kann man sich leicht Vertraulichkeiten erlauben.« Colli, der zum »Türen schließen« rät, rühmt Nietzsche in diesem Zusammenhang einen »klaren und tiefen historischen Blick« nach, der ihn den »Gipfel des Griechentums« in der »kollektiven Ekstase, in der mystischen Erkenntnis von Eleusis« habe erblicken lassen. Deshalb wohl habe Nietzsche es vermieden, »diese Intuition«, die mit der »ewigen Wiederkehr« zusammenhängt, »nicht öffentlich zu verbreiten«. Die Intuition, die Colli ihm nachsagt, bezog sich auf die Sexualität; Nietzsche habe dabei kaum »an die Ackerbauriten und den zyklischen Rhythmus der Vegetation gedacht«.

Ohne die innerste Erfahrung der Geschlechtlichkeit ist Nietzsches intuitive Philosophie nicht zu verstehen, bleiben seine Begriffe bizarre Hülsen, der »Zarathustra« ein Buch mit sieben Siegeln. Schon seine Freunde bemühten sich vergeblich, das durch »Inspiration« empfangene Werk zu verstehen, und antworteten gequält auf die Zusendung. Sie kannten Nietzsche zu gut — zum Idol und Menschheits-Führer war er denkbar ungeeignet. Erwin Rohde, der mit ihm in Leipzig zusammengelebt hatte, schrieb 1895, seine Philosophie »ist nur und völlig *nur* eine *Person* und deren geniale Selbstdarstellung: ich leugne absolut daß für irgend Jemand sonst noch als für N selbst mit seinen Schriften etwas anzufangen ist«. Zwar konzediert er, sie seien bemerkenswert »im höchsten Grade«, aber eben doch »auf keine Weise fruchtbar«. Verräterisch, wie Rohde unvermittelt auf sich selbst zu sprechen kommt — und jenes Rätsel, das sich hinter den Schriften des Freundes verbirgt: »Und *mir* sind sie aufs Tiefste schmerzlich, wo ich auch nur an sie rühre: alte Zeit, mit ihren Jugendregungen und dem trüben Reflex, der von da auf diesen meinen unfruchtbaren Herbst fällt, sieht mich daraus an, und *überall* scheint mir, zu tiefster Erregung des Mitleids und der Mittrauer, das verzweiflungsvolle *Dunkel* entgegen, das unter *allen* Äußerungen und Stimmungen N's liegt.«*)

Wer das Dunkel erhellen, Zarathustras Geheimnis lösen will, muß Nietzsches Leben erforschen, den Weg nachgehen, den er genommen hat, und auch dort nicht zurückbleiben, wo »überholte Diskretion« dies fordert. Seine unaussprechlichen Ängste und ebenso unsäglichen Begierden sind verschlüsselt in seinen »Zarathustra« eingegangen: Die Geschichte eines Gefangenen, der sich selbst befreit, eine neue Welt erobert hat und anderen den Weg dorthin weist. Hinter der biblischen Hochsprache verbirgt sich das leibhaftige Erlebnis, unter der Maske des Propheten lächelt »Prinz Vogelfrei« sein »halkyonisches Lächeln«.

Kein Zweifel, in den letzten Jahren seines wachen Lebens hat Nietzsche selbst versucht, seine Erfahrungen des gemarterten und dann erlösten Körpers in eine zwingende Lehre umzuformen. Er scheiterte damit, weil sich Befreiung nicht in ein System pressen läßt. »Sie hätte *singen* sollen, diese ›neue Seele‹«, schreibt er einmal, »— und nicht reden!« Sein gewaltsamer Versuch einer krisenfesten Gegenphilosophie zu Christentum und »Platonismus« verlieh ihr selbst gewaltsame Züge: eine zynische Anleitung zur Machtergreifung, die von ihren Adressaten verstanden wurde.

Der erste Anstoß, Nietzsche als »reinen Geist« eines neuen Germanentums zu konservieren, nachdem er den Verstand verloren hatte, kam von seiner Schwester. Noch in den Wanderjahren des »Immoralisten« hatte sie das Haus der Familie in Naumburg zu einem »Propagandazentrum für ›Neudeutschland‹ in Paraguay und für den Antisemitismus« ausgebaut — die Germanen-Kolonie gründete sie zusammen mit ihrem Mann, dem gerichtsnotorischen Judenhasser Förster. Nach ihres Bruders Zusammenbruch setzte sie sich zielstrebig in

*) Der aufschlußreiche Briefwechsel zwischen den Nietzsche-Freunden Franz Overbeck und Erwin Rohde wird in diesem Jahr von Andreas Patzer herausgegeben.

Besitz seines Körpers und seiner Werke. Die Mutter, die sie als »Frau ohne Charakter« brandmarkte, blieb dabei auf der Strecke.

Nietzsches Leib ohne Seele wurde Elisabeths Faustpfand, das sie den ergebenen Besuchern ihres »Nietzsche-Archivs« als lebendes Inventarstück präsentierte. Mit ihm konnte sie machen, was sie wollte. Und sie wollte den Ruhm. Seit seinem Wahnsinn war auch Bewegung in den Buchhandel gekommen. Die Werke, die vorher »unverkäuflich wie Blei auf dem Lager lagen«, so sein Verleger, waren plötzlich »soviel begehrt, daß kein Exemplar übrig bleibt«. Um den Kranken in seiner Zimmergruft errichtete Elisabeth einen Hofstaat, dem sie als Hohepriesterin des neuen Kults vorstand. Während der Kultgegenstand mit Puppen spielte, ließ sie sich »in der Equipage mit Kutscher und Diener in Livrée auf dem Bock« durch Weimar fahren. Der Diener trug »auf den Knöpfen eine fünfzackige Krone«. Neben ihm beschäftigte sie »eine Köchin, ein Dienstmädchen, einen Kutscher, einen Privatsekretär, zwei Gärtner und manchmal bis zu vier Herausgeber«.

Herausgegeben wurde, wonach die Zeit verlangte: Leitsätze für das eroberungsfreudige Kaiserreich, Losungen gegen demokratische Verweichlichung. Herrisches. Die zum System erstarrte Lebenserfahrung eines Aussteigers wurde zum Stichwortgeber jener Spießerwelt, die er verächtlich hinter sich gelassen hatte. Als man in den Krieg gegen den französischen Erbfeind zog — den Nietzsche hoch über die »*Hornvieh*-Rasse der Deutschen« gestellt hatte —, zog Zarathustra mit. Das unverstandene Buch über den Alptraum der christlichen Moral und die Befreiung der unterdrückten Geschlechtlichkeit wurde zum Seelentröster in Schützengräben. 1917 verkaufte man 40000 Exemplare, in den Herbstwochen 1918, als, so Elisabeth, »die Revolution ausbrach, die ich nur den Pöbelaufstand nenne, in vier Wochen 25000 Exemplare«. Den frischgestifteten Nietzsche-Preis erhielt als erster Thomas Mann für seine »Betrachtungen eines Unpolitischen«.

Hitler wußte, was er an Elisabeth und ihrer rechtsnationalen Kampfzelle hatte. 1934 besuchte er das Weimarer Propagandabüro dreimal, ließ es »zum Zentrum der nationalsozialistischen Ideologie« erklären. Und erwies dem Vordenker die höchste Ehre, die ihm in den Augen seiner Schwester zukommen konnte: Zusammen mit »Mein Kampf« und Rosenbergs »Mythos des Zwanzigsten Jahrhunderts« wurde der »Zarathustra« im »Grabgewölbe des Tannenberg-Denkmals deponiert«. Dort lagerte auch der Sarg Hindenburgs, der der Nietzsche-Schwester einen lebenslangen »Ehrensold« gewährt hatte.

Im Jahr der Machtergreifung floriert das Unternehmen Nietzsche. Europas Geisteselite drängelt sich um die Weihestätte. Auch Carl J. Burckhardt, der spätere Völkerbundskommissar und Rotkreuz-Präsident, kommt zum Tee. »Mein Bruder«, eröffnet ihm die 86jährige, »ist der Begründer der großen Zeit, die wir heute erleben.« Die »kleine dämonische zuckersüße Soubrette mit einem Kern aus Diamant und wahrhaft dämonischen Kräften« verrät ihm auch, wer ihr zum Weltruhm verholfen hat. »Der Bruder aus dem Totenreich hilft mir, dem armen, kleinen Schwesterchen . . . er weiß, was das kleine Schwesterchen für ihn ganz allein gekämpft und gelitten hat.« Sie sagt das mit »Zuckermündchen und Augenaufschlag«, während ein »ganzer Hofstaat von leisesprechenden Hausdamen, Archivverwaltern . . . anbetend um die erstaunliche, energische und geistesklare Pygmäenkönigin aus der Zwischenwelt« herumsitzt. Burckhardt sieht an den Wänden »entsetzlich beklemmende klinisch-mitleidlose Riesenphotographien des gelähmten, starrblickenden Paralytikers« und eine »ungeheure Marmorbüste (fünffache Lebensgröße)«. Vor ihr »das Bild Adolf Hitlers«.

Für den in Basel geborenen Geschichtsprofessor Burckhardt wird das Nietzsche-Archiv zum Inbegriff dessen, was er auf seiner Deutschlandreise 1933 an völliger »Absenz jedes Wirklichkeitssinnes« erlebt hat. »Selten«, so faßt er zusammen, »habe ich von einem Orte auf der Welt ein so unheimliches, gemischtes, aus Größe und Spuk, fahlem Verfall und zweifelhafter Unsterblichkeit aufsteigendes Gefühl erlebt wie in diesen ... Mauern, die das Geheimnis eines mächtigen, unverstandenen, deshalb unsäglich gefährlichen Menschen, die giftige Ausstrahlung seiner Leidenszeit und die Erinnerung seines Denkens enthalten.«

ZARATHUSTRAS GEHEIMNIS

»Als ich jung war, bin ich einer gefährlichen Gottheit begegnet, und ich möchte Niemandem das wieder erzählen, was mir damals über die Seele gelaufen ist — sowohl von guten als von schlimmen Dingen. So lernte ich bei Zeiten schweigen, so wie, daß man reden lernen müsse, um recht zu schweigen: daß ein Mensch mit Hintergründen Vordergründe nöthig habe, sei es für Andere, sei es für sich selber: denn die Vordergründe sind einem nöthig, um von sich selber sich zu erholen, und um es Anderen möglich zu machen, mit uns zu leben.«

FRIEDRICH NIETZSCHE

I

DIE FRIEDHOFS-PFLANZE

»Wie entwirft man ein Bild von dem Leben und dem Charakter eines Menschen, den wir kennengelernt haben?« fragt sich der 18jährige Friedrich Nietzsche, als er im September 1863 seine Autobiographie »Mein Leben« beginnt. Kennengelernt hat er sich offenbar schon; nun scheint er unschlüssig, wie er das Selbstporträt zeichnen soll. Stichwort Zeichnen: Am besten geht man ähnlich vor, wie wenn man »ein Bild von einer Gegend entwirft«. Nietzsche ist zwar kein Maler, aber er weiß wohl, daß das »physiologisch Eigentümliche« nicht sofort »in das Auge fällt«; man muß schon genauer hinsehen, um das »Organische« einer Landschaft zu erfassen. »Insbesondere liegen in der Pflanzenwelt die feinsten Merkmale für vergleichende Naturbeobachtung.« Nietzsche, eine Pflanze? In der Tat, meint der Pennäler:

»Ich bin als Pflanze nahe dem Gottesacker, als Mensch in einem Pfarrhause geboren.«

Das Pfarrhaus steht in einem Dorf namens Röcken an der Landstraße zwischen Weißenfels und Leipzig. Dem Wanderer, so der Autobiograph, zeigt es sich gar »lieblich« von Weidengebüsch, Pappeln und Ulmen umgeben, »so daß aus der Ferne nur die ragenden Schornsteine und der altertümliche Kirchturm durch die Wipfel hindurchschaut«. Neben der Kirche erhebt sich das geräumige Pfarrhaus, »von drei schöngewachsenen, weitästigen Akazien beschattet«, dazwischen liegt der Friedhof, »voll von eingesunkenen Grabsteinen und Kreuzen«.

Über dem 15. Oktober 1844, an dem er als Mensch in einem Pfarrhause geboren wurde, schien die Gnadensonne der preußischen Majestät. Wie auf höheren Ratschluß fiel das Ereignis auf König Friedrich Wilhelms IV. Geburtstag. Daß es im Provinzflecken Röcken geschah, verdankte man tatsächlich dem »allerhöchsten Befehl« des Monarchen, der Carl Ludwig Nietzsche die Landpfarre zugeteilt hatte. Dafür sollte der Sohn seinen Namen tragen.

Der königstreue Pastor. Für Friedrich Wilhelm Nietzsche war das kein gutes Omen. Sein Namensgeber scheiterte, weil sich der Traum von einer »christlich-germanischen Monarchie« für Kleinbürger nicht verwirklichen ließ. Später wurde er, wie Ludwig II. von Bayern, geisteskrank. Gerade dies verband ihn den Nietzsches um so enger. Auch der Pastor erkrankte am Geiste. Seine »Gehirnentzündung«, schrieb der Sohn, war »in ihren Symptomen der Krankheit des höchst seligen Königs ungemein gleich«. Zum Ausbruch kam sie im Revolutionsjahr 1848. Kaum hatte der Pastor von der Verbeugung des Herrschers vor den Opfern gehört, »brach er in Tränen aus, stürzte aus dem Haus und kam erst nach Stunden wieder«. Der preußische Pastor hatte sich mit seinem Monarchen identifiziert. Als sein Sohn vierzig Jahre später den beiden Unzeitgemäßen in die Umnachtung nachfolgte, trennte auch ihn nichts mehr vom unglücklichen Namenspatron: »Zuletzt bin ich Friedrich Wilhelm IV. gewesen«, gab er den Irrenärzten zu Protokoll. Und: Sein Vater habe »auch an Gehirnerweichung gelitten«.

Zuerst aber war er Sproß eines Pfarrhauses und, wie er rätselhaft hinzufügt, »Pflanze nahe dem Gottesacker«. Der düstere Ort, vom Pfarrhaus einsehbar, gehörte zum Amtsbereich seines Vaters. Hier beerdigte er und wurde er selbst beerdigt, hier legte man dem toten Pastor 1850 seinen jüngsten Sohn Joseph »in die Arme«. Sein Ältester beschreibt den Vater als »zart, liebenswürdig und morbid«, ein »nur zum Vorübergehn bestimmtes Wesen«, das den Tod schon in sich trug: »eher eine gütige Erinnerung an das Leben, als das Leben selbst.« Ein melancholisches Bild. Als Carl Ludwig 1813 zur Welt kam, war sein Vater Friedrich August Ludwig, ein hochangesehener Superintendent, 57 Jahre alt; als er starb, war der Kleine zwölf. Mutter und zwei ältere Schwestern erzogen ihn nach dem Vorbild des Vaters, dem man für seine theologischen Schriften den Ehrendoktor verliehen hatte. Für den zarten Knaben erwies er sich als unerreichbares Ideal.

Er hatte eine hohe, in der Hüfte etwas schiefe Gestalt, was ihm den Militärdienst ersparte. Nach dem Theologiestudium ging er, weil es an Pfarrstellen mangelte, als Hauslehrer zu einem Militär. Von dort weiterempfohlen, betraute man ihn mit der Erziehung der vier sächsischen Prinzessinnen am Altenburger Hof. Der Theologe, unter Frauen aufgewachsen, mußte sich wie zu Hause fühlen — nur feiner. Die Traumposition im herzoglichen Schloß endete wie voraussehbar. Die Mädchen entwuchsen dem Elevinnen-Alter und wurden, mit einer Ausnahme, verheiratet. Der König, der den wackeren Erzieher schon als Kronprinz bei Hofe kennengelernt hatte, verlieh ihm dafür die Pfarre.

Röcken paßte nicht zu dem Feingeist, der drei Dörfer seelsorgerisch zu betreuen hatte. Der Dreißigjährige, von seinem Sohn als das »vollendete Bild eines Landgeistlichen« gepriesen, zog sich auf seine Studierstube zurück oder phantasierte am Klavier. Damit hatte er schon vor den Prinzessinnen reüssiert. Nun bildeten Mama und die Schwestern das Publikum. Wenig Trost für den verwöhnten Höfling.

Der sensible Pastor isolierte sich vom Frauenregiment im Pfarrhaus, saß stundenlang »abwesend« im Sessel, »studierte« auch viel, wie seine Witwe erinnert. Vielleicht erhoffte er sich von dem Monarchen noch eine Beförderung, die ihn vom Landpfarrerdasein unter Gänsen und Bauern erlöste. Im Pfarrhaus herrschte seine Mutter Erdmuthe, Stiefschwester Auguste führte den Haushalt, Rosalie, nervös und »sehr reizbar«, las aus der Zeitung vor und sorgte für die Innere Mission. Kränklich waren sie alle. Die Kutsche des Herrn Doktor hielt häufig vor dem Pfarrhaus. Doch der Pastor wollte von der Schulmedizin nichts wissen. Gegen das Schicksal, mit dem er haderte, hätte sie auch nicht geholfen.

So drängte man ihn zur Heirat. Eine Pfarrfrau gehörte sich, konnte in der Küche mit anpacken und ihn auf andere Gedanken bringen. Seine ewige Grübelei machte ihn ja ganz wirr im Kopf. Dem Sohn rückte die Familie später mit demselben Vorschlag auf den Leib. Wenn die weibliche Linie schon zur Jungfernschaft verdammt war, sollte wenigstens der Mann dafür sorgen, daß die Nietzsches nicht ausstarben. Doch sie starben aus.

*

»Ich bin am 15. Okt. 1844 geboren, auf dem Schlachtfelde von *Lützen.* Der erste *Name,* den ich hörte, war der Gustaf Adolfs«, schreibt Nietzsche. Richtig ist, daß im Pfarrhaus des öfteren der »Gustaf-Adolf-Verein« erwähnt wurde, der Geld für notleidende Diaspora-Gemeinden sammelte; und was das Schlachtfeld von Lützen betrifft, auf dem der Schwedenkönig fiel, so lag es, nach eigener Angabe Nietzsches, »eine halbe Stunde« von seinem Geburtsort entfernt. Was ihn mit Stolz erfüllt, war die kriegerische Geschichte seiner näheren Umgebung. Bei Großgörschen hatte Napoleon das preußisch-russische Heer besiegt, bevor er selbst in der »Völkerschlacht« von Leipzig eine schwere Niederlage einstecken mußte. Reichlich blutgetränkte Erde also.

Das Aschenbrödel und der Prinz. In der Nähe des Dorfes Pobles liegt eine Anhöhe, von der aus man alle drei Schlachtfelder überblicken kann. Das Anwesen, das sich dort erhebt, wirkt mit seinem Backhaus, den Ställen und Scheunen wie ein Bauernhof. Hier lebt Pastor Nietzsches Amtsbruder Oehler mit seiner Frau Wilhelmine, der Tochter eines Rittergutsbesitzers. Der Sohn des Leinewebers hat sie wohl nur deshalb bekommen, weil sie hinkt und auf einem Auge blind ist. Im ländlichen Pfarrhof mit Panoramablick haben sie genug Platz für ihre elf Kinder, die Riesenrespekt vor den Eltern haben: Die Mutter Wilhelmine gleicht einem »Pulverfäßchen, das leicht explodiert«, David Ernst leidet unter »starken Zornesaufwallungen«.

Zur Zeit, als in Röcken die feinen Nietzsches einziehen, waren im Oehlerschen Großhaushalt drei Mädchen unter die Haube zu bringen. Da kein Bräutigam zu Adele, Sidonie und Cäcilie kommen wollte, setzten sie sich in Mamas Kutsche und fuhren los, um einen zu suchen. Doch sie mochten knicksen, erröten und walzen, soviel sie wollten, immer kamen sie mit leeren Händen zurück. Zu Hause wartete die Jüngste sehnsüchtig auf die Klatschberichte aus der Gesellschaftswelt. Franziska mußte daheim bleiben, weil sie noch nicht an die Reihe kam. Und außerdem war sie hübscher als Adele, Sidonie und Cäcilie.

Fränzchen, wie man sie burschikos nannte, begehrte gegen die Rolle des Aschenbrödels auf. Später erinnert sie sich, wie

»eines Tages von mehreren jungen Bekannten eine Partie nach einem sehr schönen Park, den auch ich noch nicht kannte, arrangiert war. Als am Sonntag vormittag unsere Pferde schon zum Anspannen vorgeführt wurden, wagte ich gegen Mütterchen den im stillen gehegten Wunsch, doch mitgenommen zu werden. ›Es ist auch wahr‹, meinte sie, ›komm wir wollen es Adelchen sagen.‹ Doch diese sonst so liebe Schwester erklärte, ob Mütterchen nicht genug an drei erwachsenen Töchtern habe; solle das Kind auch schon alles mitmachen?«

Als Kunde noch Pobles kam, ein junger Pastor sei nach Röcken gezogen, fühlten sich die drei Schwestern angesprochen. Drei Luftschlösser wurden in Windeseile erbaut. Was man über den »sehr feinen« Junggesellen hörte, grenzte ans Wunderbare: Ein Günstling des Königs sei er, einst Prinzessinnenerzieher bei Hofe. Und was die Biedermeierherzen noch höher schlagen ließ — ein Meister am Fortepiano!

Nach seinem Antrittsbesuch kehrte der Röckener Pfarrer gern zum Pobleser Kollegen zurück. Einmal sogar mit seinen drei Damen. Das Haus auf der Höhe prangte im sommerlichen Blumenschmuck, als die Kutsche mit dem »Zukünftigen« eintraf. Knickse und Komplimente, klappende Sonnenschirmchen und geraffte Röcke. Fränzchen konnte man schlecht verbieten, beim Empfang dabeizusein. Sicher hatte man ihr eingeschärft, wenigstens den Mund zu halten. Dann gab der Pastor seine Visitenkarte ab:

»Bei fröhlichem Geplauder wurde Kaffee getrunken, sodann der Herr Pastor, uns als Klaviervirtuose schon bekannt, zum Phantasieren animiert, was er an diesem Tag mit besonderer Meisterschaft ausführte.«

Während Carl Ludwig beschwingt in den Tasten wühlte und seine Wahl traf — denn aus diesem Anlaß war man herübergekommen —, beobachteten ihn die Töchter mit süßer Beklemmung. Vor allem die »superfeinen, schwarzen, glänzenden Tuchkleider« wurden bestaunt, »deren man in dieser Feinheit gewiß nur bei Hofe« trug. Die hohe Welt war in die niedere Stube herabgekommen, und alles schwamm in Harmonien. Bis der Pastor nach seinem musikalischen Vorspiel die Jüngste bittet, ihm doch den schönen Obstgarten zu zeigen. Zurück bleiben Adele, Sidonie und Cäcilie und schauen sich vielsagend an.

Im Garten ist man ungestört. Fränzchen nimmt den feinbetuchten Pastorenarm, man ergeht sich zwischen den Beeten, freut sich am historischen Weitblick. An einer Blumenrabatte bleibt der Herr stehen, blickt sie wie ein lieber Onkel an und bittet, ob sie ihm nicht einen Strauß schenken wolle. Am Kräuterbeet hält er erneut; sie möge ihm ein Stengelchen Dill schneiden, »den er so gerne rieche«. Franziska beugt sich hinunter, setzt das scharfe Messerchen an und hält ihm das Kraut entgegen. Der Pastor schnuppert, sein Entschluß ist gefaßt. Später vertraut er ihrer Mutter an, »daß Fräulein Fränzchen seiner früheren Schülerin Prinzessin Elisabeth so ähnlich sei«.

Nun mußte es schnell gehen. »Sonntag kommt das Dienstmädchen der Röckener Pfarre mit einem Briefe des Herrn Pastor an den Vater und dem Auftrage, gleich Antwort mitzubringen.« Dem alten Oehler war das Eilverfahren nur recht, »vergnügt« machte er mit seinem Federstrich den Handel perfekt. Blieben drei Schwestern, die »halb verdutzt dreinschauten«. Auch ihr selbst war nicht zu wohl dabei. Einmal, als die Mutter sie wie üblich zu Bett gebracht hatte, sprach man über die bevorstehende Trennung. »Dabei ließ ich noch die Bemerkung fallen«, erinnert sich Franziska, daß der »einzige Fehler« darin bestünde, »daß ich zu jung bin, Mütterchen.« Das höfliche Kind verkniff sich zu sagen: daß er zu alt ist. Aber das Mütterchen wird schon einen Trost gewußt haben.

Am 10. Oktober 1843, Carl Ludwigs dreißigstem Geburtstag, wird geheiratet. Vornehm soll es zugehen, also feiert man bei Nietzsches. Gerade will der Bräutigam den Gästen eine Dankesrede halten, da tritt seine siebzehnjährige Braut neben ihn. Weil zu wenig Platz für sie ist, will der Pastor den Türflügel öffnen, dessen untere Hälfte prompt herausbricht. Nachträglich betrachtet, meint Franziska, war das ein böses Omen. Vielleicht war ihr Bräutigam nur deshalb so ungeschickt, weil er Angst vor dem »Türöffnen« hatte, das ihm bei der kleinen Jungfer bevorstand. Fränzchens Dankesbriefen läßt sich entnehmen, daß »viele Herzen und Hände beschäftigt gewesen, uns Freude zu bereiten«. Etwas muß sie dabei geniert haben, denn »sah mich jemand an, so wurde ich feuerrot«.

Ein andermal überrascht sie ihr Mann mit einer Kinderlaune. Man ist gerade von einem Besuch heimgekehrt, als er »beim Ablegen der Sachen meinen Mantel und Hut anlegte«; sie tut's ihm nach und schmückt sich mit seinem Zylinder. Das Bild, das Fränzchen »reizend« fand, hätte auch ihrem Sohn Friedrich gefallen. Eine Freundin wird ihm »Freude an der Verkleidung« nachsagen, als »Mantel und Maske für ein nie entblößtes Innenleben«.

Die junge Frau Pastor hatte viel nachzuholen. Gefährliche Wissenslücken zeigten sich. Auf der Hochzeitsreise zur Nietzsche-Verwandtschaft begriff sie das Wort »Schwager« nicht. Welcher Schwager denn? Ihre Begriffsstutzigkeit bereitete ihm »großes Pläsier«: Offenbar wußte das Herzchen nicht, daß man den Postillion auch Schwager nennt. Dafür wußte der kluge Herr Pastor nicht, was seine Frau an dem Wort so erschreckte: Er war nicht der erste, der um Fränzchens Liebe warb. Ein Kandidat der Theologie war schneller gewesen. Der jüngere der beiden, den eine »stürmische Neigung« für das Mädchen erfaßt hatte, war der Schwager ihrer Freundin.

Franziska Nietzsches Lebensrückblick, den sie als Witwe schrieb, endet mit den Flitterwochen. Viel Angenehmes gab es danach nicht mehr zu berichten. Sie war »aus der Kinderstube in den Ehestand« geraten, wie ihr Neffe sagt, und was das bedeutete, wurde ihr von den drei Damen im Röckener Pfarrhaus en detail auseinandergesetzt. Die Zwangsjacke, die man ihr anlegte, lockerte sich erst mit dem langsamen Absterben dieser ihr fremden Familie: 1849 ihr Mann, 1850 ihr kleiner Sohn, 1855 Schwägerin Auguste, 1856 die Schwiegermutter, 1867 Schwägerin Rosalie. Ihr blieben nur der älteste Sohn und die Tochter Elisabeth.

Im Kranken-Haus herrschten die frommen Frauen, die älter, klüger und vornehmer waren als Fränzchen, das Dorfkind. Im Haushalt spielte die junge Pastorin die vorletzte Geige, nur das Dienstmädchen Mine hatte noch weniger zu sagen. Man wurde nicht miteinander warm. Sicher spielte auch Neid eine Rolle, denn die Neue war jung und gesund. Und hatte einen Mann, der sie schon drei Monate nach der Hochzeit schwängerte. An der weiblichen Hackordnung konnte er auch nichts ändern. Seine Loyalität war schon vergeben. Immerhin hatten die Nietzsche-Damen ihr Stadtleben für ihn aufgegeben. Gab es zwischen ihnen und Fränzchen Zank, zog er sich schmollend zurück. Fränzchens väterlicher Freund verschwand dann für Stunden hinter seinen Büchern. Oder spielte auf dem Klavier, das ihn an bessere Zeiten erinnerte. Daß seine Frau unter den Zuständen in Röcken litt, scheint er gar nicht wahrgenommen zu haben.

*

Ein Jahr und fünf Tage nach der Hochzeit wurde der Sohn geboren. Im Dorf herrschte Feststimmung, man feierte ja auch Königsgeburtstag. Bei der Taufe schwingt sich Carl Ludwig zu einem ungewöhnlichen Monolog auf. »Du gesegneter Monat Oktober, in welchem mir in den verschiedenen Jahren alle die wichtigsten Ereignisse meines Lebens geschehen sind . . .« Er zählt, wie es scheint, neben der Hochzeit auch seinen eigenen Geburtstag mit; ». . . das, was ich heute erlebe, ist doch das Größeste, das Herrlichste, mein Kindlein soll ich taufen! O seliger Augenblick, o köstliche Feier, o unaussprechlich heiliges Werk, sei mir gesegnet im Namen des Herrn!« Solcher Schwulst war nicht einmal seinem anwesenden Vorgesetzten geheuer. Der Täufling sollte es auch einmal mit dem »Oh!« haben: »Oh Lebens Mittag! Feierliche Zeit! Oh Sommergarten!«

Der kleine Freund. Bald stürzten sich fünf Frauen auf das Knäblein. Fritz, wie er gerufen wird, läßt sich verwöhnen und hochpäppeln. Aber sagen will er nichts. Als sein Schweigen bis ins dritte Lebensjahr anhält, konsultiert man den Hausarzt. Bedient ihn nicht länger wie einen Prinzen, rät der, dann wird er sagen, was er will. Dabei hat Fritz vielleicht nur deshalb den Mund gehalten, weil auch seine Mutter nichts zu sagen hatte.

Bald darauf, so versichert die Schwester, sprach er »geläufig und alles mit besonderer Deutlichkeit«. Der kleine Prediger fängt mit vier zu lesen und zu schreiben an. Daß der Vater sich um den Sohn gekümmert hätte, wie die Schwester behauptet, gehört zu ihren Legenden. »Der Vater hat zum Unterrichten Fritzens gar keine Zeit gehabt«, entgegnet ihr die Mutter, »da er sehr viel für sich studiert hat.« Ließ er ihn einmal ins Zimmer, was den Kleinen beglückte, nannte er ihn »seinen kleinen Freund«. Von besonderer Herzlichkeit zeugt es nicht. Carl Ludwig war damals schon zu sehr mit sich selbst beschäftigt. Seine Krankheit kündigte sich an.

Per Postversand ließ er sich eine homöopathische Apotheke nach der »Methode Hahnemann« samt Bedienungsanleitung kommen. Doch auch mit den Naturheilmitteln war seinen Absencen und »Zuständen« nicht beizukommen. Schon beim Eintrag des Sohnes ins Taufregister erlitt er einen Blackout. Die als Losung notierte Bibelstelle existiert nicht. Ganz normal scheint sich Fritz auch nicht entwickelt zu haben. Er zeigte eine »starke Widersetzlichkeit, wenn man ihm etwas verwehrte«, und zog sich trotzig aufs »stille Örtchen« zurück. Manchmal warf er sich vor Wut »rücklings zu Boden«. Litt er ebenfalls unter Anfällen?

1848 wird es ernst. Heimtückisch ergreift etwas Besitz von dem Pastor, als hätte ihm jemand, wie Hamlets Vater, Gift ins Ohr geträufelt. Er fühlt die eine Gesichtshälfte nicht mehr, Worte entfallen ihm, er versinkt immer häufiger in geistige Abwesenheit. Verzweifelt stemmt er sich gegen den Zerfall, will weiter predigen, Konfirmandenunterricht erteilen. Mit vierzehn nennt Fritz diese Krankheit das »erste Ereignis, was bei wachsendem Bewußtsein mich traf«.

Man weiß in der Familie, daß Carl Ludwig schon früher seine »Zustände« hatte, bei denen er bewußtlos und mit offenen Augen im Sessel zusammensank. Auch seinem Sohn steht das bevor. Bald kann der Pastor nicht mehr artikuliert sprechen, seine Frau muß den Sinn seiner Worte erraten. Dann erkennt er seine Umgebung nicht mehr und erblindet. Als er nach einjähriger Passionszeit stirbt, ist bereits ein Teil seines Gehirns, wie die Autopsie ergibt, aufgelöst. Bei seinem Sohn wird keine Autopsie vorgenommen werden.

Als Gerüchte über die Krankheitsursache auftauchen, wird die Sprachregelung durchgesetzt, der arme Pastor sei von der Treppe gefallen und habe sich den Kopf »angeschlagen«. Fritz, der sich noch nach Jahren detailliert an die Krankheit und ihren »reißenden Fortgang« erinnert, wußte es besser. Er spricht von »Gehirnerweichung«. Als der Pastor starb, war Fritz vier Jahre alt. Das »erste Ereignis«, das sein Bewußtsein traf, hatte richtig getroffen. Nie sollte er die Hilflosigkeit der Familie, das langsame Dahinsterben des Vaters, die Nutzlosigkeit der Gebete, schließlich den bedrohlichen Pomp des Begräbnisses vergessen. Und wenn er sich später erinnert, der Vater habe »ungeheure Schmerzen« erdulden müssen, dann heißt das: Er schrie, daß man es bis auf die Straße hörte.

Das Pfarrhaus im Schatten der drei Akazien lag unter einem Bann. Als man dem Kleinen sagte, daß sein lieber Vater nun beim lieben Gott im Himmel sei, mag sich in ihm die Überzeugung gebildet haben, daß er ihm bald nachfolgen muß. Noch im letzten Jahr seines bewußten Lebens schreibt Nietzsche über »jene *schlimme* Erbschaft von Seiten meines Vaters«, und er meint die »Vorbestimmung zu einem frühen Tode«. Carl Ludwig Nietzsche starb mit 36 Jahren, sein Sohn wurde 55. Mutter Franziska, die immer im Schatten der Nietzsches blieb, starb 1897 mit 71 Jahren an einer Unterleibsgeschwulst. Nur

Elisabeth hat alle überlebt. Sie konnte noch dem »Führer« den Spazierstock ihres toten Bruders übergeben.

*

Die Zeit verlangte nach Spuk. Das Gespenst der Revolution, vor dem man die Augen verschloß, tauchte nachts in den eigenen vier Wänden auf. Magnetismus und Spiritismus standen hoch im Kurs. Begeistert fischte man im Drüben. Oberster Geisterseher war Justinus Kerner, der die Zwischenwelt vermarktete. Mit seiner »Seherin von Prevorst« und den »Blättern aus Prevorst« traf er den irritablen Nerv der Spitzweg-Bürger. Die Vorstellung vom »Hereinragen der Geisterwelt in die unsrige« trieb jeder alten Jungfer den Angstschweiß auf die Stirn.

Ein Gespenst, das den Tod bringt. Auch Fritz fühlte sich angesprochen. »Zwischen seinem zwölften und fünfzehnten Lebensjahr«, so die Schwester, studierte er die Kerner-Werke in der Pobleser Pfarrbibliothek. Kerner war auch Pastor, in ihm berührten sich die Geister und der Heilige Geist. Wer Mitte des Jahrhunderts an derlei glaubte, galt durchaus nicht als verrückt; wer sie sah — und Nietzsche sah sie —, durfte sich als etwas Besonderes fühlen, gleichsam als »medium übermächtiger Gewalten«. Erst Freud demonstrierte dem neuen Jahrhundert, daß im Gespenst die Angst vor übermächtiger Patriarchal-Gewalt steckt. Fritz Nietzsche ahnte das schon fünfzig Jahre vor ihm.

Es geschah in einer Winternacht des Jahres 1850. Im Pfarrhaus ohne Pastor herrscht Stille, vor den Fenstern Friedhofsruhe. Sechs Monate hat der Tod des Vaters Zeit gehabt, in seinen Sohn hineinzukriechen. Jetzt kann er das Resultat besichtigen:

»In der damaligen Zeit träumte mir einst, ich hörte in der Kirche Orgelton wie beim Begräbnis. Da ich sah, was die Ursache wäre, erhob sich plötzlich ein Grab und mein Vater entsteigt demselben. Er eilt in die Kirche und kommt in kurzem mit einem kleinen Kinde im Arm wieder. Der Grabhügel öffnet sich, er steigt hinein und die Decke sinkt wieder auf die Öffnung. Sogleich schweigt der rauschende Orgelschall und ich erwache.«

Neun Jahre später schreibt er das nieder, als wäre es gestern geschehen. Gewisse Zutaten, die auf eine »Erlkönig«-Lektüre hinweisen — »Er hat den Knaben wohl im Arm« —, tauchen in einer zweiten, späteren Fassung nicht mehr auf:

»Mir war es, als hörte ich aus der nahen Kirche dumpfen Orgelton. Überrascht öffne ich das Fenster, das der Kirche und dem Friedhof zugewandt war. Das Grab meines Vaters tut sich auf, eine weiße Gestalt steigt herauf und verschwindet in der Kirche. Die düsteren, unheimlichen Klänge rauschen fort; die weiße Gestalt erscheint wieder, etwas unter dem Arm tragend, das ich nicht deutlich erkannte. Der Hügel hebt sich, die Gestalt versinkt, die Orgel verstummt — ich erwache.«

Der Autor erzählt, was er erinnert. »Mir war«, sagt er. Die Kirchenorgel spielt. Er geht »überrascht« zum Fenster, als hätte man ihn aus dem Schlaf gerissen. Und dort, wo sonst keine Bewegung ist, außer wenn der Wind die Büsche oder die Kranzschleifen streift, bewegt sich etwas: Das geliebte, mit »tausend Tränen begossene« Grab öffnet sich. Das ist unerhört. Und aus der Tiefe steigt etwas empor, das er im Leben noch nicht gesehen hat. Kann das denn sein? Vielleicht hat Friedrich in Opa Oehlers okkulter Bibliothek auch die »weiße Frau von Orlamünde« entdeckt, von der Jung-Stilling berichtet. Das Unding aus der Unterwelt, das da vor seinen eigenen Augen wie eine Marionette schwebt, scheint auch noch Arme zu haben. Es bringt ja etwas mit aus der Kirche. Dann läuft der Film rückwärts, der Geist versinkt, das Grab schließt sich, der Orgelklang verrauscht.

Für den fünfjährigen Träumer war alles Wirklichkeit. Er hörte mit eigenen Ohren, sah mit eigenen Augen, was sich da abspielte. Und hat er nicht eigenhändig das Fenster geöffnet? Dennoch verschweigt der Berichterstatter von der Geisterfront das Wichtigste: die Angst, die er ausstehen mußte. Nicht das Ende des Orgelspiels hat ihn aufgeweckt, sondern die Angst, die unerträglich geworden war. Eine kurze Traum-

Filmsequenz hatte dem kleinen Fritz vor Augen geführt, womit er seit dem Tod des Vaters nicht fertig wurde: Einsamkeit, Sehnsucht nach dem lieben Verlorenen und zugleich panische Angst vor ihm. Fritz war sein Nachrücker, in der Familie der älteste Mann; der kleine Bruder zählte noch nicht, auch wenn er die Mutter schmerzlich von ihm abzog. Nach seinem Traum blieb ihm der Schock, daß der Tote wiederkehrt und die Macht besitzt, wie der Erlkönig mit sich zu nehmen, wonach ihn gelüstet. Ein Gespenst, das den Tod bringt:

»Den Tag nach dieser Nacht wird plötzlich Josephchen unwohl, bekommt die Krämpfe und stirbt in wenig Stunden.«

Vaters Grab, eine Fallgrube. Ein paar Orgeltöne genügen, damit es sich öffnet. 1886 schreibt Nietzsche seinem Theologenfreund Franz Overbeck, er habe vom Erlös seiner Bücher das Grab des Vaters auf dem Röckener Gottesacker »mit einer großen Marmorplatte bedecken lassen«. Für den notorischen Geisterseher konnte sie vermutlich gar nicht groß genug sein.

Ähnliches war im Jahrhundert zuvor einem anderen Preußen-Knaben widerfahren. Friedrich de la Motte-Fouqué, der romantische Feen- und Helden-Dichter, erlebte 1788 die gespenstische Wiederkehr seiner verstorbenen Mutter. Im Traum, so sein Biograph Arno Schmidt, sei er zum Totenlager der Mutter zurückgeschlichen, auf dem die Leiche sich plötzlich aufrichtete und nach ihm faßte. »Im Sträuben, sich frei zu ringen, warf er dann etwas, das ihm in die Hand kam«, nach dem »spukhaft verschleierten Wesen«. Es war ein Döschen, das die Mutter ihm kurz vor ihrem Tod geschenkt hatte. Voll »wahnsinnigen Entsetzens« erwachte er. Das Döschen war das stellvertretende Opfer, das der Sohn ihr zuwarf: Nimm dies, aber laß mich in Frieden! Auch Fritz Nietzsche, der ähnliche Angst ausstehen mußte wie der andere Fritz, hatte Grund, den Wiedergänger zu fürchten: Kam der tote Vater etwa aus Sehnsucht nach dem lebenden Sohn? Was lag näher, als ihm das »Geschenk«, das er der Familie zurückgelassen hatte, als Ersatz zu geben? Leider hielt das Bruder-Opfer nicht lange vor.

Der Röckener Friedhof blieb der Kristallisationspunkt seiner Phantasien. In paradoxer Form, die er liebte, formulierte er einmal: »Wie lebendig steht noch der Gottesacker vor mir!« Daneben, ähnlich magisch anziehend, das Leichenhaus mit seinen »Bahren und schwarzen Flören« und die »düstere« Sakristei. Hier hatte sich der Vater auf seine heiligen Handlungen vorbereitet. Hier stand, an einer Seitenwand, ein Steinbild, das er einfach »erwähnen« muß, weil es ihn immer »mit geheimem Schauer erfüllte«. Es handelte sich um das

»übermenschliche Bild des heiligen Georg, von geschickter Hand in Stein gegraben. Die hehre Gestalt, die furchtbaren Waffen und das geheimnisvolle Halbdunkel ließen mich ihn immer nur mit Scheu betrachten. Einst, so geht die Sage, sollen seine Augen erschrecklich gefunkelt haben, so daß alle, die ihn angesehen hätten, mit Grausen erfüllt worden wären.«

Sollte ihm der Ritter erst aufgefallen sein, als er sich auf Spurensuche nach dem verschwundenen Vater machte? Offenbar war dieser Steinerne Gast in der väterlichen Sakristei nicht wirklich tot. Sobald seine Stunde kam, verbreitete er Angst und Schrecken, strafte fürchterlich mit seinen Augen und drohte mit scharfen Waffen. Kein Wunder, daß Fritz Angst vor ihm hatte. Dabei handelte es sich doch um einen Heiligen, der die Menschen angeblich vom Drachen befreit hat. Und schaut selber so böse, so bedrohlich — und doch zugleich so »hehr«. Eben »übermenschlich«.

Nach dem Tod des Vaters und dessen Wiederkehr mit Todesfolge hatte Fritz noch einen dritten Schlag zu verkraften. Das Friedhofsgewächs wurde umgepflanzt. Die Nietzsches mußten das Pfarrhaus für den neuen Pastor räumen, den »Obst- und Grasgarten«, auch den hübschen »Blumengarten« mit seinen »Lauben und Sitzen«. Keine Spaziergänge mehr zwischen den vier weidenumstandenen Teichen, wo Fritz so gern »die Sonnenstrahlen auf der Spiegelfläche und die muntern Fischlein spielen« sah. Auch die Akazien gehörten ihnen nicht mehr. Die Nacht vor dem Auszug konnte Fritz nicht schlafen, »am Himmel strahlten der Mond und die funkelnden Sterne«.

Irgend etwas trieb ihn »nachts halb eins« die Treppe hinab in den Hof. Hoffte er auf eine letzte schaurige Begegnung? Nichts rührte sich. Nur der »matte Schein der Laterne beleuchtete düster die Hofräume«.

»Nie erschien mir meine Zukunft so dunkel und ungewiß, als damals. Sobald der Morgen graute, wurden die Pferde angeschirrt; wir fuhren durch den Morgennebel fort und riefen unsrer lieben Heimat wehmütig ein Lebewohl zu.«

II

DAS LEBEN, EIN ALPTRAUM

Friedrichs Schicksal war vorgezeichnet: Er mußte der »kleine Pastor« werden. Das Erbe seiner Väter wurde ihm von deren Witwen aufgedrängt. Ihm blieb ohnedies keine Wahl. Längst hatte sich ihm eine zweite »höhere« Wirklichkeit im Traum offenbart, die Macht über sein Leben hatte. Daran glauben brauchte er nicht — er wußte. Später wird Nietzsche schreiben:

»Im Traume glaubte der Mensch in den Zeitaltern roher uranfänglicher Cultur eine *zweite reale Welt* kennen zu lernen; hier ist der Ursprung aller Metaphysik . . . und wahrscheinlich auch des Götterglaubens. ›Der Tote lebt fort; *denn* er erscheint dem Lebenden im Traume‹ . . .«

Daß es sich dabei um ein *»Missverständniss des Traumes«* handelt, wie der Titel des Aphorismus sagt, hatte der Philosoph Nietzsche durchschaut — für das Kind und seine uranfängliche Bildung zählte nur, was es sah. Sein metaphysisches Geheimwissen nahm Fritz ins Naumburger Exil mit.

IM GRIFF DER NAUMBURGER TUGEND. Eine ländliche Trauergesellschaft logierte sich im Frühjahr 1850 in der Domstadt ein: Zwei Witwen, zwei alte Jungfern, zwei Halbwaisen und ein Dienstmädchen, alle »traurig, ja sehr traurig«. Ihre bewegliche Habe wurde in ein Mietshaus getragen, das dem Eisenbahn-Spediteur Otto gehörte. In die »gute Stube« zur Straße hin zog die Oma ein, wo sie Besuche empfing und auch die beiden Enkelchen, aber nur zum gemeinsamen Essen. Durften Fritz und Lisbeth, das »Lama«, einmal »in der Dämmerstunde zum Großmütterchen«, galt das bei den Kleinen als »Fest«.

Für sie und ihre Mutter waren die nach rückwärts gelegenen Räume reserviert, kleine Zimmer zum Hof, die »dunkle Kinderstube« genannt. »Es war für uns schrecklich«, schreibt der Vierzehnjährige, »nachdem wir so lange auf dem Lande gewohnt hatten, in der Stadt zu leben.« Wann immer die beiden mit ihrer Mutter aus den »düstern Straßen« der Stadt hinauskamen, fühlten sie sich »wie ein Vogel, der seinem Käfig entflieht«. Die Ferien, in denen sie zu den Verwandten aufs Land durften, wurden von den Kindern herbeigesehnt.

Mit ihren 25 Jahren war Franziska immer noch eine gute Partie. Sie hatte große braune Augen, von denen ihr Sohn schwärmte, und glatte dunkle Haare, zu denen ihr bleiches Gesicht apart kontrastierte. Ihre Bewegungen werden als »graziös« beschrieben, die »runden Formen« auch vom Neffen bewundert. Eine schöne Witwe, die ihre schwarze Tracht wie eine Begine trug. Dafür sorgten schon die drei Nietzsche-Damen, die mit den Trauerkleidern längst verwachsen waren. Fränzchen wußte, daß sie in »völliger Abhängigkeit« von ihnen lebte, da sie nur 46 Taler jährliche Witwenrente bekam. Richard Wagner, der sächsische Hofkapellmeister, erhielt ein paar Jahre zuvor 1500 Taler. Als die Altenburger Prinzessinnen Erziehungsgeld beisteuerten, besserte sich ihre Lage. Aber genügend Geld, um selbständig zu leben, hatte sie erst viele Jahre später.

»Das Landkind hat nicht einmal ein Gärtchen«, schreibt ihr Biograph, »die Hälfte des Tages bringt sie still in ein paar kleinen Hinterstuben zu.« Was dem Stolz der unfreiwilligen Nonne aber am meisten zusetzt: »Sie ist gleichsam nur zu Gast bei den Verwandten.« Was blieb ihr übrig, als die Restfamilie zielstrebig zu einer autonomen Zelle auszubauen. Gemeinsam lernte, dichtete und musizierte man; gemeinsam betete man im Carl-Ludwig-Gedächtnis-Verein. Mochte ihre Ehe auch nicht im Himmel geschlossen worden sein, die Erinnerung daran erschien ihr wie das Paradies. In ihm hegte sie die beiden Pflänzchen, die der Pastor ihr als Unterpfand zurückgelassen hatte. Das Gärtchen schützte sie mit einer Mauer aus Spottlust und Unnahbarkeit. Fränzchen, die Dame in Schwarz, gab sich zugeknöpft. Aber schließlich gehörte sich das auch für eine Witwe.

Wie es innen aussah, ging niemanden etwas an. Mit ihrem »Hang zur Schwärmerei und Selbstquälerei«, den sie ihrem Sohn vererbte, weihte sie ihr Leben dem Toten. Der Neffe spricht geradezu von einer »fast mystischen Gemeinschaft«. Als sie 1889 ihren wahnsinnig gewordenen Sohn nach Jena holte, bat sie eigens, am Morgen nicht durch Anklopfen gestört zu werden, »da sie dann mit ihrem persönlichen Gott Zwiesprache halte, dessen Allgemeinheit anzurufen ihr nicht genüge und sympathisch sei.«

Franziskas »starke, ins Übersinnliche gerichtete Phantasie« scheint sich ein konkretes Jenseits erschaffen zu haben, gegenüber dem die »mit Religiosität übersättigte Luft« des Erdmuthe-Haushalts bloßer Pietismus war. Zeitweise muß die junge Witwe fast wie eine Tote ausgesehen haben. Als ihre Kinder einmal auf die jährliche Kunstausstellung durften, erkannten sie ihre Mutter auf einem Bild wieder, das die Tochter des Jairus darstellte. Die eben Verstorbene wird von Jesus mit den Worten auferweckt: »Mägdlein, ich sage dir, stehe auf! ... Und alsbald stand das Mädchen auf und ging umher; es war aber zwölf Jahre alt.« Da paßte die von den Toten erweckte Mama genau zu ihrem Sohn, in dem eine Pfarrhaushälterin partout den zwölfjährigen Jesus im Tempel zu sehen glaubte. Die Nonne und der kleine Pastor, ein deutsches Biedermeier-Idyll.

Die Zeit verlangte nach Wundern. In Fritz, dem frühreifen, bekam sie eins. Großvater Oehler wollte Ähnlichkeiten mit dem jungen Luther entdeckt haben. Wenn er Gebete aufsagte, kamen den Zuhörern die Tränen. Selbst die Tierwelt entrichtete Tribut. Ein Pferdchen namens Pylades, berichtet die Schwester, habe bei einem Suchspiel im Zirkusrund sogleich den klügsten und fleißigsten Zuschauer herausgefunden. »Ehrfurchtsvoll« verneigte es sich dreimal, ein »Jauchzen erfüllte den engen Raum ... und unsre Dienerin, die gute Mine, ergriffen von der Größe des Augenblicks, rief schluchzend ein über das andre Mal ...« Was immer sie ihrem Fritz zugejubelt haben mag — die Huldigung hat er der Pferdewelt bis zu seinem geistigen Zusammenbruch nicht vergessen.

Franziska Nietzsche stellte sich auf das häusliche Machtspiel ein. Dazu brauchte sie nur elterliches Erbteil zu reaktivieren. Sie lernte, Kinder in Zucht zu halten, die Umgebung mit Wutausbrüchen einzuschüchtern. Vor allem aber Sparen. Geknausert wurde nicht an den Büchern, aber am Essen. Viel Mehlspeisen gab es und wenig Fleisch. Mit Grausen erinnert sich der Sohn später an die heimische Küche: schwere Suppen, Klöße! Seit Carl Ludwigs Tod blieb die Medizin verpönt. Gegen Friedrichs Kränklichkeit, auch Folge der unwirtlichen Wohnung und der schlechten Lichtverhältnisse darin, verabreichte sie Einpackungen und kalte Güsse. Ein Leben lang wird Nietzsche sich mit kaltem Wasser traktieren, es war schließlich Mamas Rezept.

Die Erziehung war spartanisch. In Schwester Elisabeths ruhmrednerischen Worten hieß das: »Wir sind niemals durch blinde Mutterliebe verweichlicht worden.« Härte hatte damals einen guten Klang. Man folgte aufs Wort, »sogar auf den Blick«. Fränzchen konnte mit den Augen strafen und belohnen. Strafen, scheint es, lieber. Die Kinder hatten vor ihr einen »Heidenrespekt«, weil sie, wie der liebe Gott, kleine Sünden sofort ahndete: »Sie fackelte nicht lange.« Zeigte sie gelegentlich »schwesterliche« Zärtlichkeit, schmolz ihr Sohn dahin. Und wollte sie ihm die nicht geben, war er auch mit einer kleinen Strafe zufrieden. Am meisten aber litt er, wenn sie sich über ihn lustig machte:

»Welche Marter für ein Kind, immer im Gegensatz zu seiner Mutter sein Gut und Böse anzusetzen und dort, wo es verehrt, gehöhnt und verachtet zu werden!«

Das schrieb er als Erwachsener, aber er hatte es als Kind schon erlebt. Wie der Pastor seine Prinzessinnen, so drillte die Witwe ihren Prinzen. Der Tag bestand aus Privatstunden. Kam er aus der Knabenbürgerschule zurück, durfte er bei Mama die Schulbank drücken. Nachdem sie ein Klavier angeschafft und bei einem Kantor Stunden genommen hatte, klimperte es bald vierhändig in den Hinterzimmern. Die Noten dazu hatte man wohl noch vom Papa. Zarathustra wird dereinst von der Dressur »durch Schläge und schmale Bissen« sprechen, die den Menschen zur Marionette macht und durch die Angst vor dem Teufel unter Kontrolle hält. Ein solcher Mensch, weiß Zarathustra, hat nichts zu verlieren, nicht einmal das Leben.

Was die Witwe mit ihren Kindern anstellte, lag ganz im Geist der Zeit. Jeder Junge ein Kadett, jedes Mädchen die zukünftige Mutter von Kadetten. Oder Beamten. Oder Pastoren. Damals begann das Wörtchen »rücksichtslos« Karriere zu machen. »Im täglichen Leben«, erinnert sich die Schwester stolz, »wurde auf unsere speziellen Wünsche keinerlei Rücksicht genommen.« Und Fritz wurde zum Weltmeister in Selbstverleugnung. Weil die Schulordnung vorsah, daß Schüler sich eines gemessenen Ganges zu befleißigen haben, ließ er sich auf dem Nachhauseweg von einem Regenguß durchnässen. Um Klassenkameraden zu beweisen, daß die Zeiten der Manneszucht noch nicht vorbei seien, zündete er Feuerhölzer auf seiner Handfläche an oder verbrannte sich mit Siegellack. Gelobt sei, was hart macht.

Später blickte Nietzsche mit wahrem Horror auf den mütterlichen Leistungskurs zurück. Wenn er im letzten Jahr seines bewußten Lebens die Mutter mit Haßtiraden überzieht, so ist das auch die Antwort auf die Naumburger Vergewaltigung:

»Welch schlechte Luft blies mich an, als ich Kind war! Wann waren die Deutschen dumpfer ängstlicher muckerhafter kriecherischer als in jenen fünfziger Jahren, in denen ich Kind war!«

Aber Kind sollte er ja gar nicht sein! Der Umformungszwang, geboren aus der Angst vor der Meinung anderer und mit stumpfer Konsequenz durchgesetzt, erzeugte keine Menschenkinder, sondern kriecherische Mucker, Preußen-Elite. Ein Name für den täglichen Schrecken war für ihn »die Naumburger Tugend«. Ihr Kennzeichen: Man gehört zu den »guten Menschen«. Und was macht die so »gut«? Nietzsches aggressive Antwort: Sie sind »vollkommen unfähig, zu irgend einer Sache anders zu stehn als *unehrlich-verlogen,* abgründlich-verlogen, aber unschuldig-verlogen, treuherzig-verlogen, blauäugig-verlogen, tugendhaft-verlogen«. Naumburg, das ist die Lüge!

Sein »Jugendleben«, sagt er, sei ihm »innerlich schwerer und bedrückender geworden als billig ist«. In den Worten der Schwester: »Wir waren ungeheuer artig, wahre Musterkinder!« Was die berühmte Mutterliebe betrifft, trug er »von der frühesten Kindheit« etwas »Resignirtes« mit sich herum. Schon eines seiner ersten Gedichte, der Mama gewidmet, klingt wie ein Resümee:

»Ich liebe dich so sehr, daß ich dich möcht' erdrücken.
Doch tu' ich's lieber nicht, es möcht' dich nicht beglücken!«

Seine Sehnsucht nach Zärtlichkeit lief ins Leere. Der Körper war, einmal aus Tradition und zum andern aus purer Schamhaftigkeit, tabu. Die Jungfern nahmen ihn an die Kandare, härteten ihn ab mit »kalten Übergießungen«. Sie taten gewiß ihr Möglichstes, den Jungen vergessen zu machen, daß in ihm ein Mann steckte. Männer stellten für sie eine Bedrohung dar. Fritz aber sollte artig sein. In seiner letzten Autobiographie, er nannte sie »Ecce homo«, rechnet er mit der fatalen Wirkung der Naumburger Tugend auf seine sexuelle Entwicklung ab:

> »Wenn ich überhaupt von meiner ganzen Kindheit und Jugend keine willkommne Erinnerung habe, so wäre es eine Thorheit, hier sogenannte ›moralische‹ Ursachen geltend zu machen ... die Unwissenheit in physiologicis — der verfluchte ›Idealismus‹ — ist das eigentliche Verhängniss in meinem Leben ... Aus den Folgen dieses ›Idealismus‹ erkläre ich mir alle Fehlgriffe, alle grossen Instinkt-Abirrungen ...«

Idealismus steht in Gänsefüßchen. Natürlich war es nicht um einer Idee willen, daß man ihn in »kindlicher Unschuld« hielt. Aus Angst vor der eigenen Sexualität behandelte man ihn als Neutrum. Erstickte jede »fleischliche Begierde«, und wenn es nur der Wunsch nach ein wenig körperlicher Nähe war. Man zwang ihn so lange, seinen Bedürfnissen Gewalt anzutun, bis diese selber gewaltsame Züge annahmen. Im Rückblick das eigentliche Verhängnis: »die Verachtung und das willkürliche Wegsehen-wollen von den Forderungen des Leibes, von der *Entdeckung* des Leibes.« Aber irgendwann machte er sich doch auf, um als neuer Columbus diese terra incognita zu entdecken. Bis dahin herrschte — auch in ihm — der »verfluchte« Gänsefüßchen-Idealismus. Fritz, der »kleine Pastor«, der den Wunderknaben auch noch spielen sollte, stand im Dauerstreß. Als im Gymnasium Schulpforta genialische Züge auftraten, war die Laufbahn vorgezeichnet. Mit 24 Jahren hatte er eine Professur in der Tasche. Ein Universitäts-Kollege, der Historiker Jacob Burckhardt, durchschaute das böse Spiel:

»Weil er schon in Schulpforta ein Wunderkind war, wollte man immer größere Wunder von ihm sehen; so hat man ihn über die Maßen angestrengt und seine Gesundheit an der Wurzel beschädigt.«

Das Bild von der Pflanze drängte sich bei ihm auf. Auch sonst lag der nüchterne Menschenkenner mit seiner Diagnose richtig. Nietzsches Leben, das dank kräftiger Nachhilfe mit einem Bilderbuchstart begann, endete nach biblischem Vorbild: gelitten unter »Oelbergs«-Einsamkeit, »von den deutschen Ärzten auf eine sehr langwierige Weise gekreuzigt«, niedergefahren »zur Hölle«, vom Turiner Straßenpflaster aufgefahren gen Himmel, sitzend zur Rechten seiner Schwester in der Villa Silberblick, Besuchszeiten nach Voranmeldung.

*

Dem Druck der frommen Frauen setzte Fritz seinen Vater-Kult entgegen. Wie bei der strengen Mutter, aber unabhängig von ihr, wurde das ferne Röckener Paradies zum Mittelpunkt seines Innenlebens, in dem die Frauen nichts zu suchen hatten. Seine nostalgischen Geheimnisse vertraute er in Vers und Prosa den Tagebüchern an. Leidenschaftlich gab er sich »der Süßigkeit und dem Schmerz« hin, mit dem ihm seine Kindheit »vor die Seele tritt als ein Verlorenes aber doch einmal Dagewesenes«. Der Vater, Fritz wußte das, war nicht im Himmel, sondern auf den fernen glückseligen Inseln der Heimat.

Fritz, der sich alle Gefühle verkneifen mußte, entwickelte sich schreibend zum Orpheus, der »mit der goldnen Leier« an der Pforte der Unterwelt vorstellig wird. Er tat es nicht vergebens. Der geliebte Tote ließ sich in beliebiger Kostümierung beschwören, als Gott oder König, als Herzog oder Forstmeister, und hinter den wechselnden Masken zum Sprechen oder Donnern bringen. Als Nietzsche vor Antritt seiner zerebralen Hadesfahrt dem Publikum erläuterte, was es an ihm hat, rückte er auch den seit fast vierzig Jahren toten Pastor ins Rampenlicht:

»Ich betrachte es als ein grosses Vorrecht, einen solchen Vater gehabt zu haben: es scheint mir sogar, dass sich damit Alles erklärt, was ich sonst an Vorrechten habe.«

Eines dieser zweifelhaften Erbprivilegien aus grauer Vorzeit machte sich bereits kurz nach der Vertreibung aus dem Pfarrhaus bemerkbar, und zwar »in der Neugasse, wo ich immer die mahnende Stimme des Vaters hörte«. Des Vaters? Hat es in der Eisenbahnspediteurs-Wohnung vielleicht gespukt? Oder hängt es damit zusammen, daß der Sohn, wie er einmal schrieb, »bloss mein Vater noch einmal und gleichsam sein Fortleben nach einem allzufrühen Tode« war? Aber wieso mußte deshalb seine Stimme in ihm fortleben und -flüstern?

MASKEN DES DÄMONS. 1878 grübelt Nietzsche selbst über dieser Frage, wer ihm in den Hinterzimmern zu nachtschlafender Zeit Schwerverständliches ins Ohr raunte. Er findet eine klassische Antwort: »Dämonion — warnende Stimme des Vaters.« Auch Sokrates besaß eine solche Geisterstimme, die ihm gelegentlich sagte, wo es langging. »Mir aber ist dieses von meiner Kindheit an geschehen«, verriet er den Athenern, »eine Stimme nämlich, welche jedesmal, wenn sie sich hören läßt, mir von etwas abredet, was ich tun will.« Der moderne Begriff dafür ist wohl Gewissen. Und wer eine rigide Erziehung genießt, wird bei jeder wichtigen Entscheidung darauf stoßen: Das Gewissen nimmt ihm die Qual der Wahl ab. Weil es das Ich tyrannisiert, nannte Freud es das Über-Ich. Und in ihm verbirgt sich eben das, was, nach Nietzsche, in Sokrates' Dämonion steckte: die warnende Stimme des toten Vaters. Nietzsche hat sie wirklich gehört. In der Neugasse, und vielleicht noch später, hatte er den kleinen Mann im Ohr. 1888 erklärt er das Dämonion mit »Gehörs-Hallucinationen« als Folge eines »Ohrenleidens«. Als es ihn erwischte, war die dämonische Straf-Instanz Realität und nicht weniger beängstigend als das Gespenst auf dem Gottesacker. Die Pflanze wußte jedenfalls Bescheid.

Auch beim Spiel war Friedrich anders. Wenn ihm schon das Paradies der Heimat verwehrt war, wollte er wenigstens im Hinterstübchen die Erinnerung daran wachhalten. So baute er es einfach nach. Mittelpunkt seiner phantastischen Welt aus Nippesfiguren und Zinnsoldaten war »König Eichhorn«, ein dreieinhalb Zentimeter hohes Porzellantierchen, dem er, seiner Würde gemäß, eine winzige Perlenkrone aufgesetzt hatte. König Eichhorn herrschte über einen gut organisierten Hofstaat. Von 1853 bis 1855 drehte sich in der Naumburger Kinderstube alles um den Monarchen mit dem buschigen Schwanz. Friedrichs Freunde, Wilhelm und Gustav — womit Preußens Lieblingsnamen in der Neugasse versammelt waren —, werden sich gewundert haben, daß ihr neunjähriger Anführer noch mit Püppchen spielte.

Dem war es todernst mit dem König. Als Zeremonienmeister führte Fritz dessen Wünsche minuziös aus. »Alle Bauten meines Bruders«, weiß die Schwester, »waren König Eichhorn zu Ehren.« Von Bauwut ergriffen wie Ludwig II., errichtete Fritz eine Gemäldegalerie, die er eigenhändig mit Exponaten versah, unter ihnen sicher auch das Töchterlein des Jairus; dann einen »alten Klosterraum«, der einer bestimmten Sakristei geähnelt haben mag, mit einer »altmodischen Lampe« an der Decke, die geheimnisvoll »rötliches Licht« verbreitete. In mehreren Empfangsräumen konnte die königliche Entourage antichambrieren, während die Majestät auf einem Thron saß, zu dem »Stufen mit rotem Tuch« emporführten.

»Wie dies Eichhörnchen zu seiner Königswürde gekommen war«, schreibt die Schwester, »ist mir nicht erinnerlich.« Fritz wußte es. 1862 notierte er als Gedächtnisstütze: »Eichhorn frühste Erinnerung Thierfabel«. Fabeln waren ein beliebter, weil harmloser Lehrstoff für Kinder. Jean de La Fontaines Geschichte vom »Fuchs und dem Eichhörnchen« könnte Fritz vom Pastor gehört haben, der sie vielleicht mit den Prinzessinnen übersetzt hatte. Nach dem Tod des Vaters paßte sie genau in Friedrichs Lebensgefühl. Ein böser Fuchs versucht dem arglosen Eichhörnchen während eines Gewitters Todesangst einzujagen:

»Du wirst, sprach Reineke, dem Schicksal nicht entfliehn;
Dein Sarg erwartet dich, so hoch du auch magst klettern.
Das Haupt bedeckst du dir umsonst auch mit dem Schweif,
Am Wipfel angelangt, bist du zum Sterben reif.
Wo bleibst du nun mit deinem Witze?
Du rühmtest dich doch sonst, Nachbar zu sein dem Blitze.«

Für das Fabel-Tierchen geht die Episode gut aus, der Sturm »erstirbt«, den Fuchs holt sich der Jäger. Den Pastor dagegen holte die Prophezeiung des schlimmen Reineke ein. Ihn erwartete der Sarg. Das Bild von der gefährlichen Nähe zum Blitz prägte sich dem Sohn ein: »Zu nah ist mir der Wolken Sitz«, wird er einst dichten. »Ich warte auf den ersten Blitz.«

Nach André Gide besteht die Kunst La Fontaines darin, »die bestürzenden Wahrheiten, die Nietzsche mit pathetischer Eloquenz verkündet, leicht und spielerisch zu formulieren«. 1854 beendet Fritz den Kult ums väterliche Totemtier mit der ganzen pathetischen Eloquenz, die einem Zehnjährigen zu Gebote steht. Im Dramolett vom »Königsamt« wird der Herrscher von seinem Autor abgesetzt. Natürlich bekam er vorher Gelegenheit, seinen Soldaten den Thronfolger als »höchstwichtige Person« vorzustellen, die »wenn ich sterbe herschen wird«. Er muß es geahnt haben: Die Revolution vertreibt ihn außer Landes, und sein Sohn läßt sich zum König ausrufen. Die Freude währt nicht lange. Als Bettelmann verkleidet kehrt der Exilierte wieder, »um die Herschaft zu besehn«.

Friedrich, der sich noch Jahrzehnte später im Scherz »Prinz Eichhorn« nannte, sah sich als Nachfolger des toten Vaters. Leider mußte jederzeit mit der Rückkehr des rechtmäßigen Amtsinhabers gerechnet werden. Ein paar Jahre nach dem »Königsamt« spann der ängstliche Sohn den Dramenentwurf weiter. Als Waisenknabe wird der Held von einem Grafen adoptiert. Wieder kommt es zur Revolution, die »Flamme des Aufruhrs durcheilte das Land. Die Rebellen griffen zu den

Waffen, vertrieben und tödteten die königlichen Anhänger und brannten ihre Güter nieder«. Gerade so hatte sich die 1848er Revolution nicht abgespielt, aber der entzündeten Vorstellung des Röckener Pastors mag es so erschienen sein. Deshalb trifft den edlen Grafen der Volksaufstand schwer. »Er selbst würde mit unter den königlichen Schaaren gekämpft haben, wenn ihn nicht seine Schwäche gehindert hätte.« Möglicherweise hat der kranke Pastor ähnliches geäußert, als er von seinem Verzweiflungsausflug zurückkam. Mit eigenen Augen mußte er erleben, wie eine jubelnde Menge fahnenschwingend durchs Dorf zog. Nun endlich soll die schwere Schmach gerächt werden! Kaum hat der Mordhaufen den Grafen gefangengenommen, taucht der Sohn als sein Retter auf — »ein junger starker Mann, mehrere Orden schmückte(n) seine Brust und aus seinen Augen blitzte das Feuer der Freude«.

Als Fritz die kecke Geschichtskorrektur zur Versöhnung des entmachteten König Eichhorn niederschrieb, hatten die Püppchen und Figürchen seines Hofstaats längst ausgedient. Nun begeisterte ihn der echte Krieg. Seit 1854 schlug Fritz mit den beiden Freunden die Schlachten auf der Krim nach. Der Kadett bereitete sich auf eine glänzende Militärlaufbahn vor.

*

Im Krimkrieg wurde Fritz zum Dichter. Damals löste das umkämpfte »Sebastopol« die verschlafene Spießerstadt Naumburg als Weltmittelpunkt ab. Bei Nietzsches zog die große Kriegspolitik ein. Ein Schlachtentagebuch wurde geführt, selbstgebastelte Bömbchen platzten. Das Bürschchen mit seinem hochgezüchteten Verstand scheint damals noch unter typischen Kinderproblemen gelitten zu haben. Als witterte er hinter der Mauer der täglichen Erziehungsfron die Gärten kindlicher Freiheit, behielt er trotzig bei, was Privileg der verlorenen Zeit gewesen war: den Funktionen des Körpers keinen Zwang anzutun; zumindest dann, wenn die Nacht ihren Schleier darüber breitete.

Begegnung mit der Kotmaus. Fritzens Trotz hatte seinen Preis. Wer alterswidrig Betten besudelt, kann des mütterlichen Tadels sicher sein; für schwesterlichen Spott braucht er nicht zu sorgen. Die Lust, sich gehen zu lassen, indem man etwas gehen läßt, rächt sich. Fritz wußte sich seinen Reim darauf zu machen. Die Geschwister, so berichtet Neffe Oehler, werden von der Mutter »angehalten, selbst kleine Gedichte zu verfassen. In spielender Art lehrt die Mutter sie frühzeitig, Reime auf bestimmte Wörter zu finden und daraus Verschen zu machen«. Man nennt das Reim-dich-oder-ich-freß-dich, und in Friedrichs Fall darf man das getrost wörtlich nehmen. In seinem Debüt macht Fritz sich gleich einen Reim auf sich selbst:

»Dort auf jener Felsenspitz
Dort da ist mein Lieblingssitz . . .«

beginnt der zukünftige Prophet der Bergregionen sein Gedicht, um schon in einem der nächsten Reime die Kehrseite seiner Elitestellung zu präsentieren:

»Schäme dich
Wer putzet sich
So unreinlich dacht ich dich
Sicherlich . . .«

Fritz erwies sich als der geborene Knittel-Virtuose. Noch als Erwachsener erheiterte er seine Umgebung mit Grotesken wie »Herzlicher Scherz entfleußt dem scherzlichen Herz«, das er bei Gelegenheit der Durchfahrt seines Zuges durch die Station Scherzlingen aus dem Dichterärmel schüttelte. Bei Mama bestand sein Ehrgeiz offenbar darin, auf jedes vorgegebene Wort gleich mehrere passende Reime zu finden. Unvermeidlich, daß ihn seine Phantasie mit Stoff munitionierte, über den sonst kein Sterbenswörtchen verloren wurde. Auf das Stichwort Schmutzfurcht läßt Fritz eine ganze Menagerie ekliger Tierchen aufmarschieren, die sein Bett bevölkern. Eichhorns arbeitsloser Hofstaat?

»Aus den goldenen Pokal
Soff beim lauten Tromelhall
Löwe Spinne und Schakal
Seht die Ziege dort im Bette . . .
Kom mein lieber guter Rabe
Singe mir dein Krätzen (vor)
Einstimt gleich das ganze Kohr
Gips und Molche und auch Kiefer
Nebst gar vielen Ungeziefer . . .«

Auf Schmutz scheint der kleine Poet bedrohliche Tiere zu assoziieren, zu deren Auftritt dissonante Musik den Hintergrund bildet. Wie einst das unheimliche Rauschen der Orgel trommelt und krächzt es jetzt in seinem Ohr, und schleimige Molche verbinden sich mit klappernden Kiefern zum infernalischen »Kohr«. Für das lachlustige Publikum im Hinterzimmer waren das Nonsens-Verse, zum Schreien komisch und dabei von jener gerade noch geduldeten Anstößigkeit, die kitzelt. Alles scheint ganz harmlos, zum Totlachen, bis es passiert:

»Doch die Berge neigen sich
Eine Bescherung ich nun krieg
Mause nimt den großen (. . .)
Schlägt mich damit Mausetodt.«

In ein Sprachspiel verpackt, schießt Fritz mit schwerem Kaliber. Mause ist seine witzige Erfindung; aber der Alptraum, in dem er zum Vollstrecker wird, gehört zu seiner nächtlichen Wirklichkeit. Nachdem die Ausgeburten seiner frühkindlichen Ängste über ihn hergefallen waren, kam es zur Katastrophe. Ein Bergrutsch begräbt den entsetzten Schläfer unter sich. Beim Erwachen stellt er mit kaum geringerem Entsetzen fest, daß er ins Bett gemacht hat. Aber Mama, das war nicht ich — Mause hat es getan! Schöne Bescherung, wird die Mutter gesagt haben, als Fritz seinen Alptraum hinter sich, die nicht wegzudeutenden Folgen vor sich hatte. Doch in den Ärger über die Bescherung mischt sich Triumph:

»Seht da wach ich auf
Sp(r)inge aus (den) Bette nauf.«

Der Musterschüler, der auf Babysprache macht, ist noch einmal davongekommen. Die Pünktchen hinter denen er Mauses Greuel versteckt, tauchen 1887 wieder auf, ein Jahr, bevor er wahnsinnig wurde. Nietzsche überlegt sich da, wie man »den Menschen ein angenehmes Laster« verleiden könne. Seine Antwort: »Man muß das Laster mit — mischen.« Diese leidvolle Erfahrung hatte er schon 1854 machen können. Damals zog er in der »Phantasie III«, reim-dich-oder-ich-freß-dich, die Summe seiner Befleckungsfurcht:

»Geh ich zu Bette
Mach doch eine Wette
Wen es nur nicht schmutz(ig) ist
Es nicht mich anfrißt . . .«

*

Sobald die Mutter am Abend das Licht löschte, füllte sich der Raum mit Angstphantasien. Im Traum wurden sie zur Wirklichkeit. Fritz ahnte, daß gegen derlei Anfechtungen der christliche Gott machtlos war, der offenbar mit dem Vater-Gespenst unter einer Decke steckte. Andere und stärkere Götter mußten her, wie man sie in den germanischen Heldensagen erleben konnte, kriegerische und donnernde Urwesen, die ihren Feinden tödlichen Schrecken einjagten. Hatte Fritz in Röcken noch kleine Kapellen gebaut und seinem König Eichhorn später eine mystische Sakristei, so galt es jetzt, den neuen Gottheiten Altäre zu errichten. Die kleine Schwester war bei einem solchen Heiden-Gottesdienst dabei:

»Wir hatten zufällig gehört, daß der Kirchberg eine alte Opferstätte gewesen sei, fanden Steine und Knochen, bauten einen Altar, schichteten Knochen und Holz darauf und zündeten es an. Als der treffliche Pfarrer, durch den sonderbaren Geruch aufmerksam gemacht, zu uns kam, fand er uns feierlich mit brennenden Kienspänen den Altar umschreitend, in seltsamen Tönen eine Art Hymnus singend: ›Wotan erhöre uns!‹«

Wotans wilde Jagd. Der Donnergott und Blitzewerfer war das rechte Gegengift, mit dem Fritz die bösen Mächte der Nacht bannen konnte. War der geliebte Vater nicht im Gewitter verschwunden? Hatten sich nicht »schwarze Wolken« aufgetürmt, als er zu Tode lag? Fritz würde es nie vergessen: »Blitze zuckten und verderbend fallen die Schläge des Himmels nieder.« War der Pastor in der dunklen Wolkenwand verschwunden, kehrte er nun, zum Sturmgott verwandelt, zurück:

»Sehet ihr nicht meine Blitze zuken?
Hörtet ihr nicht meine Stürme wehen?«

ruft er den opfernden Barbaren zu. So poltert Wotan, der sehr gut weiß, warum sein Sohn ihn heraufbeschwört. Der Junge braucht Hilfe, Erlösung von furchtbaren Anfechtungen. Und die bietet ihm nur das Gewitter: blitzartige, donnerumtoste Entladung. Der Hymnus, den die kleinen Nietzsches auf dem Triebeler Kirchberg sangen, war Friedrichs Hilferuf. Ein »ungeheurer Adler, der majestätisch über sie dahinrauschte«, habe ihnen den Götternamen zugekreischt.

»Wer kann uns noch retten?
Wen rufen wir in der Noth an? . . .
Hilf uns o Woddan,
hilf uns im Streite
wider die bößen
Mächte der Nacht.«

Möglicherweise hat er da den Falschen angerufen. Aber Röcken war nun einmal der Fixpunkt seines Fühlens, und die gewittergleiche Katastrophe erhellte die Szenerie. Von der Heimat, so sagte noch Zarathustra, kam ihm »ein süsser Geruch, ein herz- und thränenlösender« herübergeweht; doch auch das Grauen hatte dort zum ersten Mal von ihm Besitz ergriffen, als die weiße Gestalt aus der Grabestiefe emporgeschwebt war. Nun konnte er in Gustav Schwabs Sagenbuch nachlesen, daß sich dies im klassischen Altertum genauso abgespielt hatte. Tote Helden, so hieß es da, verlangt es dringend nach den Lebenden — wie jenen Kampfgefährten des Herakles, der den Argonauten als kläglicher Schatten »von Persephone aus der Unterwelt entlassen« erschien und »sehnsüchtig« zu den Kriegern hinüberblickte. Zuoberst stand er auf seinem Grabhügel »und tauchte bald wieder in die schwarze Tiefe hinunter«. Auch Odysseus muß erleben, wie die Toten nach dem dampfenden Blut des Lebens gieren. Dessen abenteuerliche Irrfahrt hat Fritz mit der Schwester nachgespielt: der erfindungsreiche Held auf der Suche nach dem fernen Attika.

Die Beschäftigung mit der verlorenen Heimat trug zwanghafte Züge. Kurz bevor er 1858 zum zweiten Mal vertrieben wurde, diesmal von Naumburg ins Internat, erinnerte er sich an ein Gedicht, in dem er sein Problem allegorisch dargestellt hatte. In »Vergänglichkeit des Glücks« ließ er, ein paar Jahre zuvor, »einen Wandrer unter Karthagos Trümmern schlummern. Der Traumgott mußte an seiner Seele jener Stadt einstiges Glück vorführen. Dann kamen die Schicksalfälle und endlich — erwachte er«.

Die einst blühende und dann geschleifte Metropole Karthago bot dem Altertumsfreund das geeignete Bild für das untergegangene Röcken. Im Traum durchlebt er noch einmal die paradiesische Zeit, bis die Katastrophe blitzartig hereinbricht. In der Autobiographie »Aus meinem Leben« hatte er geschrieben: »Bis hierher hatte uns immer Glück und Freude geleuchtet«, dann war das »verderbende« Gewitter hereingebrochen. Der Wanderer konnte sich beim Traumgott bedanken, daß er ihn aus diesen Schrecken wieder — Gedankenstrich — erwachen ließ.

Das war keine Selbstverständlichkeit. Manches geht in Nacht verloren. Auch das Gedicht, das sich unter diesem Titel in Nietzsches Kinderschriften findet, endet weit weniger optimistisch, als sich der Autobiograph erinnerte. In »Vergänglichkeit des Glücks« besucht der Wanderer — angeregt durch Chateaubriands Melancholiker-Epos »René«? — die Ruinen des klassischen Altertums. Als Transportmittel dient ihm,

»Woddan« läßt grüßen, ein gewaltiger Adler. Ninive ist Endstation. Fritz, der Bildungsreisende in eigener Sache, weiß wohl, was ihn auf dem berühmten Ausgrabungsfeld erwartet. Mit dem Spaten buddelt er »ein groß Loch, und kaum einige Fuß tief findet er den Boden voll Sculpturen«. Doch der glücklichen Entdeckung kann er nicht froh werden. Während die Sonne bedeutungsvoll versinkt, überkommt ihn der Weltschmerz; er

> »senket verscheident das bleiche Haupt hinab
> Und fiel gerade in die Grube die ehr da gegraben hat.«

Wer nach anderen eine Grube gräbt, fällt selbst hinein. Wer immer zu den Gründen geht, wird er später sagen, geht selbst zugrunde. Friedrichs Suchexpedition nach dem verlorenen Vater endet mit seinem Todes-Fall, als hätte der ihn, wie einst den kleinen Bruder, zu sich hinabgezogen.

Der Weg zurück ist abschüssig. Im August 1859 freut sich der Vierzehnjährige auf die Ferien. Endlich kann er der Bildungskaserne Schulpforta den Rücken kehren: »Hundstage« bei Mama! In der Nacht davor erlebt er in drastischen Bildern, was »Heimkehr« für ihn bedeutet — denn »daheim«, das liegt nicht in Naumburg. Mit einem Freund, so schreibt er seinen Traum nieder, verläßt er eine »düstere« Stadt, die »trotz ihrer Belebtheit auf mich keinen angenehmen Eindruck macht«. Die Sonne ist gerade untergegangen, über ihnen leuchtet der »goldig umflossene Himmel«, vor ihnen liegt die langsam dunkler werdende Landschaft. Rührende Erinnerungen steigen in dem Träumenden auf, sein vergangenes Leben breitet sich »wie eine wunderliebliche Abendlandschaft« vor seinen Blicken.

Die Idylle endet abrupt. Ein »greller Schrei« dringt aus dem »nahen Irrenhause. Inniger schlossen sich unsre Hände zusammen: uns war, als berühre uns ein böser Geist mit beängstigenden Fittichen«. Im Klartext: Plötzlich wurde mein Vater krank, schrie wie ein Irrer und jagte mir schreckliche Angst ein. Das Jean Paulsche Rosengewölk ist in ein E.T.A. Hoffmannsches Nachtstück umgekippt. Ein verwunschener Wald erwartet nun die Kinder. Als die Mitternacht naht, haben sie sich verlaufen. Die Wolken ballen sich zur »grauen Masse«, der Mond versteckt sich ahnungsvoll. Denn etwas wird geschehen, die Alptraumbühne ist bereitet.

»Bald erblickten wir eine schwarze Gestalt«, schreibt Fritz, »wie es schien, war es ein Jäger.« Ein Jäger ganz besonderer Art. Seine »wilden, unheimlichen Gesichtszüge«, dazu der »laut bellende Hund«, lassen nichts Gutes erwarten. Wer verbirgt sich im schwarzen Rock? Hatte Fritz bei Jacob Grimm über den »Wilden Jäger« nachgeschlagen, in dem Donnergott Wotan steckt, seit er »den Menschen und ihrem Dienste gleichsam abgestorben« war? Oder ist es der Pfarrer im schwarzen Talar?

»Wir gelangten endlich in ein Tal, rings von wildem Gestrüpp umgeben. Plötzlich setzte unser Begleiter eine Pfeife an den Mund und ließ einen schrillen Ton hören . . . auf einmal wurde es im Wald lebendig, hier und da leuchteten Fackeln auf, wild vermummte Menschen umschlossen uns beide im Kreis, die Besinnung verging mir und ich wußte nicht, was mit mir vorging.«

Wirklich nicht? Fritz durchlebt erneut das Röckener Trauma. Mit dem ersten »grellen Schrei« war die Nacht über das Stilleben hereingebrochen, mit dem letzten »schrillen Ton«, von der schwarzen Gestalt ausgestoßen, endete sie: auf dem von Büschen umgebenen Gottesacker, wo verschleierte und schwarz »vermummte« Menschen ihn »im Kreis« umschlossen, als man sich am offenen Grab aufstellte. »Und ich wußte nicht, was mit mir vorging.« Der Traumprotokollant hat Glück:

»Als ich erwachte, schwebten noch jene Schreckensbilder um mich, aber bald nahm ein belebendes, erheiterndes Gefühl die Oberhand — ich war noch in Pforta, es war der letzte Morgen, in zwei Stunden war ich schon in Naumburg.«

*

Fritz konnte sein Traumschiff trockenen Fußes verlassen. Es hatte von selbst seinen Heimathafen angesteuert: Der träumerische Abendspaziergang durch sein vierzehnjähriges Leben war auf dem Röckener Friedhof angelangt, wo gerade der Vater beerdigt wurde. Was er damals nicht verkraftete, raubt ihm auch in der Traum-Wiederholung die »Besinnung«. Wenn sein Zarathustra dereinst feierlich versichern wird, »nur wo Gräber sind, giebt es Auferstehungen«, kann er sich auf die einschlägigen Erfahrungen des Schülers berufen.

Wenn der Schlaf Ungeheuer gebiert. Der Chronist der laufenden und häufig sich überstürzenden Ereignisse schrieb seine Träume gerne auf. Vielleicht bewahrheiteten sie sich? Außerdem redet sich leicht von Gefahren, denen man entronnen ist. Sie lassen sich dichterisch verarbeiten, frischen die häufig dünnen Tagebucheinträge auf. Als Zukunftsorakel bewährten sie sich immer wieder. Wie der Tod des kleinen Joseph wird ihm auch das Ableben von Großvater Oehler ante festum angezeigt. Später erzählt er einmal, daß er fast alle Nächte »mit Todten« verkehre. Doch Angst überwog den Stolz der kleinen Pythia. Als hätte Fritz nicht schon genug unter dem täglichen Drill zu leiden gehabt, rückten ihm nachts die Phantome seiner Einbildungskraft auf den Leib. Phantasien eines nervösen Kindes? Für ihn hatten diese Begegnungen mit Fiktion herzlich wenig zu tun. Auch nach dem Erwachen schweben die Schreckensbilder ihm noch vor Augen; beim bloßen Gedanken daran, so sagt Zarathustra einmal, »klopft« ihm das Herz bis »zur Kehle hinauf«.

Alpträume haben mit Justinus Kerners schrulligen Spukereien wenig gemein. Dessen »Gespenster« halten sich auffällig zurück, sie klopfen ein wenig und seufzen ein wenig, wenn es hoch kommt, zeigen sie ihre nebulöse Jammergestalt. Die Ungeheuer, die der Alptraum gebiert, legen sich keinerlei Beschränkung auf: Angstmachen, das ist für sie ein Anfängerspiel — auf die wirkliche, leibhaftige Bedrohung kommt es an! Gerade wegen ihrer Wirklichkeit gelten Alpträume bis heute als Tabu-Thema. Wer unter ihnen leidet, spricht nicht gerne darüber. Allzu schlagend widerlegen sie das Bild vom aufgeklärten Menschen, der sein Schicksal in Händen hat, und verwandeln ihn zurück in ein zitterndes Häufchen Elend. Für den Alpträumer ist nicht nur das wirklich, was er mit Augen sehen und mit Händen greifen kann, sondern auch das, was mit (Gespenster-)Armen nach ihm greift und mit (Gespenster-) Augen auf ihn blickt. In »Also sprach Zarathustra« hat sich Nietzsche, bis heute unbemerkt, mit diesen Erfahrungen auseinandergesetzt. Viele Fallbeispiele der Alptraumforscher lesen sich wie Auszüge aus »Zarathustra«-Kapiteln.

Amerikanische Wissenschaftler meinen, wer unter Alpträumen leidet, »kann seine Gespenster nicht zur Ruhe bringen«. Sie beschreiben den Horrortrip als »langen, lebendig empfundenen, angsterregenden Traum, der den Träumer aus dem Schlaf weckt und ihm in klarer Erinnerung bleibt«. Meist kommen die Schreckbilder in der zweiten Nachthälfte. Das ganze System gerät in Alarmbereitschaft. Körpererregung und Trauminhalt schaukeln sich gegenseitig hoch, bis die Spannung, die im Traum als angsterregendes Bild erscheint, unerträglich wird. Mit einem lauten Schrei erwacht der Träumer, der Spuk, der eben noch sein Zimmer erfüllte, ist verschwunden.

Im letzten Jahrhundert sah man in Atembeschwerden oder Verdauungsstörungen die Ursache für solche Träume. Auch Nietzsche, überzeugter Materialist, glaubte daran. Doch der amerikanische Alptraum-Forscher Ernest Hartmann kann zwischen den Phänomenen keinen Zusammenhang erkennen. Seine Deutung: Die Nachtmahre tauchen in einer Traumphase auf, die für frühkindliche Erlebnisse reserviert scheint; die angstvolle Vision stellt nur die Wiederholung eines traumatischen Erlebnisses dar, das dem Schläfer in den ersten Lebensjahren widerfahren ist. Verliert ein Kleinkind beispielsweise eine geliebte Person oder muß die Zuwendung der Mutter an ein nachgeborenes Geschwister abtreten, kann es zu einem Verlassenheits-Schock kommen. Diese Erfahrung ist für das vereinsamte Kind so unerträglich, daß es sie »abkapselt«. Tritt im späteren Leben eine ähnliche Situation äußerster Hilflosigkeit auf, platzt die Kapsel, die angstbesetzte Filmsequenz rollt — mit wechselnder Besetzung — ab. Niemand kann dem Opfer helfen, da der Traum eben seine Hilflosigkeit zum Inhalt hat. Erst das Erwachen wird zum »Retter in höchster Not«.

Alpträume sind häufiger als angenommen. Fünf Prozent der amerikanischen Erwachsenen, so Hartmann, leiden unter ihrer ständigen Wiederkehr. Die Betroffenen beschreibt er als »dünnhäutig« und hochsensibel, künstlerisch begabt und »zu grandiosen Vorstellungen von sich selbst« neigend. Sexuell schwer festzulegen, bezeichnen sich viele als »Mischung aus Maskulin und Feminin«. Da sie nicht so eindeutig wie die anderen zwischen Traum und Wachen, Realität und Phantasie trennen können, erleben sie auch parapsychologische Phänomene wie Hellsehen oder Déjà-vus. Leider tendieren sie zu Geisteskrankheiten.

Angst macht, gerade im Traum, kreativ. Wilhelm Heinrich Roscher, ein Leipziger Studienkollege Nietzsches, betont in einem Buch über die »Alpträume und Alpdämonen des klassischen Altertums«, daß die »ungemeine Lebhaftigkeit der Alptraumvisionen« häufig die Eindrücke »des im wachen Zustand Erlebten noch um ein Bedeutendes übertrifft«. Nietzsche, der sein Leben lang unter Alpträumen litt und sie für seine Schriften fruchtbar machte, begegnete in ihnen den Kräften, die sein Leben bedrohten — nur eben maskiert, verkleidet und vermummt, in immer neuen und doch immer gleich beängstigenden Gestalten. Sein heimliches Leiden blieb verborgen, und deshalb auch der Versuch, es zu bewältigen.

Roscher beschreibt den Alptraum als spektakuläre Nachtvorstellung, die häufig mit dem Gefühl des »Erstickens« beginnt. Bilder von Schlangen und Kröten tauchen auf, die nicht lange Bilder bleiben, sondern als eklige Wirklichkeit den Träumer zu erwürgen drohen. Oder es erscheint vor dem Bett ein »zwerghafter Kobold von kaum menschlicher Gestalt«, der sich bei anderer Gelegenheit in ein »eigentümliches Bastardtier, halb Hund, halb Affe« verwandelt. Je nach Imaginationsvermögen kann das üble Wesen auch einen »Maulwurfspelz« tragen.

Der Zwerg läßt sich am liebsten auf der Brust des Opfers nieder. Manchmal muß ihn der Träumer einen steilen Berg hochtragen. Dabei sitzt er ihm auf der Schulter und wird von Schritt zu Schritt schwerer. Eine Höllenqual, zumal hinter einem der Abgrund droht. Roscher bemerkt auch einmal, daß »die Zwerge große Genitalien haben«. Schauderhafte Vorstellung! Gegenwehr ist völlig sinnlos und wird, so Ludwig Laistner in seinem Buch über die Sphinx, mit »hämischem« Hohnlachen quittiert. Wer ein Glied rührt, wird mit Lähmung, wer um Hilfe schreien will, mit Stummheit geschlagen. Bricht man unter der scheußlichen Last zusammen, wird man aufgeschreckt, von »heftigem Wind« bedrängt und ein andermal durch »entsetzliches Getöse mit Knallen und Dröhnen« aus der Fassung gebracht. Erwacht das Opfer dann schreiend, bleibt ihm die Gewißheit in den Knochen, einer tödlichen Gefahr entronnen zu sein. Manche glauben dann, Theologiestudium vorausgesetzt, »das Ende der Welt naht«, und die Posaunen des Jüngsten Gerichts blasen schon.

Alpgeister können auch Stimmen imitieren. Sie lieben rhythmisch-anzügliches Stöhnen, das gespenstische Schmerz- und Lust-Gewimmer aus der Tiefe der Nacht, aber auch jenen »heiseren Klagelaut«, so Laistner, »der durch Mark und Bein geht« und an jenen erinnern mag, den »der Vater sterbend ausgestoßen«. Wie man hört, schrecken die Quälgeister vor keiner Niedrigkeit zurück. Um die »Unanständigkeit« ihrer Botschaft zu verhüllen, bedienen sie sich »kindisch lallender Redeweise« oder sprechen unartikuliert.

Für den Freud-Schüler Ernest Jones stellt der Alptraum ein Paradebeispiel für seine Disziplin dar: Es geht, wie anders, um verdrängte Sexualität. Der Traum, so resümiert der Psychoanalytiker, gipfelt in sexuellen Lustgefühlen, gegen die sich der Träumer verzweifelt wehrt. Besonders geeignet zur Auslösung sei die »Verdrängung der weiblichen masochistischen Sexualtriebe«, die unter dem schützenden Mantel des Schlafs ihre feucht-fröhliche Auferstehung feiern — sozusagen auf dem Rücken des Opfers:

> »Der latente Inhalt des Alptraums besteht in einer Darstellung des normalen Geschlechtsverkehrs, und zwar in einer Art, die typisch für die Frau ist: der Druck auf der Brust, die äußerste Hingabe des eigenen Selbst, die durch das Lähmungsgefühl dargestellt wird, ferner die eventuelle Genitalsekretion zeigen dies direkt an, und die anderen Symptome, das Herzklopfen, der Schweiß, das Erstickungsgefühl . . . sind bloße Übertreibungen der Vorgänge, die man normalerweise während des Aktes erlebt.«

Warum sind die Alpgestalten bei dieser angenehmen Verrichtung so eklig? Weil, meint Jones, »die Verdrängung die Darstellung des zu Grunde liegenden Wunsches in seiner nackten Gestalt nicht erlaubt«. Mit der Wollust erwachen die Widerstände, und da nicht sein kann, was nicht sein darf, verwandeln sie das dunkle Objekt der Begierde in einen abstoßenden Runzelzwerg mit Wachstumstendenz. Die unaufhaltsame Luststeigerung wird zur zuckenden Agonie des Grauens, der Lustschrei klingt wie ein Todesschrei. Wer das erlebt, dem vergehen die Sinne, aber erst, nachdem sie auf ihre Kosten gekommen sind.

Der Amerikaner Hartmann hat bei seinen Versuchspersonen nichts dergleichen bemerkt. Sexuelles, meint er, stehe bei Alpträumen nicht »im Vordergrund«. Daß das Erwachen gar mit einem Orgasmus verbunden sei, wie auch Roscher annimmt — »Männer haben meistens Samenergüsse« —, wäre nach Hartmanns Theorie abwegig: »In Alpträumen gibt es deshalb keine sexuellen Themen . . . weil sie aus der Zeit stammen, in der sich die endgültige sexuelle Identität noch nicht gebildet hat.« Da könnte Jones nur lachen. Immerhin kennt Hartmann ein benachbartes Problem, das auch amerikanische Alpträumer bedrückt: »Ihre Ich-Grenzen sind so dünn, daß sexuelles und aggressives Material häufiger als bei den meisten Menschen ins Bewußtsein drängt.« Vielleicht war diesem Material in prüderen Zeiten der Zugang verwehrt, so daß es sich erst im Schutz der Nacht hervorwagen konnte? Mit Sicherheit aber war es nicht die einzige Bedrohung, die sich für die Alpträumer vergangener Jahrhunderte hinter Zwergen, Schlangen und Maulwürfen verbarg.

Nietzsche durchlitt alle Varianten. Seine sexuellen und aggressiven Phantasien hat er in seinen Träumen ausgesponnen. Quälende Rätsel blieben ihm die nächtlichen Begegnungen der unheimlichen Art immer. Er trug sie »deutend« mit sich herum, wie Lou Salomé berichtet. Eine kluge Antwort konnte ihn dann »förmlich erlösen«. Noch bevor er schreiben lernte, hatten ihn die gespenstischen Visionen heimgesucht; und als er längst die Feder weggelegt und sein intellektuelles Vagabunden-Dasein gegen einen festen Platz im Edel-Irrenhaus der Schwester eingetauscht hatte, konnte man an seinen Schreien, »dem wilden verzweifelten Aufbrüllen, das wie aus der Brust eines zu Tode verwundeten Tieres die Stille der Nacht zerriß«, hören, daß der Privatpatient seine Gespenster noch immer nicht zur Ruhe gebracht hatte.

Nietzsche wußte schon lange vor Freud, was sich in den Alpgespenstern versteckte. Wer glaubt, seine »Sinnlichkeit« abtöten zu können, so schreibt der Mittdreißiger, täuscht sich:

> »sie lebt auf eine unheimliche vampyrische Art fort und quält ihn in widerlichen Vermummungen.«

III

DIE VERWIRRUNGEN DES ZÖGLINGS FRIEDRICH

»Auf dem grünen Hügel zur Seite der dicht vorbeiziehenden Landstraße gemächlich hingelagert«, so sah Ludwig Bechstein auf seiner Wanderung durchs romantische Thüringen das Elite-Internat, »die berühmte Fürstenschule, das ehrwürdige Pforta«. Als es noch ein Zisterzienser-Kloster beherbergte, hieß es Himmelspforten. Ein lieblicher Ort, an dem sich die »fröhlich aufblühende Jugend« in allerlei Tugenden übt.

Über das, was sich hinter den alten Klostermauern abspielte, ist Nietzsche sich mit seinen späteren Biographen einig: Pforta, so weiß Curt Paul Janz, hatte »große Ähnlichkeit mit den preußischen Kadettenanstalten«; Werner Ross meint, daß es dort »nicht weniger drastisch-asketisch zuging als in einem strengen Mönchsorden«. Der Naumburger Zögling, der 1858 als Halbwaise eine Freistelle ergatterte, schreibt mit Blick auf sein altes Internat:

»Was die ›höheren Schulen‹ Deutschlands thatsächlich erreichen, das ist eine brutale Abrichtung, um, mit möglichst geringem Zeitverlust, eine Unzahl junger Männer für den Staatsdienst nutzbar, *ausnutzbar* zu machen.«

Der kranke Kadett. Abgerichtet wurde nach Stundenplan und, wie daheim, rund um die Uhr: Vier Uhr Wecken. Wer bis fünf nicht aus den Federn kommt, wird bestraft. Halb sechs geht es in den Betsaal, wo aus der Bibel vorgelesen wird. Folgt das schnelle Frühstück — warme Milch und Semmeln —, denn um sechs beginnt die Klasse. Um zwölf wird gegessen: »Montag. Suppe, Rindfleisch und Gemüse, Obst; Dienstag. Suppe, Rindfleisch und Gemüse, Butter; Mittwoch. Suppe, Rindfleisch und Gemüse, Obst; Donnerstag. Rindfleisch und Gemüse, Nierenbraten und Salat; Freitag. Suppe, Schweinebraten, Gemüse ... Jeder bekommt bei jeder Mahlzeit ein Zwölftel Brot.« Danach muß man bis halb zwei in den Garten. Wer eher auf seine Stube geht, wird bestraft. Zwei bis vier wieder Unterricht. Nach kurzer Vesper werden Klassenarbeiten geschrieben. Fünf bis sieben sind »Repetierstunden« angesetzt. Danach Abendessen. Ab neun Bettruhe.

Fritz reagiert mit Alpträumen und Krankheit. Dem »spartanischen« Ideal folgend, schweigt der »Alumne«, wie die Zöglinge genannt werden, über seine diversen Leiden. Später wird er sich, was die Klagen über seine schlechte Gesundheit angeht, keinen Zwang mehr antun. Da auch in Pforta, »wo nur die Strenge regiert«, Wehleidigkeit verhaßt ist, wird nur in Ausnahmefällen krankgeschrieben. Jeder Knabe soll sich als »Mann« bewähren, Kränkeleien sind weibisch. Über den Alumnen Friedrich Nietzsche verzeichnet das Krankenbuch dennoch einen bedenklichen Katalog von Ausfällen: Rheumatismus,

Katarrh, Katarrh, Rheumatismus, Erkältung, Rheumatischer Hals- und Kopfschmerz, Katarrh, Rheumatischer Kopfschmerz, Congestionen (Brockhaus: »plötzlich eintretende Vermehrung der Blutzufuhr eines Organs«) nach dem Kopf, Kopfschmerz, Katarrh, Congestionen nach dem Kopf, Rheumatismus, Katarrh, Katarrh, Ohrenentzündung, Diarrhoe, Katarrh, Congestionen nach dem Kopf.

Mitten in der traurigen Aufzählung seiner Rückfall-Leiden, sah sich der Protokollant zu einer Erklärung verpflichtet.

»Er ist ein vollsaftiger, gedrungener Mensch mit einem auffallend stieren Blick, kurzsichtig und oft von wanderndem Kopfweh geplagt. Sein Vater starb jung an Gehirnerweichung und war im hohen Alter gezeugt; der Sohn in einer Zeit wo der Vater schon krank war. Noch sind keine schweren Zeichen sichtbar, wohl aber Rücksicht auf die Antecedentien nötig.«

Ein Kranker mit Vorgeschichte also, über den man im Lehrkörper hinter vorgehaltener Hand sprach. Anstaltsarzt Dr. Zimmermann, der die aufschlußreichen Informationen zusammengetragen hatte, wird auch sonst wenig Freude an dem »gedrungenen Menschen« gehabt haben. Nietzsche titulierte ihn einmal in Hörweite als »alten Schwätzer«. Zimmermann wiederum quälte ihn — meist erfolglos — mit Senfpflastern, Schröpfköpfen, Blutegeln und der besonders schmerzhaften Spanischen Fliege. Rheuma, Katarrh und Congestionen waren stärker. Im Januar 1861 schreibt der Schmerzverleugner dann doch einmal über die »beständigen Kopfschmerzen«, von denen sogar seine Wahrnehmung beeinträchtigt wird: »Ich komme gar nicht recht zu Besinnung«, klagt er, »es ist um mich alles wie ein Traum.« Stolz setzt er hinzu, er gehe »auf keinen Fall« in die — unehrenhafte — Krankenstube. Harte Naumburger Schule! Tage später schreibt er, daß »8 noch außer mir« auf der Krankenstube liegen. Die Mama sollte nicht glauben, er sei der einzige, der schlapp macht.

Nicht nur das Leiden am Kopf wurde chronisch. Auch die Wirklichkeit, die ihm die Kopfschmerzen bereitete, neigte zu Wiederholungen. Für den Musterschüler, der mit zusammengebissenen Zähnen das Heimweh niederkämpfte, war der Pfarrhof in Pobles zur letzten Außenstelle des verlorenen Paradieses geworden. Hier verbrachte er seine Sommerferien und konnte für ein paar Wochen vergessen, was man aus ihm gemacht hatte. Außerdem durfte er den Bücherschrank des Großvaters nach Okkultem durchforsten oder sich mit seiner neuen August-von-Platen-Biographie ins Gartenhäuschen verziehen.

1859 feierte der Opa seinen 70. Geburtstag. Der poetische Enkel hatte ihm eigens etwas Passendes gedichtet. Es war, wie anders, ein Stück Autobiographie:

»O Ort der du stets mir
Der Heimath Schimmer
Die ich verloren
Von Neuen gegeben
Du bist mir erkoren
Die Spuren der Kindheit
Die mir sonst entschwinden
Gar treu zu bewahren . . .
Die Sehnsucht zu stillen
Zur einstigen Heimath . . .«

Als ihm das in die Feder floß, halb naiv und halb sentimental, lag die Röckener Katastrophe zehn Jahre zurück. Und nichts war vergessen. In der Nacht, bevor Fritz das nostalgische Reimwerk vor versammelter Mannschaft vortragen konnte, hatte er einen Traum. Es war ihm, als habe »das ganze Pfarrhaus von Pobles . . . in Trümmern gelegen, und die arme Großmama hätte allein unter dem zerbrochenen Gerüst und Balkenwerk gesessen«. Fritz erwachte, stürzte in den Garten hinaus, wo er bis zum Morgen umherirrte. »Mamachen«, selbst abergläubisch, »verbot uns diesen Traum weiter zu erzählen«, schreibt die Schwester. Es sollte nichts helfen. Ein halbes Jahr später ist der Opa, bis dahin »frisch und rüstig«, tot. Bald darauf verlassen die Oehlers die Pfarre mit der historischen Aussicht und dem familienhistorischen Gewürzbeet. Fritz, als Wahrträumer bewährt, hatte wieder verloren. 1875 notiert er sich: »In Pobles, als ich über die verlorene Kindheit weinte.«

Pforta, schreibt Nietzsche später, habe ihm nur »ein Surrogat der väterlichen Erziehung« bieten können. Was ihm gegeben wurde, maß er an dem, was er verloren hatte. Mit »uniformierender Disziplin« und »fast militärischem Zwang« war ihm jedenfalls nicht beizukommen. Den hatte ihn schon die Mutter bis zum Überdruß schmecken lassen. Bald, so Nietzsche weiter, rettete er sich vor dem »einförmigen Gesetz« und kultivierte »private Neigungen und Bestrebungen«. Ergebnis: »Ich lebte einen verborgenen Kultus bestimmter Künste.«

Fritz hat sich eingekapselt. Was ihn umtreibt, geht niemanden etwas an. Während er sich scheinbar »der Schule marter« beugt und die Rolle des Strebers weiterspielt, schreibt er sich in Gedichten von der Seele, worüber er mit niemandem sprechen kann. Er schreibt und komponiert, weil er ein Ventil braucht. Und hat, Ironie des Schicksals, gerade damit in Pforta Erfolg. Die Zeit braucht Genies. Seine Lehrer verstehen sich als Talentsucher. Hier ist ein Knabe, den es aufzubauen lohnt!

IN DANTES INFERNO. Dabei sind die Fundamente durch Hohlräume bedroht. 1861 führt ihn ein Traum in einen solchen vergessenen Keller. Das Gedicht über das Nacht-»Gesicht« spricht in kunstvollen Dante-Terzinen von seinem persönlichen Inferno. Da er sich gerade für die »Göttliche Komödie« begeistert, läßt er den Abstieg in die Unterwelt in jenem dunklen Wald beginnen, von dem Dante sagt, er sei »herber als der Tod«:

»Mich trieb der Geist einst in des Waldes Nacht
Im Traum gefesselt lag mein Sinn gefangen
Und ahnend schaut ich, was ich nur gedacht,

Als höher sich des Geistes Flügel schwangen,
Beseligt durch die hehre Himmelmacht.
Verworren und betäubt schritt ich einher

Es war ein Trieb, ein inneres Verlangen,
Daß ich im Wald versank je mehr und mehr
Bis endlich Stimmen mir zu Ohren drang(en) . . .«

Wen der Geist treibt, der hat keine Wahl. Zwanghaft kehren Friedrichs geistige Höhenflüge und Abendwanderungen zum Ursprung zurück. Bald dringen von dort unartikulierte Laute an sein Ohr,

»... Unheimlich wie ein dumpf erregtes Meer,
In das tiefschwarze Wolken niederhangen
Ob Graun mich hielt und ahnungsvoller Schauer,

Ich folgte doch dem Klang, das Herz voll Bangen ...«

Fritz ist nicht zu bremsen. Er muß den dumpfen Geräuschen auf den Grund gehen. Daß es ihn davor graut und dunkle Ahnungen ihn warnen, kümmert ihn nicht. Wie damals in der Winternacht, als die brausende Kirchenorgel ihn weckte, treibt es ihn vorwärts. Führt das gespenstische Flüstern ihn nicht zurück in die Heimat?

»Und plötzlich stand ich dicht an einer Mauer,
Um die sich grüne Epheuranken schlangen.

Was ich vernahm, das war ein grimmer Fluch
Der mir das Herz zer(r)iß mit glühnden Zangen,
Und wie ein Donner in das Ohr mir schlug ...«

Die Heimat empfängt ihn mit Höllenstrafen. Ein Fluch wird ihm entgegengeschleudert, glühende Zangen zerreißen ihm das Herz, der höchste Richter selbst scheint ihm mit seinem Donnerschlag das Lebenslicht ausblasen zu wollen — um Gotteswillen: Wartet im Röckener Gottesacker das Jüngste Gericht auf ihn? Vor die endgültige Verdammung haben die Götter die Gewissensqual gesetzt. Schon dringen »schwere Klagen« durch das geöffnete Friedhofstürchen. Der Träumer robbt sich heran — und traut seinen Augen nicht:

»Ich sah und sah und sprang entsetzt empor
Ein wild verzerrter Mönch, ein Grab, ein Sarg
Rings Fackelschein, der sich in Nacht verlor ...«

Vor Friedrichs Traumauge hat sich eine Friedhofsgesellschaft versammelt wie bei der Beerdigung des Vaters. Der

Sarg steht vor der ausgehobenen Grube bereit — doch drunten scheint der Teufel los. Da tobt und heult es »graunvoll«, daß Fritz sich nicht mehr zurückhalten kann. Er *muß* sehen, wer in der Grube ist. Der Unbekannte kommt ihm mit einem Satz entgegen —

».. . und hielt ein Haupt mir vor
Ein bleiches Haupt umringt von blutgen Locken

Die Züge wild verzerrt, das Auge stier
Mein Bruder! rief er ist der Todte hier
Gemordet und durchbohrt von mir, von mir!«

Der Schock könnte nicht größer sein: Der mörderische Mönch, das ist er selbst! Er, der »Bruder« des kleinen Joseph, den es aus Pfortas Klostermauern hierher getrieben hat — er hat ihn umgebracht. Sein Wahrtraum war ein Wunschtraum. Jetzt weiß er es: Erst habe ich den Vater unter die Erde gewünscht, und dann das Josephchen hinterher! O Grauen, o schlimmste aller Todsünden! Halb wahnsinnig vor Selbstvorwürfen tobt der »Mönch« im Grab, das er gleichsam selbst geschaufelt hat. Wie in einem epileptischen Anfall hält er die Trophäe seines Verbrechens hoch, eine »wild verzerrte« Salome mit dem bluttriefenden Haupt des Täufers.

Mitten im Hexenkessel der Selbstzerfleischung schlägt der Dichter einen veränderten Ton an. Das Bild, das ihn eben noch entsetzt hat, gerät ins Malerische. Er schwelgt in seiner grausamen Vorstellung wie ein Barockkünstler, der das Blut seines Lieblingsheiligen eigenhändig vergießt:

»Und heulend küßte er das Grabgesicht
Und rang die Hände, raufte sich das Haar
So graunvoll heult der wilde Tiger nicht

So krächzt nach Beute nicht der schnelle Aar . . .«

Das Klagegeheul des Brudermörders geht, unterbrochen von verzweifelten Salome-Küssen, in sadistisches Triumphgeheul über, vor dem selbst wilde Tiger oder hungrige Raubvögel erzittern. Die Tragödie wird zur Orgie. Das »Grabgesicht« des Bruders vor dem stieren Auge, bricht wieder die Grausamkeit durch, der er zum Opfer gefallen ist. Mit dem Gebrüll der Raubtiere endet der Alptraum:

»Der Wald erscholl — ich sah ein helles Licht
Die Mauer schwand — es schwand das Traumgesicht.«

Die wackeren Lehrkräfte der »Mutter Pforte« ahnten nicht, welches Ungeheuer sie in ihrem Kloster hielten: ein Alumne, der im Traum als Nachtgespenst in Grüften wühlt, gepeinigt von Schuldgefühlen, angestachelt von sadistischen Sehnsüchten. Ein Wolf im Schafspelz? Ein Vierteljahrhundert später bekennt sich der Philosoph Nietzsche offen zur Grausamkeit. Im »Dionysos-Dithyrambus« mit dem selbstquälerischen Titel »Nur Narr! nur Dichter!« greift er auf altvertraute Bilder zurück, um seinen fatalen Hang der Welt zu offenbaren:

»Also
adlerhaft, pantherhaft . . .
sind *deine* Sehnsüchte unter tausend Larven . . .
den Gott *zerreissen* im Menschen
wie das Schaf im Menschen
und zerreissend *lachen* —
das, das ist deine Seligkeit,
eines Panthers und Adlers Seligkeit . . .«

Neben Dante hatte der sechzehnjährige Nietzsche für seinen Raubtiertraum noch eine weitere Vorlage: den zwölfjährigen Nietzsche. Der hatte sich einst an einer Tragödie »Die Charolais« versucht. Der Mörder heißt hier Balduin, seinen Bruder Cherubino hat er, unerkannt, als Räuber hinrichten lassen. Vom Vater dafür verstoßen, begeht Balduin an Cherubinos Bahre Selbstmord. Die Rittersage scheint auf den Dichter bleibenden Eindruck gemacht zu haben. Als er 1867 freiwillig Militärdienst leistet, bekommt er ein »feuriges, schwungvolles« Pferd namens Balduin. Bald avanciert der erfahrene Reiter, der schon als Student Reitstunden genommen und mit der Peitsche die Vorlesungen besucht hat, zum »besten Reiter unter 30 Rekruten«. Schwer verständlich, wie er sich beim Aufsitzen am Sattelknauf so schwer verletzen kann, daß er unters Messer muß und ein halbes Jahr zur Genesung braucht. Da er, Spartaner wie er im Buche steht, erst nach Tagen mit seinen Schmerzen zum Arzt ging, hing sein Leben »an einem sehr dünnen Faden«. Von Balduin ließ er fortan die Finger.

*

Im Juni 1862 kann Fritz seiner Mutter einen Erfolg vermelden. Bei der alljährlichen Schulfeier durfte er sich als Dichter präsentieren. »In dem Festaktus habe ich mein Gedicht ›Ermanarichs Tod‹ vorgetragen«, schreibt er. Es habe schon in der Klasse die beste Zensur erhalten. Leider könne er es nicht mitsenden, da es zum Abschreiben zu lang sei. Fritz hatte Gründe, ihr den Text vorzuenthalten. Das Geheimnis, das er in »Ermanarichs Tod« preisgab, ging sie nichts an.

Der Kuss des Mondknaben. Das Preis-Gedicht war bereits sein dritter Versuch, den tragischen Stoff in den Griff zu kriegen. Ein Jahr zuvor hatte ihn ein Lehrer auf den Ostgoten-König aufmerksam gemacht. Im Juli 1861 schrieb Fritz sich aus den Vorlagen in der Internats-Bibliothek eine »historische Skizze« über den Fall heraus. Ihr Kern:

> »Swanhilda . . . (wurde) dem Gothenkönig zur Ehe gegeben. Bei dem war Bicki; der gab den Rath, daß Randwer, des Königs Sohn sich mehr für die schöne Swanhild passe, als der greise König. Das gefiel den jungen Leuten wohl. Doch Bicki verrieth es dem Könige. Da ließ der König Randwer henken und Swanhild von Pferden zertreten.«

Das schmeckte dem kleinen Sadisten. Erst betrügt der junge Prinz den alten König mit der jungen Königin, dann wird das Liebespaar vom Papa vernichtet. Klingt gut und entlastet! Der blutgierige Ermanarich kann sehen, wie er mit der Gewissensschuld fertig wird; Fritz läßt ihn dafür höllisch leiden. Im September 1861 komponiert er eine »symphonische Dichtung«, da das Thema »mich heftiger als je bewegte«. Der Anfang, schreibt er, »heroisch düster«; am Ende alles »stumm, todt, harrend auf Erlösung«. Nach dem Gedicht im Frühjahr des folgenden Jahres wird im September wieder an der Musik gearbeitet, im Oktober ein weiteres Gedicht nachgeschoben. Im November bastelt er an Szenenentwürfen. Dezember wird eine »größere Abhandlung« fertig, die in Pforta Eindruck macht. Ist er nicht der geborene Philologe? 1865 plant der Musiker aus Leidenschaft eine Ermanarich-Oper. Insgesamt ergibt das vier Jahre Vergangenheitsbewältigung, zumeist fragmentarisch. Der Stoff, der nicht zufällig Ähnlichkeit mit Richard Wagners »Tristan und Isolde« aufweist, zwang Nietzsche zu immer neuen Anläufen. Zu Ende gekommen ist er nie damit.

Die Frau spielt in den dramatischen Entwürfen keine Rolle. Sie löst die Tragödie zwischen Vater und Sohn nur aus. Wenn im Gedicht »Ermanarichs Tod« zwei heldenhaft leidende, von ihrer Schuld zerrissene Männer aufeinandertreffen, ist die Mutter längst gevierteilt und zertrampelt. Ohne sie wäre der Vater nicht zum Mörder, der Sohn nicht zum Verräter geworden — das sagt der Autor zwar nicht, aber der Schluß drängt sich auf. Ohne die Mutter hätten es die beiden ganz gut miteinander ausgehalten. Schon der Titel stimmt deshalb nicht. Statt »Ermanarichs Tod« mit seinem Schiller-Flair müßte es gut Wagnerisch heißen: »Ermanarich und Randwer.« Mit dem Wagner-Drama vom Lieben und Sterben war Friedrich seit 1861 vertraut. Sein zum Pförtner Festakt rezitiertes Gedicht schildert den Liebestod von Vater und Sohn. Hat das Auditorium zugehört?

In einem sturmgepeitschten Wald, der an Wagners Inzest-Stück »Die Walküre« erinnert, verflucht Ermanarich sein Schicksal: Erst hat man ihm Hörner aufgesetzt, dann zum Mörder gemacht, schließlich sein Schloß niedergebrannt — ganz wie 1848. Auf sein »Donnerwort« erscheint der Mond, »schleicht« sich näher — »hu!« — und grinst den Vogelfreien »höhnisch« an. Dennoch ruft ihm Ermanarich ein verzweifeltes

»o bleib, o bleib!« nach, als er sich hinter Wolken verbirgt. Schließlich ist er sein letzter einziger Genosse.

Dann, wolfsschluchtmäßig vorbereitet, das Finale. Ein Gespenst erscheint vor des Königs entsetztem Blick — womit Nietzsche die gewohnte Situation einfach umkehrt. Dem vor Selbstvorwürfen halb wahnsinnigen Vater tritt die »weiße Gestalt« seines Sohnes entgegen. Ermanarich, halluzinierend:

»... Weh! die Gestalt,
Die dort aufsteigt! S'ist seine Gestalt.
Sie wächst und schwillt, sie will mich erdrücken,
Sie will mich durchbohren mit ihren Blicken!
Was hab ich gethan dir, blut'ges Bild?
Was funkelt dein Auge mir so wild? ...«

Fritz zahlt in gleicher Münze heim. Seit Röckener Tagen verfolgte ihn das Blitze werfende Auge des Ritters in der Sakristei, quälte ihn die Erinnerung an die Kirchhofsvision, als das Gespenst aus der Tiefe »aufstieg«. Das Wachsen und Schwellen, das ihn zu erdrücken droht, ist wollüstig-qualvolle Alptraumzutat. Soll der Vater nur leiden — es ist ja nicht für lange! Mit dem Durchbohren wird es der Sohn noch länger haben. 1888 läßt er einen Gewissensqual-Gott auftreten, den sein Opfer anwinselt:

»Was blickst du wieder
der Menschen-Qual nicht müde,
mit schadenfrohen Götter-Blitz-Augen? ...
Du drängst mich, drückst mich ...
du — Henker-Gott!«

1862 heißt das Opfer dieser Attacke Ermanarich, im Henkergott, der des Folterns nicht müde wird, steckt sein gespenstischer Sohn. Und während der Vater zittert und zagt, nähert der sich bedrohlich:

»Da schlich's heran zu ihm dem Greis
Und fiel zu Boden und weinte leis.
Der König starrte, gebannt zur Stelle
Und stöhnte beklemmt: ›Trugbild der Hölle!
Du gleichst dem Sohn, den ich verlor!‹ ...«

Das Starren scheint den Nietzsches eigentümlich. Doch diesmal zeigt sich dem festgefrorenen Blick kein Phantom, das die Wirklichkeit nachäfft, sondern diese selbst: Der Totgeglaubte, seinen Mördern entkommen, wirft sich dem Vater zu Füßen und fleht um Vergebung »für alles tausendfache Wehe!« Als hätte *er* den Mordbefehl gegeben. Der Vater, wie vom Donner gerührt, sinkt dem Sohn entgegen. Und wie in Wagners Liebesnacht Tristan mit seiner Isolde verschmilzt, so »erkennt« im Nietzsche-Poem der Vater seinen verlorenen Sohn:

»Da wankt der Greis, sein Auge bricht,
Er faßt die Hand und hält sie fest
Und küßt das liebe Angesicht,
Bis ihn das Leben ganz verläßt.
Umschlungen sinken sie beide nieder.
Der Jüngling bebt und lächelt bang,
Der Tod läuft über seine Glieder.
Er stöhnte tief und ächzte lang.

Noch einen Kuß. Da sank auch er,
Und todtenstill wirds um sie her . . .«

Die morbide Vater-Erotik eines Siebzehnjährigen. Zwei Liebende, einander zu Gespenstern geworden, finden sich im Tod umschlungen — oder in tödlicher Umschlingung — wieder. Das gemeinsame Dahinsterben erlöst von schwerer Schuld, von unerträglicher Angstspannung. Der Rest ist Schweigen. Nur ein Vöglein darf am Ende verraten: »Wie süß bist du, o Tod, o Tod!« Mit dem letzten Beben und Lächeln, Stöhnen und Ächzen, schloß sich der Abgrund, der sich zwischen Vater und Sohn aufgetan hatte.

Ein halbes Jahr darauf klafft er wieder. Diesmal spielte nicht Dante oder Wagner den inspirierenden Genius, sondern Petöfi, der Ungarnheld. Fritz lernte seine pathetischen Gedichte 1862 kennen, setzte sie sogleich in Musik. Und entdeckte die Nähe zu seinem Liebes-und-Todes-Drama Ermanarich, dessen Personen sich nun als echte »Ungargestalten« mit »Glutseelen« entpuppten. Der Freiheitskämpfer Petöfi, der seine Glutseele auf dem Schlachtfeld aushauchte, war in

Deutschland ein Idol. So sterben wie er, für Freiheit und Vaterland, das erträumte man sich damals auf Internaten und Kadettenanstalten. 1860 war Petöfis »Die Nacht und der Mond« auf deutsch erschienen und hatte Nietzsches Seelen-Saiten berührt:

»Und es kam die Nacht so trauervoll.
Auf die Welt läßt still sie nieder sich,
Weint ins Gras geheim und bitterlich.
Aber plötzlich, scht doch nur, ei wie?
Ob auch traurig, lächelt milde sie;
Denn der Mond entsteigt dem Grabbereich,
Ihr gestorbner Liebster, todtenbleich;
Voll von herber Lust sie sich ersehn
Halsen sich in schmerzlich süßem Wehn! . . .«

Herbe Lust und schmerzliche Süße, das klang vertraut. Bitter weint die Nacht um ihren verstorbenen Geliebten, den die Klagelaute endlich aus der Gruft hervorlocken. Und totenbleich entsteigt er dem Grab. Die Nacht, der Mond und dann die Umhalsung. Das bot sich für Friedrichs Königsdrama an. Im Oktober 1862 schreibt er ein wildromantisches Heldengedicht nieder, das aus dem Geist des Ungarn geboren ist. »Ein Lied, ein feuriges durch die Nacht«, verspricht schon die erste Zeile. Ermanarich wird es singen. Ihm steht, nach alter Sage, der Tod vor Augen; man trachtet ihm nach Krone und Leben. Nur das Lied, so sagt er, will er noch in die Nacht hinausschreien, dann kann man ihn einsargen. Das Lied ist sein Schuldgeständnis. Es handelt von der schrecklichen Tat, die ihm auf dem Gewissen lastet. Wer von ihr und ihren gespenstischen Folgen hört, dem wird, meint der Dichter, sein »träumendes Herz« zu Eis erstarren.

»Der bleiche Mord hat mein Herz verwundt
Er hat mir erbrochen den Grabesschrein
Den Schlüssel entwandt, ich find ihn nicht
Und die Toten schaun mir alle Stund
So bleich hinein
Ins Angesicht.
Sie lassen mich nimmer ach nimmer allein . . .«

Ermanarich hat gemordet. Aber die schreckliche Tat schlug auf ihn selbst zurück. Sein eigenes Herz wurde tödlich getroffen, und die Getöteten kehren als Gespenster wieder, die aus der Königsgruft heraufschweben und ihn anstarren — wie einst den irren Mönch das »Grabgesicht« seines Bruders. Nun ringt Ermanarich verzweifelt mit den Gewissensqualen, die ihm die Blicke seiner Opfer bereiten. Und mitten im aussichtslosen Kampf entsteigt Petöfis Trostvision der grausen Gruft.

». . . Bis der bleiche Knabe, der Mond erwacht.
Den küssen so gern
Die Todten bleich . . .

Nun bin ich den lieben Todten gleich
Und habe mir auch ein Lieb erkorn
Den Mond so bleich
Fragst nicht warum?
Wir wandeln Nachts auf den Gräbern um.

Lun' küß mich Lieb, du blasser Knab
Dann muß ich ja ringen hülflos allein
Noch wollen wir träum(en), noch ist es Zeit
Noch flattern die Todten frei vom Grab
In luftigen Reihn
Vertanzen mein Leid
Mein ewiges Leid im Sternenschein!«

Es ist dieselbe Szene wie in »Ermanarichs Tod«: Dem todessüchtigen Ermanarich erscheint der bleiche Sohn, der nur deshalb dem eigenen Tod entronnen ist, um mit dem Vater gemeinsam sterben zu können. Nun darf, mit Petöfis Nachhilfe, Ermanarich als Vorläufer von Thomas Manns Gustav von Aschenbach mit Lun', dem blassen Knaben, scherzen, ein Tänzchen wagen, ein Küßchen fordern. Wer wollte es dem Schuldbeladenen verwehren, daß er sich mit Hilfe der Unschuld und Schönheit ein wenig entlastet. Es geschieht ohnehin im Zwischenbereich, den nur Gespenster sehen können, in der zeitlosen Zeit nach Mitternacht, wenn Ungesehenes und Unerhörtes geschieht. Zeit für Friedhofspflanzen. Doch nach Mondeskuß und Totentanz muß Aschenbach sterben:

»Es geht eine Kunde trübe und alt
Wie der Mond die Erde überschleicht
Durch die Wälder und durch die Höhen schweift
Und heiße Thränen niederthaut
Auf eine Leiche stumm und kalt.
Die Wange gebleicht
Schaut er und schaut
Und schleicht und weint so laut, so laut. —«

*

An blassen Knaben herrschte in Schulpforta kein Mangel. Fritz, der Frauen überdrüssig, wußte die Abwechslung zu schätzen. Seine beiden Naumburger Preußen-Freunde zählten, was die Geheimnisse der Seele angeht, nicht wirklich — man hatte ihm die beiden nach familiärer Absprache zugeteilt. Was gemeinsam unternommen wurde, war schon am nächsten Tag im Weingarten 18 bekannt. Viel wurde ohnehin nicht angestellt, dafür aber ein Wissensbereicherungsverein »Germania« gegründet, in dem die Musterknaben sich zu poetisch-musikalischen Höchstleistungen anstachelten. Pferdestehlen konnte Fritz mit den Appellationsgerichtsrats-Söhnen nicht. Als er in Pforta endlich Anschluß fand, war der Neue von ähnlich harmlosen Kaliber: ein kleiner Pastorensohn, der Paul Deussen hieß.

Erste Anfechtungen. Fritz sehnte sich nach mehr. Nicht unbedingt nach Pferdestehlen, aber nach einem Freund, einem kleinen Helden, für den sich zu sterben lohnte. In der gemeinsamen Schlafstube hatte er die Auswahl. Doch erst als Zimmer-»Oberer« konnte er sich intensiver um die jüngeren Mitschüler kümmern. Das System der »Oberen« und »Unteren« war klug ausgedacht, die Alumnen mußten sich so gegenseitig bewachen. Bechstein berichtet, daß in Pforta »ein übertrieben tyrannischer Pennalismus« herrschte, der »die jüngeren Schüler den älteren knechtisch dienstbar machte«.

Nichts dergleichen bei Nietzsche. Die väterlich-enge Fühlungnahme, die er bei den Lehrern vermißte, bot er seinen Schutzbefohlenen nun selbst. Wenn das Schicksal ihm den erhofften Freund verweigerte, konnte er ihn sich vielleicht schmieden. Die väterliche Hand, die er selbst vermißt hatte, bot er den Jüngeren. Ein Klassenkamerad erzählt, Nietzsche habe sich seines »Unteren« Siegfried Bormann besonders liebevoll angenommen. Dem »holden Knaben im lockigen Haar« sei der Aufpasser mit »äußerst peinlicher Vorsicht und zarter Rücksicht« begegnet, »daß man hätte eifersüchtig werden mögen.« Sogar einen Geburtstagshymnus hat er im Februar 1861 auf den Lockenkopf gedichtet, der allerdings nicht überliefert ist.

Im Sommer 1859, Fritz war nun ein Vierteljahr in Pforta, versucht er sich an einer Freundschafts-Novelle. Von dem Großprojekt, an dessen zwanzig geplanten Kapiteln sich ablesen läßt, wie hoch bei ihm die »Freundschaft« angesiedelt war, werden nur drei ausgeführt: Die Wirklichkeit wollte es nicht anders. Zu spektakulären Tutti-Szenen wie der Walpurgisnacht oder dem »Mondscheinnachttanzgemälde« ist es nicht mehr gekommen. Das Fragment seiner Sehnsucht heißt »Capri und Helgoland«, was schon insofern ein gewagter Titel ist, als er weder die eine noch die andere Insel betreten hat. Aber die Namen sind auch nicht erdkundlich zu verstehen, sondern entstammen der Topographie seiner Seele: Helgoland ist das trübe Nest Naumburg, wo die Tanten stricken und häkeln, während das »Reden und Schnattern« wie ein »Uhrwerk« geht; Capri dagegen ist das Eiland der verschwiegenen Bruderschaft, der lockenden Abenteuer, des Schönen und all des anderen, was es in Naumburg nicht gibt: Capri, die Insel jenseits des Nordwinds und des Seeleneises.

Vielleicht stieß Nietzsche bei seiner August-von-Platen-Lektüre auf den sagenhaften Namen. Der Dichter, mit dem er sich seit Sommer 1859 beschäftigte, hatte die Insel im Oktober 1827 besucht und anschließend besungen. Seine Verse und Aufzeichnungen könnten den jungen Novellisten zu seinem Phantasiewerk inspiriert haben — wandelte sein Vorgänger doch zwischen den »Trümmern der Tiberischen Paläste« wie Fritz dereinst auf denen seiner eigenen Vergangenheit. Dann machte sich August von Platen zu einer Kahnfahrt um die Ziegeninsel auf, wie Fritz, des fernen Capri eingedenk, das dröge Helgoland umschifft. Fritz reist unter Pseudonym: Mit gewohnter Bescheidenheit nennt er sich Graf von Adelsberg. Den Aristokraten erfüllt bei der Rückkehr auf sein Inselgut Trauer. Wer kehrt schon gern nach Helgoland zurück. »Habe ich doch viel zu wenig dort gelebt um eine bestimmte Sehnsucht wie nach meiner Heimath zu fühlen«, sagt der Graf, als spräche Fritz von Naumburg. Er lechzt nach südlichen Gestaden.

Ganz zufällig reisen auf dem Schiff nach Helgoland Italiener mit. Da ist einmal Fiorillo, dessen »hohe, edle Gestalt« dem Gutserben gleich ins Auge fällt. Weit interessanter scheint sein Begleiter, Baron Clementi: Blondgelockt wie Jung-Siegfried, flink wie eine Eidechse, liegt »auf seinem Antlitz«, Adelsberg erkennt es deutlich, »ein ironisch satyrisches Lächeln und eine feine goldne Brille verstärkte den stechenden Blick«. Der Helgoländer scheint verwirrt. Was soll dies anzügliche Äugeln? Er bittet, »jetzt in meiner traurigen Stimmung nicht von ihm angefochten« zu werden.

So schlimm war die Anfechtung nun auch wieder nicht. Denn der Graf aus dem Norden lädt die beiden Südländer zu einer Inselrundfahrt ein. Nach Hause wird er noch früh genug kommen. Im Kahn überfällt ihn eine schwermütige Erinnerung:

> »O Capri, meiner Jugend goldne Zeit habe ich auch auf dir erlebt; wie lieblich war es, wenn ich die Muscheln an deinem Gestade suchte, wenn ich den wehmütigen Klängen und Melodien lauschte, die über das Meer herschallten. — Eine dunkle Erinnerung dann steigt in mir auf von einem meiner Spielgenossen. Mit diesem bestieg ich die alten Ruinen und weilte in den Trümmern der Vergangenheit . . .«

Das Lieblingsthema. Kaum hat Friedrich von Adelsberg daran gerührt, braut sich ein Gewitter zusammen. »Ernste

Spannung« tritt »an Stelle der freudigen Erinnerung«. Sturm kommt, wirft das Schifflein von Woge zu Woge, eine gefährliche Situation bahnt sich an. Clementi zeigt sich davon wenig beeindruckt. Er erweist sich nicht nur als Held, sondern auch als Freund der Dichtung: Gegen den tobenden Orkan singt er mit einem Heinrich-Heine-Lied an und fordert damit den germanischen Donnerer heraus:

».. . plötzlich leuchtete ein Blitz und das ganze Meer strahlte von ihm wieder; ein furchtbarer Donner erschütterte die Vesten und eine ungeheure Sturzwelle begrub den Nachen und seine Passagiere. — Darauf wieder tiefe Nacht.«

Die Katastrophe ist wieder einmal eingetreten. Wer sich in die Vergangenheit begibt, kommt darin um. Es sei denn, ein Freund stirbt mit einem — dann winkt fröhliche Auferstehung. Wunderbar werden die drei gerettet und durch die bestandene Prüfung zu Freunden. Jetzt kann Graf Adelsberg es auch wagen, den kleinen Satyr Clementi in sein größtes Geheimnis einzuweihen:

»Ich werde Ihnen das Andenken meines Freundes zeigen, das sich in gleicher Weise bei jenem vorfindet . . .«

Eine geschraubte Formulierung für einen simplen Sachverhalt — er will ja nur sagen, sein auf Capri zurückgebliebener Freund habe ihm ein Andenken geschenkt, zu dem er das Pendant bei sich behalten hat. Jeder der beiden Brüder hat etwas, das sich »in gleicher Weise« bei dem anderen »vorfindet« — so schreibt es der Autor. Wer suchet, der findet vor. Für einen Knaben, der unter Frauen aufgewachsen ist, eine bemerkenswerte Entdeckung:

»Hiemit zog er ein Täfelchen hervor, auf welchem in zarten aber wohlgelungenen Umrissen Capri gezeichnet war; ein großes C war die Unterschrift. Sobald es Clementi sah, merkte man daß eine große Aufregung an ihm vorginge; seine Hände zitterten, seine Augen glühten . . .«

Er hat nichts Eiligeres zu tun, als sein Pendant — ein Wort mit klassischer Wurzel — herauszuholen, das, wie anzunehmen, ebenfalls zart und wohlgelungen ist. In einer Textvariante läßt der Autor sein literarisch-adliges Ich präzisieren: »Mein lieber Spielgenosse muß ein gleiches haben und daran werde ich erkennen, ob er seine Liebe gegen mich gewahrt hat.« Er hat. Das Gleiche ist ihm wiedergekehrt und zeigt sich als »klein« und »niedlich«.

Schade, daß der Novellendichter nicht verraten hat, wie sich das anatomische Zwillingspaar weiterentwickelte. Aber vermutlich war mit der Wiedererkennungs-Szene schon alles gesagt. Georg Groddeck, der zwanzig Jahre später in Pforta erzogen wurde, hat Ähnliches beobachtet:

> »Allerdings waren mir die Liebeleien zwischen Knaben von der Schule her bekannt, man nannte sie dort Poussagen; aber daß es sich dabei um genitale Vorgänge handeln könne, war mir (damals) nicht in den Sinn gekommen.«

*

Mit siebzehn hat Fritz eine folgenreiche Begegnung. Lord Byron tritt in sein Leben: der große Zweideutige, der auszog, die wilde Seite des Lebens kennenzulernen und schon mit 36 Jahren Gelegenheit bekam, wie Platen ihm nachrühmt, glorreich »über dem Staub griechischer Sänger zu ruhn«. Für den fernsüchtigen Alumnen war Byron die ideale Identifikationsfigur, und nicht nur wegen seines frivol-morbiden Exotismus — hinter den Masken des Verkleidungskünstlers lauerte das Grauen. Fritz erkannte sich in Byrons Zauberspiegel wieder. Da war ein Held, der sterbend zum Gott wird, während unter ihm der Höllenrachen sich auftut!

DER LORD DER LASTER. 1813 war Byrons »Giaur« erschienen. Tragik überschattet das Leben der Hauptperson: Ein Mord lastet auf ihrer Seele. Wahnsinnig vor Gewissensqualen flüchtet sich der Giaur in ein Kloster, um abseits von den anderen Mönchen ein herbes Büßerleben zu führen. Die machen sich über den Außenseiter ihre Gedanken:

»Wie wird der finstre Mönch genannt?
Ich sah dies Antlitz schon vorher ...
Tief aber prägte sich der Zug
Der innren Qual ein, den es trug;
Und noch auf jener Stirne droht
Der finstre Geist, bleich wie der Tod ...
Das Antlitz grinst wie Spuk und Fluch
Unter der Kutte finstrem Tuch;
Dies weite, starre Aug' enthüllt
Zu viel der Qual, die es erfüllt ...«

Bis ins Auge der mönchische Doppelgänger in der Gruft! Welcher Trost für Fritz, nicht der einzige zu sein, der unter solchem Schicksal leidet, und zugleich: welche Bestätigung für sein unnahbares Einzelgängertum! Nun hatte er es schwarz auf weiß, daß man ein Monstrum aller verbotenen Leidenschaften sein kann — wie Byron es war —, und doch den Heldentod fürs klassische Griechenland und sein unsterbliches Schönheitsideal sterben darf. Welche Aussichten in Pfortas Klostermauern!

Nur schade, daß er ihn so spät kennengelernt hat. In seinem satyrischen Bekennertext »Ecce homo« versichert Nietzsche, er sei schon mit dreizehn für den »Manfred«, Byrons Solipsisten-Drama, »reif« gewesen und habe »alle diese Abgründe« in sich gefunden. Mit übermenschlicher Herablassung läßt der Memoirenschreiber seine Leser wissen, daß er »für die, welche in Gegenwart des Manfred das Wort Faust auszusprechen wagen«, nur »einen Blick« übrig habe; einen stieren vermutlich. Denn Faust, der Schwächling, läßt sich vom Ewig-Weiblichen erlösen, während Übermensch Manfred den Tod im Alpenabgrund sucht.

In »Ecce homo« verschweigt Nietzsche nicht, daß er einst eine mißglückte Huldigung an sein Idol komponiert hatte, eine »Manfred-Ouvertüre«, »von der Hans von Bülow sagte, dergleichen habe er nie auf Notenpapier gesehn: das sei Nothzucht an der Euterpe.« Vergewaltigung einer wehrlosen Muse. 1888 kann Nietzsche sich leisten, darüber zu lachen. Denn was Bülow, der von seinem Lieblingskomponisten Wagner gehörnte Dirigent, mit dem drastischen Bild andeutete, rückte den Musik-Dilettanten nur um so näher an seinen Gegenstand: Gewaltsam auf dem Papier ausgelebte Sexualität, über die Bülow sich mokiert, war Byrons ureigenstes Thema. Sein Verehrer wußte, was er an ihm hatte — einen jener fragwürdigen

»Menschen der Augenblicke, begeistert, sinnlich, kindsköpfisch ... mit Seelen, an denen gewöhnlich irgend ein Bruch verhehlt werden soll; oft mit ihren Werken Rache nehmend für eine innere Besudelung ... oft in den Schlamm verirrt und beinahe verliebt, bis sie den Irrlichtern um die Sümpfe herum gleich werden und sich zu Sternen *verstellen* ... oft mit einem langen Ekel kämpfend, mit einem wiederkehrenden Gespenst von Unglauben ...«

Kurz, einen, wie er selber war. Nach einem solchen Sumpflicht hätte er in der ehrwürdigen Pforte lange suchen können. Zwar hatte Goethe dem Engländer im »Faust« ein Denkmal gesetzt — als »Euphorion« hat er da seinen kurzen Auftritt —, doch das war kein Grund, ihn in den Unterrichtskanon einer sächsischen Beamtenaufzucht zu übernehmen. Dazu war Byron zu exzentrisch, zu englisch, auch zu unzüchtig.

Das machte ihn Fritz um so sympathischer. Sein Bedarf an Gipskopf-Vorbildern war durch die Schule bei weitem gedeckt. Die sechziger Jahre waren eine kriegerische Zeit, das Reich formierte sich unter Kanonendonner, und die Gymnasien hatten der künftigen Elite die rechten Schnurrbart-Ideale zu liefern. Lord Byron brachte eine interessante Variante in Friedrichs Vorbilderalbum. Er war nicht nur ein dichterisches Genie, sondern auch ein Krieger. Selbstlos hatte er sich, wie man hörte, in die Heimat Homers begeben, um sie von muselmanischem Joch zu befreien. Leider kam er damit nicht weit. Er starb 1824 an einer Mischung aus Fieber und Langeweile. Sein abwechslungsreiches Leben, das ihn mit allen nur denkbaren Perversionen von Inzest über Päderastie bis zu Sadomasochismus und Transvestitismus verwöhnt hatte, war dem Ruf des großen Philhellenen nicht abträglich. Es verhalf ihm schon zu Lebzeiten zu einer dämonischen Aura, deren Herkunft niemand so genau hinterfragen wollte.

Der lesewütige Alumne, der sich die Haare lang stehen ließ wie ein griechischer Freiheitskämpfer, wurde durch einen Lehrer, wohl mit bester Absicht, auf Byron gebracht. Fritz reihte dessen englische Originalwerke in seine Weihnachtswunschliste ein. Harmlose Begründung: »Bekanntlich werde ich mit dem neuen Jahre anfangen, Englisch zu treiben und dazu wird mir mein englischer Lieblingsdichter der größte Sporn sein.« Der hinkende Beau mit dem schwarzen Lockenkopf als Dorn im Fleisch des jungen Nietzsche. Der borgte sich Gefühle, Gedanken und fremdländische Namen bei ihm. In der »Germania« hielt er einen steifen »Synodal-Vortrag« über »die dramatischen Dichtungen Byrons«, komponierte die Unzuchts-Ouvertüre, entlehnte später in seinem byronesken Dionysos-Dithyrambus »Unter Töchtern der Wüste« die Namen der sphinxhaften Huren aus dessen Werken — »Suleika« aus der »Braut von Abydos«, »Dudu« aus dem »Don Juan« — und folgte Byrons Helden bis in die Sehnsucht nach Selbstauslöschung. Ein Alptraum-Protokoll von 1864 läßt er gar mit einem versteckten »Manfred«-Zitat enden.

Die literarhistorischen Perversionen des Engländers sind heute nachlesbar; damals mußte man sie mit Scharfsinn aus seinen Reimwerken herauskitzeln. Daß Nietzsche ohne Blauäugigkeit an den bleichen Dionysos aus London heranging, beweist eine Notiz von 1881. Nietzsche verbreitet sich da genüßlich über den Ekel, den »blutige Massen, Kothgedärme, Eingeweide, alle jene saugenden pumpenden Unthiere« in der fühlenden Brust hervorrufen, und benennt Byron als Gewährsmann: »Frauen mögen nicht vom Verdauen hören. Byron eine Frau nicht essen sehen (So gehen die Hintergedanken ihren Weg) . . .« So gehen auch Nietzsches Hinter-

Gedanken ihren Weg, möglichst hinterhältig: Byron wird als Ästhet vorgeführt, den weibliche »Natur« anwidert. Seelenverwandtschaft.

Auch sonst las sich das Werk des Schönlings, auf den Schopenhauer eifersüchtig war, wie die vorauseilende Rechtfertigung von Friedrichs Geheimleben. Im »Kain« zeigt der Dandy-Dichter Sympathie für den Brudermörder; in »Junker Harolds Pilgerfahrt« verläßt der von Sex-Exzessen ausgebrannte Held seine Heimat in Richtung Süden; im »Don Juan«, wo gequält und grausam gefesselt wird, dringt der Verführer als Frau verkleidet in einen Harem ein; in »Lara« entpuppt sich der hübsche Page der Hauptperson als eine Frau in Hosen. Und wie der finstere Giaur bekommt auch Manfred, den Nietzsche schon 1861 einen »Uebermenschen« nennt, die Wollust der Hölle zu schmecken: Sündenhalber brät er auf der kleinen Flamme der untilgbaren Schuld, was seinen Leser Fritz »in den Zustand der tiefsten Melancholie versetzen kann«.

Der leicht zu beeindruckende Alumne hat Byrons Ungeheuerlichkeiten seinen Tribut entrichtet. Mit der Novelle »Euphorion«, die fragmentarisch blieb wie die Capri-Phantasie, will er einem Mitschüler beweisen, welche Abgründe er in sich hat. Freund Raimund Granier kann dem Begleitbrief mühelos entnehmen, daß der Byronist sich in ihn verliebt hat. Fritz fühlt sich vernachlässigt und schickt zum Trotz den »Euphorion«. Der Plan zu dem Monsterwerk liegt damals schon über ein Jahr zurück. Im Frühjahr 1861 hatte er sich in den Osterferien geheimnisvoll notiert: »Nonnenkloster. Euphorion. Marianonne. Universit(ät)«.

In Goethes Byron-Allegorie war Euphorion der aus geistigem Höhenflug geborene und zu Tode gestürzte Sohn von Faust und Helena — Nordisches und Altgriechisches lassen sich eben nicht vermischen. Hätte die superprüde Zensorin Elisabeth des Bruders gleichnamiges Porno-Debüt in die Finger bekommen, wäre nicht einmal das eine ausgeführte Kapitel der Nachwelt geblieben. Aber der Adressat hob die Botschaft auf, die nach der Publikation als »Jugendstreich« klassifiziert wurde.

Fritzens Nachtstück in Callots Manier war nichts weniger als das. Mit frivolem Burschenschaftston maskiert der Autor wirkliche Ängste. »Hier lehnte sich Euphorion ein wenig zurück und stöhnte, denn er litt an Rückenmarksdarre«, so heißt es am Schluß, und das ist nicht als Witz gemeint. Nietzsches Held, seines Lasterlebens müde, beginnt schon die Folgen zu spüren. Wer seinen Samen verschwendet, das weiß damals jedes Kind, dem weicht das Hirn auf, dem dorrt das Mark, dem leuchtet der Wahnsinn zu frühem Tod. Als der Sexualkunde-Pionier Magnus Hirschfeld Anfang dieses Jahrhunderts die Onanie für unbedenklich erklärte, wies er eigens darauf hin, daß sie bestimmt nicht zu Gehirnerweichung führe. Landesweit muß sich Erleichterung ausgebreitet haben.

Sollte Friedrich das ominöse Wort im Zusammenhang mit der Jugendleidenschaft gehört haben, muß ihm schlecht geworden sein. Denn so lautete die Diagnose der Krankheit, an der sein Vater einst gestorben war. Man hatte seinen Schädel aufgesägt, hineingesehen und die verheerenden Folgen entdeckt. Onanie, so muß Fritz gefolgert haben, war ein Killer. Zumindest machte sie wahnsinnig, trübsinnig und schwachsinnig. Der berühmte Goethe-Arzt Hufeland hatte sich 1796 in seinem Buch »Makrobiotik oder die Kunst, sein Leben zu verlängern« mit dem heimlichen Massensport beschäftigt und ihn als Kunst, sein Leben zu verkürzen, dargestellt:

> »Schrecklich ist das Gepräge, was die Natur einem solchen Sünder aufdrückt! Er ist eine verwelkte Rose, ein in der Blüte verdorrter Baum, eine *wandelnde Leiche.* Alles Feuer und Leben wird durch dieses stumme Laster getötet, und es bleibt nichts als Kraftlosigkeit, Untätigkeit, Totenblässe, Verwelken des Körpers und Niedergeschlagenheit der Seele zurück.«

Aber das ist ja Euphorion, wie er leibt und — noch — lebt! Hatte sein geistiger Vater vielleicht auch in der »Allgemeinen Diagnostik der psychischen Krankheiten« nachgeschlagen, wo festgestellt wird: »Onanie erzeugt Wahnsinn«? Oder in der

Veröffentlichung des »Centralarchivs für die gesamte Staatsheilkunde« von 1847 geblättert, die mit empirischer Sicherheit behauptet, »Onanie führt zu Päderastie«? Wer kann es Euphorion verdenken, daß angesichts dieser Prognosen alle Euphorie von ihm gewichen ist. Er möchte erst weinen, »und dann sterben«. Seine Krankheit wird ihm, wir wissen es, den Wunsch erfüllen. Und als wäre er gerade am schändlichen Werk gewesen, sagt er: »Ich bin sehr matt, meine Hand zittert . . .«

Endlich, so scheint es, hat Euphorion Klarheit über sich gewonnen — »ich fühle es, daß ich mich völlig entpuppt habe ich kenne mich durch und durch . . .« Die Maske ist also endlich gefallen, mit der er die Welt über seine wahre Charakterlosigkeit hinwegtäuschte. Nun sind die Greuel auf dem Tisch. Nur einen Wunsch hat er noch, und keinen frommen: »den Kopf meines Doppelgängers finden, um sein Gehirn zu secieren oder meinen eignen Kinderkopf mit goldenen Locken . . .« Eine Reminiszenz an die Raubtier-Grausamkeiten in der Brudergruft? An das Trauma der Vater-Autopsie? Der selbstinszenierte Horrorfilm als Henkersmahlzeit des Todeskandidaten? Vorher aber im Telegrammstil sein Geständnis:

> »Mir gegenüber wohnt eine Nonne, die ich mitunter besuche um mich an ihrer Sittsamkeit zu erfreuen. Sie ist mir sehr genau bekannt, von Kopf bis zur Zehe, genauer als ich mir selber. Früher war sie Nonne, dünn und schmächtig — ich war Arzt und machte, daß sie bald dick wurde. Mit ihr wohnt ihr Bruder zusammen in zeitlicher Ehe, der war mir zu fett und blühend, den habe ich mager gemacht — wie eine Leiche. Er wird in diesen Tagen sterben — was mir angenehm — denn ich werde ihn secieren. Zuvor aber will ich meine Lebensgeschichte niederschreiben, denn abgesehen davon daß sie interessant ist, ist sie auch lehrreich, junge Menschen bald alt zu machen . . . darin bin ich nämlich Meister.«

Euphorion, so viel ist sicher, sündigt mit beiderlei Geschlecht: er schwängert eine Nonne, aber er verführt auch ihren Bruder zur Masturbation, mit den bekannten tödlichen Folgen — was sein Gutes hat, da er so seinem dritten Laster frönen kann, dem Hantieren mit scharfen Messerchen: Er will ihn auseinanderschneiden. Zuvor, sagt er, wird er aber noch eine Anleitung zur Selbstbefleckung verfassen, mit praktischen Beispielen vermutlich, schwer pornographischen Inhalts. Schade, daß es dazu nicht gekommen ist. Sein Sex-Text hätte eine interessante Variante ins Nietzschebild gebracht.

Im Begleitbrief an den verdutzten Raimund Granier nennt der Autor seine literarische Herzensergießung »widerwärtig«; schon nach dem ersten Kapitel habe er sie »vor Ekel über Bord geworfen« — offenbar in Raimunds Beiboot. »Ich sende Ihnen das Monstrummanuscript zum Gebrauch auf . . .« Ob der ferne Geliebte die Anweisung des Meisters verstanden hat?

Drei Jahre später hat Granier dem Pornographen wieder geschrieben. »Du wirst Dich eines Menschen erinnern«, liest man da, und auch, daß er »glaubte, er würde geliebt, während er doch nur ausgelacht wurde«.

*

1862 fand der Nietzsche-Verehrer Paul Deussen Grund zur Eifersucht. Ein hübscher Mitschüler, musisch begabt, tat sich mit satyrischer Ader hervor und spannte ihm seinen Freund Friedrich aus. Zum Schaden hatte Deussen noch den Spott: Die »forsche Clique« schimpfte ihn einen »Spießer«. Um so schärfer beobachtete er dafür seinen Konkurrenten.

»Du stehst, gebogen leis zurück«. Natürlich, räumt Deussen ein, sei er »schön, liebenswürdig und witzig« gewesen — er, das ist ein »gewisser Meyer«. Außerdem ein »vorzüglicher Zeichner von Karikaturen«, will sagen: Er machte sich über »spießige« Kameraden wie ihn mit Spottzeichnungen lustig. Ein schlimmer Schalk also. Das Schlimmste aber war, so der Berichterstatter, dem noch Jahrzehnte später die Wut im Hals sitzt, daß er versucht hat, Nietzsche zu sich »herüberzuziehen«.

Im März 1863 war der Spuk, gottlob, meint Deussen, vorbei. Da wurde der schöne Guido, der »mit Lehrern und Schulordnung in ewigem Kampfe« lag, von der Schule gewiesen. Seiner Mama schreibt Nietzsche, daß Meyer, »der von allen, die ihn näher kennen, sehr hoch geschätzt« werde, »zu unsrem größten Leide relegiert worden« sei. Wegen einer Sauftour, zu der einige »erschwerende Umstände« kamen. Der Tag des Rausschmisses sei »entschieden der traurigste Tag, den ich in Pforte verlebt«. Für Deussen sicher einer der schönsten: »Nietzsche und ich geleiteten ihn bis ans Thor und kehrten wehmütig um, nachdem er auf der Kösener Landstraße unsern Blicken entschwunden war«, heuchelt der Sieger im Kampf um Fritz.

An dem muß es genagt haben, daß er Guido so sang- und klanglos hatte ziehen lassen. Sollten Freunde nicht gemeinsam sterben? Brüderlich umschlungen dem feindlichen Gemäuer den Rücken kehren? Mit der Verzögerung von einigen Wochen folgte er dem Relegierten, wenigstens symbolisch, nach. Mit einem Kameraden — nicht dem drögen Deussen — fand er sich im Kösener Bahnhof zu einem Gedächtnis-Umtrunk ein, bei dem die beiden laut Pfortenser Strafbuch »während einer Stunde je 4 Seidel Bier«, also knapp zwei Liter, konsumierten. Das hastige Besäufnis endete für Nietzsche glimpflicher als für seinen entfernten Freund: Er wurde als Primus degradiert und von der Mutter kräftig ausgezankt. Biograph Janz nennt das »einen beschämenden Vorfall« — nicht die Strafe, sondern den Schwips.

Auffällig Nietzsches Vorliebe für erotische Gedichte, die er ein paar Wochen darauf aus dem Griechischen übersetzt: von der frauenfreienden Sappho, die der Anblick ihrer Geliebten »zittern« macht, bis zum knabenkosenden Anakreon, der für seinen Kleobulos »rast«. Das stimuliert. Ein eigenes Liebesgedicht entsteht, in dem ihm Cupido zu sagen gab, worüber er in Pforta zu schweigen hatte. Beim »Festaktus« hätte er es schwerlich vorlesen können. Es klingt, als wäre es vom neuen Anakreon dem entschwundenen Guido nachgerufen, nachgeseufzt. Als Motto hat Nietzsche einen Sappho-Vers vorangestellt: »Eros erschüttert mir wieder den Sinn. Ein Sturm im

Gebirg auf Eiche(n) fallend.« Womit Nietzsche den Gewitterwind, der ihm die verstaubte Pennäler-Seele durchbläst, identifiziert hätte.

»Noch ferne zwar, doch fühl ich schon
Wie deines Geistes kühn(e) Kraft
Wie deine Rede, rasch entflohn,
Mich wie im Sturm(e) fortgerafft.
Sie fiel in meines Herzens See
Und regte immer weitre Kreise,
Daß unter zauberhafte(m) Weh
Mein ganzes Wesen zittert leise . . .«

Nietzsche singt ein Preislied auf den fernen Geliebten, dessen brillante Eloquenz ihn noch in der Erinnerung zittern macht. Mit Sturmesgewalt hat er ihn fortgerissen und dann wieder ganz zart in der Seele berührt — holde Sehnsucht, zauberhaftes Weh.

»Und doch des Irdische(n) soviel
Und wenig schon erschlossn(e) Schwingen
Die dich empor in Ernst und Spiel
Wie leuchtende Gedanken, bringen.
Und doch — des Schönen auch so viel
Doch unerkannt — so reich entquollen —
Und nirgends Halt — und nirgends Ziel
Das Müssen siegt und nie das Wollen . . .«

Der Dichter gerät ins Stammeln. Nachdem er der himmlischen Liebe gedacht, befallen ihn ob der irdischen Zweifel: Das Verlangen danach spukt ihm durch seine Gedanken; leider scheint sich da nichts abgespielt zu haben. Die Schwingen ihrer Freundesliebe waren »soviel und wenig schon erschlossen«, was soviel heißt wie: eigentlich wenig. Bleibt nur der Traum davon, den er ihm mit dieser verliebten Adresse nicht ohne Absicht zusendet. Wer weiß, vielleicht fällt auch er in einen Herzenssee und zieht immer weitre Kreise. Einstweilen bleibt nur der Preis seiner Schönheit, die, anderen unbekannt, dem Dichter reich entquollen war. Wie schade, daß man nie ans Ziel gekommen ist. Sachzwänge statt Woll-Lust.

»Ein neckische(r) Gedanke fällt
In dein Gemüth, das unverklärte,
Das nie nach einer höhern Welt
Und nach dem Schön(en) selbst begehrte.
Du denkst an mich und fragest leis:
Was mag dir seine Gunst wohl nützen?
Du denkst und lächelst eigner Weis' . . .«

Schon trübt sich der zitternde Herzenssee, eine böse Ahnung steigt auf. Der Dichter kann offenbar nicht nur Liebesworte, sondern auch hausinterne Privilegien verschenken. Schließlich ist er »Oberer«. Und darauf hätte es sein Liebling abgesehen? Alles war nur Verstellung? Den Schönen trieb nicht Schönheitstaumel, sondern Eigennutz. Womit der Lack wohl ab wäre. O nein, so gibt der Dichter zu verstehen, das macht nur alles um so schlimmer:

»Was soll ich schweigen wenn ich dich
Und deiner Augen Tiefe schau
Und wenn dein Lächeln über mich
Sich breitet gleich dem Morgenthau!
Still ist mein Mund, doch flattern schnell
Die Blitzgedanken hin zu dir
Und spiegeln in dem Auge hell
Noch schöner als im Herzen mir . . .«

Vergessen alle Zweifel, der Dichter spielt sein Lieblingsspiel: das Äugeln, Wimpernschlagen, Blickewerfen — den stummen Augenflirt, der mehr sagt als Worte und sich der Strafe entzieht, weil nur der ihn sieht, der mitspielt. Kaum darf das Freundes-Auge mit Blitzen um sich werfen, steht kein Sterblicher mehr vor ihm, sondern ein griechischer Gott:

»Du stehst, gebogen leis zurück,
Gerüstet, wenn die Stürm(e) komme(n),
Du siehst sie an mit scharfe(m) Blick —
Die Flamme steigt und ist verglomm(en).
Nicht flüchtig hebst du Hand und Fuß,
Du suchst dir festen Grund — und Spur;
So leicht und reizend ist dein Gruß,
Als schwebtest du vorüber nur . . .«

Zärtlich ist des Dichters Sprache: gebogen leis zurück steht der Geliebte, ein Marmor-Dionysos, und wenn er errötend seinen Spuren folgt, den Spuren des Älteren der Jüngere, wie Alkibiades dem Sokrates, so schwebt er siegesgewiß und grüßt ihn reizend. Ein scharfer Blick jedoch genügt, um jede stürmische Entflammung im Keim zu ersticken. Da steht er und blickt den Dichter an, ein Stürmebändiger, ein Jugendstil-Hellene. Ein Pförtner-Gott. Überwältigt legt Fritz ihm das ganze Universum zu Füßen:

»O dürfte doch des Himmel(s) Glanz
Sich einzig über dich ergießen,
Daß wie im schönsten Lenzestanz
Stets neue Blumen dir entspri(e)ßen!
O dürft ich diese Blumen sehn,
Erblühten sie in mein(er) Hut —
Dann würde Friede mich umwehn
Und stille sein des Herzens Gluth!«

O dürfte doch, so seufzt der Poet, was da dem nackten Körper in leiser Zurückgebogenheit entsprießt, in seiner Obhut und zärtlichen Pflege erblühen, bis des Himmels Glanz sich über die schimmernde Marmorhaut »ergießt«. O komm, du Frühlingsbote! Ganz so deutlich drückt sich Friedrich zwar nicht aus, aber anders ist es nicht zu verstehen. Erst nach dem schönsten Lenzestanz scheint seine Herzensglut befriedigt, konjunktivisch leider nur, denn der Angehimmelte ist bald an seinem Lebenshorizont verschwunden.

Sechs Jahre später, 1869, leuchtet die Erinnerung an den relegierten Meyer in seinen Gedanken wieder auf. Seit kurzem Professor, prahlt Nietzsche in einem Brief an Deussen über seine »beglückende Annäherung« an Wagner, den Theatergott. Und hängt als Fast-hätt-ich's-vergessen-PS die Frage an: »Wo ist unser Pförtner Kamerad Meier? Grüße ihn und bitte ihn in meinem Namen um meine *Gedichte* aus der Gymnasialzeit: falls er sie noch hat.« Deussen ist dem früheren Nebenbuhler noch einmal begegnet. Er beschreibt ihn als zweiten Euphorion: »Selten habe ich in ein so zerrissenes Menschenherz geblickt. Durch allerlei widerwärtige Schickungen gebrochen, physisch und moralisch krank, mit Gott, der Welt und sich selbst zerfallen.« Deussens, des Verhöhnten, grimmiger Triumph — und nicht sein letzter. Als er im September 1887, gerade zum Professor avanciert, den Einsiedler Nietzsche in Sils-Maria besucht, findet er auch ihn erschreckend verändert und heruntergekommen, inmitten von Büchern, »Eierschalen, Manuskripten, Toilettegegenständen in buntem Durcheinander«.

»Das war nicht mehr die stolze Haltung, der elastische Gang, die fließende Rede von ehedem. Nur mühsam und etwas nach der Seite hängend, schien er sich zu schleppen, und seine Rede wurde öfter schwerfällig und stokkend.«

*

Spätestens 1862 wußte Nietzsche, daß mit seinem Leben etwas schiefgelaufen war. Die Vergangenheit lastete wie ein Alpdruck auf ihm, die Erziehung nahm ihm die Luft zum Atmen, die Erwartungen, die man an ihn stellte, widersprachen seinen eigenen. Seine Sehnsüchte waren ohnehin von einer anderen Welt. Man hatte ihn wie Prometheus festgeschmiedet.

Der geprobte Aufstand. In Gedanken begann er schon einmal, an seinen Fesseln zu rütteln. Es sei, schreibt er im April den Naumburger »Germania«-Freunden, »der Wahn einer überirdischen Welt«, der dem Menschen einen falschen Begriff von der Wirklichkeit gegeben hätte. Nur unter »schweren Zweifeln und Kämpfen« könne er frei, könne »die Menschheit männlich« werden. Also weg mit dem metaphysischen Ballast, der den Menschen in selbstverschuldeter Knechtschaft hält — fortan soll die Erde unser Himmelreich sein! Derlei war damals nicht so ungewöhnlich, doch Nietzsche, der es immerhin dem heimischen Bildungsverein zuschickte, signalisierte damit: Ich meine es ernst.

Es blieb ihm auch keine andere Wahl. Die Doppelbödigkeit seiner Existenz machte ihn krank, die verbotenen Begierden belasteten sein Gewissen, das übereifrige Studieren seinen Kopf. Hatte er in seinem ersten philosophischen »Kinderspiel« mit dreizehn Jahren den lieben Gott »zum *Vater* des Bösen« gemacht, so proklamierte er mit siebzehn den Menschen zum Selbstgestalter seines Schicksals. Die philosophische Erstlingsschrift heißt »Fatum und Geschichte«, und ihr Autor ist von der Überzeugung durchdrungen, daß er sich von beidem befreien muß, um zu sich selbst zu finden. Da er kaum über sich und seine Probleme sprechen konnte, schrieb er von der »Menschheit« und vom »Dasein«. Seine metaphysische Vision: Wie auf einer »großen Uhr« rückt im Universum der Zeiger »von Stunde zu Stunde« weiter, um nach »Zwölfen seinen Gang von Neuem anzufangen«. Die Uhr ist die Geschichte, das »Zifferblatt sind die Ereignisse« — das ganze Dasein eine sinnlose Kreisbewegung, die den Menschen mit sich fortreißt. Mittendrin im Weltgekreisel: Fritz. Was aber macht ihn so flügellahm und erschwert seinen »höhern Ideenaufflug«? Mir geht es, ach, wie vielen, meint der Autor:

»Ein fatalistischer Schädel- und Rückgratsbau, der Stand und die Natur ihrer Eltern, das Alltägliche ihrer Verhältnisse, das Gemeine ihrer Umgebung, selbst das Eintönige ihrer Heimat. Wir sind beeinflußt worden, ohne die Kraft zu einer Gegenwirkung in uns zu tragen, ohne selbst zu erkennen, daß wir beeinflußt sind. Es ist ein schmerzliches Gefühl . . . wider Willen die Keime zu Verirrungen in die Seele gegraben zu haben.«

Wer aber hat Schuld an den Verirrungen und Verwirrungen des Zöglings Friedrich? Das Erbgut vom Vater, das ihm fatalistisch Hirn und Rückenmark schwächte, und die Gemeinheit der Naumburger Tugend. Man hat mich krank gemacht und manipuliert, ja so tückisch beeinflußt, daß in mir nicht einmal das Bedürfnis zur Gegenwehr erwacht ist. Das soll hiermit vorbei sein, Friedrich, erwache!

»Sobald es aber möglich wäre, durch einen starken Willen die ganze Weltvergangenheit umzustürzen, sofort träten wir in die Reihe unabhängiger Götter, und Weltgeschichte hieße dann für uns nichts als ein träumerisches Selbstentrücktsein . . .«

Wer sich aus allen Abhängigkeiten lösen kann, der muß, meint der philosophierende Alumne, ein Gott sein. Und wie wird man das? Indem man den Umsturz praktiziert, den Bann der Vergangenheit durchbricht. Denn der liegt auf ihm wie ein schlimmer Alptraum, der wiederkehrt und ihn von sich selbst »entrückt«. Doch irgendwann kommt einer, der den Mummenschanz beendet und ihn wieder zurechtrückt. Dann ist das schlimme Spiel vorbei,

». . . der Vorhang fällt, und der Mensch findet sich wieder, wie ein Kind mit Welten spielend, wie ein Kind, das beim Morgenglühn aufwacht und sich lachend die furchtbaren Träume von der Stirne wischt.«

Einstweilen muß der Umsturz, der das frühkindliche Paradies zurückbringt, auf dem Papier stattfinden. Spannungen werden schriftlich abgebaut. Rebellion, welcher Art auch immer, sind in der Internatsordnung nicht vorgesehen. Aber der Gebrauch von Feder und Tinte wird angelegentlich gefördert. 1864, es ist Nietzsches zwanzigstes Lebensjahr, brütet ein heißer Sommer über Naumburg. Vor einem »großen Tisch«, beladen mit aufgeschlagenen Büchern, schwitzt er im »schönen Schlafrock«, trinkt zur Erfrischung heißes Wasser — »und aus der Ferne grinst wie ein anmuthig Gespenst . . . das Examen«. Fritz bereitet sich auf den Schulabgang vor. Und wird durch die Messe gestört, deren Rummel bis in seine Studierklause dringt. Er beschließt, musikalisch affiziert, ein wenig zu komponieren. Er legt sich Notenpapier zurecht, läßt sich auf dem Klavierschemel nieder. Und nichts kommt.

»Ich versucht es erst in Tönen«, schreibt er resigniert, »siehe, es ging nicht.« Hier sitzt er nun, von der Muse berufen und schnöde verschmäht. Eine Spannung steigt auf, die er sich am liebsten von der Seele schreiben würde; aber ein Hindernis stellt sich in den Weg: Was er wirklich will, das sagt man nicht. Nächster Anlauf: »Ich versucht es dann in Versen; nein, nicht Reime fassen's, nicht ruhige, gemessne Rhythmen.« Ihm dämmert, daß seine Erregung nach andrem Tempo verlangt. Also fort mit dem Papier, »ein neues her, und nun kritzle schnell Feder, nun rasch Tinte!«

Die hastige Schreibbewegung läßt ihn, wie 1871 in einem Gedicht verraten, »aufzucken« in »rhythmischem Gestalten«, bis die »Tinte fleußt, die spitze Feder sprüht«. Doch nicht immer gereicht der Tintenstrom zur Freude. »Satan! Tinte, Feder«, flucht er in einem Brief aus der Naumburger Messezeit. »Kann ich nicht schreiben, ohne zu sudeln, ohne daß in greulichen Pudeln die Worte auslaufen, mich Armen zu hudeln?« Die Eigendynamik dieser Flüssigkeit scheint ihm nicht geheuer. »Du kennst«, erläutert er dem Empfänger des Briefes, »meine Reinlichkeitsmanie in diesem Punkt.« Doch heute, an diesem schwülen Messeabend im Arbeitszimmer, fürchtet er die teuflischen Spritzer nicht. Heute will er's wissen.

»Weicher Sommerabend; dämmernd und blaßstreifig. Kinderstimmen auf den Gassen; in der Ferne Lärm und Musik; es ist Messe; die Leute tanzen, bunte Laternen brennen, die wilden Tiere brummen, hier knallt ein Schuß, dort Paukengerassel, gleichmäßig, durchdringend.«

Impressionistische Locksignale nisten sich, gleichmäßig, durchdringend, in sein Bewußtsein ein. Gleicht er nicht einem jener wilden Tiere hinter Gittern? Fernher kommt Gesang, Laternen blinken — das Alleinsein wird ihm langsam sauer. Und die Erregung wächst im Herzen,

»das heißer als das Licht, dämmernder als der Abend, bewegter als die Stimmen aus der Ferne, tief innerlich zittert und schwingt, wie eine große Glocke, die bei einem Gewitter geläutet wird.«

Der Rhythmus, der heißersehnte, pulsiert in seinem Inneren, dumpf und bedrohlich wie die Glocke, die das Begräbnis seines Vaters einläutete. Langsam, so spürt er, wird die Situation unerträglich. »Und ich erflehe ein Gewitter«, stößt er hervor wie ein Schamane, »zieht nicht das Glockenläuten die Blitze an?« Eigentlich soll es vor ihnen schützen, doch in seiner ganz persönlichen Mythologie fallen die »verderbenden Schläge des Himmels« mit dem dröhnenden Trauergeläut zusammen. Jetzt ist es wieder soweit, Karthago reif für den Untergang:

»Sieh! Da zuckst du, erster Blitz mitten hinein in das Herz, und daraus steigt's wie ein langer fahler Nebel aufwärts ... Und der Donner murrt; und eine Stimme erscholl: ›Sei gereinigt.‹«

Gereinigt wovon? Tintenflecken? Verbotenen Raubtier-Sehnsüchten? Oder nur Examensstreß? Drei Blitzschläge durchbohren ihn an diesem Abend. Jedesmal zuckt er lustvoll auf und beschwört mit seinem Jubel den Donnergott wie einst auf dem Triebeler Kirchberg: »Mitten durch's Herz. Sturm und Regen! Blitz und Donner! Mitten hindurch!« Sein Ruf wird erhört, denn »eine Stimme scholl: ›Werde neu!‹«

Über Naumburg hat sich an diesem Juliabend die drückende Schwüle in einem »reinigenden« Gewitter entladen. Am Ende des Donnerkonzerts strömt auch das ersehnte Naß herab, und der Götzenpriester im Weingarten kann jauchzen: »Sei mir willkommen, Regen, lindernder, erlösender!« Am Ende, der Text läßt keinen Zweifel, kommt auch der frustrierte Körper zu seinem Recht, als dessen überquellendes Mundstück die Sprache herhalten muß. Und die tut's, als wär's ein Stück von ihr.

IV

RITTER, TOD UND DOMINA

Am 4. September 1864 kommt Nietzsche mit dem Reifezeugnis in der Tasche nach Naumburg, bleibt vierzehn Tage und bezieht erst am 13. Mai 1890 wieder feste Wohnung im Weingarten 18. Dazwischen lebt er in Miete, in Pensionen und Gästezimmern, anfangs Student und Professor, dann »irrender Flüchtling« und schreibender Vagabund. Als er Ende September 1864 seine Koffer packt, um Richtung Bonn aufzubrechen, scheint er es geahnt zu haben:

»Noch einmal eh' ich weiterziehe
und meine Blicke vorwärts sende
heb' ich vereinsamt meine Hände
zu Dir empor, zu dem ich fliehe,

dem ich in tiefster Herzenstiefe
Altäre feierlich geweiht
daß alle Zeit
mich seine Stimme wieder riefe ...«

Er würde ihn nie vergessen, den »unbekannten Gott« aus Röcken. Ihm hat er die Altäre errichtet, auf seine Stimme hört er. Und wenn er immer wieder die Zelte abbrechen muß, weil es ihm irgendwo zu eng wird, dann bleibt jener, zu dem er fliehen kann.

»Sein bin ich — und ich fühl' die Schlingen,
die mich im Kampf darniederziehn
und, mag ich fliehn,
mich doch zu seinem Dienste zwingen.

Ich will dich kennen, Unbekannter,
du tief in meine Seele Greifender,
mein Leben wie ein Sturm durchschweifender
du Unfaßbarer, mir Verwandter!
Ich will dich kennen, selbst dir dienen.«

Ein Knall in der Silvesternacht. Einen Dämon zum Verwandten hat nicht jeder. Nietzsche bietet ihm seine Dienste an; und mußte doch schon zugeben, daß ihm keine Wahl bleibt: Sobald er sich abwendet, zieht ihn etwas nieder; kämpft er gegen ihn an, gebraucht der Dämon Zwang: ein Unbekannter, der freien Zugang zu seiner Seele hat. Einen Tag nach Nietzsches zwanzigstem Geburtstag legt sein Dampfer in Bonn an, und so schreibt sich der Pfarrerssohn als Theologiestudent an der Universität ein, die seinen und seines frommen Namenspatrons Namen trägt.

Obwohl die Mutter ihm rät, mit dem braven Deussen zusammenzuziehen, nimmt ihr Sohn sich eine eigene Wohnung in einem »schönen Haus«, an der »Ecke zweier lebhafter Straßen, mit Balkon«, drei »großen« Fenstern und einem »Sopha«. »Alles«, so versichert er der Mama, »sehr nobel und reinlich.« Wenn schon unabhängig, dann richtig! »Ein Pianino habe ich mir gemiethet«, für drei Taler monatlich. Schicksalhaft liegt Beethovens Geburtshaus in der Nähe. Und schon Ende Oktober erreicht sein Luxusleben einen vorläufigen Höhepunkt: Er tritt einer Schlagenden Verbindung bei, berichtet, »daß unsre Mützen weiß sind mit roth goldnen Rande« und lobt seine »Kaffeemaschine«, die ihm jetzt »morgendlich einen sehr guten Kaffe« liefert. Zugleich mahnt er dringend von zu Hause das »Paupertätszeugniß« an, das er bereits zur Immatrikulation gebraucht hätte. Die ihm zugestandenen dreißig Taler im Monat müssen bald auf vierzig erhöht werden, dennoch wird er am Semesterende Schulden haben. Fritz lebt auf großem Fuße.

Sehr frühzeitig, wegen des langen Postwegs, gibt der Studiosus, der die Studien scheut, seine Weihnachtswünsche bekannt; allen voran: »Musik zu Manfred von Robert Schumann.« Zu dessen Grab war er bereits mit einem Kranz gepilgert, obwohl das nicht unbedingt zu einem Burschenschaftler paßte, der den »Frankonia«-Krikelkrakel eine Zeitlang sogar unter die Heimatbriefe setzte. Ein Gruppenfoto zeigt das Häuflein der Aufrechten: schwere Säbel sind zu beachten, erste Schnurrbärte, keck in die Stirn gerückte Käppis; rechts außen schiebt sich eine Schnapsleiche ins Bild, die Flasche in der Hand; zentral sitzt Fritz, genannt »Gluck« über einem Fäßchen mit Kreide-»F« und Ausrufezeichen — immer noch prächtige Geniefrisur, glatt hinter die Ohren gekämmt, unter der nackten Oberlippe der Ansatz eines ironischen Lächelns.

Nicht ungern verbringt er die Silvesternacht 1864 ohne die Spießgesellen. Aufgeschlagen auf dem Miet-Piano liegt der Klavierauszug von »Manfred«. Die Byron-Andacht wird nur durch das wehe Zahnfleisch gestört, das sich zum Jahreswechsel entzündet hat, und einen hohlen Zahn, dessen »Nerv incommodiert wird«. Gegen das Zahnweh hat er Punsch getrunken und sich dann, schläfrig geworden, aufs Sofa zurückgezogen. Nun ist es still, die Lampe glimmt, manchmal knistern im Ofen die Kohlen. Traumzeit.

»Der Geist durchfliegt schnell die ihm lieben Stätten und weilt in Naumburg, dann in Pforte und Plauen — und kehrt endlich zurück in mein Zimmer . . .«

Der Gedächtnisausflug in die Vergangenheit endet traditionsgemäß in Röcken. Und Röcken, so scheint es, liegt überall:

»In mein Zimmer? Doch was seh ich auf meinem Bett? Dort liegt jemand — er stöhnt leise, röchelt — ein Sterbender!«

In seinem Naumburger Abschieds-Gedicht hat er nach der Stimme gerufen; nun klingt sie ihm wieder im Ohr. Er ist in das Krankenzimmer zurückgekehrt, und auf dem Bett entdeckt er, stöhnend und röchelnd, den Vater. Er stirbt. Wie das alte Jahr liegt er in den letzten Zügen. Schatten umschweben ihn, flüsternde Schemen, in die der Träumer nachträglich Sinn zu legen sucht: Wer da, wie er später schreibt, das sterbende Jahr verflucht oder segnet, sich von ihm abwendet oder noch in letzter Minute auf ein Wunder hofft, ist er selbst und die Gedanken, die ihn vor dem Einschlafen bewegten.

Doch im Alptraum herrscht nur die Angst. Auf seinem Bett liegt ein Gespenst. Wieder sieht Nietzsche seine Umgebung wie wirklich — er liegt auf dem Sofa, drüben auf dem Bett der Sterbende. Und mit schrecklichen Lauten beweist er seine Anwesenheit.

»Das alte Jahr röchelte leise, in genauen Zwischenräumen. Es klang wie ein Seufzer. Plötzlich wurde alles hell. Die Wände des Zimmers flogen zurück, die Decke schwebte empor. Ich sah nach dem Bett. Das Bett war leer.«

Der Alpdruck löst sich schlagartig. Ein Knall, und der Spuk ist vorüber. Erleichtert sieht Friedrich sich im Zimmer um. Er ist in Bonn, gleich läuten die Glocken das neue Jahr ein! Während es draußen laut wird, schreibt er sein Traumgesicht nieder. Und taucht am Schluß noch einmal die Feder ins Fäßchen, um eine engelhafte Stimme die Frohbotschaft seiner Erlösung verkünden zu lassen:

»Ihr Toren und Narren der Zeit, die nicht und nirgends ist außer in euren Köpfen! . . . Wenn ihr reif seid, wird die Frucht fallen, eher nicht!«

Das Engelswort kommt aus Manfreds Mund. Verfolgt von den Gespenstern seiner Vergangenheit, bricht er im zweiten Akt in die Klage aus: »Wir sind die Narren von Zeit und Schrecken.« Nicht länger, so schwört sich Friedrich zu, werde ich mich von dem eingebildeten Phantom aus meiner Vergangenheit narren lassen! Was zählt, ist die Zukunft, der Heldenkampf, den »die Götter als Probe vor den Kampfpreis gestellt haben«!

Wäre es nicht endlich Zeit, die Röckener Fesseln abzustreifen, jetzt, wo ein neues Jahr, ein hoffnungsvoller Lebensabschnitt beginnt? Für einen Augenblick fühlt Nietzsche sich den Schlingen entronnen, die ihn sonst darniederziehen. Noch 1877 erinnert sich der Professor an das Bonner Aha-Erlebnis. In einem stichwortartigen Lebensrückblick notiert er sich:

»*Sylvesternacht:* das Klanggespenst meines Ohrs selbst entweicht.«

*

»Du gesegneter Monat Oktober«, hatte Pastor Carl Ludwig Nietzsche bei der Taufe seines Sohnes gejubelt, in dem ihm »die wichtigsten Ereignisse« seines Lebens widerfahren seien — seinem Friedrich scheint es nicht anders zu gehen: Im Oktober 1865 immatrikuliert er sich genau hundert Jahre nach Goethe an der Leipziger Universität, wird von dem Philologen-Papst Ritschl, dem er aus Bonn gefolgt ist, in einer Vorlesung willkommen geheißen und findet den Mut, aus der Verbindung auszutreten. »Es ist mir schwer geworden«, schreibt er den Korpsbrüdern, »ein Jahr hindurch in der Frankonia auszuhalten.« Sein Band legt er gleich bei.

Das war ein wenig perfide. Denn eigentlich hatte er sich von Anfang an keine Illusionen über die barbarischen Rituale gemacht, sondern sogar eifrig mitgemischt. Ein Schmiß blieb ihm davon. Hauptgrund seines Beitritts waren die Pförtner gewesen, die ebenfalls zu den Frankonen stießen. Besonders gern habe er sich »mit jüngeren Pförtnern« umgeben, schreibt ein Bekannter, und mit ihnen Klavier gespielt — am liebsten offenbar mit dem »kleinen Bodenstein«. Nach Naumburg meldet Nietzsche, daß sich in der Verbindung reichlich »Gelegenheit Bekanntschaften zu knüpfen« finde, ja daß sie geradezu die »Verführungskunst« — das Wort in Gänsefüßchen — stärke, »obgleich man anderseits ebenfalls verführt wird«. Zu Geselligkeit und Sauferei, versteht sich.

»Explodirende Vergnügungen.« War er mit den jungen Kameraden zusammen, fühlte er sich wohl. Nur einer fehlte: Carl von Gersdorff, mit dem er sich im letzten Internatsjahr eng befreundet hatte. Aus Pforta berichtete der ihm brühwarm, was Friedrich alles versäumte. So war ihm von einem verfeindeten Mitschüler mit »Anzeigen« gedroht worden. Hatte Carl etwas ausgefressen? Nein, er machte nur jüngeren Alumnen den Hof. Hauptgegenstand seiner Knaben-Träume zu Anfang ihres Briefwechsels war ein gewisser Schlieckmann. Die Antworten Nietzsches auf Gersdorffs Konfessionen sind leider nicht mehr aufzufinden.

Im November 1864 berichtet Carl zum ersten Mal von den Annäherungsversuchen. Der Junge habe ein gar zu »hübsches Gesicht«, er sei bis über die Ohren verliebt, und Friedrich solle nur ja nichts dem Stöckert verraten: »Keine Eifersucht!« Mit dem hatte Nietzsche selbst einmal Herzensgeheimnisse ausgetauscht. Im Dezember meldet Carl die erfolgreiche Eroberung und lobt seinen Briefpartner augenzwinkernd, daß er zwischen den Zeilen zu lesen verstand — »das weiß ich und hast das Richtige herausgelesen«. Nachdem Schlieckmann, der »liebenswürdige Junge«, seine »Furcht« vor ihm abgelegt hatte, »ging es im Sturm, jeder eroberte des andern Herz, es dauerte nicht acht Tage, so waren wir sehr zärtlich gegen einander«. Die Metapher von den Freundesflügeln scheint bei den Freunden eingebürgert: »Ich weiß auch«, gesteht Gersdorff, »daß Schlieckmann mehr, als bloß ein Paar Flügel fehlen, um ein Engel zu sein.« Und nachdem ihm Friedrich den amerikanischen Philosophen Emerson empfohlen hat, gesteht er, es sei zwischen ihnen nicht wie bei dem Denker, denn noch sei ihre Verbindung »zu leidenschaftlich«.

Später wird Gersdorff seine Eroberungen nur noch andeuten: Er habe, heißt es dann, »einen neuen lieben Bekannten gefunden« oder die »Bekanntschaft eines jungen Aktuars« gemacht; Nietzsche verstand schon. In einer Korrespondenz, die in Naumburg akribisch gesammelt wurde, hatten derlei Freundesgeheimnisse nichts verloren; der Meinung war zumindest Elisabeth, der nur die Pförtner Ergüsse Carl von Gersdorffs durch die Lappen gingen. Kaum hat der das Internat verlassen, gibt es auch wieder Nietzsches Antworten, und fast ohne Anspielungen. »Mein lieber Freund«, schreibt der ihm übers Briefeschreiben, »wie schaal und langweilig sind alle diese Notizen. Ebenso nüchtern zähle ich einige Feste auf, an denen ich schöne und glückliche Augenblicke — und das Glück zählt nach Augenblicken — genossen habe.« Mit den Augen-Blicken wird er es zeitlebens haben. Einmal gesteht er ihm: »Sobald Du mir schriebst, daß Du nach Leipzig gehen wolltest, habe ich es auch fest beschlossen.«

In einem neckischen Werbebriefchen teilte er die Neuigkeit einem Pförtner Abiturienten mit, den er im Geist »eidechsenhaft aus der dunkeln Höhle« von Mutter Pforte »hinauskriechen« sieht. Er deutet an, welche »ungeheure Freude« es für ihn bedeute, daß Gersdorff nach Leipzig kommt — womit er sich irrt —, und fügt hinzu: »Er schrieb im letzten Brief ganz entzückt über Dich und Deine liebenswürdigen Briefe, so daß ich ein klein wenig neidisch auf ihn war.« Aber damit der gute Oskar nur ja nicht glaube, er sei eifersüchtig, bremst er sogleich wieder ab: »Denn es ist ein großes Glück schöne Briefe zu empfangen.« Also, schreib ruhig, ich kann warten. Und: »Lieber Wunderlich, ist keine Möglichkeit, daß wir uns in den Ferien sehen können?«

Später hat Nietzsche seine Bonner Zeit phantastisch ausgeschmückt und dem Publikum der Basler »Freiwilligen Akademischen Gesellschaft« 1872 vorgetragen. Fünfmal fesselt er mit seinen Gedanken »Über die Zukunft unserer Bildungsanstalten«, obwohl es dabei weder um die Basler Verhältnisse im besonderen noch die Bildung der Allgemeinheit ging. Die Frage war: Wie erzeugt man einen Genius? Die Antwort trägt, natürlich, stark autobiographische Züge.

Damals in Bonn, so beginnt er, habe er in einem »gleichsam zeitlosen Behagen« mit einem »gleichalterigen Freund« zusammengelebt. Das war schön ausgedacht, doch erst in Leipzig sollte ihm dies Glück widerfahren. Aber er sagt ja selbst, daß dieses Leben »etwas Traumartiges« hatte. Wäre da bloß nicht die »im Grunde anders erregte und strebende Verbindung« gewesen — er meint die Frankonia —, die die Freunde »am Fliegen hinderte«. Nach Gersdorffs Vokabular ist das eindeutig. Zwangsläufig hätte man einen exklusiven Bildungsverein gegründet — biographisches Vorbild war die »Germania« —, zu dessen Jahrestag man nun am »Weiheort« zusammengekommen sei: Spätsommer, Sonnenwärme, »blaue Unendlichkeit«. Im schneidigen Studentenwichs treten die beiden Seelenfreunde in die »athemlose Naturstille« ein, wo ein mächtiger Eichenstumpf ihr Freundschaftszeichen trägt: ein Pentagramm, das böse Geister bannen soll.

Heute soll darauf scharf geschossen werden. Auf dem trauten Plätzchen, versteckt vor Neugierigen, lädt man eilig die Pistolen. Der »widerhallende scharfe Laut« dringt »erschütternd« durch die Waldeinsamkeit. Da taucht hinter ihnen wie aus dem Nichts eine Gestalt auf und unterbricht sie im »Laden« ihrer Waffen. »Als ich mich rasch umwendete, blickte ich in das erzürnte Gesicht eines alten Mannes, während ich zugleich fühlte, wie ein kräftiger Hund an meinem Rücken emporsprang.« Ertappt! In »drohendem und heftigen Ton« erscholl die »Rede des Greises«; später wird sich ihr schauriger Klang »in mannichfaltigem Donnern, Krachen und Zischen« an den düsteren Baumstämmen brechen.

Der vertraut-unheimliche Alte hatte den beiden Freunden schon im Traum aus den Hundstagsferien 1859 mit bellendem Hund und schrillen Tönen aufgelauert. Nun verbietet er ihnen das Schießen. Sein Begleiter erklärt, warum: »Sie müssen nämlich wissen, dass Ihre explodirenden Vergnügungen . . . ein wahres Attentat gegen die Philosophie sind.« Und die Philosophie, das ist der Alte mit dem Hund. Steckt in ihm etwa Pudelfreund Schopenhauer, der Lustverneiner? Gegen eine platonische Unterhaltung hat er aber nichts einzuwenden. Nachdem die Pistolen weggesteckt sind, entwickelt sich zwischen den Männern ein Dialog, der sich mit dem eigentlichen Thema von Nietzsches Bildungsvorträgen beschäftigt: Wodurch entsteht ein Genie?

Nicht durch Pistolenknallerei. Aber ebensowenig durch Schulen, Internate, Universitäten. Was man in diesen trübsinnigen Institutionen Bildung nennt, erscheint dem jungen Erzähler wie ein Alpdruck; sie »lastet schwer auf meiner Brust«, erinnert ihn gar an ein »Panzerhemd, durch das ich niedergedrückt werde.« Für den geharnischten Ritter weckt wahre Erziehung »eine verzehrende Sehnsucht« nach »der rechten und einzigen Bildungsheimat«. Dort kommt man ohne eiserne Käfige aus, dort umflattert die Toga die atmenden Glieder — dort, »im Lande der Sehnsucht«, in Griechenland. Flügel wachsen der jungen Seele dann, bald »regt sich zum ersten Male die Schwinge«. Gebannt lauscht man dem Alten, der sogar den »göttlichen Plato« beschwört. Und plötzlich entringt sich einem der Freunde der begeisterte Ausruf: »Sobald Sie reden, regt sich bei mir jene platonische Schwinge.« Und engelsgleich erhebt sich vor ihnen die Idee des wahren Genius, des Weltverwandlers. Nietzsche wußte, wovon er sprach. Schon lange liebte er Platons »Symposion«, in dem das Hohelied der Knabenminne gesungen wird.

Stellt euch einen solchen Griechen-Genius vor, schwärmt der Alte, wenn der mit anderen Menschen zusammentrifft, »merkt ihr etwas Unglaubliches. Es ist als ob dieses Genie in blitzartiger Seelenwanderung in alle diese halben Thierleiber gefahren sei und als ob jetzt aus ihnen allen wiederum nur das *eine* dämonische Auge herausschaue.« An ihrem Auge sollt ihr sie erkennen. Und da man schon soweit ist, unter vertrauten Geistern, die »durch das edelste Bedürfniß an die Griechen gekettet« sind, dürfen die beiden Freunde auch ihre Pistolen abfeuern. Denn bacchantisch, mit Fackeln und Gesang, hat sich die Burschenschaft genähert und ein »knatterndes schnell verhallendes Getöse« vernehmen lassen.

»›Dies ist ja sein Signal‹ rief der Philosoph, ›mein Freund kommt doch noch . . . Auf! Ihr Pistolenschützen, jetzt zeigt eure Künste einmal! Hört ihr den strengen Rhythmus jener uns begrüßenden Melodie? Diesen Rhythmus merkt euch und wiederholt ihn in der Reihenfolge eurer Explosionen!‹. . .«

An den Freiwilligen Basler Akademikern scheint die Botschaft vorübergegangen. Der bedächtige Jacob Burckhardt, der dem Wunderkind die Ehre gab, schrieb im April 1872 enttäuscht, den letzten Vortrag, »von welchem wir einige Lösung der so keck und groß aufgeworfenen Fragen und Klagen erwarten, ist er uns noch schuldig«. Und fügt boshaft hinzu, der Deutsche habe sich »aber einstweilen zur Erholung auf 10 Tage ins Waadtland begeben«. Nicht, weil er es für die Basler spannend machen wollte, sondern weil er schon alles gesagt hatte. Der letzte Vortrag hat denn auch nie stattgefunden.

*

Leipzig bringt Nietzsche den Durchbruch. Professor Ritschl, der ein Auge hat für Philologenmaterial, zieht ihn an sich und spornt ihn zu Höchstleistungen. Nach einem Vortrag Nietzsches im »Philologischen Verein« läßt Ritschl ihn zu sich rufen und erklärt, »noch nie von einem Studierenden des 3. Semesters etwas Ähnliches« gesehen zu haben. Als kalkulierte Folge ging »mein Selbstgefühl mit mir in die Lüfte«. Der »Stachel des Lobes«, wie Nietzsche schreibt, saß. Wie besessen stürzt er sich auf die griechischen Klassiker, als wolle er alle gleichzeitig studieren. Schon im ersten Jahr tauchen Aufzeichnungen über

Theognis, Suidas, Aischylos, Diogenes Laertius und Demokrit in seinen Kladden auf.

Doch nicht nur fleißige Exzerpte erinnern an jene akademische Aufbruchszeit, in denen er sogar, durch Ritschls Beihilfe, den Leipziger Philologen-Preis gewinnt. Es findet sich in einem seiner Fleißhefte auch eine Notiz, die von der Kehrseite seines Blitzerfolges spricht. Nietzsche hatte sich krank gearbeitet. Wie immer reagierte er auf den Leistungsdruck mit rheumatischen Schmerzen, Migräneanfällen, Magenproblemen. Als sein Professor die Honoratioren der Basler Universität mit höchstem Lob für den 24jährigen köderte, verwies er auch auf dessen Belastbarkeit. Nietzsche sei »stark, rüstig, gesund«. Ritschl wußte es nicht besser; aber mit seinem Liebling hatte er den Baslern einen Frühpensionisten aufgeschwatzt. Und, offenbar, einen Geisterseher.

EIN GESPENST IN DEN ZEITEN DER CHOLERA. Die mysteriöse Aufzeichnung steht, so Biograph Janz, »wie verloren« am Ende einer Kladde; wohl deshalb sei sie der Vernichtungswut der Schwester entgangen. Im Gegensatz zu den klaren wissenschaftlichen Notizen ist sie, nach Angabe der Herausgeber, »zweifellos in sehr großer Erregung niedergeschrieben«. Was dem Menschen in Zuständen der *»physiologischen Erschöpfung«* widerfahren kann, hat Nietzsche selbst Jahre später beschrieben: Sie seien »reich an Plötzlichem, Schrecklichem, Unerklärlichem«. Kommt noch, wie er an anderer Stelle schreibt, eine »Aushungerung der Leiblichkeit und der Begierde« hinzu, so sei es unvermeidlich, »daß sie den *Weg* zu allerhand geistigen Störungen abgiebt«, beispielsweise »Klang- und Gestalt-Hallucinationen«. Eine solche hat der Leipziger Student in seinem Kollegheft beschrieben:

> »Was ich fürchte, ist nicht die schreckliche Gestalt hinter meinem Stuhle, sondern ihre Stimme: auch nicht die Worte, sondern der schauderhaft unartikulierte und unmenschliche Ton jener Gestalt. Ja, wenn sie noch redete, wie Menschen reden!«

Das Gruselstück fällt so sehr aus dem Gelehrten-Rahmen, daß beide Biographen fehlerhaft zitieren: Janz vergißt das Ausrufezeichen, Ross läßt Nietzsche nicht fürchten, sondern »befürchten«. Auch ihre Deutungen wirken unglücklich, fast widerwillig. Ross mutmaßt, ihn habe »die Angst vor dem Gottseibeiuns« überfallen; Janz sieht hinter der Stimme einen »Boten aus jenem Reich, in das er 20 Jahre später eingehen sollte«. Das war er gewiß, aber damit ist nichts erklärt.

Ob Halluzination oder Alptraum, das Erlebnis war nicht so ungewöhnlich, wie seine Deuter glauben. Ingmar Bergman, der schwedische Regisseur, erzählt in seiner Autobiographie, er sei des öfteren von »Gespenstern, Teufeln und Dämonen« heimgesucht worden; »es waren deutliche Stimmen, nicht sonderlich verständlich, aber ignorieren konnte ich sie nicht.« Sein Landsmann, der Spökenkieker August Strindberg, notiert einmal: »Oft ist es mir, als stehe jemand hinter meinem Stuhl.« Selbst Thomas Mann, in getreuer Nietzsche-Nachfolge, durchlebte ein ähnliches Gespenster-Tête-à-Tête bei einem seiner Palestrina-Aufenthalte 1895–97; die Worte hat er dabei sehr gut verstanden, sich sogar, wie im »Doktor Faustus« nachzulesen, mit dem Geist unterhalten. Nietzsches Notiz war damals noch nicht bekannt; als Thomas Mann seinen Nietzsche-Roman schrieb, wohl.

Die Stimm-Halluzination mit alptraumartigen Zügen darf sogar als klassisch bezeichnet werden. Was Nietzsche seiner Kladde anvertraute, entstammt präziser Beobachtung. »Wenn die Halluzination nicht in der stabilen intersubjektiven Welt ihren Ort findet«, schreibt der Wahrnehmungs-Phänomenologe Maurice Merleau-Ponty, »so weil es ihr an einer gewissen Fülle, einer inneren Artikulation mangelt.« Und er fügt hinzu: »Jede Halluzination ist zunächst Halluzination des eigenen Leibes ... In ihren ›leibhaften Bewußtheiten‹ erfahren die Kranken unmittelbar bei sich, hinter sich oder auf sich jemandes Gegenwart, den sie nie sehen.« Erst wenn der Alptraum beginnt, zeigt das Ungeheuer auch seine Fratze.

Die Stimme »hinter ihm« hat Nietzsche schon in der Naumburger Wohnung gehört, später als »Klanggespenst meines Ohrs« in der Silvesternacht. In der Leipziger Zeit hat sie sich wieder gemeldet. Nicht einmal das tückische Anschleichen war neu. In einem Schülergedicht aus der Pfortenser Zeit wird Napoleon von einem Alp heimgesucht:

»... Und doch — er träumt — ihn quält ein Traumgesicht,
Das hinter seinen Schultern drohend steht,
Das flüsternd immer wieder zu ihm spricht:
›Du lügst, du lügst!‹ und eiskalt ihn umweht ...«

Eine geträumte, aber durchaus als wirklich erlebte Gewissensstimme. Was sie ihrem Opfer — Nietzsche wird sich mit Napoleon einmal leidenschaftlich identifizieren — vorwirft, jagt ihm eiskalte Schauer über den Rücken: Du lügst! Du bist schuldig! Deine Strafe wird fürchterlich sein! Verschärftes Dämonion. Aber nicht diese Ansicht quält den Träumer so sehr, ja nicht einmal die Worte, die ihn verdammen — was Nietzsche an dieser geträumten Halluzination oder diesem halluzinierten Alptraum fürchtet, ist der Ton.

Stöhnend und röchelnd, unartikuliert und unmenschlich hat sich ihm einst die Stimme des todkranken Vaters eingeprägt. Seine Mutter erzählte, »er wußte *alles,* konnte aber, wie das bei Gehirnerweichung ist, zuletzt die Worte nicht in Sätze zusammenbringen und war glücklich, wenn ich seine Gedanken erriet«. Was ich fürchte, schreibt der Student Nietzsche fast zwanzig Jahre später, ist der »Ton jener Gestalt«. Jener »weißen Gestalt«, die er aus dem Grab aufsteigen sah wie eine schreckliche Erinnerung aus dem Unterbewußten. Und er endet mit dem Stoßseufzer: »Ja, wenn sie noch redete, wie Menschen reden!« War das vielleicht der Gedanke, der im Sohn damals am Krankenbett aufgestiegen war: Ja, wenn der Vater noch so redete wie früher, als er noch einem Menschen glich und nicht entstellt unter Leichentüchern lag — eine Gestalt, die jetzt hinter ihm steht, um sein Gewissen zu martern: Es war Verrat! Du hast mich weggewünscht! Ermordet.

Nietzsche mag das in großer Erregung niedergeschrieben haben — ein einmaliges Erlebnis, das er gleichsam unter Schock notierte, war es nicht. Eher scheint ihm in jenem Moment aufgegangen zu sein, daß er sich weder vor der eingebildeten Gestalt noch vor ihren Worten fürchtet, sondern vor einer schauderhaften Erinnerung: Der Ton ist echt, und Nietzsche weiß, woher er stammt.

Nachdem er die Jenseits-Botschaft entdeckt hatte, suchte einer der ratlosen Herausgeber die Schwester auf. Die alte Dame, Mitte achtzig, konnte die Seite nicht mehr verschwinden lassen; so nahm sie es humorvoll und ging in die Offensive:

»... mit der größten Selbstverständlichkeit gab sie zu, daß ihr Bruder mehrfach solche Erscheinungen gehabt habe. Das sei in Leipzig und auch in Basel der Fall gewesen: Einmal, als man den verstorbenen, nebenan im Haus aufgebahrten Hauswirt noch nicht beerdigt hatte. Er sei damals ›in Zipfelmütze und Schlafrock‹ erschienen. Ach, sie hätten darüber gelacht. Ich solle ja nichts an die Öffentlichkeit bringen.«

Sollte die Archiv-Diva das tatsächlich gesagt haben, muß sie damit eine Absicht verfolgt haben. Denn erstens »gibt« eine Nietzsche nichts »zu«, zweitens war bei ihr nie etwas »selbstverständlich«, und drittens wäre der Hinweis, das Gesagte sei »off-the-record«, für eine PR-Virtuosin ihres Schlages allzu naiv gewesen. In Wahrheit schaltete sie blitzschnell und zog den gefährlichen Fund des Nietzsche-Philologen ins Lächerliche. Die Mär von »Zipfelmütze und Schlafrock« hat denn auch nie Eingang in die Literatur gefunden. Und in Elisabeths Heiligenlegende tauchen als einzige Gespenster ihre Auslassungen auf.

Dabei wußte die Greisin genau, daß die Notiz des Bruders ernst gemeint war. Aber sie paßte nicht ins Bild. Schon einmal wußte sie eine Szene, die nach Okkultem roch, unschädlich zu machen und für ihre Zwecke umzufunktionieren. Auch dieser Vorfall hatte sich in Nietzsches Leipziger Zeit ereignet. Damals, im August 1866, grassierte die Cholera in Naumburg, wo Friedrich wie üblich die Semesterferien verbrachte. In ihrem Haus im Weingarten hatte die Seuche gerade ein Opfer gefordert: Der

Kammacher Lurgenstein war im Erdgeschoß gestorben, dort hatte man ihn aufgebahrt. Siebzehn Jahre später erinnerte sich Nietzsche an diese Nacht:

»Es gehört zu den schauerlichen Erinnerungen aus meiner Studentenzeit, daß ich eine Nacht mit einer Cholera-leiche zugebracht habe.«

Was ist daran eigentlich so schauerlich, wenn im selben Haus ein Mensch stirbt? Man hatte darauf gefaßt sein müssen. Und schließlich war Nietzsche kein Kind mehr. Das muß sich die Schwester auch gedacht haben, als sie den Brief in die Finger bekam. Sogleich änderte sie: »Eine Nacht, die er im gleichen Hause mit einer Choleraleiche zubrachte, ist ihm besonders unheimlich in Erinnerung geblieben.« Aus dem »schauerlich« macht sie ein anekdotisches »unheimlich«, die Nacht mit der Leiche wird unter ein gemeinsames Dach verlegt. Nur daß ihr Bruder das nicht geschrieben hatte. Und da sie schon einmal am Verdrehen war, ergänzte sie die Story um ein entscheidendes Detail, in dem auch das »schauerlich« des Bruders wieder zu Ehren kam:

»Mein Bruder hat von der Cholera eine schauerliche Erinnerung behalten; er behauptete, zweimal von dieser Seuche ergriffen worden zu sein, und daß er sich nur mit beständigem Trinken heißen Wassers und Schwitzen von den Anfällen geheilt hätte.«

Das also war das »Schauerliche« dieser Nacht! Der Hintergrund ihrer Umdeutung: Nietzsche hatte im Basler Irrenhaus zu Protokoll gegeben, »daß er sich zweimal spezifisch infiziert habe«. Diese Auskunft bezog sich eindeutig auf Syphilis. Gar nicht, trumpft das Lama auf: Fritz meinte die Cholera. Wohl hatte der Bruder geschrieben, man sei »vor der selbst unser Haus nicht verschonenden Naumburger Cholera« nach Kösen geflohen. Von einer Ansteckung sagt er nichts.

Was war nun wirklich passiert, als der arme Kammacher von der Seuche dahingerafft war und Nietzsche über griechischen Philosophen brütete? Oder hatte er sich in seinem Stübchen den Geister-Kenner Schopenhauer vorgenommen, der behauptet, im

»Schlafwachen« würden »am häufigsten die Gestalten eben gestorbener Personen, deren Leiche noch im Hause ist, sich darstellen«. War die »Gestalt« ihm leibhaftig erschienen, wie die Schwester witzelte? Vielleicht gar hinter seinem Stuhl aufgetaucht, als Nietzsche vor Erschöpfung über seinem Schreibtisch eingenickt war?

Noch einmal, in skurrilem Zusammenhang, sollte der arme Kammacher als sein Schatten auftauchen. Im Oktober 1874 schrieb Nietzsche an Richard Wagner, er und seine zwei Basler Freunde »gehn viel mit einander spazieren, doch nicht ohne das Gefühl des Lächerlichen, das an einer isolirten Dreiheit haftet«. Sein Beispiel dafür:

». . . wie wir gegen Abend unsre drei langen Schatten neben uns herschreiten sehen, so lachen wir uns gewöhnlich todt; denn wir können nicht umhin, der drei gerechten Kammacher zu gedenken.«

So lustig ist Gottfried Kellers Groteske nun auch wieder nicht — aber die Erinnerung ans Naumburger Schattenreich furchterregend genug, daß Nietzsche sich darüber am liebsten totgelacht hätte.

*

Der Oktober 1865 hat es in sich. Alle Zeichen stehen auf Karriere. Die Wohnung, die Nietzsche inmitten von Gärten in der Leipziger Blumengasse bezieht, liegt fernab vom Stadtbetrieb in »feierlicher Stille«. Nur die Wanzen stören. Und eine Geldschrankfabrik in der Nähe macht »Getöse«, das nur von dem »abscheulichen Lärm« übertroffen wird, den die Rohn-Kinder im Haus veranstalten. Wenn es regnet und das Wasser vom Zinkdach tropft, setzen die Nachbarn »verdrießliche Gesichter« auf, wirken die Gärten »gelb, mumienhaft, oede«.

Obwohl die Kinder »ziemlich viel« schreien, wird sich's der neue Mieter nicht mit ihrem Vater verderben wollen. Herr Rohn ist nämlich ein Büchermensch. Nietzsche, der vor seinem Gepäck angekommen ist und sich vor den leeren Wänden graut, irrt durch die Stadt. Das Antiquariat des Herrn Rohn wird zur

Hauptanlaufstelle. Und hier, beim planlosen Stöbern in der staubigen Vergangenheit, hört er wieder die Stimme.

»Eines Tages fand ich nämlich im Antiquariat des alten Rohn dies Buch, nahm es als mir völlig fremd in die Hand und blätterte. Ich weiß nicht welcher Dämon mir zuflüsterte: ›Nimm dir dies Buch mit nach Hause‹.«

PHILOSOPHISCHE OSMOSE. Des Dämons hätte es nicht bedurft. Denn was der bibliophile Philologe im Inhaltsverzeichnis über die »Platonische Idee« als »Objekt der Kunst«, die »Bejahung und Verneinung des Willens zum Leben«, »Genie« und »Wahnsinn«, »Tod« und »Geschlechtsliebe« angekündigt fand, war schon dämonisch genug. Wozu sich noch in der Großstadt herumtreiben, wenn man das Gesuchte in der Aktenmappe nach Hause tragen konnte?

»Zu Hause warf ich mich mit dem erworbenen Schatze in die Sofaecke und begann jenen energischen düsteren Genius auf mich wirken zu lassen. Hier . . . sah ich einen Spiegel, in dem ich Welt Leben und eigen Gemüt in entsetzlicher Großartigkeit erblickte.«

Entsetzliche Großartigkeit, eine aparte Kombination. Wer sich so in einem Spiegel erblickt, vergißt darüber Wanzenstiche und Babygeschrei. Der düstere Genius Arthur Schopenhauer hat ihm nicht nur sein Lebensproblem vor Augen geführt, sondern gleich dessen Lösung mitgeliefert: »hier sah ich«, schreibt Nietzsche im Bekennerton, »Krankheit und Heilung, Verbannung und Zufluchtsort, Hölle und Himmel.« Zwei Pessimisten, so scheint es, hatten sich gefunden.

Schopenhauers Aussteiger-Evangelium »Die Welt als Wille und Vorstellung« zeigte Wirkung. Nietzsche fühlte, wie das »Bedürfnis nach Selbsterkenntnis, ja Selbstzernagung« gewaltsam von ihm Besitz ergriff; »Zeugen jenes Umschwunges sind mir noch jetzt die unruhigen, schwermütigen Tagebuchblätter jener Zeit mit ihren nutzlosen Selbstanklagen.« Wessen er sich zieh, verschweigt er. Fast religiös klingt es, wenn er vom »verzweifelten Aufschauen zur Heiligung und Umgestaltung des ganzen Menschenkerns« spricht. Sah er hier die Chance, eine

Fehlentwicklung zu korrigieren, dem Schicksal heroisch in den Arm zu fallen? Seine Aggressionen tobt er an sich selber aus: »Auch leibliche Peinigungen fehlten nicht«, schreibt er, als hätte er mit dem Buch etwas Verbotenes in die Hand genommen.

Seine damaligen Tagebuchblätter können den »Umschwung« nicht mehr bezeugen; sie sind verschwunden. Auch in den Briefen spricht er nicht über die Krise, läßt sich dafür schon im Januar von Ritschl Honig ums Maul schmieren. Nietzsche flüchtet sich in die Philologie, trägt die Maske des Gelehrten und den Schopenhauer im Gewande. »Eine nervöse Aufgeregtheit bemächtigte sich meiner«, erinnert er sich an die Schopenhauer-Initiation zurück, »und wer weiß bis zu welchem Grade von Torheit ich vorgeschritten wäre, wenn nicht« — ja, wenn nicht »der Zwang zu regelmäßigen Studien dagegen gewirkt hätte.« Der gute alte Büffelzwang! So spricht der erfolgreiche Akademiker, dem schon die Stelle winkt und nicht mehr das Nirwana.

Nur ein einziges Mal hat er in den ersten Leipziger Tagen die innere Zerrissenheit angedeutet. Die Kiste, heißt es in einem Brief nach Naumburg, sei endlich angekommen; einiges fehle zwar noch, aber schließlich sei »dies alles ganz gleichgültig«. Denn »wie vieles entscheidet sich oder muß sich entscheiden in den engen Hirnkammern? Tragt ihr es nur wirklich so leicht, dieses ganze widerspruchsvolle Dasein, wo nichts klar ist als daß es unklar ist?« Das werden sich die Empfängerinnen bei der Lektüre auch gedacht haben. Der Autor scheint sie überm Schreiben glatt vergessen zu haben, denn der innere Monolog gerät auf abschüssige Bahn:

> »Hat man damit seiner Menschheit genug gethan, wenn man die Forderungen der Verhältnisse, in die hinein wir geboren sind, befriedigt? Wer heißt uns denn uns von den Verhältnissen bestimmen lassen? Aber wenn wir dies nun nicht wollten, wenn wir uns entschlössen, nur auf uns zu achten und die Menschen zu zwingen uns wie wir nun sind anzuerkennen, was dann?«

Was er vor Jahren der »Germania« als Aufbegehren gegen »Fatum und Geschichte« vortrug, wird nun Mama und Lama serviert: Am liebsten würde ich euch zwingen, mich anzuerkennen, wie ich nun einmal bin! Was könntet ihr dagegen tun? Nichts. Für die Offenlegung seines Dilemmas war die Naumburger Tugend die falsche Adresse. Sie waren ja die »Verhältnisse«, in die er hineingeboren wurde, um fortan von ihnen bestimmt zu werden. Das war tauben Ohren gepredigt. Man hat ihn nicht verstanden, auch die versteckte Selbstmorddrohung überhört, die er am Ende anfügte: Wenn es überhaupt einen Sinn hat, Christ zu sein, so sagt er zu jenen, denen sich eine solche Frage nie gestellt hat, dann nur, weil das Leben »dann ohne Schmerz abgeworfen werden kann«. Abgeworfen wie eine Last, der man überdrüssig ist.

Der »Dämon«, der ihm über der Lektüre des Buches solche Gedanken einblies, hat sicher nicht zwischen Rohns verstaubten Regalen geflüstert. Das Bild war erst später in ihm aufgestiegen: Es muß ein Dämon gewesen sein, der da so wild in meine Seele gegriffen hat. Er wußte, welcher. Auf die vakante Stelle, die sein Vater hinterlassen hatte, rückte Arthur Schopenhauer. Nietzsches Buch über den Vater-Ersatz, 1874 erschienen, heißt denn auch »Schopenhauer als Erzieher«. Es handelt sehr viel von seinem alten Problem und sehr wenig vom Titelhelden. In diese Schrift, wird er einmal bekennen, ist »meine innerste Geschichte, mein *Werden* eingeschrieben«, im Grunde redet sie »bloss von mir«.

Schopenhauer, das war ihm schon in der Blumengasse aufgegangen, gehörte ihm. »Ich verstand ihn, als ob er für mich geschrieben hätte«, sagt er; und wenn man sich zu dessen grimmigem Monolog einen Zuhörer denken wolle, so am besten »den Sohn, welchen der Vater unterweist«. Was bekommt der »mit Liebe« Lauschende dabei zu hören? Dasselbe, was die beiden Pistolenschützen in Nietzsches Bonner Abendphantasie vom alten Philosophen mit dem Hund vernahmen: »Das kräftige Wohlgefühl des Sprechenden umfängt uns beim ersten Ton seiner Stimme«, versichert der Jünger, dem schon die erste Feder der Griechen-Schwinge zu sprießen scheint; »wir athmen tief und fühlen uns auf einmal wiederum wohl«.

Nun, da der Leser gleichsam aufgewärmt ist, kann er auch verraten, was ihn damals bei der Erstlektüre auf dem Sofa so gefesselt hat:

»Ich schildere nichts als den ersten gleichsam physiologischen Eindruck, welchen Schopenhauer bei mir hervorbrachte, jenes zauberartige Ausströmen der innersten Kraft eines Naturgewächses auf ein anderes, das bei der ersten und leisesten Berührung erfolgt.«

Philosophische Osmose. Säftetausch. Kurzerhand adoptierte der Student des dritten Semesters den seit sechs Jahren toten Weltverächter. Daß Schopenhauer sich, im Gegensatz zu seinem neuen Blutsbruder, eines gänzlich unverkrampften Verhältnisses zu Frauen erfreute, hätte den nicht interessiert. Über solche Grobianismen sah er hinweg. Er war glücklich, einen Halbgott gefunden zu haben, von dem er sprechen konnte, wenn er sich selber meinte:

»Gerade solche Einsame bedürfen Liebe, brauchen Genossen, vor denen sie wie vor sich selbst offen und einfach sein dürfen, in deren Gegenwart der Krampf des Verschweigens und der Verstellung aufhört.«

Wer nicht wagt, »die Menschen zu zwingen uns wie wir nun sind anzuerkennen«, muß vieles verschweigen, muß Masken tragen. Unter einem solchen Krampf litt Schopenhauer sicher nicht, der aus seinem Herzen nie eine Mördergrube machte und die Wut am liebsten auf der Zunge trug. Wohl aber Nietzsche, dessen Verkrampftheit immer heftiger nach Entkrampfung verlangte. Sein Idol entdeckte der Schopenhauerianer als schweigenden einsamen Ritter in einem Kupferstich Albrecht Dürers: »Dies Bild ›Ritter Tod und Teufel‹ steht mir nahe, ich kann kaum sagen, wie.« In einem violetten Samtrahmen zierte es die Wand seiner Basler Professorenwohnung; ein frommer Gönner hatte es ihm geschenkt, seine Schwester sollte es ihm später wieder abknöpfen.

»Dies unheimliche Bild«, wie er es nennt, erscheint in seinem Buch von der »Geburt der Tragödie«: Es ist das »Symbol« für einen »trostlos Vereinsamten«, der mit »dem erzenen, harten

Blicke« seinen »Schreckensweg« durchs Leben zu nehmen weiß, »unbeirrt«, wie er bedeutungsvoll hinzufügt, »durch seine grausen Gefährten«. Ein »solcher Dürerscher Ritter« mit Hund »war unser Schopenhauer«. Aber dieser Schopenhauer war unser Nietzsche, der keinen Hund, dafür aber die beiden grausen Gefährten hatte: Hoch zu Roß sitzt er, die Zügel kurz, eine stocksteife Jungfrau-rühr-mich-nicht-an. Gegen die beiden schaurigen Gestalten, die seinen Schreckensweg begleiten, helfen ihm nicht Schwert noch Lanze — er sieht sie ja gar nicht, sondern halluziniert sie nur. Der Tod neben im flüstert unartikuliert und zeigt die ablaufende Sanduhr, während der Teufel hinter seinem Sattel, mit stieren Augen über dem lüsternen Schweinsrüssel, sein gepanzertes Hinterteil befingert. Von fern blickt die Gralsburg in den Hohlweg herab — wie der gerahmte Stich auf den »trostlos Vereinsamten« im Haus beim Spalentor. Dürers Teufel scheint besonderen Eindruck gemacht zu haben. Zweimal erwähnt Nietzsche in Briefen aus Basel ein »Rüsselgespenst«, das ihm unangenehm war, »aber nicht im Kopf!«

*

Den Geistesbruder, der in den fiktiven Basler Bildungs-Vorträgen mit ihm im Wald geschossen hatte, gab es wirklich: Er hieß Erwin Rohde, und Nietzsche lernte ihn in Ritschls Professoren-Schmiede kennen. Beide schlossen sich dem »Philologischen Verein« an, einer Art Studenten-»Germania«, und entdeckten bald Gemeinsamkeiten. Auch Rohde war als Schüler »mehr gedrillt« als erzogen worden, hatte in Bonn begeistert Altphilologie studiert und den Meister Ritschl dann nach Leipzig begleitet. Das Entscheidende aber war: Auch Rohde hatte sein Herz an Schopenhauer verloren. Den Machinationen einer Fortschrittswelt stand er mit tiefstem Pessimismus gegenüber, und bald Seite an Seite mit Nietzsche.

Zwei junge Götter. Auf dem steifen Vereinsfoto sitzen sich die beiden in Frack und Krawatte an einem Ziertisch gegenüber. Nietzsche erhobenen Hauptes, den halbblinden Seherblick in die Ferne gerichtet, ein Priester im Seminar; Rohde, der Beau mit »Glutaugen«, die Beine selbstbewußt unterm Tisch ausgestreckt, ein Geistesaristokrat unter ehrgeizigen Beamtenanwärtern. Ein Gegensatzpaar, das sich anzog.

Als Gersdorff seinen Freund Nietzsche im Juni 1866 verläßt, um in Spandau Offizier zu werden, macht sich der Verlassene an den auffälligen Kommilitonen heran. Dazu muß er ihn einem gewissen Hüffer ausspannen, der — dick, blond und streitbar wagnerianisch — einen komischen Gegensatz zum schlanken hochgewachsenen Jüngling bildet. Nietzsche dagegen scheint wie für ihn geschaffen. Er hat die Ader für Rohdes norddeutsche Sarkasmen, sein arrogantes Pathos der Distanz, den angenehmen Klang seines Baritons. Nietzsche spürt instinktiv — oder sieht er es an seinem Blick? —, daß unter der kühlen Haut des Hamburgers ein leidenschaftliches Herz schlägt. Glut unter Asche. Die Griechen mit der Seele suchen sie beide, und nicht nur in den Folianten von Ritschls Seminar. Bei aller sonstigen Reserviertheit, weiß Biograph Janz, war Rohde »im Kern von einer fast femininen Weichheit und Liebebedürftigkeit«. In seinem Mit-Griechen blühten angesichts des Jüngeren vertraute pädagogische Sehnsüchte auf. Erwin brauchte behutsame Führung.

Der Sommer sieht die beiden unzertrennlich. Sie üben sich im Pistolenschießen und nehmen Reitstunden, »Nachmittags von 4–5«, wie Fritz nach Hause meldet, »und fühlen uns dabei und darnach sehr wohl. Die Erschütterung ist für den Unterleib sehr wohltätig«. Der Verdauungshinweis soll die Extravaganz rechtfertigen. Einem Mitstudenten erscheinen sie wie leibhaftige »Dioskuren«. »Öfters« seien sie »direct vom Reiten im Reitkostüm mit der Reitpeitsche in das Ritschl'sche Colleg gekommen.« Nietzsche präzisiert, »nur mit Reitpeitschen«.

Gehst du zum Colleg, vergiß die Peitsche nicht. Das Militärische stand damals hoch im Kurs, sonst hätte man die juvenilen Herrenreiter wohl ausgelacht. Der Studienkollege berichtet statt dessen Wunderbares: Wenn »die beiden . . . strahlend in Gesundheit, körperlicher Anmuth und geistiger Ueberlegenheit in den Saal getreten wären«, seien sie »von den Studiengenossen wie ›zwei junge Götter‹ angestaunt worden«. Wobei sich nur das Geistige auf den Brillenträger Nietzsche beziehen konnte. Den Schönheitspreis der Leipziger Philologen trug immer Rohde davon. Ein Leben, wie dieser sich erinnerte, »auf einer Art Isolierschemel«, den sie sich miteinander teilten.

Mit Wehmut blickt er auf das Olympier-Idyll zurück, jene »holde Ungezwungenheit«, von der sie noch lange schwärmten. Zuletzt wohnten sie sogar unter einem Dach. Welches Glück, schreibt Rohde, »in diesem tief und zart angelegten Menschen einen Freund gewonnen zu haben . . . Wir haben den ganzen Sommer eine wunderliche Existenz geführt, wie in einem wandernden Zauberkreis, nicht unfreundlich abgeschlossen nach außen und doch fast allein miteinander verkehrend.« Er nennt auch den Dämon, dem sie das verdanken: »Schopenhauer wohl namentlich führte uns zusammen.« Der umworbene, musikalisch leicht erregbare Rohde hatte in dem Pianisten aus Leidenschaft die ideale Ergänzung gefunden. Doch er täuschte sich nie darüber hinweg, wer die treibende Kraft hinter ihrer Beziehung war, vergaß nie »den Abstand zwischen einer productiven Natur«, wie der Nietzsches, »und mir ohnmächtig wollenden Halbhexen«. Aber, so schreibt er gerührt, »die Seele schloß sich doch auf unter den Tönen«, den Zauberklängen jener Sommerabende, »wenn Du mir im Finstern auf dem Klavier vorspieltest«. Noch 1879, ihre Freundschaft war beendet, denkt er an die Zeiten zurück, wo »wir in Leipzig uns zusammenfanden, an Deine nächtlichen Clavierphantasien, an viele wunderliche Stunden«.

Rohde, die Halbhexe, war unschlüssig, wie weit sie dem heftig werbenden Dreiviertel-Dämon entgegenkommen durfte.

Einerseits ließ ihn »das zarte Verständniß ihrer Zusammengehörigkeit« zu griechisch-akademischer Höchstform auflaufen: Die Lektüre von Nietzsches Schrift über »Socrates und die Tragödie« riß ihn gar zu den Zeilen hin: »Die Sokratesrede hat mich bis ins Tiefste erregt ... Ein Glücksgefühl ist es mir ... an Deiner Hand in diese purpurne Dunkelheit hinabtauchen zu können.« Andrerseits legte er nur schwer seine Sprödigkeit ab. Für das Griechentum hegte er eine lebenslange Passion, hielt es aber, wie seinen Freund, auf »idealistische« Distanz. Verschmelzung fand vor allem in der Musik statt. So bittet er 1867 den Freund um ein Geburtstagsgeschenk: »Deine Composition von Rückerts Lied ›Aus der Jugendzeit‹, für eine *Baryton*stimme gesetzt: dann singe ich dies carmen . . .« Wenige Jahre später wird Nietzsche den unglaublichen Versuch unternehmen, das Geheimnis der Griechen aus der Musik zu erklären.

Erst nachträglich scheint den Dioskuren aufgegangen, was sie in den Leipziger Tagen aneinander hatten. Rohde sagt einmal von den Briefen, die der Freund ihm nach der Trennung schickte, »in jener trüben grauen Zeit«, sie hätten ihm durch die Lebensnacht geleuchtet wie Richard Wagners »Abendstern«. Die »elementare Kraft« dieses Liedes aus dem »Tannhäuser« sei ihm auf einer Reise bewußt geworden, als er in einem »engen Waldthal« gegen Abend einsam wanderte, »und plötzlich am bleiernen Himmel jenes freundliche Licht aufleuchtete«. Der ferne Freund, so deutet Rohde an, ist immer gegenwärtig, und sei es als Stern, der einen sicher durchs finstere Tal führt.

Immer wieder beschwört Rohde die traute Zweisamkeit, die so unglücklich zu Ende gegangen war, jene Tage, »da wir Beide uns . . . fanden und liebgewannen«. Wir beide, das war er, der »Empfangende«, und Nietzsche, der »Gebende Mildthätige«. Nietzsche, der einfühlsame Partner, der ihn mit Musik und visionärer Begabung verhexen konnte; Rohde, der Schönheitssüchtige, den der graue Kieler Alltag entnervte. Ich »lechze nach Schönheit«, schreibt er, »nach der Hülfe des

Genius, der uns von uns selbst befreit«. Der Genius wird bald auch für ihn »R. Wagner« sein, der »Goettersohn«, auf den ihn Nietzsche vorbereitet hat — als Johannes in der Wüste, der den Erlöser Wagner ankündigt.

Rohde dankt dem Freund, »der Du mir das selige Land reinster Freundschaft erschlossen hast, in das ich, mit liebedurstigem Herzen, früher wie ein armes Kind in reiche Gärten geblickt habe«. Für ihn waren es »zwei Harmonieströme«, die in ihrer Gemeinschaft zusammengeflossen waren, um einen »desto tiefern Wohllaut« zu erzeugen. Wie ein einsames Klavier komme er sich im Kieler Exil vor, schreibt er. Der Virtuose aber saß in Leipzig fest.

Zur Zeit ihrer Freundschaft entstand das stramme Foto-Porträt, das Nietzsche als preußischen Soldaten mit gezogenem Säbel zeigt. Sein glänzendes Haar ist glatt zurückgestrichen, der Schnurrbart an den Enden tatarenhaft angezwirbelt. Kontrastierend zur schlichten Uniform des Gefreiten ein Schnörkeltischchen von Anno Neureich, auf dem er seinen Helm deponiert hat. Der Militär trägt Brille. Das Foto, im August 1868 aufgenommen, präsentiert ihn als Kanonier in der 21. Batterie der reitenden Abteilung des Feldartillerieregiments Nr. 4, das in Naumburg stationiert war. Der Krieger ist im Moment außer Gefecht gesetzt, beim Sprung auf »Balduin« hat er sich die Brustmuskeln zerrissen. Unter der vorgewölbten Uniformjacke scheint noch ein Verband zu liegen. Der Kranke, der sich »angegriffen wie eine alte Jungfer« fühlte, hoffte, daß Rohdes Genesungswünsche sich, »dem Incubus vergleichbar, Nachts auf die Wunde legen«.

Freund Rohde hatte ihn um das Foto gebeten. Nachdem er vom Unfall erfahren hatte, meinte er, »Du mußt Dich . . . nothwendiger Weise noch in Uniform *photographiren* lassen«. Noch in Uniform, bevor es zu spät ist. Nietzsche tat, wie geheißen, wenn auch mit einem Vierteljahr Verspätung. Sein Blick, der so streng die Kamera zu fixieren scheint, sucht in Wahrheit den fernen Freund. Er ist fragend, weich, fast weiblich. Der Säbel, ein Fremdkörper in der Pianistenhand. Im Gegensatz zu den meisten Nietzsche-Porträts blickt er hier den Betrachter an, denn der heißt Erwin Rohde. Sein Begleitbrief widerlegt den martialischen Schein:

»Heute folgt eine Photographie, die mich in einer etwas gewagten Situation darstellt. Im Grunde ist es eine Unhöflichkeit mit gezogenem Säbel vor seine Freunde zu treten und dazu mit einem so saueren bitterbösen Gesicht. Es ist etwas Rohes um so einen Krieger. Aber warum ärgert uns der schlechte Photograph, warum ärgert uns der ganze Lebensplunder so, daß wir nicht mehr aussehn wie frische neugewaschne junge Mädchen? Warum müssen wir immer mit dem Säbel bereit stehen?«

Zur physischen Entfernung der Freunde kam bald ein Knacks ihrer Freundschaft. Als Nietzsche am 16. Januar 1869 nach Kiel berichtet, seine Berufung nach Basel stehe bevor, antwortet Rohde verzweifelt. Damit, so klagt er, »ist mir in der That nichts Geringeres geraubt als die letzte voraussichtliche längere Gemeinschaft mit Dir«. Und er gesteht dem Erfolgsverwöhnten: ». . . nie habe ich so tief gefühlt, wie fest die Liebe zu Dir mit dem besten Theile meines Lebens verwachsen ist.« Über seiner Erbitterung wegen Nietzsches Absage der gemeinsamen Paris-Reise, die ihn wie eine »offne Wunde« schmerzt, vergißt er ganz das Gratulieren. Erst Tage später ringt er sich zu einem Glückwunschbrief durch, in dem er gleichwohl auf die Enttäuschung zu sprechen kommt — »denn was mir das gemeinsame Leben mit Dir gewesen ist — und gewesen sein würde; das kann ich mehr fühlen, als ausdrücken«. Konnte Nietzsche wissen, was »gewesen sein würde«, wenn sie gemeinsam in die weite Welt gezogen wären? Sie hätten ein schönes Liebespaar im Jardin de Luxembourgh abgegeben. So aber verzichtet Rohde, der sich wie »ein Nichts, im Schatten« fühlt, auf die Paris-Tour. »Ich würde unfehlbar melancholisch.«

Warum opferte Nietzsche das »gemeinsame Leben« mit dem geliebten Partner seiner Karriere? Zwischen beiden gab es nach wie vor eine feine Trennungslinie: Rohde brauchte einen Freund, der ihn aus seiner inneren Lethargie riß, empor in die Welten der Geistessouveränität, der »reinsten Freundschaft«, wie er einmal mit Bedacht formulierte; Nietzsche brauchte einen Freund. Vielleicht hätte er in Rohde diesen griechischen Mitkämpfer und Liebhaber gewinnen können? Vielleicht resignierte er auch hier zu schnell? Als er den Freund dann endgültig an eine Frau verlor, bereute er es bitter und schrieb, als wäre ihre Liebe ein Mißverständnis gewesen.

Das war es sicher nicht. Rohde war sich des Zwiespalts immer bewußt; nach seiner Heirat legte er ihn vor Franz Overbeck, dem Basler Freund Nietzsches, offen. Er habe, schreibt er da, dessen

> »ganzes Wesen als ein höheres, mich und alle Freunde in die Höhe ziehendes und läuterndes empfunden. Wenn ich für meine Person im Ganzen wenig von seiner Art mir habe zu eigen . . . machen können, so liegt das in der sonderbaren Impermeabilität meiner Charakterepidermis überhaupt.«

Früher ließ man anstößige Stellen in verdeutschten Klassikertexten im Original stehen; auch Rohde benutzt das Lateinische, um sich über eine Peinlichkeit hinwegzuhelfen. Denn im Klartext heißt das: Obwohl er gern von Nietzsche profitierte, habe er ihn nicht unter seine Haut gelassen, die sei dafür zu undurchlässig. Sonderbar, nicht wahr? Overbeck hat verstanden. Er kannte Nietzsches Masken. Und niemanden, das wußte der Basler auch, hat Nietzsche mehr geliebt als Erwin Rohde.

Wohl hat sich jener lange darüber hinweggetäuscht, daß sie zwar *eine* Freundschaft verband, aber jeder einen anderen Freundschaftsbegriff hatte. Im September 1867 schickte Rohde ihm ein Schopenhauer-Porträt mit dem Wink, sie hätten es doch »vorzüglich« dessen Lehren »zu verdanken, daß wir in allen Hauptsachen so ausnehmend harmonisch gestimmt« waren. Klar, was der pessimistische Rohde unter dessen Lehren verstand: Askese, Triebverzicht, »Verneinung des Willens zum Leben«. Der sei, so Schopenhauer, für die Misere des Menschengeschlechts verantwortlich. Hinter dem blauen Dunst der Erscheinungen — denn alles, was der Mensch für die »Wirklichkeit« hält, ist bloße Erscheinung — steht ein ewig gieriges, formenschaffendes und wieder verschlingendes

Wesen: der »Urwille«. Blind, grausam, sinnlos. Wer das durchschaut hat, hört auf zu wollen. Für ihn hat die Woll-Lust ihre Attraktivität eingebüßt. Wir beide, so signalisiert Rohde, haben nicht einer nach des anderen Erscheinung gegiert, sondern aneinander »interesseloses Wohlgefallen« gefunden, geistige Entzückung, die über die Gier hinaushebt. Und Schönheit, von der Schopenhauer lehrt, sie erlöse den Menschen von seinem Wollen. Ganz im Gegenteil, wird Nietzsche später sagen. Aber da war er schon von Rohde getrennt.

Nietzsche verstand Schopenhauer anders — als Ritter, der die grausame Wahrheit zu sehen wagt, unbeeindruckt von den drohenden Gespenstern, die seinen Lebensweg zur Geisterbahn machen. Und der den Mut findet, die bittere Wahrheit den Menschen zu verkünden: Die Kraft, die in euch und der Natur waltet, erschafft nur, um wieder zu vernichten — um *euch* wieder zu vernichten! Und dieses Wesen genießt es, zu vernichten. Was ist alle Moral gegen diese Erkenntnis: Die Welt ist meine Einbildung, es gibt sie nicht wirklich; was wirkt, sieht man dagegen nicht: den Willen, der die Einbildung hervorbringt, damit er sich nach ihr sehnen kann, damit er sie wieder in sich aufnehmen, sie vernichten kann. Kurz nach Nietzsches Erstbegegnung mit Schopenhauer, dem Sprachrohr des Urwillens, erlebte er auf einem Berg die Kraft, die die Welt im Innersten zusammenhält und zugleich auseinanderreißt:

»Gestern stand ein stattliches Gewitter am Himmel, ich eilte auf einen benachbarten Berg ... fand oben eine Hütte, einen Mann, der zwei Zicklein schlachtete, und seinen Jungen. Das Gewitter entlud sich höchst gewaltig mit Sturm und Hagel, ich empfand einen unvergleichlichen Aufschwung ... Was war mir der Mensch und sein unruhiges Wollen! Was war mir das ewige ›Du sollst‹ ›Du sollst nicht‹! Wie anders der Blitz, der Sturm, der Hagel, freie Mächte, ohne Ethik! Wie glücklich, wie kräftig sind sie, reiner Wille, ohne Trübungen durch Intellekt!«

Beim altvertrauten Gottesdienst unter Blitz- und Donnerschlägen war dem Dämon ein Tieropfer gebracht worden. Und im Grollen des Sturms hatte er eine Stimme vernommen, vor der alles kleinliche Sollen und Müssen, Dürfen und Nichtdürfen, alle Moral und Naumburger Tugend verstummen muß. Während das Ziegenblut dampfte, erlebte Nietzsche seine Gewitterentladung. Dank Schopenhauer war er auf jenem Gipfel angekommen, auf dem »man die irdischen Hüllen von sich abfallen sieht«. Nur schade, daß er damals Erwin noch nicht kennengelernt hatte.

1869 schreibt er seinem Seelenbruder einen Brief, in dem er die Hüllen fallen läßt. Das geschenkte Schopenhauer-Foto neben sich auf dem Schreibtisch, bringt er den Mut auf, die Wahrheit zu sagen, unbeeindruckt von der kleinlichen Moral, die darüber die Nase rümpft. Er sei ein »Einsiedler«, beginnt er seine confessions; mit kaltem Schopenhauer-Blick habe er hinter die Fassade der »gesellschaftlichen und kameradschaftlichen Verbindungen« geschaut; Ehe und dergleichen interessieren ihn nicht. Aber das liege nicht daran, daß er ein »Genie« sei — im Gegenteil, eine Laune des Schicksals habe ihm mitgespielt, eine »Naturmarotte«, die »Talente und Willensstrebungen« in ihm »seltsam« zusammengebraut hätte. Anders ausgedrückt, seine Fähigkeiten und Begierden passen nicht zusammen. Ein Hexenkessel divergierender Tendenzen. Gerade deshalb wisse er, »welch ein ›unbegreiflich hohes Wunder‹ ein *Freund*« sei. Für Rohde, der ihm aus »Tannhäuser« den Abendstern zitierte, läßt Nietzsche den Opernhelden selbst auftreten. Tannhäuser, glücklich dem Venusberg entronnen, preist seine Freiheit von der Lustgöttin, die ihn an »süßen Wonnen« hatte teilhaben lassen: Welch »unbegreiflich hohes Wunder«, schmettert er in den Wald, und Nietzsche fügt hinzu, er müsse als Dank für die Befreiung »dem unbekannten Gotte, der den Freund schuf«, einen Altar errichten. Vorausgesetzt, er ist ein »Götzendiener«.

Kannte Rohde das Abschiedsgedicht von Pforta, in dem Nietzsche sich dem unbekannten Gott verschrieben hat wie Faust dem Mephisto? Ihm hatte er in »tiefster Herzenstiefe Altäre feierlich geweiht«; nun stellt er einen neuen auf, zum Dank dafür, daß dieser Sturmgott ihm den Freund geschenkt hat — *diesen* Freund. Was ist im Vergleich dazu alles »Familienglück«, seufzt Nietzsche, es ist »viel zu häufig«, um »viel werth sein zu können. Aber Freundschaften!«

Nietzsche, der sein Bekenntnis niederlegt, weilt in Gedanken noch beim Tannhäuser, der das Wesen der Liebe so definiert: »Doch ohne Sehnsucht heiß zu fühlen, ich (ihrem) Quell nicht nahen kann; des Durstes Brennen muß ich kühlen, getrost leg ich die Lippen an.« Auch Nietzsche hat Durst, doch ihm quillt ein anderer Tau:

»Ja, es ist eine ausgesuchte Gourmandise, die nur Wenigen zu Theil wird, jenen ermatteten Wanderern, denen der Lebensweg ein Weg durch die Wüste ist: sie tröstet ein freundlicher Dämon, wenn sie im Sande liegen, ihnen netzt er die verdorrten Lippen mit dem Götternektar der Freundschaft. Diese wenigen aber singen in den Klüften und Höhlen, wo sie ungestört vom Weltlärm ihren Göttern opfern, schöne Hymnen auf die Freundschaft, und der alte Oberpriester Schopenhauer schwenkt dazu den Weihkessel seiner Philosophie.«

Mit Schumannschen Harmonien schönt Nietzsche den dringlichen Anruf, verharmlost den Dämon als Barmherzigen Samariter, zitiert Faust II, um das gänzlich Ideale seiner Vision zu unterstreichen — und verrät gerade mit der Goethe-Anleihe alles, was Frauenfreund Tannhäuser noch unklar gelassen hatte: Im fünften Akt läßt Goethe seine »heiligen Anachoreten« auftreten, die »zwischen Klüften« verteilt mit dem Chor seliger Knaben plaudern und Liebeshymnen absingen. Ein Pater ecstaticus, im Tannhäuserton: »Ewiger Wonnebrand, Glühendes Liebeband, Siedender Schmerz der Brust, Schäumende Gottes-Lust.« Und weiter im Nietzsche-Ton: »Pfeile, durchdringet mich, Lanzen, bezwinget mich, Keulen, zerschmettert mich, Blitze, durchwettert mich.« Als Nietzsche, dem Faust-Schluß treu, seinem Idol Richard Wagner 1870 zum Geburtstag gratuliert, nennt er ihn nach einem der Anachoreten »Pater seraphicus«, sich selbst aber einen »der seligen Knaben«. Freund Rohde wird er dafür 1889 »unter die Götter« versetzen.

*

Der angeblich so freundliche Dämon, für den Nietzsche beim fernen Dioskuren mit seinem Ständchen wirbt, hantiert lieber mit Blitz und Pfeil als mit Nektar und Ambrosia. In Schopenhauers philosophischem »Weihkessel« spielt er eine Hauptrolle. Als Nietzsche ihm in der »Welt als Wille und Vorstellung« begegnete, muß er sich wie ein Mysterien-Adept vorgekommen sein, dem unverhofft das tiefste Geheimnis enthüllt wird — nackt. Und dies, nicht die Willens-Verneinung, in deren Namen sich die Pessimisten aller Länder vereinigten, warf den frischgebackenen Leipziger Studenten aus dem Sattel.

Der Genius der Gattung. Das Kapitel, in dem Nietzsches Dämon die Maske vom Gesicht genommen wird, heißt »Metaphysik der Geschlechtsliebe«. Für den 21jährigen waren das zwei getrennte Welten. Erhabenes und Anstößiges in einem Topf? Gewiß, meint Schopenhauer, darin besteht das Geheimnis. Und wer das nicht begreift, der muß leiden. Dem erscheint die erhaben-anstößige Macht, die so gern mit Engelsflügeln und Bockshörnchen dargestellt wird, als »feindseliger Dämon, der alles zu verkehren, zu verwirren und umzuwerfen bemüht ist«. Mit »Lärm« und »Drängen«, »Toben« und »Angst« tyrannisiert dieser »grausame Gott« seine Feinde. Er kann aber auch anders: Verführerisch und »kaprizios« lockt und blendet er — ein Zauberer, der Getrenntes vereint und Feindliches in Liebe entbrennen läßt. Seine Pfeile treffen immer, ihr Gift ist süß, manchmal tödlich. Und dies erschütternde Höllenspektakel inszeniert der Dämon nur, damit »jeder Hans seine Grete« finde. So trocken drückt Schopenhauer es aus, und Gebildeten wie seinem jungen Leser rät er süffisant, »die Phrase in eine Aristophanische Sprache zu übersetzen«.

Dieser gefährliche Gott, dem keiner widersteht, ist die treibende Kraft hinter der Sexualität. Ihr »Endzweck«: die Erzeugung der »künftigen Generation, von der wiederum unzählige Generationen abhängig sind«. Während die Menschenkinder sich einbilden, ihre Gattenwahl sei eine ganz persönliche Angelegenheit, erfüllen sie doch nur, was »der Wille zum Leben schlechthin« von ihnen erwartet. Diese Selbsttäuschung bewirkt der Dämon. Willige läßt er in Liebessehnsucht nacheinander schmachten — »nach einer wirklichen Vereinigung und Verschmelzung zu einem einzigen Wesen« —, Widerstrebende quält er in »widerlichen Vermummungen«, wie Nietzsche es einmal ausdrückt. Doch der Dämon kuppelt nicht nach Laune. Durch die Augen von Hans hindurch hält er Ausschau nach der rechten Grete. Er allein vermag »mit *einem* Blicke zu sehn, welchen Wert sie für *ihn,* zu seinen Zwecken hat«. Kommt es zu diesem Augen-Blick, in dem sich die Ewigkeit der Gattung in den Zügen eines sterblichen Wesens wiedererkennt, dann »entsteht der erste Keim des neuen Wesens«, gleichsam »eine neue (Platonische) Idee«. Damit die Gattung sich auch wirklich in voller Pracht in den künftigen Erdenbürgern entfaltet, läßt der Dämon die Verliebten eine Neigung auf »Gesundheit, Kraft und Schönheit, folglich auch auf Jugend« fühlen; »Schwächen, Mängel und Abweichungen vom Typus« merzt er dagegen aus. Häßliches haßt er, sein höchstes Ziel: »Vollkommenheit«.

Dieser berechnende, wählende und zusammenführende Sex-Dämon ist der *»Genius der Gattung«.* Ein Genie, das, wie Schopenhauer betont, in allen »meditiert«, die »zeugungsfähig sind« und folglich auch aus allen Augen seinen »forschenden und durchdringenden Blick« wirft. Leider hat der philosophierende Ästhet, den es zu immer prächtigeren Geschöpfen und damit zum »vollkommenen Genuß« drängt, kein Herz. Da seine Aufgabe sich an der Ewigkeit mißt, kann er auf vergängliche Menschenwerte keine Rücksicht nehmen — Moral interessiert ihn nicht. Züchtung ist sein Ziel, und deshalb darf er auch grausam sein, sein Menschenmaterial verschwenderisch einsetzen, ohne sich um Einzelschicksale zu kümmern. Dieser Dämon, warnt Schopenhauer, ist stets bereit, die Menschen rücksichtslos zu opfern.

Nietzsche war elektrisiert. Hier »sah ich einen Spiegel«,

schreibt er, »in dem ich Welt Leben und eigen Gemüt in entsetzlicher Großartigkeit erblickte«. Dabei klingt der altbackene Ausdruck vom »eigen Gemüt«, als wolle er das zutiefst Ungemütliche dieser Vorstellung abschütteln. Damals, so fährt er fort, folgten »Selbstanklagen« und »verzweifeltes Aufschauen zur Heiligung und Umgestaltung des ganzen Menschenkerns«. Der dämonische Pansexualismus, der sich nicht — oder nur im Traum — mit seinem wirklichen Leben vereinbaren ließ, stürzte ihn in Bußübungen, »leibliche Peinigungen«, dann in die griechische Philologie an Ritschls Lehrstuhl. Am Ende auch in das Bett einer Prostituierten? Es scheint festzustehen, schreibt Janz, »daß Nietzsche in dieser Zeit in Leipzig wegen einer syphilitischen Ansteckung ärztlich behandelt worden ist«. Hat ihn der Schopenhauersche Liebesdämon enthemmt, Naumburger Lustbremsen über Bord werfen lassen? Im Jenaer Irrenhaus erzählte er im Januar 1890, er habe sich 1866, also im Schopenhauer-und-Rohde-Jahr, »syphilitisch angesteckt«. Man wisse sogar, wo: in einem »Bordell«.

Legendenträchtiges Gelände. Schon in Bonn, so erzählt Deussen, hätte Nietzsche sich in ein Bordell verirrt — oder verirren lassen —, um nach dem berühmten »erlösenden Akkord« auf einem Tingeltangel-Piano das Weite zu suchen. War er also zurückgegangen, wie Thomas Mann meint, hinab zu den Müttern, Fausts Schlüsselchen in der Hand? Oder hatten Kommilitonen, die es gut mit ihm meinten, ihn betrunken gemacht und in ein Etablissement geschleppt? Dann wäre er ein schlechter Jünger seines Idols gewesen. Denn die Moral seiner »Geschlechts-Metaphysik« ist eindeutig: Geschlechtsverkehr, nein danke! Lange genug haben sich die Menschen von dem Dämon als bloßes Reproduktionsmittel der Gattung mißbrauchen lassen und als Dank für die Lust-Fron nur Leiden und Tod geerntet — es ist Zeit, ruft Schopenhauer allen Sexmüden zu, den Teufelskreis der ewigen Weiterpflanzung zu durchbrechen. Man verneine den Willen zum Leben, reiße endlich dem Dämon die Maske vom Gesicht!

Nietzsche hat es versucht, den bösen Leib gepeinigt. Doch dem unbekannten Wesen hatte er schon zu viele Altäre »feierlich geweiht«, um ganz aus seinem Dienst aussteigen zu können — die wohlvertrauten Schlingen, die sich auf »zwingen« reimen, hielten ihn fest. Und jetzt, da der unbekannte Gott dank Schopenhauer zum ersten Mal wie ein antiker Gartendämon vor ihm prangte, sollte er auf ihn verzichten? Mit dem Widerstand gegen seinen despotischen Lebens-Regisseur hatte er zu schlechte Erfahrungen gemacht. Aber wie ihm willfahren? War der stud. phil. eines Nachts aus der Blumengasse aufgebrochen, um endlich auch einmal zu tun, was »Hans und Grete« miteinander treiben? Hatte sich danach mit rotem Kopf an Rohns kinderreicher Wohnung vorbeigedrückt, zurück auf seine Wanzenbude, um drei Wochen später das Geschwür mit den »scharfen Rändern« (Brockhaus) zu entdecken, von dem ihm lebenslang eine Narbe am »frenulum« blieb? Und die ganze traurige Burleske für ein wenig Gottesdienst, ein kleines Opfer auf einem alten Altar? Denn besondere Begierde nach dem weiblichen Geschlecht konnte ihm keiner nachsagen, von der weiblichen Geschlechtlichkeit ganz zu schweigen. Oder sollte er, wie Thomas Mann vermutet, die genieförderne Krankheit gesucht haben? Aber ein krankes Genie war er längst.

Für Nietzsche gab es nur einen Grund, »zu Frauen« zu gehen: um herauszufinden, ob er dem »Genius der Gattung« überhaupt zu Willen sein *konnte*. Denn dessen »Endzweck«, das wußte er wohl, war nicht der seine; die Blicke, die er suchend schweifen ließ, galten keiner Grete; sein Sehnen ging nicht nach kinderzeugender Verschmelzung. Zeugen, mag er es gekonnt haben, er wollte es nicht. So sehr er Frauen schätzte und gelegentlich um sie warb — er begehrte sie nicht. Sein Dämon trieb ihn zur apollinischen Schönheit, sein Genius zielte nicht auf die Gattung, sondern aufs Herz. Als Schopenhauer-Ritter Erwin das begriff, ließ er langsam das Visier herunter.

*

Im Juli 1871 sind wieder zwei Ritter unter sich. In den Basler Semesterferien hat sich der junge Professor mit seinem Freund Carl ins Berner Oberland zurückgezogen. Hier in Gimmelwald herrscht »erhabenste Gebirgseinöde«, im »Hôtel Schilthorn« gepflegteste Gastlichkeit. An Erwin Rohde, der an der Ostsee seine Professur erwartet, schreibt sein Dioskure, daß »der Ritter des eiser. Kreuzes Carl von Gersdorff« mit ihm zusammen sei, während er wie Danae auf Regen hoffe: Nietzsche komponiert an seinem Griechenbuch.

Elisabeth, die mitdurfte, erinnert sich gern an die vierzehn Tage in den Bergen. Nietzsche sei »sehr glücklich« gewesen, »den Freund nach beinahe fünfjähriger Trennung wieder zu haben und sich mit ihm innerlich noch ebenso verkettet und in allen großen Zielen eins zu fühlen«. Das Lama nimmt den Mund gern voll. Gewundert habe sie sich allerdings, »daß, während Fritz diese ganze Zeit wirklich so recht von Herzen froh war, er zwei Gedichte an die ›Melancholie‹ verfaßte«. Verstehe einer diesen Bruder!

Besuch von einer schlimmen Herrin. Nietzsche versuchte seit längerem, den schmerzlich vermißten Freund Rohde »in seine Nähe zu bringen«. Diesmal hatte er ihm eine Professur in Zürich verschaffen wollen. Nun muß er aus Gimmelwald schreiben: »Traurig! Es geht wieder einmal nicht!« In einem seiner Sehnsuchts-Briefe hatte Nietzsche um die Besorgung eines Dürer-Stichs gebeten: »Ich bin hinter einem her, genannt die Melancholie.« Im selben Brief beschreibt er sich als Wesen mit »zerbrochnen Flügelchen«. Die Schwingen des Dürer-Engels sind zwar nicht zerbrochen, aber doch eingeklappt. Da sitzt er, flügellahm, und brütet; seine Gedanken scheinen zu kreisen wie der Zirkel in seiner Hand. Hinter ihm läuft die Sanduhr, die schon der Tod im Ritter-Bild getragen hatte, neben ihm sitzt ein arbeitsloser Cupido, der auf ein Täfelchen zu notieren scheint, was der düstere Engel ausbrütet. Daß nach Schopenhauer im kleinen Cupido der Genius der Gattung steckt, läßt sich auf Dürers Stich schwer nachvollziehen.

In ähnlich verzweifelter Situation hatte Nietzsche während der Weihnachtsferien 1863 geschrieben: »Ein Gott riß mich heraus, mit wilder Schwermuth den Sinn umnachtend.« Irgendwann schlägt die Lähmung um — dann löst sich die Spannung, entfalten sich die Schwingen, holt Cupido neue Pfeile aus dem Köcher, und Nietzsche, der »Woddans«-Priester, stürzt jauchzend ins Freie. In Gimmelwald beginnt es gleich vor dem Hotel: Felsen und Gletscher, Sturzbäche und gähnende Abgründe. Und ist erst die Natur entfesselt, dann fallen auch Nietzsches Ketten. Nicht nur der Rohde-Frust machte ihn schwermütig; auch Schopenhauer züchtet den Lebensüberdruß. Zwar sagt er, Selbstmord sei keine Lösung — aber was, wenn das Rezept der Willensverneinung nicht anschlägt, weil möglicherweise der Dämon zu stark in einem rumort? Das macht die Welt zwar nicht erträglicher, aber die Aussichten um so düsterer. Ist das vielleicht meine Schuld, schimpft Schopenhauer. Wer sich über das »Melancholische und Trostlose« in seiner Philosophie beklage, der solle bitte schön die Augen aufmachen, ob ihm die Welt ein anderes Bild anböte — nein, nicht sein Denken, die Welt ist die »Hölle«! Ein »Tummelplatz gequälter und geängstigter Wesen, welche nur dadurch bestehn, daß eines das andere verzehrt, wo daher jedes reißende Tier das lebendige Grab tausend anderer und seine Selbsterhaltung eine Kette von Martertoden ist«. Hier, »in der Wildniß«, kann Nietzsche das besonders gut beobachten. Ein falscher Schritt, und schon verschlingt ihn die Tiefe! Lieber sitzt er da auf einem bequemen Plätzchen, wie Dürers Trauerengel den Kopf auf die Hand gestützt, und denkt über die grausige Wahrheit nach.

Die Wahrheit, nach Schopenhauer: Wir Menschen streben unermüdlich von Wunsch zu Wunsch, »und wenngleich jede erlangte Befriedigung . . . uns doch nicht befriedigt . . . sehn wir doch nicht ein, daß wir mit dem Faß der Danaiden schöpfen; sondern eilen zu immer neuen Wünschen«. In der menschlichen Gesellschaft, das weiß sein Jünger sehr gut, werden die Wünsche gut verborgen gehalten, da giert man hinter vorgehaltener Hand. Aber in der freien Natur spricht alles die eine wahre Sprache des unerfüllten Wollens. Seine Sprache.

Die eigentliche Melancholie, meint Schopenhauer, entsteht aber erst, wenn wir »auf einen Wunsch treffen, der nicht erfüllt und doch nicht aufgegeben werden kann«. Folgt »das beständige Tragen eines einzigen, großen Schmerzes«. Ohne diese tiefe Melancholie komme das Genie aber nicht aus. Schopenhauers Bild für die »so häufig bemerkte trübe Stimmung hochbegabter Geister« ist der Montblanc. Der Gipfel dieses Bergriesen, weiß der reisende Philosoph, ist »meistens bewölkt«; »aber wann bisweilen, zumal frühmorgens der Wolkenschleier reißt ...« Nach einem solchen strahlenden Genie-Morgen muß Nietzsche, aus tief melancholischer Nacht erwacht, sein erstes Gimmelwalder »Melancholie«-Gedicht verfaßt haben. Denn nur dann, sagt Schopenhauer, »zeigt auch das meistens melancholische Genie zwischendurch« eine eigentümliche »Heiterkeit«.

»An die Melancholie.

Verarge mir es nicht, Melancholie,
Daß ich die Feder, dich zu preisen, spitze,
Und daß ich nicht, gebeugt zum Knie,
Einsiedlerisch auf einem Baumstumpf sitze ...«

Oft habe sie ihn so sehen können, spricht er weiter zu ihr, in »tiefer Wüstenei«, als einsamen Anachoreten, der Buße tut. Doch während der »Geyer« bedrohlich über ihm kreiste, habe sich ihm in seinem Inneren »des Daseins Abgrund« aufgehellt. Genau das, sagt Schopenhauer, macht das Genie aus — die ihm »beigegebene Melancholie« beruht ganz einfach darauf, »daß der Wille zum Leben, von je hellerem Intellekt er sich beleuchtet findet, desto deutlicher das Elend seines Zustandes wahrnimmt«. Aber der schwermütige Altphilologe, der wie der Engel sitzt und brütet, hat längst Geschmack gefunden am Hochgebirge:

»So sitzend freut' ich mich des Geyer-Flugs,
Des Donnerlaufs der rollenden Lawinen,
Du sprachst zu mir, unfähig Menschentrugs,
Wahrhaftig, doch mit schrecklich strengen Mienen.

Du herbe Göttin wilder Felsnatur,
Du Freundin liebst es nah mir zu erscheinen;
Du zeigst mir drohend dann des Geyers Spur
Und der Lawine Lust, mich zu verneinen.
Rings athmet zähnefletschend Mordgelüst:
Qualvolle Gier, sich Leben zu erzwingen!
Verführerisch auf starrem Felsgerüst
Sehnt sich die Blume dort nach Schmetterlingen.«

Vor solcher Naturbegeisterung hatte Schopenhauer seine Jünger ausdrücklich gewarnt. Optimisten, schreibt er, heißen einen, »die Augen öffnen und hineinsehn in die Welt, wie sie so schön sei im Sonnenschein, mit ihren Bergen, Tälern, Strömen, Pflanzen, Tieren usf. — Aber ist denn die Welt ein Guckkasten? Zu *sehn* sind diese Dinge freilich schön; aber sie zu *sein* ist ganz etwas anderes«.

Allerdings, meint Nietzsche, doch das ist es gerade, was mich begeistert! Die Natur besteht nicht nur aus Leiden und Sterben, sondern auch aus Leiden- und Sterben-Machen. Und lustvoll schwelgt Nietzsche in Byronschen Gewaltphantasien von zähnefletschendem Mordgelüst und qualvoller Lebensgier; dazwischen, durch die Blume gesagt, die sexuelle Anspielung, als wäre man im Pförtner Biologieunterricht. Verarge mir es nicht, hatte er das Gedicht begonnen, daß ich Gefallen finde an dem Grauen, das du mir so erhaben vor Augen führst. Das liegt aber einzig daran, daß ich mich in ihm wiedererkenne:

»Dies Alles bin ich — schaudernd fühl' ich's nach —
Verführter Schmetterling, einsame Blume,
Der Geyer und der jähe Eisesbach,
Des Sturmes Stöhnen — alles dir zum Ruhme,
Du grimme Göttin, der ich tief gebückt . . .«

. . . eben dieses Preislied schreibe. Und während er es hastig aufs Papier niederwirft, überkommt es ihn wieder. Da steht sie vor ihm, greift nach seiner Hand und führt selbst die Feder:

»Der zittert, dem du nahst, ein Schreckgesicht,
Der zuckt, dem du sie reichst, die böse Rechte,
Und zitternd stammle ich hier Lied auf Lied,
Und zucke auf in rhythmischem Gestalten:
Die Tinte fleußt, die spitze Feder sprüht —
Nun Göttin, Göttin laß mich — laß mich schalten!«

Der lähmende Bann, der über dem Dürer-Stich liegt, löst sich im Nietzsche-Gedicht explosionsartig auf. Ein Schreckgesicht erscheint wie in einem Alptraum, eine Gespensterhand greift nach ihm, er zittert und zuckt wie ein galvanisierter Frosch. Und ist befreit. Die Spannung hat sich, wieder einmal, entladen. Früher brauchte es dazu des Gewittergottes und seiner Donnerstimme; nun scheint er sich für die Gimmelwalder Zeit in eine Frau verwandelt zu haben. Wurde Friedrich, der Neugrieche, tatsächlich von einer »Göttin« erlöst, die ihn »melancholisch« machte, einer Schönheit, die er selbst als »herb«, »grimmig« und »böse« beschreibt, die ihm mit »schrecklich strengen Mienen«, wie einst die strafende Mama, auf den Leib rückte? Die Antwort findet sich im zweiten »Melancholie«-Gedicht, das er »Nach einem nächtlichen Gewitter« nannte. In eher depressiver Stimmung zieht der Autor am Morgen die Vorhänge seines Hotelzimmers zurück. Nietzsches Genie-Montblanc hüllt sich heute in dunkle Wolken.

»Heute hängst du dich als Nebelhülle,
Trübe Göttin, um mein Fenster hin.
Schaurig weht der bleichen Flocken Fülle,
Schaurig tönt der volle Bach darin . . .«

Schnee im Juli? Die boshafte Göttin macht's möglich: Gequält muß sein! Nach »schweren Passionen«, schreibt Nietzsche einmal seinem Freund Rohde, »bleibt ein dunkles Bedürfniss zurück; mit der Geissel und den Flammenspitzen der Leidenschaft geschlagen und gequält zu sein muss doch irgend eine Lust höherer Art in sich haben«. Vergangene Nacht hat er sie gehabt. Die Göttin suchte ihn im Gewitterdonner heim:

»Ach! Du hast bei jähem Blitzeleuchten,
Bei des Donners ungezähmtem Laut,

Bei des Thales Dampf den giftefeuchten
Todestrank, du Zauberin, gebraut!«

Das Tränklein, das da verabreicht wird, stammt aus Wagners »Tristan«. Die sterblich in den Titelhelden verliebte Isolde will sterben, weil sie ihn nicht haben kann; doch statt des bestellten Todes- wird ihr der »Liebestrank« kredenzt. Und der führt erst nach einer »schweren Passion« zum Tode. Wie Tristan, der Ahnungslose, ist auch Nietzsche, der genau weiß, was ihm blüht, schon beim ersten Schluck verloren. Er kennt die Ingredienzien dieses Aphrodisiakums — »jene abscheuliche Mischung von Wollust und Grausamkeit, die mir immer als der eigentliche ›Hexentrank‹ erschienen ist«.

Der Todestrank, von dem er in Gimmelwald zu kosten bekam, wer weiß, ob im Traum oder in der Wirklichkeit oder im Zwischenbereich von beiden, heißt heute Sadomasochismus. 1870 war das Kultbuch der Gewalterotiker in Leipzig erschienen, »Venus im Pelz« von Leopold von Sacher-Masoch. »Jeder« so behauptet darin der Autor, »weiß und fühlt, wie nahe Wollust und Grausamkeit verwandt sind.« Nietzsche drückt das im Gedicht so aus:

»Schaudernd hörte ich um Mitternächten
Deiner Stimme Lust- und Wehgeheul,
Sah der Augen Blinken, sah der Rechten
Schneidig hingezückten Donnerkeil . . .«

Vor mitternächtlichen Stimmen hat ihn schon des öfteren geschaudert. Diesmal ist es kein Flüstern, sondern orgasmisches Heulen, gemischt aus Lust und Weh und Lust am Weh. Träumte er das oder wachte er? Ein Jahr später notiert er sich bei einem Gebirgsaufenthalt: »Zweifelhafte Nacht, mit gewaltsamen Träumen.« Das Auge der zweifelhaften Göttin wirft jedenfalls vertraute Blitze, Gewitter-Blitze und Augen-Blitze. Und der Wetterstrahl, der ihm einst »zweischneidig« zur Messezeit ins Herz fuhr, zuckt ihm nun salopp als »schneidiger« Donnerkeil entgegen.

»Und so tratst du an mein oedes Bette . . .«

Des Menschen ganzer Jammer in einem Satz: mein ödes, verwaistes, vereinsamtes Asketenbett! Erst wenn der Sturm tobt und die Blitze das Hotelzimmer grell erleuchten, ist Erlösung aus der Einzelhaft in Sicht:

»Und so tratst du an mein oedes Bette
Vollgerüstet, waffengleißend hin,
Schlugst an's Fenster mir mit erz'ner Kette,
Sprachst zu mir: ›Nun höre, was ich bin! . . .«

Sacher-Masochs Venus kündigt ihr Kommen gern mit einem Marterinstrument, wenn auch der vergleichsweise zivilen Peitsche, an, mit deren Stiel sie ans Fenster ihres Opfers klopft. »Kennen Sie mich noch nicht? Ja, ich bin *grausam*«, sagt sie dann mit höhnischem Unterton. Bei Nietzsche klang das so:

»Bin die große ewge Amazone,
Nimmer weiblich, taubenhaft und weich
Kämpferin mit Manneshaß und -Hohne
Siegerin und Tigerin zugleich! . . .«

Die waffenklirrende Domina, die vor des schwermütigen Professors Hotelbett tritt, ist die Schwester der Venus im Pelz. Ihr Erfinder nennt sie die »Personifikation der Natur«, preist sie als »grausam wie die Natur« an — und das auf die natürlichste Weise der Welt. Wenn sie »Menschen vor sich knien, zittern sieht«, fühlt sie »Gottähnlichkeit« in sich aufsteigen. Und zugleich das Tier, die »Löwin«, die sich ihren Opfern ins Fleisch krallt. »Hast du mich gekratzt?« fragt ihr Sklave einmal. »Nein, ich glaube, ich habe dich gebissen.« Was Nietzsche an seiner Natur-Göttin so ausnehmend zu gefallen scheint, ist ihre Männlichkeit. Haß und Hohn schlagen ihm entgegen. Sacher-Masoch definiert den »Charakter« der sadistischen Wildheit so: »übermütiger Hohn«, gepaart mit »spöttischem Lachen« und »teuflischem Gelächter«. Das kann, Nietzsche unterstreicht es, »nimmer weiblich« sein. Das ist der nackte Terror!

»Rings zu Leichen tret' ich, was ich trete,
Fackeln schleudert meiner Augen Grimm
Gifte denkt mein Hirn — nun kniee! Bete!
Oder modre Wurm! Irrlicht verglimm!«

Ein sadistisches Ritual, von Nietzsche genußvoll ausgemalt. In Sacher-Masochs Marterkammer klingt das so: »Ich bin ein Weib aus Stein«, sagt die Venus, »dein Ideal, knie nur und bete mich an.« Der willfährige Diener »krümmte« sich »wie ein Wurm, den man zertritt«. Und sie, die wilde Göttin, empfindet »teuflischen Genuß«, ihn »gleich einem Wurme unter dem Fuß zu haben«.

Sacher-Masochs »Venus« traf Nietzsche an einer empfindlichen Stelle. In Frauenkunde litt er unter einem Defizit. Bis dahin kannte er fast nur Naumburger Tugend und Spitzenhäubchen; jetzt verschob sich das Weichbild ins Raubkatzenhafte: Makart-Larven, aus denen die grünen Giftaugen der Venus ihre Blitze hervorschießen. Wenn Nietzsche einmal die »ächte raubthierhafte listige Geschmeidigkeit« des Weibes und seiner *»Natur«* preist, die »Tigerkralle unter dem Handschuh«, so hat er das nicht der Mama oder Elisabeth abgeschaut. Höchstens der strafende Blick war mütterliches Erbe. Nietzsche, der »das Schweifende« der weiblichen »Begierden« hervorhebt, hat seine Intimkenntnisse aus zweiter Hand. Seine »gefährliche und schöne Katze ›Weib‹« ist Sachers Venus, wie sie im Buche steht. Als Nietzsche eine »tiefe mächtige Altstimme« in der Oper hört, steht wieder die Gimmelwalder Göttin vor seinem inneren Auge: eine Frau, »fähig und bereit zur Herrschaft über Männer, weil in ihnen das Beste vom Manne, über das Geschlecht hinaus, zum leibhaften Ideale geworden ist«.

Eine Frau ist nur dann gut, wenn in ihr das Beste vom Manne zum Ideal geworden ist — warum nicht gleich einen Mann nehmen? »Seltsam ist's«, sagt ein altes Weiblein im »Zarathustra«, »Zarathustra kennt wenig die Weiber.« Was er über sie zum besten gibt und womit er zum Erstaunen der Alten sogar »Recht hat«, stammt zumeist aus der »Venus im

Pelz«. Zarathustra behauptet: »Alles am Weibe ist ein Räthsel.« Bei Sacher-Masoch denkt der Masochist »über die Rätsel des menschlichen Daseins« nach, und »über das größte dieser Rätsel — *das Weib*«. Sie ist aber nicht nur ein Rätsel, sie gibt auch welche auf, »und er kann sie nicht lösen«. Zarathustra kann: »Alles am Weibe hat Eine Lösung: sie heisst Schwangerschaft.« Nicht einzusehen, weshalb sich der Mann sonst noch mit diesem gebärenden Halbtier beschäftigen sollte; es sei denn, aus Lust am Risiko. »Aber was ist das Weib für den Mann?« fragt Zarathustra. Antwort: »das gefährlichste Spielzeug«. Bei Sacher-Masoch sagt die Frau dasselbe zum Mann: »du bist ... mein Spielzeug, das ich zerbrechen kann.«

Gefahr ist bei der Liebe immer im Spiel. »Der Mann fürchte sich vor dem Weibe, wenn es liebt«, warnt der Kenner Zarathustra, denn es »zerreisst« ihn. Sacher-Masoch weiß auch, warum: »Mann und Weib« sind »von Natur Feinde«, durch die Liebe für »kurze Zeit zu einem einzigen Wesen vereint«, um sich dann doch zu »unterjochen«. Nietzsche setzt noch eins drauf: »Liebe — in ihren Mitteln der Krieg, in ihrem Grunde der Todhass der Geschlechter.« Zum Abschied schenkt das alte Weiblein dem Connoisseur eine »Weisheit«, die bis heute als »echter Nietzsche« gilt:

»Du gehst zu Frauen? Vergiss die Peitsche nicht.«

Bei Sacher-Masoch klang das so: »Weil ich (meine Frau) mit dem Kantschuk erziehe«, erzählt ein strenger Ehemann, »betet sie mich an . . . Geh' du mir, so muß man die Weiber dressieren.« Das »Geh'« taucht in dem geflügelten Zarathustra-Wort wieder auf und gibt ihm ungewollt den Beiklang von Prostituierten-Besuch. Wer »geht« schon zu »Frauen«? Auch das Opfer der Venus, in dem sich Sacher-Masoch versteckt, erkennt am Ende: »Hätte ich sie nur gepeitscht!« Hätte er nur begriffen, daß »das Weib, wie es die Natur geschaffen und wie es der Mann gegenwärtig heranzieht, sein Feind ist und nur seine Sklavin oder seine Despotin sein kann« — und er fügt hinzu: *»nie aber seine Gefährtin.«* Ganz meine Meinung, wird Nietzsche gedacht haben. Im Zarathustra zieht er den für die Hälfte der Menschheit vernichtenden Schluß:

»Noch ist das Weib nicht der Freundschaft fähig: Katzen sind immer noch die Weiber, und Vögel. Oder, besten Falles, Kühe.«

In Gimmelwald arbeitet Nietzsche an seiner Erstlingsschrift »Die Geburt der Tragödie aus dem Geiste der Musik« und am »Wettkampf von Homer und Hesiod«. In Notizen dazu hält er fest, wie die »griechische Natur alle *furchtbaren* Eigenschaften zu benutzen weiß: die tigerartige Vernichtungswuth« ebenso wie »die unnatürlichen Triebe (in der Erziehung des Jünglings durch den Mann)«. In seinem Text »Homer's Wettkampf« wird er noch deutlicher: »So haben die Griechen, die humansten Menschen der alten Zeit, einen Zug von Grausamkeit, von tigerartiger Vernichtungslust an sich.« Klar, meint Nietzsche, daß ein solcher Mannestyp im Krieg zu äußerster Brutalität fähig war und »ein volles Ausströmenlassen seines Hasses als ernste Nothwendigkeit erachtete; in solchen Momenten erleichterte sich die zusammengedrängte und geschwollene Empfindung: der Tiger schnellte hervor, eine wollüstige Grausamkeit blickte aus seinem fürchterlichen Auge«. Nietzsche wirft das mit sprühender Feder hin, als wäre er dabeigewesen. Sein Griechenbild war damals entschieden jugendgefährdend, nicht anders als die grausame Venus, von der es mit beeinflußt war.

Der wollüstig-grausame Grieche heißt bei Sacher-Masoch Alexis Papadopolis. Sobald er auftaucht, streckt die »Löwin« ihre Tatzen. Ihr aristokratischer Dompteur entpuppt sich als »übermütiger Despot«, der allein schon durch die Gewalt seines Wesens unterwirft — von seinem »kalten Tigerblick« ganz zu schweigen. Alles an ihm wirkt göttlich: die »athletischen Glieder«, der »schwarze Lockenkopf«, die »schöne Gesichtsbildung«. Seltsam, meint einer seiner Bewunderer — denn Alexis hat nicht nur Bewunderinnen —, »wenn er minder feine

Hüften hätte, könnte man ihn für ein verkleidetes Weib halten«. Warum nicht? Alexis kostümiert sich gern als Frau, seine »kokette Toilette« erinnert an die einer »eitlen Kurtisane«. Der Löwe Alexis mit seinem »Rassehaß« und seiner Raubtier-»Grausamkeit« ist ein Transvestit — nicht immer, aber je nach Laune. Sacher-Masoch seufzend: »Jetzt verstehe ich den männlichen Eros und bewundere den Sokrates, der einem solchen Alcibiades gegenüber tugendhaft blieb.«

Der neue Alkibiades liebte phantastische Toilette. Zu seinen Reitstiefeln trug er gern einen Rock »von schwarzem Tuche mit Astrachanbesatz und reicher Verschnürung, auf den schwarzen Locken ein rotes Fez«. Im Oktober 1876 entdeckte ein Sorrentiner Pensionsgast an der langen Speisetafel einen »merkwürdigen Herrn«. Er war, so erinnert sich der Schriftsteller, »bis zum Hals in einen eleganten schwarzen Rock geknöpft, einen roten Fez auf dem mächtigen runden Kopf«. Erst später erfährt er, daß es jener »berühmte nervenleidende Gelehrte« war, dessen Augen ihn »mit Demantblitzen« gegrüßt hatten. Und einer der Gäste bemerkte: »Ich wette der hat sich die Krankheit nur beigelegt, um möglichst viel Ruhe zu haben, und sich unnahbar gemacht wie ein Schah von Persien.«

V

ERLÖSUNGSFEST DER BRUDERGÖTTER

Alkibiades, eine der schillerndsten Figuren der griechischen Blütezeit, hatte der Schüler Nietzsche schon mit zwölf Jahren kennengelernt, als in Pforta die Biographie des Cornelius Nepos durchgenommen wurde. Auch bei Plutarch fand er über den Krieger und Strategen, was er für sein ganz persönliches Heldenbild brauchen konnte. Das Auffallendste an Alkibiades war seine Schönheit, die alle in ihren Bann zog. Nietzsche preist ihn einmal als einen jener »zauberhaften Unfassbaren und Unausdenklichen«, jener »zum Siege und zur Verführung vorherbestimmten Räthselmenschen«, wie Caesar gewesen sei oder »unter Künstlern vielleicht Lionardo da Vinci«. Und natürlich er selbst.

»Räthselmensch« Alkibiades: Ein strahlender Körper, wie geschaffen für den Marmor; ein liebenswürdiges Wesen voll Charme und Anziehungskraft, schwärmt Plutarch. Erzogen von Perikles, »erfüllt vom stärksten Antrieb, sich vor allen hervorzutun«, wird er zum Schüler des Sokrates, der ihn als »Zeltgenossen« mit in die Schlacht nimmt und ihm das Leben rettet. Bald wird Alkibiades ein Expeditionskorps anvertraut, er wechselt dann die Fronten, erweist sich aber auch beim Gegner als todesverachtender Krieger. Nach abwechslungsreicher Karriere, die ihn des öfteren mit dem Athener Gesetz in gefährlichen Konflikt brachte, wird der »Löwe« aus dem Hinterhalt mit »Pfeilen und Wurfspießen« ermordet. Ein Heldenleben.

DER SCHÖNE UND DAS UNGEHEUER. Doch der Muster-Hellene im schimmernden Panzer mit wehendem Helmbusch war — ein »Weib«. Alkibiades, der Lispler, verführte und ließ sich verführen, umgab sich mit hübschen Knaben und bedrängte Athens begehrtesten Knaben-Führer, Sokrates. Er trug in der Schlacht einen »goldnen Schild, auf dem statt der sonst gebräuchlichen Wappen ein mit dem Donnerkeil bewaffneter Eros abgebildet war«: der Dämon, der mit Blitzen schießt. Vor seinem Tode hatte der große Erotiker, der in seinem »Hang zur Wollust« auch Frauen nicht verschmähte, einen Traum. Darin trug er die Kleider seiner Freundin, die ihm das Gesicht »nach Frauensitte malte und schminkte«. Er starb als Weib, das wie ein Mann kämpfte.

Zum Auftritt in der Weltliteratur verhalf ihm Plato im »Symposion«, des jungen Nietzsche »Lieblingsdichtung«. Bei einem Gastmahl wird die Knabenliebe in höchsten Tönen gelobt. Phaidros behauptet, es gebe für einen Jüngling kein »größeres Gut« als einen »wohlmeinenden Liebhaber«. Ziehen sie in die Schlacht, so können »nur wenige« solcher Krieger-Pärchen »alle Menschen besiegen«. Selbst die Götter erkennen dies an: Achill, der für seinen getöteten Liebhaber Patroklos kämpfte und starb, wurde von ihnen auf der »Seligen Inseln« versetzt. Aristophanes, der Komödiendichter, liefert mit seiner Definition des männlichen Eros die Vorlage für Schopenhauers »Geschlechtsliebe«: Sobald ein Knabenfreund »seine wahre eigne Hälfte antrifft«, fühlen sich beide »wunderbar entzückt zu freundschaftlicher Einigung und Liebe«. Sie werden dann »zusammenschmelzen«, so daß »statt zweier einer« entsteht. Diotima, so erzählt Sokrates, nennt den Eros einen Dämon, der, ganz schopenhauerisch, philosophiert. »Denn die Liebe«, sagt sie, »geht gar nicht auf das Schöne«, sondern auf die »Erzeugung und Geburt im Schönen«. Diese erst schafft »das Ewige und das Unsterbliche, wie es im Sterblichen sein kann«.

Zeugung ohne »Geschlechtsliebe«? Allerdings. Wenn »die Zeit herankommt«, meint Diotima, fühlt ein »Göttlicher« die Lust, »zu befruchten und zu erzeugen. Daher geht auch, meine ich, ein solcher umher, das Schöne zu suchen, worin er erzeugen könne«. Und das geht so: Er zeugt, »indem er den Schönen berührt, meine ich, und mit ihm sich unterhält«, und »erzeugt und gebiert« das, »was er schon lange zeugungslustig in sich trug«. Dadurch werden die beiden Schönheits-Liebhaber »eine weit engere Gemeinschaft miteinander haben als die eheliche und eine festere Freundschaft, wie sie auch schönere und unsterblichere Kinder gemeinschaftlich besitzen«. Denn immer höher steigen die Liebenden auf, »gleichsam stufenweise von einem zu zweien, und von zweien zu allen schönen Gestalten«.

Mitten in die Hymne auf den Männer-Eros platzt sein Dämon leibhaftig hinein: Alkibiades, »bekränzt mit einem dicken Kranz von Efeu und Violen«, muß sich, trunkenheitshalber, von einer Flötenspielerin stützen lassen. Der Kriegsheld, ein schwankender Satyr, von dessen »Tollheit« sich Sokrates belästigt fühlt, obwohl er zugibt, selbst in den Schönen verliebt zu sein. Aber des Alkibiades »verliebtes Wesen«, klagt der Weise kokett, »ist mir ganz schrecklich«. Ja, gesteht der Gescholtene, ich liebe ihn; »weit heftiger als den vom Korybantentanz Ergriffenen pocht mir, wenn ich ihn höre, das Herz, und Tränen werden mir herausgepreßt von seinem Reden.« Dieser Sokrates sei selbst ein verkappter Satyr, der ihn am Herzen verwundet habe, als hätte ihn eine Natter gebissen. Der schönen Theorie des Gastmahls liefert der liebeskranke Löwe seine eigene mysteriöse Erfahrung nach: Er, der Schwarm der Athener Jugend, hat sich sterblich in den häßlichen Philosophen mit den staubigen Füßen verliebt. Doch etwas stand ihrer Vereinigung im Wege. Zur göttlichen Verschmelzung und schönheitsstiftenden Einswerdung sollte es nicht kommen. Und Schuld trägt Sokrates. Lange habe er ihm nachgestellt, erzählt Alkibiades, um endlich das Lager mit ihm teilen zu können, ihn mit Reden verlockt, seine ganzen »Pfeile sozusagen abgeschossen«. Endlich glaubte er »ihn getroffen zu haben«.

»Ich stand auf ... und legte mich unter seinen Mantel, indem ich mit beiden Armen diesen göttlichen und in Wahrheit ganz wunderbaren Mann umfaßte, und so lag ich die ganze Nacht ...«

Er lag und lag, bis er »aufstand, ohne etwas weiteres, als wenn ich bei einem Vater oder älteren Bruder gelegen hätte«. Irgendwie scheint das Alkibiades pervers. Ist Sokrates, der Satyr, in Wahrheit Asket? Xenophon, der ihn erlebt hat, bejaht das. »Er beherrschte sich nämlich nicht nur gegenüber den körperlichen Lüsten«, schreibt er in den »Memorabilien«; er »forderte auch dazu auf, sich mit aller Macht des Liebesgenusses zu enthalten, welchen die Schönen gewähren«. Die »Schönen«, das sind die Knaben. Das hat Schopenhauer geärgert. Im Anhang zu seiner Geschlechts-Metaphysik schreibt er über Xenophons Sokrates, daß er »von der Päderastie als einer untadelhaften, sogar lobenswerten Sache« spreche, ja er tue dies »so ausschließlich von der Knabenliebe, daß man denken sollte, es gäbe gar keine Weiber«. Doch, meint Sokrates, die seien zum Kinderkriegen da. Und er belehrt seinen Sohn: »Du nimmst indessen gewiß nicht an, daß die Menschen um der Liebeslust willen Kinder zeugen«.

Obwohl der Weise die Knabenliebe so hoch einschätzt, verweigert er sich ihr. Als Nietzsche sich mit Xenophons Erinnerungen an Sokrates beschäftigte, schrieb er an seinen Freund Gersdorff:

»Geheirathet wird *nicht* ... Immer mehr kommen mir die griechischen Philosophen, als Vorbilder der zu erreichenden Lebensweise, vor die Augen. Ich lese die Memorabilien des Xenophon mit tiefstem persönlichen Interesse.«

Rätselmensch Sokrates: Ein vollsaftiger Satyr, der im Symposion behauptet, er verstünde »nichts als Liebessachen«, entpuppt sich als Lustfeind. Für seinen zurückgestoßenen Liebhaber Alkibiades war das unbegreiflich. Er hatte sich der Schönheit verweigert! Den Dämon der Liebe gekränkt und zugleich die Keimzelle der hellenischen Tugend verspottet! Welcher fremde Gott mußte von ihm Besitz ergriffen haben.

Ein Dämon in der Tat, nur ein umgekehrter. Nietzsche hat darüber gegrübelt, was den weisen Muster-Griechen Sokrates zu dieser zutiefst ungriechischen Abstinenz gezwungen hat. In Pforta hatte man ihn als höchste Blüte des Hellenentums angepriesen, der von den Athenern wegen seiner Wahrheitsliebe zum Märtyrer gemacht wurde. Nietzsche findet, daß er mit gutem Grund sterben mußte, daß er sogar selbst, »mit völliger Klarheit und ohne den natürlichen Schauder vor dem Tode«, die Hinrichtung »durchgesetzt« habe. Aber warum, beim Dämon, will ein Mensch im Angesicht der Akropolis und all der hübschen Griechen-Kuroi sterben? Wozu erst die Liebe verweigern, dann den Gifttod suchen und freiwillig zu den Hadesschatten gehen?

Nietzsches Antwort: Sokrates war ein Monster geworden, weil er unter einem schweren Defekt litt. In ihm hauste ein Dämon, der stets verneinte. Die Stimme, die ihm von innen kam, nannte Sokrates sein »Dämonion«. Den Athenern erzählte er:

»Mir aber ist dieses von meiner Kindheit an geschehen, eine Stimme nämlich, welche jedesmal, wenn sie sich hören läßt, mir von etwas abredet, was ich tun will, zugeredet aber hat sie mir nie.«

Nur eben zum Sterben. Während der Gerichtsverhandlung blieb ihm seine Geisterstimme stumm. Bei Xenophon behauptet

Sokrates sogar: »Gleich, wie ich damit begann, über eine Verteidigung vor den Richtern nachzudenken, widersetzte sich das Daimonion.« Sokrates deutet das als »Gutes«, denn »unmöglich können wir recht haben, die wir annehmen, der Tod sei ein Übel. Davon ist mir dies ein großer Beweis«. Für die Griechen war es bis dahin die schlimmste aller Vorstellungen gewesen, hinab in den Hades zu müssen. Sokrates geht freiwillig, vom Geist, der stets verneint, getrieben. Und dieser, nicht Platos Vernunft-Optimismus, liefert Nietzsche die Lösung zu diesem Rätsel:

> »Einen Schlüssel zu dem Wesen des Sokrates bietet uns jene wunderbare Erscheinung, die als ›Dämonion des Sokrates‹ bezeichnet wird. In besonderen Lagen, in denen sein ungeheurer Verstand in's Schwanken gerieth, gewann er einen festen Anhalt durch eine in solchen Momenten sich äussernde göttliche Stimme. Diese Stimme *mahnt,* wenn sie kommt, immer *ab.*«

Nietzsche wußte, was dahinter steckt: »Gehörs-Hallucinationen«, die »in's Religiöse interpretirt worden sind«. Er hatte es selbst erlebt, wie die Gewissensstimme sich in der Neugasse meldete und später als »Klanggespenst« sein Ohr verhexte. Bei Schopenhauer war zu lesen, daß »das Daimonion des Sokrates, jene innere Warnungsstimme«, nur »dumpfe Erinnerung« an einen Wahrtraum sei, der sich übers Ohr bemerkbar mache. Nietzsche mag das ähnlich gesehen haben. Seine Deutung des Ohrwurms stand fest: »Dämonion — warnende Stimme des Vaters.«

Die tritt auf, wenn der Verstand in's Wanken gerät, wie es Sokrates auf dem Nachtlager des Alkibiades passiert ist. Eros macht Schwanken. Das Dämonion macht starr. Dabei war es, nach Nietzsche, ein ordinäres »Ohrenleiden«, in das des Sokrates »gänzlich abnorme Natur« die Dämonenstimme hineinhörte — eine »wahre Monstrosität per defectum«! War er schon vorher »abnorm« gewesen? Oder hatte ihn die Stimme dazu gebracht, auf sie zu hören? Jedenfalls weiß Nietzsche, daß dieser Defekt das ganze Abendland infiziert hat. Denn was prägte die nachgriechische Welt mehr als die fortschreitende

Lustverneinung, das ständig wachsende schlechte Gewissen, gleichzeitig die Vernunft-Anbetung und »Wahrheits«-Suche! Das Glück, so glaubte man hinfort, erreiche man durch die Tugend, diese aber durchs Erkennen. Wer dabei vom rechten Pfad abirrt, den führt die Gewissensstimme wieder zurück.

Vorbild Sokrates: Man wollte es ihm »nachmachen und gegen die dunklen Begehrungen ein *Tageslicht* in Permanenz herstellen — das Tageslicht der Vernunft. Man muß klug, klar, hell um jeden Preis sein: jedes Nachgeben an die Instinkte, an's Unbewusste führt hinab.« Nietzsche mußte sich als lebende Widerlegung dieser Maxime fühlen. Nach ihr war er erzogen worden, von Naumburg bis Leipzig, Lehrer- und Gespensterstimmen hatten ihn manipuliert, und am Ende stand die Krankheit. Sokrates macht krank. Absurd, daß alle »unsere Erziehungsmittel ... ursprünglich dieses Ideal im Auge haben!« Er weiß es aus eigener schmerzlicher Erfahrung: »Eine Umwandelung des Wesens durch Erkenntniß«, dieser Grundglaube aller »humanistischen« Erziehung, ist »der gemeine *Irrthum* des Rationalismus, mit Sokrates an der Spitze.«

*

1872 erschien Nietzsches Generalangriff auf den sokratischen Rationalismus, sein Buch »Die Geburt der Tragödie aus dem Geiste der Musik«. Das Erstlingswerk, das von dem geheimnisvollen Bruderbund der Götter Dionysos und Apollo erzählt und von der Vernichtung ihres gemeinsamen Kindes durch Sokrates, beschädigte seinen akademischen Ruf irreparabel. Die Kollegen vom Fach begriffen sofort, daß hier ein Wilderer auf geheiligtem Forschungsgebiet seine Fallen gestellt hatte. Sein Gönner Ritschl verhöhnte den Versuch des früheren Meisterschülers als »Kunstmysterienreligionsschwärmerei« eines an »Größenwahnsinn« Erkrankten. Der Bonner Lehrstuhlinhaber Usener bezeichnete die Thesen als »baren Unsinn«, ihren Autor als »wissenschaftlich tot«. Ein Nachwuchs-Philologe zerriß das Druckwerk in der Luft und rief dem früheren Mit-Pförtner zu:

»Welche Schande ... machen Sie der Mutter Pforte.« Selbst der nüchterne Jacob Burckhardt äußerte sich »mit jener nicht sehr angenehmen Bewunderung, der man sofort anmerkt, daß sie im Grunde nur schlecht verhüllte beißende Ironie war«.

»SELBSTERLEBTES, SELBSTORGIASMUS«. Als Nietzsche nach Jahren sein mißglücktes Debüt in die Hand nahm, war er selbst nicht mehr begeistert davon. Es sei, schrieb er, »aufgebaut aus lauter vorzeitigen übergrünen Selbsterlebnissen, welche alle hart an der Schwelle des Mittheilbaren lagen«. Was er mit dem modern wirkenden Begriff vom »Selbsterlebnis« gemeint und zugleich verschwiegen haben könnte, findet sich in einer Notiz wieder, in der er sich über eine mysteriöse Erfahrung Rechenschaft gibt:

»Flöte der Zeit vorblasen, dass rascher und wirbelnder ihr Tanz wird — später die grosse Ruhe, wo schauernd, wie in später Nachmitternacht alles gespenstisch scheint. Ich selbst bin in der Zeit, sie in mir — Selbsterlebtes, Selbst*orgiasmus*.«

Das ist das Thema der »Geburt der Tragödie«. Bevor Nietzsche den »Orgiasmus« als kulturhistorisches Phänomen beschrieb, das er im fünften Jahrhundert vor Christus bei den Griechen zu entdecken glaubte, hatte er ihn selbst erlebt; als »Räthselfreund«, wie er sagt, und »Jünger eines ›noch unbekannten Gottes‹«, den »fremde, noch namenlose Bedürfnisse« umtrieben. Nachträglich gibt er sich sogar als eine »mystische und beinahe mänadische Seele« zu erkennen und liegt damit hart an der Schwelle zum Exhibitionismus: Sind Mänaden nicht weiblichen Geschlechts und zudem mit der Unart behaftet, harmlose Mitbürger in Stücke zu reißen? Diese raubtierhafte Seele in der Hülle eines Basler Altphilologen, so lesen wir weiter, machte sich damals auf, »Mitschwärmer zu suchen und sie auf neue Schleichwege und Tanzplätze zu locken«.

Einer dieser Wildwechsel, die für Fachphilologen tabu sind, führt geradewegs nach Röcken, wo die Pflanze nahe dem Gottesacker geboren wurde. Gleich zu Anfang des Buches beschreibt Nietzsche den sokratischen Wissenschaftler, seinen Antipoden: Der sitzt der Welt gegenüber, vertraut auf seine Individualität und die Naturgesetze, läßt sich nicht von den Stürmen des Lebens beeindrucken. Schopenhauers Bild dafür ist der Schiffer in seinem Kahn, der Ruhe bewahrt, während sich die Wellen um ihn auftürmen. Der perfekte Professor! Für ihn herrscht immer Tag, weil ihm das Licht der Vernunft leuchtet. Alles ist unter Kontrolle, weil es ewigen Gesetzen gehorcht. Nichts kann aus der Reihe tanzen.

Es gibt Ausnahmen. Im selben Schopenhauer-Zitat, so fügt die Friedhofspflanze hinzu, sei auch »das ungeheure *Grausen* geschildert, welches den Menschen ergreift, wenn er plötzlich an den Erkenntnissformen der Erscheinung irre wird«. Wenn Wirkungen ohne Ursachen auftreten, zum Beispiel; oder Gräber sich auftun und die Vergangenheit in Leichengewändern aufersteht. Nietzsche führt die düstere Stelle nicht weiter aus, beläßt es bei der Andeutung. Offenbar lag die Erfahrung, die sein Idol anspricht, für ihn jenseits der Mitteilbarkeits-Schwelle. In der »Welt als Wille und Vorstellung« läßt sie sich nachlesen. Sie handelt von jenem

> ». . . so unvertilgbaren und allen Menschen (ja vielleicht selbst den klügeren Tieren) gemeinsamen *Grausen,* das sie plötzlich ergreift . . . z.B. wenn es scheint, daß irgendeine Veränderung ohne Ursache vor sich ginge oder ein Gestorbener wieder da wäre.«

Nietzsches »Selbsterlebnisse« hatten die Philosophen-Weisheit vorweggenommen. Das »ungeheure Entsetzen«, das nach Schopenhauer die Menschen bei einem solchen Erlebnis befällt, war für Nietzsche Grunderfahrung. Wenn sich der Abgrund des *»Grausens«* auftut, zerbricht das Vertrauen in die Alltagswelt; dann stimmt nichts mehr: Die Zeit ist aus den Fugen, der Boden weicht, der Mensch entgleitet sich. Wenn er aus dieser Erfahrung heil zurückkommt, wird nichts mehr sein wie früher. Alles »zeitliche Glück«, erklärt Schopenhauer, steht auf »untergrabenem Boden«.

Nietzsches zweiter Gewährsmann, der in der »Geburt der Tragödie« seinen Auftritt hat, ist die Theaterfigur Hamlet. Der Dänenprinz, so sein preußischer Geistesbruder, gehört zu den Wissenden, die »einen wahren Blick in das Wesen der Dinge gethan« haben. Seitdem ekelt ihn zu handeln. Er hat an nichts mehr *»Lust«,* weiß Nietzsche — »und am Weibe auch nicht«. Er ist gelähmt, als hätte er der Meduse ins Auge geblickt; er hat *»erkannt«* — aber anders, als die Philosophie sich träumen läßt. Nicht die Vernunft oder die Auswertung einer Bibliothek hat ihm die Augen geöffnet, sondern das Gespenst seines Vaters. Man hat mich heimtückisch ermordet, sagt es ihm, deine Mutter schläft mit meinem Mörder, und du bist sein Neffe. Das Leben ist ein Mordhaus, und im Hades warten »qualvolle Flammen«. Was nicht einmal das Gespenst weiß: Sein Sohn wird am selben Gift sterben.

Der Übergang vom Grauen zum Orgiasmus steht weder im »Hamlet« noch in einem Lehrbuch der Altertumswissenschaft. Und doch, meint Nietzsche, ist ohne ihn die griechische Klassik nicht verständlich. Hier liegt seine Entdeckung, auf die er stolz ist, sein Selbsterlebtes. Der Umschlag, die alte Mysterienerfahrung, wirkt auf wissenschaftliche Gemüter zutiefst anstößig. Es geht dabei um Entladung einer angestauten Spannung, um Erlösung von einem unerträglichen Krampf. Kurz: um alles, was die Ordnung der Universität in Frage stellt. Auch um den Anarchisten unter den Tönen, den Schrei, vor dem die Totenstille der Hörsäle erzittert.

Der Schrei sprengt die eindeutige Wirklichkeit der Wissenschaft, weil er zweideutig ist: In ihm schreit zugleich die Qual des Todes und die Lust an der Wiedergeburt. In der Todesangst hört Nietzsche das »Seufzen der Kreatur«, »aus der höchsten Lust heraus tönt der Schrei des Entsetzens«. Ob Lust oder Verlust, die Welt beginnt zu tönen. Und nur der Eingeweihte weiß, hört, daß dies mit den körperlichen Gefühlen nicht anders ist: »dass Schmerzen Lust erwecken, dass der Jubel der Brust qualvolle Töne entreisst«. Das Grauen schlägt in Lust um.

Als Nietzsche sein Mysterien-Buch von der »Geburt« schrieb, herrschte Krieg. »Während die Donner der Schlacht von Wörth über Europa hinweggiengen«, habe er über diesem Gedanken gebrütet; einige »Wochen darauf: und er befand sich selbst unter den Mauern von Metz, immer noch nicht losgekommen von den Fragezeichen, die er zur vorgeblichen ›Heiterkeit‹ der Griechen« vor sich sah. Zu Heiterkeit hatte er in den folgenden Wochen wenig Anlaß. Im August und September 1870 erlebt er als Sanitäts-Freiwilliger das Grauen der Vernichtungsmaschinerie: das »furchtbar verwüstete, mit zahllosen traurigen Überresten übersäte und stark nach Leichen riechende Schlachtfeld« von Wörth; dann den »elenden Viehwagen«, in dem er »6 Schwerleidende« zu versorgen hatte, alle »mit zerschossenen Knochen, mehrere mit 4 Wunden«; auch ein neues »Klanggespenst«: Der Rekonvaleszent, der mit den Folgen einer Ruhr und Rachendiphteritis zu kämpfen hatte, wurde von einem »unaufhörlich sich mir vernehmbar machenden Klageton« heimgesucht, gegen den er lange nicht ankam. Den »nie endenwollenden Klagelaut« hatte er wohl auf einem Schlachtfeld gehört; den mysteriösen Umschlag vom Weh- zum Lustschrei, gegen den der gute Ton rebelliert, erlebte er in einem Erlanger Lazarett: »Wir chloroformirten gerade einen Franzosen zu einem Gipsverband (die Hand ist zerschossen: er rief in der Narkose ›mon dieu mon dieu je viens‹) . . .«

Das Dionysische, das mit Gewalt und Tod genauso zusammenhängt wie mit Liebe und Orgasmus, ist zweideutig. Es weist in Richtung Tod und zugleich in Richtung Leben. Vor ihm hat die Alltagswelt keinen Bestand. Im »Grausen« wie in der »wonnevollen Entzückung« gibt es keine Individuen mehr, keine Gesetze, folglich auch keine Sicherheit, keinen Besitz und keine »gemeinsamen Grundlagen«. Der Grund weicht, gefährliches Gelände. In Nietzsches Worten:

»Unter dem Zauber des Dionysischen schließt sich nicht nur der Bund zwischen Mensch und Mensch wieder zusammen: auch die entfremdete . . . Natur feiert wieder ihr Versöhnungsfest mit ihrem verlorenen

Sohne, dem Menschen ... Jetzt ist der Sclave freier Mann, jetzt zerbrechen alle die starren, feindseligen Abgrenzungen, die Noth, Willkür oder ›freche Mode‹ zwischen den Menschen festgesetzt haben.«

Symbol für die Allverschmelzung ist die Musik, die sich aus dem vieldeutigen Urschrei erhebt. In den einen Ton münden viele ein, treten zu einem Klangbild zusammen, aus dem sich Melodien und tausendgestaltige Formen erheben. Die Musik, die aus sich selbst hervorzuströmen scheint, kennt weder feste Dinge noch Begriffe, alles ist in Fluß, nichts bleibt stehen. Man kann nicht wissen, was in ihr geschieht — nur mitfühlen, mitsingen, mittanzen. Und »singend und tanzend äussert sich der Mensch als Mitglied einer höheren Gemeinsamkeit: er hat das Gehen und das Sprechen verlernt und ist auf dem Wege, tanzend in die Lüfte emporzufliegen«. Auch die von Schiller beklagte »freche« Trennung in Mann und Weib ist aufgehoben. Der Mensch geht als androgynes Gesamtkunstwerk in den harmonisch tönenden Kosmos ein.

Das schöne Bild trügt. Da das »Subjective« im dionysischen Orgiasmus »zu völliger Selbstvergessenheit hinschwindet«, geht es streng genommen an dieser Einswerdung zugrunde. Das Einzelne kehrt zurück in den Urwillen, der sich, so Schopenhauer, in der Musik »verkörpert«; es geht im Tonmeer unter — freudig, wie Nietzsche weiß: »Erst aus dem Geiste der Musik heraus verstehen wir eine Freude an der Vernichtung des Individuums.« Doch der Lust an der Einswerdung ist das Entsetzen vor dem Untergang beigemischt. Das Grausen, aus dem der Mensch schreiend erwachte, klingt in jedem Ton der Musik nach, die sich aus dem Schrei entwickelte. Und sobald der wirbelnde Tanz zur Flöte beendet ist, steigt wieder die gespenstische Stille der Mitternacht empor.

Aber ist das nicht eben das »Selbsterlebte« und der »Selbst*orgiasmus*« des Musikers und Geistersehers Friedrich Nietzsche? Was hat das mit den alten Griechen zu tun? Das fragten sich seine Kollegen auch und fanden: nichts. In seiner Autobiographie »Ecce homo« hält Nietzsche dagegen:

»Ich hatte zu meiner innersten Erfahrung das einzige Gleichniss und Seitenstück, das die Geschichte hat, *entdeckt,* — und ich hatte ebendamit das wundervolle Phänomen des Dionysischen als der Erste begriffen.«

Und was begriffen die Griechen, wenn sie sich den Lockungen des Dämons überließen? Daß »alles, was entsteht, zum leidvollen Untergange bereit sein muss«, daß aber auch »in demselben Augenblicke«, wo sie vom »wüthenden Stachel« dieser Erkenntnis-Qual »durchbohrt« werden, sie »gleichsam mit der unermesslichen Urlust am Dasein eins geworden« sind. Von einem Augenblick zum anderen schlägt das abgründliche Weh über den »Kampf, die Qual, die Vernichtung« in bodenlose Lust um. Ansatzweise scheint der Professor das auch bei seinen Griechisch-Schülern am Basler Pädagogium bemerkt zu haben. Mitten in seinem deprimierenden Kriegstagebuch steht scheinbar zusammenhanglos eine Erinnerung an die ferne Unterrichtszeit:

»Die Bacchen des Euripides haben nach Aussage meiner Schüler einen starken Eindruck gemacht und Lust erweckt.«

Daß seine Zöglinge an dieser blutrünstigen Tragödie Geschmack fanden, muß den Junglehrer einfach entzückt haben. Euripides erzählt darin, wie der zweideutige Gott Dionysos seinen erklärten Feind Pentheus, Vertreter von Recht und Ordnung, erst in eine Tunte verkleidet und dann von Mänaden zerreißen läßt. Als »Opferpriesterin« fungiert die eigene Mutter, die das Haupt des ermordeten Sohnes im Triumph auf ihren Thyrsos steckt — auch sie verblendet von Dionysos. Und das hat bei den Jungs »Lust« erweckt! Nicht Grausen oder Ekel davor, wie sich der »Schrei« des Opfers mit dem »Gejauchze« der Rasenden mischt, sondern ein »starker Eindruck« — das war es, was Nietzsche sich vom Griechisch-Unterricht auch erwartete.

Nachdem Nietzsche seine Leser mit dem dionysischen Geheimnis vom »Geiste der Musik« erstaunt hat, läßt er sie bei einem weiteren Mysterium Zeuge werden. Die Musik, dieser Lust-Rausch des Urwillens, ist nur die eine Seite der Tragödie.

Nicht zufällig wurde sie schon bald vergessen, weil unterdrückt. Die andere Seite wird durch den Gott Apollo repräsentiert. Erst mit ihm zusammen kann Dionysos das Wesen zeugen, das dann, im fünften Jahrhundert vor Christus, aus seinem Geiste geboren wird. Die kunstschaffende Kopulation — unter Göttern ist nichts unmöglich — war für Nietzsche nur ein Gleichnis: Selbsterlebtes und -ersehntes im klassischen Gewande. In seiner späteren Selbstkritik beklagt er diese Maskierung. Fast »unschlüssig darüber«, ob er sich »mittheilen oder verbergen wolle«, habe er »gleichsam in einer fremden Zunge« gestammelt. »Sie hätte *singen* sollen, diese ›neue Seele‹ — und nicht reden!«

Als hätte sie es nicht versucht. Während er in der Gimmelwalder Bergeinsamkeit über dem Tragödienbuch brütete, hatte der dionysisch-musikalische Zustand von ihm Besitz ergriffen, ihn in den Schreckenstaumel der Melancholie gestürzt und dann seine Seele zum Singen gebracht. Umgeben von zähnefletschendem Mordgelüst und rollenden Lawinen, hatte er sich plötzlich von der »unbändigen Daseinsgier und Daseinslust« des Urwillens durchdrungen gefühlt: »Dies Alles bin ich — schaudernd fühl' ich's nach.« Und mitten im halb grausigen, halb lustvollen Gefühlsüberschwang geschah das Wunder: Die Gottheit erschien, grausam-schön, »vollgerüstet« und »waffengleißend« wie ein griechischer Held oder ein preußischer Kavallerieoffizier, der mit blitzendem Säbel Attacke reitet. Oder die schlimme Venus mit der Peitsche. Es ist der Augenblick, in dem das zweite Mysterium zum Ereignis wird: Die musikalische Spannung entlädt sich ins Bild, das Bild in die Sprache. Das eine schießt aus dem anderen hervor wie die Lava aus einem explosionsbereiten Vulkan — und doch gleichsam gebremst und kontrolliert, in kunstvollen Portionen. In Gimmelwald schlug die Begeisterung über die Vision in Zittern und Zucken um — »und zitternd stammle ich hier Lied auf Lied, und zucke auf in rhythmischem Gestalten: Die Tinte fleußt, die spitze Feder sprüht . . .« Der Taumel der Urlust hat sich mit der traumhaften Vision verschmolzen und das Gedicht gezeugt.

Nietzsche konnte nicht nur ein Lied davon singen. In seine nüchterne Sprache rückübersetzt: »Wenn sich die Productionskraft eine Zeit lang angestaut hat und am Ausfliessen durch ein Hemmnis gehindert worden ist, dann giebt es endlich einen so plötzlichen Erguss . . .«, der, vom Schönen gereizt, in die Form des Schönen einschießt. So war es jedenfalls bei den alten Griechen, meint Nietzsche. Nachdem sie »durch mehrere Generationen von den stärksten Zuckungen des dionysischen Dämon bis in's Innerste erregt« worden waren, kam es zu einem »gleichmässig kräftigen Erguss«: Es war der Klimax der hellenischen Kultur. Ihre höchste Verkörperung: die Tragödie. In ihr ergießt sich nicht nur der dionysisch-musikalische Strom in die apollinisch-verklärte Form, sondern spricht in gemessener Klarheit die entsetzliche Weisheit des Dionysischen aus.

Begonnen hatte es, gleichnishaft, in den Bergen. Hier, wo der Abgrund gähnt und sich die einsame Blume »auf hohem Felsgerüst« nach Schmetterlingen sehnt, treibt ein rauscherfahrener Geistesbruder des Autors sein Wesen: der Dichter Archilochus. Fern vom prosaischen Alltag in den Talniederungen sucht der »wild durch's Dasein getriebene kriegerische Musendiener« die göttliche Ekstase. Wir sehen ihn, schreibt der Visionär Nietzsche,

> »zum Schlafe niedergesunken — wie ihn uns Euripides in den Bacchen beschreibt, den Schlaf auf hoher Alpentrift, in der Mittagssonne . . .«

Der Schlaf, den der Tragöde beschreibt, ist die Ruhe vor dem Sturm. Die Mänaden liegen im Schlummer, auf »Eichenlaub« gebettet, säugen dann, vom Ruf der Rinder geweckt, an ihren Brüsten Rehkitze und Wölfe, winden Kränze und schlagen mit dem Thyrsos in den Boden, aus dem »frisches Naß hervorsprudelt«. Und »von den Efeustäben troff süßer Honigseim«. Derlei erotische Wunder jenseits aller »Geschlechtsliebe« werden nur um Mittag, »im heiligen Gebirge«, vollbracht. Doch schon kurz darauf bricht die Hölle los, und die naturverbundenen Mädchen verwandeln sich in blutgierige Hyänen.

Ganz anders Freund Archilochus. Er hat es sich, trunken des Weins, im Moos bequem gemacht. Eines seiner Gedichte beginnt: »Von dem Gotte Dionysos anstimmen ein schönes Lied kann ich, einen Dithyrambos; Wein schlug wie ein Blitz in mich.« Und wie er so im Mittagssonnenschein darniedergeblitzt liegt und schlummert, kommt der Gott zu ihm:

»... jetzt tritt Apollo an ihn heran und berührt ihn mit dem Lorbeer. Die dionysisch-musikalische Verzauberung des Schläfers sprüht jetzt gleichsam Bilderfunken um sich, lyrische Gedichte, die in ihrer höchsten Entfaltung Tragödien und dramatische Dithyramben heißen.«

Archilochus, der für »den Schrei seines Hasses und Hohnes«' die »trunknen Ausbrüche seiner Begierde« berüchtigt war' liegt nun zahm wie ein Reh zu Füßen des schönen Gottes und ergießt sich in Preisgesängen. Das Schöne macht's. Keine Spur mehr von dem »orgiastischen Taumel«, in den er sonst so gern hinabgetaucht ist — jetzt herrscht nur noch das bildschöpferische Entzücken vor dem verklärten Gott. Archilochus ist nicht länger der cholerische Dichter ohne festen Wohnsitz. Dionysos selbst ist in ihn eingezogen, ein Blitz aus Wein und Mittagshitze, und feiert in seinem Leib die Einswerdung mit seinem Brudergott Apollo. Der »Genius«, so deutet Nietzsche den unerhörten Vorgang um Archilochus, verschmilzt »im Actus der künstlerischen Zeugung« mit dem Urwillen, der sich in beide Götter aufgeteilt hat und sich nun wieder mit ihnen vereint. Der griechische Orgiasmus wird, durch Archilochus hindurch, zum kosmischen Orgasmus. Das entfesselte Bacchanal erblüht zum »Welterlösungsfest«.

Archilochus ist auch ein anderer Name für den Pförtner Nietzsche. Seinen Apollo hat er nicht auf »hoher Alpentrift«, sondern in Leipzig gefunden. Nietzsche preist seine Schönheit, die die »innere Phantasie-Welt« erregt, aber auch »jene maassvolle Begrenzung, jene Freiheit von den wilderen Regungen«, die Archilochus so viel zu schaffen machen. Apoll hält

Maß. Und Nietzsche weist eigens auf »jene zarte Linie« hin, die »das Traumbild nicht überschreiten darf, um nicht pathologisch zu wirken« — der Gott muß auf Distanz bleiben, sonst wird es krankhaft und der schöne »Schein« zur »plumpen Wirklichkeit«. Im Gott der erhabenen Nüchternheit steckt Erwin Rohde, die »Geburt der Tragödie« ist auch ein Preisgesang auf ihn. Selbst wenn er »zürnt und unmuthig blickt, liegt die Weihe des schönen Scheins auf ihm« — so spricht ein Verliebter. Und aus einer solchen Liebe zwischen gegensätzlichen Gottheiten, die Nietzsche einmal einen »Bruderbund«, dann wieder ein »geheimnissvolles Ehebündnis« nennt, sei die Tragödie entstanden. Vielleicht an einem jener zauberhaften Abende, an denen Nietzsche-Dionysos seine Musik spielte und Rohde-Apoll mit warmem Bariton dazu sang. Daß Männerliebe, zumal in diesem erhabenen Sinn, eine Kultur stiften kann, scheint Platos feste Überzeugung. In seinem »Gastmahl« gewinnen die Dioskuren jede Schlacht, erklimmen die höchsten Gipfel des Schönen und werden am Ende gar auf die glückseligen Inseln versetzt — glückliche Griechen. Als Nietzsches Tragödienbuch verrissen wurde, schrieb Rohde für seinen Archilochus eine Verteidigungsschrift. Ihr Titel: »Afterphilologie«, was sich natürlich auf den jungen Angreifer aus Pforta bezog.

Aus der Männerliebe wurde auch die Tragödie geboren, nach Nietzsche das herrlichste Kunstwerk, das sich über dem dionysischen Abgrund in traumhafter Schönheit erhebt. Unten herrscht das Grausen der Nacht, während hoch oben die ernste Felswand des menschlichen Schicksals von der Morgenröte erleuchtet wird; aus der Tiefe ertönt der Schrei, während aus der Höhe der Gott herabschwebt. Nietzsche hat es so gesehen. Möglicherweise, schreibt er in seiner Selbstkritik, gab es »in jenen Jahrhunderten, wo der griechische Leib blühte, die griechische Seele von Leben überschäumte ... endemische Entzückungen«, in denen sich »Visionen und Hallucinationen ... ganzen Gemeinden, ganzen Cultversammlungen mittheilten«. Ganz genau weiß das keiner, ob es ein solches Hellenen-Lourdes gegeben hat, wo der Gott erschien und die Menschen vom Leiden am Dasein heilte — dagegen wußte Nietzsche sehr wohl, was er als Kind erlebt hatte: Erscheinungen, über die man nur als Eingeweihter zu Eingeweihten sprechen kann. In einem Bild Raffaels hat Nietzsche wiedergefunden, was sich in der »fremden Zunge« der Wissenschaft nur »stammelnd« sagen ließ:

> »In seiner *Transfiguration* zeigt uns die untere Hälfte, mit dem besessenen Knaben, den verzweifelnden Trägern, den rathlos geängstigten Jüngern, die Wiederspiegelung des ewigen Urschmerzes . . .«

Nietzsche kannte das kolossale Werk, das im Vatikan hängt, nur von einer Reproduktion: Der Knabe, den der Maler in der düsteren »unteren Hälfte« zeigt, ist offenbar Epileptiker. Die Bibel sagt, ein »sprachloser Geist« habe ihn ergriffen, der ihn reiße und würge. Der besorgte Vater hält den »Besessenen« aufrecht: Mund und Augen des Jungen sind weit aufgerissen, die Arme krampfhaft ausgestreckt. Für Nietzsche ein vertrautes Bild: Als Kranker gab er zu Protokoll, er habe bis zu seinem siebzehnten Lebensjahr unter »epileptischen Zuständen« gelitten, und zwar »ohne Bewußtseinsverlust«. Offenbar auch noch als Erwachsener: Die Schwester spricht der Mutter gegenüber von einem »eigenartigen Zusammenfall einer Art Lähmung, welche auf kurze Zeit ihn befällt«. Ganz wie beim Pastor.

War Fritz, der kleine Pastor, der »besessene Knabe« auf dem Raffael-Gemälde? Besessen war er unter anderem vom Dämon, der ihm ins Ohr flüsterte; gequält und wie der Bibel-Knabe zerrissen wurde er von seinen Alpträumen und Anfällen. Doch zugleich hatte er Visionen vom »unbekannten Gott«, Sehnsuchtsbilder seiner vaterlosen Einsamkeit. 1878 notierte er sich: »Als Kind Gott im Glanze gesehen.« Genau das geschieht auf dem Bild der »Transfiguration«: Dem Dämonen-Opfer zeigt sich beim Erwachen aus der Erstarrung der Himmel offen. Aus dem Urschmerz in der nächtlichen Tiefe, so schreibt Nietzsche,

»... steigt nun, wie ein ambrosischer Duft, eine visionsgleiche neue Scheinwelt empor ... ein leuchtendes Schweben in reinster Wonne und schmerzlosem, aus weiten Augen strahlenden Anschauen.«

Raffael, der in seinem Gemälde die »Verklärung Christi« und die »Heilung des besessenen Knaben« zusammengezogen hat, zeigt in der oberen Hälfte den »Erlöser« in einer Lichtwolke, das schwebende Götterbild, das sich der halluzinierenden Menge zeigt — die Vision der Dionysos-Jünger, ins Christliche übersetzt. Der epileptische Knabe, vom Anblick des Gottes erlöst, ist Nietzsches Bild dafür, daß »die ganze Welt der Qual nöthig ist, damit durch sie der Einzelne zur Erzeugung der erlösenden Vision gedrängt werde«.

*

Die Geburt der Tragödie: Was der kleine Epileptiker gesehen und Archilochus gedichtet hat, kann auch einer ganzen Gemeinde widerfahren. Aus gewöhnlichen Menschen mit »bürgerlicher Vergangenheit« und »socialer Stellung« wird dann ein »Chor von Verwandelten«, die, vom Urschmerz am Dasein ergriffen, zu Satyrn werden. Der Satyr, wie Nietzsche ihn sieht, ist ein Doppelwesen: halb Mensch und halb Tier, ein Dämon mit Bocksfuß und Hörnchen, Symbol der »geschlechtlichen Allgewalt der Natur« und zugleich »Verkünder ihrer Weisheit und Kunst: Musiker, Dichter, Tänzer, Geisterseher in einer Person«. Letzteres hatte Nietzsche den anderen Satyrn sogar voraus. Aber den Gott sahen sie alle: In Taumel versetzt, »sieht sich der dionysische Schwärmer als Satyr, *und als Satyr wiederum schaut er den Gott*«.

Die Satyrn sind ein Männerchor, dessen Gesang Dionysos beschwört. Die Totenklage um den zerrissenen Liebling — denn Dionysos ist ein sterblicher Gott — wird bei seiner Rückkehr zum Lustgeheul: Dionysos wird wiedergeboren! Verklärt wie der leuchtende Jesus auf Raffaels Bild schwebt das entzückende Götterbild über ihnen, eine aus der musikalischen »Verzauberung« geborene »Visionsgestalt«. Es ist Dionysos, doch in apollinischer Klarheit und Leuchtkraft. Durch das Medium der erregt zuckenden Satyrleiber entlädt sich der Urwille ins funkensprühende Bild, erlöst in diesem Ausbruch sich selbst und seine Diener.

Nicht nur die Satyrn, alle sollen erlöst werden. Das Mysterienspiel muß auf die Bühne! Aus den Satyrn formt sich der »dithyrambische Chor«, ihre Kultstätte — »auf hoher Alpentrift« — wird zum Stadttheater, die Gottes-Vision spielt ein Maskenträger. Dem Natur-Chor fällt jetzt die Aufgabe zu, »die Stimmung der Zuhörer bis zu dem Grade dionysisch anzuregen, dass sie, wenn der tragische Held auf der Bühne erscheint, nicht etwa den unförmigen maskirten Menschen sehen, sondern eine gleichsam aus ihrer eignen Verzückung geborene Visionsgestalt«. Die Tragödie — ein attisches Bühnenweihfestspiel, in dem die Leidensgeschichte des Dionysos von wechselnden Helden dargestellt wird, die die Geschichte ihrer tragischen Verwicklung und Vernichtung in »epischer« Klarheit vortragen.

Der Monolog des letzten Menschen. Autor Nietzsche, der im musikalisch-erotischen Geister- und Götterseher ein intimes Selbstporträt, in der griechischen Musik-Tragödie einen Vorläufer der Wagner-Opern zeichnete, hat sich auch im wichtigsten Helden wiedererkannt. »Die leidvollste Gestalt der griechischen Bühne«, sagt er, ist »der unglückselige *Oedipus.*« Aber das, was Sophokles aus dem Helden macht, greife einfach zu kurz. Im Mythos des großen Frevlers stecke viel mehr, als der moderate Grieche zu zeigen wagte. Sein »edler Mensch« soll den Zuschauern den Blick in den Abgrund ersparen. Nietzsche braucht solche Rücksichten nicht zu nehmen. Seinem Oedipus ist eine Wahrheit aufgegangen, die den Rahmen jeder Tragödienbühne sprengt.

»Oedipus der Mörder seines Vaters, der Gatte seiner Mutter, Oedipus der Räthsellöser der Sphinx! Was sagt uns die geheimnissvolle Dreiheit dieser Schicksalsthaten?« Daß das eine nicht ohne das andere möglich ist: Nur wer gegen die Natur und Menschengesellschaft frevelt, zwingt die Sphinx »zum Preisgeben ihrer Geheimnisse«. Erst muß Oedipus seinen Vater töten und mit seiner Mutter ins Bett gehen, dann kann er »durch weissagende und magische Kräfte den Bann von Gegenwart und Zukunft, das starre Gesetz der Individuation, und überhaupt den eigentlichen Zauber der Natur« zerbrechen. Nur wer wie dieser Held eine »ungeheure Naturwidrigkeit« begangen hat, wird »die Natur in den Abgrund der Vernichtung« stürzen können: Er hat das ewige Maskenspiel durchschaut, hinter den Schemen erkennt er das Nichts, den Abgrund, den qualvoll gebärenden und wieder verschlingenden Urwillen, der keinen Sinn gibt, nur Leiden. Oedipus hat das Rätsel der Sphinx »Natur« gelöst, doch der Preis, den er dafür zahlen muß, ist hoch: Im selben Augenblick, wo sich ihm das Trugbild des Seins entschleiert hat und die Sphinx im Abgrund verschwindet, wird er sich selbst zum Schemen, durch den das Nichts ihn anstarrt. Und es spricht zu ihm mit tonloser Stimme: Auch du, Rätsellöser Oedipus, bist sinnlos, ein Nichts, das verschwinden wird.

Nietzsche hat keinen Oedipus-Komplex, er ist Oedipus, wie Hamlet Oedipus ist. Sie können wahrsagen, sehen Gespenster, leben im Zwischenbereich, wo Vergangenes, Gegenwart und Zukunft ineinander übergehen. Sie haben, natürlich, weder ihren Vater getötet noch ihre Mutter beschlafen; aber die Taten lasten auf ihrem Gewissen, und deshalb wissen sie, daß sie sie taten. Und deshalb *wissen* sie. Nur Greuel schaffen Gespenster; nur Gespenster sagen die Wahrheit. Solche Menschen, sagt Nietzsche einmal, wollen »verbergen und verleugnen«, daß sie »im Grunde zerbrochne unheilbare Herzen sind.«

Er hat das Drama des wahren Oedipus gedichtet. Ohne Chor, ohne Bühne, ohne Zuschauer. Für Nietzsche gibt es nur den leidenden Gott, der vor seinem halluzinierenden Satyr-Blick erscheint. Der Gott, der sich Oedipus nennt, spricht nur mit sich selbst. Sein Monolog markiert das Ende aller Philosophie — die Welt ist bereits untergegangen. Aus Oedipus spricht der letzte Mensch:

»Niemand redet mit mir als ich selbst, und meine Stimme kommt wie die eines Sterbenden zu mir. Mit dir, geliebte Stimme, mit dir, dem letzten Erinnerungshauch alles Menschenglücks, laß mich nur eine Stunde noch verkehren, durch dich täusche ich mir die Einsamkeit hinweg und lüge mich in die Vielheit und die Liebe hinein, denn mein Herz sträubt sich zu glauben, daß die Liebe todt sei, es erträgt den Schauder der einsamsten Einsamkeit nicht und zwingt mich zu reden, als ob ich Zwei wäre . . .«

Ein langer Satz. Der Sprechende will nicht aufhören, weil er die Stille fürchtet. Die Stimme des Klanggespensts scheint er dagegen nicht mehr zu fürchten. Er weiß jetzt, daß es die eigene war, die in seinem Ohr wie die eines Sterbenden klang; des Sterbenden, den Oedipus auf dem Gewissen hat. Jetzt, nachdem der Vorhang des großen Welttheaters gefallen ist, erkennt er, daß die Vaterstimme aus der eigenen Sehnsucht kam. Er wollte nicht länger einsam sein, wollte die Liebe zurückhaben, die er damals verlor. Nicht die Stimme hinter seinem Stuhl war »schauderhaft«, sondern die »einsamste Einsamkeit«, die sein Vater hinterlassen hatte und die ihn zwang, »zu reden, als ob ich Zwei wäre«.

Die Liebe ist tot, ihr gespenstischer »Erinnerungshauch« sein einziger Begleiter. Nur die Welt »lebt noch und schaut mich nur noch glänzender und kälter mit ihren mitleidslosen Sternen an, sie lebt, so dumm und blind wie vorher, und nur Eines stirbt — der Mensch«. Was Oedipus tötet, ist schlimmer als der Frevel, den er begangen hat, schlimmer auch als die Strafe, die ihn dafür heimsuchte. Vor dem kalten Blick dessen, der die Wahrheit sieht, wirkt die Erde wie leergeräumt, menschliche Gefühle sind aus ihr vertrieben — die ganze Schöpfung ein Totenhaus. Selbst das Sprechen wird zum vergeblichen Versuch, die Friedhofsstille zu überdecken. Mit dem »letzten Menschen in diesem Weltall« stirbt auch »der letzte Seufzer«.

Nietzsches Selbstporträt als letzter Mensch sollte nicht sein letztes Wort zum Thema Oedipus sein. Dem Mann kann nämlich geholfen werden. »Furchtbare Einsamkeit des letzten Philosophen!« ruft Nietzsche aus. »Ihn umstarrt die Natur, Geier schweben über ihm.« Ist das nicht vertrautes Gelände, die Alpentrift als Alptraumlandschaft? »Vergebens spähen wir nach einer einzigen kräftig geästeten Wurzel«, schildert er in der »Geburt der Tragödie« seine persönliche Dramen-Bühne, »nach einem Fleck fruchtbaren und gesunden Erdbodens: überall Staub, Sand, Erstarrung, Verschmachten.« Gibt es überhaupt noch Menschen in dieser Wüstenei, über die gerade eine Glutwelle hinweggegangen scheint? Einen. Dürers Ritter zwischen Tod und Teufel:

»Da möchte sich ein trostlos Vereinsamter kein besseres Symbol wählen können, als den . . . geharnischten Ritter mit dem erzenen, harten Blicke.«

Der reitet »unbeirrt durch seine grausen Gefährten«, die Flüsterstimme und den lüsternen Rüssel, durch den »Schrekkensweg«. Ein Oedipus im Panzerhemd. Der Rest ist Schweigen. Bis die lähmende Stille vom rauhen Schrei des Satyrs zerrissen wird!

»Aber wie verändert sich plötzlich jene eben so düster geschilderte Wildniss unserer ermüdeten Cultur, wenn sie der dionysische Zauber berührt! Ein Sturmwind packt alles Abgelebte, Morsche, Zerbrochne, Verkümmerte, hüllt es wirbelnd in eine rothe Staubwolke und trägt es wie ein Geier in die Lüfte . . .« Kaum ist das schiefe Bild in den Wolken verblaßt, erscheint die Welt vor »unsren Blicken« verklärt; ». . . denn was sie sehen, ist wie aus einer Versenkung an's goldne Licht gestiegen, so voll und grün, so üppig lebendig, so sehnsuchtsvoll unermesslich. Die Tragödie sitzt inmitten dieses Ueberflusses an Leben, Leid und Lust, in erhabener Entzückung . . .«

Nietzsches Bildersprache überschreitet die Schwelle zum Kitsch. Offenbar um seine Unsicherheit zu überspielen, zieht er sämtliche Register der Wagner-Orgel. Denn nicht die Tragödie, die er aus eigenen Schmerzen geboren hat, irritiert ihn, sondern die Botschaft, die er mit ihr verbinden will: nämlich, daß sie wiedergeboren wurde, nachdem sie zweieinhalbtausend Jahre im Dornröschenschlaf gelegen hatte. Und der Gott, der sie wachküßte und nun »inmitten dieses Überflusses an Leben,

Leid und Lust« — sagen wir: recht bequem — »sitzt«, heißt Richard Wagner. Das war Nietzsche ihm schuldig. Aber falsch klingt es dennoch: Wagner als der »neue Äschylus«? So steht es da. Den späteren Nietzsche der galligen »Selbstkritik« hat das unglaublich gefuchst, seine »dionysischen Ahnungen verdunkelt und verdorben zu haben«, eben durch diese »Einmischung der modernsten Dinge«.

Das »grandiose *griechische Problem*«, kaputtgeredet durch übereifrige Wagnerei! War es nicht seine ureigenste Entdekkung, wie aus Schmerzen Lust werden kann, wie es den Tapfersten nach dem »Furchtbaren *verlangt*«, wie der Blick in den Abgrund zur höchsten Verklärung des Lebens führt — auch, wie ein göttlicher Held mit einer mänadischen Seele in der Brust leben kann. Und zwei Brudergötter miteinander ein unsterbliches Kind zeugen. All das hat der Bayreuther ihm verdorben — und selbst noch den Bruderbund von Dionysos-Nietzsche und Apollo-Rohde. Der ist damals zu Wagner übergelaufen. Cosima notierte in ihr Tagebuch, »Dr. Rohde völlig sein ganzes Herz ausschüttend zur Verherrlichung R.'s« und streute, daß Rohde durchaus bedeutender sei als sein eigenwilliger Freund Nietzsche.

Nicht nur seine »dionysische Weisheit« hat sich der Wagner-Professor damals verdorben, sondern auch seine Reputation. Der Basler Lehrstuhl, der seine Arbeitskraft bis zum Äußersten anstrengte — später meinte er: ausbeutete —, war seine Existenzgrundlage. Die stürmische Parteiergreifung für das Bayreuther Unternehmen, in das auch der bayrische Unglückskönig verwickelt war, machte ihn bei den Baslern auf die Dauer unmöglich. Im Erstlingswerk ihres Universitätslehrers konnten sie folgenden Päan auf den Meister aus Samt und Seide lesen:

»Ja, meine Freunde, glaubt mit mir an das dionysische Leben und an die Wiedergeburt der Tragödie. Die Zeit des sokratischen Menschen ist vorüber: kränzt euch mit Epheu, nehmt den Thyrsusstab zur Hand und wundert euch nicht, wenn Tiger und Panther sich schmeichelnd zu euren Knien niederlegen. Jetzt wagt es nur, tragische Menschen zu sein: denn ihr sollt erlöst werden. Ihr sollt den dionysischen Festzug von Indien nach Griechenland geleiten! Rüstet euch zu hartem Streite, aber glaubt an die Wunder eures Gottes!«

Das war, auch im Jahr 1872, als Ludwig II. sich für den wiedergeborenen Lohengrin hielt, der helle Wahnsinn. Wo hatte Nietzsche das nur aufgeschnappt? Aus dem Briefwechsel Wagners mit dem König? Die Quittung für solche Neuschwanstein-Arabesken bekam er von seinem Pförtner Kontrahenten Wilamowitz:

»Eins aber fordere ich«, schreibt der gehässig, »halte Hr. N. Wort, ergreife er den Thyrsos, ziehe er von Indien nach Griechenland ... sammle er Tiger und Panther zu seinen Knien, aber nicht Deutschlands philologische Jugend, die in der Askese selbstverleugnender Arbeit lernen soll.«

VI

IN KLINGSORS ZAUBERGARTEN

Nietzsche muß zu Sophie Ritschl, der Frau seines akademischen Lehrers und Förderers, eine aufgeräumte Beziehung unterhalten haben. So schreibt er der Gesellschaftsdame aus dem »anmaßlichen Badedorf« Wittekind, in dem er sich im Juli 1868 erholt, ein kokettes Briefchen. Der Wirt, ein »Gauner mit blauer undurchsichtiger Brille« habe ihm schon kurz nach der Ankunft einen »Besuch« aufs Zimmer geschickt — offenbar hatte er durch die blaue Brille den an Sexualnot leidenden Jüngling erspäht. Der habe das Wesen mit »energischer Höflichkeit« aber »abschütteln« können. Dafür säßen an seinem Tisch »einige wunderbar geformte Frauengestalten«.

Der beschwingte Korrespondent kann sich derlei Anzüglichkeiten offenbar erlauben. Oder wußte die kluge Jüdin bereits, daß dies aus seinem Munde keine Anzüglichkeit war?

Friedrich schäkert weiter. »Leider« habe er eine Neigung zu »Heines Reisebildern« — Verbeugung vor gnä' Frau —, die es ihm auf der anderen Seite schwer mache, »nüchterne Gedankenfolgen mit der nöthigen Dezenz« zu produzieren. Nichts im Leben, und schon gar nicht die Wissenschaft, sei so ernst, daß wir »nicht den Scherz als flüchtige Arabeske hineinzeichnen dürften«. Gegenüber der Gattin eines strengen Ordinarius war das kühn. Warum auch nicht, mag sich Frau Ritschl gesagt haben, der Herr Studiosus ist ja erst Anfang zwanzig — und doch hat er's schon faustdick hinter den Ohren:

> »Und welcher Gott darf sich wundern, wenn wir uns gelegentlich wie Satyrn geberden ... Die Pferdefüße Wagners und Schopenhauers lassen sich schlecht verstecken.«

Als Student beim Geisterfürsten. Offenbar spielte er damit auf einen Klaviervortrag an, bei dem er die Ritschls mit seiner »Neigung zum Mißklang« erschreckt hatte; gibt seiner aufmerksamen Leserin zugleich zu verstehen, daß sein »wissenschaftliches Gesicht« nur eine Maske sei, die sich der Natur-Mensch Nietzsche, der mit Scherz-Hörnchen stößt und auf den Pferdefüßen seiner Idole einhertrabt, vorgebunden hat. Ließ er da, vor der gewogenen Ersatzmutter, die Maske fallen? Jedenfalls spricht er eine Prophezeiung aus, die sich Jahre später erfüllen wird. Dann erst, so signalisiert er, werde sie sein wahres Gesicht sehen:

> »Vielleicht finde ich aber einmal einen philologischen Stoff, der sich musikalisch behandeln läßt, und dann werde ich stammeln wie ein Säugling und Bilder häufen, wie ein Barbar, der vor einem antiken Venuskopfe einschläft.«

Offenbar um als bärtiger Dionysos-Diener vor einer leuchtenden Apollo-Statue wieder zu erwachen. Sophie Ritschl wußte sich für ihres Lieblings Herzensergießungen erkenntlich zu zeigen: Sie führte ihn mit einem der Pferdefüße zusammen. Zufällig war sie mit Wagners Schwester Ottilie befreundet, zufällig hielt sich der Meister im November des Jahres inkognito in Leipzig auf, planmäßig erhielt Nietzsche die Einladung zum Kennenlernen.

Womit die Mißverständnisse begannen. »In der Meinung, daß eine große Gesellschaft geladen sei«, schreibt Nietzsche, »beschloß ich große Toilette zu machen und war froh, daß gerade für den Sonntag mein Schneider mir einen fertigen Ballanzug versprochen hatte.« Der Satyr im Festgewand. Erst gestern, so berichtet er Rohde brühwarm weiter, habe Wagner einen Brief vom »kleinen König« aus Bayern bekommen, der die Adresse trug: »an den großen deutschen Tondichter Richard Wagner«. Unter Majestäten, so schloß Nietzsche, konnte es gar nicht fein genug zugehen. Banges Warten auf den avisierten Ballanzug.

Gegen Abend schickt der Schneider einen »Sclaven«. Nietzsche probiert die Kleidung an, sie paßt ihm, aber das Geld, das der Bote bar auf die Hand möchte, fehlt ihm leider. Da wird der Sklave pampig; »ich ergreife die Sachen und beginne sie anzuziehen«, erzählt Nietzsche, »der Mann ergreift die Sachen und hindert mich sie anzuziehen: Gewalt meiner Seite, Gewalt seiner Seite! Scene. Ich kämpfe im Hemde.« Der tragische Held verliert den Drachenkampf. Das »Männchen« entreißt ihm die Beute. »Racheschwur . . . ich brüte im Hemde auf dem Sofa und betrachte einen schwarzen Rock, ob er für Richard gut genug ist. Draußen gießt der Regen.«

Der Slapstick-Auftritt war der rechte Auftakt für den Abend. Nicht große Oper war angesagt, sondern sächsische Ein-Mann-Komödie. Richard, der Theater-Gott, gibt sich im Kreise seiner Lieben hemdsärmlig. Der Buffo hat ein Heimspiel. Schimpft ein bißchen, sächselt ein bißchen, zieht eine musikalische Clownerie ab, bei der er »sehr ausgelassen« seine »Meistersinger« aufführt, »indem er alle Stimmen imitirte« — Wagner als Schuhmacher Sachs, als zartes Sopran-Evchen, als Ritter von Stolzing und als meckernder Beckmesser-Jude. Dann schaltet er um, Klavierdeckel zu, Ernst herbei. Beginnt mit dem Studenten im schwarzen Rock ein »längeres Gespräch« über Schopenhauer, den anderen Pferdefuß; »ach«, seufzt Nietzsche im Brief an den Freund, »Du begreifst es, welcher Genuß es für mich war, ihn mit ganz unbeschreiblicher Wärme von ihm zu reden hören, was er ihm verdanke, wie er der einzige Philosoph sei, der das Wesen der Musik erkannt habe.« Zum Schluß werden »sehr warm« die Hände gedrückt und Nietzsche von Wagner »sehr freundlich eingeladen«. So macht man Proselyten.

Auch das Schicksal macht mit. Am 12. Februar 1869 erhält Nietzsche den Ruf nach Basel, wo er im April eintrifft. An Pfingsten steht er vor Wagners angemietetem Landhaus am Vierwaldstättersee. Dort kann man ihn brauchen, man zieht ihn heran, bald darf er sich zum engsten Freundeskreis zählen. Wie drei Jahre zuvor bei Ritschl steigen dem jungen Nietzsche die Avancen des Älteren zu Kopfe. Die Freundschaft zu Rohde wird nun endgültig zur Brieffreundschaft. Der Beruf, die Berufung, haben Priorität, man kann sich den Kummer ja von der Seele schreiben. In der »Geburt der Tragödie« wird Nietzsche deren Untergang so beschreiben: »Durch ein merkwürdiges Auseinanderreissen beider künstlerischer Urtriebe musste uns der Untergang der griechischen Tragödie herbeigeführt erscheinen.« Ende Februar 1869 schreibt der designierte Professor an den Bruder-Gott:

»Liebster Freund, ich empfinde es immer mit dem größten Mißmuth, daß wir nicht zusammen leben können. Wir beide sind Virtuosen auf einem Instrument das andre Menschen nicht anhören mögen und können, das uns aber tiefstes Entzücken bringt; und nun setzen wir uns jeder an eine einsame Küste, Du im Norden, ich im Süden und sind beide unglücklich, weil wir den Zusammenklang unsrer Instrumente vermissen und uns darnach sehnen.«

Erwin und Friedrich, die Kunst-Gottheiten, durch deren Zusammenklang etwas entsteht, was »andre Menschen nicht anhören mögen und können« — nicht mögen, weil ihnen Männerfreundschaften unheimlich sind; nicht können, weil sie für das erhabene Kunstwerk der Tragödie keine Ohren haben. Und nun sitzen beide wie Penelope am Strande und weinen ihre Sehnsucht nach dem fernen Odysseus aus. Merkwürdig, daß der trockene Ritschl ihn den Baslern als einen »Odysseus« angekündigt hat, in dem er einen »vortrefflichen Gymnasiallehrer« verborgen glaubt. Der Grund: Mit der Professur war die Verpflichtung verbunden, in der obersten Klasse am Gymnasium zu unterrichten.

Odysseus war überfordert. Die Universität, die Schüler, die Wagnerei in Tribschen — das war beim besten Willen nicht unter einen Hut zu bringen. Vielleicht wäre es mit Rohde an seiner Seite möglich gewesen; aber als Einzelkämpfer war er gezwungen, das eine um des andren Willen zu vernachlässigen. Schon am 22. Mai 1869 muß er Wagner zu seinem Geburtstag einen Korb geben. »Wie gern würde ich an dem heutigen Tage in Ihrer See- und Bergeinsamkeit erschienen sein«, schreibt er, »wenn nicht die leidige Kette meines Berufes mich in meiner Basler Hundehütte zurückhielte.« In Tribschen am See dagegen feiert die Antike ihre Wiedergeburt. »Liebster Freund«, meldet er Rohde begeistert und blind für die Realität, »was ich dort lerne und schaue, höre und verstehe, ist unbeschreiblich. Schopenhauer und Goethe, Aeschylus und Pindar leben noch, glaub es nur.«

Ausgerechnet bei Wagner. Gewiß, er war ein Genie, gerade mit der Vollendung des »Rings des Nibelungen« beschäftigt, dem monumentalsten Werk der dramatischen Musikliteratur. Aber er war auch ein Genie der Selbst-Inszenierung. Und er hatte sich immer wieder menschlich kompromittiert, besessen von einem unbeugsamen, hartnäckigen Willen zur Macht, der der Durchsetzung seiner gigantomanischen Kunstvorstellungen alles unterordnete, einschließlich der bürgerlichen Moralvorstellungen. Der rechte Umgang für einen Pastorensohn. Als Nietzsche ihn kennenlernte, stand Wagner im Zenit seiner Kreativität, hatte seine klassischen Repertoire-Dramen uraufgeführt, die

Frau seiner Träume aus einem fremden Ehehafen gefischt und den Münchner Polit-und-Ehebruchs-Skandal halbwegs verdaut. Vor Nietzsche war Ludwig II. an der Reihe gewesen.

Es war jene historische »Königsfreundschaft«, die Wagner-Biograph Martin Gregor-Dellin als das »beschämendste und intriganteste Intermezzo« in Wagners Leben bezeichnet: auf der einen Seite der »erstklassig besetzten Farce« stand das königliche Riesenbaby, aus dessen reichgefüllter Kasse Wagner das herausholte, was ihm ein feindliches Schicksal bis dahin verwehrt hatte; auf der anderen Cosima von Bülow, die, wie Gregor-Dellin schreibt, »durch die Unterschiebung eines Kindes und den Betrug des Königs ihres Lebens Unschuld verlor«; zwischen beiden der Meister. Chamäleonartig paßte er sich dem Schmierenton des königlichen Jubelbriefschreibers an. Sandte der ein »Mein innigst Geliebter!«, so zahlte Wagner ihm mit einem »Mein angebeteter, engelgleicher Freund!« heim. An gegenseitiger Anhimmelung und Speichelleckerei blieben sie sich nichts schuldig. Beide spielten Marionettentheater, aber Wagner, der wußte, was er wollte, hielt die Fäden in der Hand.

Insgesamt zahlte der homosexuelle Gönner rund »eine Million deutsche Mark« an den gerissenen Seelenführer, der die Puppen tanzen ließ. Schon 1864 hatte der Musikant, der gegen Ludwig nur Hehres und Heiliges auf den Lippen trug, die Frau seines Leibdirigenten Hans von Bülow geschwängert, und just in der Nähe des Ludwig-Schlosses Berg am Starnberger See. Hätte der König das geahnt, wäre es sicher nicht zur Überschreibung der Luxus-Villa in München gekommen, die Wagner im Oktober 1864 bezog. Bald pendelte Wagners Geliebte — und Mutter seiner Tochter Isolde von Bülow — zwischen ihrer Wohnung und der Komponisten-Residenz, wo ihr zwei Zimmer eingerichtet waren. Nach außen spielte sie die Privatsekretärin mit Prokura, ihr Geliebter den königstreuen Junggesellen, der sich mit erfolgsgewohnter Kaltschnäuzigkeit sogar zu politischen »Übergriffen« hinreißen ließ. Als Folge wurde er aus der Stadt gewiesen. Die 8000 Gulden Jahresrente blieben davon unbetroffen.

Im März 1868 schloß der Exilierte mit einem Schweizer Oberleutnant den Mietvertrag über das Landhaus Tribschen bei Luzern. Auch nach heutigen Verhältnissen exzellente Wohnlage, exklusives Objekt mit Seeufer. Die Jahresmiete von 5000 Franken zahlte Ludwig. Nietzsches Professorengehalt betrug 3000 Franken. Nicht lange hielt es der König ohne den Wagner aus. Zu dessen 53. Geburtstag stahl er sich aus seinem Reich davon und meldete sich an der Pforte zu Wagners Märchenkönigreich als Meistersinger-Held »Walther von Stolzing«. Kaum zurückgekehrt, wurde er mit der bis dahin vertuschten Affaire zwischen Wagner und Cosima konfrontiert. Diese, von ihm zur Rede gestellt, belog den König bühnenreif: ». . . ich habe drei Kinder, denen ich es schulde, ihnen den ehrenwerten Namen ihres Vaters fleckenlos zu übertragen.« Als sie das aufschrieb, ging sie schon mit einem zweiten Wagner-Kind schwanger. Als Lug und Trug längst offenbar waren, erteilte der König Generalpardon für seinen Liebling: »Sie bleiben«, schrieb er dem Mann, der ihn heimlich einen »Crétin« nannte, »bis zu Unserem zugleich eintretenden Tode mein König und Gott, der Herr meines Lebens, der Grund meines Daseins.« Der Gedanke an den zugleich eintretenden Tod zweier Männer hatte auch Nietzsche schon einmal erschüttert.

Als der junge Professor seine Aufwartung in Tribschen machte, war die Atmosphäre gespannt. Hans von Bülow, den seine Frau ebenso wie den König belogen hatte, wußte nun, daß sein jüngstes Kind nicht von ihm stammte, sondern von seinem Musik-Gott. Gegen den konnte er nicht einmal im Traum die Hand erheben, wohl aber gegen die Betrügerin, die er in Wagners Gegenwart schlug. »Das Gebäude meiner Hörner«, schrieb Bülow an Cosimas Halbschwester, »ist somit auf die glänzendste Weise gekrönt worden.« Somit, das bezieht sich auf Siegfried, Wagners Thronfolger, den Cosima kurz nach Nietzsches Tribschen-Debüt gebar. Wagner, der im Nebenzimmer litt, wurde Ohrenzeuge, Nietzsche vermutlich auch. Die Leiden des Gehörnten bekam er später von Bülow selbst aufgetischt.

Cosima von Bülow war als Tochter Franz Liszts an Bohème und genialische Anarchie gewöhnt; im Gegenzug entwickelte sie eine religiös gefärbte Strenge, vor der die Männer Respekt hatten. Hager und von markanter Häßlichkeit, dominierte sie ihre Umgebung auch körperlich — Wagner war einen Kopf kleiner. Ihr gefiel das Monumental-Zerrissene an ihm. Doch die Unzucht, der man pflog, bereitete ihr ein schlechtes Gewissen. Mit der Strenge, unter der sonst andere litten, quälte sie sich nun selbst. Sie litt unter ihrer Ehebrecherei nicht weniger als der Ehemann. Seine Leiden machte sie zu ihren Leiden. Er spukte durch ihre Träume, brachte sie zu Tränen und Anfällen von Mitleid. Gregor-Dellin spricht von »Selbstkasteiung« und einem »stummen, selbstquälerischen Leidenspathos«, das in dem masochistischen Tagebuchbekenntnis seinen Niederschlag fand: »Je tiefer ich leide, je stärker bildet sich in mir diese Wollust des Leidens aus.«

Nietzsche fühlte sich angesprochen: Da trat ihm eine strenge Unnahbare gegenüber, die ihm verwandt war. Über ihre asketische Erscheinung legte sich ein verklärender Schleier aus Melancholie und Leidenswonne. Dieses Wesen, das Nietzsche wie die vollkommene Aristokratin erscheinen mußte, zog ihn an sich heran, redete mit ihm, wie noch keine Frau vor ihr. Vom ersten Moment an spürte er Verwandtschaft. Vor lauter Eitelkeit merkte er nicht, daß man einen wie ihn für die gemeinsame Sache, die »Wagner« hieß, brauchte. Als er nicht mehr taugte, trat Wolzogen an seine Stelle. Er nahm, was man ihm an »tiefen Augenblicken« bot, für bare Münze. Litt er darunter, daß ihm diese Frau an Bildung und Manieren überlegen war? Später machte sich Cosima über seine Tölpelhaftigkeit lustig. Er habe auf sie wie ein »armer Nachtvogel« gewirkt, der »an allen Ecken und Enden anstieß«. Nietzsche, ganz Instinktmensch, spürte ihren Hang zur Selbstquälerei. Später, als er sie durch Häme und Bosheit zur Weißglut reizen wollte — und vermutlich auch reizte —, führte er die hehre Dame als winselnde Masochistin vor, die von ihrem Gott nicht genug haben kann und nach schrecklicher Durchbohrung verlangt. Er nennt sie Ariadne, der Dionysos mit dem spöttischen Rat erscheint: »Muss man sich nicht erst hassen, wenn man sich lieben soll?«

Der passionierte Erotiker, der mit seinen Begierden Versteck spielte, war auf eine Gleichgesinnte getroffen. Als Cosima, auch »Storch« genannt, mit ihrem Langzeit-Idol Wagner Ehebruch beging, standen nicht nur künstlerisch-metaphysische Ziele im Vordergrund. Wagner war frauenerfahren, ein Verführer mit genügend weiblichen Zügen, um sich in seine Opfer sozusagen im Handumdrehen hineinzuversetzen. Im Gegensatz zu ihrem Ehemann Bülow, dem Egozentriker mit seinen »cerebralen Ecstasen«, entlud sich Wagner nicht nur in der Musik. Cosima, seit ihrem zwölften Lebensjahr glühende Wagnerianerin, setzte sich zielstrebig auf seine Spur. Und warum, bei Wotan, sollte Wagner eigentlich nicht mit einer Wagnerianerin ins Bett gehen dürfen, um Isolden und Siegfriede zu zeugen! Nietzsche, der Naumburger Tugendhafte, sah das in diesem Fall anders. Im »Verhältniß zu mir«, schreibt er später, »habe ich ihre Ehe mit Wagner immer nur als Ehebruch interpretirt«. Will sagen: im Verhältnis zu meiner Makellosigkeit waren die beiden doch nur Ehebrecher. Nicht nur die Wagners verstanden sich aufs Heucheln — auch Friedrich machte sich und anderen gerne etwas vor.

Nietzsches forcierte Wagner-Idolatrie von 1869, der sich die »Seelenverwandtschaft« mit Cosima beigesellte, erinnert in vielem an die irre Passion des Bayernkönigs. Nietzsche schrieb Rohde nach Anhören der Vorspiele zu »Tristan« und den »Meistersingern«:

> ». . . jede Faser, jeder Nerv zuckt an mir, und ich habe lange nicht ein solches andauerndes Gefühl der Entrücktheit gehabt.«

Auf Ludwig soll Wagner-Musik eine geradezu »dämonische Wirkung« ausgeübt haben, die sich in ähnlichen Symptomen äußerte. Legationssekretär von Leinefelder konnte beobachten, wie »sein Körper bei der Stelle, wo Tannhäuser wieder in den Venusberg tritt . . . jedesmal in förmliche Zuckungen« geriet.

»Das war so arg, daß ich einmal einen epileptischen Anfall befürchtete.« Arg hat es auch den Professor gepackt. Mitten in der »Geburt der Tragödie« läßt er sich zu einem Bekenntnis hinreißen, in das der wirre Wittelsbacher begeistert eingestimmt hätte, wäre ihm das übersandte Widmungsexemplar der Lektüre wert gewesen. Dort findet sich die an alle »ächten Musiker« gerichtete Frage,

> »ob sie sich einen Menschen denken können, der den dritten Act von ›Tristan und Isolde‹ ohne alle Beihülfe von Wort und Bild rein als ungeheuren symphonischen Satz zu percipiren im Stande wäre, ohne unter einem krampfartigen Ausspannen aller Seelenflügel zu verathmen?«

Allein Tristans Auftritt ist es also zu verdanken, daß der Mensch beim Anhören des dritten Aktes nicht vor lauter Betroffenheit sein Leben aushaucht, in krampfhafter Entladung mit dem Ureinen wieder verschmilzt. Nach seiner »Geburt der Tragödie« war diese Annahme nur konsequent, auf die Wirklichkeit einer Opernaufführung bezogen geradezu abenteuerlich. Nur Nietzsche selbst hörte darin das Geheimnis der Tragödie, die den Menschen unweigerlich in die Urheimat zurückholt, wenn er nicht von einem Götterbild am Leben gehalten wird. Deshalb auch das Eichendorff-Zitat, der in einem Gedicht seiner »Seele Flügel« sich weit ausspannen läßt, um durch die »Mondnacht« der ewigen Heimat konjunktivisch zuzufliegen.

Vergöttlichung hat ihren Preis. Der »kleine König« mußte mit Gold- und Silbergeld, der enthusiasmierte Professor mit Selbstverleugnung zahlen. Sein Gott nannte ihn gelegentlich einen Esel, stichelte gegen seine Überzeugungen, ließ niemanden neben sich gelten, schon gar nicht ihn, den mißratenen Komponisten: Über seine Selbst-Exekutionen am Flügel kicherte sogar das Tribschener Personal. Nach Erscheinen der »Geburt der Tragödie« schlug sich der Spötter Wagner reuig an die Brust. Es sei dem Professor gelungen, vertraute er seinem Neffen an, »mich wegen jedes über ihn ausgelassenen Scherzes zu beschämen«. Der Halbblinde, über den man sich so gut lustig machen konnte, durfte dafür die Korrekturen an Wagners Memoiren lesen und den Druck in Basel beaufsichtigen. Cosima ließ ihn Bestellungen aufgeben und abholen — man war ja so abgeschnitten von der Welt! —, bei denen er einmal Handpuppen, ein andermal Tüll fürs Christkind besorgte. Bücherbinden gehörte auch zu den Aufgaben, die er, nach präzisen Vorgaben, an Fachleute zu vergeben hatte. Oder das Auftreiben von Gemälden und Stichen, nach denen Wagner das Herz stand. Zeigte er sich indigniert, schalt man ihn heimlich als undankbar: Hatte er geglaubt, ihm stünde die Gemeinschaft mit einem Genie zum Nulltarif zu?

In Cosimas Tagebüchern erscheint Nietzsche als »angenehmer« Gast, der häufig unangenehme Nachrichten aus den Zeitungen und der Gerüchtebörse mitbringt und damit die Wagners in Aufregung versetzt. Das gefiel ihm. Die zahlreichen und ausführlichen Briefe, die Cosima ihm schrieb, sind häufig genug getarnte Einkaufszettel und Treueanmahnungen in Sachen Wagner. Man war schließlich eine Partei. Deren Ziel, Bayreuth, durfte zu keiner Sekunde aus den Augen verloren werden. Auch von Nietzsche nicht. Offenbar glaubte man, daß er rückhaltlos zur Disposition stand. Man erdachte sich Verwendungsmöglichkeiten: Nietzsche als Prinzenerzieher für Siegfried, Nietzsche als PR-Manager für das Bayreuther Großunternehmen, Nietzsche als Pädagoge an einer zu gründenden Elite-Akademie. Nietzsche — his master's voice. Im vertraulichen Tagebuch-Urteil: »Pr. N. liest mir aus einer Arbeit vor (Ursprung und Ziel der gr. Tragödie), die er R. widmen will; große Freude daran; man sieht hier einen sehr begabten Menschen von R.'s Gedanken auf eigene Weise durchdrungen.«

Bei den Wagners zierte ihn damals schon ein Spitzname. Ende 1870 hatte der Meister zu Silvester E. T. A. Hoffmanns Zaubergeschichte »Der goldene Topf« vorgelesen. Kaum war Nietzsche aus der Villa abgereist, verteilte man die Rollen des Märchens: Im Zauberer Lindhorst erkennt man Wagner — »der Name bleibt ihm«, notiert Cosima —, sie selber wird zur bezaubernden Feuerlilie, der abwesende Freund aber heißt fortan

»Student Anselmus«. Zu Nietzsches Unehre steckt hinter diesem Namen ein lächerlicher Tolpatsch, der »an allen Ecken und Enden« anstößt — und Anstoß erregt. Der notorische Selbstbekleckerer wirft den Äpfelkorb einer Zauberin um, die ihn dafür verhext, so daß er unter Halluzinationen und Alpträumen leidet. Mitten in seine »dürftige Existenz« als Spielball unsichtbarer Gewalten tritt der Archiv-Direktor Lindhorst, in Wahrheit ein großer Geisterfürst, und erlöst ihn von seinem Übel. Lindhorst residiert in einem phantastischen Feen- und Palmengarten, der Anselmus mit ungeahnten Sehnsüchten erfüllt. In Hoffmanns Worten:

»Also, wie gesagt, der Student Anselmus geriet seit jenem Abende, als er den Archivarius Lindhorst gesehen, in ein träumerisches Hinbrüten, das ihn für jede äußere Berührung des gewöhnlichen Lebens unempfindlich machte. Er fühlte, wie ein unbekanntes Etwas in seinem Innersten sich regte und ihm jenen wonnevollen Schmerz verursachte, der eben die Sehnsucht ist, welche dem Menschen ein anderes, höheres Sein verheißt.«

Anselmus, ein Don Quichote im Kampf mit der Tücke des Objekts, wird von Lindhorst in jenes höhere Sein eingeführt — dafür darf er Lohnarbeit als Kopist verrichten und eine Schlangen-Tochter des Zauberers heiraten, mit der er in ein Wolkenkuckucksheim namens »Atlantis« versetzt wird.

Nietzsche mußte die Karikatur schlucken. Als er einmal den fälligen Tribschen-Besuch hinausschiebt, erhält er dazu telegraphische Order, gezeichnet von »Archivar Lindhorst«. Der hatte zwar ständigen Bedarf an Kopisten für seine Mammut-Partituren, doch eignete sich Anselmus-Nietzsche nicht dafür. Er war, wie Cosima später gern hervorhebt, kurzsichtig »bis zur Augenblödigkeit«. Auch fürs Einheiraten in den Zaubergarten war es noch zu früh: Isolde lernte gerade lesen. Und die Erziehung des Wunderknaben Siegfried? Davon nahm man Abstand. Was also konnte Anselmus geben? Posten würden bald zur Disposition stehen, »Bayreuther Blätter« wollten redigiert sein. Aber nichts von alledem verwirklichte sich mit ihm. Selbst ein »Mahnruf« des Professors an die Deutschen, sich rückhaltlos der

Sache Wagners unterzuordnen, wurde als zu fanatisch abgelehnt. Sollte der Blödsichtige also nur von Wagner und Cosima profitiert haben, die doch gewohnt waren, von anderen zu profitieren? Hatte man einen Unwürdigen in die Weihen der Kunst eingeführt? Cosima war schon bald überzeugt davon. Was wäre, schrieb sie einmal, dieser »halluzinierende« Traumtänzer von der traurigen Gestalt ohne Wagner gewesen? Ein totgeborenes Nichts, wie all die anderen. Und mit scharfem Blick erkannten sie, »daß wir aus dieser Knolle eine Blume getrieben hätten, nur bliebe die Knolle eigentlich ein garstiges Ding«. Nietzsche, ein Nachtschattengewächs, das sich unterirdisch fortpflanzt?

Die aufgeblühte Knolle verherrlichte den Archivarius sogar in der »Geburt der Tragödie«. Schauplatz seines Auftritts ist die verödete Kultur-Landschaft, durch die der Ritter mit dem erznen Blick und den phantomatischen Begleitern reitet. Bis plötzlich »ein Sturmwind« aufkommt, der »alles Abgelebte, Morsche, Zerbrochne, Verkümmerte« in eine Staubwolke hüllt — und es, man traut seinen Augen nicht, »wie ein Geier in die Lüfte« trägt. »Sein Vater war ein Schauspieler namens Geyer«, wird Nietzsche 1888 im »Fall Wagner« schreiben. Und: »Ein Geyer ist beinahe schon ein Adler« — womit er sich gleich doppelt irrte. Weder war der Schauspieler Wagners Vater noch Jude. Doch im Vogel, den Nietzsche kulturerneuernd fliegen läßt, steckte für ihn sein Musik-Idol. »Verwirrt suchen unsere Blicke nach dem Entschwundenen«, heißt es weiter im »Geburt der Tragödie«-Text. So war es auch Anselmus gegangen, dessen Zudringlichkeit sich der Zauberer durch eine Verwandlung entzog:

> »Wie der Student nun so in die Dämmerung hineinstarrte, da erhob sich mit krächzendem Geschrei ein weißgrauer Geier hoch in die Lüfte, und er merkte nun wohl, daß das weiße Geflatter, was er noch immer für den davonschreitenden Archivarius gehalten, schon eben der Geier gewesen sein müsse, unerachtet er nicht begreifen konnte, wo denn der Archivarius mit einemmal hingeschwunden.«

*

Im April 1872 sieht für Nietzsche die Zukunft düster aus. Bei den »eigentlichen Fachgenossen«, so schreibt er, sei er nun »lächerlich und unmöglich«; und weil es die Wagners nach Bayreuth zieht, verliert er auch seine Wahlheimat Tribschen. Das Landhaus hatte ihm, trotz aller Demütigungen, das Gegengewicht zum Basler Streß geboten, eine glückliche Insel, auf die man fliehen konnte und vor der man fliehen konnte. »Wie unter lauter Ruinen verlebte ich dort noch ein paar Tage«, schreibt er an Rohde, »schwermuthsvolle Tage«; Gersdorff erzählt er, er sei sich »wie unter Trümmern« vorgekommen — wie in Röcken, dann in Pobles und in den Traum-Gedichten von Karthago und Ninive. Die Koffer und Kästen des Musikers sind gepackt, Abendstimmung breitet sich aus, ein letzter verklärender Lichtstrahl, durch den alles versöhnt scheint. Dann, wieder einmal, das Ende einer Beziehung.

Zehn Jahre später kehrte er an den Ort am Seeufer zurück, führte eine neue Hoffnung ans Gestade seiner frühen Griechen-Sehnsucht. Und versank in sich. »Lange, lange saß er dort schweigend am Seeufer, in schwere Erinnerungen versunken; dann mit einem Stock im feuchten Sande zeichnend, sprach er mit leiser Stimme von jenen vergangenen Zeiten. Und als er aufblickte, da weinte er.« Es war Lou Salomé, die diese romanhafte Szene erlebte und aufschrieb. Die biblische Anspielung des Pastorensohns hat sie dabei übersehen: Jesus, zu dem eine Ehebrecherin gebracht wird, »schrieb mit dem Finger auf die Erde« und sagt dann: »Wer unter euch ohne Sünde ist, der werfe den ersten Stein auf sie.« Während Lou neben ihm saß, dachte er an die ferne Cosima.

»Orpheus alles heimlichen Elends.« Nietzsche, der Meister der Transfiguration, verklärte sein Tribschener Intermezzo nach Kräften. Noch in »Ecce homo« preist er jene wolkenlosen Tage der »sublimen Zufälle — der *tiefen* Augenblicke«, die er dort erlebt habe, ohne zu präzisieren, wer ihm da so tief in die Augen geblickt hatte. Und was meint er mit einem »sublimen Zufall«? Dank Wagner wußte er jedenfalls, was seidene Herrenunterwäsche kostet. Der Wäschefetischist hatte ihn nach Basel geschickt, um dort ein paar feine Unterkleider für ihn aufzutreiben. Der peinlich berührte Nietzsche sagte zu einem Bekannten, der ihm weiterhelfen mußte: »Wer sich einen Gott erwählet hat, der *schmücke* ihn!«

Auch das Tribschener Wagner-Idyll war, mit Gregor-Dellin zu sprechen, eine erstklassig besetzte Farce. Doch nicht Nietzsche spielte den Hanswurst. Weil man ihn benutzen wollte, unterschätzte man ihn. Da er nicht wie die anderen Wagnerianer bereit war, vor ihnen »die Hosen herunterzulassen«, setzten sie ihm die Anselmus-Narrenmütze auf; und blamierten sich unsterblich, als sie ihm nachträglich die Hosen heruntergezogen, im beklemmendsten Wortsinn. Wagner, der erfahrene Rufmörder, und Cosima, seine begnadete Propagandistin, ließen die heitere Farce zu einem Schelmenstück verkommen, indem sie ihr Opfer, das bis dahin wacker mitchargiert hatte, zu einer tragischen Figur aufwerteten. Nicht der »Zarathustra«-Nietzsche ist tragisch und auch nicht der Turiner Paralytiker, weder der blindwütig in Lou Salomé Vernarrte noch der frivole »Prinz Vogelfrei« — heroisch sind Nietzsches Masken oft, manchmal albern, immer mit dem einen Ziel vor Augen und der einen Erlösungs-Sehnsucht im Herzen. Tragisch ist Nietzsche nur einmal: Als Richard und Cosima gezielt einen Mann erledigen, der als *der* Kenner und Kritiker ihres Musik-Universums mit ihnen untrennbar verknüpft war. »Wagners Kunst«, sagte Thomas Mann, »war die große Liebesleidenschaft von Nietzsche's Leben.« Es war, wie auch bei ihm selbst, die andere große Liebesleidenschaft.

Bevor Wagner Nietzsche zu sich überredete, hatte der sich zu Wagner überredet. Schon in der »Germania« lernte der Sechzehnjährige den »Tristan« kennen, im Klavierauszug Hans von Bülows. Doch damals stand ihm noch sein eigener »Ermanarich«-Stoff näher. 1866 wühlt er sich durch die »Walküre«, mit

»gemischten« Gefühlen. Zwei Jahre später lernt er die Geheimrätin Sophie Ritschl kennen, und plötzlich taucht Wagners Pferdefuß in seinem Leben auf. Bald läßt der Zauberer »jede Faser, jeden Nerv« in Nietzsches Körper zucken. Sieben Jahre Inkubationszeit waren nötig und als Katalysator eine Dame der Gesellschaft — dann war für Wagner die Bühne bereitet.

Nietzsches Gedanken kreisten damals um Urschmerz und Welterlösung. Für ihn war das nichts Abstraktes, er quälte sich durch die Lern-Hölle und lauerte auf seine Ekstasen. Wenn sich nichts anderes bot, half die Musik. Spannung langsam aufbauen, höher türmen wie Gewitterwolken, mit plötzlichen Sturmböen peitschen und dann — blitzartige Entladung, zitterndwohliges Verströmen, um in feierlichen Schlußharmonien und in »weichenden Klängen zu vergehen« — Zitat einer Frau, der Nietzsche erst vorgedonnert und dann einen Heiratsantrag gemacht hatte. In der zynischen Offenheit seiner Spätzeit hieß das: »Was *will* eigentlich mein ganzer Leib von der Musik überhaupt? . . . seine *Erleichterung:* wie als ob alle animalischen Funktionen . . . beschleunigt werden sollten.« So spricht kein Musiker. Aber schließlich meinte er mit dem Wort auch etwas anderes.

Als Nietzsche sich in Wagner hineingesteigert hatte, hörte er, was er mit »Musik« meinte, bekam er, was er von ihr wollte, als hätte er sie selbst komponiert. Er hat sie sich eben, schreibt er einmal, »zurechtgedeutet«. In dieser Musik »glaubte ich das Erdbeben zu hören, mit dem eine von Alters her aufgestaute Urkraft von Leben sich endlich Luft macht.« Wenn Schopenhauer recht hatte, in der Musik den unmittelbaren Ausdruck des Weltwillens zu sehen, und Nietzsche seiner innersten Erfahrung trauen konnte, nach der dieser Wille zu explosionsartiger Entladung drängt, dann war diese Musik, waren »Tristan« und die »Meistersinger«, der Mysterientempel, in dem Nietzsche mit dem Urwillen in eins verschmolz. Für ihn das »Abbild der Welt«, das vor den Uneingeweihten verborgen bleibt. Er aber durfte es hören, sehen, fühlen — und sich selbst mit, wie er in diesem Strom ohne Ufer seiner »höchsten Hoffnung« entgegenschwimmt:

». . . dieser Strom bewegt sich zuerst unruhig, über verborgene Felsenzakken hinweg, die Fluth scheint mitunter aus einander zu reissen, nach verschiedenen Richtungen hin zu wollen. Allmählich bemerken wir, dass die innere Gesamtbewegung gewaltiger, fortreissender geworden ist; die zukkende Unruhe ist in die Ruhe der breiten furchtbaren Bewegung nach einem noch unbekannten Ziele übergegangen; und plötzlich, am Schluss, stürzt der Strom hinunter in die Tiefe, in seiner ganzen Breite, mit einer dämonischen Lust an Abgrund und Brandung.«

Und Nietzsche ist dabei gewesen. »Ertrinken, versinken, unbewußt, höchste Lust«, heißt es im »Tristan«. Aber für den feurigen Mitschwimmer erhob sich über der schäumenden Gischt das verklärte Götterbild des fernen Freundes. Ihm schreibt er, »wir könnten endlich uns von dem Gefühlsschwunge seiner Musik wegreißen lassen, von diesem schopenhauerischen Tonmeere, dessen geheimsten Wellenschlag ich mit empfinde, so daß mein Anhören Wagnerischer Musik eine jubelnde Intuition, ja ein staunendes Sichselbstfinden ist«.

Das war biographisch-wörtlich gemeint. Im »Tristan« entdeckt er jene »Wollust der Hölle«, zu der man einfach »krank genug« sein muß; aber zugleich wird er durch ihn zu den »fünfzig Welten fremder Entzückungen« erhoben. Als er 1872 in München einer Aufführung des Mysterien-Dramas zusammen mit der Wagner-Intima Malwida von Meysenburg beiwohnte, erschreckte er die gesetzte Dame mit dem Ausruf: »Dies Drama des Todes macht mich gar nicht traurig, im Gegenteil, ich fühle mich glücklich und erlöst.« Das war das Programm seiner Tragödien-Schrift. Deshalb nennt er den »Tristan« das »eigentliche opus metaphysicum aller Kunst«. Hier, so schreibt er noch als erklärter Wagner-Feind 1888, habe Wagner etwas Unvergleichliches geschaffen — »ich suche heute noch nach einem Werke von gleich gefährlicher Fascination, von einer gleich schauerlichen und süssen Unendlichkeit«. Und er läßt sich zu der rätselhaften Übertreibung hinreißen: »Alle Fremdheiten Lionardo da Vinci's entzaubern sich beim ersten Ton des Tristan.«

Thema der Oper ist der Todestrank, der eigentlich ein Liebestrank ist. Das Gift, von Nietzsche einmal der »Hexentrank aus Wollust und Grausamkeit« genannt, läßt die Titelfiguren in tödlicher Liebe zueinander entbrennen. Ihre Sehnsucht nach der Vereinigung ist auch, ganz schopenhauerisch, Sehnsucht nach der Rückkehr in die »Urheimat«. Die Welt, ein Grabhügel; das Leben, ein finaler Orgasmus.

Das kann, wie Nietzsche in der »Geburt der Tragödie« warnte, auch dem unvorsichtigen Zuhörer passieren. Im dritten Akt ist es nämlich nicht länger Wagners Riesenorchester, das spielt, sondern der Urwille selbst, an dessen »Herzkammer« der Mensch sein Ohr gelegt hat. Und sogleich hört er den »Wiederklang zahlloser Lust- und Weherufe aus dem ›weiten Raum der Weltennacht‹«. Nietzsche zitiert Tristan, der aus dem Koma erwacht ist, und seinem Freund erzählt, daß er im »weiten Reich der Weltennacht« gewesen sei, dem Reich des Todes, das eins ist mit dem Mutterschoß. Und nur die Sehnsucht habe ihn wieder dem Leben, dem »Licht des Tags zugetrieben«, heraus aus der »Todeswonne Grauen«, hinein in die Wollust des endgültigen Sterbens.

Nietzsche, der das miterlebt und -erlitten hat, fragt seinen Leser, ob er dies anhören könne, ohne sich dabei »seiner Urheimath unaufhaltsam zuzuflüchten?« Aktives Veratmen. Musikalischer Selbstmord. Der Satyr vernimmt die Lust- und Weherufe, stimmt in den dionysischen Klagegesang ein, rüstet sich — krampfhaft die Seelenflügel ausspannend — zur Rückkehr in die Urheimat. Für Nietzsche ist das kein leerer Begriff, er weiß, wo sie liegt. Nahe beim Gottesacker. Er kennt auch die Stimme, die ihm von dort geblieben ist, die ihn dorthin zurückruft. Im »Tristan« hört er sie als Musik:

».. . plötzlich glauben wir nur noch Tristan zu sehen, wie er bewegungslos und dumpf sich fragt: ›die alte Weise; was weckt sie mich?‹ Und was uns früher wie ein hohles Seufzen aus dem Mittelpunkte des Seins anmuthete, das will uns jetzt nur sagen, wie ›öd und leer das Meer‹.«

Tristan schläft den Todesschlaf. Ein Ton ruft ihn ins Leben zurück, das melancholische Seufzen einer Hirtenschalmei, das wie die nie endende Klage der unstillbaren Sehnsucht klingt. Es ist Tristans Sehnsucht nach Isolde, der fernen Geliebten, in Töne gesetzt. Die traurige Weise kreist nur um sich selber und kann kein Ende finden. Das Schiff, das Isolde zu Tristan bringen soll, taucht nicht auf. Der Hirt hält Ausschau und sagt dann mit leiser Stimme: »Öd und leer das Meer.« Erst jetzt, wo diese Worte ihm die rätselhaften Laute der Schalmei deuten, wo eine Stimme spricht, wie Menschen sprechen, artikuliert, heimatlich-vertraut, erwacht der Held aus seinem dumpfen, alptraumartigen Schlaf. Und er erhebt die eigene Stimme zur Antwort, singt jenen »ersten Ton« im letzten Akt, der für seinen gebannten Hörer alle Fremdheiten Lionardos entzaubert, weil er darin sich selbst und seine eigene Frage hört: »Die alte Weise —; was weckt sie mich?«

Auch Nietzsche ist von dem alten, rätselhaften Ton in seiner einsamsten Einsamkeit heimgesucht worden, jenem »hohlen Seufzen«, das aus dem Mittelpunkt des Seins zu ihm zu kommen schien. Er hat es nicht ertragen. Jetzt, im »Tristan«, liefert Wagner ihm die Deutung: Es war das alte Lied der Sehnsucht, des Heimwehs, die Klage über das Auseinandergerissensein zweier Liebender. In Tristans Schlußmonolog, der an Nietzsches letzten Philosophen Oedipus erinnert, spricht der Sterbende aus, was ihm der hohle Ton gesagt hat:

»Muß ich dich so verstehn,
du alte ernste Weise,
mit deiner Klage Klang?
Durch Abendwehen
drang sie bang,
als einst dem Kind
des Vaters Tod verkündet . . .
Die alte Weise
sagt mir's wieder: —
mich sehnen — und sterben!«

Tristan, wie Oedipus, wie Dionysos, ist ein Todgeweihter. Aber die Tragödie verheißt ihm die Wiedergeburt. Der Held, der vom Mutterschoß verschlungen oder von den Titanen zerrissen wird, erscheint den mitleidenden Zuschauern wie der transfigurierte Christus dem epileptischen Knaben. Ein Gott, den seine Sterblichkeit unsterblich macht. Nietzsche in der »Geburt der Tragödie«:

»Und wo wir athemlos zu verlöschen wähnten, im krampfartigen Sichausrecken aller Gefühle, und nur ein Weniges uns mit dieser Existenz zusammenknüpfte, hören und sehen wir jetzt nur den zum Tode verwundeten und doch nicht sterbenden Helden, mit seinem verzweiflungsvollen Rufe: ›Sehnen! Sehnen! Im Sterben mich zu sehnen, vor Sehnsucht nicht zu sterben!‹«

Die Vision knüpft einen wieder ans Leben. Denn wer sie sieht und hört, ist vom eigenen Sterben und Sehnen erlöst. Tristan als Stellvertreter-Opfer. Für den Blaustrumpf Malwida von Meysenbug war dies Bekenntnis geradezu shocking. Ihr junger Opernbegleiter und Mit-Wagnerianer hatte sein eigenes Trauma in der Musik gehört, war mit dem Helden zusammen tausend Tode gestorben und doch aus dem »mystischen Abgrund« des Tonmeeres wiedergeboren worden. Während Malwida mit dem Spitzentüchlein ihre Tränen trocknete, genoß Nietzsche das nackte Überleben.

Wagner, dem Komponisten, gelang, worum Nietzsche sich lebenslang vergeblich mühte: dem »stummen Elend Sprache« zu geben. Noch im letzten Jahr seines bewußten Lebens, als er sich längst gegen Wagner entschieden hatte, feierte er ihn als den »Orpheus alles heimlichen Elends«. Orpheus, der Steine weinen machte, der in den Hades hinabsteigen durfte und von den Mänaden zerrissen wurde, weil er homosexuell war. Orpheus-Wagner, der Nietzsches heimlichem Elend eine Tonsprache gab, weil der in seiner Qual vor dem Abgrund verstummt war; der die »Töne aus dem Reich leidender, gedrückter, gemarterter Seelen« beschwören konnte, Stimmen aus der Unterwelt zum Klingen brachte. Und der auch die rechte Sprache für Nietzsches stummstes, heimlichstes Elend fand, weil er nämlich einen Zauberklang gefunden hatte,

»einen Klang für jene heimlich-unheimlichen Mitternächte der Seele, wo Ursache und Wirkung aus den Fugen gekommen zu sein scheinen und jeden Augenblick Etwas ›aus dem Nichts‹ entstehen kann«.

Der Rätselfreund hat das als Andeutung stehen lassen — der einzige, der es verstand, war damals schon fünf Jahre tot. Eine ähnliche Andeutung findet sich gleich zu Anfang der »Geburt der Tragödie«, wo er von dem »ungeheuren *Grausen*« spricht, das den Menschen eben dann ergreift, wenn Ursache und Wirkung aus den Fugen sind. Dann gerät, mit Hamlet, auch die Zeit aus den Fugen, wird Vergangenes gegenwärtig. Mit der heimlich-unheimlichen Mitternacht, die nur die Seele kennt, spielt Nietzsche auf eine klassische Überlieferung an: Nach Mitternacht, so hieß es im Altertum, werden die Träume wahr; man kann auch sagen: tritt das Geträumte als wirklich auf. Arthur Schopenhauer nimmt dies Thema in seinem »Versuch über das Geistersehen« auf, zitiert Horaz mit der Sentenz, daß nach Mitternacht die Träume »wahr« seien, und meint, daß dies tatsächlich vorkomme, »wie bisweilen das Ohr infolge abnormer Vorgänge in seinem Innern Töne jeder Art hört«. Dann können »beim Einschlafen« schon einmal bleiche »Traumgestalten« aufsteigen.

Das war Nietzsches Thema. »Es giebt einen Theil der Nacht«, notiert er einmal, »von dem ich sage: ›Hier hört die *Zeit* auf!‹« Dann steige in ihm ein »wunderliches Gefühl« auf, wonach die erlebte Zeitspanne »viel zu kurz oder viel zu lang« sei. Mit einem Wort: »Nachts von 1–3 Uhr haben wir die Uhr nicht mehr im Kopf.« Dafür aber anderes. Daß Wagner die Zeit gleichsam wegkomponieren kann, war Nietzsche schon früher aufgefallen. Mitten im »Meistersinger«-Vorspiel trete »plötzlich ein Augenblick unerklärlichen Zögerns, gleichsam eine Lücke« ein, »die zwischen Ursache und Wirkung aufspringt, ein Druck, der uns träumen macht, beinahe ein Alpdruck«. Genau das hat Wagner, nach Nietzsches Deutung, in jener heimlich-unheimlichen Mitternacht in Musik gesetzt. In einem Fragment verrät er, wo:

»nox intemp(esta) wo Ursache und Wirkung aus den Fugen gekommen zu sein scheinen und jeden Augenblick etwas aus dem Nichts entstehen kann. (Richard Wagner hat es in ›Hagens Wacht‹ in Musik gesetzt)«.

»Götterdämmerung«, zweiter Aufzug, erste Szene. Nacht. Über dem strömenden Rhein die Halle der Gibichungen. Im Hintergrund einige heidnische Altäre, einer davon Wotan geweiht. Hagen, Siegfrieds designierter Mörder, »sitzt schlafend an einen Pfosten der Halle gelehnt«. Unheimliche Klänge steigen aus dem Orchestergraben auf, flirrend und irrlichternd, dann wieder schneidend und bedrohlich. Zwischenwelt. Seelen-Mitternacht. »Der Mond tritt plötzlich hervor und wirft ein grelles Licht auf Hagen und seine Umgebung.« Der Augenblick, in dem etwas aus dem Nichts entsteht: Aus der Tiefe steigt Hagens unterweltlicher Vater empor, um sich dem schlafenden Sohn vernehmlich zu machen. Alberich, ein häßliches Nachtgespenst, flüstert ihm Mahnungen ins Ohr: »Schläfst du, Hagen, mein Sohn? — Du schläfst und hörst mich nicht.« Hagen schläft und hört. »Leise, ohne sich zu rühren, so daß er immerfort zu schlafen scheint, obwohl er die Augen starr offen hat«, antwortet er dem »schlimmen Alben«. Der Vater, ein Alp. Selbst die Musik ist zum Schaudern. Als Alberich entschwindet und seine unmenschliche Stimme »immer unvernehmbarer« wird, sitzt Hagen wie gelähmt und blickt »starren Auges«, während sich »die Morgendämmerung ausbreitet«.

Wagner hat die Grusel-Szene — sublimer Zufall? — zur Zeit ihrer Tribschener Freundschaft komponiert. Weniger sublim wäre Nietzsche der Kommentar des Komponisten zu seinem Einfall erschienen. Wagner spielte die Szene in Bayreuth am Klavier vor und »freute sich des Eindrucks, den sie machen würde«, schreibt Gregor-Dellin. In guter Laune habe Wagner noch hinzugefügt: »Das wird wirken, wie wenn zwei seltsame

Tiere miteinander sprechen; man versteht *nichts*, und alles ist interessant.«

*

Erst nach der großen Oper begann das Schelmenstück. Im Sommer 1876 steigt in Bayreuth das gesellschaftliche Ereignis des Jahres. Richard Wagner gibt sich erstmals die Ehre. Die Prominenz kommt, der Adel und die Neugier kommen, selbst die höchsten Potentaten wollen Wotans Untergang und Wagners Apotheose miterleben. Kaiser Wilhelm I. gewinnt der Show ihre komischen Seiten ab, Kaiser Dom Pedro II. von Brasilien hält hof, der Märchenkönig aus dem Bayernland, der das ganze vorfinanzieren mußte, hat seinen scheuen Auftritt, und auch die Nobelnamen eines Königs von Württemberg, Großherzogs von Sachsen-Weimar, Großherzogs von Schwerin samt Anhang und Ministern und Preußenprinzessinnen und vier wackeren österreichischen Grafen zieren die zahlende Gästeliste. Kiloweise Orden gab es, neben der Theaterkunst, auf dem Grünen Hügel zu bestaunen und Paradesäbel im Dutzend. Wagner bestätigt im vollsten Machtgenuß, daß »so noch nie ein Künstler geehrt worden sei«. Nun kann er sich als regierender Kaiser der Musik betrachten!

Der Mann, der die »Wiedergeburt der Tragödie« proklamiert hatte, findet in Bayreuth nicht statt. Er ist da, aber es gibt ihn nicht. Auch seine erträumte Mysterienstätte der neuen Satyrn gibt es nicht. Kaum war er angereist, flüchtete er mit Migräne in den Bayerischen Wald, um nach einer Woche wiederzukommen. Ein ratloser Artist im Zirkus Wagneriani. Friedrich Nietzsche wurde nicht mehr gebraucht. Wagner, der Tribschener Außenseiter, war zum Mittelpunkt geworden, Nietzsche im Abseits geblieben. Natürlich widerte ihn der Rummel an, kränkte ihn Wagners Desinteresse an ihm. Auch hatte er nicht die Konstitution, die langen Opernabende im heißen Festspielhaus auszusitzen. Was also sollte er hier? Und doch: Wo sonst konnte der Prophet des tragischen Kunstwerks sein als an dieser heiligen Stätte, wo das Griechentum seine Auferstehung feierte? Unsinn. Nietzsche begriff, daß er eine Narrenkappe getragen hatte. Ein grotesker Zwischenfall steigerte noch seine Konfusion: Während eines Spaziergangs mit einem Bekannten gerät er versehentlich ins Bayreuther Irrenhaus, wo ihm ein Geisteskranker ein Gedicht schenkt. Titel: »Christus als Schmetterlingsrüssel«. Drei Jahre zuvor hatte Nietzsche seinem Gott geschrieben, ohne ihn wäre er »ein todtgeborenes Wesen! Mich schaudert immer bei dem Gedanken, ich könnte vielleicht abseits von Ihnen liegen geblieben sein«. Genau das war nun passiert.

Der Rufmord. »Wunderbar ist die Gunst der Hocherhabnen«, und Nietzsche hatte sie verloren. Sein Wagnersches »Tonmeer«, das ihm wie das »Von-selber-Ertönen der tiefsten Einsamkeit«, *seiner* tiefsten Einsamkeit, erschienen war, verkam zum Sumpf. Der Tod der Tragödie fand auf der Festspielbühne statt. Ein Basler Freund tauchte auf, der dem Kranken in der Wagner-Stadt Gesellschaft leistete, ihm vorlas, ihn bemutterte. Er war in allem das Gegenteil der verlorenen Freunde vom musikalischen Mysterium: Freidenker, Einzelgänger, Materialist und Jude. Paul Rée bot dem Ex-Wagnerianer den Götternektar in der Kulturwüste. Gemeinsam reisten sie in Richtung Basel ab und blieben bis April nächsten Jahres zusammen. Das Unglück — oder die Berechnung Malwida von Meysenbugs — wollte es, daß die beiden dem Ehepaar Wagner wieder begegnen sollten.

Man hatte eine Pension in Sorrent bezogen, einer Kultstadt der deutschen Südreisenden, und fand sich kaum fünf Minuten von Wagners Hotel »Vittoria« entfernt. Hatte Malwida die Versöhnung geplant, wurde sie durch den Basler Freund gründlich vermasselt. Schon bald kam es zur Enttarnung. »Abends besuchte uns Dr. Rée«, notiert Cosima, »welcher uns durch sein kaltes pointiertes Wesen nicht anspricht, bei näherer Betrachtung finden wir heraus, daß er Israelit sein muß.« Man sieht es ihnen an! Zu seinem Verleger sollte Wagner 1878 über die Juden den erstaunlichen Satz äußern: »Es gibt Wanzen, es gibt Läuse. Gut, sie sind da! Aber die brennt man aus! Die Leute, die das nicht tun, sind Schweine!« Nur ein Jude, der sich ihm unterwarf, war ein guter Jude. Rée lag nichts ferner. Dafür lastete man ihm, neben seiner Volkszugehörigkeit, den Sinneswandel von Ex-Freund Nietzsche an. Auch Rohde kam später der Gedanke, daß dessen Aufklärertum Folge einer Infektion durch den Juden sei. Nach Erscheinen von Nietzsches Freigeister-Schrift »Menschliches, Allzumenschliches« — schon der Titel ließ die Bayreuther die Nase rümpfen — schrieb Cosima: »Schließlich kam noch Israel hinzu in Gestalt eines Dr. Rée, sehr glatt, sehr kühl, gleichsam durchaus eingenommen und unterjocht durch Nietzsche, in Wahrheit aber ihn überlistend, im Kleinen das Verhältnis von Judäa und Germania.« Die jüdische Weltverschwörung, vor der Wagner zitterte, hier war sie einmal mehr am Werk, versuchte an dieser Schwachstelle sein Welterlösungstheater zu torpedieren. Mehrmals hatte man den jungen Freund vor Rée gewarnt, auch Malwida in die strenge Pflicht genommen. Die verteidigte ihn auch noch! Unerhört.

Man würde sich zu revanchieren wissen. Nietzsche hatte ja auch seine Schwachstelle. Wie sagte Alberich, der Gast aus der Unterwelt: »Doch wo du schwach bist, blieb mir auch nicht verborgen.« Wozu also noch länger mit der Wahrheit hinter dem Berg halten? Nietzsche, der Renegat, der sich eingeschlichen hatte, war durchaus nicht der feine Kavalier, als der er sich aufspielte. Man wußte einiges über ihn. Schon 1874 hatte ihm der Meister ins Gewissen geredet, endlich ein Weib heimzuführen: »Unter Anderem fand ich«, schreibt er ihm in dringlichem Ton, »dass ich einen solchen männlichen Umgang, wie Sie ihn in Basel für die Abendstunden haben, in meinem Leben nicht hatte.« Was will Wagner damit andeuten: in den Abendstunden? Meint er: über Nacht? Der Zögling würde schon wissen, wie Onkel Richard das meinte, an dem er sich schließlich ein Vorbild nehmen sollte: Ich, R.W., verbringe meine Nächte immer mit Frauen. »Nun scheinen aber den jungen Herren Frauen zu fehlen«, fügt er listig hinzu, um sogleich den Vorschlag der Umpolung zu machen. Nietzsche, Sie sind ja mit Männern nur aus Mangel an Frauenbekanntschaften zusammen. Kommen Sie zu uns! Hier finden Sie, was Ihr Busen vermißt. Aber nein, meint Wagner, »höchst vorsichtig melden Sie uns bereits im Anfange des Winters, dass Sie beschlossen haben, die Sommerferien auf einem recht hohen, und einsamen Schweizerberge zu verbringen! Klingt das nicht wie sorgfältige Abwehr einer etwaigen Einladung unserer Seits?« Folgt das ceterum censeo: »Ach, Gott! heirathen Sie eine reiche Frau! Warum muss nur Gersdorff gerade eine Mannsperson sein!« Das klingt wie die energische Abmahnung: Guter Freund, Sie vergessen, daß Gersdorff keine Frau ist!

Cosimas Argwohn war schon früher aufgestiegen. 1871, zur Tribschener Blütezeit ihrer Freundschaft, hatte sie heimlich den Verdacht geäußert, Nietzsches »recht unerfreuliche« Zurückhaltung sei »nicht ganz natürlich«. Hatte er etwas zu verbergen? Gewiß, so wird ihr später klarwerden, wer Bayreuth meidet, hat etwas zu verbergen. Sie wußte auch, was. 1877 schreibt Cosima sich ihre perfide Vermutung von der Seele — just in einem Brief an die Nietzsche-Freundin Malwida, die man gerne von ihm loseisen wollte. Immerhin war die biedere Dame auch nicht ganz untätig gewesen, sie hatte den Wagners gesteckt, daß der Arzt in Sorrent dem Professor dringend zur Heirat geraten habe. Was kann das nur bedeuten? Cosima rätselt: Normal ist er ja wohl nicht, oder? Da ist einmal seine »Naschhaftigkeit« — sie weiß so gut wie Malwida, daß auch Ludwig II. ein Liebhaber von Zuckerwerk ist, dem davon die Zähne abfaulen; dann Nietzsches »seltsame Scheu« — die kann man, wie jedermann weiß, auch am »kleinen König« beobachten. Aber was, um Gotteswillen, macht einen erwachsenen Menschen, der es durchaus nicht nötig hat, so seltsam menschenscheu? Die bohrenden Fragen Cosimas finden eine Antwort: Es sei ihr offenbar geworden, daß dies alles bei Nietzsche »mit dem Einen zusammenhing, was wir Frauen freilich nicht verstehen können«. Das »Eine« muß ausschließlich mit Männern zu tun haben; das »Eine« muß für beide ein Begriff gewesen sein, über den gemunkelt wurde. Nietzsche hatte mit Männern zu tun, fast ausschließlich. Und Richard wird es seiner Frau erklärt haben, in Worten, an die noch das altkluge »freilich« erinnert, das aus Wagners Mund ganz anders geklungen hat: Das »Eine« könnt ihr Weiber freilich nicht verstehen! Dieses eine, das ebenso anrüchig wie apart schien, mußte aus moralischen Gründen unbedingt verabscheut werden. Außer bei nützlichen Majestäten — wie Ludwig —, hilfreichen Bühnenbildnern, die dem Meister zutiefst ergeben waren — wie Joukowsky —, oder dereinst in der eigenen Familie — Siegfried. Für Nietzsche weiß Cosima das Mittel: Geheiratet muß werden. Damit war man auch dem Bayernkönig zu Leibe gerückt, vergeblich. Auch Nietzsche suchte ohne Erfolg. Cosima: »Ich wüßte eine, auch das Vermögen, aber welches Mädchen möchte man in dieses Los führen.« Das klingt wie: zur Schlachtbank führen.

Der Bayreuther Rätsel-Brief war ein ernsthafter Versuch, dem Professor unter mitleidigem Vorwand die Ehre abzuschneiden. Daß auch die vielfältigen Bemühungen der Naumburger Tugend auf dasselbe hinausliefen, und zwar aus purer Blindheit der Familie, ahnte nur er selbst. Aber gegen die Zudringlichkeit des »guten Willens« ist sich schlecht wehren. Die Mutter redete ihm ins Gewissen, wie einst ihre Schwiegermutter in Röcken dem Pastor zugesetzt haben mag: »Ich kann aber nicht von dem Gedanken loskommen, daß wenn Du Dich verheirathetest, Dein Leiden gehoben wäre . . . Komm zu mir ich wüßte ein köstliches Frauchen für Dich . . . höchst einfach und sauber.« Die Schwester kuppelte eifrig mit. Ihr gegenüber wagte der gezwungene Freier den Befreiungsschlag: »Die Verheirathung, sehr wünschenswerth zwar — ist doch die *unwahr-*

scheinlichste Sache, das weiss ich sehr deutlich . . . Glaube nicht, dass mir in meiner jetzigen Einsamkeit etwas abgeht.«

Cosima wußte das besser als Elisabeth. Der Gedanke, daß da einer in Tarnkappe herumlief, der in Wahrheit nur an das »Eine« dachte, scheint sie förmlich gemartert zu haben. Bald trifft der nächste Nietzsche-Seelen-Erforschungsbrief — in Wahrheit die nächste Breitseite gegen ihn — bei Malwida ein. Cosima spricht dunkel von Nietzsches »dunklem, produktivem Grund«, von dem er aber selbst »kein Bewußtsein hat«. Dagegen sei alles, »was er denkt und spricht«, also das, was ihm auch die Bewunderung Malwidas eingebracht hat, »wirklich nicht viel wert«. Woher die Diskrepanz zwischen kreativem Urwillen und läppischer Erscheinung? Cosima zitiert, dialektisch kontrastierend, das Vauvenargues-Diktum, wonach alle großen Gedanken »aus dem Herzen« kämen. Nietzsches »große Gedanken« — ironisches Lächeln — »kommen ihm sicher nicht aus dem Gehirn, sondern aus was? Ja, wer es sagen könnte«. Über so etwas spricht man wohl nicht. Malwidas Gedanken werden ihren Weg, auch ohne Freud, gefunden haben.

Im Oktober 1877 bietet sich unverhofft die Gelegenheit, nach den sondierenden Brief-Intrigen den entscheidenden Schlag direkt zu führen. Nietzsche, notorisch krank, hat einen neuen Arzt aufgetan, der sich als glühender Wagnerianer zu erkennen gibt. Der zehn Jahre ältere Frankfurter Mediziner Otto Eiser unterzieht den glühenden Ex-Wagnerianer einer mehrtägigen Untersuchung, die mögliche Ursachen für seine mysteriöse Erkrankung offenlegt: »Erhebliche Schädigung der Netzhaut in beiden Augen«, notiert er, die einen »ursächlichen Zusammenhang« mit den Kopfschmerzen »fast zweifellos« erscheinen lassen, wozu noch die »Prädisposition in der Reizbarkeit des Zentralorgans« komme. Nietzsche berichtet in gewohnter Vertrauens- und Redseligkeit nach Bayreuth, »Blindheit« stehe »unvermeidlich in Aussicht«, wenn er sich nicht der »harten Forderung aller Ärzte unterwerfe: auf mehrere Jahre hinaus *absolut weder zu lesen, noch zu schreiben*«. Und er empfiehlt dem hohen

Hause die Abhandlung, die Herr Eiser über den »Ring des Nibelungen« geschrieben habe.

Genau an dieser Stelle bot sich der Ansatz. Eisers »exegetischer Versuch« interessierte die Bayreuther weit weniger als die Intimkenntnisse des Parteigängers. Hans von Wolzogen, der auf Nietzsches vakante Stelle als Wagner-Philologe nachgerückt war, dankt dem Arzt für seinen Aufsatz und erkundigt sich nach dem Gesundheitszustand des Patienten. Die Rechnung, daß der Wagner-Verehrer für eine Aufmerksamkeit vom Grünen Hügel seine ärztliche Schweigepflicht brechen würde, ging auf. Eiser tat es, so Gregor-Dellin, auf »ungeheuerliche Weise«. Der Arzt opferte seinem Götzen auch sein Ethos. Brieflich plauderte er einem kaum bekannten Herrn von Wolzogen gegenüber aus dem Nähkästchen. Nannte seinen Patienten »unseren armen Freund«. Und zog seinen kranken Leib vor die neugierigen Augen der Öffentlichkeit, wie dereinst Professor Binswanger in der Jenaer Psychiatrie, der ihn vor Medizinstudenten im Hörsaal als »alten Soldat« auftreten und »ordentlich marschieren« ließ. Eiser, zwölf Jahre vor dieser Mediziner-Gemeinheit, im Samariter-Ton: »Je mehr mich dieses stolze Bewußtsein beglückte, desto bekümmerter sah ich das Bild einer tiefen Erkrankung in den Leiden N.'s immer unheimlicher zu Tage treten.«

Auftritt Richard Wagner. Mit einer wahren Meisterleistung schaltet er sich in den Briefwechsel der Jünger ein. »Sehr wichtig«, so schreibt er mit gespielter Naivität dem naiven Bewunderer Eiser, »war mir nun auch neuerdings die Nachricht, daß der in Neapel vor einiger Zeit konsultierte Arzt, diesem vor allen Dingen anempfahl, zu heiraten —.« Als hätte Nietzsche ihm das selbst gesagt! Und war ihm entfallen, daß er dasselbe schon drei Jahre zuvor dem Professor geraten hatte? Nichts davon. Dafür aber eine empirische Beobachtung zur gefälligen Kenntnisnahme des behandelnden Arztes: »Ich trage mich, für die Beurteilung des Zustandes N.'s, seit lange mit den Erinnerungen von gleichen und sehr ähnlichen Erfahrungen, welche ich an jungen Männern von großer Geistesbegabung machte. Diese sah ich an ähnlichen Symptomen zu Grunde gehen, und erfuhr nur zu bestimmt, daß Folgen der Onanie vorlagen.« Die Sprache verrät die Absicht. Wagner sagt, er trage sich mit Erinnerungen — üblicherweise verwendet man den Ausdruck für: »Ich trage mich mit dem Gedanken . . .« und meint: Ich beabsichtige etwas. Tatsächlich beabsichtigte Wagner etwas. Denn die so zahlreichen Erinnerungen gibt es nicht, sind Unterstellungen, vage Vermutungen aufgrund vager Kenntnisse. Wagner hatte junge Männer der Onanie bezichtigt, so den Sohn einer Gönnerin, Karl Ritter. Aber 1877 lebte der als Schriftsteller in Italien und überlebte den Verleumder um acht Jahre; ein anderer junger Mann mit großen Gaben und perversen Neigungen war Ludwig II. Doch trotz seines mörderischen Steckenpferds starb auch er Jahre nach Wagner. Oder spielte er auf den Göttinger Philosophen Edmund von Hagen an, den Wolzogen als einen der genialsten Wagnerianer bezeichnete und der 1878 erste Zeichen einer Geisteskrankheit an den Tag legte? Aber der arme Hagen starb erst 1907. Gesetzt, er ahnte bei all diesen ruchlosen Knaben, was sie heimlich trieben — wie konnte er behaupten, er wisse es »nur zu bestimmt«? Das soll mitleidig klingen, hat aber nur den einen Zweck, Eiser auf Wagners Ferndiagnose einzuschwören.

Was aber war seine Diagnose genau? An den Symptomen, so Wagner, sollt ihr sie erkennen, die Samenverschwender, die keine Frucht zeugen können! »Seitdem ich N., von jenen Erfahrungen geleitet, näher beobachtete«, fährt er fort, »ist an allen seinen Temperamentszügen und charakteristischen Gewohnheiten meine Befürchtung zu einer Überzeugung geworden.« So war es den Wagners auch mit Rée gegangen. Den Juden erkennt man an der Nase. Aber woran sieht man, daß einer pervers ist? Hatte Nietzsche dunkle Ringe unter den Augen, Flecken auf seiner Hose, zitternde Hände wie Euphorion traurigen Angedenkens? Nichts dergleichen. Was immer an körperlichen Symptomen sich Wagners »näherer« Beobachtung zeigen mochte, war Folge seiner Krankheit. Aber das meint Wagner auch nicht. Er spricht gegenüber dem Arzt von »Temperamentszügen« und »charakteristischen Gewohnheiten«. Und Eiser verstand, was Wagner damit meinte: N. ist schwul. Seine Perversion reißt ihn in die Dekadenz. Der körperliche Zerfall ist nur Abbild des Lasters. Zum Schluß empfiehlt der Weltweise, dem Kranken »die Nerven, das Rückgrat« zu stärken, am besten durch kaltes Wasser. So klug war Fränzchen Nietzsche auch schon gewesen.

Wagners Sendschreiben öffnete beim Vasallen die Schleusen. Auch er will nun etwas an seinem Patienten bemerkt haben. Bei genauerem Hinsehen sozusagen. Hatte er gegenüber Wolzogen noch von seiner freundschaftlichen Nähe zu Nietzsche gesprochen, der Bewunderung für »dieses stolze Bewußtsein«, so bestätigt er nun, post festum, dessen Abnormität. »Ich muß Ihrer Annahme um so williger beipflichten«, schreibt Nietzsche-Freund an Nietzsche-Freund, »als dieselbe durch manches im Habitus und Benehmen Nietzsches auch mir nur allzu glaublich erscheint.« Auch dies ein merkwürdig falsch klingender Satz: Da spricht ein Arzt angeblich über den Gesundheitszustand seines Patienten, benutzt aber Worte, die eine Nötigung ausdrücken: Er muß; er, der ohnedies willig ist, tut dies um so williger; er stimmt nicht zu, was einen Rest von Souveränität bewahrt hätte, sondern pflichtet bei — dabei fühlt er sich nicht dem Patienten, sondern dem Idol verpflichtet, mehr noch: von Richard Wagner in die Pflicht genommen. Und so sagt er denn, als wäre er von diesem hypnotisiert, was er hören möchte. Man sieht ihm an, in Habitus und Benehmen, daß er pervers ist. Nicht ganz, der vorsichtige Mann zieht vor, dies »allzu glaublich« zu finden.

Warum sprachen die beiden nicht offen von Homosexualität? Weil es strafrechtlich verfolgt wurde? Weil sie keine Beweise hatten? Oder weil es zur guten Tradition des Rufmords gehört, das Gemeinte nicht auszusprechen, sondern anzudeuten? Wagner wußte, was er wollte; und Eiser, durch die Zuwendung seines Idols unversehens über den eigentlichen Wagner-Intimus Nietzsche hinausgehoben, wollte sich dem nicht in den Weg stellen. In ihm hatte Bayreuth einen willfährigen Bundesgenossen. Eiser zeigte sich erkenntlich, briefte Wagner mit den gewünschten Fakten: Syphilis, so schreibt er ihm, habe der Patient zwar nie gehabt, dafür aber mehrere Tripper-Infektionen als Student; »dann auch« habe er, Nietzsche, ihm, dem Arzte, anvertraut, »daß er jüngst in Italien auf ärztliches Anraten mehrmals den Coitus ausgeübt haben will«. Diese Eröffnung muß Nietzsche unendliche Überwindung gekostet haben. Für Eiser ist das Weitersagen eine Selbstverständlichkeit. Doch spricht tiefsitzendes Mißtrauen aus diesem »haben will«. Patienten sagen viel. Oder vermeidet Eiser nur, seinem Briefpartner zu widersprechen? Mehrmaliger Coitus würde Wagners Überzeugung entgegenstehen. Dennoch rafft er sich zu einem Ehrenwort für Nietzsche auf, das er mit einem gönnerhaften »wenigstens« garniert: »An der Wahrhaftigkeit dieser Erzählungen ist gewiß nicht zu zweifeln und sie beweisen wenigstens, daß unserem Patienten die Fähigkeit zu normaler Befriedigung des Geschlechtstriebs nicht fehlt.« Das ist, wenigstens, etwas.

In Bayreuth müssen die Gralsglocken geläutet haben. Nietzsche war widerlegt. Man hatte auf den Busch geklopft, dem fremden Arzt die Zunge gelöst und alles, alles erfahren. Der angebliche Keuschheitsapostel — venerisch vorbestraft, in Habitus und Benehmen abnorm — verschafft sich auf dem Sorrentiner Strich Erleichterung! Der Briefwechsel wurde Bayreuther Tagesthema: Wolzogen, Wagners Propagandaminister, war von Anfang an eingeweiht, und hatte keinen Grund, den beneideten Vorgänger zu schonen; Eiser, stolzer Begründer des Frankfurter Wagner-Vereins, würde ebenfalls zur Verbreitung der hochherzigen Intervention des Meisters zugunsten eines unwürdigen Apostaten beitragen; Wagner wußte ohnehin, was er Nietzsches Ruf schuldig war. Als er im Mai 1878 den Verleger Ernst Schmeitzner besuchte, der seine und Nietzsches Schriften vertrieb, scheint er das frische Gift verspritzt zu haben. Schmeitzner erinnert sich mit peinlichen Gefühlen: »Er erging sich auch noch in Gemeinheiten über Nietzschen, die ich nie vergessen werde, die aber Nietzsche und seine Freunde nie von mir erfahren sollten.« Wagner wußte, wie man Gerüchte in Umlauf bringt: Sagen Sie es bloß nicht weiter! Über Nietzsche und seine Knaben das Siegel höchster Verschwiegenheit! Wagner wußte auch, wie man sich gegenüber Freunden seiner Bewegung erkenntlich zeigt: Im selben Jahr erschienen von Eiser zwei Aufsätze in den neugegründeten »Bayreuther Blättern«: die »Nibelungen«-Exegese, die Nietzsche eingesandt hatte, und ein Text, der Wagners Beziehung zu Schopenhauer und zum Christentum beleuchtet.

Was wäre die schönste Intrige, wenn nicht auch das Opfer Wind von ihr bekäme. Eisers Brief, der Nietzsches Karten auf den Tisch des Herrn legte, endete mit dem Wunsch, »die Entscheidung der Onanie-Frage« voranzutreiben, da sie »für die Diagnose von höchster Bedeutung« sei. Um den »der onanistischen Untugend überführten Kranken von seinem Laster zu befreien«, müsse man ihn, kurz und gut, erst einmal überführt haben. Eiser: »Zur Aufklärung des sexualen Sachverhalts wird meine offene Frage an N. der kürzeste und richtigste Weg sein.« Medizinisch war das sogar fortschrittlich gedacht: Noch 1893 schrieb Sigmund Freud, daß die »Neurasthenie eine häufige Folge abnormen Geschlechtslebens« sei — Eiser konnte seinen Patienten also mit gutem Gewissen der demütigenden Prozedur unterziehen. Und seine Homosexualität schonend auf den klinischen Tatbestand der Samenverschwendung reduzieren. Nietzsche hätte ihm dankbar sein sollen. Statt dessen, so prahlte Eiser später einem Kollegen gegenüber, ähnelte seine Reaktion eher einem Schuldgeständnis:

»Warum Nietzsche von Wagner abfiel . . . ich weiss es allein, denn in meinem Hause, in meiner Stube hat sich dieser Abfall vollzogen, als ich Nietzsche jenen Brief in wohlmeinendster Absicht mitteilte. Ein Ausbruch von Raserei war die Folge. Nietzsche war ausser sich: — die Worte sind nicht wiederzugeben, die er für Wagner fand.«

Eiser hat Nietzsche Wagners Rufmord-Brief gezeigt. War er von allen guten Geistern verlassen? Ein Verräter, der beständig die Seiten wechselt, um nie im Regen stehen zu müssen? Wie begründete er seinen Vertrauensbruch? Hätte Nietzsche nicht allen Grund gehabt, gegen ihn, Eiser, zu rasen? Sicher. Nur hatte Eiser keinen Grund, das zu seiner eigenen Schande weiterzuerzählen. Hatte der Arzt sich nicht im klaren darüber sein müssen, daß ein Mensch von der extremen »Reizbarkeit des Zentralorgans«, die er selbst diagnostizierte, mit einem gefährlichen Zusammenbruch reagieren mußte? Zumal das Opfer nicht so naiv war, den Hintergrund von Eisers naiver Frage, wie er's denn mit der Onanie halte, zu überhören. Nietzsche verstand recht gut — und explodierte. Erst nach Wagners Tod 1883, nachdem auch der »Klatsch« gezielt über den »Wahnfried«-Kreis hinausgedrungen war, schrieb Nietzsche seinem Adlatus Gast, was Eiser ihm damals wirklich gesagt hatte:

> »Wagner ist reich an bösen Einfällen« — schreibt er über den Toten —; »aber was sagen Sie dazu, daß er Briefe darüber gewechselt hat (sogar mit meinen Ärzten) um seine *Überzeugung* auszudrücken, meine veränderte Denkweise sei die Folge unnatürlicher Ausschweifungen, mit Hindeutungen auf Päderastie.«

Nietzsche hat die *»Überzeugung«* richtig zu deuten gewußt, die sich auf seine »Temperamentszüge und charakteristischen Gewohnheiten« bezog. Natürlich war es dem Denunzianten vom Grünen Hügel nicht um seine Gesundheit, sondern um Rache gegangen: für den Abfall, für die »veränderte Denkweise« und für den Inbegriff von beidem, Paul Rée. Nietzsche kannte Wagner, dessen Intervention er, in klarer Kenntnis ihrer gesellschaftlichen Implikationen, als »tödtliche Beleidigung« bezeichnete: tödlich für ihr Opfer, möglicherweise auch für den Verleumder, wenn es zum Duell kam. 1864 hatte sich Ferdinand Lassalle wegen einer vergleichsweise harmlosen Affäre duelliert, mit für ihn tödlichem Ausgang. Nur daß das mit dem 65jährigen Musiker Wagner nicht möglich war. Und deshalb mußte er warten, bis der Verleumder tot war.

Nietzsche kannte Wagner. Nach seinem Tod schrieb er, nur er sei einer solchen *»abgründlichen* Perfidie der Rache« fähig gewesen. Wer mit dem Stempel »Päderast« oder »Schwuler« gebrandmarkt war, wurde aus der Gesellschaft ausgestoßen, verlor seine Würde, landete häufig genug im Zuchthaus, wo weitere Demütigungen auf ihn warteten — wenn er sich nicht durch Selbstmord der Strafe entzog. So hatte auch der »Kanonenkönig« Karl Friedrich Krupp 1902 seinem Leben ein Ende gesetzt, nachdem er päderastischer Beziehungen zu italienischen Jugendlichen bezichtigt worden war.

Die Biographen Gregor-Dellin und Janz haben Wagner in dieser Affäre glimpflich davonkommen lassen. Er sei, so Nietzsche-Kenner Janz, von »tiefer Sorge um die Zukunft Nietzsches« erfüllt gewesen, der ihn schlicht mißverstanden hätte: »von Päderastie war keine Rede«. In ähnlichem Verstehen-heißt-Verzeihen-Ton schrieb Gregor-Dellin: »Über den verlorenen Freund« habe Wagner nach dem Eiser-Intermezzo geschwiegen »wie ein Grab«. Daß Nietzsche von Päderastie sprechen konnte, beruhe auf einer »seiner Ungenauigkeiten«, die angeblich »weniger schandbar« gewesen sei »als die Wahrheit«.

Cosimas Tagebücher sprechen eine andere Sprache. Der Bayreuther Rufmord hatte einen weltanschaulichen Hintergrund. In Wagners Kulturkampf gegen Dekadenz und Judentum war ein Parteigänger auf die andere Seite übergewechselt. Er mußte erledigt werden, indem man die Gründe dafür offenlegte. Sein Motto: Wer pervers ist, denkt auch pervers. Im April 1878 berichtet Cosima über den »festen Entschluß, Freund Nietzsche's Buch nicht zu lesen, dessen Seltsamkeit gar pervers beim ersten Blick erscheint«. Im September erregt sich der Meister im häuslichen Gespräch und kann sich, laut Gemahlin, »über die Perversität einer solchen Natur nicht beruhigen«. Schon im Mai, als er die Verleumdung bei Verleger Schmeitzner gestreut hatte, war ihm eine »arge Ahnung« aufgegangen: »Licht über Nietzsche seitens R.« Ein anderer Brief von Nietzsche-Freund an Nietzsche-Freund, diesmal an den Theologen Franz Overbeck, läßt Wagner in den Klageruf ausbrechen, die an Nietzsche lange beobachteten »psychischen Krämpfe« hätten nun zur »längst befürchteten Katastrophe« geführt.

Die Katastrophe hieß Rée. Ihm wird Nietzsches Abfall und das inkriminierte Buch »Menschliches, Allzumenschliches« in die Schuhe geschoben. Früher, so steht in Cosimas Tagebüchern, seien Nietzsches Gedanken die »Reflexe« Wagnerscher Ideen gewesen, nun könne man nur noch »Réekleckse« in ihnen entdecken — rassische Fremdbefleckung also. »Ich begreife«, höhnt Wagner, »daß Rées Umgang ihm mehr behage als wie der meinige.« Im zweiten Teil von Nietzsches, laut Cosima, anwiderndem und kläglichem Machwerk konnte er nachlesen, warum:

»*Bitterster Irrthum.* Es beleidigt unversöhnlich, zu entdecken, dass man dort, wo man überzeugt war geliebt zu sein, nur als Hausgeräth und Zimmerschmuck betrachtet wurde, an dem der Hausherr vor Gästen seine Eitelkeit auslassen kann.«

*

Weil Nietzsche erst nach Wagners Tod über die »tödtliche Beleidigung« Briefe wechselte, wurde von den Biographen angenommen, er sei erst zu dieser Zeit, also über ein halbes Jahrzehnt später, darüber informiert worden. Tatsächlich hatten Gerüchte bei den Bayreuther Festspielen 1882 die Runde gemacht, seine Schwester Elisabeth und seine Freundin Lou Salomé konnten miterleben, in welchem Ton des Abtrünnigen gedacht wurde. Zur »Abartigkeit« kam Cosimas Vorwurf, er habe sich als »Spion eingeschlichen«, vermutlich des Weltjudentums, dessen Anschläge Wagner nach wie vor befürchtete. Und als neueste Variante seiner Verderbtheit ließ Lou sich bewundern, der er eine wilde Ehe proponiert haben soll. Nietzsches Mutter, vom Lama voll ins Bild gesetzt, fluchte ihrem Sohn als einer »Schande für das Grab« des Vaters. Was 1876, dank Wagners Totschweige-Regie, undenkbar war, wurde 1882 zum Ereignis: Nietzsche als Bayreuther Gesprächsthema — nur anders, als er sich erhofft hatte.

DER HELD IM MITHRASWAHNSINN. Wagners Diagnose hatte Nietzsche nicht erst 1883, sondern schon im Jahr 1878 von Eiser erfahren, der es ihm sogleich weitererzählte. Eine Gelegenheit zur »Aussprache« bot sich, als Nietzsche am 4. April 1878 von Baden-Baden nach Naumburg fuhr und in Frankfurt Zwischenstation machte. Sicher hatte er nach seiner Hydrotherapie einiges mit dem Leibarzt zu besprechen, und dieser, den Dolch im Gewande, mit ihm. Nachdem Nietzsche drei Wochen später nach Basel zurückgekehrt war, erreichte ihn ein Brief Eisers, in dem dieser beklagte, er habe trotz »fester Vereinbarung« die »beschlossene Rast in Frankfurt« aufgegeben. Und er fragt ihn, warum er die »arme Gastfreundschaft« der Eisers gemieden habe. Nietzsche hat ihm nicht darauf geantwortet.

Am Tag nach dem Besuch brachte ihn die Eisenbahn nach Hause. Auf den Blitzschlag folgte kein Donner. Als ob nichts geschehen wäre, sandte Nietzsche sein neues Buch nach Bayreuth. Der Gedemütigte schwieg, weil er schweigen mußte. Seinen Tobsuchtsanfall beschränkte er auf die Praxis des Arztes, weil es die Logik der Denunziation so will: Wer gegen sie vorgeht, wird selbst zu ihrem Propagandisten. Nietzsche zog das Schweigen vor, obwohl es mißverständlich ist. Stimmt hier einer resigniert zu? Nietzsche verband sein Schweigen mit einem Rückzug. In einem Notizheft, das die Herausgeber auf »Frühling-Sommer 1878« datieren, schreibt er:

> »Man hat mich beleidigt: trotzdem trenne ich mich von den Menschen. Keine Rache.«

Nietzsche hat die Wagners nie wiedergesehen. Wie hätte seine Rache auch aussehen sollen? Erst nach Wagners Tod entwickelte er hier eine klare Vorstellung. Was er vorher durchlitt, im Monat nach Eisers Eröffnung, vertraute er dem Heft an, das er nach Xenophons Vorbild »Memorabilia«, Erinnerungen, nannte. Xenophon erinnert sich in seinem Buch an Sokrates, den man, seiner Meinung nach, zu Unrecht zum Selbstmord gezwungen hat. Nietzsche erwähnt auch Platos »Apologie«, die ihm am 19. April von Schmeitzner zugesandt wurde. In diesem Werk spricht Sokrates über sein Daimonion, das ihm nicht vom Sterben abgeraten habe. Auch Nietzsche scheint in diesen Naumburger Tagen mit seiner Gewissensstimme beschäftigt: »Dämonion — warnende Stimme des Vaters.« Er erinnert sich wehmütig an »glückliche Tage des Lebens«, an »ferne Orgeltöne« aus Pforta, an »Pfannkuchen« und »Gott im Glanze«; aber auch an die Trauer, mit der er als Siebenjähriger den »Verlust der Kindheit« beweint hatte, und die Selbstentfremdung, die ihm jetzt, Mitte dreißig, deutlich wird: »Von Kindheit an überladen mit fremdem Character und fremdem Wissen. Ich entdecke mich selbst.«

Selbsterlebnis, Selbstorgiasmus, Selbstentdeckung. Stufen der Initiation. Auch die fatale Allianz mit den Wagners, so sieht er jetzt, entwickelte sich in Stufen:

»Gesehen ... *werden;* sehen; erleben; einleben; herausleben — fünf Stufen; wenige kommen zur obersten.«

Begonnen hatte es in Leipzig, da war er vom Meister »gesehen« worden. Die nächste Stufe, in der er selber »sah«, war sein Tribschen-Debüt. Lange hatte er damals, Pfingsten 1869, vor dem mondänen Landhaus gestanden, unschlüssig, ob er es wagen solle, zu läuten. Aus dem Musikzimmer drangen Klavierakkorde, Wagner komponierte. Dabei fiel dem zögernden Besucher ein »immer wiederholter schmerzlicher Akkord« auf. Später fand er ihn im »Siegfried« wieder, wo die geharnischte Heroine Brünnhilde klagt:

»Verwundet hat mich der mich erweckt.«

So notiert es Nietzsche in sein »Memorabilien«-Heft. Die Szene in der Oper: Held Siegfried entdeckt auf einsamer Felsenhöhe eine Gestalt in Ritterrüstung, die schläft. Staunend tritt er näher, fragt sich: »Ha! — in Waffen ein Mann?«, schneidet flugs mit seinem Schwert Nothung den Panzer auf und entdeckt zu seinem Schrecken: »Das ist kein Mann!« Was dann? Es ist seine Tante Brünnhilde. Als er ihr eilig, unklar über die Verwandtschaftsverhältnisse, ans Mieder will, »entflieht« sie und seufzt: »Wehe! Wehe! Wehe der Schmach, der schmählichen Not! Verwundet hat mich, der mich erweckt!«

Das paßte auf den verwundeten Nietzsche. Ein Weib, das sich unter der Rüstung eines Ritters verbirgt, wird bloßgestellt und schwer getroffen — als hätte das musikalische Präludium zu Nietzsches Wagner-Freundschaft deren Ende schon vorweggenommen. Nicht weniger brutal als sein Held ist der Komponist dabei vorgegangen. Nietzsche schwankt noch in der Beurteilung:

> »Schamloses sich Hineindrängen — das kann wirklich Mitleid sein: aber ich wünsche Mitleid *mit* Intellect . . .«

Offenbar hat Eiser ihm einzureden versucht, Wagner hätte ihn aus purer Selbstlosigkeit denunziert: Aber Herr Professor, der Meister hat es gut gemeint! Im zweiten Band von »Menschliches, Allzumenschliches« hat Nietzsche diese fast konziliante Deutung präzisiert:

> »*Ueble Eigenschaft des Mitleidens.* — Das Mitleiden hat eine eigene Unverschämtheit als Gefährtin: denn weil es durchaus helfen möchte, ist es weder über die Mittel der Heilung, noch über Art und Ursache der Krankheit in Verlegenheit und quacksalbert muthig auf die Gesundheit und den Ruf seines Patienten los.«

Das war ein Gedankenspiel. Die Alternative zur »Hilfsbereitschaft« *ohne* Intellekt, die er ebenfalls in den »Memorabilien« formulierte, kommt der Wahrheit schon näher: Mitleid als Vorwand. Nietzsche fragt nicht mehr nach der möglichen Ursache, sondern nach der beabsichtigten Wirkung:

> »Unter dem scheinheiligen Name(n) des Mitleidens die niederträchtigsten Verleumdungen hinter dem Rücken aussprengen.«

Wie eine Zwischenstufe der Meinungsbildung, die dereinst mit der Summe »reich an bösen Einfällen« abgeschlossen sein wird, klingt die Notiz aus dem Sommer 1878:

»Der weiss noch nichts von der Bosheit, der nicht erlebt hat, wie die niederträchtigste Verleumdung und der giftigste Neid sich als Mitleid geberden.«

Die Verleumdung ging auf Wagner, das Gift auf Eiser, seinen Erfüllungsgehilfen. Noch im August 1877 hatte Nietzsche ihn als »*mein* Arzt« gepriesen: »ich glaube Grund zu haben, ihm *sehr* zu vertrauen«; kurz darauf empfahl er ihn Cosima als »werthgeschätzten Freund« und sandte ihr dessen »Nibelungen«-Aufsatz. Was Eiser unter »Nibelungen«-Treue verstand, durfte er bald darauf erfahren. 1880 schreibt Nietzsche ihm in bitterer Ironie als Antwort auf einen Neujahrsgruß: »es giebt Niemanden vertrauenswürdigeres als Sie.« Nietzsches philosophische Konsequenz aus dem Debakel, ebenfalls im »Memorabilien«-Heft festgehalten: ständiges »Misstrauen gegen sogenannte moralische Handlungen«; dann die Erkenntnis, daß er sich bis dahin »instinctiv« über das »objective Interesse« der Menschen getäuscht habe, »das ich immer dem meinen gleich setze«; schließlich, auf Wagners diagnostische »Überzeugungen« gemünzt:

»Ich habe keinen Menschen mit Überzeugungen kennen gelernt, der mir nicht, wegen dieser Überzeugungen, bald Ironie erregt hätte.«

Nur daß ihm diese Waffe seiner Souveränität stumpf geworden war. Verzweifelt sucht er nach Parallelen, in denen historischen Persönlichkeiten ähnlich Ungeheuerliches angetan wurde. Im Elend Genossen zu haben, bietet immerhin Trost. Einer der Mit-Leidenden an menschlicher Niedertracht ist Sokrates, dessen »Apologie« er mit »innerer Bewegung« liest; ein anderer sein früher Geistes- und Bluts-Bruder Byron:

»Kleine Kraft nöthig einen Kahn hinauszustossen. Byron Edinburger Kritik. Später die Verleumdung.«

Der Vergleich mit dem Manfred-Dichter trifft. Die Episode, auf die Nietzsche anspielt, ereignete sich zu Beginn von Byrons

Karriere — und hätte fast zu ihrem schnellen Ende geführt. Schon vor der vernichtenden Kritik seines Buches »Hours of Idleness« hatte der Dichter geahnt, »daß man in der nächsten Nummer der Edinburgh Review einen sehr heftigen Angriff gegen mich vorbereitet«. Dem war in der Tat so. »Überaus unbarmherzig«, wie er schrieb, versuchte man ihn durch »wahllose Beschimpfungen zu Fall zu bringen«. Byron verfiel in eine schwere seelische Krise und »erwog Selbstmord«. Auch Nietzsches Erstling war unbarmherzig verrissen worden, die Folgen des akademischen Scherbengerichts konnte er noch täglich spüren. »Später die Verleumdung.« Was er mit Wagner erlebt hatte, wurde dem Lord durch die Londoner Gesellschaft zuteil. Dort, wo Byron lange Zeit Liebling der High-Society gewesen war, verbreitete man Gerüchte, nach denen er ein Päderast war und seine Halbschwester Augusta geschwängert hatte. Im Gegensatz zu Nietzsche war Byron an den Gerüchten nicht ganz unschuldig: Er hatte vor »Vertrauten« damit angegeben. Byron mußte seine Heimat verlassen, die letzten acht Jahre seines Lebens verbrachte er im Ausland. Nietzsches Bild für diese Entwurzelung: der Kahn, der schon durch einen leichten Stoß vom Ufer fortgerissen wird. In einem späteren Aphorismus, ebenfalls im zweiten Teil von »Menschliches, Allzumenschliches«, verwahrt sich der Philosoph gegen Mißdeutungen. Nicht die Verstoßung durch Wagner wurde der Ursprung seines Genies, sondern die Befreiung von ihm — zu sich selbst:

»*Fehler der Biographen.* — Die kleine Kraft, welche Noth thut, einen Kahn in den Strom hineinzustossen, soll nicht mit der Kraft dieses Stromes, der ihn förderhin trägt, verwechselt werden.«

Daß er jetzt im eigenen Strom schwimmt, heilt ihn aber noch nicht von der Wunde. Er braucht, notiert er in den »Memorabilien«, die »Salbbüchsen und Medicinflaschen *aller* antiken Philosophen«. Den Gedanken, daß sein Leiden eine Art »Strafe und Prüfung« darstellt, durch die er geläutert würde, lehnt er ab. Statt dessen: »Seine Krankheit an den Pflug spannen«, sich die »kühne *Willkür* des Lebens« aneignen, die allem hohnspricht, was die Moral dem Menschen abverlangt. Ist nicht der Frevler Orest heiliggesprochen worden? Gab es im Altertum nicht sogar »Ehrfurcht vor dem grossen Verbrecher«? Könnte man das Brandmal nicht zum Markenzeichen umdeuten? »Wenn man eine eigene leibhafte Persönlichkeit haben will«, so muntert er sich auf, »so muss man sich nicht sträuben, auch einen Schatten zu haben.«

Er mag das Dilemma drehen und wenden, wie er will — es bleibt ihm ungelöst. Sein Grübeln verschlimmert den Zustand nur. »Hintersinnen«, schreibt er selbstkritisch, »d.h. man denkt nichts anderes mehr als wie es gegangen ist und nicht hätte gehen sollen.« Bleibt nur die Radikalkur. Eine Ferienerinnerung aus dem letzten Jahr hat ihn darauf gebracht. Damals in Sorrent, nach der Abreise der Wagners, als die Freundschaft schon in Scherben lag, hatte er trotz schlechten Wetters mit Malwida und Rée einen Ausflug nach Capri unternommen, »ohne viel Glück«, wie Nietzsche schreibt — »ich einen Tag krank«. Zu allem Überfluß begegneten sie auf der Insel einigen Bayreuther Freundinnen Malwidas, und so mußte der Kavalier auf dem Klavier improvisieren — was sich die Damen wünschten, läßt sich denken. Schmerzliche Erinnerungen mögen in ihm aufgestiegen sein; der Bruch war besiegelt, doch die Sehnsucht immer noch da. Man war dann auch in die Mithras-Grotte gestiegen, ein altes Heiligtum, im Grunde nur eine Höhle. Für Nietzsche war es viel mehr. Seine »Memorabilia« kreisen um die Grotte und das Mysterium, das er in ihr erblickte.

Einst habe man in dieser Höhle, so steht im Reiseführer von Ferdinand Gregorovius, ein Relief gefunden, auf dem das Mithras-Opfer dargestellt war: Mithras, der Sonnengott, stößt seinen Dolch in den Hals des Stiers, der von der Schlange, dem Hund und dem Skorpion, in Gregorovius' Worten, »verwundet« wird. Die Tiere quälen den Stier, Mithras aber erlöst ihn. Die Opferung bedeutet im Kult nicht Tod, sondern Erlösung und Wiedergeburt: Das Blut des befreiten Opfertiers befruchtet die Erde. Auch eine zweite Legende, die der Italienkundler berichtet, dürfte Nietzsche interessiert haben. In der Grotte sei eine Inschrift gefunden worden, nach der Kaiser Tiberius in »einer dämonischen Stunde ... seinen Lieblingsknaben der Sonne« geopfert habe — »hier in dieser Höhle, hier vor dieser Zelle«. Das Schicksal des Lustknaben Hypatos, den »der Caesar mit Geschenken überhäufte«, um ihn dann in den Hades zu schicken, beschäftigte Nietzsche. Gregorovius war, als Freund der Malwida von Meysenbug, ein vertrauenswürdiger Gewährsmann. Noch 1886 referiert er dessen Lustmord-Story als Beispiel für »religiöse Grausamkeit«: »Einst opferte man seinem Gotte Menschen, vielleicht gerade solche, welche man am besten liebte«, wie eben bei dem »Opfer des Kaisers Tiberius in der Mithrasgrotte der Insel Capri«, dem »schauerlichsten aller römischen Anachronismen«. Aber was war daran anachronistisch? Hatte Wagner ihn nicht ebenfalls kalt lächelnd über die Klinge springen lassen?

In Naumburg gehen ihm die Parallelen auf: Er ist der Lustknabe, der aus einer bösen Laune heraus geopfert wurde; er sieht sich aber auch in dem blutenden Stier, der an einer vergifteten Wunde langsam zugrunde geht, während eklige Tiere ihn quälen. Wie anders Wagner, der Schreibtischtäter:

> »Tiberius: Wahnsinn des Handeln-Könnens. Gegenstück: Wahnsinn des Wissen-Könnens.«

Das weidwunde Tier, das sich in die Naumburger Höhle verkrochen hat, fragt sich, was die Mächtigen zu Mördern macht. Seine Antwort: die Lust am Vernichten. Der Wahnsinn, der das Messer führt und sich am strömenden Blut ergötzt. Die rasende Willkür, die alles »rings« zu Leichen tritt. Hatte er nicht dem Donnergott seine Altäre geweiht, der mit dem zweischneidigen Blitz ins Herz trifft? War ihm nicht jenes Rückert-Gedicht »Die Fahrt um den Posilip« in Erinnerung, das von dem »Wolf Tiberius« berichtet, der »versteckt im schroffen Geklipp in scheußlichen Lüsten ersoffen«? Diese Lust war ihm nicht fremd, von diesem Hexentrank hatte er selbst schon genossen. Im Traum. Doch bei nüchterner Einschätzung seiner selbst mußte er sich wie das genaue Gegenstück des kaiserlichen Sadisten vorkommen: Tiberius tötet aus Wahnsinn — ich quäle mich aus demselben Grunde zu Tode. Mich macht mein Wissen rasend. Warum kann ich nicht handeln wie er, rasen wie er und vernichten? Nur eine Erlösung bleibt ihm, die alte, auf dem Satyr-Schleichpfad der wollüstigen Zuckungen:

»Wissen *Erstarrung* — Handeln Epilepsie unfreiwillig. Wie vom Curare-Pfeil der Erkenntniss angeschossen bin ich: alles sehend.«

Curare ähnelt dem Gift der »tödtlichen Beleidigung«. Es lähmt. Und verleiht, jedenfalls ihm, äußerste Hellsichtigkeit. Beweis: die »Memorabilien«. Nietzsche weiß jetzt alles, aber er kann nichts tun. Doch die Erstarrung, die ihn wie ein Alptraum überfallen hat, wird irgendwann in ihr Gegenteil umschlagen. Er weiß es. Aus dem Abgrund ertönt der Schrei, die unerträgliche Spannung entlädt sich in lustvollen Zuckungen. Epilepsie unfreiwillig. In diesem Zustand ist der Mensch zu allem fähig. Der Wahnsinn der Wiedergeburt, des bacchantischen Taumels derer, die überlebt haben, aus der Weltennacht wieder erwacht sind — es ist die einzige Hoffnung, die dem leidenden Tier bleibt:

»Mithras — Hoffnung
Mithraswahnsinn!«

Und so heißt die Grotte für Nietzsche. Unter den drei Namen, die Gregorovius für sie erwähnt, wählt Nietzsche »Mitromania« aus, das er mit »Mithraswahnsinn« übersetzt; den Namen »Matrimonio«, Hochzeit, findet er zu idyllisch. Der Wahnsinn aber, der Mithras ergreift, ist der Rausch der Grausamkeit. Der grausame Gott schlachtet den leidenden Stier:

»Mithras tödtet den Stier, an dem Schlange und Scorpion hängen.«

Töten, Nietzsche weiß es, erlöst. Grausamkeit, der Wahnsinn des zuckenden Messers, befreit. Die Weisheit eines Mysterienkults als sadomasochistisches Geheimwissen. Nietzsche dreht die Schraube weiter: Wie wäre es, wenn man sich selbst tötete, um die unheilbaren Qualen loszusein — und zugleich Opfer und Täter spielen zu können, die jeder, in eigener Weise, den Wahnsinn dieser Grausamkeit durchleben? Doppelte Qual bietet doppelte Wollust. Wie ein Regisseur hat Nietzsche die Szene seines Selbstmords arrangiert. Schauplatz: die Mithras-Grotte auf Capri; Zeitpunkt: bei Sonnenaufgang; Darsteller: der Sonnengott und der Selbstmörder.

»Mitromania. — Warten auf das Erscheinen des ersten Sonnenstrahls — ihn *endlich* sehen und — ihn verhöhnen und *sich* auslöschen.«

Das ist dämonisch ausgedacht, Nietzsche hat seine Feder in Euphorions schwarzes Tintenfaß getaucht. Sterben, indem man das Leben verflucht und die Wollust der Hölle genießt. Ein Naumburger Byron, der dem unwürdigen Spiel, das sich Menschsein nennt, ein Ende bereitet. Und wie, so fragt sich der ehemalige Jünger des Bayreuther Festspiel-Gottes, wenn man diesen Selbstmord als Mysterienkult feierte? Massen sich lustvoll-grausam selbst entleiben ließe? Das ganze lächerliche Leben, diese sinnlose Komödie, würde in diesem einen erhabenen Augenblick zusammengebündelt und ausgelöscht:

»Das Leben als *Fest* auszudenken von Mitromanie aus.«

Der Neu-Inka meint es todernst. In den folgenden Jahren wird Nietzsche den blutrünstigen Gedanken »der *sich opfernden* Menschheit« immer wieder neu formulieren. Auch Richard Wagner läßt seinen »Ring des Nibelungen« mit einer grandiosen »Götterdämmerung« enden, in der Götter, Helden und Menschen in einem Großbrand verschwinden. Warum nur auf der Bühne, mag Nietzsche sich gefragt haben. Wenn das Leben, wie er einmal den Tiberius sagen läßt, nur ein »langer Tod« ist, warum sollte dann nicht der Selbstmord aller Lebenden zu einem kurzen lustvollen Höhepunkt werden? Denn Grausamkeit, aktive wie passive, gehört zur höchsten Lust, derer Sterbliche teilhaftig werden können:

»Leiden-sehn thut wohl, Leiden-machen noch wohler . . . Ohne Grausamkeit kein Fest: so lehrt es die älteste, längste Geschichte des Menschen — und auch an der Strafe ist so viel *Festliches!* —«

Von der »Artisten-Metaphysik« der beiden Bruder-Götter scheint nur noch der Stachel der Schmerz-Lust übrig geblieben: Tragödie à la Mitromania — das grausame Spektakel von Erstarrung und gewaltsamer Krampflösung. »Die Grausamkeit«, schreibt Nietzsche, »gehört zur ältesten Festfreude der Menschheit. Folglich denkt man sich auch die *Götter* erquickt . . . wenn man ihnen den Anblick der Grausamkeit anbietet.« Auch Wagner, das weiß sein Ex-Jünger in der Naumburger Grübelklause, hat sich an der Perfidie erquickt. Erst nach seinem Tod wird er die Stimme gegen ihn erheben, Grausamkeit mit Grausamkeit, Hohn mit Hohn vergelten. Daß er tot ist, stört dabei nicht — die Adressatin lebt ja noch.

In Nietzsches Todesjahr 1900 erhielt die Wagner-Witwe Post vom Weimarer Nietzsche-Archiv. Elisabeth, die das Edel-Irrenhaus des Bruders in eine philosophische Weihestätte umgewandelt hatte, erwies der Hohepriesterin auf Villa »Wahnfried« ihre Reverenz — von Potentatin zu Potentatin sozusagen. Beide hatten sich um Nietzsche verdient gemacht: Cosima, indem sie Nietzsches Briefe vernichtete; Elisabeth, indem sie seinen Nachlaß für die kommenden Machthaber zurechtfälschte und ebenfalls Briefe, die nicht genehm waren, aus dem Verkehr zog oder umadressierte. Die Grußbotschaft von Haus zu Haus gipfelt in dem Satz:

»Es ist mir schon oft gesagt worden, wie wunderbar es sei, daß an der Spitze der beiden die Moderne beherrschenden Geistesrichtungen gewissermaßen als Repräsentanten zwei Frauen stünden.«

Im selben Jahr schreibt Cosima über Nietzsche, daß ein Mensch, der sich wie er »als Prophet hinstellt, entweder ein Monstrum oder ein Wahnsinniger sein muß«.

VII

BASLER FEHLTRITTE

An einem Aprilmorgen des Jahres 1869 hielt eine Pferdedroschke vor dem Naumburger Eckhaus im Weingarten 18. Der Kutscher kannte die Familie gut — er hatte vor über 25 Jahren das Brautpaar Nietzsche zur Trauung gefahren. Nun holte er den Sohn der Witwe ab, um ihn zum Bahnhof zu bringen. Fritz war auf die lange Reise gut vorbereitet. Um aus dem 24jährigen eine »würdige« Erscheinung zu machen, hatten Mutter und Schwester eine neue Garderobe schneidern lassen, die ihm ein »älteres Aussehen« verleihen sollte. Der Filius teilte den Geschmack der Damen — nur solche »Stoffe, Kleiderschnitte und Hüte, wie sie ältere Herren bevorzugen, erregten seinen Beifall«. Daß er an geistiger Reife seinen Altersgenossen längst davongeeilt war, hatte sein Lehrer Ritschl höchstpersönlich verkündet. Nun sollte man es ihm auch ansehen. Fein herausgeputzt wie ein Bräutigam, bestieg Friedrich Nietzsche, der zukünftige Professor, die einspännige Kutsche. Die »Thränen des Abschiedsschmerzes«, von Mama und Lama vergossen, »wurden nur durch den innigsten Stolz gelindert«.

»Herr Professor spielen Theater«. Fein herausgeputzt, so erlebten ihn auch die Basler, wenn er täglich von seiner Mietwohnung zum Kollegiengebäude am »Rheinsprung« oder zum Pädagogium am Münsterplatz ging. Ein Gerücht besagte später, Gottfried Keller habe bei seiner Novelle »Kleider machen Leute« auch an den feinen Professor in Basel gedacht. Nietzsche war für die Schweizer in der Tat eine extravagante Erscheinung aus einer anderen Zeit. Zu seiner altväterlichen Kleidung trug der Deutsche immer einen grauen Zylinder, wie außer ihm nur noch ein pensionierter Staatsrat. Die betont steife Haltung des jungen Herrn kontrastierte zu seinen Trippelschritten, mit denen er über das Pflaster huschte, unterm Arm die Kollegmappe, von Zeit zu Zeit den Zylinder ziehend. Sein Markenzeichen war der Schnurrbart, auch für damalige Verhältnisse ausschweifend dimensioniert, den er liebevoll seinen »Respirator« nannte.

Sein Tageslauf verlief nach Stundenplan. »Regelmäßig wie eine Uhr ging Tag für Tag um die Mittagszeit ein Herr, von einer jugendlichen Dame begleitet, vor unseren Fenstern vorüber, der nur ein deutscher Professor sein konnte«, erinnert sich ein Basler. An dessen Kleidung sei »alles peinlich frisch und gebürstet wie eben aus der Schachtel« gewesen. Vermutlich kamen die hellen Pantalons, der braune Rock und die schwarzsamtene Weste eben aus der Schachtel. Bevor er sich mit Schwester Elisabeth — »Vergißmeinnicht oder Röschen auf dem Hut« — zum Mittagsmahl in das »Schützenhaus« aufmachte, sorgte sie dafür, daß alles in vornehmster Ordnung war. Man erkannte »an ihrem ähnlichen Gange, mit ganz kurzen Schritten«, daß es »Geschwister sein müßten«. Beide waren stark kurzsichtig und hielten sich auf den unebenen Straßen aneinander fest.

Der Wandlungsfähige, von Elisabeth aus dem Ei gepellt, fand sich in der Universitätsstadt schnell zurecht. Sein Unterricht wurde gepriesen, Kollegen nahmen sich seiner an, auch die bessere Gesellschaft, an den »großen« Namen zu erkennen, wurde auf ihn aufmerksam. Das Genie aus Leipzig schmückte jedes Kränzchen. Gern ließ sich der Professor vereinnahmen, ging folgsam zu den Einladungen, erheiterte mit skurrilen Geschichten. Er vergaß, wer er gewesen war, und wurde, was man von ihm erwartete. Das Rollenspiel des braven Mannes und Honneursmachers ging ihm leicht von der Hand. Er konnte so albern sein, daß man ihn für einen Knaben hielt und ihm den Ehrentitel des »Hauptspaßmachers« verlieh. Im respektheischenden Kostüm des Ordinarius steckte offenbar ein Bengel, dem der Schalk im Nacken saß. Am liebsten hätte man ihn adoptiert.

Eine Zeitlang gehörte er mit zwei Freunden einem geselligen »Dienstags-Verein« an, der sich zweiwöchentlich zum heiteren Beisammensein traf. Bei schönem Wetter saß man im Garten, spielte »Kämmerchen-Vermieten« und trank Kaffee. Nietzsche, der für die Stimmung sorgte, brachte öfters ein Buch mit, Novellen von Mark Twain zum Beispiel, dessen »Albernheiten« er über alles liebte. Dann wurde bis in den Abend vorgelesen, für den bereits neue Vergnügungen geplant waren. Noch in tiefer Nacht wurde »gespielt und gesprungen«, und auch Herr Professor sprang mit. Zu seinen Ehren dachte sich der Verein eine besondere Überraschung aus — ein »lebendes Bild« aus den »Meistersingern von Nürnberg«, das von zwei Knaben und einem Mädchen dargestellt wurde:

»Als unsere Gäste versammelt waren«, erzählt die Gastgeberin Ida von Miaskowski, »bat ich Nietzsche das Meisterlied Walthers zu spielen. Dann öffnete ich die Tür zum anstoßenden Zimmer, in dem das von meinem

Mann gestellte Bild stand. Jedes der Kinder war ganz charakteristisch und doppelt reizend durch seine große Jugend. Die kleine Eva im hellblauen Gretchenkostüm ließ sich vom dreijährigen Meister Hans Sachs in Lederschürze und Käppchen den Schuh anmessen, und von einer improvisierten Stufe schaute der kleine Ritter v. Stolzing in prächtig rotem Wams mit weißen Puffen und Spitzen und schwerer Goldkette auf das schöne Bild. Alle waren entzückt . . . und Nietzsche sogar ganz bewegt. Er nahm meine beiden Hände und drückte sie immer wieder, indem er für die reizende Überraschung dankte.«

Die Rührung war nicht gespielt — der Professor lebte die Kindheit nach, die er nie gehabt hatte. Bei Gelegenheit spielte er auch selbst. Wer ständig über die Tragödie nachdenkt, sie seinen Schülern nahebringt und in Tribschen nahegebracht bekommt, wird irgendwann zum Tragödienschauspieler. Und Nietzsche spielte, daß die Wände wackelten. »Besonders schön und tief ergreifend«, erzählt die Schwester, konnte er den Philoktet mimen — jenen Helden, der durch eine vergiftete Wunde außer Gefecht gesetzt wird und auf einsamer Insel Besuch von dem hübschen Knaben Neoptolemos bekommt, der ihm die Erlösung bringt. Nietzsche, der am liebsten in der Originalsprache rezitierte, »seufzte und schrie dabei aber so kläglich, daß unser Mädchen, offenbar aus Neugierde getrieben, den Thee eine Stunde früher als gewöhnlich brachte. Ich versuchte eine Erklärung«, sagt Elisabeth, was aber gar nicht nötig war, denn die gute Caroline antwortete mit »überlegenem Lächeln, ›ich merkte es gleich, der Herr Professor spielen Theater!‹«

Am Griechentum als Lehrstoff lag ihm wenig — auf die Wirklichkeit kam es an. Der neue »Philoktet«, wie er sich später mehrmals nannte, sann darüber nach, wie er der Antike in Basel zur Wiedergeburt verhelfen konnte. Erst in Basel, dann in ganz Deutschland. Schon in seinen Vorträgen über die »Zukunft unserer Bildungsanstalten« hatte er angedeutet, daß dies mit dem herkömmlichen Unterricht kaum zu erreichen war. Da wurde nicht erhoben, sondern abgerichtet. Er aber träumte vom pädagogischen Eros, der dem Schüler Flügel wachsen ließ.

Im Sommer 1873 schien Nietzsches Schul-Olymp plötzlich in greifbare Nähe gerückt.

Mit Carl von Gersdorff hatte er sich für ein paar Wochen im Graubündner Kurort Flims eingemietet. Man war glücklich, wanderte viel, genoß die »Ruhe und uhrenmäßige Regelmäßigkeit des Lebens«, wie Gersdorff, der Künstlerfreund, schreibt. Das »Einatmen der besten, duftigsten Waldluft, tägliche Bäder im schönen grünen Caumasee, gute Kost und anspruchslose Gesellschaft, endlich die Beschäftigung mit den größten und besten Autoren, Wagner, Goethe, Plutarch«, fährt Gersdorff im Brief an Rohde fort, übten »gute Wirkung« auf Nietzsches Gesundheit aus. »Wir haben oft und lebhaft Ihrer gedacht und hätten nichts mehr gewünscht, als daß Sie hier, etwa im Schlößchen zu Flims, 12 Minuten von unserem Pensionshaus, Ihre Arbeit hätten vollenden und die Mußestunden mit uns vertun können . . .« Das war ein Programm, von Nietzsche ihm in die Feder diktiert: Arbeit und Mußestunden, die größten und besten Autoren mit Wagner an der Spitze als Lesestoff, zwischendurch abhärtende Gemeinschaftsbäder im Bergsee. Dort hatten Gersdorff, Nietzsche und ein dritter Freund die Anfangsbuchstaben von Nietzsches erster »Unzeitgemäßer Betrachtung« samt Erscheinungsdatum »in eine schräge Marmorfelsplatte« eingekratzt; »darauf schwammen wir auf einen Felsblock, der mitten im See aus der grünen Flut emporragt« und ritzten die Initialen ihrer Namen ein, »worauf wir noch einige Zeit auf dem entzückenden Rheingoldfelsen verweilten« — wie Wagners Rheintöchter offenbar. Ganz nach Pennälersitte wurde der Stein mit einem Glas Wein »gesegnet«.

Hier kam Nietzsche die Idee: Warum sollte man diesen arkadischen Zustand nicht für immer bewahren? Natur und Mensch im Einklang, Freund zu Freund gesellt, den Musen dienend und die Schönheit vor Augen? Wenn Rohde nicht sofort kommen konnte, dann vielleicht, sobald der Plan sich konkretisierte: Ein neues Griechenland, eine hellenische Akademie — die Bildungsanstalt mit Zukunft! Hier, so erinnert sich Elisabeth, die gegen Ferienende nachgerückt kam, plante der Bruder, die »zukünftige Bildungsanstalt zu verwirklichen«. Als idealer Platz für die Geistes-Aristokraten bot sich das örtliche Schlößchen an. Einziger Nachteil des Herrschaftshauses, das seit langem zum Verkauf stand: Aristokraten-Geister gingen um. Ob es nun der einstige Schloßherr Josef von Capol war, der 1621 von Jörg Jenatsch erschossen wurde, oder sein Nachfahre Herkules, der fern der Heimat in Belgien fiel, oder gar deren schwarze Witwen, bleibt ungewiß. Sicher ist, daß das »wunderhübsche kleine Schloß, in dem es etwas spuken sollte, zu einem ungewöhnlich billigen Preis« zum Kauf stand. Rund fünf Jahresgehälter hätte es den Professor gekostet. Dann wäre wohl auch jenes, wie Elisabeth schreibt, »prachtvoll im Renaissancestil« getäfelte Barockzimmer erhalten geblieben, das 1884 für 25000 Mark nach Berlin und von dort ins Metropolitan Museum nach New York verkauft wurde. Die Täfelung allein war den Kaufpreis wert. Aber irgend etwas Düsteres muß die Interessenten abgeschreckt haben — ein Dichter hat sich dagegen von der Atmosphäre inspirieren lassen. Johann Gaudenz von Salis-Seewies soll hier sein Poem »Das Grab« verfaßt haben, das Schubert vertont hat. Mit seinen schwermütigen Schlußzeilen könnte es glatt von Nietzsche in Pforta verfaßt sein. Nur lagen dazwischen siebzig Jahre:

»Das arme Herz, hienieden
Von manchem Sturm bewegt,
Erlangt den wahren Frieden
Nur, wo es nicht mehr schlägt«.

Das Spukschloß blieb bis Mitte des letzten Jahrhunderts im Besitz der Dichter-Familie, wechselte dann mehrmals den Eigentümer und diente seit 1948 als Pfarrwohnung. Um das alte Schloß des Luft-, Molke- und Badekurorts Flims in eine athenische Akademie zu verwandeln, wären kostspielige bauliche Eingriffe nötig gewesen. »An den Mauern«, so Elisabeth, »sollten überdeckte Wandelgänge angelegt werden, da das Lehren und Unterreden möglichst wenig im Sitzen, sondern meist im

Wandeln stattfinden sollte; der sehr lange Rasenplatz in der Mitte blieb für die Übungen des Pentathlon frei.« Die preußische Herrenriege bei der morgendlichen Körperertüchtigung, mit Ringelhemd und gezwirbeltem Schnurrbart: Nietzsche als Diskuswerfer, Rohde als Ringer, Gersdorff als Dauerläufer, Deussen als Speerwerfer und Overbeck als Weitspringer — die Olympischen Spiele von Flims. Fünf Freunde sollten es sein, die den Kern der erträumten »Brüderschaft der Lehrer und Erzieher« bilden. Vielleicht wäre am Ende eines der angesehenen Schweizer Elite-Internate dabei herausgekommen — doch nicht einmal »die außerordentlich schwungvolle Einladung« wurde verschickt, die Nietzsche seiner Schwester vorgetragen hatte. Man verschob den Plan und freute sich auf Basel.

*

Noch hatte Nietzsche Grund, sich auf Basel zu freuen. Die Schüler am Pädagogium, so die Schwester, verehrten ihn »im höchsten Grade«, einige Studenten waren »seinetwegen« an die Universität gekommen. Sie »schworen auf sein Wort, waren voll von zarten Aufmerksamkeiten, und poetisch angehauchte junge Gemüter legten in seinem Zimmer verehrend Blumen nieder«. Das mit den Blumen hat die Schwester mißverstanden, aber im Prinzip lag sie richtig. Nietzsche wurde geliebt. Und wozu sollte er in einem Touristendorf eine Akademie gründen, wenn ihm in Basel schon die Schüler zu Füßen lagen? Ihm bewundernd an den Lippen hingen? Einer von ihnen erinnert sich sogar, daß »Schüler und Studierende« nach Erscheinen der »Geburt der Tragödie« von einer »Art Nietzsche-Begeisterung« ergriffen wurden, die »unsere Stadt durchzog«.

Als der Schweizer Nietzsche-Biograph Carl Albrecht Bernoulli Anfang dieses Jahrhunderts ehemalige Nietzsche-Zöglinge nach ihrem Lehrer fragte, schienen sie einig

»in der scheuen Nachempfindung, sie hätten da nicht so sehr einem Berufspädagogen zu Füßen gesessen, als etwa einem leibhaftigen Ephorus aus

Altgriechenland, der mit einem Sprung über Zeit und Sitten mitten unter sie trat, um ihnen von Homer, Sophokles, Plato und ihren Göttern zu erzählen«.

Den Sprung über die Zeit illustrierte schon sein Unterrichtsstil: Wenn dieser Kulturbringer aus einer anderen Welt im dämmrigen Schulzimmer las — die Fensterläden wurden wegen seiner lichtempfindlichen Augen geschlossen —, fand nicht länger »Griechisch« statt, sondern die leibhaftige Antike. Andächtig lauschte man dem Lehrer; bald verbreitete sich eine Atmosphäre, als »berichte er aus eigener Anschauung« von den unerhörten Dingen, die sonst im Staub der Bibliotheken ruhten. Oft geriet die Stimmung gar ins »Feierliche«. Aufgefordert, zu »meditieren« und die Helden des Altertums »nach ihrer eigenen Intuition« lebendig werden zu lassen, erweckte der Ephore dann die Persönlichkeiten »etwa des Alkibiades oder des Achilles« zum Leben wie Faust die Helena. Vermutlich holte ihn erst der Stundenschlag vom nahen Münster in die Wirklichkeit zurück.

Kreideherz mit Veilchensträussen. Den Unterricht am Pädagogium absolvierte Nietzsche »mit Vergnügen«. Er las mit seinen empfänglichen Schülern die Gespräche des zum Tode verurteilten Sokrates, um sie dabei »mit Philosophie zu infizieren«, und aus der Ilias den achtzehnten Gesang mit Achills erschütternder Klage um den toten Patroklos, wohl um ihnen einen Begriff von griechischer Freundesliebe zu geben. Die Arbeit an der Universität machte ihm weit weniger Spaß, unter anderem weil er weit weniger Hörer hatte. Im ersten Wintersemester schreibt er Ritschl von seinen »drei dummen Zuhörern!« Die Klage über die Studenten kehrt regelmäßig zu Semesterbeginn wieder, entweder sie sind zu wenig oder zu dumm. Nach Veröffentlichung der »Geburt«, als Basel angeblich im Nietzsche-Taumel lag, habe er mit »äußerster Noth« ein Kolleg zustande gebracht, »mit 2 Zuhörern, d.h.

einem Germanisten und einem Juristen«. Im Pädagogium dagegen brauchte er sich um zahlreiches Erscheinen nicht zu sorgen. Da kam er an. Jacob Burckhardt äußerte sich nach Nietzsches Urteil »sehr günstig« über ihn, als er einem Kollegen anvertraute, »einen solchen Lehrer würden die Basler nicht wieder bekommen«. Der spitzzüngige Burckhardt sprach damit seine Tätigkeit am Pädagogium an — über sein Professorenamt schwieg er.

Der Dank der Schüler ließ nicht lange auf sich warten. Sie zeigten sich anhänglich, ganz im Banne ihres Helden, wie einst die »Unteren« gegenüber ihrem »Oberen«. Auch Anzügliches kam vor:

»In unserer Klasse hatte vor einer der ersten Stunden ein Schüler ... mit Kreide ein Herz auf den Pultdeckel gezeichnet und zwei Veilchensträußchen hineingelegt. Als Nietzsche das Zimmer betrat, warf er nur, tief errötend, einen flüchtigen Blick auf die Bescherung ...«

Das waren die »verehrend« niedergelegten Blumen, von denen die Schwester berichtete. Der Augenzeuge jedenfalls empfand die Gabe als »ungehörig« und weist entschuldigend darauf hin, daß der Missetäter später doch noch ein »trefflicher Gymnasiallehrer« geworden sei. Was hatte der Schüler dem Lehrer da durch die Blume andeuten wollen? Sicher nicht, daß er in ihn verliebt war — der Liebesgruß war anonym; auch nicht, daß der Professor ein großes Herz habe, für das man ihm mit Blumen danken wolle. Nietzsche, seit Naumburger Schultagen an Hohn gewöhnt, scheint sofort begriffen zu haben: Kreideherz und Veilchen, Devotionalien der Pennälerverliebtheit, hatten in einer Klasse, in der nur Knaben saßen und ein Professor lehrte, nichts zu suchen. Oder doch? Und hatte am Ende er selbst damit zu tun? Warum sonst hätte sich das denunziatorische Symbol auf seinem Pult und nicht auf dem eines Mitschülers gefunden? Nietzsche sah, »errötete« und begann eilig den Unterricht, »ohne ein Wort darüber zu verlieren«. Achtzehn Siebzehnjährige dachten sich ihr Teil.

Womöglich hatten sie sich, in diesem konkreten Fall, getäuscht. Denn Nietzsche lud gerne Schüler, die ihm gefielen, nach Hause ein, wo er sie die Kluft zwischen Lehrer und Zögling vergessen ließ — auf großen Fauteuils, deren Bezüge mit »reizenden Blumenmustern« geschmückt waren: »Veilchensträuße und junge Rosen«. Also doch vielleicht »herz«licher Dank für eine Privat-Sitzung auf Cretonne-Sesseln? Nietzsches ausgebliebene Reaktion wird seinem Ruf nicht gerade zuträglich gewesen sein.

Auch der junge Louis Kelterborn hatte die Ehre. Im Pädagogiumsunterricht war er von dem Professor in »gehobene Stimmung« versetzt worden. Kelterborns erster Eindruck, »daß hier ein Auserwählter berufen sei, uns in die hellenische Schönheits- und Gedankenwelt noch tiefer einzuweihen«, hatte sich mit der Zeit noch verstärkt. Nicht Lehre, sondern Einweihung stand auf dem Programm. Dazu mußte Nietzsche erst prüfen, wer unter den Schülern würdig war und die rechte Empfänglichkeit an den Tag legte. Die Botschaft der Antike war nicht für jedermanns Ohren geeignet! Vor die Initiation hatte Nietzsche eine Prüfung gesetzt, die nicht nur auf schulische Fähigkeiten zielte, sondern den ganzen Jüngling im Auge hatte:

> »Um die Individualität jedes Schülers genau kennen zu lernen, gab er uns sofort als Specialaufgabe die Privatlektüre bzw. Übersetzung der Bacchen des Euripides und Ausarbeitung eines Aufsatzes über den Eindruck, welchen diese erste Bekanntschaft mit einer griechischen Tragödie auf uns machen würde.«

Am Resultat dieser Seelen-Erforschung hatte Nietzsche sich noch auf dem Frankreich-Feldzug ergötzt. Daß die Schüler mit dem mörderischen Taumel der Mänaden und dem androgynen Sado-Gott zurechtkamen, hatte seine Erwartungen übertroffen. Ob sie auch bemerkt hatten, wie viele Parallelen sich zwischen ihrem Mystagogen und dem Dionysos des Euripides ziehen ließen? »Als Gott in menschlicher Gestalt« kam er nach Theben und bezauberte alle mit seinem weiblichen Habitus, dem »Wohlgeruch« seines Haares, dem dunklen Auge, das »Aphrodites Reiz« barg. Doch der »Zauberkünstler« Dionysos wird eingesperrt, weil er zu Sittenwidrigem verlockt. Dafür rächt er sich mit göttlicher Grausamkeit an seinem Gegner, dem die eigene Mutter den Kopf abreißen muß. Unter den Euripides-Prüflingen hat Kelterborn die Hausaufgabe besonders gut gelöst. Der Lehrer spricht von einer »rühmlichen und schöne Hoffnungen weckenden Arbeit«. Nicht unerwartet folgt die Belohnung: eine Einladung, ihn »persönlich zu besuchen«.

Nietzsche war seinen Gästen der perfekte Gastgeber, der »sprühend« sein konnte, wenn man auf ihn einging. Im Sommer kühlte er das Zimmer mit Eis, bot Kulmbacher Bier an, das er selbst »aus einer silbernen Schaale zu trinken pflegte«. Zu dem »in Haltung und Kleidung beobachteten Feingeschmack« kam ein »natürliches Höflichkeitsgefühl«, das alle Alters- und Rangunterschiede hintanstellte. Durch Nietzsches »gewinnendste und natürlichste Liebenswürdigkeit« sah der junge Kelterborn sich unversehens, ja »unwillkürlich in eine schönere und edlere, reinere und höhere geistige Atmosphäre gehoben«. Auf Flügeln sozusagen, die ihm im Gespräch wuchsen. Der Effekt war beabsichtigt, Nietzsche wußte, dank seiner »dionysischen Natur«, wie man Jünglinge bezaubert. Und oft ließ er wie ein geschickter Musiker die Stille im blumengeschmückten, abgedunkelten Salon für sich sprechen, so daß sein Gast spüren mußte: Hier liegt ein Geheimnis verborgen, und ich bin ihm ganz nahe gekommen. Während einer solchen Kunstpause fand Kelterborn

> »Gelegenheit, sich die ungemein fesselnden Gesichtszüge einzuprägen, den selbst im Schweigen und oft recht langen Schweigen noch so beredten Mund, das runde volle Kinn, die bräunliche gesunde Hautfarbe, die wohlgeformte energische Nase mit den meist weit geöffneten Flügeln . . .«

Da hatte der Schwärmer Kelterborn eine Eigentümlichkeit des Professors entdeckt: In Erregung, wie dereinst unter »Töchtern der Wüste«, sog Nietzsche die Luft »mit Nüstern geschwellt gleich Bechern« ein. Sein Gast sah offenbar das gespannte Wittern, ohne es zu verstehen, hörte den »eigentümlich sympathischen Ton seines Lachens«, ohne auf ihn eingehen zu können. Für seine Besucher war Nietzsche nicht länger der steife Zylinderträger, sondern ganz Freund, ganz Seelenführer und charmanter Komplimente-Macher. Wer nicht aufpaßte, mußte sich unweigerlich in ihn verlieben. Kelterborn war für diese Signale nicht unempfänglich. Nach dem ersten Besuch lud ihn Nietzsche häufiger ein, selbst »bei zufälligem Zusammentreffen auf der Straße«. War das Wetter danach, schlug Nietzsche ihm auch ausgedehnte Spaziergänge in die Umgebung vor, wo er dem Jungen seine »lebendige Auffassung des hellenischen Altertums« nahebrachte.

Ein anschauliches Beispiel für die Lebendigkeit des Griechentums konnte der Professor dem Lieblingsschüler bei einem Besuch präsentieren. Ende 1871 hatte Kelterborn, der bereits zur Universität übergewechselt war, die »Geburt der Tragödie« kennengelernt, das heißt: viermal hintereinander gelesen, davon zweimal laut. Welche Ehre, das Buch Seite an Seite mit seinem angebeteten Autor Seite für Seite durchblättern zu können, auf interessante Details hingewiesen zu werden und die Gediegenheit der Ausstattung — vor allem aber auf die Vignette, die das Titelblatt ziert. Auf das kleine Kunstwerk kam Nietzsche »mit warmer Bewunderung« zu sprechen. Es zeigt einen muskulösen Athleten mit Bart, zerbrochene Fesseln an Hand- und Fußgelenken, der sein Gesicht dankbar nach oben wendet, während sein rechter Fuß auf einem Adler mit durchschossenem Hals ruht. Kein Zweifel, es ist Prometheus, der mit den Augen seinem Befreier Herakles folgt. Nietzsche, so Kelterborn, habe eigens auf den »hochbegabten jungen Bildhauer« hingewiesen, der ihm die Vignette gezeichnet hatte.

Der Künstler hieß Leopold Rau und gehörte zu den »künstlerischen Freunden« Carl von Gersdorffs, wie Nietzsche es ausdrückte. Er sei »der einzige ihm bekannte bildende Künstler, in welchem der Geist der griechischen Plastik wahrhaft lebendig« erscheine. Abgesehen davon, daß Rau wohl der einzige bildende Künstler war, den Nietzsche neben dem Genremaler

Mosengel kannte, kann sich das Urteil kaum auf Raus künstlerische Fähigkeiten bezogen haben. Oder doch? Als der Bildhauer im selben Jahr bei einem Denkmals-Wettbewerb in Wien einen zweiten Preis errang, geriet Nietzsche in einen »wahren Entzückens-Taumel«, während Rau-Intimus Gersdorff »vor Jubel fast wie ein Bacchant« durch Florenz lief. Dem Meister des entfesselten Prometheus sollte leider nicht das »Stückchen Unsterblichkeit« beschieden sein, das Nietzsche ihm als Vignetten-Lieferant für sein Erstlingswerk prophezeit hatte. Er starb 1882 mit 35 Jahren und ist heute vergessen.

Als Nietzsche im Sommer 1875 im Südschwarzwald gegen sein Magenleiden kurte, beschloß der cand. jur. Louis Kelterborn, ihm einen Besuch abzustatten. Er traf einen »leidenden« Mann, der ihm sogleich »eingehend sein Ergehen, aber auch alle Einzelheiten seiner Cur« schilderte. Man wanderte durch die Tannenwälder, wobei dem Gast die »kräftig ausschreitende im gleichmäßigen Rhythmus fortgesetzte Bewegung« Nietzsches auffiel — in Basel ging er ganz anders. Zu einer kleinen Verstimmung kam es, als sie zum »Bad-Etablissement« direkt am Kurhaus zurückgekehrt waren. Nietzsche wollte ihn partout »veranlassen, ein Schwimmbad zu nehmen, worauf ich indessen verzichtete«. Ahnte er, daß Nietzsche neben dem Sinn für's Griechentum auch einen für das Nackte besaß? Die »freundliche Einladung als sein Gast die Nacht in Steinabad zuzubringen«, lehnte Kelterborn ab und zog es vor, im wenige Kilometer entfernten Bonndorf zu nächtigen.

Auch in dem Juristen hatte Nietzsche einen Freund mit »undurchdringlicher Epidermis« gefunden. Die erträumte, kunstvoll herbeigeführte Grenzüberschreitung wollte nicht gelingen. Da half, wie beim dickfelligen Rohde, nur noch ein einziges Mittel: Klavierspiel, vierhändig. Kelterborn erlebte bei diesem Zeitvertreib eine wahre »Explosion seiner Musikseele«:

»Beim Vierhändigspielen war er die Liebenswürdigkeit, Geduld und zugleich Befeuerung und Ermutigung selbst . . . So spielten wir das Vorspiel zum ›Tristan‹ gleich mehrmals nach einander durch, ferner . . . den Hymnus an die Freundschaft und vor allem die große Manfred-Meditation, deren tiefe wühlende Leidenschaftlichkeit er durch ein außergewöhnlich energisches Spiel zum Ausdruck brachte, so daß auch ich mich durch den Strom dieser . . . so tief empfundenen Musik fortgerissen fühlte.«

*

Unter Nietzsches geschniegelter Oberfläche brodelte es. Nicht nur musikalische Explosionen verrieten die unterirdischen Aktivitäten dieses Vulkans. Bald folgte Krankheit auf Krankheit, die »enorme Wohltat seines Unterrichts«, schreibt Kelterborn, wurde »arg beschnitten«. Erst verrenkte er sich den Fuß, als hätte er geahnt, daß Basel ein Fehltritt war; dann zog er, seinem »patriotischen Gewissen folgend«, wie Kelterborn es ausdrückt, in den Krieg, von dem er schwerkrank zurückkam und vor Neubeginn des Unterrichts erst genesen mußte. Dann nahm er »in Folge bedenklicher Erkrankung« einen »längeren Aufenthalt im sonnigen Lugano« — Louis Kelterborn war enttäuscht, die Würdenträger der Basler Universität sahen es mit immer saureren Mienen. Einer der Professoren, die für ihn einspringen mußten, war der um sechzehn Jahre ältere Jacob Mähly, der später Nietzsches Berufung ganz offen als »Fehlgriff« bezeichnete. Mit neidischen Untertönen berichtet er, Nietzsche sei in Basel »von Alt und Jung als frühreifes Genie gefeiert und verhätschelt worden«. Trotz seiner »stellenweise lückenhaften Gelehrsamkeit« — beliebtes Kompliment unter Fachkollegen — hätten ihn seine Schüler geliebt und verehrt. Der Grund war allerdings nicht akademischer Natur: Sie fühlten ganz einfach, »daß er mit ihnen jugendlich fühle«. Gefühl statt Wissen, das war es wohl.

Die Kröte essen. Auch Mähly, der Biedermann mit dem giftigen Blick, bemerkte die Eitelkeit des Deutschen, die »sorgsame Pflege«, die den Zöglingen »imponiren mochte, um so mehr, als sein mächtiger Schnurrbart ihn von dem Vorwurfe, daß ihm zu viel Weibliches oder gar Weibisches anhafte, hinlänglich schützte«. War das nicht herrlich hinterhältig formuliert? Nietzsche minus Schnurrbart gleich Weib. Daß er es genauso meinte, verrät schon der nächste Satz, daß nämlich »gewöhnlich ein Wohlgeruch von ihm ausströmte«. Mähly betreibt Ursachenforschung. »In seiner Jugend, heißt es, sei Nietzsche vielfach weiblichem Einfluß unterstellt und zugänglich gewesen«; und dieser Einfluß, dem er »zugänglich« gewesen sei, »mag auch noch später am äußeren Habitus des jungen Gelehrten spürbar gewesen sein«. Von »näheren geistigen Beziehungen zum weiblichen Geschlecht« hat in Basel jedenfalls »nichts verlautet«. Spielte er damit auf jenes Gerücht an, nach dem der Knabenlehrer zu einer Dame im Totengäßlein gewisse ungeistige Beziehungen gepflogen habe? Auch das, neben vielem anderen, wurde Nietzsche nachgesagt. Oder meinte Mähly nur, daß sich dieser weibische Mann mit der Liebe und Verehrung seiner ahnungslosen Schüler begnügte? Seine Anomalität scheint Tagesgespräch gewesen zu sein. Denn »schon hörte man einzelne Stimmen flüstern, daß eine Geisteskrankheit im Anzuge sei«, schlimmes Erbgut von der Familie. Bestätigt wurde Professor Mählys Befürchtung durch Nietzsches Aussehen, als er ihn Jahre später »aus Italien« zurückgekehrt sah:

»Über seinem fadenscheinigen Rock von zweifelhafter Farbe und noch zweifelhafterer Integrität hing nachlässig an schadhaftem Riemen eine schäbige Reisetasche, und ein Hut von längst dahingeschwundener Jugend, unter dem zerstreut blonde Haarsträhnen hervorquollen und zwei Augen von erloschenem Glanz unstät hin und her zuckten, bedeckte das müde Denkerhaupt!«

Ein Trommelfeuer von Schmuckwörtern begräbt den armen Heimkehrer unter sich: fadenscheinig, zweifelhaft, noch zweifelhafter, schadhaft, schäbig, dahingeschwunden, zerstreut, erloschen, unstet, müde. Das Schicksal »Euphorions«, mit Basler Krokodilstränen begossen.

Daß mit dem Professor etwas nicht stimmte, will auch die Zürcherin Ida Rothpletz bemerkt haben, die ihn 1870 im Maderanertal »flüchtig« kennenlernte, um später, als Gattin seines Freundes Franz Overbeck, engeren Anteil an seinem Leben zu nehmen. »Ich hatte in Nietzsches Nähe das Gefühl eines Rätsels, eines Geheimnisses«, schreibt sie. »Etwas wie mädchenhafter Natürlichkeit begegnete er mit einer gewissen Feierlichkeit«; will sagen: seine Mädchenhaftigkeit verbarg er hinter der Maske des Elitemenschen. Nach »Mädchenhaftem« wird er später auch als Zarathustra-Dichter lechzen. Seine Haltung, so Fräulein Rothpletz, »war liebenswürdig, konnte sogar einen Anflug von Weiblichkeit haben«. Das bemerkte auch Wagner und in seinem Kielwasser Eiser. Dennoch, fügt sie fast trotzig hinzu, »ich wollte es nicht haben, daß Nietzsche etwas anderes sein könne als ein Grieche«.

Was er war, wußte er oft selber nicht. Manchmal half ihm ein Traum auf die Sprünge. Einmal erzählte der Professor, der nach bürgerlichen Begriffen eine exzellente Partie war, etwas Kurioses. Es war bei einer Abendgesellschaft in Basel, neben ihm hatte man eine heiratsfähige Tischdame plaziert, und ihm oblag die Unterhaltung des erwartungsvollen Wesens. So erzählte er, ihm habe geträumt, er »wäre eine Kamelia«. Das mußte auf die junge Dame unbedingt erheiternd wirken: Der Herr Professor — eine duftende Blume! Das war es aber gar nicht, was der Traum ihm gesagt hatte. Eine Kamelia ist nicht nur eine Blume, sondern auch eine Kokotte, eine ausgehaltene Geliebte. Seit Alexandre Dumas' Erfolgsroman hatte sich dieser Ausdruck eingebürgert, selbst Dostojewski verwendet ihn im »Idiot«. Im besonderen Fall von Dumas' »Kameliendame«, die Verdi als »La Traviata« vertonte, handelt es sich um eine kranke Kurtisane, die um der Zukunft ihres Geliebten willen auf ihre Liebe verzichtet und an gebrochenem Herzen und Lungenschwindsucht zugrunde geht. Warum aber hat Nietzsche der Schweizerin den Traum erzählt? Erwartete er sich von ihr eine interessante Deutung? Wohl kaum. Eher wollte er ihr »durch die Kamelia« sagen, daß sie sich nichts von ihm erwarten durfte.

Der Theologieprofessor Franz Overbeck, den Nietzsche in Basel kennenlernte, mit dem er am Schützengraben zusammenlebte und von dem er 1889 aus Turin zurückgeholt wurde, hatte über den auffälligen Freund keine Illusionen. Schon »früh in der Zeit meiner Freundschaft« habe er Anlaß gehabt, Nietzsches »›Echtheit‹ in Frage zu stellen«. Overbeck durchschaute die Attitüde des griechischen Edelmenschen ebenso wie die des Professors auf Karrierekurs. »Nietzsche«, so schreibt er auch in Hinblick auf den Nietzsche-Kult, der um die Jahrhundertwende in Deutschland ausbrach, »war kein im eigentlichen Sinne großer Mensch«. An seine »Genialität« habe nicht einmal er selbst geglaubt. Was ihn aber am meisten an Nietzsche störte, war die *»Affektation des Vornehmen«,* jene schwer erträglichen »Extravaganzen seines Selbstbewußtseins«, in denen sich für ihn nur Selbstzweifel ausdrückten. Nietzsche zweifelte an sich selbst. Und Overbeck deutet an, was ihn zu seinen ständig wechselnden »Selbstmaskierungen« gezwungen haben könnte:

> »Immerhin gebe ich zu, daß insbesondere auch der Verkehr Nietzsches mit Männern es ist, der bei ihm am meisten den Schein des Unmännlichen hatte . . .«

Auch die »herzzerbrechenden Selbstbekenntnisse«, die Nietzsche vor den Ohren des Freundes in einer »Dämmerstunde« des Jahres 1873 ablegte, als sie sich »auf dem Sofa meines Zimmers unterhielten«, läßt Overbeck im besagten Dämmerlicht. Nietzsche habe dabei, so der Freund, »nichts anderes im Sinn gehabt«, als über seinen Mangel an künstlerischer Begabung zu klagen. »Redete er auch damals nicht so deutlich und insbesondere ohne andere als sich zu nennen.« Warum sagte Overbeck nicht einfach, was Nietzsche ihm da »Herzzerbrechendes« anvertraut hatte — »ohne andere« zu nennen. Das Nietzsche-Gedicht, in dem es ausdrücklich ums »Herzzerbrechen« geht, ist ein Liebesgedicht. Ein anderer Freund, der einst verschmähte und oft von ihm gescholtene Paul Deussen, fand für Nietzsche die harten Worte: »Nietzsche war und blieb eine im tiefsten Innern unruhige, bestandlose Natur ... Diese innere Unruhe war es, welche ihn in seiner Baseler Stellung keine rechte Befriedigung mehr finden ließ.«

Bald waren die Vorschußlorbeeren, mit denen Basel ihn gekrönt hatte, verwelkt. Nietzsche geriet in den Tratsch. Häufig mußte er sich Spötteleien der Kollegen gefallen lassen, die meist seine »Vornehmheit« aufs Korn nahmen, auch die Verkrampftheit, die als »unnatürlich« galt. Warum konnte der junge Mann nicht natürlich sein wie sie? »Der Nietzsche!«, soll Jacob Burckhardt gesagt haben, der mit gehässigen Bemerkungen Nietzsches Laufbahn glossierte, »kann nicht einmal einen gesunden Furz lassen.« Nietzsche nahm derlei bitter ernst. Was andere in Witzform über ihn zum besten gaben, oft in seiner Anwesenheit, machte ihn krank. Wer eine doppelte Identität hat, ist leicht zu kränken.

Der Chemiker Julius Piccard schildert drei Begebenheiten, die Nietzsches tiefsitzende Unsicherheit belegen sollen. Der ehemalige Kollege beschreibt ihn als »Mensch von einer rührenden Herzensgüte und Feinfühligkeit«, fügt aber zugleich hinzu, es hieße »blind sein, nicht einzusehen, daß diese Feinfühligkeit damals schon etwas ins Krankhafte ging«. Damals, zu Nietzsches Anfangszeit als Professor. In Piccards Augen hatte man es mehr oder weniger mit einem paranoiden Don Quichote zu tun: Bei einem Familienabend im Haus des Ratsherrn Vischer trug er ein eigenes Klavierstück vor, das »etwas befremdend ausfiel«. Auf Nietzsches ängstliche Frage, welche Wirkung es beim Publikum hervorgerufen, antwortete Piccard ausweichend, wies aber auf ein »wiederholtes Stakkato« hin, »das mir und wohl andern etwas eigentümlich erschienen war«. Der Komponist: »Aber Piccard! Sie haben nicht verstanden, daß dies die Sterne am Himmel während eines Nachtspaziergangs waren?« Darauf sei »der arme Mann« traurig geworden, »daß er mich tief dauerte«. Nietzsches Reaktion auf den zweiten Vorfall war heftiger, kam dem Chemiker folglich auch wie »ein

Anflug von Verfolgungswahn« vor: Bei einem Toast in der Akademischen Gesellschaft hatte jemand das von Nietzsche geprägte Schlagwort vom »Bildungsphilister« süffisant ins Spiel gebracht, worauf der Zitierte aufgestanden und aus dem Raum gegangen sei. Piccard habe ihn »auf dem Ruhebett ganz außer sich« gefunden. »Im dunklen Zimmer hatten seine Augen einen unheimlichen Glanz. Als ich ihn beruhigen wollte, starrte er mich an: ›Aber Piccard, haben Sie denn nicht gehört, wie sie sich alle über mich lustig gemacht haben?‹« Natürlich hatte er recht, das war ein Scherz auf seine Kosten, doch ein harmloser, gemessen am sonstigen Gerede über ihn. Auch die dritte Anekdote hat sicher an der Basler Universität ihre fröhliche Runde gemacht. Nietzsche hatte vergeblich versucht, in Lausanne die Kathedrale zu finden. Gefragt, warum er sich nicht nach dem Weg erkundigt hatte, mußte er zugeben, daß er sich nicht traute: »Kindlich beschämt erwiderte er mir: ›Wissen Sie, Piccard, man hätte mich ausgelacht!‹« Man hat ihn ausgelacht.

Nietzsche spürte, daß man ihn nicht ernst nahm. Die kleinen Stiche begannen zu eitern. Je mehr er die ironischen Blicke auf sich spürte, umso verkrampfter wirkte er. Je steifer er sich gab, um so mehr forderte er den Spott heraus. Deutlich ist das Bemühen seiner Basler Kollegen zu erkennen, Nietzsches Krankheit möglichst weit vorzudatieren. Er war ja schon verrückt, als er zu uns kam. Gottfried Keller, den Nietzsche 1884 in Zürich besuchte, hatte es sicher schon aus Basel erfahren gehabt, als er über seinen Gast sagte: »Ich glaube, dä Kerl ischt verruckt.«

Es war eine Basler Tochter aus vornehmem Hause, die durch merkwürdige Zufälle an entscheidenden Stationen seines Lebens Entscheidendes von ihm und über ihn erfuhr. 1889 erwartete sie den kranken Nietzsche und seine Mutter am Jenaer Bahnhof und erfuhr als erste von den Wutanfällen des Sohnes gegen die Mutter im Zug; 1882 war sie, Busenfreundin von Elisabeth, in deren widerliche Intrige gegen Lou Salomé hineingezogen und zur Mitwisserin gegenseitiger Ehrabschneidungen geworden; Anfang der siebziger Jahre hatte ihr der junge Professor auf Erfolgskurs bei einer Abendgesellschaft als seiner Tischdame die Honneurs gemacht. Und Clara Thurneysen, spätere Geheimrätin Gelzer, scheint zwar nicht seine Zuneigung, wohl aber sein Vertrauen gewonnen zu haben. Der Herr mit dem grimmigen Bart und den sanften Augen erzählte seiner Tischdame, sozusagen zwischen Braten und Grütze, einen Alptraum, der ihn noch öfters heimsuchen sollte. Er geistert von 1876 bis 1881 durch seine Aufzeichnungen und ist für ein Diner entschieden zu eklig. Die junge Dame wird sich gewundert haben. Erst später mag ihr aufgegangen sein, daß ihr sonst so etikettebewußter Tischnachbar in diesem Punkt nicht frei gewesen war. Die bedrückende Geschichte mußte einfach heraus. Über die Bescherung konnte man dann ja herrlich reden.

»Mir hat kürzlich geträumt«, erzählte Nietzsche, »meine Hand, die vor mir auf dem Tische lag, bekam plötzlich eine gläserne, durchsichtige Haut; ich sah deutlich in ihr Gebein, in ihr Gewebe, in ihr Muskelspiel hinein. Mit einem Mal sah ich eine dicke Kröte auf meiner Hand sitzen und verspürte zugleich einen unwiderstehlichen Zwang, das Tier zu verschlucken. Ich überwand meinen entsetzlichen Widerwillen und würgte sie herunter.«

Was blieb der verdutzten Clara anderes übrig, als zu lachen. Es war genau das Falsche. Wieder fühlte Nietzsche sich verhöhnt, blamiert, sein Vertrauen mißbraucht: »Und darüber lachen Sie?« habe er mit »furchtbarem Ernste« gefragt, wobei er seine Augen »halb fragend, halb traurig« auf sie richtete.

1876 erscheint in seinen Notizen — kurz nach dem Kinderwitzwort »elfter Finger« — ein »Traum von der Kröte«, dann ein »Kröten-Traum«, schließlich 1881 »die Kröte essen« in einer Aufzählung weiterer *»Träume«,* in denen auch »Alpa Alpa, wer trägt seine Asche zu Berge?« und »der blutige Mond« auftauchen. Mitte der achtziger Jahre überraschte er die junge Engländerin Emily Fynn, die er in Sils-Maria kennengelernt hatte, mit einer »enormen Kröte«, die er in einem »blutigen Taschentuch« aufs Hotelzimmer brachte — als Malmotiv. Vermutlich hatte ihn auf der Silser Wiese ein unwiderstehlicher Zwang gepackt, das abstoßende Kriechtier zu fangen und bei Miß Emily abzuliefern; ihr den Ekel gleichsam ins Gesicht zu schleudern — denn die schleimige Kröte, das war sie selber: Emily, die Frau, vor allem das, was eine Frau zur Frau macht. Vom Rom Juvenals spricht er einmal als einer »Giftkröte mit den Augen der Venus«. Was er da der heiratswilligen Jungfer zurückgab, war das Angebot, das sie ihm gemacht hatte. Und mit ihr alle anderen, die ihn haben wollten und nicht haben sollten. Im Klartext: Hier habt ihr eure Weiblichkeit zurück! Laßt mich mit dem Ekel in Frieden!

Am Krötentraum hatte er lange zu kauen. Er zeigte ihm, daß er keine andere Wahl hatte, als den Widerwillen hinunterzuschlucken und zu heiraten. Er mußte, früher oder später, ein Weib heimführen, man gab es ihm deutlich zu verstehen, man drängte es ihm förmlich auf. Kam daher der »unwiderstehliche Zwang«? Oder aus der Selbstquälerei: Ich zwinge mich zu dem, was ich hasse? Vielleicht aber auch, weil er in Wahrheit nach dem, was Gier auslöst, nach Schleimigem, Amorphem, am Sumpf Gebautem, Blutigem, nach allem Nächtigen und Raubtierhaften, das nach Paradies roch, dem längst untergegangenen Kinderparadies, gierte. Und zugleich der »entsetzliche Widerwille« dagegen. Wenn man statt dessen das Ziel dieser Gier von allen weiblichen Ekel-Zügen befreien könnte, aus der Kröte einen Prinzen hervorsteigen ließe, dann wäre das wohl die Erlösung. Aber Clara und Emily und auch ein hoffendes Fräulein Rohr, sie alle waren halt, vom Nabel abwärts, Kröten. Erst Jahre später wird er dem würgenden Alptraumwesen, das sich in seinen Mund verirrt hat und ihn langsam erwürgt, den Kopf abbeißen und ausspucken. Und nach bester Märchenart wird ein strahlend schöner Königssohn vor ihm stehen.

In Basel war es noch nicht soweit. Hier hatte der Alptraum signalisiert, was ihm bevorstand. Er mußte die Kröte schlukken, wenn er nicht bloßgestellt werden sollte. Denn der Anfang des Traumes hatte mit deutlichem Bild zu ihm gesprochen:

Deine Maskerade ist durchsichtig, dein heimliches Laster liegt auf dem Tisch, die Blicke der anderen gehen dir unter die Haut. Alle können dein Innerstes sehen — und du bist bis auf die Knochen blamiert. Einzige Lösung: Heiraten, die Tischnachbarin »essen«. Pfui Deibel!

Clara hat sich ihre Gedanken gemacht. Als Bernoulli sie wegen Nietzsche einvernahm, war sie zum Schluß gekommen:

»Der Sinn des Gesichts war für Nietzsche: er empfand die Durchsichtigkeit seiner Hand als ein schweres Leiden, von dem er nur geheilt werden konnte, wenn er eine lebendige Kröte verschluckte.«

*

Nietzsche war sich der Basler Bedrohung bewußt: Wer andere täuscht, muß mit Demaskierung rechnen; wer überleben will, muß den Konventionen seinen Tribut entrichten und notfalls auch gegen den »entsetzlichsten Widerwillen«. Nicht Wahrheit steht in der Gesellschaft auf dem Spiel, sondern Anpassung. Wer das nicht kann, gefährdet seine Existenz. Aber heißt Anpassung nicht auch: Verstellung, Lüge, Maskenspiel? Wem konnte da überhaupt an Wahrheit gelegen sein? Ihm selbst nicht. Er wußte etwas zu viel über das, was unter der Oberfläche verborgen liegt. Später wird er listig sagen, was für ihn die Wahrheit ist — »ein Weib, nichts Besseres«.

Warum gerade ein Weib? Und was ist so schlimm daran, »feminini generis« zu sein, wie er es boshaft dem alten Wagner nachsagt? Sehr einfach, meint Nietzsche: Weil beide, das Weib und die Wahrheit, gute Gründe haben, »ihre Gründe nicht sehn zu lassen«. Sie haben etwas zu verbergen, etwas Unsägliches, Unaussprechliches, vor dem einen nur schaudern kann; und so verstellen, putzen, maskieren sie sich, um es zu verstekken und vergessen zu machen: »Es«, das Grauen, das Krötenhafte, das ihm Übelkeit verursacht; und das wie das Medusenhaupt ist, vor dem jeder, der es sieht, vor Schreck ganz steif wird; oder wie Baubo, die schamlos ihre Röcke hebt, was wirklich nur bei einer Göttin Heiterkeit verursachen kann. Nietzsche weiß, es gibt Dinge, die so häßlich sind, daß man sie nicht nur aus Gründen des guten Geschmacks, sondern aus schierer Humanität verbergen und verschweigen muß. Die Wahrheit zum Beispiel.

EINE GESELLSCHAFT VON LÜGNERN. Auf seine Angst reagierte Nietzsche schriftlich. In dem erst posthum veröffentlichten Aufsatz »Über Wahrheit und Lüge im außermoralischen Sinne« versucht er sich Klarheit über die Wahrheit zu verschaffen. Streng genommen, so meint er, gibt es zwei davon: eine, an die die Gesellschaft glaubt und die ihr heilig ist. Wer sie mißachtet, wird ausgestoßen. Die andere, die ihm Alpträume schafft, scheint für die Gesellschaft gar nicht zu existieren. Sie wird totgeschwiegen. Muß unter der Decke bleiben. Nietzsche hat diese Gesellschaft nun endgültig durchschaut. In ihr

> »ist die Täuschung, das Schmeicheln, Lügen und Trügen, das Hinter-dem-Rücken-Reden, das Repräsentiren, das im erborgten Glanze leben, das Maskirtsein, die verhüllende Convention, das Bühnenspiel vor Anderen und vor sich selbst . . . die Regel und das Gesetz«.

Basler Verhältnisse, in denen der angestellte Philosoph und heimliche Neugrieche sich unwohl fühlen muß — denn »der stolzeste Mensch, der Philosoph«, sieht hier »von allen Seiten die Augen des Weltalls teleskopisch auf sein Handeln und Denken gerichtet«.

Natürlich täuscht er sich. Das heißt, er weiß es selbst, daß er sich das einbildet. Denn der menschliche Intellekt, so sagt er, gibt ihm wie auch den anderen einen völlig falschen Begriff von sich — der Intellekt gibt einem überhaupt nur falsche Begriffe ein. Seine Aufgabe besteht nicht, wie die Schulweisheit glaubt, im Erkennen der Wahrheit, sondern in der Verstellung. Im Kampf aller gegen alle hilft eben die Lüge mehr als die Wahrheit. Daß die Gesellschaft dennoch auf Wahrheit pocht, muß dem nicht widersprechen. Denn sie selbst bestimmt ja darüber, was Wahrheit ist. Als wahr gilt, woran alle Mitglieder verbindlich glauben müssen, weil es das Überleben der Gesellschaft sichert. Wahrheit, das sind Existenzbedingungen, meint Nietzsche. Man hat sich geeinigt, welche Lügen als wahr gelten sollen. Nietzsches Definition von Gesellschaft: Alle, die sich verpflichten, »nach einer festen Convention zu lügen«. Wer anders lügt, wird mit Bann belegt. Zweimal wiederholt er es in seinem Text, daß dem Lügner »Niemand traut«, daß ihn »alle ausschließen«.

Dabei lügen und betrügen sie selber! Denn die Wahrheit, *die* Wahrheit, ist ihnen entzogen, sie können sie gar nicht erkennen, da ihr Intellekt nur ihrer Selbsterhaltung dient. Im übrigen könnten sie die wahre Wahrheit unmöglich ertragen. Nicht ohne Grund hat die Natur sie »in ein stolzes gauklerisches Bewußtsein« eingeschlossen:

> »Sie warf den Schlüssel weg: und wehe der verhängnissvollen Neubegier, die durch eine Spalte einmal aus dem Bewusstseinszimmer heraus und hinab zu sehen vermöchte und die jetzt ahnte, dass auf dem Erbarmungslosen, dem Gierigen, dem Unersättlichen, dem Mörderischen der Mensch ruht . . .«

Ja, wehe. Clara Thurneysen, die aufmerksame Tischnachbarin, scheint den Blick getan zu haben, nachdem Nietzsche ihr die Spalte geöffnet hatte. Und so drückte sie es Bernoulli gegenüber auch aus. Nietzsche habe ihr »durch eine schmale Spalte den Blick in den dunklen Abgrund seines Innern aufgetan«. Er selbst hat es ebenso empfunden. Denn genau an der Stelle, wo sich in seinem Aufsatz die Spalte auftut, zitiert er die Anfangsvision des Krötentraums:

> »Was weiss der Mensch eigentlich von sich selbst! Ja, vermöchte er auch nur sich einmal vollständig, hingelegt wie einen erleuchteten Glaskasten, zu percipiren? Verschweigt die Natur ihm nicht das Allermeiste . . .!«

Der Sezierblick mit dem Augenskalpell hatte schon Euphorions dunklen Abgrund aufgehellt. Nun legt der Alptraum vor ihm offen, was Nietzsche den anderen, zumal jener Abendgesellschaft, die ahnungslos mit ihm am selben Tisch sitzt, tunlichst verschweigt. Und wie der Traum ihm, so legt er es vor seiner Tischnachbarin offen. Mußte er in diesem Augenblick nicht fühlen, wie sich die Teleskopaugen der anderen auf ihn richteten, den nackten Menschen im Schaukasten ihrer Zudringlichkeit? Jetzt, wo sich bei der Niederschrift des Textes über »Wahrheit und Lüge« die Gedanken allmählich verfertigen, fällt ihm die rechte Antwort darauf ein: Euch allen, ihr lammfrommen Bildungsphilister, die ihr euch über mich lustig macht, geht es genau wie mir. Ihr tragt das Wissen, das ihr nicht ertragen könnt, mit euch herum. Aber ihr haltet es schön unter der Decke, ihr hütet euch wohl, daran zu rühren. Es ist tabu für eure »Wahrheit«, es muß im Keller bleiben, totgeschwiegen werden. Wißt ihr eigentlich, daß ihr Lügner seid, weil ihr die Wahrheit verschweigt? Und weil ihr verbergt und überschminkt, daß ihr ein Tier in euch habt.

Für den Wissenschaftler in ihm mußte diese Erkenntnis niederschmetternd sein. Wenn die gesellschaftliche Wahrheit nur sanktionierte Lüge ist, unter der *die* Wahrheit in Gefangenschaft gehalten wird, dann kann Wissenschaft nur die Bewahrerin dieser fragwürdigen Existenzbedingungen ihrer Gesellschaft sein. Nicht am ewigen Tempel der Wahrheit baut der Wissenschaftler, sondern an der »Begräbnisstätte der Anschauungen«, in denen die als wahr geglaubten Begriffshülsen aufbewahrt werden. Er selbst, der stolze Ordinarius, ordnet und archiviert die Konventionslügen, jongliert mit Begriffen, in denen sich nicht Erkenntnis, sondern Komplizenschaft ausdrückt und unternimmt damit »gleichsam auf fliessendem Wasser das Aufthürmen eines unendlich complicirten Begriffsdomes«. Das Bild bot sich an: Nietzsche lehrte im Schatten des Basler Domes, unter dem der Rhein vorbeifließt. Und nur er kannte die gefährlichen Hohlräume und Verließe, über denen sich das fragile Karteikartenhaus der Wissenschaft erhebt.

Der Archivar dieses Glaubenskanons, genannt Wissenschaft, muß zugleich über die Ordnung der Begriffe wachen. Wahrheit ist Ordnung, ein Steinchen muß aufs andere passen. Was auf schwankendem Boden errichtet ist, muß sich gegenseitig stützen und begründen. Nietzsche, der Wächter dieser Begräbnisstätte im Schatten des Gotteshauses, hat sich wie in einem Bollwerk verschanzt. Er weiß, wie gefährdet er und seine Wahrheit ist — »wenn er einen Augenblick nur aus den Gefängnisswänden dieses Glaubens heraus könnte, so wäre es sofort mit seinem ›Selbstbewusstsein‹ vorbei«. Es ist der berühmte Spalt, durch den das Auge in die Tiefe blickt und Entsetzliches sieht: sich selbst, »gleichsam auf dem Rücken eines Tigers in Träumen hängend«. Dachte er bei diesem Bild daran, daß er in den griechischen Kämpfern, wie Sacher-Masoch in Alexis Papadopolis, wilde Tiger sah, die mit furchtbaren Zähnen zubeißen? Und jetzt träumt er sich auf deren Rücken?

Die Griechen sind nah, auch wenn er nicht ausdrücklich von ihnen spricht. Sein zweites Bild für die furchtbare Gefährdung seines wissenschaftlichen Grabwächter-Daseins entstammt ebenfalls der Antike. Er muß sich wappnen, mit ritterlichem Harnisch rüsten, denn

> »es giebt furchtbare Mächte, die fortwährend auf ihn eindringen, und die der wissenschaftlichen Wahrheit ganz anders geartete ›Wahrheiten‹ mit den verschiedenartigsten Schildzeichen entgegenhalten«.

Meint er den Schild der Athene, auf dem das schlangenumzüngelte Gorgonenhaupt starrt? Sieht er gleich die ganze Phalanx vor sich, die kampfbereiten Helden, die mit den verschiedenartigsten Schildzeichen — von Homer liebevoll beschrieben — gegen den Feind anrennen? Oder fühlt er den berühmten Schild des Achill mit dem Abbild blühender Griechenjugend auf sich eindringen?

Resigniertes Schlußbild seines Gesellschafts-Resumées: Der Wissenschaftler, der hinter dem »Wahrheits«-Bollwerk »Schutz vor berückenden Ueberfällen« sucht, hat sich genügend Selbstdisziplin anerzogen, um auch gegen gesellschaftliche Unbill einigermaßen gefeit zu sein. Dann trägt er kein »zuckendes« Menschengesicht, wie er betont, sondern »eine Maske mit würdigem Gleichmaasse der Züge«. Selbstkontrolle Pfortenser Angedenkens. Die war nötig, als ihm die »Geburt der Tragödie« erste Prügel einbrachte, und würde hinfort noch nötiger sein. Mit jeder neuen Publikation, vertraute er Kelterborn an, riskiere er, »daß ihm die Nachttöpfe über den Kopf dafür ausgeleert werden«. Oder in der Sprache von »Wahrheit und Lüge«:

»Wenn eine rechte Wetterwolke sich über ihn ausgiesst, so hüllt er sich in seinen Mantel und geht langsamen Schrittes unter ihr davon.«

So endet der Versuch. Der Autor läßt die Tropfen von sich ablaufen und macht starre Miene zum bösen Spiel. Die Wetterwolke kannte er seit langer Zeit. Sie hatte sich einst auf dem Naumburger Topfmarkt über ihm ausgeschüttet, just zu der Zeit, als er sich schon einmal in einer fremden Stadt todunglücklich fühlte. Das Landkind fand sich nicht in den dunklen engen Gassen zurecht, verstand auch die Sprache der Mitschüler nicht so gut und mußte sich dafür »necken« lassen. Der »kleine Pastor« war Lieblingsziel ihrer Hänseleien.

»Aus jener Zeit«, so die Schwester, »muß noch eine kleine Geschichte erzählt werden, welche zu manchem Scherz Veranlassung gab. Die Knabenbürgerschule war damals am Topfmarkt, also nicht weit von uns. Eines Tages strömte gerade am Schluß der Schule ein tüchtiger Platzregen hernieder; wir sahen die Priestergasse entlang nach unserm Fritz aus. Alle Jungens stürmten wie das wilde Heer nach Hause, — endlich erscheint auch Fritzchen, welcher ruhig daher schreitet, die Kappe unter der Schiefertafel verborgen, sein kleines Taschentuch darüber gebreitet. Mama machte ihm Zeichen und rief ihm schon von weitem zu: ›so lauf doch nur!‹, der strömende Regen verhinderte seine Antwort zu hören. Da unsere Mutter ihm, als er vollkommen durchnäßt ankam, darüber Vorwürfe machte, sagte er ernsthaft: ›Aber Mama, in den Schulgesetzen steht: Die Knaben sollen beim Verlassen der Schule nicht springen und laufen, sondern ruhig und gesittet nach Hause gehen.‹«

Der kleine Stoiker brauchte die Schulgesetze gar nicht. Wer die Fassung bewahrt, wenn die anderen ihren Spott über einen ausgießen, der läuft auch nicht vor einer Wetterwolke davon. Das wird sich der Basler Professor in Erinnerung gerufen haben.

*

Im Sommersemester 1876 kann Nietzsche sich auf einen fleißigen Jünger stützen, der ihm die Dienste eines Privatsekretärs leistet, unentgeltlich selbstverständlich. Der Sachse Heinrich Köselitz, zehn Jahre jünger als der Meister, stammte aus der Erzgebirgsstadt Annaberg, hatte in Leipzig das Konservatorium besucht und war, begeistert von Nietzsches Schriften, nach Basel geeilt. Erst hörte er ihn ehrfürchtig, dann trat der Professor auf ihn zu: Er brauchte dringend Schreibhilfe für seine Schrift »Richard Wagner in Bayreuth«. Der Gast durfte Diktate aufnehmen, Bücher vorlesen, im ersten Jahr »fast täglich«, wie er stolz berichtet. Dann, mit Unterbrechungen, bis zu Nietzsches Zusammenbruch. Ohne seine Entzifferungskünste von Nietzsches Handschrift wären die Gesammelten Werke, mit denen Schwester Elisabeth Furore machte, kaum zustande gekommen. Als Zeichen seiner Inbesitznahme verpaßte Nietzsche dem willkommenen Gast später einen neuen Namen. »Peter Gast« sollte er heißen; seinen Zarathustra wird er einmal sogar den »Gast der Gäste« nennen. Nietzsche, ein offenes Haus.

»Ein Mund zum Küssen!« Gast wurde für Nietzsche, was dieser für Wagner werden sollte, aber nicht wollte. Gast wollte. Sein Verehrungsbedürfnis war grenzenlos. Er beweihräucherte ihn wie Wagner den Bayernkönig — nur daß Wagner wußte, wann er »zauberte«. Gast glaubte, ach so gerne, an den Gott in seinem Herrn. Und er tat fast alles für ihn. Als der junge Geschichtsstudent Ludwig von Scheffler im Sommer 1876 eine Begegnung mit Nietzsche hatte, war der Sekretär gerade 22; aber er wußte bereits, was er dem Verehrten schuldig war. Scheffler hatte Basel aufgesucht, um den großen Jacob Burckhardt zu hören; nur aus Zufall geriet er einmal in Nietzsches Vorlesungszimmer. »Platons Leben und Lehre« standen auf dem Programm. Das Zimmer, ein Stübchen eher, war noch leer. Nur ein Mann lehnte am Fenster und schaute auf den Rhein, der die Uferstraßen überflutet hatte. Scheffler bemerkte, daß er die dunkle Tracht eines Leipziger Konservatoristen trug: schwarzer Rock mit altmodisch langen Schößen. Als der Mann sich auf ein Scherzwort Schefflers leicht ärgerlich über die Störung umwandte, traute der seinen Augen nicht:

»Ein anderer Richard Wagner! Nur jung, ›en beau‹, wie man sagt. Nicht nur der Schnitt des Wangenbartes ahmte korrekt den ›Meister‹ nach, auch Nase, Stirne, Kinn waren wie auf den Kopf des großen Musikers geformt.«

Der Doppelgänger stellt sich vor und erklärt, Anhänger des Professors zu sein, der jeden Augenblick erscheinen könne. Dann tritt Nietzsche ein, und Scheffler ist enttäuscht: eine eher kleine als mittelgroße Gestalt, dazu ein zarter Körper, der Kopf tief zwischen die Schultern gezogen. Das Gesicht wird von dem tief herabhängenden Lippenbart und der schillernden Muschelbrille beherrscht, Scheffler findet sogar, um seinen »geistigen Ausdruck« gebracht. Nietzsches Kleidung — helle Hosen, kurzes Jackett, um den Hals eine zierlich geknüpfte Krawatte — war gewollt künstlerisch gehalten, bei einem weniger zurückhaltenden Menschen hätte man auf Dandy getippt. Aber dafür war das langgewachsene Haar zu strähnig, das Gesicht, das es umrahmte, zu blaß. Der Gang war schleppend, feine Schuhe an zierlichen Füßen. Hinter dem Katheder angekommen, legte Nietzsche die Brille ab.

»Und ich sah zum ersten Mal seine Augen. Überaus kurzsichtige, stumpfe, durch eine Besonderheit nur befremdlich wirkende Augen! Denn während die überflutende dunkle Pupille überaus groß erschien, ward sie trotzdem noch durch das Weiß des Augapfels nach den Lidern zu überragt. Das gab dem Blick, wenn er en profil erschien, etwas Aufgeregtes, Grimmiges.«

In das Brausen des Stromes hinein begann er seinen Vortrag. Keine volle Stimme, auch nicht besonders scharf artikuliert, sondern weich und ungekünstelt; »sie kam aus der Seele«, in deutender Melodie, für Scheffler von unvergeßlichem Zauber. Nietzsche sprach leise. Er hatte auch keinen Grund, besonders laut zu sprechen. Man war unter sich. Er war bei sich. Der Vortrag: ein Monolog, der in die angesprochenen Figuren eintauchte, um mit ihnen in Dialog zu treten, vielstimmig, lebendig. Manchmal wurde die Rede langsam, stockend, als prüfte er noch einmal das Gesagte. An bestimmten, Scheffler sagt »extremen«, Stellen sank die Stimme bis zum leisesten Pianissimo. Der Herr Professor flüsterte. Am Ende rauschte der Rhein ein »tosendes Finale«, das Häufchen Zuhörer zollte Beifall und der Vortragende schritt »sacht und geräuschlos« zur Tür hinaus.

Nietzsche war nicht so blind, daß ihm neue Gesichter entgangen wären. Und Gast, obgleich erst kurz im Bannkreis des Meisters, erkundigte sich bei Scheffler, ob er wohl wiederkommen würde. Da er bejahte, schenkte er ihm »sofort sein ganzes Vertrauen«. Erst klärte er ihn über Nietzsches Bedeutung auf, dann nannte er ihm dessen große Freunde — von Wagner bis Burckhardt war alles vertreten. Scheffler dämmerte, daß sich hier eine riesige Chance bot.

Er griff zu. Als der Professor ihn nach einem Vortrag zum Nachmittagstee bei sich einlud, muß er sich wie ein Erwählter vorgekommen sein. Ein Grünschnabel auf dem Weg ins Allerheiligste.

Nietzsche wohnte außerhalb des Spalentors in einem »schmukken« zweistöckigen Gebäude. Der Gast klingelte, eine junge Dame, Elisabeth, öffnete, verschwand aber sogleich wieder. Er betritt den Salon. Hier, wo Nietzsche und Gast ihn schon erwarten, ist alles anders, als er es sich ausgemalt hatte. Man ist unter Männern, aber der Raum wirkt wie ein Boudoir. Scheffler spürt sogleich die »warme Heimlichkeit«, die in ihm herrscht, und läßt sich, nach höflicher Begrüßung, in einen der großen weichen Fauteuils sinken, deren weiße Überzüge die Blumensträußchen tragen, derer schon im Pädagogium gedacht worden ist. Um ihn herum: Blumen über Blumen. »In Gläsern, in Schalen, auf den Tischen, in den Ecken, wetteifernd in ihrer diskreten Farbenmischung mit den Aquarellen an den Wänden! Duftig und zart alles!« Da die Fenster wie immer verhüllt sind, liegt über allem gedämpftes Nachmittagslicht. Ein impressionistischer Farbentraum. Und Scheffler, benommen, hat plötzlich das Gefühl, »nicht bei einem Professor, sondern bei einer lieben Freundin zu Gaste geladen zu sein«.

Der Gastgeber, dessen wohllautende Stimme den Raum erfüllt, serviert den Tee selbst, »mit einem Lächeln, das über das starre Gesicht wie ein Sonnenstrahl glitt«. Diese Starre der Züge hatte auch ein Freund Gasts bemerkt, der sie »fast hart« fand. Scheffler mochte ahnen, daß der Professor eine Maske trug; aber er war zu geschmeichelt, um nachzudenken. Er genoß in vollen Zügen, was da für ihn aufgefahren wurde. Allerdings fiel ihm bald auf, daß etwas »Gezwungenes in seinem geselligen Entgegenkommen« war. Peter Gast ließ Peinlichkeit erst gar nicht aufkommen. Er sprang ein, wenn Nietzsche schwieg, schwadronierte über das rückständige Basler Musikleben und ereiferte sich, bis sein Meister ihn bremste: Ob nicht der Herr Scheffler etwas erzählen wolle, vielleicht »von der bildenden Kunst« oder von Burckhardt? Der Animierte tat, wie ihm geheißen; vor Aufregung ging ihm »der Mund über«, und Nietzsche lauschte, während sein »glanzloses, großes Auge auf mir ruhte«. Die Brille hatte er abgenommen. Und gerade, als Scheffler auf sich und seine jungen Kommilitonen zu sprechen kam, fühlte er sich unterbrochen — »auf einmal konnte ich nicht mehr fort, zumal ein tiefes Aufseufzen des Professors mich vorher schon verwirrt gemacht hatte«.

Noch einmal unterbrach ihn Nietzsche. Wie erbeten, war er auf seine Beziehung zur Bildenden Kunst zu sprechen gekommen, hatte freimütig seine Eindrücke über Skulpturen und Gemälde referiert und war schließlich bei Holbein angelangt. Nietzsche und Gast lauschten, denn das Bild, auf das Scheffler zu sprechen kam, war ihnen nicht unbekannt. Es galt damals als Selbstportrait des Basler Malers: eine Kreideskizze, aquarelliert und weiß gehöht. Der Unbekannte mit dem roten Barett und dem Schleifchen am Hemdbund schaut mit typischem Modellblick kühl am Betrachter vorbei. Scheffler sah offenbar mehr, und er begann, ermuntert durch die gespannte Aufmerksamkeit Nietzsches, zu schwärmen:

»Um die Magie der Anziehungskraft jenes wunderbaren Bildnisses zu definieren, rang ich ... vergebens nach Worten. Es half mir nichts, daß ich Linie für Linie des Gesichtes sozusagen nachzog. Den Ausdruck vollerschlossener Männlichkeit mit dem Reize frischer Jugend zugleich ... zu schildern, war dieses Verfahren machtlos. Und selbst nur die Einzelzüge ihrem vollen Werte nach zu erfassen, gelang mir nicht. Ich stockte beim Munde. Ich sah vor mir die Lippen. Sie, die so voll sich wölbten und so energisch wiederum sich schlossen! Die nicht durstig waren und zum Genusse doch wie geschaffen! ›Ein Mund‹, stammelte ich ratlos ...«

Aus der Stille des Blumenzimmers ergänzte eine leise Stimme: »Ein Mund zum Küssen!« Scheffler blickte »betroffen« zur Seite. Es war Nietzsche, der gesprochen hatte, und das »in einer Haltung, in einem Tone, die mit der leise sinnlichen Färbung seiner Worte im sonderbarsten Gegensatz erschienen«. Wie er da, tief in den Sessel zurückgelehnt, saß, mit schlaffen Armen und den Kopf auf die Brust herabgesunken, schien er »eher aus einem Traume heraus, als zur Ergänzung meines Berichtes geredet zu haben«.

Scheffler »blickte fragend zu Köselitz hinüber. Aber auch hier begegnete mein Lächeln seinem verständnislosen gleichen«. Erst später ging ihm auf, daß »dieser Ausruf aus Veilchensträußen und jungen Rosen heraus« ein Geständnis war. Der Professor mit den harten Zügen hatte ihn, gleichsam durch eine schmale Spalte, in sein »zartes Empfindungsleben« blicken lassen. Und nur ein »unverständiger Leser«, fügte er hinzu, wird die Nähe von »Nietzsches rätselhafter Psyche« zu Michelangelos Herz und Platos Selbstbekenntnissen übersehen. Oder zu Platen. »Wie groß die Ähnlichkeit beider Männer ...«

Beim Kränzchen hat der Jüngling bestanden. Fortan darf er nach der Vorlesung den Professor ein Stück Wegs nach Hause begleiten. Peter Gast hält sich im Hintergrund. Nicht über Platon habe Nietzsche mit ihm gesprochen, erinnert sich Scheffler, sondern übers Wandern durch herbstliche Wälder, über Ferienreisen in die lockende Ferne. Am 2. Juni 1876 war dem Professor ein einjähriger Erholungsurlaub bewilligt worden, für den Malwida von Meysenbug die italienische Adria —

und sich selbst — empfohlen hatte. Nietzsche, der zuerst zustimmen wollte, war zwischenzeitlich auf eine andere Möglichkeit gestoßen, das Jahr zu verbringen. Er wußte nur noch nicht, wie er es dem Kinde sagen sollte.

Als Scheffler einmal zu spät zur Vorlesung kam, mit rotem Kopf und außer Atem, bemerkte er zu seinem Erstaunen, daß er mit dem Professor allein war. Gast hatte sich entschuldigen lassen. Nietzsche hieß ihn mit »größter Freundlichkeit, ja einer mir an ihm ganz neuen Heiterkeit« willkommen. Strahlend ging er dann mit »elastischen« Schritten zum Katheder und las ihm eine Einleitung in die platonische Philosophie vor. Am Ende holte er tief Atem und sagte, erst auf Griechisch, dann auf Deutsch, den Klassikerspruch: »Ich suchte mich selbst!« Wieder rauschte der Rhein hörbar durchs Zimmer, der Vortragende und sein einziger Student verharrten in Ergriffenheit. Bis der Selbst-Sucher plötzlich aufstand und erklärte, es sei heute an ihm, seinen Zuhörer nach Hause zu begleiten, er habe ohnehin etwas mit dem Hausmeister zu bereden, wolle überhaupt einmal sehen, wie es sich am Blumenrain wohne. Gründe genug also, mitzukommen. Da das Pflaster, wie Nietzsche bald klagte, bei der Brücke sehr schlecht war, bot Scheffler ihm seinen Arm. Man kam auf das strahlende Wetter zu sprechen, der Student wies auf die weißen Wolkenberge hin, die wie auf einem Veronese-Gemälde über dem blauen Grund erschienen — »sie wandern«, ergänzte Nietzsche bedeutungsvoll und schaute ihn an:

> »Da aber ließ er plötzlich meinen Arm fahren, um ihn ebenso heftig mit beiden Händen wieder zu erfassen: ›Ich reise bald ... Die Ferien stehen vor der Tür ... kommen Sie mit mir?! Wollen wir die Wolken in Veroneses Heimat ziehen sehen?!‹«

Ein Antrag, überfallartig. Scheffler wußte nicht, wo er hinschauen sollte. Erst sagte er nichts, dann murmelte er eine »ablehnende Entschuldigung«. Später rechtfertigte er sich mit dem Hinweis, daß zum gemeinsamen Reisen wohl »völligste Sympathie« nötig sei. Nietzsche scheint sie für ihn empfunden zu haben. So mußten Schefflers Worte auf ihn wie eine Ohrfeige wirken. Für einen Augenblick verlor Nietzsche die Fassung:

»Die Hände Nietzsches glitten auch alsbald von meinem Arme. Ich sah verwirrt zu ihm hinüber und fuhr sogleich zurück vor der Veränderung, die sich in seinen Zügen vollzogen hatte. Das war nicht mehr der mir bekannte Professor, nein, wie eine leblose Maske starrte mir das Gesicht des Mannes entgegen!«

Scheffler glaubte, in das »starre Weh« einer tragischen Maske zu blicken, deren »zum Sprechen geöffnete Lippen« in der Bewegung »starrten«. Dann wandte sich der Professor von ihm weg, nahm »schnell die gewohnte Miene« an und begleitete ihn unter »gleichgiltigem, aber umso krampfhafteren Gespräch« vor seine Wohnungstür. Der knappe Abschied war das Ende ihrer Beziehung. Bald darauf verließ der Student Basel mit einer langwierigen Augenkrankheit, der Professor machte sich auf nach Bayreuth, zu seiner nächsten Katastrophe.

*

Als Nietzsche am 23. Juli 1876 in Bayreuth auftaucht, wo für die ersten Nibelungen-Festspiele geprobt wird, hat er auch aus andrem Grund Trost nötig. Seit einer Woche weiß er, daß er Freund Rohde endgültig verloren hat. Der Dioskure aus Leipziger Zeiten ist verlobt, die Hoffnung, irgendwann mit ihm zusammenzuleben, zu reisen, eine Klostergemeinschaft zu gründen, endgültig zerplatzt. Und Nietzsche quält sich mit »so zu nennenden Liebesschmerzen«, wie Overbeck es ausdrückt. Daß der sich ebenfalls verlobt hat, nimmt Nietzsche dagegen gelassen auf.

Die Stimme aus brauner Nacht. Wie befremdlich muß ihn bei seinem Bayreuther Aufenthalt berührt haben, daß sämtliche Mitglieder des geplanten Philosophenordens, die zu Wagners Ehren hier versammelt waren, Frauen im Kopf hatten. Neben Rohde und Overbeck sollte es auch den Knabenfreund Gersdorff erwischen. Seine Liebe entbrannte für die reizende italienische Gräfin Nerina Finochietti, die Malwida ihm, wie Biograph Janz formuliert, »zugeführt« hatte. Den veränderten Umständen wollte auch Nietzsche Rechnung tragen. Vermutlich ebenfalls dank Malwidas Vermittlungskünsten begegnete er einer Dame namens Louise Ott, für die er sofortige Zuneigung empfand, bis er erfuhr, daß sie in Paris eine kleine Familie zurückgelassen hatte. Er versuchte erst gar nicht, die Verhältnisse zu verändern. Nach ihrer Abreise verfaßte er einige Briefe, die kaum geeignet waren, ihren Ehemann eifersüchtig zu machen. »Wir wollen an der Reinheit des Geistes festhalten, der uns zusammenführte«, schreibt er im Priesterton und wird kurzfristig von »Schwester« Louise als Bruder im Geiste angenommen. Die Rolle kam ihm offenbar zupaß: »Ich denke mit einer solchen brüderlichen Herzlichkeit an Sie, daß ich Ihren Gemahl lieben könnte, weil er *Ihr* Gemahl ist . . . In reiner Gesinnung der Ihrige.«

Mit Erwin Rohde lag der Fall komplizierter. Hier konnte er nicht einfach umschalten. Zehn Jahre waren sie einander Brüder gewesen, hatten sehnsüchtige Briefe gewechselt, ihrer zukünftigen Gemeinschaft entgegengehofft. Nun war es zu Ende. Vielleicht war Nietzsche auch mit der Erwartung nach Bayreuth gekommen, die Festspiele könnten ihn von seiner Verzweiflung heilen wie die griechische Tragödie den leidenden Satyr. Wagner als Gottes-Vision. Doch zum Abheben war dies Theater nicht geeignet. Und auch der selbsttherapeutische Versuch mit der Pariserin, die sich den Kitzel eines Abenteuers erträumt haben mochte, schlug fehl. Schon in der Nacht, als er die Nachricht von Rohde erhalten hatte, versuchte er sich seinen Kummer von der Seele zu schreiben. Dem Brief an den abtrünnigen Dioskuren legte er ein Gedicht bei, das seine Gefühle besser ausdrückte als der vage Begleitbrief: die Einsamkeit, in die er nun hinausgehen mußte — und den Argwohn, der in ihm aufgestiegen war, daß ihre Liebe auf einem Mißverständnis beruhte. Nach einer knappen Gratulation zum »Nestbau« bekennt er:

»*Mir* geht es anders, der Himmel weiss es oder weiss es nicht. Mir scheint das alles nicht so nöthig — seltne Tage ausgenommen. — Vielleicht habe ich da eine böse Lücke in mir. Mein Verlangen und meine Noth ist anders: ich weiss kaum es zu sagen und zu erklären.«

Eigentlich müßte es heißen: Mein Verlangen und meine Not *sind* anders; aber für ihn gehört das eine mit dem anderen untrennbar zusammen. Sein Verlangen ist seine Not. Und weil es ihm anders geht als dem Freund, weil er anders ist als der Freund, kann der nicht länger Ziel seines quälenden Verlangens sein. Damit Rohde auch wirklich begreift, was nun zerbrochen ist, schickt Nietzsche ihm ein Lied: »Diese Nacht fiel's mir ein einen Vers daraus zu machen« — will sagen: mir auf Dein Verhalten einen Vers zu machen —; »ich bin kein Dichter, aber Du wirst mich schon verstehen.« Es ist das Lied vom Wanderer, der durch die Nacht geht und plötzlich stehen bleibt:

»Da singt ein Vogel durch die Nacht. —
— ›Ach Vogel, was hast Du gemacht?
Was hemmst Du meinen Sinn und Fuß
Und gießest süßen Herz-verdruß
Auf mich, daß ich nun stehen muß
Und lauschen muß,
Zu deuten Deinen Ton und Gruß?‹«

Fast widerwillig ist der Wanderer stehen geblieben, als er die Stimme des Vogels hörte, denn eigentlich möchte er weitermarschieren, unbeirrt wie Dürers Ritter. Aber er kann nicht. Er steht wie angewurzelt. Und während er sich fragt, was der Vogel ihm sagen will — wie Wagners Siegfried, der gern des Waldvogels »süßes Stammeln« verstehen möchte —, ergießt sich süßes Weh in sein Herz: Der arme Wandersmann hat sich in das Vogellied, vielleicht gar in den Vogel selbst verliebt, seine schmeichelnde lockende Stimme. Nietzsche hat seinen Freund des öfteren mit einem Vogel assoziiert, dem Lohengrin-Schwan, aber auch einem von Süden nach Norden flatternden

Vogel, für den er »Leimruthen« aufstellt. Alles ein Mißverständnis! Mit trockenen Worten klärt ihn der verborgene Nachtsänger auf:

»Der gute Vogel schweigt und spricht:
›Nein, Wandrer, nein! *Dich* grüß ich nicht
Mit *dem* Getön!
Ich singe, weil die Nacht so schön . . .‹«

Der Vogel, der schon bei Wagner sprechen kann, gibt ihn mit seiner Erklärung frei: Mein Lied gilt nicht dir, ich singe nur so dahin. So steht es im Brief an Rohde, aber so hat es Nietzsche nicht gemeint. Im Herbst 1884 ersetzte er die zahme Variante durch das, was er eigentlich sagen wollte; durch das, was Rohde ihm gesagt hatte:

»Nein Wandrer, nein! Dich lock' ich nicht
Mit dem Getön —
Ein Weibchen lock' ich von den Höhn —
Was geht's dich an?«

Das war eine Abfuhr. Die böse Vogel-Replik erhält gegenüber der Brieffassung noch eine weitere Änderung: Der Vogel fragt den Lauschenden, was ihm sein »Flötenlied« denn angetan habe? Er weiß es nicht. Vielleicht hat er falsche Hoffnungen erweckt. Vielleicht ist er aber gar kein Vogel, sondern ein neckischer Flötenspieler aus dem Gefolge des Dionysos, der auf Abwege geraten ist? Nietzsche nennt die Musik seines Herzens einmal die »Flöte des Dionysos«. War es das, was mitten in der Nacht an sein Ohr gedrungen war? Er schließt den Brief an Rohde mit den rätselhaften Zeilen: »So geredet zu mir, Nachts nach der Ankunft Deines Briefs.« Wer hat geredet? Welche Stimme ist mit dieser traurigen Botschaft bei ihm aufgetaucht? Meint er es im übertragenen Sinn einer Inspiration, oder war es eine seiner Gehörshalluzinationen? Aber seit wann flüstert die »Stimme« in Versen? Rohde wird verstanden haben. Durch das Lied, gerade auch durch die mysteriöse Nachschrift, mußte er sich an einen früheren Nietzsche-Brief erinnert fühlen. Das war zur Hochzeit ihrer Freundschaft, als Nietzsche in Basel und Rohde in Rom festsaß, und die Sehnsucht sich postalisch ausleben mußte. Da hatte der Basler geschrieben:

»Ich las Deinen Brief: und mir war, als wachte ich plötzlich auf, und es wäre tiefe braune Nacht um mich, und ferneher klänge so ein sehnsüchtiger Laut, wie ich ihn lange nicht gehört.«

Der Klang, der den aus tiefem Traum Erwachten in einen höheren Traum zu entrücken schien, kam in der Tat von ferne her. Im Mai 1863 hatte der Pfortenser Alumne einen Aufsatz über den Cassius in Shakespeares »Julius Caesar« verfaßt, in dem er sich mit der Verschwörer-Freundschaft von Cassius und Brutus beschäftigte. Beider Seelen sieht der junge Nietzsche da »gleichsam ineinander tauchen«; als sie sich trennen müssen, fühlt er den bitteren Schmerz des Abschieds nach. Die Sehnsucht der auseinandergerissenen Freunde hat er in einem Reisebild Goethes wiedergefunden:

»Goethe erzählt in seiner italiänischen Reise, welchen seltsamen Zauber der Gesang der Gondoliere in Venedig auf ihn geübt habe: ›als Stimme aus der Ferne, sagt er, klingt es höchst sonderbar, wie eine Klage ohne Trauer; es ist darin etwas Unglaubliches, bis zu Thränen Rührendes.‹ Ähnlich empfinden wir, wenn wir eine tiefe menschliche Leidenschaft durch die Fesseln, in die sie die Willenskraft des Menschen oder der Druck der Verhältnisse schlagen, gleichsam aus der Ferne hindurchklingen hören.«

Sechs Jahre später, 1869, erweist sich dieser Gedanke als prophetisch. Die beiden Freunde, deren Seelen verbunden sind, müssen ihre tiefe menschliche Leidenschaft in Briefen ausleben. Und dabei kann es geschehen, wie Nietzsche es beschreibt, daß ihre gefesselte Liebe durch die Zeilen, »gleichsam aus der Ferne«, wie eine wirkliche Stimme hindurchdringt. Eine Klage ohne Trauer, ein sonderbarer Klang, der zu Tränen rührt.

Im selben Jahr, in dem Nietzsche den Freundschaftslaut aus der tiefen braunen Nacht an sein Ohr dringen hört, sucht er Rohde für Wagners neue Schrift »Beethoven« zu begeistern. »Lies es«, drängt er den Freund, »es ist eine Offenbarung des Geistes, in dem *wir* — wir! — in der Zukunft leben werden.«

Seine Vergangenheit hatte Nietzsche bereits vorher darin entdeckt — Goethes Venedig-Erlebnis, das ihn zu heftigem Mitgefühl gereizt hatte, war auch Wagner widerfahren: Im September 1858 lag er liebeskrank und fern von seiner Mathilde in einem Venezianischen Palazzo.

»Aus dem lautlosesten Schweigen erhob sich da der mächtige rauhe Klageruf eines soeben auf seiner Barke erwachten Gondoliers, mit welchem dieser in wiederholten Absätzen in die Nacht hineinrief, bis aus weitester Ferne der gleiche Ruf dem nächtlichen Kanal entlang antwortete ... Nach feierlicher Pause belebte sich endlich der weithin tönende Dialog und schien sich im Einklang zu verschmelzen, bis aus der Nähe wie aus der Ferne sanft das Tönen wieder im neugewonnenen Schlummer erlosch.«

Für Wagner war dies das Urerlebnis der Musik, in der der Wille sich selbst vernimmt und auf sich antwortet; »so versteht der sehnsüchtige Jüngling den Lockgesang der Waldvögel«, weil es *eine* Sehnsucht ist, die da ertönt und sich hört — und er spürt, »daß sein innerstes Wesen mit dem innersten Wesen alles jenes Wahrgenommenen Eines ist«.

Als Nietzsche dies in der Festschrift »Beethoven« las, müssen ihm die Ohren geklungen haben: der von ferne her dringende Ton ist das Versprechen der Einheit; was Goethe gefühlt und Wagner beschrieben hat, in ihm, Nietzsche, ist es Wirklichkeit geworden. Er hört, durch Rohdes Brief hindurch, den Lockruf des Waldvogels, das Flötenlied des Dionysos. Jahre später hält er den Scheidungsbrief Rohdes in Händen, und wieder hört er den Laut, nur anders, fremder — es »redet« zu ihm. Es redet in einer anderen Sprache, die er nicht mehr versteht. Im Brief hieß das: »Mein Verlangen und meine Noth ist anders«.

Gegen Ende seines bewußten Lebens hat Nietzsche selbst ein lockendes Sehnsuchtslied gedichtet, mit dem er, wie ein Gondoliere in Venedig, durch die dunkle braune Nacht ruft und auf Antwort wartet. Das Gedicht, 1888 in Turin verfaßt, gehört zu seinen bekanntesten. Der dionysische Lockgesang, auf seiner Seelenharfe gespielt, ist Paradestück gymnasialer Lesebücher. Er endet, wie sein Leben, mit einem Fragezeichen:

»An der Brücke stand
jüngst ich in brauner Nacht.
Fernher kam Gesang:
goldener Tropfen quoll's
über die zitternde Fläche weg.
Gondeln, Lichter, Musik —
trunken schwamm's in die Dämmrung hinaus . . .

Meine Seele, ein Saitenspiel,
sang sich, unsichtbar berührt,
heimlich ein Gondellied dazu,
zitternd vor bunter Seligkeit.
— Hörte Jemand ihr zu?«

Nietzsche hatte drei Jahre zuvor an der Rialto-Brücke ein ähnliches Erlebnis gehabt, mit Musik, »die mich zu Thränen bewegte«. Das heimliche Lied, in Turin niedergeschrieben, scheint ihm nicht mehr aus dem Kopf gegangen zu sein — bis in jene eisige Januarnacht des Jahres 1889, als Franz Overbeck den wahnsinnigen Freund per Bahn durch den Gotthard-Tunnel nach Basel zurückholte. Overbeck erwachte plötzlich von der Stimme seines Freundes, der die Worte des Gondellieds zu »völlig eigentümlicher« Melodie in die Nacht hinein sang.

*

Katastrophen neigen zur Wiederholung. Alpträume kehren ewig wieder. Das Liebste, einmal verloren, muß immer neu verloren werden; einmal aus der Heimat verbannt, muß jede Heimat zur Fremde werden. Nietzsches Verluste, zu denen nun auch Wagner und Rohde zählen, wiederholten den ersten unersetzlichen Verlust; die Vertreibung aus Röcken kehrte wieder in der Flucht aus Bonn, im Ende des Tribschener Idylls, schließlich in der ängstlichen Entfremdung von Basel. »Ich bin nun bald wieder *der Eure*«, schreibt Nietzsche an Freund Overbeck 1879 und fügt in Parenthese hinzu, »wäre es nur nicht in dem verfluchten Basel, vor dem ich eine wahre Gespensterfurcht habe!!« Das war nicht nur metaphorisch gemeint. Auch hier scheint ihn, will man der Schwester glauben, die »Gestalt«

heimgesucht zu haben. Und damit die Angst seiner Kindheit. Einmal, so berichtet Bernoulli, sei er »erbleicht«, als »ihm bekannte ältere Basler noch an das ›Spalentier‹ — ein Lokalgespenst — glaubten und steif behaupteten, es haben brüllen hören«. Bernoulli meint, Nietzsche sei »vor Erstaunen und Entrüstung« erbleicht — offenbar schloß er aus, daß Nietzsche, der beim Spalentor lebte, etwas Ähnliches tatsächlich gehört hatte.

»EINE UNSICHTBARE UND DUNKLE BÜRDE«. Nietzsche ist mit dem Problem in Basel umgegangen. Die Vergangenheit, er weiß es, scheint nur vergangen. In Wahrheit kommt sie wieder: als Gespenst, als Alptraum, der einem die Luft zum Atmen nimmt, das Leben auf die Dauer unmöglich macht. 1874 erscheint sein Buch »Vom Nutzen und Nachtheil der Historie für das Leben«. Schon der zweite Absatz raunt Unerhörtes über das Wesen des Vergangenen:

> ». . . der Augenblick, im Husch da, im Husch vorüber, vorher ein Nichts, nachher ein Nichts, kommt doch noch als Gespenst wieder und stört die Ruhe eines späteren Augenblicks.«

Ein erstaunlicher Satz. Ganz abgesehen von der »Ruhe« des Augenblicks, die sich wohl weniger auf den Alltag als auf die Nachtruhe beziehen kann, bezeichnet der Autor die Geschichte, den Gegenstand der stolzesten Wissenschaft seines Jahrhunderts, als Gespenst, als Nebelstreif, als Phantom, das mit seinem Schreckgesicht den Menschen zittern macht. Aber war man sich im Zeitalter der Burckhardt, Ranke, Mommsen nicht darüber einig, daß das Vergangene unter der Botmäßigkeit der menschlichen Erinnerung steht, deren Zeugnisse wissenschaftlich erfaßbar und auch begreifbar sind? Was der Mensch im Gedächtnis, die Wissenschaft in den Archiven hat, steht unter Kontrolle. Der Mensch beherrscht die Historie zu seinem Nutzen. Ohne sein Erinnerungsvermögen wäre sie längst passé. Ein felsenfester Glaubenssatz.

Nietzsche wackelt daran. Er hat andere Erfahrungen. Die Vergangenheit kann ebensogut über die Gegenwart herrschen wie umgekehrt. Das Gespenst, jene ungreifbare Wirklichkeit, greift selbst nach der Wirklichkeit. Und stellt die Gegenwart des Menschen in Frage. Wenn das Jetzt zur Bühne des Vergangenen wird, wo sich das scheußliche Stück, sei es als Alptraum, als Anfall, als menschliche Katastrophe in immer wechselnden Masken wiederholen muß, dann hat der Tod über das Leben, das Nichts über das Menschsein gesiegt.

Nietzsche weiß um den Ernst der Bedrohung. Je mehr Raum der Historie gegeben wird, um so schneller kann sie zum »Todtengräber des Gegenwärtigen« werden. Der Tod — wer weiß, vielleicht auch der Tote — holt den Menschen ins Grab, die Erde wird irgendwann zum »schwebenden Grabhügel«. Solange der Mensch sich nicht von dem, was war, lösen kann, sondern das, was ist, zwanghaft in dessen Schatten stellt, kann er gar nicht wirklich leben. Ahnungslos siecht er dahin. Immer mehr Vergangenes sammelt sich in ihm an, verwandelt ihn langsam in einen Grabwächter des Todes. Der Mensch

> »stemmt sich gegen die grosse und immer grössere Last des Vergangenen: diese drückt ihn nieder oder beugt ihn seitwärts, diese beschwert seinen Gang als eine unsichtbare und dunkle Bürde.«

Nicht nur Nietzsche selbst, dessen leicht gebeugter Gang die These zu illustrieren scheint, sondern die ganze Menschheit wird durch das Vergangene bedroht. Und es ist gerade die Wissenschaft, die das Gespenst heraufbeschwört. Sie rafft wie besessen die welken Blätter und leeren Hülsen des Gestern und häuft sie über dem Lebendigen an. Eine alptraumhafte Vorstellung: langsam begraben werden und an Kadavern und Gerümpel ersticken. Der Schatten des Todes, das weiß Nietzsche und deshalb muß er bald wieder die Laterne des Diogenes anzünden, verdüstert langsam das Tageslicht des Lebens.

Nietzsche sieht wie Hamlet ein Gespenst aufsteigen, das am Ende der Menschheitsgeschichte droht: der »Ekel an allem

Daseienden« — Leichen-Ekel, Aas-Ekel, Alptraum-Ekel. Und so stellt Nietzsche-Hamlet stellvertretend für die Menschheit die Frage nach Sein oder Nichtsein. Entweder läßt der Mensch das Nicht-Sein des Vergangenen über sein eigenes lebendiges Sein siegen, oder er entschließt sich, wie ein Held den Kampf aufzunehmen: gegen den wiederkehrenden Toten, den Augenblick, der ihm die Ruhe stört, gegen die abgrundtiefe Zeit, deren Röcheln sein Atmen schwer macht, gegen das unermeßliche Gewicht des Gewesenen, das ihn in den Abgrund zieht. Nietzsche beantwortet die entscheidende Frage mit einer Kampfansage. Nicht Vergessen ist die Aufgabe, sondern Bezwingen und Beherrschen! Die Geschichte ist Wachs in unseren Händen, wenn wir sie erst gezähmt haben — formen wir sie, bis sie die Gestalt annimmt, die uns nicht fürchten, sondern vor Sehnsucht zittern macht. Und dazu bedarf es der Helden, die ihren Stempel der Vergangenheit aufdrücken, sie zu ihrer eigenen Vor-Geschichte umdeuten. Diesen Gedanken hatte Nietzsche schon mit siebzehn ausgebrütet:

»... sobald es aber möglich wäre«, schreibt er in seinem Aufsatz »Fatum und Geschichte«, »durch einen starken Willen die ganze Weltvergangenheit umzustürzen, sofort träten wir in die Reihe unabhängiger Götter, und Weltgeschichte hieße dann für uns nichts als ein träumerisches Selbstentrücktsein.«

Wer zu diesem Umsturz nicht fähig ist, so droht der Nietzsche der »Historien«-Schrift, den »löscht« die Geschichte »vollends aus«. Die anderen aber werden triumphieren, weil sie stärker sind als ihr Gegner. Die anderen — die jungen Helden. Es ist die »Mission jener *Jugend,* jenes ersten Geschlechtes von Kämpfern und Schlangentödtern«, verkündet er mit den Wagner-Posaunen des Jüngsten Gerichts —

»entfesselt diese und ihr werdet mit ihr das Leben befreit haben. Denn es lag nur verborgen, im Gefängniss, es ist noch nicht verdorrt und erstorben — fragt euch selbst!«

Gegen Ende seiner Basler Zeit sah es eher nach Niederlage aus. Nietzsche, verzweifelter Einzelkämpfer im Guerillakrieg gegen eine Vergangenheit, die sich einfach nicht bewältigen ließ, wurde so krank wie nie zuvor. Man könnte meinen, die Natur habe an ihm kein spezifisches Krankheitsbild, sondern »Kranksein« schlechthin ausprobieren wollen, einen Zustand, der weder zu Tod noch Heilung führt und nur die Aufgabe zu haben scheint, dem Opfer zu signalisieren: Nicht dein Kopf oder dein Magen sind krank, sondern dein »Leben« insgesamt — in dir ist Kranksein zur leibhaftigen Gegenwart geworden. Oder die Vergangenheit: Wieweit die Syphilis-Infektion die altvertrauten Krankheitsbilder aus Alumnen-Tagen ins Extrem getrieben hat, kann man nur vermuten. Jedenfalls sprengten seine Anfälle jeden gewohnten Rahmen, und diese »Sprengung« hat er mit jeder Faser erlebt.

Seine Briefe aus dieser Zeit, 1878 und 1879, sind ein nicht endenwollender Klagelaut in Worte gefaßt. Am 19. Oktober 1878 schreibt er nach Naumburg: »Hier sitze ich, den Kopf voll Schmerzen«. Am 21. Oktober: »Nun seit 9 Tagen ununterbrochen Kopfschmerz«. Am 23. Oktober an eine Freundin: »da bin ich wieder, nach den *elendesten* Wochen«. Am 28. Oktober: »ein bitterböser Sonntag«. Am 9. November nach Naumburg: »*Sonntag* kam plötzlich ein *sehr heftiger* Anfall . . . Es sind jetzt 10 Sonntage hinter einander«. Am 23. November: »*zwei* Anfälle in *Einer* Woche (Sonntag Abend und Montag) und dann wieder Donnerstag Abend und Freitag«. Am 30. November: »Alle drei Tage starke Anfälle«. Nietzsche erleidet fortgesetzte Vergewaltigungen, die wie Blitze einschlagen und ihn lähmen, seine Augen verdunkeln, seine Gedärme förmlich nach außen stülpen und ihn ganz und gar »zerknicken«. Nietzsche nennt diesen »Zustand« eine »Thierquälerei und Vorhölle« und kündigt an, es werde bald mit seiner akademischen Tätigkeit aufhören, »*vielleicht* mit der Thätigkeit überhaupt, *möglicherweise* mit —« Im Rückblick wird er sagen, »ich dürstete nach dem Tode«.

Im Herbst 1878 hat Ludwig von Scheffler Nietzsche wiedergesehen. Als frischgebackenen Dr. phil. trieb es ihn zur neuen Wohnung des Professors in der Bachlettenstraße. Zwei Jahre waren seit dem Eklat auf der Brücke vergangen. Scheffler war neugierig geworden, nachdem ein Kurzbesuch in Nietzsches Vorlesung ihm einen erschöpften Mann gezeigt hatte, der einen ständig unterbrochenen, gequälten, schwer verständlichen Vortrag hielt. Nichts mehr von jener »prophetischen Erhabenheit und Ruhe«, die ihn sonst ausgezeichnet hatte. Der Professor, so schien es, konnte nicht mehr. Vorher hatte Peter Gast dem alten Studienkollegen anvertraut, es sei mit Nietzsche »seit den letzten Zeiten immer bergab« gegangen. So entschloß sich der einstige Günstling, das verlorene Idol in seiner Wohnung aufzusuchen. Zu seinem Erstaunen hatte Nietzsche sich die »häßlichste, ödeste Gegend« ausgewählt, weit vom Zentrum, weg von den Baslern.

Scheffler ging eine einsame, von wenigen Häusern gesäumte Landstraße entlang, durch eine Allee »pyramidenförmiger, uralt ausgewachsener Pappeln«, deren Laub vom Wind über die Straße getrieben wurde. In der Ferne sah er die »langgezogenen, sargähnlichen Profile« der Berge. Das Haus ist nicht zu finden. Er muß sich durchfragen, wo wohnt der Professor? Ach ja, der Einsiedler. Man zeigt ihm ein altes, heruntergekommenes Haus, das einmal einem »Chaussee-Einnehmer« gehört haben mag. Die obere Etage steht leer, nur das Parterre scheint bewohnt. Ein »kleines bescheidenes möbliertes Zimmer« hat Nietzsche hier bezogen, wie ein Besucher sich erinnert. Der Oktober ist regnerisch, schon im November gibt es Frost. Nietzsche wird heizen müssen, aber »Holz sehr theuer«. Er frühstückt im Bett, läßt, da niemand für ihn abräumt, die Sachen einfach stehen. Besuche sind unwillkommen. Wenn die Anfälle ihn packen, kann er immerhin sicher sein, daß niemand in dieser Bruchbude am Rande der Basler Welt Notiz nimmt. Ein krankes Tier, das sich im Niemandsland verkrochen hat.

Scheffler ahnt nichts davon. Er zieht an der Klingel, ein gellender Klang hallt durch das Haus, doch nichts rührt sich. Er klingelt ein zweites und, ungeduldig, ein drittes Mal. Ist das Haus denn ausgestorben? Bevor er sich auf den Rückweg macht, will er wenigstens einen Blick in seine Wohnung riskieren. Er nähert sich einem der Parterrefenster, um durch einen schmalen Spalt in den Vorhängen ins Innere zu spähen — und fährt erschrocken zurück:

»da saß er doch!! An einer Art improvisiertem Schreibtisch! Theekannen, Kochgeschirr um den schmalen Platz, der ihm zum Arbeiten blieb, versammelt. Und er selbst einen das halbe Gesicht verdeckenden Lichtschirm auf der Stirn, während seine noch dürftiger gewordene Gestalt sich halb über den Tisch gebeugt hielt. Wie bei einem, der angstvoll lauscht und nur sich zu verbergen bemüht ist!«

Nietzsche hatte Angst. Erst das dreimalige Schellen, dann die Stille. Machte sich nicht jemand an seinem Fenster zu schaffen? Er wird nicht zur Türe gehen. Ihn gibt es nicht mehr. Scheffler, der Spion, scheint das nicht begriffen zu haben:

»Mir war es, als müßte ich — und wäre es durchs Fenster — zu ihm dringen, ihn aufrütteln . . . Da sah ich, wie ein Zittern den Körper des Unglücklichen überfiel und er noch immer auf die Schritte des sich Entfernenden horchte.«

Scheffler sah, wie Nietzsche horchte, ob sich der unwillkommene Besucher nicht bald entfernte. Eine Situation von quälender Peinlichkeit. Im Juni 1879 hat die Basler Quälerei ein Ende: Der Regierungsrat des Kantons Baselstadt erteilt Nietzsche die erbetene Entlassungsurkunde. Seine Pension beträgt genauso viel, wie er vor zehn Jahren als Anfänger bekommen hatte. Als Halb-Gesunder war er gekommen, als Halb-Kranker hatte er seine Pflichten erfüllt, so gut es eben ging; nun war er endgültig abgeschrieben.

Neun Jahre nach seinem Tod sah die Schwester sich veranlaßt, einer Legende entgegenzutreten. Man verbreitete, ihr Bruder sei krank gewesen. Nicht nur sie, die Hohepriesterin des Nietzsche-Kults, fand das für einen Geistesheroen recht unpassend. Er hatte die große Gesundheit gepredigt, folglich hatte er sie auch selbst gehabt. In einem Brief vom September 1909, einem Dokument der Niedertracht gegenüber ihrem toten Bruder und den angeblich von ihm genasführten Baslern, schrieb sie:

»Ich verstehe ja sehr gut den Irrtum, den die Briefe meines Bruders auf Fremde hervorrufen müssen, und ich kann auch nicht daran denken, plumpe Menschen auf die wahren Gründe aufmerksam zu machen, weshalb mein Bruder so viel von seinem Unwohlsein spricht. Es ist ein recht nüchterner Grund. Um es kurz zu sagen: *seine Krankheit erkaufte ihm die persönliche Freiheit.* Nur als *Kranker* konnte er seinen Abschied von Basel nehmen, nur dem *Kranken* gaben die Baseler die Pension.«

Auch Nietzsche wollte sich ein wenig schadlos halten an den Baslern und ihrem herausragenden Repräsentanten Jacob Burckhardt. Im letzten Brief seines Lebens, den er am 6. Januar 1889 schrieb, zahlte er mit Spott heim, was der ihm mokant nachgesagt hatte. Die Botschaft ließ den Empfänger ratlos. Sogleich eilte er zu Nietzsches Freund Overbeck, der daraufhin nach Turin fuhr und den Wahnsinnigen mit dem Versprechen in den Zug nach Basel lockte, dort sei ein großer Empfang für ihn vorbereitet. Der Brief an Burckhardt endet mit dem Satz: »Sie können von diesen Brief jeden Gebrauch machen, der mich in der Achtung der Basler nicht heruntersetzt.«

Nietzsche wußte also, wie man dort über ihn sprach. Und nun, da er sich keinen Zwang mehr antun mußte, gab er es Burckhardt auch zu verstehen. Er sei, schreibt er, »verurtheilt, die nächste Ewigkeit durch schlechte Witze zu unterhalten«, und gebe sich alle Mühe, »den großen Feuilletonisten der grande monde abzugeben«. Mit Hohn in der Stimme sagt er dem Ex-Kollegen auf den Kopf zu, was der längst von ihm denkt. Hatte Burckhardt ihm die Kritik an seinen Werken immer zaghaft vorgetragen, so entgegnet der ihm nun, dem Älteren stehe »jede Kritik zu, ich bin dankbar, ohne versprechen zu können, Nutzen zu ziehen. Wir Artisten sind unbelehrbar.« Das war frech, und der sensible Burckhardt wird es verstanden haben.

Schließlich nimmt er den Alten selbst auf die Hörner. Nietzsche, der heruntergekommene Vagabund, der sich selbst zum

Gott ernannt hat, schlägt dem hochangesehenen Professor, der kaum je seine Heimat verlassen hat, vor, ihn in Turin zu besuchen — »ein Glas Veltliner würde zu beschaffen sein« —, und versichert, »Negligé des Anzugs Anstandsbedingung«: Bosheit des Ausgestoßenen gegenüber dem Etablierten, an dessen nachlässigem Äußeren er schon zur Basler Zeit Anstoß genommen hatte:

». . . selbst der mir näher stehende Jacob Burckhardt lebt, als vermögender Mann, in der geschmacklosesten Dürftigkeit und geht Abend für Abend zu den Baseler Philistern in die Bierstube. Rechnen Sie nun dazu den absurden Schweizer-patriotismus (der wie der Schweizerkäse vom Schafe stammt und ebenso gelbsüchtig neidisch wie jener aussieht) . . . es kommt viel zusammen um nicht zu einem fast einsiedlerischen Leben bestimmt zu werden.«

VIII

»STERNEN-FREUNDSCHAFT«

Im Sommer 1877 sucht Nietzsche den winzigen Kurort Rosenlauibad im Berner Oberland auf, um sich endlich, ohne Arzt, aber mit »St. Moritzer Wasser«, von seiner »eingewurzelten Neurose« zu befreien; und vielleicht, dank alpiner Kräftigung, zwei Nüsse zu knacken, an denen er sich bislang die Zähne ausgebissen hat. Die eine Nuß war Basel, vor dem ihm »graut«, weil er dort »in einer Verpuppung leben muss und wirklich nervenschwach und melancholisch geworden« ist, wie er der Schwester schreibt — die andere Nuß findet sich in einem Antwortbrief Elisabeths: »Ich muß Dir doch sagen«, drängelt sie mit mütterlicher Rückendeckung, »daß Dich Alle jetzt gern verheirathen möchten.« Großartige Aussichten! Wo doch selbst

Rohde seine baldige Vermählung bekanntgegeben hat — warum nicht auch er? Während des dreistündigen Fußmarsches von Meiringen nach Rosenlauibad, für den der Halbblinde sich einen Führer nimmt, hat er Zeit, über beide Probleme nachzudenken. Entschieden muß sein, nur wie? Man müßte die Professur loswerden, ohne das Gehalt zu verlieren; und mit der unvermeidlichen Kröte ein Vermögen mitschlukken, von dem sich leben läßt.

»Der Knabe mit den müden, heissen Augen«. Im Kurort erwartet ihn die »schönste Alpenansicht«, die er je gesehen, alles ist »sehr schön«, wie er der Mutter schreibt, »ohne Übertreibung«. Nur daß er der »einzige bleibende Gast« scheint, läßt Einsamkeitsgefühle aufkommen. »*Sehr* allein« kommt er sich vor, mit sich und seinen unaufschiebbaren Entscheidungen. Dafür stehen Attraktionen bereit, die ihn ablenken und trösten: Der Rosenlauigletscher, zu dem er fast jeden Morgen — »in der Voraussetzung, daß sie alle noch schlafen« — pilgert, und das Klavier, an dem er, wie ein Ohrenzeuge erinnert, seine »großen, ernsten polyphonen Offenbarungen« erklingen läßt, sobald »der Salon des Hotels leer ist«. Doch lassen sich viele Kurgäste von den ungewohnten Tönen anlocken und lauschen in ehrfürchtigem Abstand »draußen vor der angelehnten Glastür«.

Außer einem gewissen Dr. Otto Eiser, der sich als Verehrer zu erkennen gibt und Nietzsches sämtliche Werke mit sich herumschleppt, macht er hier kaum Bekanntschaften. Er ist mit sich und seinen Problemen so allein, daß er wegen »Baseler Nothwehr-Zustand« und drohenden Ehekandidatinnen, die regelrecht Schlange zu stehen scheinen, in »grösste Erschöpfung der Nerven« gerät und selbst nachts keine Ruhe mehr hat. Auf einer seiner Grübel-Wanderungen findet er Ablenkung. Vor einer Bauernhütte entdeckt er einen kleinen Jungen, der, wie die Schwester schreibt, »ziemlich verlassen schien, da die

Eltern mit der Heuernte beschäftigt waren«. Der Kleine kann sie nicht begleiten, er ist krank. Nietzsche spricht ihn an, einsamer Kranker den einsamen Kranken, und beschließt wiederzukommen.

»Schließlich gewöhnte er sich, fast tagtäglich an dem kranken Kind vorbeizugehen und ihm Süßigkeiten zu schenken. Ja er nahm sogar ein Tüchlein mit, das er an dem nahen Brunnen anfeuchtete, um dem Kleinen das Gesicht abzuputzen. Wie die Eltern sagten, freute sich das Kind schon den ganzen Tag darauf, bis ›der gute Herr‹ vorüberkam.«

Der Knabe, mit dem er sich anfreundet, geht ihm nicht mehr aus dem Kopf. »Der blinde Knabe am Gebirgswege« steht in seinem Notizbuch, auch eine romantische Szene am Gletscher: »Zwei Knaben sassen wohl im Heidelbeerkraut und sahen dem grossen grünen Käfer zu, auf dessen Rücken ein Sonnentropfen glitzerte: er fiel aus kühlem Tannenschatten hinunter.« Sah er sich selbst als den zweiten Knaben, der in den Mikrokosmos des Kinderspiels hinabgetaucht ist? Träumte er von heimelig-unbeobachteter Gemeinschaft? Sein fester Entschluß: »Ich muss Heidelbeerkraut und Tann um mich und vor mir einen Gletscher haben.« Am Abend, wenn »Tannengeruch« die Luft schwängert, sieht er zwischen den Bäumen »hindurch auf graues Gebirge«. Hoch oben »schimmerte der Schnee. Blauer beruhigter Himmel darüber aufgezogen«. Und er begreift, endlich zur Ruhe gekommen, daß ihm damit ein Stück seiner selbst vor Augen getreten ist: »Wald Gebirge, ja das ist nicht nur Begriff, es ist unsere Erfahrung und Geschichte, ein Stück von uns.«

Über die Selbstbegegnung am Gletscher schreibt Nietzsche ein Gedicht, gewidmet dem Sommer und den Bergen, dem Tannenwald und dem kranken »Sommerknaben«, auch sich selbst, der mitten in der Bergeinsamkeit von einem dringlichen Gefühl überfallen wird: der Sehnsucht nach Liebe. Wie er täglich mit dem kranken Knaben plaudert, so läßt er nun den Sommerknaben mit dem Gebirge stumme Zwiesprache halten, bis »plötzlich Leuchten« ausbricht, von Auge zu Auge springt;

und dieser Lichtblitz sagt nur eines, immer wieder das eine Wort: »Ich liebe dich.«

»Um Mittag, wenn
Der junge Sommer in's Gebirge steigt,
Da spricht er auch,
Doch sehen wir sein Sprechen nur . . .
Es geben Eisgebirg und Tann und Quell
Ihm Antwort auch,
Doch sehen wir die Antwort nur . . .«

Was sagen sie einander, der Sommer und die Bergregion? Wir wissen es noch nicht. In der Endfassung des Gedichts verrät Nietzsche, wer da spricht, als der Sommer ins Gebirge kommt: »Der Knabe mit den müden, heißen Augen.« Sein kleiner Freund, dessen Atem »wie eines Kranken Athem quillt in Fieber-Nacht«. Denn im Gebirge ist der Sommer kurz, die Schwüle, die er um Mittag bringt, weicht bald der Herbstkühle. Der Sommer, und das hat er mit dem Bauernjungen gemein, wird hier nicht alt. Aber im Augenblick, wo er der toten Eisregion begegnet, scheint alles aufzuleben vor Wiedersehensfreude:

»Denn schneller springt vom Fels herab
Der Sturzbach wie zum Gruss
Und steht als weisse Säule horchend da.
Und dunkler noch und treuer blickt die Tanne
Als sonst sie blickt.
Und zwischen Eis und todtem Graugestein
Blickt plötzlich Leuchten auf:
Wer deutet dir's?«

Sie sprechen, aber wir verstehen es nicht; ein Leuchten breitet sich aus, aber wir können es nicht deuten. Nietzsche kann. Denn es geschieht hier, was einst »auf hoher Alpentrift« geschah, als der trunkene Archilochus von seinem Gott Apollo berührt wurde und Bilderfunken sprühte. Die unbeseelte Welt scheint »plötzlich« aus tiefem Traum zu erwachen und den Menschen jubelnd als verlorenen Sohn zu begrüßen. Nietzsche, eingesponnen in dionysischen Mittags-Zauber, sieht den Gletscher aufleuchten, als wäre er vom Lorbeer des Gottes berührt — und zugleich das Eis seiner Seele. Jetzt hat er es wieder erlebt, nicht erst am Ziel seiner Wanderung, sondern auf dem Weg: Wie hier oben der schwüle Sommer das »Eisgebirge«, so hat der Knabe mit seinen »müden, heißen Augen« das Auge des kranken, halbblinden Mannes entzündet. Uralte Erinnerung an eine Begegnung, die ebenfalls keiner Worte bedurfte: War nicht dasselbe am Sterbelager seines Vaters geschehen, als ihn der kleine Sohn ein letztes Mal besuchen durfte, ihn umhalste und küßte und ein letztes Mal den Blick des Vaters auf sich gerichtet sah? Augen, die zu leuchten schienen, als wären sie wieder sehend geworden? Der Augenblick des endgültigen Abschieds als Augen-Blick einer nie mehr endenden Liebe? So deutet es das Rosenlauibader Gletscher-Gedicht:

»In todten Mannes Auge
Wird wohl noch einmal Licht:
Sein Kind umschlang ihn harmvoll
Küsst' ihn.
Da sagt des Auges Leuchten:
›Ich liebe dich‹ . . .«

Es ist das Auge des Sterbenden, das zu ihm spricht. Und auch der Gletscher, der Tannenwald, die weiße Säule des Baches, die »zitternd, sehnsüchtig« hinabstürzt, sagen ihm nur dies »eine Wort: Wir lieben dich! Wir lieben dich!« und er, der Knabe »mit den müden, heißen Augen«,

»— er küsst sie harmvoll,
Inbrünstiger stets
Und will nicht gehn . . .«

Der Sommer will am glitzernden Gletscher bleiben, der Nietzsche-Sohn beim sterbenden Nietzsche-Vater — und der Kranke vor der Bauernhütte, der den »guten Herrn« immer inbrünstiger erwartet hat und nicht mehr gehen läßt, der will auch bei ihm bleiben; denn er spürt, daß es zu Ende geht:

»Er bläst sein Wort wie Schleier nur
Von seinem Mund — ein schlimmes Wort. —

Da horcht es rings
Und athmet kaum:
Da überläuft es schaudernd wie
Ein Glitzern am Gebirg
Rings die Natur:
Sie denkt und schweigt. —«

Das Schweigen mit dem Mund und das Sprechen mit den Augen ist Medium dieser Liebe. »Du liebst und schweigst«, hatte Platen einst gedichtet, »O hätt ich auch geschwiegen, Und meine Blicke nur an dich verschwendet!« Nietzsche faßt einen Entschluß. Er will das Kind, mit dem er Blicke gewechselt hat, zu sich holen, ihm helfen, da es offensichtlich nicht mehr lange zu leben hat.

»Mein Bruder erkundigte sich nach der Art des Leidens und versprach, wenn die Eltern das Kind nach Basel bringen wollten, daß es dort auf seine Kosten geheilt werden sollte. Sogleich nach seiner Ankunft in Basel hatte er auch die Anstalten dazu getroffen, ihn in einer Klinik unterzubringen. Aber leider wurde ihm mitgeteilt, daß das Kind inzwischen gestorben wäre, daß es aber immer gesagt habe: ›Ich gehe nun bald zum guten Herrn.‹«

Für Nietzsche kam die traurige Nachricht nicht unerwartet. Schon in Rosenlauibad hatte er einen Aphorismus über *»Das sterbende Kind«* geschrieben, dem man, weil es nicht mehr lange zu leben hat, gibt, »was es will«, auch »Zuckerbrod . . .« In Basel hat Nietzsche seinem Gedicht später zwei Zeilen hinzugefügt, den Abgesang auf den Sommerknaben:

»Mein Gruss ist Abschied
Ich sterbe jung. —«

Das Erlebnis hat Nietzsche erschüttert. Zwei Jahre danach notiert er sich unter der Rubrik »Wann ich *geweint* habe« das »Gedicht Rosenlaui«. Geweint über den Tod des Knaben, aber auch die Erinnerung an den verzauberten Augenblick, in dem das starre Gebirge zu leuchten, in dem er, der einsame Maskenträger, zu lieben begann. Doch mit dem Sommerknaben starb auch die Liebe, kehrte der Herbst in die Eisregion des Rosenlauigletschers zurück. Als der Schüler einst seinem todessüchtigen Helden Ermanarich den totgeglaubten Sohn Randwer zuführte, geschah ein ähnliches Wunder: Wiedererkennung, Liebesumarmung, gemeinsamer Tod. Es war die symbolische Sühne- und Versöhnungsszene zwischen Nietzsche-Vater und Nietzsche-Sohn. Nun ist der Sohn zum Vater, zum »todten Mann«, geworden, der durch die Liebe des — ebenfalls todgeweihten — Jungen ein letztes Mal ins Leben, in die Liebe zurückgerufen wird. Für einen leuchtenden, ewig scheinenden Augenblick.

In einem Entwurf für das Finale seines »Zarathustra« hat Nietzsche sich die Mysterienerfahrung als große Oper ausgemalt. Sein Held ist von einer lauschenden Menge umgeben wie Jesus bei der Bergpredigt. Nach Verkündung seiner Botschaft, kommt ein

»*Entscheidender Moment:* Zarathustra fragt die ganze Masse am Feste: ›wollt ihr das Alles noch einmal?‹ — alles sagt ›*Ja!*‹ *Er stirbt vor Glück dabei* . . . etwas Leuchtendes Furchtbares Stilles geht ihnen allen über ihre Gedanken weg«.

Das war wohl die seltsamste Frage, die je einer gläubigen Gemeinde gestellt wurde — es sei denn, man ist im Theater, wo begeistert da capo gerufen wird, wenn das Stück angekommen ist. Das Stück, das der todessüchtige Prediger meint, ist das ganze Leben. Und beim Ja zu diesem Stück stirbt der gefeierte Held vor Glück. Worauf es das Publikum — wie einst den Gletscher und ihn selbst — überläuft und Leuchten ausbricht, Erleuchtung darüber, daß höchstes Glück und Tod eins sind. Und der Wille, dies immer wieder zu erleben, so zu sterben, wie sie ihn sterben sahen, entflammt die Masse wie ein Pfingsterlebnis. Nietzsche hat diesen Schluß zurecht verworfen, zu viel Theater und zu wenig Wirklichkeit.

*

In Rosenlauibader Gletschereinsamkeit hat Nietzsche ein zweites Mal Bilderfunken gesprüht. Das Gedicht, das dabei entstand, handelt ebenfalls von Liebe und Tod. Später hat er es mit dem verzweiflungsvollen Refrain versehen: »Dies ist der Herbst: der — bricht dir noch das Herz!« Der Sommerknabe ist tot, der Herbst, die große Kühle, kommt. Schon als Vierzehnjähriger war Nietzsche darüber schwermütig geworden. Im Schulgefängnis Pforta hatte er seinem Tagebuch anvertraut: »Vorbei, vorbei! Herz, willst du zerspringen?« Er kann es nicht ertragen, daß die Sonne »nicht mehr warme Strahlen« sendet, daß auf den öden Feldern »hungrige Vögel« dem Winter entgegenharren. »So nah begrenzt sich Freude und Leid«, erkennt er resigniert, »aber der Übergang ist zermalmend. Vorbei, vorbei!« Wie gern schlösse er sich den Zugvögeln an, die »in ein fernes Land« ziehen, und folgt ihnen, faute de mieux, »traurig mit dem schmerzergriffnen Herz«. Wie die Pennäler-Klage schließt auch das Rosenlauigedicht mit einem verzweifelten Refrain, den schon Gretchen im Kerker gesungen hatte: »Fliege fort, fliege fort!«

STELLA. Die Melancholie hat ihn wieder gepackt, »die Göttin mit den bleiernen Flügeln«, wie Rohde sie nannte. »Sieh, der Herbst schleicht her und der arge Winter schleicht dem Herbst bald nach«, hatte Nietzsche bei Chamisso lesen können. Nun läßt auch er schleichen:

»Dies ist der Herbst.
Die Sonne schleicht zum Berg
Und steigt hinauf
und ruht bei jedem Schritte
Auf müd gespannten Fäden spielt
Der Wind sein Lied:
Die Hoffnung flieht,
Er klagt ihr nach.
O Frucht des Baums,
Du zitterst, fällst!
Welch ein Geheimniss zeigte dir
Die Nacht,
Dass eis'ger Schauder deine Wange,
Die purpurne, verhüllt? —«

Auch dies eine herbstliche Lesefrucht, mit der Nietzsche seine Melancholie schmückt. In Bettina von Arnims Goethe-Buch liest sich die Begegnung zwischen fallendem Apfel und Dichter so: ». . . Die reifen Früchte fielen von den Bäumen, (Goethe) sagte: ›Da fällt schon wieder ein Apfel und rollt den Berg hinab‹; da überflog mich ein Frostschauder . . .« Das Bild von den fallenden Früchten wird im »Zarathustra« wieder auftauchen: Bild des Abschieds, der die Purpurwange des Lebens mit dem Frostschauder des Todes und seiner nächtlichen Geheimnisse behaucht; Bild für einen unwiederbringlichen Verlust, der ihm das Herz bricht.

Aber es gibt auch Trost. Inmitten der Abschiedsschwermut von schleichender Sonne, sausendem Wind und fallender Frucht beginnt eine fremde Stimme zu sprechen, und der Dichter lauscht ihren sanften Worten, als kämen sie von ferne her in tiefer brauner Nacht:

»Ich bin nicht schön,
So spricht die Sternenblume,
Doch Menschen lieb' ich,
Und Menschen tröst' ich,
Sie sollen jetzt noch Blumen sehn,
Nach mir sich bücken,
Ach! und mich brechen —
In ihren Augen glänzet dann
Erinnerung an *schönre* auf
Und Glück.
Ich seh's und sterbe dann,
Und sterbe gern. —«

Die Sternenblume, vulgo Aster, spricht zur Kamelie, bürgerlich Friedrich Nietzsche: Du brauchst Liebe, und weil du nicht die Liebe jener »schönren« hast, brauchst du auch Trost. Obwohl ich nicht schön bin, gebe ich dir beides. Ich gebe mich dir hin, sterbe für dich, und da mein Opfer dein Auge zu sehnsüchtigem Leuchten bringt, gebe ich es gerne. So etwa könnte die Stimme zu dem einsamen Dichter durch die Blume geredet haben. Er kannte diese Stimme sehr gut. Sie gehörte seinem Freund Paul Rée.

Nietzsche hat die Identität der »Sternenblume«, die sprechen kann, Jahre später preisgegeben, nachdem ihre Freundschaft unter Theaterdonner zusammengebrochen war. In einem Brief an die Mutter versuchte Nietzsche ein gutes Wort für den Verflossenen einzulegen, und sagt, vor lauter schlechtem Gewissen, die Wahrheit:

»Du kannst mir nicht nachfühlen, welcher Trost mir jahrelang Dr R(ée) gewesen ist — faute de mieux wie es sich von selber versteht . . .«

Das mußte ihr unbedingt gefallen: Ich habe mich nur deshalb mit ihm abgegeben, weil nichts Besseres zur Hand war; aber als Lückenbüßer bot er immerhin eine Art von Trost, die du mir nicht nachfühlen kannst. Wozu auch. Das »faute de mieux« hat aber noch eine andere Bedeutung, von der die Mutter keine Ahnung hatte. Sie findet sich in Platos »Symposion«, in dem der Geliebte seinen Liebhaber an die Idee des Schönen erinnert und ihn durch seine Liebe zur Vision des höchsten Schönen aufsteigen läßt. Der Einzelmensch kann im Vergleich dazu immer nur »faute de mieux« sein, »Erinnerung an *schönre*« eben. Als Nietzsche sein Herbstgedicht von der Trost-Blume niederschrieb, sehnte er sich nach dem Freund, der zwar nicht schön war, aber sehr wohl den Erinnerungs-Dienst leisten konnte — und einige Dienste mehr. Um den zu offensichtlichen Bezug auf die Blumen — oder Männer — zu verwischen, ersetzte Nietzsche in der Endfassung des Gedichts das Astern-Bekenntnis durch die philosophisch-vage *»Erinnerung an Schöneres als ich.«*

Nach Rosenlauibad hatte Nietzsche sich auch eine philosophische Erinnerung an den Freund mitgenommen. Neben Platos »Gesetzen« las er Rées Büchlein »Der Ursprung der moralischen Empfindungen«, das der ihm mit den Worten gewidmet hatte: »Dem Vater dieser Schrift dankbarst deren Mutter.« Der Geehrte schrieb dem Autor aus dem Kurort, er sei wohl der erste, »der sie in der Nähe der Gletscher liest«, und verbindet mit der Schmeichelei das Geständnis, er wünsche

»täglich ein paar Mal (auch dreimal) Sie herbei, denn ich bin ganz allein und von allen Zweisamkeiten ist mir die Ihrige eine der allerliebsten und ersehntesten«. Und Rée, der nicht kommen kann, grämt sich, daß »Sie so allein dort oben im Eise sind! Wie gern, wie gern flöge ich zu Ihnen . . .« Ja, wenn ich ein Vöglein wär . . . Einmal hatte er dem fernen Nietzsche dafür gedankt — unklar, ob als Vöglein oder als Buch-Mutter —, daß dieser von seinem »Gedankensaamen« in ihn hineinfallen ließ. Jetzt kann er ihm nur brieflich seine Sympathie zuwenden. Der Immoralist und Tröster vom Dienst, der sich so oft wie möglich mit »rührender, aufopfernder Freundschaft« des Kranken annahm, wußte, was er an Nietzsche hatte: einen neuen Plato, dem er dienen, von dem er profitieren konnte; aber auch einen Herrn, an dessen »Raubtiermännlichkeit«, wie Biograph Ross romanhaft schreibt, die »tantenhafte Unfähigkeit« Rées in Belangen des anderen Geschlechts einen Halt fand. Nietzsche gab Sicherheit — ein Geistesheroe voller Selbstbewußtsein, an das sich seine Passivität schmiegen konnte. Der Übermensch und seine »Ehrendame«, wie Rée später spöttisch genannt wurde, ergänzten sich wie die platonischen Hälften.

1873 war Rée nach Basel gekommen, mit seinem Judentum als Makel und seiner Verwundung aus dem 1870er Krieg als Ehrenzeichen. Er war fünf Jahre jünger als sein Idol, stammte aus einem Gut in Pommern und bekannte sich rückhaltlos zu Schopenhauer: Pessimismus und Weltverneinung, das paßte zu einem Leben, in dem ein ewig unbefriedigter Trieb, genannt »Urwille«, vergeblich nach den Phantomen der Einbildungskraft, den »Vorstellungen«, haschte. Nietzsche galt als Leuchte des neudeutschen Pessimismus, seine eben erschienene Tragödienschrift war ein Manifest des neuhellenischen Satyrtums. Und Rée fühlte sich angesprochen. Denn unter seinem priesterlichen Äußeren, das manchmal Kinder dazu verleiten konnte, ihm ehrfürchtig die Hand zu küssen, verbarg sich der Dionysos-Jünger, der nur darauf wartete, daß sein Gott in ihn fuhr. Zum

Beispiel, wenn der ihn für seine »Psychologischen Beobachtungen« lobte:

»Sie hätten nämlich einen Menschen gesehen«, antwortet der Enthusiast auf einen Nietzsche-Brief, »der im Zimmer auf und absprang, wie ein Satyr, und dabei mit den Händen gesticulirte, wie ein Verrückter. Diese Freude hat zwei Gründe: Erstens hatte ich sie damals in Base(l) außerordentlich lieb gewonnen ... Ich hatte zu Ihnen eine unglückliche Liebe!«

Nachdem Rée aus Basel weggegangen war, ohne dem Professor wirklich nahegekommen zu sein, hörte der von Gersdorff, was ihm an dem Hörer verlorengegangen war. Der alte Freund berichtete ihm von einem Ausspruch Rées, wonach »behaglich mit einander schweigen zu können« ein »grösseres Zeichen von Freundschaft« sei als »behaglich mit einander reden zu können« — worauf Nietzsche Jahre später im Gedicht »Unter Freunden« replizierte: »Schön ist's, mit einander schweigen, Schöner, mit einander lachen ...«

Gersdorff brachte den Schweiger auch mit seinen Berliner Künstlerfreunden zusammen und schrieb, in gewohnter Klatschsüchtigkeit, nach Rosenlauibad: »Rau hat mit Rée Bekanntschaft gemacht und sich sehr darüber gefreut. Er findet, dass Rée einen der schönsten modernen Köpfe hat ...« Nietzsche war, folgt man seinem Herbst-Poem, in diesem Punkt andrer Meinung. Rée hat mit großer Ausdauer um ihn geworben. Im Februar 1876 bekennt er, »Heimweh« nach ihm zu haben und außerdem das Bedürfnis, dem Angebeteten reinen Wein über sich einzuschenken:

»... was ich auch immer Kleines und Erbärmliches denken und fühlen mag, ich bin entschlossen, es Ihnen gerade so wenig zu verbergen, wie mir selbst. Mögen Sie lieber sehen, was Ihnen mißfällt, als daß ich verstecke, was Ihnen mißfallen würde ...«

Nietzsche kündigt seinem »lieben, neugewonnenen Freund« im Gegenzug *»persönliche Offenheit«* an, vorausgesetzt, man gewöhne sich aneinander; dazu müsse der neue Partner aber den Willen haben, »wieder einmal in Basel länger vor Anker zu liegen«. Das Bild vom Schiff im gemeinsamen Hafen kommt später noch zu Ehren; und auch Rées Anerbieten, dem Meister geeignete Jünger zuzuführen — im Sommer 1876 ist es der »philosophische Jüngling« Heinrich von Stein —, zeitigt unabsehbare Konsequenzen. Doch nicht der hübsche Stein ist es, der bei dem Wagner-kranken Nietzsche in Bayreuth Epoche macht. Nach dem Verlust der Wagners und dem Verrat des Dioskuren brauchte er Trost, Krankenpflege und vor allem einen Literaturfreund, der ordentlich vorlesen konnte. Im Gegensatz zu Köselitz-Gast, der sich gelegentlich als »Ihr ergebenster Diener« unterfertigte, bringt Rée, der ebenso feinsinnige wie -fühlige, Bildung mit; zudem ist er, wie Rohde ihm nachrühmt, »unter Larven die einzige fühlende Brust«.

Nietzsche erwies sich als dankbarer Nutznießer der Réeschen Aufopferung, zumal er damit einen Wagnerianer mit Patronatsschein dem einstigen Idol abspenstig machte. Für Rée gab es im Bayreuth von 1876 nur einen — *seinen* Meister. Zum Dank blieb Nietzsche bis ins nächste Jahr hinein mit ihm zusammen, unzertrennlich und tief eingegraben in gemeinsame Probleme, die man gemeinsam lösen wollte. Moralische Probleme. In »Ecce homo« erinnert sich Nietzsche an jene Bayreuther Wochen, in denen er an seinem Aufklärungsbuch »Menschliches, Allzumenschliches« zu arbeiten begann; »eine tiefe Fremdheit gegen Alles, was mich dort umgab, ist eine seiner Voraussetzungen« — und eine tiefe Vertrautheit mit dem »ausgezeichneten Dr. Paul Rée«, den er in diesem Buch »mit einer welthistorischen Glorie überstrahlte«.

Die ersten drei Oktoberwochen nach Bayreuth verbringen die beiden in dem kleinen Schweizer Kurort Bex im Rhônetal, den Nietzsche zuvor mit Gersdorff entdeckt hatte. Man stieg ab im Hotel du Crochet, wo man ein abgesondertes Häuschen mit Balkon anmietete. So genießt man, wie Nietzsche nach Hause schreibt, »des schönsten Herbstes«. Er geht, der Augen wegen, vor Sonnenaufgang und dann wieder nach Sonnenuntergang spazieren und genießt dazwischen die Tage auf der »Terrasse vor unsern Zimmern« mit Rée, dem »Unvergleichlichen«. Der hatte ihm kurz vor dem gemeinsamen Urlaub geschrieben, er fühle sich »glückselig im Besitz Ihrer Freundschaft«. Obwohl Nietzsche von kleineren Anfällen heimgesucht wird, meldet er hoffnungsvoll von der glückseligen Insel Bex nach Naumburg, daß »seit 12 Tagen der Hauptanfall ausgeblieben ist«.

Die Nähe des milden Freundes wirkt auf Nietzsche heilsam, zumindest solange man unter sich ist. Als sie dann in Richtung Sorrent und Malwida aufbrechen, wo man das kommende Jahr unter den Flügeln der Glucke zu verbringen gedenkt, packt ihn eine Kopfschmerz-Attacke, und er zappelt »44 Stunden« in ihrem Griff. Noch Jahre später beschwört Rée den geheimnisvollen Einfluß, den er auf den maroden Freund ausübt. »Wir hätten uns nicht trennen sollen«, schreibt er ihm, »vielleicht bestand ein günstig wirkender Magnetismus zwischen unsern corporibus. Mehr schreiben verboten.«

Nach drei Tagen Genua, in denen Nietzsche zum ersten Mal Meerluft schnuppert, geht es in Richtung Süden, und Rée weicht seinem Bexer Bräutigam nicht von der Seite. Zudringliche werden abgewehrt, die neugewonnene Partnerschaft mit Zähnen und Klauen verteidigt. So erfuhr die Italien-Touristin Isabelle von der Pahlen, die ahnungslos mit dem bärtigen Professor durch Pisa gebummelt war, daß sie dies auf keinen Fall hätte tun dürfen, wie sein »sichtlich verstimmter« Begleiter ihr einredete.

»Einigermaßen erregt nahm er mich beiseite und sprach unverhohlen sein Mißvergnügen aus, daß ich, seinen Bemühungen zum Trotz, auf- und anregend — mithin schädlich — auf Nietzsche wirke.«

Sein schweres Nervenleiden, so Rée, lasse sich nur durch gesellschaftliche Enthaltsamkeit kurieren, von der offenbar nur er ausgenommen war. Der »Unvergleichliche« litt unter Eifersucht. Schon bei der Annäherung neuer Bewunderer legte er sein Veto ein, das sich auf Geschmack — »unappetitlicher Mensch« — oder auf angebliche Rücksichtnahme gründete:

Der Herr Professor wünsche vermutlich keinen Besuch. Zwar war meist das Gegenteil der Fall und Nietzsche fast immer auf Seelen »lüstern«, aber Rée hatte Anrechte erworben, die er nicht aufzugeben gedachte. Das »Sie«, dem die beiden in jahrelanger Freundschaft treu blieben, besiegelte dabei ihr exklusives Herr-und-Diener-Spiel, in das kein Dritter paßte.

Fühlte der Jüngere den Älteren in seiner Zuneigung erlahmen oder seine Briefe eine Spur kühler werden, so mahnte er Treue an. Zu Nietzsches 33. Geburtstag rund ein Jahr nach der Bexer Zweisamkeit brachte er in Erinnerung, was sie einander gewesen waren — und auch in Zukunft sein konnten. Er beschwört, um neue Liebe werbend, die Bühne der alten herauf, jenen »Garten Epikurs«, den Nietzsche im Zusammenleben mit dem Freund entdeckt hatte. Und in das sentimentale Portrait ihres griechischen Philosophengärtchens versteckt der Gratulant ein Schlüsselwort, von dem er sicher sein konnte, daß nur der Empfänger es verstand:

> »Meine Gedanken weilen diese ganze Zeit über in Bex, und wollen sich durch nichts von dort vertreiben lassen. Es waren gewissermaßen die Flitterwochen unserer Freundschaft, und das abgesonderte Häuschen, der hölzerne Balcon, die Weintrauben und Le Sage vollendeten das Bild eines vollkommenen Zustands, — auch wenn Stella nicht gewesen wäre . . .«

Worte, die einladen zum Nachdenken. Was hat Rée seinem fernen Freund da auf den Geburtstagstisch gelegt? Die Bekräftigung eines Bundes. Ich, so gibt er, die Hand auf dem Herzen, zu verstehen, halte an unserem Bund fest, dem gewissermaßen ein Ehegelöbnis zugrunde liegt. Waren es nicht Flitterwochen, die wir in Bex durchlebt haben? Ich lasse mich aus diesem Bund nicht mehr vertreiben. Ich bin und bleibe treu. Denn es war kein Zufallsbund, der uns dort zusammenschweißte, sondern die Vollkommenheit selbst. Rée brauchte den neuen Plato nicht eigens daran zu erinnern, was im »Symposion« über die Liebe geschrieben steht: Daß die zerteilten Menschen sehnsüchtig nach ihrer passenden Hälfte suchen, die Männlein nach den Weiblein, aber auch die Männlein nach den

Männlein. Bevor man die passende Hälfte gefunden hat, herrschen Ungenügen und Unvollkommenheit:

»Wenn aber einmal einer seine wahre eigne Hälfte antrifft, ein Knabenfreund oder jeder andere, dann werden sie wunderbar entzückt zu freundschaftlicher Einigung und Liebe und wollen sozusagen auch nicht die kleinste Zeit voneinander lassen.«

Dies Trachten nach Vollkommenheit heißt im »Gastmahl« Liebe. Und die Flitterwochen, so schreibt der Freund dem Freund, haben uns diese gebracht und besiegelt — »auch wenn Stella nicht gewesen wäre . . .« Das Schlüssel- und Reizwort. Wer ist Stella? Die Konstruktion mit ihrem »gewesen wäre« erlaubt nicht einmal den Schluß, ob Stella ein Jemand oder eine Chiffre ist, unter der nur Gleichgesinnte etwas verstehen. Gehörte Stella als Dritte — oder Dritter — zum Bunde? Was konnte eine weitere Person überhaupt zur Vollkommenheit zweier Ehehälften beitragen? Die Biographen haben sich über das geheimnisvolle Wesen vom anderen Stern die Köpfe zerbrochen und waren nicht glücklich dabei; zu offensichtlich war hier Allzumenschliches ins philosophisch-therapeutische Colloquium eingedrungen, eine Unbekannte zwischen zwei bekannten Größen. Ernst Pfeiffer, Chronist einer späteren Nietzsche-Rée-Verwicklung, meinte: »›Stella‹ braucht nicht enträtselt zu werden.« Janz vermutet eine literarische Anspielung: »Wer diese ›Stella‹, eine Gestalt aus E.T.A. Hoffmann, war, und welchem der Freunde sie ›zugehörte‹, bleibt ungeklärt.«

Daß es sich um ein Mädchen, vermutlich gar ein »leichtes«, handelte, wurde mit leichtem Magengrimmen unterstellt. Stella, die kleine Dirne, vielleicht das Zimmermädchen, das den beiden Junggesellen die Bexer Bude aufräumte und gegen Trinkgeld den »Room service« ins Private ausufern ließ, das mußte von den Nietzscheanern geschluckt werden. Und hat er nicht selbst zugegeben, wie vom treulosen Eiser gestreut, »auf Anraten der Ärzte« den Coitus »mehrmals ausgeübt« zu haben? Das dürfte eine erquickliche Übung gewesen sein, drunten im Süden, wo Gelegenheit bekanntlich Liebe macht. Nietzsche, der Gelegenheits-Galan, der hübschen Mädchen in ungemachten Zimmern nachstellt ...

Eine pittoreske, aber falsche Vorstellung. Aus seiner Genueser Zeit hat sich eine Erinnerung erhalten, aus der sich Nietzsches Verhältnis zu Zimmer- und anderen Mädchen ableiten läßt.

»Eine alte Köchin«, so berichtet ein italienischer Journalist 1924, »die noch heute in dem Gasthof arbeitet, nannte mir ... Einzelheiten über die Anwesenheit Nietzsches in Ruta ... Als die Kellnerin, die alte Köchin von heute, damals jung, und, wie mir gesagt wurde, nicht häßlich, an die Tür klopfte, antwortete Nietzsche mürrisch ... er schien gar nicht zu bemerken, daß ich eine Frau war!«

Sie habe das damals »mit Bedauern« erkennen müssen, fügt die alte Dame hinzu — ihr seltsamer Gast konnte mit den von ihr offerierten Diensten offenbar wenig anfangen. Den Korb hat sie ihm vierzig Jahre nicht vergessen.

Der Hölderlin-Enträtsler Pierre Bertaux kam der Wahrheit einen Schritt näher, als er in der »Zeit« die Vermutung aussprach, Stella müsse »nicht unbedingt ein weibliches Wesen sein«. Und der Begriffs-Lieferant war auch nicht E. T. A. Hoffmann oder Goethe, sondern der nächstliegende, Plato. Hölderlin beschwört die Erinnerung an den Athener in seinem »Hyperion« herauf, den er sagen läßt: »Weißt du, wie Plato und sein Stella sich liebten?« Nicht seine — sein. Hyperion schreibt seinem geliebten Bellarmin einen Brief, in dem er es »erfreulich« nennt, »wenn Gleiches sich zu Gleichem gesellt«; aber es sei »göttlich«, so fügt er bedeutungsvoll hinzu, »wenn ein großer Mensch die kleineren zu sich aufzieht«. Eben das hat der Knabenfreund Plato getan, der, wie bei Diogenes Laertius nachzulesen, den »Aster, Phaidros, Alexis und Dion« liebte. Aster, das ist auf lateinisch Stella.

Bertaux kam dem Rätsel nahe, ohne den letzten Schritt zu gehen. Nach seiner Deutung müßte Stella ein Knabe oder junger Mann gewesen sein, der die beiden in ihrem abgelegenen Chalet aufsuchte — in einem kleinen Schweizer Ort, wo jeder jeden kennt, schwer vorstellbar. Aber ein Fremder war zum Zustand der Vollkommenheit, von dem Rée spricht, auch gar nicht nötig. Die beiden Griechenfreunde waren einander genug. Der Begriff »Stella« reimt sich auf »Flitterwochen« wie »Vollkommenheit« auf »Plato«. Und so, wenn auch vollkommen unplatonisch, ist das Rätselsätzchen zu verstehen: Wir paßten zusammen wie die berühmten Hälften, wie Eheleute, und selbst wenn wir das Plato-Stella-Spiel nicht gespielt hätten — wenn das nicht zwischen uns »gewesen wäre« —, bliebe doch die Vollkommenheit, jener vollendete Zustand, der keinen Dritten nötig hat und keine Veränderung verträgt. So schreibt Stella. Ihr Plato hat sie in Rosenlauibad als »Sternenblume« verklärt.

Rées Geburtstagsbrief klingt wie ein Angebot: Wir können auch ohne, »Stella« muß nicht sein, wenn wir nur immer im Zustand peripatetisch-dialogischer Vollkommenheit bleiben. Die Sternenblume, die sich für ein Leuchten im Auge des Schönheits-Süchtigen hingegeben hat, fühlt dessen »faute-de-mieux«-Vorbehalt und bettelt. Der Philosoph läßt ihn einen Monat hängen, dann antwortet er: »Sie haben mich wahrscheinlich verwöhnt; aber ich muß Ihnen doch sagen, dass ich in meinem Leben noch nicht so viel Annehmlichkeiten von der Freundschaft gehabt habe, wie durch Sie in diesem Jahre, gar nicht von dem zu reden, was ich von Ihnen gelernt habe.«

Die schmerzliche Distanz, die Nietzsche wieder hergestellt hatte, hing mit der Schönheits-Suche zusammen. So sehr er den Jüngeren als Trost brauchte, so wenig konnte er sich mit seinem Äußeren abfinden. Das »Ich bin nicht schön« der Sternenblume endet im Rosenlauibader Gedicht mit ihrem freiwilligen Opfertod. Nietzsche, auf der Jagd nach dem Vollkommenen, brauchte den Wechsel. Noch bevor die Freundschaft endgültig zerbrochen war, schrieb er auf sie den Abgesang. Er heißt *»Sternen-Freundschaft«* und beklagt bereits im ersten Satz, daß sich die beiden Sterne nun »fremd geworden« seien. Oder im Bild der ankernden Schiffe: Sie liegen in »Einem Hafen und in Einer Sonne« beieinander und feiern »ein Fest miteinander«, wie »wir es gethan haben«, werden dann aber von der Gewalt ihrer Aufgabe wieder auseinandergerissen. Denn jedes Schiff hat »sein Ziel«, jeder Stern »seine Bahn«. Die für Rée bittere Konsequenz: »Daß wir uns fremd werden müssen, ist das Gesetz *über* uns.«

Selbstverständlich dementierte die Antisemitin Elisabeth, daß mit dem Sternen-Freund Paul Rée gemeint war. »Nie hätte mein Bruder Rée als Stern bezeichnet!« keift sie, als Lou Salomé dies behauptet. Ein Plan ihres Bruders scheint ihr sogar recht zu geben. Er erwog, den Aphorismus in seine Zitatsammlung »Nietzsche contra Wagner« aufzunehmen, was höchstens seine Neigung bestätigt hätte, Texte und Kompositionen umzuwidmen und neuer Verwendung zuzuführen. Schließlich verwarf er den Plan wieder. Wagner, wäre er noch am Leben gewesen, hätte sich die Bezeichnung »Stern« auch verbeten. Man konnte ihm manches nachsagen, das nicht.

Das platonische Stern-Bild blieb nicht die einzige Chiffre für die Bexer Flitterwochen. Rée hatte Nietzsche damals den Schelmen-Roman »Gil Blas« vorgelesen, während der mit geschlossenen Augen auf dem Bett lag und andächtig lauschte. Die Atmosphäre dieses sinnlich-prallen Abenteuer-Lebens hat er in sich aufgesogen und zum Traum vom Süden umgebildet. »Warum überkommt mich fast in regelmäßigen Zeiträumen ein solches Verlangen nach Gil Blas?« fragt er sich in einer Notiz über diese »geliebte Welt«, die »ich im Grunde nur auf halbe Jahre verlasse«. Zum immer wieder gesuchten Abenteuer gehört für ihn auch die Eifersuchts-Tragödie »Carmen«. Als er seinem musizierenden Adlatus Peter Gast den Klavierauszug schickt, damit er daraus lerne, taucht in Nietzsches Randbemerkungen der Bexer Roman wieder auf: »Höchst südländisch. Unsere ganze Gil-Blas-Welt!« Im ersten Akt lenkt er Gasts Aufmerksamkeit auf den Lockgesang der Carmen, mit dem sie den spröden Don José in ihren erotischen Machtbereich zieht: »Sequidilla — von *mir* sehr bewundert! — Auch als Text (gehört zu meiner Gil-Blas-Seligkeit).« Der Text mußte dem Musiker belanglos erscheinen; für den Carmen-Enthusiasten Nietzsche faßte die »Sequidilla«, in der die Heldin ihren Auserwählten zu einem verruchten Ort jenseits der Stadtmauer einlädt, die Geheimnisse der Bexer Exklusivität zusammen:

»Süß läßt sich da die Zeit vertreiben,
doch nur, wenn man zu zweit erscheint.
Ich mag nicht gern alleine bleiben,
drum geh ich hin mit meinem Freund.
Mit meinem Freund? Der ging zum Teufel,
ich setzte ihn ja vor die Tür!
Mein armes Herz weiß ohne Zweifel
dem, der es tröstet, Dank dafür!«

Nietzsche hat den Herzens-Tröster nie vergessen. In seiner »Genealogie der Moral«, deren Titel wie eine Variante zu Rées »Ursprung der moralischen Empfindungen« klingt, taucht der Freund wieder auf, wird sogar lobend erwähnt und mit all den Schmuckwörtern Nietzschescher Zweideutigkeit versehen, die es dem Leser schwermachen, an Zufall zu glauben:

»Den ersten Anstoss, von meinen Hypothesen über den Ursprung der Moral Etwas zu verlautbaren, gab mir ein ... Büchlein, in welchem mir eine umgekehrte und perverse Art von genealogischen Hypothesen, ihre eigentlich *englische* Art, zum ersten Male deutlich entgegentrat, und das mich anzog — mit jener Anziehungskraft, die alles Entgegengesetzte, alles Antipodische hat.«

Um die persönliche Beziehung zu Rée zu verwischen, rückt Nietzsche das Buch in den Vordergrund, an dessen Entstehen er selbst in Sorrent — wie der Autor meint: »als Vater« — mitgewirkt hatte und das lange nach Bex erschienen war. Natürlich hatte er jene »umgekehrte und perverse Art« zu denken nicht erst durch den »Ursprung der moralischen Empfindungen« kennengelernt, sondern durch den Entdecker und Entlarver dieses Ursprungs; und auch die Anziehungskraft kann schwerlich von einem Werk ausgegangen sein, das Reflex gemeinsamer Gespräche war — sie kam von Rée, nur daß Nietzsche das nicht sagen konnte. Der Leser kann. Ersetzt er das Buch durch den Autor, erscheint der Text Nietzsches wie eine späte Huldigung von Stern zu Stern, ein Bekenntnis, chiffriert wie »Stella« im Geburtstagsbrief: Den ersten Anstoß gab mir Freund Rée, in welchem mir eine umgekehrte und perverse Art, die eigentlich *englische* Art, zum ersten Mal deutlich entgegentrat, und der mich anzog — mit jener Anziehungskraft, die alles Entgegengesetzte, alles Antipodische auf mich hat . . .

Seit des liebenswerten Heinrich Heine Schuftigkeiten gegen August von Platen in den »Bädern von Lucca« hatte sich der Begriff des »Antipodex« eingebürgert, zumindest bei den zahlreichen Heine-Lesern unter den deutschen Intellektuellen. Antipode Rée hat unter seinem Antipodentum gelitten. Hans Mayer schreibt in seinem »Außenseiter«-Buch, daß dem »jüdischen Selbsthaß« der *»Selbsthaß der Homosexuellen«* korrespondiert habe — in Paul Rée korrespondierte er in einer Person. Er gab sich priesterlich, um nicht als jüdisch, und asketisch, um nicht als »Antipodex« erkannt zu werden. Bis zur Selbstaufgabe identifizierte er sich mit anderen Menschen, weil er sein Selbst, mit dem er nicht zurechtkam, aufgeben wollte. Nietzsche nahm das Damenopfer eine Zeitlang an; später versuchte Rée, mit der jungen Lou Salome eine weibliche Symbiose einzugehen: nach dem herrischen Idol die reine Jungfer. Dokument seiner Verzweiflung an sich selbst ist ein Brief, in dem er Lou über seine »Schlaffheit« klagt. Das Wort, das von dem Herausgeber des Briefwechsels auf seine »Spielleidenschaft« bezogen wurde, hatte einen eindeutigen Klang. Als Thomas Mann seinem Sohn Klaus vorwirft, das öffentlich zu zeigen, was er selbst verheimlicht, spricht er von dessen »Schlaffheit«. In seinem Bekennerschreiben an Lou schildert Rée den hoffnungslosen Kampf gegen einen »übermenschlichen Gegner«:

»Nicht als ob Schlaffheit mit mir geboren wäre; sie lag von vornherein nicht in meiner Natur . . . Aber ich bin im Kampf mit einem stärkern Feind unterlegen, nicht weil ich schwach war, sondern weil der Gegner übermenschlich stark war . . . Ich habe monatelang die ganzen Nächte absichtlich durchwacht (meistens in den Straßen von Berlin hin und hergehend) und zu einem andern Zweck wie Du. Ich glaube nicht, daß ich weniger energisch gekämpft habe wie Du, aber mein Gegner war, unglaublich zu sagen, noch fürchterlicher, als Deine Gegner. Er schlug mich vollständig. Ich gab den Kampf endlich ermüdet ganz auf . . . einerseits liegt jetzt Schlaffheit in meinem Wesen; ja sie ist geradezu der Schlüssel zu meinem Wesen d. h. zu demjenigen, welches ich nun schon seit vier, fünf, sechs Jahren mehr und mehr geworden bin.«

Rée hat seine Klage über den »übermenschlich starken« Gegner, der ihn »vollständig« besiegt hat, sechs Jahre nach Bex geschrieben. Ein spätes Gedichtfragment Nietzsches klingt wie ein Nachruf auf den geschlagenen Freund und seine Liebe zu ihm:

»wohin er gieng? wer weiß es?
aber gewiß ist, daß er untergieng.
Ein Stern erlosch im öden Raum:
öde ward der Raum . . .«

IX

DER NEUE COLUMBUS

Als Nietzsche 1865 in Leipzig mit Schopenhauers »Welt als Wille und Vorstellung« rauschhafte Bekanntschaft machte, bereitete ihm ein Kapitel besondere Kopfschmerzen: Die »Metaphysik der Geschlechtsliebe«, in der ein »Genius der Gattung« dafür sorgt, daß die Menschen, ob sie wollen oder nicht, ihrer Pflicht der Arterhaltung nachkommen. Die Tricks dieses Dämons waren ihm bereits vertraut, nur mit dem Endzweck konnte er sich nicht befreunden. Siebzehn Jahre nach der folgenschweren Einverleibung Schopenhauers ist Nietzsche mit 37 pensionierter Professor und glaubt, die Lösung des alten Problems gefunden zu haben. In seinem Buch »Die fröhliche

Wissenschaft«, 1882 erschienen, lautet der erste Satz des ersten Aphorismus:

»Ich mag nun mit gutem oder bösem Blicke auf die Menschen sehen, ich finde sie immer bei Einer Aufgabe, Alle und jeden Einzelnen in Sonderheit: Das zu thun, was der Erhaltung der menschlichen Gattung frommt.«

DAS RÄTSEL DER GROSSEN LOSLÖSUNG. Bei Schopenhauer sorgte der Genius der Gattung dafür, daß jeder Hans seine Grete finde; bei Nietzsche bewirkt der »Instinct« die Arterhaltung; und wahrlich, sagt er, nichts ist »älter, stärker, unerbittlicher, unüberwindlicher« als er. Man kann ihn geradezu als »*das Wesen* unserer Art und Heerde« bezeichnen. Nun glauben die Menschen, jederzeit zu wissen, was im einzelnen der Erhaltung der Gattung frommt, und teilen daraufhin ihre Artgenossen und Herdenbrüder »in nützliche und schädliche, gute und böse Menschen« ein. Nichts ist verkehrter! »Auch der schädlichste Mensch ist vielleicht immer noch der allernützlichste, in Hinsicht auf die Erhaltung der Art«. Und »ob du, mein lieber Mitmensch und Nächster, überhaupt zu Ungunsten der Art« handeln kannst? »Das, was der Art hätte schaden können, ist vielleicht seit vielen Jahrtausenden schon ausgestorben . . .«

Auch der Außenseiter und Ausgestoßene kann also über die Folgen seiner angeblich so schädlichen Handlungen beruhigt sein. Sie gehören, wie alle anderen Handlungen, zur »Oekonomie der Arterhaltung«, weshalb man im Grunde tun und lassen kann, was man will — und folglich sich auch »jederzeit« die »letzte Befreiung und Unverantwortlichkeit« gönnen darf. Beispielsweise, so Nietzsches implizite Antwort auf Schopenhauer, die Nicht-Fortpflanzung der Art, den Ungehorsam gegenüber dem Gattungs-Genius. Denn ob dies nun der Menschheit schade oder nütze, hängt allein von dem »Sinn des Lebens« ab, den man ihr unterlegt und der bekanntlich, wie die Menschen selber, stetem Wechsel unterworfen ist. »Und folglich! Folglich!

Folglich! Oh versteht ihr mich, meine Brüder? Versteht ihr dieses neue Gesetz von Ebbe und Fluth? Auch wir haben unsere Zeit!«

Daß Nietzsche wenig Neigung zeigte, den Erfordernissen der Zeit und ihrer Gattungs-Launen zu entsprechen, ist seiner Schwester aufgefallen. Auch Cosima Wagner wird sie auf diese »unnatürliche Zurückhaltung« gestoßen haben. Doch nur das Lama wußte, warum: aus purer »Keuschheit«. Von seiner den »Brüdern« zugerufenen Beschwörungsformel des dreifachen »Folglich!« wollte sie nichts wissen. Als Zeugen seiner Heiligkeit ruft sie neben den Ärzten seinen langjährigen Begleiter »Peter Gast« alias Heinrich Köselitz und einen reisenden Schriftsteller auf, der mit dem Werk »Wann, warum, was und wie ich schrieb« hervorgetreten ist. Elisabeths Plädoyer für einen reinen Nietzsche klingt ebenfalls wie eine Beschwörung:

> »Es gab auch Ärzte, die die Ursache seiner Kopfschmerzen in einem anderen Grunde suchten: in seiner Keuschheit. Sie rieten ihm dringend, zu heiraten, aber für einen so fein fühlenden Menschen wie meinen Bruder, der die Freundschaft das Beste an der Ehe fand, war Das doch ein peinlicher Grund zu einer Eheschließung. In anderer Form sich den Geschlechtsverkehr zu suchen, war meinem Bruder widerlich, ihm, von dem sein Freund Freiherr von Seydlitz schreibt: ›Wo lebt Der, der ihm einen Makel nachweisen könnte? Er war so kristallen, so durchleuchtend wie das Wasser eines Bergbaches; was sag' ich: Bergbäche könnten sich noch bedanken, wären sie so rein: Lauterkeit und Keuschheit haben durch ihn einen neuen, höher potenzierten Wert erhalten.‹ Und sein Freund Peter Gast sagt: ›Er empfand in diesen Dingen zarter als das zarteste junge Mädchen.‹«

Die Dankbarkeit der Bergbäche. Das Mädchen mit dem Gendarmenbart. 1880 war der Zartbesaitete endlich seiner beruflichen Pflichten ledig und konnte sich der »letzten Befreiung und Unverantwortlichkeit« widmen. Dazu ging er nach Italien. Sorrent und Capri hatten ihm schon vier Jahre zuvor einen Vorgeschmack gegeben, von seinen Freunden Gersdorff und Rée wird er über weitere Möglichkeiten, die sich ihm dort boten, aufgeklärt worden sein. Obgleich das mediterrane Klima seinem Befinden zuträglich war, reißen auch aus seinen Stützpunkten Venedig, Genua und Nizza die Schreckensmeldungen über Anfälle und Depressionen nicht ab. Biograph Ross schreibt: »Er blieb so krank, wie er war.« Und durch das ständige Herumreisen wurde sein Leiden sicher nicht besser. Übertrieb er in seinen Heimat-Bulletins, um die Pensionierung zu rechtfertigen? Oder blieb er trotz der Krankheit, weil ihm Italien etwas anderes zu bieten hatte, das weniger mit seinem alten Adam als mit einer neuen, ganz anders gearteten Gesundheit zu tun hatte?

Blieb er, weil die Italiener, vor allem die jungen, am gelegentlichen Ungehorsam gegen den Genius der Gattung nichts auszusetzen hatten? In der Tat, hier durfte man, diskret selbstverständlich, was in Leipzig oder Basel unter strengster Sanktion stand, von der Naumburger Tugend und ihren vernichtenden Blicken zu schweigen. Hier war man nicht der Frevler, auf den aller Augen mit Teleskopblicken gerichtet waren, mußte man nicht mit Augen-Blicken vorlieb nehmen, weil greifbare Erfolge gefährliche Folgen hatten. Hier war und blieb er ein unbekannter Fremder auf der Durchreise, »allen Gefängnissen entschlüpft (wie Amt, Ehe usw.)«.

Schon bei August von Platen, dem Anreger seiner »Capri«-Novelle, hatte er Einschlägiges über das Land, wo nicht nur die Zitronen blühen, lesen können. Dort sei »die Liebe zwischen Männern so häufig, daß man selbst bei den kühnsten Forderungen keinen Korb zu gewärtigen« habe. Als Winckelmann »nach Italien ging«, so Hans Mayer in seinem »Außenseiter«-Buch, »gab er den Seinigen ein Signal«: Hier konnten sie »die erotische Erfüllung finden«. Das ganze neunzehnte Jahrhundert hindurch »und weit ins zwanzigste hinein suchten die Exilierten von Sodom eine neue Heimat im ›Südwind‹«. Bald lernte auch Nietzsche »mit den Vögeln schweben, — Nach Süden flog ich über's Meer«.

Eine Heimat hat er in Italien nicht gefunden. Er blieb Durchreisender, immer unterwegs, inkognito, lebte aus dem Koffer, war meist nur poste restante zu erreichen. Ein »irrender Flüchtling«, wie er sich nannte, aber auch ein Getriebener, ein Suchender, der sein Ziel nie aus den Augen ließ. Die Kreuz- und Querfahrt wurde nur durch einsiedlerische Rückzüge ins schweizerische Bergnest Sils-Maria unterbrochen, wo er übersommerte, den Kurgästen den »zerstreuten Professor« und »leidenden Propheten« vorführte, aus denen später unter Anleitung der Schwester sein alpines Heldenportrait entstand. Doch in den Bergen war er im Exil, auch wenn Zarathustra sie »Heimat« nennt: Ein Zugvogel träumt immer vom Süden. Acht Jahre zog es ihn, zog er durch Venedig, Stresa, Genua, Recoaro, die ligurische Küste, Rom, Nizza, Mentone, bis Sizilien im Süden und endlich, kurz vor Torschluß, Turin im Norden, wo er zum letzten Mal aus der Ferne die beschneiten Alpen sah. Warum aber kehrte der menschenscheue Einzelgänger immer wieder in die Großstädte zurück? Rechnet man die Monate zusammen, die er allein in Genua verbrachte, dieser lauten und quirligen Hafenstadt, so lebte der weltfremde Bergprophet jahrelang als Großstadtmensch. Offenbar brauchte er die Hauptpost und den Zentralbahnhof in der Nähe und auch den kilometerlangen Strand oder die Felsenküste, von denen man ins anonyme Gewühl der Metropole zurücktauchen konnte.

Der Ausbruch aus dem Moral-Gefängnis Mitteleuropa brachte ihm den entscheidenden philosophischen Durchbruch. Für ihn, der nicht zwischen Philosophie und Leben trennte, bedeutete er die »grosse Loslösung«, die große »Genesung«, die »grosse Gesundheit«. Ein Knoten war geplatzt, der Tod, der ihm im letzten Winter des letzten Jahrzehnts in Naumburg über die Schulter geschaut hatte, war wie ein Alptraum von ihm gewichen. Die Auferstehung aus dieser Gruft jubelte sich in seiner Philosophie aus, deren Titel »Morgenröthe« und »Fröhliche Wissenschaft« von der Entdeckung seiner neuen Welt sprechen. Nun weiß er, der Wiedergeborene, den die Morgenröte eines neuen Glücks anstrahlt, daß sein Leben und seine Philosophie, das Blut, das in ihm pulsiert und das Blut, mit dem er schreibt, eins sind.

»Allmählich hat sich mir herausgestellt«, schreibt er in seinem Aufklärungsbuch »Jenseits von Gut und Böse«, »was jede grosse Philosophie bisher war: nämlich das Selbstbekenntnis ihres Urhebers und eine Art ungewollter und unvermerkter mémoires, insgleichen, dass die moralischen (oder unmoralischen) Absichten in jeder Philosophie den eigentlichen Lebenskeim ausmachten, aus dem jedesmal die ganze Pflanze gewachsen ist.«

Die Pflanze, die nahe dem Gottesacker geboren war, hatte sich entwurzelt und umgepflanzt. Ihre Selbstbefreiung aus dem Grabbereich im Schatten von Elternhaus und Kirche ist ihre Philosophie — das Selbstbekenntnis ihres Urhebers und eine Art sehr wohl beabsichtigter Autobiographie, in der nicht die Moral, sondern das »Unmoralische«, der »Immoralismus« den Weg in die Zukunft öffnen.

Als Nietzsche seinem Verleger Fritzsch 1886 neue Vorreden zu einer Handvoll seiner schwer verkäuflichen Bücher zuschickt, kündigt er ihm darin »eine wahre *Aufklärung*« über den Autor an: der Aufklärer, der über sich selbst aufklärt. Doch die »Confessions«, die Fritzsch sich erhofft haben mag, handelten wieder nur von den Büchern. Die Vorreden sagten es ihm: Was hier steht, habe ich nicht nur selbst erlebt, ich bin es selbst; glaube, wer es geprüft — und folge mir nach, indem er sich selbst nachfolgt.

Das Psychodrama der Selbstbefreiung, von dem die erste Vorrede leidenschaftlich berichtet, hatte schon 1876 begonnen, als Rohde sich verlobte, als Bayreuth von ihm abfiel, als Paul Rée ihn mit der »umgekehrten und perversen Art« des Denkens bekannt machte. Heimgesucht »von den Frösten und Aengsten der Vereinsamung, zu denen jede unbedingte *Verschiedenheit des Blicks* den mit ihr Behafteten verurtheilt«, brauchte er damals zu seiner »Kur und Selbst-Wiederherstellung« den Glauben, nicht ganz allein zu sein. Und es überkam ihn »ein zauberhafter Argwohn von Verwandtschaft und Gleichheit in Auge und Begierde, ein Ausruhen im Vertrauen der Freundschaft, eine Blindheit zu Zweien ohne Verdacht und Fragezeichen«. Aber, so behauptet er jetzt, dies sei nur in der Phantasie gewesen, er habe sich diese Genossen mit gleichem Blick und gleicher Begierde nur erfunden, als »tapfere Gesellen und Gespenster, mit denen man schwätzt und lacht, wenn man Lust hat zu schwätzen und zu lachen, und die man zum Teufel schickt, wenn sie langweilig werden, — als ein Schadenersatz für mangelnde Freunde«. Eben faute de mieux.

Daß es solche »freien Geister« durchaus »einmal geben *könnte*«, und zwar »leibhaft und handgreiflich«, daran »möchte *ich* am wenigsten zweifeln«. Und wie entstehen diese »freien Geister«? Antwort: Wer »einmal bis zur Vollkommenheit reif und süss werden soll« — Bexer Erinnerungen —, der muß »sein entscheidendes Ereigniss in einer *grossen Loslösung* gehabt haben«. Sie kommt

> »plötzlich, wie ein Erdstoss: die junge Seele wird mit Einem Male erschüttert, losgerissen, herausgerissen, — sie selbst versteht nicht, was sich begiebt. Ein Antrieb und Andrang waltet und wird über sie Herr wie ein Befehl; ein Wille und Wunsch erwacht, fortzugehn, irgend wohin, um jeden Preis; eine heftige gefährliche Neugierde nach einer unentdeckten Welt flammt und flackert in allen Sinnen . . .«

An die Stelle von Pflicht und Moral tritt »ein aufrührerisches, willkürliches, vulkanisch stossendes Verlangen nach Wanderschaft« und vielleicht sogar ein »tempelschänderischer Griff und Blick *rückwärts*«, worauf die Seele »vielleicht eine Gluth der Scham« überfällt, »über Das, was sie eben that, und ein Frohlocken zugleich, *dass* sie es that, ein trunkenes inneres frohlockendes Schaudern, in dem sich ein Sieg verräth . . .«

Doch die Loslösung führt nicht sogleich ins Paradies; erst muß die junge Seele durch die Wüste. Hier »schweift« sie »grausam umher, mit einer unbefriedigten Lüsternheit«, dreht mit »einem bösen Lachen um«, was sie »verhüllt, durch irgend eine Scham geschont findet«. Endlich umringelt sie »immer drohender, würgender, herzzuschnürender« die Einsamkeit, »jene furchtbare Göttin und mater saeva cupidinum« — die grausame Göttin der unbefriedigten Begierden.

Folgt: die Zähmung des Raubtiers, die Befriedigung der frevlerischen Begierden, die Überwindung der Scham, das wiedergewonnene gute Gewissen, kurz: die Genesung. Es ist der Weg aus der Wüste in die fruchttragende Oase, »zu jener ungeheuren überströmenden Sicherheit und Gesundheit«, jener »*reifen* Freiheit des Geistes«. Folgt: die »*grosse* Gesundheit« mit ihrem »gefährlichen Vorrecht«, sich dem »Abenteuer anbieten zu dürfen«. Als Vogel gleichsam, der sich willig jedem Wind überläßt, auf jede Versuchung eingeht, mit dem »Gefühl von Vogel-Freiheit, Vogel-Umblick, Vogel-Uebermuth«, mit dem das Leben endlich in die Schwebe kommt. Und er, nicht länger festgemacht an Schreibtischen und auf Krankenlagern, sondern »am liebsten entschlüpfend, ausweichend, fortflatternd, wieder weg, wieder empor fliegend . . .«

Schließlich, ein letzter Schritt zur endgültigen Befreiung, wird es »wärmer um ihn, gelber gleichsam« und »Thauwinde aller Art gehen über ihn weg«. Dann liegt er wie eine Eidechse in der Sonne, wärmt sich den Rücken — und plötzlich, so sagt er, beginnt sich vor ihm »das Räthsel jener grossen Loslösung zu entschleiern«. Etwas entschleiert sich, entblößt sich vor ihm, man ist schließlich am Strand, Südwind weht. Und er begreift: Das kleinliche Mickerleben hat sich angemaßt, aus Gründen seiner Selbst- und Arterhaltung, das »Höhere, Grössere, Reichere heimlich und kleinlich und unablässig anzubröckeln und in Frage zu Stellen«; ihn selbst, mit anderen Worten, hat es um seiner willkürlichen Maßstäbe willen erniedrigt und unterdrückt. Aber schließlich gibt es so etwas wie *»Rangordnung«* — und derzufolge darf das moralinsaure Naumburger Tugend- und Basler Spionageleben nicht länger über ihn, den Schönheitstrunkenen mit Zukunftsperspektive, urteilen. Große Loslösung heißt auch: große Abrechnung.

»Dergestalt giebt der freie Geist sich in Bezug auf jenes Räthsel von Loslösung Antwort und endet damit, indem er seinen Fall verallgemeinert.« Und er spricht also: »Wie es mir ergieng . . . muss es Jedem ergehn.« In den anderen Vorreden erlahmt sein konfessioneller Eifer etwas; zur »Morgenröthe« fällt ihm, nach Vogel und Eidechse, ein weiteres Tier-Bild für sich selbst ein: der Maulwurf, Hamletschen Angedenkens, der bohrt und gräbt und untergräbt, die Moral vor allem und das *»Vertrauen zur Moral«*. Sie, die *»Circe der Philosophen«*, hat als »grösste Meisterin der Verführung« ihre Gläubigen verzaubert — es bedurfte des Helden Nietzsche, der gegen jede Art von *»Femininismus«* gefeit ist, um das weibliche Ungeheuer zur Strecke zu bringen. »In uns«, so ruft er seinen Lesern im Triumph zu, »vollzieht sich, gesetzt, dass ihr eine Formel wollt, — die *Selbstaufhebung der Moral*. — —« Und jene Leser, die mit wachen Ohren lesen, fleht er geradezu an, »langsam, tief, rück- und vorsichtig« zu lesen, »mit Hintergedanken, mit offen gelassenen Thüren, mit zarten Fingern und Augen«. Die offen gelassene Tür — der Hintergedanke eines Pensionsgastes.

Die letzte Vorrede ist der »Fröhlichen Wissenschaft« gewidmet. Dieses Buch, versichert der Autor, muß man erlebt haben, um es zu verstehen. »Es scheint in der Sprache des Thauwinds geschrieben« und der Dankbarkeit; denn die Genesung, von der es berichtet, kam unerwartet, plötzlich, schicksalhaft: Mit einem Male, so sagt er, wird er »von der Hoffnung angefallen«, von der »Hoffnung auf Genesung, von der *Trunkenheit* der Genesung«. Das Werk dokumentiere das »Frohlocken der wiederkehrenden Kraft, des neu erwachten Glaubens an ein Morgen oder Uebermorgen, des plötzlichen Gefühls und Vorgefühls von Zukunft, von nahen Abenteuern, von wieder offenen Meeren . . .«

Und das soll Philosophie sein? Nicht Lehrsätze, Ableitungen, systematische Begriffspyramiden, errichtet auf dem unerschütterlichen Fundament der Wahrheit, sondern »Loslösung«, frevlerische Rückgriffe und Umkehrungen? Die Geste dieses Philosophierens ist nicht der Lehrsatz, sondern die Enthüllung: ihr Wesen besteht nicht in der »Wahrheit«, die es nach Nietzsche gar nicht gibt, sondern im Akt. Der Akt heißt Aphorismus. Nietzsche denkt in dieser knappsten Form, seit er durch Rée mit den großen französischen Moralisten bekannt wurde. Montaigne, La Rochefoucauld, Vauvenargues, Labruyère waren Rées Götter. Aphorismen-Götter. Einige der ersten Aufzeichnungen zu »Menschliches, Allzumenschliches« hat Nietzsche dem Bexer Freund in die Feder diktiert, aphoristisch. Jeder dieser Texte stellt einen Akt der Entblößung dar, auch der Entlarvung. Teils liebenswert, teils boshaft, teils naiv-erzählend, teils ironisch angespitzt — aber immer souverän über dem Gegenstand thronend, ihn beherrschend und oft genug abfertigend.

Der Aphorismus reißt der Welt die Maske vom Gesicht, die Kleider vom Leib. Nackt steht dann etwas da, meist »menschlich, allzumenschlich«, und fleht um Sympathie, da ihm die Rechtfertigung seiner Existenz soeben entzogen wurde: Alles, was der Mensch an ideologischer Schminke und moralischem Firlefanz um seinen »Willen zum Leben« hüllt, was er an Larven aufsetzt, um nicht sein wahres Gesicht zeigen zu müssen, fällt von ihm ab. Der moderne Mensch — ein Kaiser mit neuen Kleidern. Häufig ist der Aphorismus nicht nur Enthüllung, sondern lustvolle Vergewaltigung: das grausame Aufspießen mit der Feder, das Zerschlagen von tönernen Füßen, das Sezieren mit scharfem Skalpell, bei dem Blut fließt und, noch schrecklicher, unsägliche Wahrheiten zu Tage treten. Aber um Wahrheit geht es dem Aphorismus gar nicht. Nur die Gesellschaft braucht sie, als verabredetes Lügengebäude, das ihre Erhaltung sicherstellt.

Doch sie hat sich fehlentwickelt. Das, was an ihr wahrhaft lebendig und lebenswert ist, wird von der Moral vernichtet; was anders ist, geächtet und durch das schlechte Gewissen gegen sich selbst aufgehetzt. Die große Loslösung ist der Befreiungsschlag, der Aphorismus sein Instrument. Und Schlag folgt auf Schlag, ein Geistesmassaker, dem die gesellschaftlichen »Wahrheiten« zum Opfer fallen, ein Schlachtfest, das Vergnügen macht. Denn jeder Enthüllungs- und Vernichtungsakt muß die Widerstände von Angst und Gewohnheit niederringen — und die Überwindung von Widerständen, sagt Nietzsche, schafft Lust; die Widerlegung der Moral schafft Lust; die Entlarvung des »guten Geschmacks« schafft Lust; die Entblößung des Widerstrebenden und auch die Durchbohrung des Antipodischen: Es ist die Geburt der Philosophie aus dem Geiste der Umkehrung.

*

»Wer die Briefe und Schriften in chronologischer Folge liest, kann sich dem außerordentlichen Eindruck nicht entziehen, daß mit Nietzsche seit 1880 eine so tiefgreifende Veränderung vor sich geht wie niemals vorher in seinem Leben. Sie zeigt sich nicht nur in den Inhalten seines Gedankens, in neuen Schöpfungen, sondern in der Form des Erlebens; Nietzsche taucht gleichsam in eine neue Atmosphäre, was er sagt, gewinnt einen anderen Ton; die alldurchdringende Stimmung ist etwas, das keine Vorboten und Anzeichen vor 1880 hatte.«

In letzterem irrt der Philosoph und Nietzsche-Deuter Karl Jaspers: Vorboten und Anzeichen hatte es viele gegeben; doch erst seit 1880 spürt Nietzsche die nahen Abenteuer und wieder offenen Meere. Sein Schiff wird nun endgültig aus dem Hafen laufen. Die Jahreswende hatte er schwerkrank in Naumburg verbracht, obwohl sich, wie er wußte, dort alles nur verschlimmern konnte. Er dürstete nach dem Tod, aber der wollte nicht kommen. »Am 10. Februar 1880«, so Biograph Janz, »verläßt er Naumburg und läßt sich wie von einem magnetischen Pol von Oberitalien bis hinüber zur italienischen Riviera anziehen.« Der Magnet zieht ihn zum Gardasee, von dort nach Venedig — erst »sonderbarste Dürftigkeit« des Zimmers, später eines mit Blick »auf die Todteninsel« —, dann über Marienbad zurück nach Oberitalien, Lago Maggiore, mit plötzlichem Wintereinbruch und von da, endlich, am 8. November um vier Uhr morgens nach Genua.

STRAND-ARCHÄOLOGIE. Genua, die Großstadt mit dem Handels- und Kriegshafen, aus der vierhundert Jahre zuvor

Christoph Columbus nach Lissabon und von dort zur Entdekkung der Neuen Welt aufgebrochen war, wird nun sein Hauptquartier. Hier kann er selbst auf Entdeckungen ausgehen, sich allen Winden und Strömungen überlassen. Keine Pflichten, keine Bekannten. Untertauchen. Es war Rée gewesen, der ihn mit solchen Aussteigergedanken infiziert hatte, Rée, der selbst immer auf Durchreise und Nachtwanderung war, mit Zwischenfluchten zur Mama nach Stibbe. Ohne ihn wäre Nietzsche nie der *»Columbus novus«* geworden, der es wagt, die sichere Küste hinter sich zu lassen, neue unbekannte Ufer anzusteuern. »Einen Welttheil, einen Kometen oder sonst Etwas zu entdecken, mag verdienstlich sein«, schrieb er einmal an Nietzsche, »aber was sagen Sie zu der Entdeckung eines Menschen.« Natürlich, das wußte Rée, ging es auch seinem Meister um nichts anderes. Menschen entdecken, das unbekannte Land finden, das sich hinter den Maskierungen auftut. An seiner Erziehung in Naumburg und Pforta hat ihn vor allem »die Verachtung und das willkürliche Wegsehen-wollen von den Forderungen des Leibes, von der *Entdeckung* des Leibes« erbittert. Erst als neuer Columbus darf er dies Land, das er ein »Goldland« nennt, betreten, beäugen, betasten: den Leib und »das Selbst im Leibe« — den Leib, die eigentliche »terra incognita«.

Als er in Genua auftaucht, möchte er vor allem selbst inkognito bleiben. Ängstlich schreibt er nach Naumburg, er »bitte aller Welt zu sagen, ich sei in San Remo: in Wahrheit bin ich in Genua und will hier bleiben (Beweis: ich habe gestern schon die vierte Wohnung hier bezogen) Sagt es *Niemandem*«. Vier Wohnungen in acht Tagen. Auch Gast soll ihn verleugnen, da er sich, superlativisch, »die unbekannteste Dachstuben-Existenz *gründen*« will. Und Overbeck wird geradezu angefleht: »Hilf mir diese Verborgenheit festzuhalten, verleugne meine Existenz in Genua.« Seine Existenz: Er genießt das »Gewühl«, aber auch die »hohen Bergpfade«, wandert halbe Tage lang über die Höhen der Stadt, entdeckt dort den Camposanto di Staglieno, einen monumentalen Friedhof, durch dessen Gräberstraßen er flaniert und sich am Marmor- und Alabaster-Kitsch entzückt. Auch Rée wird er hierher führen, angezogen von dem verstaubten Pomp der Skulpturen, und er wird dem Denkmal, das ihm am besten gefällt, ein Gedicht widmen — dem »Mädchen, das dem Lamme das zarte Fellchen kraut«.

Die meiste Zeit verbringt der unbekannte Deutsche aber an der »einsamen Felsenküste«, an der er »sechs bis acht Stunden« täglich herumklettert, und, sobald die Frühjahrssonne herauskommt, auch liegt. Wie eine Eidechse in Badehose. Schwimmkleidung war ihm immer wichtig; als er einmal mit Gast nach Recoaro ging, mußte der Jünger unbedingt »Badehosen« mitnehmen. Nietzsche lag stundenlang, tagelang, an Genueser Stränden und hat dabei, als Bärtiger in Badehose, ein seltsames Bild abgegeben. Einer seiner seltenen Besucher hat es beschrieben. Der war mit einem Freund aus Genua gekommen, war, auf der Suche nach dem Professor, zum Strand von Nervi geschickt worden und dort auf die Platanenallee geraten, die vom Grand Hotel direkt zum Strand führt.

»Eine Strecke Strand, dann wieder felsiges Ufer. Aufmerksam suchten wir mit den Augen das Gestade ab. Kein Mensch war zu erblicken. Da, eine leichte Brise spielt mit einem riesigen, gelben Strohhut und legt ihn zärtlich auf den weißen Strand. Bungert jubelt: ›Der Panama ist Nietzsche!‹ Und richtig, hinter einem Felsen, im warmen, weichen Sand, liegt der, mir überlebensgroß erscheinende Professor, eingegraben. Die Begrüßungsszene war recht komisch. Als Morgengabe überreichte Bungert dem, wie aus einer Träumerei erwachenden Professor, seinen Panama, und Nietzsche puddelte sich beim Aufstehen lächelnd den Sand vom Körper ab.«

Nietzsche-Archäologie. In »Ecce homo« taucht der verschüttete Professor ein weiteres Mal aus dem Sand auf. Die »Morgenröthe«, mit der er seinen »Feldzug gegen die *Moral*« begonnen habe, sieht er rückblickend »in der Sonne« liegen, »rund, glücklich, einem Seegethier gleich, das zwischen Felsen sich sonnt. Zuletzt war ich's selber, dieses Seegethier: fast jeder Satz des Buchs ist erdacht, *erschlüpft* in jenem Felsen-Wirrwarr nahe bei Genua«, wo er die Kunst erlernt habe, »Augenblicke, die ich göttliche Eidechsen nenne, ein wenig fest zu machen«. Und während er diese Erinnerung niederschreibt, überlaufen ihn »zarte Schauder«:

»Noch jetzt wird mir, bei einer zufälligen Berührung dieses Buchs, fast jeder Satz zum Zipfel, an dem ich irgend etwas Unvergleichliches wieder aus der Tiefe ziehe: seine ganze Haut zittert vor zarten Schaudern der Erinnerung.«

Die Eidechse Nietzsche lebt fünf Monate lang von Kaldaunen, weil billig und bekömmlich, und »Fischchen aller Art, aus den Volksküchen«, friert in ofenlosen Zimmern, zu denen er sich einmal 164 Stufen durchs Treppenhaus hochzählt, schreibt im Café, weil er unterm Dach »nicht Licht genug zum Lesen und Schreiben« hat, sieht sich selbst, im Oktober 1881, als er 37 wird, »auf die tiefste Stufe meiner Ansprüche herabgestiegen« — und das alles für ein paar Eidechsenstunden am Wasser und Reime auf dem Camposanto? Eine »Hundestall-Existenz«, wie er es später nannte, die ihn frieren und treppensteigen und in Warteschlangen vor der Garküche anstehen läßt. Und bei den Zimmerwirten handelt er Sondertarife aus, die er mit besonderer Dürftigkeit bezahlen muß. Hat er, unter dem Vorwand, seine Gesundheit wiederherzustellen, sie endgültig und offenen Auges ruiniert? Seine einst gutbürgerliche Existenz systematisch auf die »tiefste Stufe« heruntergebracht, unter der es nur noch die Tagediebe und Clochards gab?

Aber das alles zählte nicht mehr für ihn — der Mann mit dem Panama hatte sich längst andere Maßstäbe zugelegt, dieser Genueser Neuland-Entdecker und -Eroberer, der für Seegetier und Friedhofstränen, für seine philosophischen Notizen und das immer neue Erlebnis von Befreiung und Erlösung alles gab, hinwarf, zum Teufel wünschte, womit sein Vorleben einst beschwert war. Im Weihnachtsbrief nach Naumburg bestätigt er, daß Genua »doch eigentlich mein glücklichster Griff« ist, »in Bezug auf Gesundheit und geistige Ungestörtheit«. Schreibt es hin, vermutlich an einem Cafétischchen mit wackeligem Eisenfuß, und legt sich mit einem tagelangen schweren Anfall zu Bett.

Einen Monat später, das Tief der Jahreswende und die Wiederkunft der »Sylvesternacht« sind überwunden, jubelt er: »Oh welche Zeit! Oh diese Wunder des schönen Januarius!« Der Vorfrühling ist schon im Januar nach Ligurien gekommen und hat den Sand erwärmt, Paul Rée, der Sternenfreund, hat seinen baldigen Besuch avisiert, und Nietzsche denkt an den neapolitanischen Heiligen, dessen Märtyrerblut sich alljährlich zur festgesetzten Zeit verflüssigt. Sein Gedicht auf den schönen Heiligen stellte der Atheist dem vierten Buch seiner »Fröhlichen Wissenschaft« voran:

»Der du mit dem Flammenspeere
Meiner Seele Eis zertheilt,
Dass sie brausend nun zum Meere
Ihrer höchsten Hoffnung eilt:
Heller stets und stets gesunder,
Frei im liebevollsten Muss: —
Also preist sie deine Wunder,
Schönster Januarius!«

Das Bild ist gewaltsam, erinnert an die Mysterientat des Mithras: Mit einem feurigen Speer stößt der Heilige in seine vereiste Seele wie St. Georg in den Drachen — der Todesstoß wird zum brausenden Erwachen, das Gletschereis schmilzt ab, schwillt an zum Strom, der zum Meere eilt, zum wieder offenen Horizont. Als Ariadne im »Dionysos-Dithyrambus« von ihrem Gott verlangt: »Triff tiefer! Triff ein Mal noch!«, spricht nur die Sehnsucht nach dem Januarius-Wunder aus ihr.

Nietzsche kannte seinen Leib-Heiligen gut, in Neapel hatte er 1876 Gelegenheit gehabt, ihn als Bild seiner Sehnsucht in sich aufzunehmen. Noch heute wissen Kenner der Stadt um das Geheimnis des »San Gennaro«:

»Was bedeutet also das Wunder von San Gennaro? Von seinem Geschlecht her Mann, wegen des in regelmäßigen Perioden fließenden Blutes Frau, bewundert ob seines wunderbar zweideutigen Zustandes, Mann und Frau zugleich zu sein, ist Gennaro der Heilige des Androgynen par excellence ... Traum der Männer, die in der Identifikation mit Gennaro ihre Grenzen überschreiten, aus ihren gesellschaftlichen Rollen treten und als Engel des Alltags auf den Flügeln ihres sehnlichsten Wunsches davonfliegen. Uneingeschränkt genießen sie ihre beiden Geschlechter. Am 19. September feiern die Neapolitaner den befreienden Verlust von sexueller Identität und leben fröhlich ihre tiefe Sehnsucht nach einer unterschiedslosen Welt aus . . . Der unbegrenzte Wunsch, Mann und Frau in sich zu vereinen. Transsexualität. Überall in der Stadt stößt man auf seine Abbildungen. Da steht er auf seinen Hirtenstab gestützt, jung, mandeläugig, mit feinem ovalen Gesicht. Die hübschen Rundungen seiner Hüften erinnern an einen anmutigen griechischen Hirten . . . Der erste *femminiello* von Neapel ging in Begleitung zweier Freunde ins Martyrium. Der eine hieß Festo (Fest), der andere Desiderio (Sehnsucht). Und alle drei machten sich auf, um den lichterfüllten Ton für dieses hinreißende Halleluja des Blutes anzustimmen.«

*

Der Höhen- und Strandwanderer mit dem Strohhut erobert sich in den nächsten Monaten und Jahren die gesamte Küste um Genua: Pegli, Nervi und Santa Margherita, Portofino und Zoagli, Rapallo, Ruta und La Spezia sind die trigonometrischen Punkte seines Denkens. Für die Einheimischen ist er ein Fremder, ein Deutscher oder Pole, vielleicht sogar ein »ufficiale« — für sich selbst »Prinz Vogelfrei«. Der Name ist doppeldeutig. Als Prinz fühlt er sich seit König Eichhorns Zeiten und darf sich nun, durch die Erinnerung an den prächtigen Renaissance-»Principe« Andrea Doria, in seiner Würde bestätigt finden. *»Genua«,* schreibt er dem Sternenfreund mit Herrschergeste, »dieser Ort gehört zu mir, ich will Ihnen denselben schon präsentiren und repräsentiren, ganz als principe Doria, wenn Sie wollen.« Ganz als Machtmensch und Seeheld. Nur daß er, der streunende Prinz aus Deutschland, allenfalls über sein Tun und seine Zeit regiert — ansonsten ist er vogelfrei: ausgestoßen aus der menschlichen Gemeinschaft, geächtet von den »Guten« und seit der Auflösung seines Basler Haushalts heimatlos.

Die Abenteuer des Prinzen Vogelfrei. Dafür lebt er auch frei wie ein Vogel in der Luft. Im grauen Norden waren seine platonischen Schwingen verkümmert geblieben, hatte man ihn schon als Student am Abheben gehindert; nun steht der Himmel offen: erste Flugübungen werden unternommen. Schon 1878 hatte er seinem Mit-Wisser und -Denker Rée aufmunternd zugeflattert, als er ihn nach seinen Ferienplänen befragte und mit dem traulichen Bild zu locken versuchte:

»Liebster Freund, stundenlang gehe ich mit Ihnen im Geiste lustwandeln; wir beiden flugmüden Vögelchen wissen nichts besseres zu thun als auf Einem Baumzweige mit einander zu zwitschern.«

Von dieser Müdigkeit hat Nietzsche sich in Genua bestens erholt. In seinem Gedicht »Prinz Vogelfrei« ruht er sich nur ein wenig von den Flugstunden aus, die ihm hier erteilt werden, völlig formlos übrigens: er muß dazu nur den anderen Vögeln »nachfliegen«. Zur kurzen Rast hat er sich gerade auf jenem Baumzweige niedergelassen, wo er einst in Gedanken mit dem Freunde zwitscherte:

»So hang ich denn auf krummem Aste
Hoch über Meer und Hügelchen:
Ein Vogel lud mich her zu Gaste —
Ich flog ihm nach und rast' und raste
Und schlage mit den Flügelchen . . .«

Das Gedicht, das er im Mai 1882 in einer Monatszeitschrift veröffentlichte — unter falschem Etikett —, war nur Durchgangsstadium seiner dichterischen Bearbeitung des Erlebnisses. Ursprünglich sollte es so beginnen:

»So hang ich denn auf krummem Aste
An diesem Genueser Hügelchen . . .«

Nachdem er für die Veröffentlichung den direkten Bezug auf die Hafenstadt eliminiert hatte, verzichtete er in der Endfassung von 1887 — neuer Titel: »Im Süden« — sogar auf die genauere Lokalisierung:

»So häng' ich denn auf krummem Aste
Und schaukle meine Müdigkeit . . .«

Nun passiert es also im »Süden«. Ein Vogel lädt ihn ein, auf seinem Ast zu rasten. Dort hängt er nun, wie eine Fledermaus vielleicht oder ein noch wackeliger Flugschüler oder wie die »Frucht des Baums«, und schlägt fröhlich mit seinen noch kümmerlichen Schwingen. Tief unter ihm breitet sich das Meer, und langsam erfüllt ihn die Vergessenheit, die er einmal als göttliche Kunst bezeichnet:

»Vergessen hab' ich Ziel und Hafen,
Vergessen Furcht und Lob und Strafen:
Jetzt flieg ich jedem Vogel nach . . .«

So spricht der vogelfreie Prinz, der jener quälenden Bedrohung durch Strafe und der ständigen Furcht vor Entdeckung einfach davonfliegt — und so frei ist, »jedem Vogel« nachzufliegen. Für einen Königssohn, der das »Pathos der Distanz« erfunden haben könnte, scheint das ein reichlich demokratischer Ausspruch. Aber genauso hat er es gemeint. In der »Morgenröthe« berichtet er von dem Glück, zu »leben als ein Vogel, der kommt und fortfliegt und keinen Namen im Schnabel trägt!« Diskretion Ehrensache.

In der Fassung von 1887 hat Nietzsche, wohl aus Diskretionsgründen, die ganze Passage abgeändert. Der Vogel blickt nun auf weißes Meer und Purpursegel, auf »Fels, Feigenbäume, Thurm und Hafen« und stößt am Ende den Seufzer aus: »Unschuld des Südens, nimm mich auf!« Der unschuldige Süden, in dem sein Vogeldasein geschützt ist. Hier, so heißt es in der Endfassung, lernte er »mit den Vögeln schweben«; 1882 hatte er noch bekannt:

»Ich liebe es, mit Flügeln schweben
Und hinter jedem Vogel her . . .«

Offenbar ist der Vogel, auf dessen Ast er am Anfang ausruht, kein besonderer, er scheint einer von vielen, die anonym bleiben, keinen Namen im Schnabel tragen. Außerdem hat man Wichtigeres zu tun. Der Prinz wird mit dem ligurischen Fischerdialekt ohnehin Schwierigkeiten gehabt haben:

»Das Sprechen ist ein bös Geschäfte:
Vernunft und Zunge stolpern viel!«

So schrieb er es nieder, bereute aber diese Freimütigkeit und korrigierte in: »Vernunft? — das ist ein bös Geschäfte . . .« Und weil er schon einmal am Ausbessern war, konnte auch die Antwort auf die Sprachlosigkeit nicht stehen bleiben: »Es giebt noch leiblichere Kräfte« hatte er seinen sprachbezogenen Lesern angedeutet, Körpersprache sozusagen; nun heißt es harmlos: »Das Fliegen gab mir neue Kräfte . . .« Wozu eigentlich, wenn nicht zum Fliegen? Antwort: zu »schönere(m) Geschäfte, Gesang und Scherz und Liederspiel«. Worüber man nicht sprechen kann, darüber muß man singen. Dem Nietzsche von 1887, der unaufhaltsam seiner Apotheose zutrieb, schien das erklärungsbedürftig — ein Denker, der singt? Und was hat er mit Vögeln zu schaffen? Nun, er liebt sie.

»Einsam zu denken nenn' ich weise,
Doch einsam singen — wäre dumm!
So hört ein Lied zu eurem Preise
Und setzt euch still um mich im Kreise,
Ihr schlimmen Vögelchen, herum!

So jung, so falsch, so umgetrieben
Scheint ganz ihr mir gemacht zum Lieben
Und jedem schönen Zeitvertreib?
Im Norden — ich gesteh's mit Zaudern —
Liebt' ich ein Weibchen, alt zum Schaudern:
›Die Wahrheit‹ hiess dies alte Weib . . .«

Drei Pünktchen beschließen das Geständnis. Aus der Vorrede der »fröhlichen Wissenschaft« wissen wir, daß die Wahrheit in der Tat ein Weib ist, das »Gründe hat, ihre Gründe nicht sehn zu lassen«. Eine Kröte, die man schlimmstenfalls schlukken muß. Und wirklich »geliebt«, wie er behauptet, hat er sie nie — höchstens als Philosoph, der nach den »Gründen« geht und schließlich, angeekelt, in die Arme Apollos zurückflieht. Nein, mit der Wahrheit hat er's nicht mehr. Er verbirgt ja auch die Wahrheit über sich. Und muß doch immer wieder das Risiko eingehen, anzudeuten, da man ihn sonst nicht versteht.

Was wäre die große Loslösung und Genesung und auch der Eisheilige mit der durchbohrenden Waffe ohne diese seine Wahrheit! Eine Wahrheit, die, nach Überzeugung aller, »ja wohl nicht wahr sein darf«. Und was wäre Genua ohne die »schlimmen Vögelchen«, die sich herumtreiben wie er und falsch sind wie er und auch »gemacht zum Lieben«, wie er.

Ein anderer Ligurien-Besucher hat diese flatterhaften Wesen, die an den Bäumen hängen wie Früchte und auf Klippen liegen wie Eidechsen, gesehen, Mitte der achtziger Jahre, als auch Prinz Vogelfrei dort vagabundierte. Guy de Maupassant umruderte damals die Grotten und Halbinseln der Genueser Küste und erlebte vor der Bucht von Portofino einen wahren Freudenrausch. »Wohl nie habe ich ein ähnliches Glücksgefühl gespürt«, schreibt der einstige Pariser Ministerialbeamte, der um 1880 seinen künstlerischen Durchbruch erlebte, wie Nietzsche, und wie dieser zehn Jahre später in geistige Umnachtung fiel. Hier, bei Genua, sah dieser Herumtreiber vom Festland, was er sich zu Hause nie erträumt hätte:

»Wenn ich zu den Felsen am Ufer aufblicke, bemerke ich Gruppen nackter Jungen mit gebräunten Körpern, die erstaunt auf diesen Herumtreiber herabsehen. Auch sie scheinen zahllos, gleichsam eine andere Art Abkömmlinge des Meeres, wie ein Schwarm gerade geborener junger Tritonen, die sich fröhlich tummeln und die Uferfelsen aus Granit erklimmen, um ein wenig Luft an Land zu schöpfen. Man entdeckt sie in allen Felsspalten versteckt, man sieht sie auf Felsspitzen stehen, wo sich ihre hübschen zartgliedrigen Körper wie Bronzestatuetten gegen den italienischen Himmel abzeichnen.«

Mit dem Strand-Leben war Nietzsche schon seit seinem Sorrentiner Aufenthalt vertraut. Hier konnte er zugleich seinen Sinn für die nackte männliche Schönheit und seine Lust am Schwimmen ausleben. Wo die jungen Tritonen saßen, war auch ihr Bewunderer nicht fern, als Eidechse unter Eidechsen, Vogel unter Seevögeln. In einem Gedicht aus den »Liedern des Prinzen Vogelfrei«, in dem der Dichter sich übers Dichten lustig macht, vergleicht er seine Reime mit Pfeilen, die er nach den schwer zu greifenden Tierchen abschießt:

»Reime, mein' ich, sind wie Pfeile?
Wie das zappelt, zittert, springt,
Wenn der Pfeil in edle Theile
Des Lacerten-Leibchens dringt!«

Lacerta, die Eidechse. In einem Aphorismus bemüht er das flinke Geschöpf mit der biegsamen Extremität als Bild: »Bei einer Eidechse«, so schreibt er, »wächst ein Finger nach, der ihr verloren gieng: nicht so beim Menschen. —« Letzteres ist allerdings wahr; nur daß es der Schwanz ist, der nachwächst, eben jener markanteste Teil des Lacertenleibchens. Aber die Wahrheit hätte das Bild anstößig, den Bezug auf den Menschen lächerlich gemacht. Also setzt Nietzsche den Finger an die Stelle des Schwanzes und enthüllt damit, was er eigentlich verbergen wollte. Straton von Sardes, der griechische Autor einer Anthologie päderastischer Dichtung aus dem 3. Jahrhundert, beklagte einmal das Älterwerden seines jungen Geliebten mit den Worten: »Die kleine Eidechse des Agathon war wie ein Rosenfinger, aber jetzt besitzt er einen Rosenarm.« Seine wahren Gefühle drückte Nietzsche in dem geplanten Buchtitel aus: *»Wir Eidechsen des Glücks.«* Unterzeile: »Gedanken eines Dankbaren.«

In einem Aphorismus aus »Menschliches, Allzumenschliches« erzählt Nietzsche von einer Erfahrung, die er offenbar in Sorrent gemacht hat, als menschenscheuer Professor, der mit Fez und blauer Schutzbrille über den Strand trippelt und durch seine geblähten Nüstern eine Atmosphäre aus Seewind und faulem Fisch, Holzfeuer und Matrosenschweiß einsaugt. Und dann doch, unverhofft, einen seligen Moment erlebt:

»Fast alle Zustände haben einen *seligen* Moment. *Den* wissen die guten Künstler herauszufischen. So hat einen solchen selbst das Leben am Strande, das so langweilige, schmutzige, ungesunde, in der Nähe des lärmendsten und habgierigsten Gesindels sich abspinnende; — diesen seligen Moment hat Chopin, in der Barcarole, so zum Ertönen gebracht, dass selbst Götter dabei gelüsten könnte, lange Sommerabende in einem Kahn zu liegen.«

Der »gute Künstler« also findet nicht, er »fischt« den Moment heraus. Das Bild paßt zum Gegenstand, hier geht es schließlich um Fischer und Seeleute, und Nietzsche, der geborene Menschenfischer, wirft nach allem möglichen Seegetier seine raffinierten Angeln mit den scharfen Haken aus. Hat es ihn damals, an einem langen Sommerabend unter Seeleuten, danach gelüstet, in einem dieser schunkeligen Kähne zu liegen — und sich dafür, für *einen* seligen Moment, den Gefährten, der mit dem Ding umgehen kann, herausgefischt? Eine Textvariante legt die Vermutung nahe:

»Chopin hat die Seligkeit eines jungen Meergottes, der als Schiffer verkleidet . . .«

Der Satz bricht ab, vielleicht darf man ergänzen:

». . . inmitten des lärmendsten und habgierigsten Gesindels erscheint, so zum Tönen gebracht, daß selbst Götter dabei gelüsten könnte, lange Sommerabende mit ihm in einem Kahn zu liegen.«

Hat Nietzsche mit Gast über seine Vorliebe für die »Barcarole«, die Kahn-Musik, gesprochen? Als ihm der Adlatus ein paar Gedanken zu Nietzsches Neuentdeckung »Carmen« übersendet, greift er voll in dessen Gefühls-Harfe: »Und das, was Sie vornehmlich lieben, das schwebt auch mir wie der Urklang der Wonne und des Glücks vor, – jene Laute, die ein Windstoss von den Inseln der Seligen uns zuträgt: die Barcaruolen-Musik.« So der nachempfindungsstarke und rechtschreibschwache Köselitz.

Im selben Jahr, als er die fernen Klänge per Brief nach Genua schweben läßt, offenbart Nietzsche den Lesern der »Internationalen Monatsschrift«, die bei Schmeitzner in Chemnitz erscheint, ein »nächtliches Geheimniss«. Er hat es selbst erlebt, das Gedicht beginnt mit der Zeitangabe »Gestern Nachts«, und endet mit der überraschenden Aussage, daß zwei Männer in einem Kahn »so gut! so gut!« miteinander geschlafen haben. Das Boot hat es in sich. Als Nietzsche das Gedicht fünf Jahre später in seine »Lieder des Prinzen Vogelfrei« aufnimmt, nennt er es »Der geheimnissvolle Nachen«.

Was also geschah gestern nacht? Alles schläft, der Wind läuft mit »ungewissen Seufzern« durch die Gassen — trägt er sie aus fremden Schlafzimmern suggestiv an sein Dachstubenfenster? —, Nietzsche, der ewig Einsame, findet keine Ruhe. Nicht durch sein Bett, nicht durch den »Mohn«, mit dem er es offenbar probiert hat, und ein »gutes Gewissen«, bekanntlich das beste Ruhekissen, hat er ohnehin nicht. Alles schläft, einsam wacht. Und lüstern seufzt der Wind dazu. Dann überkommt ihn eine Eingebung — oder ist es der Glockenschlag?

»Endlich schlug ich mir den Schlaf
Aus dem Sinn und lief zum Strande.
Mondhell war's und mild — ich traf
Mann und Kahn auf warmem Sande,
Schläfrig beide, Hirt und Schaf: —
Schläfrig stiess der Kahn vom Lande . . .«

Man trifft sich am Strand. Der Schlaflose mit dem schlechten Gewissen den Mann, nicht den Kahn. Der liegt nur bereit, um vom warmen Sande ins kühle schwarze Wasser geschoben zu werden. Und das Schaf? Ist es da, um des Reimes willen, der »Hirt« um des Schafes willen? Was tut ein Hirt mit einem Kahn am Meer? Und wohin rudert er sein Schaf? Man ist zu schläfrig, Hirt und Schaf, um darauf Antwort zu geben. Und schon stößt der Kahn vom Lande ab.

Eine traumhafte, mondbeschienene Szene: Zwei Männer, die mitten in der Nacht ein Boot besteigen, um den Strand, den festen Grund zu verlassen, die ins Meer hinausrudern, wo nur das »Auge der Unendlichkeit« sie »anblickt«, wie der neue Columbus einmal dichtet. Sie tun es nicht, um Netze auszuwerfen oder Angeln oder um an einen anderen Ort zu kommen. »Getan«, so scheint es, braucht nichts zu werden.

»Morgen kam: auf schwarzen Tiefen
Steht ein Kahn und ruht und ruht — —
Was geschah? so riefs, so riefen
Hundert bald — was gab es? Blut?
Nichts geschah! Wir schliefen, schliefen
Alle — ach, so gut! so gut!«

Das also war es, was sie aufs Wasser hinausgezogen hatte: Sie wollten nur miteinander schlafen. Und jenen, die am nächsten Morgen am Strand stehen und gaffen — »Hundert« werden es nur in seiner ängstlichen Phantasie gewesen sein —, und fragen, ob es »Blut« gegeben habe, antworten die beiden Kahnfahrer, sie hätten nur geschlafen, und zwar exzellent. Nichts Schlimmes ist passiert, Gott behüte, keine »Bluttat«. Aber was wirklich geschah, fern vom Lande und nahe den Sternen, beschreibt die dritte, die eigentlich »geheimnisvolle«, der vier Strophen, und sie berichtet es nur aus der Sicht des deutschen Professors, der den jungen Hirten, der einmal im »Zarathustra« zu Ehren kommen wird, vergessen zu haben scheint:

»Eine Stunde, leicht auch zwei,
Oder war's ein Jahr? — da sanken
Plötzlich mir Sinn und Gedanken
In ein ew'ges Einerlei,
Und ein Abgrund ohne Schranken
That sich auf: — da war's vorbei!«

Die Zeit hat aufgehört, die Ewigkeit begonnen. Nox intempesta, wo jeden Augenblick etwas aus dem Nichts entstehen kann, wo aus dem Nichts eines Augen-Blicks jederzeit etwas entstehen kann ... Doch hier, mit dem jungen Italiener im Kahn, fällt er selbst ins Nichts. »Plötzlich«. Ein Abgrund tut sich auf, in dem alle Schranken fallen, in dem alles, was vorher war, einerlei scheint, in dem ihm die Sinne vergehen und ewige Nacht ihn umfängt. Goethe hat diesen Abgrund beschrieben, Nietzsche Goethes Beschreibung gekannt, in der sein Titelheld »Prometheus« der jungfräulichen Pandora erklärt, was es mit dem »nächtlichen Geheimniss« der Menschen auf sich hat:

». . . Das ist *ein Augenblick* der alles erfüllt,
Alles, was wir gesehnt, geträumt, gehofft,
Gefürchtet, Pandora, —
Das ist der Tod!
   Pandora: Der Tod?
   Prometheus: Wenn aus dem innerst tiefsten Grunde

Du ganz erschüttert alles fühlst
Was Freud' und Schmerzen jemals dir ergossen ...
Und all *die Sinne dir vergehn,*
Und du dir zu vergehen scheinst
Und *sinkst,*
Und alles um dich her versinkt in Nacht
Und du, in inner eigenstem Gefühl,
Umfassest eine Welt:
Dann stirbt der Mensch.
Pandora (ihn umhalsend): O, Vater, laß uns sterben!
Prometheus: Noch nicht.
Pandora: Und nach dem Tod?
Prometheus: Wenn alles — Begier und Freud' und Schmerz —
Im stürmenden Genuß sich aufgelös't,
Dann sich erquickt in Wonneschlaf, —
Dann lebst du auf, auf's jüngste wieder auf,
Von neuem zu fürchten, zu hoffen, zu begehren!«*)

*

Im Herbst 1881, als der Genueser »Müßiggänger« wie ein »Seeigel« am Wasser liegt, wartend, abwartend, überfällt ihn ein Glück, wie er es nie zuvor erlebt hat. Die Stelle wird ihm heilig. Als Rée ihn im Februar des folgenden Jahres besucht, führt Nietzsche ihn sogleich dorthin, »wo man mir in hundert Jahren« ein »Säulchen zu Ehren der ›Morgenröthe‹ aufstellen wird«. Angeblich hatte er sich für sein Denkmal schon die Inschrift ausgedacht: »Columbus : Nietzsche — 1481 : 1882. Liberatores generis humanorum.«

»Caesar unter Seeräubern«. Hier war dem Menschheitsbefreier etwas widerfahren, worüber er nicht spricht; und nur seine Notizbücher verraten, in »transfigurierter« Form, was es gewesen sein könnte. Die Erinnerung scheint so affektbeladen gewesen, daß ihn einmal an dieser Stelle ein Anfall überkam — so jedenfalls muß man eine Briefstelle an Rée deuten, die im Original entfernt wurde, und nur aus dem Zusammenhang zu erschließen ist:

*) Hervorhebungen von mir, J. K.

»Gestern badete ich am Meere, genau an jener berühmten Stelle, wo ——— denken Sie im vorigen Sommer einer meiner nächsten Verwandten von einem solchen Anfall im Bade überrascht wurde und weil zufällig Niemand in der Nähe war ertrank . . .«

»Gestern« hieß es im Brief an Gast vom 5. Februar, »gestern« im Brief an Rée vom 21. März — und auch eine mysteriöse Aufzeichnung vom wunderschönen Monat Januar beginnt mit dieser Zeitangabe, als wäre ihm das an dieser Stelle Erlebte so lebendig »wie gestern« im Bewußtsein geblieben. Was Nietzsche in seiner Januar-Notiz beschreibt, war eigentlich unbeschreiblich: immer wieder hat er sich später mit ihr beschäftigt, hat korrigiert und redigiert.

»Was geschah mir gestern an dieser Stelle? Ich war noch nie so glücklich, und die Fluth des Daseins warf mir mit den höchsten Wellen des Glückes ihre kostbarste Muschel zu, die purpurne Schwermuth. Wozu war ich nicht bereit! Welcher Gefahr hätte ich nicht getrotzt! Erschien mir nicht der Raum zu eng ———«

So schwärmt ein Verliebter. Auf dem Höhepunkt eines wellenartig sich aufschaukelnden Glückes überfällt ihn die Schwermut des Abschieds. Die Trauer danach. Seit er als Kind auf »Karthagos Trümmern« saß, kennt er dieses Gefühl. Vergänglichkeit des Glücks. Jetzt besonders bitter, weil es eine purpurne Erinnerung ist, an Wollust, an »Unsägliches«. Das Wort erscheint in der ersten Notiz über das Erlebnis, die er im Herbst 1881 der Kladde anvertraute — es ist auch eine der ersten, in der Nietzsche seinen »Sohn« Zarathustra für sich sprechen läßt:

»Zum Äußersten bereit
Alle Arten tapferer M(enschen) um ———
ein unsägliches Wehgefühl, daß das Leben so wegfließt. Eines Tages sagte ich mir: es kommt alles wieder, und dieser wundervolle Tropfen Schwermuth im Glücke des Eroberers ist vielleicht das Schönste.

Zu seinem Jünger sagte er: ›das ist die purpurne Schwermuth, die schönste Muschel, die du am Meere des Daseins auflesen kannst
das Gefühl des nahen *Abschieds*, die Abendbeleuchtung der Dinge‹.«

Das Glück, das Nietzsche-Zarathustra am Genueser Strand unter tapferen M(ännern) genossen hat, nachdem er zum Äußersten bereit gewesen war, entschlossen zum letzten Schritt, war das Glück einer Eroberung. Ein Columbus entdeckt, ein Andrea Doria erobert. Aber diese höchste Lust — »Ich war noch nie so glücklich« — geht über in die purpurne Schwermut des nahen Abschieds. Des Nimmer-Wiedersehens. Welches Glück, daß sich ihm wenige Monate zuvor das Geheimnis des Seins offenbart hat, an einem Engadiner Bergsee: Alles kommt wieder. Zarathustra will, daß sein Genueser Strand-Erlebnis wiederkommt, immer wieder. In einem dritten Fragment, das er ihm gewidmet hat, klingt ihm die Wiederkunft wie der Refrain eines Liedes:

»Du fühlst, daß du *Abschied* nehmen wirst, bald vielleicht — und die Abendröthe dieses Gefühls leuchtet in dein Glück hinein ... Wisse aber auch! — daß die Vergänglichkeit ihr kurzes Lied immer wieder singt und daß man im Hören der ersten Strophe vor Sehnsucht fast stirbt, beim Gedanken, es möchte für immer vorbei sein.«

Aus der vergänglichen Strand-Eroberung hat Nietzsche später, unter Benutzung seiner drei Erinnerungsstützen im Notizbuch, einen Aphorismus gefiltert. Er beschwört darin *»Die Gefahr des Glücklichsten«*, obwohl es eigentlich die »Fröhliche Wissenschaft« ist, deren viertes Buch, in dem der Text erscheint, noch dazu dem schönen Januarius mit dem Flammenspeer gewidmet ist. Welche Gefahr also droht dem fröhlichen Wissenschaftler? Und wer ist dieser Glücklichste, der dringend vor einer Gefahr gewarnt werden müßte? Eben jener, sagt der Aphorismus, der mit einer »starken, kühnen, verwegenen Seele« durchs Leben geht, mit geblähten Segeln sozusagen, »immer zum Aeussersten bereit, wie zu einem Feste und voll des Verlangens nach unentdeckten Welten und Meeren, Menschen und Göttern«. Ein kühner Eroberer auf Entdeckungsfahrt, der sich »von jeder heiteren Musik« anlocken läßt, »als ob dort wohl tapfere Männer, Soldaten, Seefahrer sich eine kurze Rast und Lust machen«; weil auch er ein wenig rasten und sich eine kurze Lust machen will. Und obwohl es nur ein Intermezzo zwischen zwei Entdeckungsfahrten ist, oder sollte man sagen: Entdeckungsspaziergängen, wird er »im tiefsten Genusse des Augenblicks überwältigt ... von Thränen und von der ganzen purpurnen Schwermuth des Glücklichen«.

Eine tapfere Männerschar, die, sich selbst genug, zu tiefsten Augenblicksgenüssen fähig ist und darob hinterher schwermütige Tränen vergießt — ein Bild für Götter. Mehr noch, meint der Autor, es ist der Augenblick, in dem Götter erfunden werden:

»Es war das *Glück Homer's!* Der Zustand Dessen, der den Griechen ihre Götter, — nein, sich selber *seine* Götter erfunden hat!«

Nach dem Vorbild von »tapferen Soldaten und Seefahrern« seine Achill und Ulysses! Aber das Glück Homers ist in Wahrheit das Glück Nietzsches, wie er selbst schreiben wird, und deshalb weiß er auch um die »Gefahr«, die dem Menschen der kurzen Augenblicksgenüsse, dem Dichter, der andere Menschen zu Göttern macht, droht: Kaum ist der Augenblick vorbei, heißt es Abschied nehmen — man ist schließlich unter Matrosen und anderem flüchtigen Seegetier. Die Vergötterung schlägt um in Verbitterung:

»mit diesem Glücke Homer's in der Seele ist man auch das leidensfähigste Geschöpf unter der Sonne! Und nur um diesen Preis kauft man die kostbarste Muschel ...«

Man kauft? Ja, man bringt sie vorübergehend in seinen Besitz, um dann »als ihr Besitzer immer feiner im Schmerz und zuletzt zu fein« zu werden. Dann nämlich, wenn man sie »besessen« hat:

»ein kleiner Missmuth und Ekel genügte am Ende, um Homer das Leben zu verleiden.«

Ekel also ist der Preis für kurze Rast und Lust unter verwegenen Männern. Die Harmlosigkeit der scheinbar fröhlichen Strandpartie ist nur Vordergrund für arglose Aphorismen-Leser. In Wahrheit geht es um heftige Affekte, deren der Autor nicht Herr wird, um kurze erkaufte Genüsse und Angewidertsein hinterher, das seltsam kontrastiert zur Melancholie. Gespaltene Gefühle. An anderer Stelle wird Nietzsche noch deutlicher. Er spricht von jenen »gefährlichen herzzerreißenden Ausbrüchen« der »nicht erstickten Begierde« und »aller aufgestauten und wild gewordenen Ströme der Liebe«; und er meint »den plötzlichen Wahnsinn jener Stunde, wo der Einsame einen Beliebigen umarmt und als Freund und Zuwurf des Himmels und kostbarstes Geschenk behandelt« — eben jene kostbarste Muschel, die ihren Preis hat —, »um ihn eine Stunde später mit Ekel von sich zu stoßen«. Eine Stunde dauert das Glück. Dann wird aus dem Zuwurf ein Auswurf. Dann überfällt ihn der Ekel »nunmehr vor sich selber«, er fühlt sich »wie beschmutzt, wie erniedrigt, wie sich selbst entfremdet, wie an seiner eigenen Gesellschaft krank —.«

Und doch gehen dem die Augenblicke voraus, in denen der Mensch seinen Partner unter die Sterne oder die Götter erhebt. Homers Götter, meint Nietzsche, gehen auf Strandabenteuer zurück. Seine eigenen, allen voran Dionysos, vielleicht auch? »Und wie viele neue Götter sind noch möglich!« ruft er im Sommer 1888 aus, als ihm noch ein halbes Jahr zum Götterbilden bleibt. »Mir selber, in dem der . . . gott*bildende* Instinkt mitunter wieder lebendig werden will: wie anders, wie verschieden hat sich mir jedes Mal das Göttliche offenbart!« Zum Beispiel gibt es Götter, »aus denen man selbst einen gewissen Halkyonismus und Leichtsinn nicht hinwegdenken darf«. Zwei Jahre zuvor war er einem solchen leichtsinnigen See-Gott begegnet, an der italienischen Riviera vermutlich, am Strand wahrscheinlich — und, mit Sicherheit, er hat ihn gesehen:

»Ich habe ihn gesehn: seine Augen wenigstens — es sind bald tiefe stille,
bald grüne und schlüpfrige Honig-Augen
sein halkyonisches Lächeln,
der Himmel sah blutig und grausam zu«

Wer ist »er«? Wo Worte nicht hinreichen, spricht bei Nietzsche das Auge. Hier ist es bald still wie das beruhigte, halkyonische Meer, bald tückisch und schlüpfrig wie Honig. Meeresstille der Seele. Der Gott mit der »orgiastischen Seele des Weibes«, wie die nächste Notiz überschrieben ist, heißt Dionysos — der Gott, der übers Meer kommt:

»ich habe ihn gesehn, sein halkyonisches Lächeln, seine Honig-Augen, bald tief und verhüllt, bald grün und schlüpfrig, eine zitternde Oberfläche,
schlüpfrig, schläfrig, zitternd, zaudernd,
quillt die See in seinen Augen«.

Schläfrig, wie der »Hirt« am nächtlichen Strand, schläfrig, wie sein Kahn ins Meer glitt. Auch Dionysos liegt in einem Kahn, in seinem Auge zittert die See, unberechenbar wie die Mänaden-Seele des Weibes, das »zerreisst, wenn es liebt«. Daß Dionysos einen Weibs-Blick hat, wußte schon Euripides in seinen »Bacchen« zu erzählen: »sein dunkles Auge birgt Aphrodites Reiz«; und doch ist er grausam, »voller Durst nach dem Blut des getöteten Bockes, voll Gier sich zu laben an rohem Fleisch«. Grausam wie ein Weib eben.

Doch das Auge, das Nietzsche gesehen hat, gehört einem Mann. In einem homoerotischen Gedicht feiert Catull den jungen Juventius, als dessen auffälligste Eigenschaft er seine »Mellitos oculos« bezeichnet, seine »Honig-Augen«. »Dreihunderttausendmal« will er sie küssen und wäre noch nicht gesättigt an ihnen. Gehörte das süße Honig-Auge, das Nietzsche am Strand erspähte, jenem »jungen Meergott, der als Schiffer verkleidet« im Sand saß, ihn halkyonisch anlächelte, ihm einen göttlich-vieldeutigen Blick zuwarf und ihn einlud zu schaukelnder Kahnfahrt, zum Wiegenlied der Chopin-Barcarole? Oder einem anderen, den er nicht in Genua, sondern in Nizza, nicht in Ruta, sondern in Rapallo getroffen hat?

Unter Seeleuten war es gewiß — denn schon die nächste Notiz erwähnt »Caesar unter Seeräubern«: Caesar war einmal, wie bei Plutarch nachzulesen, von Piraten entführt worden. Als sie zwanzig Talente Lösegeld für ihn fordern wollten, lachte er sie nur höhnisch aus: Wenn sie wüßten, wen sie sich da eingefangen haben, würden sie mindestens fünfzig Talente verlangen. Während seine mitgefangenen Begleiter loszogen, um das

Geld zusammenzubringen, lebte Caesar über einen Monat lang bei den Seeräubern, scherzte mit ihnen, dichtete Liedchen, las ihnen Verse vor. Und drohte lachend, er werde sie noch alle aufhängen lassen. Kaum war das Lösegeld bezahlt und Caesar frei, bemannte er eine Flotte und machte sein Versprechen wahr, blutig und grausam.

Eine Geschichte nach Nietzsches Geschmack. Mehrmals verwendet er Motive daraus; so, wenn er die »schlimmen Vögelchen« um sich schart, um ihnen seine neuesten Liedchen vorzusingen; oder im »Ariadne«-Dithyrambus, in dem die Heldin ihrem Quälgeist zuruft: »Wie? Lösegeld? Was willst du Lösegelds? Verlange Viel — das räth mein Stolz!«, und dann doch nur um eines fleht: »Gieb *Liebe* mir«. In dieser »Ariadne« steckt der neue Caesar, den die zu geringe Forderung seiner Ent- und Verführer beleidigt, der sich ganz verschenken will, weil er längst gefangen ist vom »orgiastischen Auge«, das ihn anblickt.

Nach »Caesar unter Seeräubern« folgen weitere Überschriften: »An der Brücke«, dann »Die Hochzeit. — und plötzlich, während der Himmel dunkel herniederfällt . . . Ariadne«. Der mögliche Zusammenhang zwischen den Titeln könnte die chronologische Abfolge seines Erlebnisses sein: Zuerst die Bekanntschaft mit den Seeleuten, dann die Sehnsucht des »Gondellieds«, das mit diesen Worten beginnt, nach dem fernen Geliebten; schließlich die »Hochzeit« — im mythologischen Rahmen wohl die von Dionysos und Ariadne im Schaukelkahn — und danach, »während der Himmel dunkel herniederfällt«, der Klagegesang der vereinsamten Ariadne, die auf der Insel Naxos, von ihrem Geliebten verlassen, den Tod erwartet; im Dithyrambus den »Henker-Gott«, der sie bis aufs Blut peinigt, sie, die ihm am Ende gesteht, daß sie nichts mehr will als das: bis aufs Blut gepeinigt zu werden.

In Caesar hat Nietzsche sich, natürlich, selbst gesehen. Der Römer, der am Ende von den Dolchen der Verräter durchbohrt wird wie Ariadne von den Pfeilen ihres Geliebten, ist die

Vollendungsform seines »Sohnes« Zarathustra — aus dem Bergprediger wird der Welteroberer: »Mit der *Genesung* Zarathustra's steht *Cäsar* da, unerbittlich, gütig.« Sein Hauptmerkmal: »Glück im *recht angewendeten, verewigten Augenblick!*« Caesar, der Seelenverwandte des Alkibiades, gehört für Nietzsche aber nicht nur zu den Eroberern von Weltreichen, sondern auch zur Bruderschaft jener »zum Siege und zur Verführung vorherbestimmten Räthselmenschen«. Anfang Januar 1889, als er nicht mehr Herr seiner selbst ist, schreibt er an Cosima, die er »Prinzeß Ariadne« nennt, daß Caesar eine seiner Inkarnationen gewesen sei, bevor er, endgültig, zum »siegreichen Dionysos« wurde.

*

»Räthselmensch« Nietzsche — ein Rätsel ist ihm die Sexualität immer geblieben. Sie hielt ihn auf Trab, stachelte ihn zu »fußwunder Flucht«, tränkte sein Leben mit Sehnsucht und Begierde — und ließ doch nie das Bedürfnis nach Fortpflanzung aufkommen. Mit ihm hatte der »Genius der Gattung« eine Niete gezogen. Aber welcher Dämon war es, welcher »unbekannte Gott«, zu dem hin — und von dem weg er immer fliehen mußte, der mit immer neuen Masken ihn äffte und entzückte? Widerstand, Nietzsche wußte es, war sinnlos. Bei aller Gondel-Seligkeit und Purpur-Schwermut — den schopenhauerschen Genius konnte er nicht vergessen, solange er nicht wußte, wohinaus sein Dämon mit ihm wollte. Eins war sicher: Der Forderung des Genius konnte er nicht entsprechen. Von ihm aus betrachtet, war er nutzlos, defekt. Ein Exemplar, das irgendwann ad acta gelegt würde.

»Unerschöpfliche Gelegenheit zur Wiederkehr«. In den anderen Exemplaren waltete dagegen der »Wille zum Leben«, der sich als Geschlechtstrieb manifestiert und dem

Einzelwesen seinen höchsten Zweck verleiht: Zeugung. Darin, und in nichts sonst, besteht der Wert des Individuums für die Gattung. In jedem Mann, der nach einem Weib lechzt, so Schopenhauer, wirkt der Sinn der Gattung — und jedermann muß Folge leisten, ob er will oder nicht.

»Das schwindelnde Entzücken, welches den Mann beim Anblick eines Weibes von ihm angemessener Schönheit ergreift und ihm die Vereinigung mit ihr als das höchste Gut vorspiegelt, ist eben *der Sinn der Gattung,* welcher, den deutlich ausgedrückten Stempel derselben erkennend, sie mit diesem perpetuieren möchte. Auf diesem entschiedenen Hange zur Schönheit beruht die Erhaltung des Typus der Gattung: daher wirkt derselbe mit so großer Macht.«

Nach Schopenhauer meldet sich in der Trunkenheit des Verliebten der »Sinn der Gattung«, der in der Schönheit der begehrten Frau sogleich den »Stempel« der Gattung erkennt und deshalb mit ihr die Gattung fortpflanzen, also verewigen möchte. Im Geschlechtsakt prägt der Mensch dem Augenblick den Stempel der Gattungs-Ewigkeit auf. Nicht der Hans, die Gattung selbst feiert ihre Fortpflanzung; und nicht die Schönheit der Grete, sondern der in ihr »deutlich ausgedrückte Stempel« reizt zur Verschmelzungstat. Die Gattung ist es, die dem Augen-Blick der beiden Verliebten ihren Stempel aufprägt — für Schopenhauer der höchste Wille zum Leben. Als Nietzsche daran anschließt und dekretiert, »nur so viel ist ein Volk — wie übrigens auch ein Mensch — werth, als es auf seine Erlebnisse den Stempel des Ewigen zu drücken vermag«, vertauscht er damit Schopenhauers biologischen Zeugungsakt gegen den künstlerischen. Und dazu braucht es keiner Grete. Die Endstufe dieser Nietzsche-Antwort auf das Gattungs-Postulat hat zu vielen Deutungen Anlaß gegeben: »Dem Werden den Charakter des Seins *aufzuprägen* — das ist der höchste *Wille zur Macht*«. Daß Nietzsche mit dem Satz nur Schopenhauers Sexualtheorie weiterspann, dessen höchstem Willen zum Leben im Geschlechtsakt er den höchsten Willen zur Macht im Kunst-Zeugungs-Akt entgegenstellte, fiel nicht auf.

In der »Metaphysik der Geschlechtsliebe« ist es der »Genius der Gattung«, der für den Begattungs-Akt sorgt. Sobald »zwei Leute verschiedenen Geschlechts« einander zum ersten Mal sehen, läßt der verführerische Kobold sie einen »forschenden und durchdringenden Blick« aufeinander werfen, sich verlieben, und kraft ihres Lebens-Willens das Ziel ihrer entbrannten Sehnsucht zeugen: den neuen Menschen, die nächste Generation. Doch in dem kupplerischen Blick verbirgt sich der Genius — er »allein vermag mit *einem* Blicke zu sehen«, welchen Wert die beiden Verliebten »für *ihn*« haben. Und im Zeugungsakt, den er mit seinen Pfeilchen herbeiführt, sieht Schopenhauer die »entschiedene Bejahung des Willens zum Leben«; er ist der »deutlichste Ausdruck des Willens«, der »Kern, das Kompendium, die Quintessenz der Welt«.

Rätselhaft: Nietzsche empfing und warf jene verführerischen Blicke, spürte in sich den entschiedenen Hang zur Schönheit, empfand das schwindelnde Entzücken wie nur irgendein Hans — und war doch der erklärte Feind des Gattungs-Genius, der partout den Samen in die Eizelle bringen will; feind auch den Alltags-Menschen, jenen Vielzuvielen, deren Fortpflanzung ihm als größte Absurdität erschien — wozu das Elend, das Mißratensein perpetuieren? Und doch empfand er die »Macht«, die hinter der Sexualität wirkte, nicht anders, als Schopenhauer sie beschrieben hatte:

> »Auf diesem entschiedenen Hange zur Schönheit beruht die Erhaltung des Typus der Gattung: daher wirkt derselbe mit so großer Macht.«

Sowenig Nietzsche an der Erhaltung des Typus der Gattung gelegen war, sosehr empfand er die Schönheit, die ihn reizte; nicht die Gattung ließ ihn träumen, und schon gar nicht die Begattung, sondern die Macht, die die Schönheit auf ihre Bewunderer ausübt: göttliche Macht, aber auch dämonische Grausamkeit. Schopenhauers »Wille zum Leben«, der war mit Nietzsches Leidens-Leben — ganz in Schopenhauers Sinn — widerlegt: Wozu die Tortur noch verewigen! Aber der Wille zur

Schönheit, die den Stempel der Macht trägt, erfüllt ihn bis in die letzte Faser. Der Wille zur Macht des Schönen. Sie zu finden, genügt nicht der »Genius der Gattung«, ein neuer Genius muß her, und Nietzsche wird ihn dereinst seinen Lesern präsentieren: als »Genius des Herzens«.

In der »Fröhlichen Wissenschaft« rechnet Nietzsche mit dem »Genius der Gattung« der Vielzuvielen ab. Er will ihn und seine unbillige, ja absurde Forderung hinter sich bringen, wie er die ewigen Anmahnungen, endlich zu heiraten, hinter sich gebracht hat. Er tut es, wie meist bei entscheidenden Fragen, verschlüsselt. Der Aphorismus heißt *»Vom ›Genius der Gattung‹«*, er steht im fünften Buch, das den entschlossenen Titel »Wir Furchtlosen« trägt und mit einem Zitat des homosexuellen Marschalls Turenne geschmückt ist.

»Vom ›Genius der Gattung‹« handelt nicht von der Sexualität. Dieser Genius sei vielmehr eine Frage des Bewußtseins. Eigentlich braucht das Leben gar kein Bewußtsein, der »überwiegende Theil« kommt ohne diese »Spiegelung« aus. Nur weil der Mensch »als das gefährdetste Thier Hülfe, Schutz«, also »Seinesgleichen«, braucht, mußte er lernen, »seine Noth auszudrücken«. Bewußtsein ist ein Kind dieser »Mittheilungs-Bedürftigkeit«, sein Medium die Sprache. Deshalb sind Bewußtsein und Sprache kein Besitz der »Individual-Existenz des Menschen«, sondern das, »was an ihm Gemeinschafts- und Heerden-Natur ist«. Seine Gedanken, dies scheinbar eigenste des Menschen, seine letzte »Freiheit«, gehören in Wahrheit gar nicht ihm. Nicht er denkt, wenn er denkt, sondern — der Genius der Gattung. Wie der bei Schopenhauer durch die Augen der Verliebten seinen selektiven Blick warf, so formuliert er bei Nietzsche die Gedanken der Menschen vor. Er beherrscht das menschliche Bewußtsein, indem er die Gedanken, die in ihm aufsteigen, sogleich »in die Heerden-Perspektive zurückübersetzt«. Als Folge dieser unbemerkten Intervention ist zu beklagen, daß alles, »was bewusst wird, ebendamit flach, dünn, relativ-dumm, generell, Zeichen, Heerden-Merkzeichen *wird,* dass mit allem Bewusstwerden eine große gründliche Verderbniss, Fälschung, Veroberflächlichung und Generalisation verbunden ist«.

Schopenhauers allmächtiger Dämon wird von Nietzsche als Fälscher und Massen-Manipulator entlarvt, der alles zum »Heerden-Merkzeichen« stempelt — das, was alle denken, weil er die Weichen so gestellt hat; was alle für nützlich halten, weil es sich als nützlich für die Gattung erwiesen hat; was alle für wahr halten, weil es zu den Existenzbedingungen der Gattung gehört. Wahrhaftig ein Genie, aber eines der Lüge! Denn was der Genius für richtig, nützlich und wahr hält, »ist zuletzt auch nur ein Glaube, eine Einbildung und vielleicht gerade jene verhängnissvollste Dummheit, an der wir einst zu Grunde gehen«. Auch jene »Quintessenz« des Lebenswillens, die Fortpflanzung der Menschheit, ist nur eine Annahme des Herden-Bewußtseins: Sie erwies sich als nützlich, folglich wird ihr auch in der Zukunft alles untergeordnet. Ein Hans ist nur dazu da, eine Grete zu freien, und beide erschöpfen sich in dem höheren Zweck, die nächste Generation sicherzustellen.

Das, sagt Nietzsche, mag die Meinung der Herde und Schopenhauers Meinung über die Herde sein — sie ist dennoch falsch:

»Die Natur will nicht die ›Gattung erhalten‹!«

stellt er in einer Notiz fest, und fügt in einer späteren hinzu:

»Die Erhaltung des Geschlechts ist *garantirt*: aber was liegt *daran!*«

Was liegt daran, wenn sich in jeder neuen Generation nur die Schwächen und Dummheiten der vorigen wiederholen? Was liegt daran, wenn diese Herde auch morgen dort grasen wird, wo sie gestern graste? Und wer weiß denn so sicher, wird Zarathustra fragen, ob diese ewige Wiederkehr der gleichen Mediokrität im Banne des Fortpflanzungs-Genius nicht irgendwann in den Ekel führt? Dann nämlich, wenn die Menschen erkennen, daß sie mißraten sind, daß es sich folglich nicht mehr lohnt, zu leben, und nur noch der Tod den Ausweg aus einer mißlungenen Entwicklungsgeschichte weist. Und mit dieser fatalen, von Schopenhauer metaphysisch überhöhten Fortpflanzungs-Ideologie ist auch noch die Verleumdung der Wollust einhergegangen: Das eine darf nur um des anderen willen geschehen. Für Nietzsche eine »verfluchte *Lüge*«:

> »Man sagt zum Beispiel ›man isst nur, um zu leben‹, — eine verfluchte *Lüge,* wie jene, welche von der Kinderzeugung als der eigentlichen Absicht aller Wollust redet.«

Wollust, das ist zuallererst die Lust am Wollen, die Lust am Schönen und der Macht, die es ausübt, mit der es unterwirft. Auch die Lust an sich selber. Und in der Kunst offenbart sich die Macht dieser Schönheit, vor der der Mensch lustvoll in den Staub sinkt. Schon in der »Geburt der Tragödie« hatte Nietzsche dies verkündet und damit auch gegen Schopenhauer Front gemacht. Sagt dieser, die Zeugung sei »der eigentliche metaphysische Zweck« des Lebens, behauptet Nietzsche ebendies von der Kunst: Sie ist die »eigentlich metaphysische Thätigkeit dieses Lebens«. Was allerdings nur der versteht, der sich wie Archilochus auf hoher Alpentrift von der göttlichen Erscheinung Apolls berühren und zum Sprühen von Bilderfunken begeistern läßt. Kunst: der Akt, in dem das Schöne sich genießt und zeugt, ohne zugleich die Misere des Menschseins zu perpetuieren.

Bleibt nur die Frage, wie diese »Kunst« und der ganze »Olymp des Scheins«, den sie aus sich hervortreibt, trotz ihrer machtvollen Schönheit auf Dauer bestehen können. Muß Dionysos nicht irgendwann aussterben? Schopenhauer hat den Ausweg gewiesen, ohne zu ahnen, wie dringend ihn sein Nachfolger benötigen würde. Dort, meint Schopenhauer in seiner Sexual-Kunde, wo »der eigentliche metaphysische Zweck«, nämlich die Fortpflanzung, »vereitelt wird«, bleibt immerhin als »Trost«, daß

»dem Willen zum Leben eine Unendlichkeit von Raum, Zeit, Materie und folglich unerschöpfliche Gelegenheit zur Wiederkehr offensteht«.

Für Nietzsche wurde der Trost zur philosophischen Initialzündung, die Begriffe »Unendlichkeit«, »Raum«, »Zeit« und vor allem »Wiederkehr« zu Schlüsselworten seiner Philosophie der Befreiung. In einem Gedicht der »Lieder des Prinzen Vogelfrei« tauchen sie wieder auf — Nietzsche-Columbus, Entdeckungsreisender auf der Suche nach unbekannten Kontinenten und »neuen Sternenwelten der Freude«, hat das feste Land verlassen und seinen Blick in eine verheißungsvolle Zukunft gerichtet:

»Dorthin — *will* ich; und ich traue
Mir fortan und meinem Griff.
Offen liegt das Meer, in's Blaue
Treibt mein Genueser Schiff.

Alles glänzt mir neu und neuer,
Mittag schläft auf Raum und Zeit —:
Nur *dein* Auge — ungeheuer
Blickt mich's an, Unendlichkeit!«

X

AUF DEN GLÜCKSELIGEN INSELN

Die Maske des Columbus hat Nietzsche sich nicht zum Spaß aufgesetzt. Sein Aphorismus *»Auf die Schiffe!«* in der »fröhlichen Wissenschaft« ist ernst gemeint: »Auch die Antipoden haben ihr Recht des Daseins!« ruft er mutig aus. »Es giebt noch eine andere Welt zu entdecken — und mehr als eine! Auf die Schiffe, ihr Philosophen!« Jedes Ausrufezeichen eine Breitseite Salut. Schließlich lebt er in Genua, der Stadt der Paläste, die von erobertem Reichtum zeugen, lebt zwar ein wenig eingeschränkt und hemdsärmelig unter dem Dach, aber sein Sinn ist auf Entdeckung gestellt. Vielleicht schon morgen kann er sein klägliches Spitzweg-Dasein aufgeben und dem Ozean befehlen.

Spricht ihm nicht diese Stadt von der »prachtvollen unersättlichen Selbstsucht« derer, die sie erbauten? Im eigenen Herzen brennt ihm diese Selbstsucht, diese unersättliche Sehnsucht nach dem kraftvollen, mutwilligen Leben. Wartet es nicht schon auf ihn? Bereits hier in Genua findet er, »um jede Ecke biegend, einen Menschen für sich, der das Meer, das Abenteuer und den Orient kennt, einen Menschen, welcher dem Gesetze und dem Nachbar wie einer Art von Langeweile abhold ist« und manchmal, »für den Augenblick eines sonnigen Nachmittags«, die »Sattheit« einer »unersättlichen und melancholischen Seele« fühlt.

Der Orient. Im Hafen liegen die vielmastigen Schiffe, die aus dem Orient und aus Nordafrika kommen. Er sieht sie, riecht die fremde Luft, ahnt, daß dieses Genua mitsamt seinen jungen Meergöttern nur die Schönheit ist, die ihm höheres Glück verspricht, afrikanisches vielleicht oder das Glück Homers. Im März 1883 beginnt er es zu schmieden:

»Fragen Sie meinen alten Kameraden Gersdorff«, schreibt er Gast in Venedig, »ob er Lust habe, mit mir auf ein bis zwei Jahre nach Tunis zu gehen . . . Von meinem Reiseplan bitte ich Sie und Herrn G(ersdorff) gegen andre Personen vorläufig zu schweigen. — Ein Maler des Genre's findet in Tunis sein gelobtes Land: nur darauf hin mache ich dem Freunde diesen Vorschlag.«

Der verschwiegene Jünger. Der gute Köselitz, der beim Afrika-Abenteuer leer ausgehen sollte, wird sich seine eigenen Gedanken gemacht haben, woraufhin Nietzsche dem »alten Kameraden« diesen vertraulich zu behandelnden Vorschlag gemacht hat. Gersdorff protegierte nach dem Tod seines Günstlings Rau mittel- und talentlose Maler, versuchte sich auch selbst an Pinsel und Farbe, glücklos, wie Gast schreibt, und hatte sich prompt in Nietzsches willfährigen, aber durchaus nicht gleichgesinnten Adlatus verliebt. So war Gast der rechte Vermittler für Nietzsches Entdeckungslust, wenn ihm auch Gersdorffs Avancen nicht ganz geheuer waren. Seinem Meister hatte Gast schon im Februar geschrieben, daß Gersdorff sich »aus mir etwas mache«, und verschmitzt hinzugefügt: »Doch will ich endlich aufhören, von Dingen zu sprechen, die eigentlich nie schwarz auf weiss zu lesen sein sollten.« Gast reimte sich zusammen, warum Nietzsche nicht ihn, sondern den männerminnenden Gersdorff nach Tunis einlud, noch dazu auf ein bis zwei Jahre. Da sollte, ohne ihn, ein neues Leben begonnen werden! Irgend etwas mußte in den Professor gefahren sein.

Da Nietzsche seit längerem mit Gersdorff offiziell verkracht ist, soll Gast den Postillon d'amour spielen. »Mit grossem Vergnügen«, berichtet er, habe Gersdorff Nietzsches Vorschlag aufgenommen, wolle auch auf ein »paar Monate« mitkommen, aber »im Herbst«. Nietzsche will sogleich Nägel mit Köpfen machen, schlägt den 15. September als Abreisetermin vor, worauf Gersdorff — Gast reportiert es mit einem Anflug von Schadenfreude — auf ein »wer weiß« ausweicht. Der ausbrechende Krieg in Tunis gibt dem Gefoppten Gelegenheit, das Unternehmen abzublasen. Dem Briefträger gegenüber erweist sich Gersdorff ungleich treuer. Noch im November erfährt Nietzsche von Rée, daß Gersdorff es kaum mehr in Leipzig aushalte, »denn er ist voll Sehnsucht nach Venedig und — Köselitz«. Nietzsche reicht dies sofort seinem Adlatus weiter, wörtlich und mit einem spöttischen »Ohime! Sie seufzen!« Als Gersdorff im folgenden Jahr eine Deutsche heiratet, die zufällig Fräulein Nitzsche heißt, läßt Gast sich wortreich über ihre abstoßende Häßlichkeit aus. Man ist schließlich unter Klatschtanten.

Im Februar 1882 stößt Paul Rée zu Nietzsche in Genua. Hinfort liegen zwei Seeigel in der Sonne und schauen den Eidechsen nach. Gast kann nur schwer seine Eifersucht verbergen. Darf er schon nicht mit von der Partie sein, sollen sie wenigstens wissen, daß er alles weiß. Dem »verehrten Herrn Professor und Herrn Dr. Rée« vermeldet er untertänigst, sie sollten unbedingt bis Anfang Mai im Süden bleiben, weil sie dann »eine totale Sonnenfinsterniss« erleben könnten, mit dem erstaunlichen Resultat: »Mitten im Tage treten auf eine halbe Stunde die Sterne hervor . . .«

Ende Februar erhält Gast einen dunklen Schreibmaschinen-Brief aus Genua, in dem ein unsicherer Nietzsche bei seinem Diener ein wenig Rückhalt und Ermutigung sucht. Die Ferne lockt, täglich laufen die Schiffe aus, aber er zagt und zaudert. So will er, muß er jemanden ins Vertrauen ziehen. Und er schreibt Gast, weil er ihn ahnungslos glaubt. Erst schmeichelt er ihm mit Vertraulichkeiten, erzählt, wie Rée und er dreimal gebadet hätten, für nächste Woche eine Stippvisite nach Monaco planten, bevor der Freund Mitte März nach Rom übersiedelt. Unvermittelt kommt die Frage: »Haben Sie vielleicht gehoert, ob Wagners von Palermo zurueck sind oder ob sie Ostern in Rom erleben wollen?« Eine Begegnung will Nietzsche um jeden Preis vermeiden; von ihnen sollen seine Pläne nicht durchkreuzt werden. Sogleich springt er im Brief zurück zu einer Aufführung des »Barbiere di Seviglia«, die er gehört habe. Die Musik mißfalle ihm — »Ich liebe ein ganz anderes Sevilla«. Und aufs Stichwort Sevilla-Sequidilla folgt die überraschende Aufforderung:

> »Koennen Sie mir nicht eine große Zerstreuung erfinden? Ich moechte ein paar Jahre in Abenteuern verbringen, um meinen Gedanken Zeit, Stille und frische Erdkrume zu geben. — — — Ihr Freund Nietzsche.«

Die Anfrage, die eine versteckte Ankündigung ist, wird vom Adressaten streng nach Wortlaut behandelt. Wieder einmal stellt Gast sich »dumm« und genießt es: Er schlägt dem Abenteuerlustigen erst den Nordpol, dann den Balkan oder China vor — als würde Nietzsche nicht selber Zeitung lesen — und fügt dann süffisant hinzu:

> »Von anderen Abenteuern, als geographischen, darf ich nicht sprechen.«

Wieso eigentlich? Weil Nietzsche es ihm verboten hat? Oder weil »es« sich verbietet? Schweigen hat sich der diskrete Freund und Diener jedenfalls immer auferlegt, wenn er sich auch des öfteren zu Spott hinreißen ließ. Elisabeth Nietzsche, die ihn später ausbootete, nannte ihn einen »groben Klotz« und »Einfaltspinsel«. Ersteres mag stimmen, obgleich es ein fragwürdiges Licht auf ihren Bruder wirft, der sich offenbar einen groben Klotz hielt; letzteres war schlicht falsch. Gast war klug und schließlich klug genug, sich nicht, wie Overbeck, in einen Privatkrieg mit dem Lama verwickeln zu lassen.

Während Nietzsche sich über Gast als »neuen Mozart« haarsträubende Illusionen machte, wußte der über »seinen« Nietzsche einiges. Äußerungen gegenüber Dritten kontrastieren auffällig zu den devoten Briefen, mit denen er Nietzsche moralisch aufrüstete. Gelegentlich tat er dabei, wie Wagner mit Ludwig, des Guten zuviel und schlug vor lauter Mitgefühl hymnische Töne an. Da er aber auch seine Vorbehalte meist in Lob verpackte, überlas sie Nietzsche grundsätzlich, und mit ihm die Nietzsche-Leser. Der Professor nahm alles, was ihm schmeichelte, für bare Münze. Und gern gab er seinem »maestro« Gast das Wechselgeld heraus.

Zwei Episoden aus Venedig im Jahr 1885. Gast soll für den anreisenden Freund ein Zimmer besorgen, ist aber über die Art und Lage der gewünschten Unterkunft im unklaren. »Nietzsche«, erklärt er, »fand etwas ausgezeichnet, was ich mesquin fand, und tadelte was mir gar nicht so übel schien — kurz unberechenbar, Alles Illusion, wie in Allem bei Nietzsche: Don Quichote, pneumatische Auslegung.« Als der Ritter von der traurigen Gestalt ankommt, hat sein Sancho kein Zimmer für ihn. So nimmt er sich auf eigene Faust — und gegen Gasts Rat — ein Logis an der Rialto-Brücke. Nach ein paar Tagen, in denen Nietzsche den Gondelgesang »in brauner Nacht« hört, kommt er aufgebracht zu ihm. Er hat auch etwas anderes gehört. »Freund Gast, ich glaube ich wohne bei einer Hure!« Für ihn war niemand anderes als Freund Gast der Schuldige, was zu einem unrühmlichen Ende der Posse führte:

»Nietzsche schrieb an Förster«, so Gast, »ich hätte ihn . . . in Venedig bei einer Hure einquartirt! — Nietzsche war im Stande, sich mit so wahrheitswidrigen Worten an einem zu rächen.«

Gast revanchierte sich. Als der Meister ihn im selben Jahr um eine Stelle aus Bebels Buch »Die Frau in der Vergangenheit, Gegenwart und Zukunft« über »die Dringlichkeit der geschlechtlichen Bedürfnisse des Weibes« bittet, schreibt der ihm unter anderem folgendes — von Nietzsche nicht gemeintes — Exzerpt ins Stammbuch:

»... weil besonders für das Weib sich die meisten Hemmungen ergeben, seine heftigsten Naturtriebe in natürlicher Weise zu befriedigen. Dieser Widerspruch zwischen Naturbedürfnis und Gesellschaftszwang führt zur Unnatur, zu geheimen Lastern und Ausschweifungen.«

Obgleich selbst nicht zu »geheimen Lastern« neigend, empfand Gast von den Basler Anfängen an heftige Neigung für Nietzsche, die ihn alles vergeben ließ, was er von seinem Meister zu erdulden hatte. Oft wurden sogar seine Freundinnen auf den Philosophen eifersüchtig. Nach einem Klageschreiben Nietzsches überkam ihn einmal das Gefühl, »als müßte ich mein Haupt an seine Brust legen und weinen, weinen ... so wie *ihn* habe ich noch keinen Mann geliebt ... mir ist, als wäre es meine schönste Pflicht, *mit ihm* zu sterben«. Das war 1879 auf Nietzsches Tiefpunkt. Für seinen leidenden Herrn wollte Gast gern den Lieblingsjünger Johannes spielen. Dreizehn Jahre nach Nietzsches Tod dachte er anders darüber. Das Bild, das von dem Meister kursierte, war durch Elisabeth ebenso gefälscht worden wie sein angebliches Spätwerk »Der Wille zur Macht«. Seine eigenen Erfahrungen mit dem Vergöttlichten zu beschreiben, hatte ihm die Herren-Schwester verboten. Gast ließ es sich verbieten. Dafür schrieb er einer Freundin, daß es für sein Schweigen noch andere Gründe gab:

»Ob ich je über Nietzsche schreiben werde, weiß ich nicht. Auf alle Fälle würde dabei etwas herauskommen, was man von mir nicht erwartet. Einstweilen macht es mir Spaß, als Johannes zu gelten, oder, wie die liebe Freifrau von Ungern-Sternberg sich ausdrückt, als ›Jünger der ersten Stunde‹. Ich schwelge oft im Andenken an Nietzsche, freue mich seiner Wirkung auf verständige Menschen und glaube dieser Wirkung den größten Dienst zu erweisen, indem ich — schweige.«

*

Während Nietzsche mit seinem Sternenfreund an Genueser Stränden schwamm und durch den alptraumhaften Friedhof promenierte, den Maupassant »unwiderstehlich grotesk, monströs gewöhnlich, würdelos banal« nannte, brachte Rée ihn auf eine Idee. Wenn Tunis nicht zu verwirklichen war, konnte man dasselbe im algerischen Biskra bekommen, jener Sahara-Oase, die Nietzsche schon 1880 in seinen Notizen erwähnte. Dort, so hatte er gelesen, »lebt eine Zeit lang jedes Mädchen der benachbarten Völker von der Prostitution«, was nicht nur nicht als unmoralisch, sondern geradezu als »Pietät« gelte. Die Käuflichkeit bezog sich auch auf die Knaben. Warum, so mögen sich die Freunde gefragt haben, sollte man nicht die Bexer Flitterwochen in der Liebes-Oase am Wüstenrand fortsetzen? »Für nächstes Jahr«, teilte Rée im Februar dem Lama mit, »habe ich mit Ihrem Herrn Bruder eine Reise nach Biskra, Algier, Wüstenpost, Oase, Kamele, verabredet.« Die lustige Aufzählung soll über seine Verlegenheit hinwegtäuschen; denn daß in Arabien andere Sitten herrschen, dürfte auch der Naumburger Jungfer bekannt gewesen sein. Drei Wochen später schreibt Nietzsche dem Adlatus Gast, er würde gerne . . . Aber da war Rée schon auf dem Absprung nach Rom, wo ein anderes Abenteuer auf ihn wartete.

EINE VERLOCKENDE ZAUBERWELT. André Gide hat Biskra zwölf Jahre später besucht und dort seine große Loslösung erlebt. In dem Roman »Der Immoralist« beschreibt er, wie die hübschen Araberjungen seine latente Homosexualität zum Erblühen brachten. Sein Frühlings-Erwachen bildet auch den Höhepunkt des Memoiren-Buchs »Stirb und Werde«:

> »Das Hören, Sehen, Atmen: alles ward unsagbar neu. Und während magische Töne, Farben, Düfte mich umfluteten, zerschmolz mein eigensinniges Herz, von heißer Dankbarkeit gepackt, in Anbetung für einen unbekannten Apollo: ›Nimm mich!‹ rief ich dem Gotte zu, ›nimm mich ganz! Dir gehöre ich! Dir will ich dienen! Dir ergebe ich mich! Mach, daß alles in mir Licht und Helle sei; ja: Licht und schwebende Helle! Bis

zum heutigen Tage habe ich gegen dich angekämpft. Doch jetzt erkenne ich dich in deiner Macht. Möge dein Wille sich vollenden: ich füge mich in mein begnadetes Schicksal. Nimm mich!‹ So ging ich tränenüberströmt in eine verlockende Zauberwelt ein.«

Der Apollo hieß übrigens Ali. Gide betont einmal, daß er Nietzsche erst danach kennengelernt habe. Als Reisender in eroticis war der Deutsche sein großer Vorläufer — neben Oscar Wilde, der ebenfalls Gründe hatte, den Süden aufzusuchen. André Gide blieb dem Leben treu, zu dem ihn die Oase Biskra erweckt hatte. Truman Capote schreibt einmal über dessen Auftreten im sizilianischen Taormina, wo der alte Gide ein Haus besaß:

»Können Sie sich vorstellen, dieses alte Dreckschwein! Er war so verkalkt, daß er, in seinem Alter, hinter fünfzehnjährigen Jungen herjagte, auf und ab durch die Gassen von Taormina, und sie am Nachmittag, zur Siestastunde, in sein Schlafzimmer holte. Alle die Burschen nannten ihn das ›Fünf-Uhr-Gespenst‹. Er verabredete sich immer mit ihnen um fünf, à cinq heures.«

Seit Anfang der achtziger Jahre des letzten Jahrhunderts drang die verlockende Zauberwelt, von der Gide gesprochen hatte, auch nach Norden vor. Sizilianische Knaben und Jünglinge begannen, den prüden Teil Europas zu erobern. Sie waren hübsch, gut gebaut, warfen vielsagende Blicke, trugen, als Nachweis ihrer Provenienz, Weinlaub im Haar und die Flöte in der Hand. Und sie waren nackt: Dionysos-Jünger mit dem Leopardenfell über der Schulter und ungegürteten Lenden bevölkerten eine homerische Landschaft, Epheben mit und ohne Toga posierten an Stränden, rebenbekränzte Satyrn tanzten vor antiken Tempelruinen und einem schneebedeckten Vulkan, schlugen das Tamburin, zogen sich auf lauschige Terrassen zurück, wo sie sich zwischen dickbauchigen Tonkrügen und Topfpalmen ihrer Schönheit erfreuten. Regie führte ein lungenkranker Mecklenburger.

Wie einst Dionysos nach Griechenland, so kam Arkadien nun nach Deutschland, unwiderstehlich. Und war gar nicht teuer. Man konnte sich die Postkarten mit den Liebhaber-

Motiven einzeln oder in Blocks bestellen, steckte die anzüglicheren Motive in die Schublade und rahmte die klassischen Posen. Plötzlich gab es das, wovon die Winckelmann-Erben nur im Marmor-Abbild träumten, mit photographischer Genauigkeit und Detailfreude. Klobige Plattenkameras vom Typ »Engelbert-le-Tourist« besorgten dies mit lichtstarken Objektiven, wobei für die Naß-Entwicklung ein Dunkelkammerzelt bereitstehen mußte. Die Wiedergeburt der Antike aus dem Geiste der Photographie.

Die Postkarten, die einen aufnahmebereiten Markt überschwemmten, zeigten keine Götter, sondern wirkliche Menschen und schönere, als man in deutschen Landen gewohnt war. So stellte man sich die Modelle vor, nach denen Praxiteles gearbeitet, seine Götter erfunden hatte. Und wie gern nahm man mit der Vorlage im Westentaschenformat vorlieb, wo man die Marmorbilder nur in Kunstdrucken oder sterilen Museumsräumen bewundern konnte. An Schärfe waren diese Photos unübertrefflich: Schmiegsame, doch feste Körper mit rauhschimmernder Bronzehaut ließen alles sehen, was der Gott des Schönen ihnen mitgegeben hatte, von vorne und von hinten. Nur wenn die kleinen Gartengötter in erregten Zustand übergingen, kratzte der Künstler das anstößige Detail weg.

Für die Geheimgesellschaft der maskulinen Ästhetik war damit das Ideal zur Wirklichkeit geworden. Und keine Strafe oder Ächtung mußte befürchtet werden. Die Kunstpostkarten galten als stubenrein, ästhetisch unbedenklich, eben Kunst. Und für einige ihrer Liebhaber wurden die arkadischen Pin-ups sogar zum hautnahen Erlebnis. Nicht als Faune oder Togenträger, sondern als Fischer, Matrosen, Strandläufer. Die meisten von ihnen waren ohnehin noch Kinder, in paradiesischer Unschuld sozusagen. Für sie waren die Photosessions ein permanenter Karneval. Und Geld bekam man auch noch dafür. Irgendwie scheinen sie es sogar genossen zu haben, in antiken Posen zu erstarren und sehnsüchtig aus großen Augen zu schauen. Der Regisseur hinter der Kamera, aus der das

Vögelchen kam, machte es ihnen auch leicht. Er lernte sie an, er liebte sie, und sie ließen sich anlernen und auch lieben.

Der Mann, der Taormina zur gesuchtesten Adresse für die Träume aus Pappkarton machte, hieß Wilhelm von Gloeden. Sein Vater diente dem Großherzog von Mecklenburg-Schwerin als Forstmeister, der Sohn wurde 1856 auf Schloß Volkshagen bei Wismar geboren. Nach dem Tod des Vaters erzog Mutter Charlotte den Knaben streng protestantisch, hielt ihn zu Klavierübungen an und schickte ihn auf ein Gymnasium, das »für seine strenge traditionelle Erziehung« bekannt war. 1876 mußte er sein Malereistudium abbrechen, weil er an Tuberkulose erkrankt war und der Arzt ihm seinen baldigen Tod voraussagte. Noch eine zweite bedrückende Gewißheit schleppte der Förstersohn mit sich herum: Er war homosexuell. Wurde er dabei erwischt, konnte er sein Leben im Zuchthaus beenden.

Italien bot sich als einziger Ausweg an, um für beide Leiden Linderung zu finden. 1878 erklomm er auf einem Maultier den an einem steilen Berg gelegenen Küstenort Taormina und quartierte sich im Hotel »Vittoria« ein. Von einem Maler-Freund, der ihm den Tip gegeben hatte, ließ er sich die Umgebung zeigen. Und er fand alles, was sich die Italien-Sehnsucht eines kranken Ästheten aus Deutschland je erträumt haben mochte: ein lungenfreundliches Klima, den pittoresken Aetna, ein altes griechisches Theater und eine aufgeschlossene Jugend. Unschuld des Südens, nimm mich auf. Die Therapie hat ihm geholfen, er lebte bis 1931. Wesentlicher Grund »für die Restituierung seines Wohlbefindens«, schreibt sein Biograph Pohlmann, war

> »die Möglichkeit zur freizügigen Entfaltung seiner homosexuellen Veranlagung ... Italien war im 19. Jahrhundert zum bevorzugten Auswanderungsland und Aufenthaltsort deutscher Homosexueller geworden, da die italienische Gesetzgebung im Gegensatz zur deutschen, die gleichgeschlechtliche männliche Beziehung mit Gefängnis bis zu fünf Jahren streng ahndete, keine Bestrafung der Männerliebe kannte. Die ligurische Küste, Florenz, die Insel Capri und Taormina entwickelten sich zu beliebten internationalen Treffpunkten ...«

Vor allem Sizilien wurde zur »Insel der Glückseligkeit im Meer der zivilisatorischen Erschütterungen«. Gloeden also ließ sich hier, am sagenhaften Ende der Welt, nieder und begann, »vermutlich am Strand des Küstenortes Naxos Giardini«, die Fischerknaben zu photographieren. Die Nackten auf Naxos entsprachen vollkommen seinem auf der Akademie gelernten Ideal klassischer Schönheit. Nur, sie waren nicht aus Gips. »Die griechischen Formen reizten mich«, schrieb Gloeden, »ebenso das Bronze-Kolorit der Nachkommen der alten Hellenen, und ich versuchte, das alte klassische Leben im Bilde wiedererstehen zu lassen.« Für ihn waren es nicht Italiener, die da nach seinen Anweisungen klassische Aktposen mimten, sondern leibhaftige Nachfahren der griechischen Kolonisten oder gar jener Expeditionsflotte, die vor Naxos Anker warf, als Alkibiades nach Athen zurückkehren mußte. Und folglich waren es auch keine Posen, sondern natürliche antike Grazie. Sein »alles beherrschendes Motiv« war die »Wiederbelebung der Antike«.

Die jungen Sizilianer mit den Frauenaugen boten sich aber nicht nur als Vorlagen für sein Objektiv und »Objekte seines homosexuellen Interesses« an — sie waren auch seine gelehrigen Schüler, die er »aus dem Zustand jugendlicher Unschuld zur Reife« führen wollte. Vielleicht auch wegen dieses pädagogischen Impulses konnte der neue Plato »unter passiver Zustimmung der älteren Bevölkerung und aktiver Beteiligung seiner jugendlichen Modelle seine sexuellen Bedürfnisse ausleben«. Für die Kleinen war das nichts Befremdliches, denn an den geschützten Stränden, so Pohlmann, »erfuhren die Heranwachsenden in gegenseitiger Befriedigung die Erfüllung des ersten sexuellen Begehrens«. Zum Lohn bildete Gloeden einige von ihnen zu Photographen aus und schenkte anderen Fischerboote, zu schlichterem Broterwerb. Für Dauer-Modelle richtete er Bankkonten ein, auf die er Tantiemen überwies.

Seine Emanzipations-Karten fanden bald zahllose Nachahmer; Zeitschriften wie »Die Freundschaft«, »Der Eigene« oder

»Die Schönheit« illustrierten ihre feuchten Träume mit Gloeden-Akten. Zu einem neckischen Taormina-Epheben erschien 1902 ein Preisgedicht, das ihn mit dem Mädchennamen »Dolabella« versah und gewisse Erwartungen an ihn knüpfte:

»Weiß und blendend wie die Perlen
Sind die Zähne Dolabellas,
Meines Lieblings. — Ach, wie schelmisch
Hinter feuchten, vollen, weichen
Sanft gewellten Purpurlippen
Sie zu mir herüberspähen
Und zu einem langen, süßen,
Liebestrunknen Kuß mich laden!
Nun, so komm auch, Dolabella,
Komm in meine offnen Arme!
Des Genusses Hoffnung wecken
Und dann täuschen — wäre grausam!
Sag selbst: soll die reife Traube
Die am schöngewachsnen Weinstock
Lockend hängt, vertrocknen, faulen?«

Nicht nur dem gierigen Auge boten die Bilder Befriedigung, auch die Hoffnung auf ein neues Griechenland, auf die süßen Früchte des Hesiodschen Heldengartens wurde genährt. Dank der postalischen Missionstätigkeit ließ sich künstlerisches und reiselustiges Volk nach Taormina locken: Liebhaber des nackten Körpers, des mediterranen und maurischen Flairs — Gloedens Liebling hieß »Il Moro« —, Geburtshelfer der neuen Antike, die man hier vor Originalkulissen mit Originalrequisiten und -statisten nacherleben konnte. »Arkadien unterm Aetna«, schrieb die »Zeit« über jene erste Blüte des deutschen Sex-Tourismus und nannte Taormina einen »Hort der Homoerotik«.

Arkadien war auch das Stichwort, das Thomas Mann mit dem Kult der nackten Körper verband. In den zeitgenössischen Bildern Ludwig von Hoffmanns, einer Art Gloeden in Öl, entdeckte er »viele schöne jugendliche Körperlichkeit, namentlich männliche, die mich entzückt. Ich liebe sehr seinen Strich und seine arkadische Schönheitsphantasie«. Taormina, die Live-

Show für derlei Schönheits-Süchtige, wurde um die Jahrhundertwende zum Mekka der Jugendstil-Ästheten. Oscar Wilde kam und der ebenfalls knabenfreundliche König Edward VII.; es reisten an D'Annunzio und der preußische Kronprinz August Wilhelm. Selbst Männerbündler Stefan George, der eher auf Nordland-Typen ansprach, dichtete Tiefsinniges auf Gloeden-Schöne. Hatte er 1899 für den Arkadien-Maler Ludwig von Hoffmann einen Jüngling in »Südlicher Bucht« heraufbeschworen, den »ein schauer jung geküsst und trunken dass er berührt vom spiel gewiegter hüfte den einen namen seufze sage singe«, so fragte er 1907 zwei vermutlich Gloedensche »Tänzer« am »südlichen Strand«: »Von welcher urne oder welchem friese stiegt ihr ins leben als zum fest gerüstet die ihr euch leicht verneigtet und euch küsstet und tanzend schwangt auf weiss-gesternter wiese!« Noch heute bringt Taorminas Jungvolk Besucher aus dem Norden zum Schwärmen, so die Autorin eines neuen Reiseführers, die von der Gloeden-Vergangenheit des Ortes ansonsten nichts ahnte:

> »Die Knaben sind schön, diese Epheben auf uraltem hellenischen Boden, die sich hier zusammenfinden in lautloser Innigkeit, sommers in bunten Seemannshosen mit hemdoffener Brust, winters nurmehr als Fotografien in den Aushängekästen bestimmter Geschäfte: Madonnengesichter, einen Anflug von Flaum auf der Oberlippe, elegisch und sogar in nackter Pose niemals obszön.«

*

Irgendwann muß sich Nietzsche, der verhinderte Columbus unterm Dach, gesagt haben: »Dorthin — *will* ich!« Auch wenn alles dagegen spricht, die Freunde mich im Stich lassen, das Geld knapp und die Gesundheit zerbrechlich ist, ich will. Genug gewartet, Tunis und Biskra in den Südwind geschrieben, jetzt gilt es. Am 11. März 1882 schreibt er an Gast:

> »Ende des Monats gehe ich ›an's Ende der Welt‹: ja wenn Sie wüssten wo das wäre! Sie kämen mir am Ende nach?«

»... WO GÖTTER SICH TANZEND ALLER KLEIDER SCHÄMEN«. Gast wird gestaunt haben. Offenbar war Nietzsches Geduld am »Ende«, er machte Ernst. Ging er vielleicht wirklich in die Arktis oder zu den Chinesen? Oder wo sonst sollte das Ende der Welt liegen? Nietzsches Rätselchen war leicht zu lösen, nur nicht für Gast, wie der Absender wohl wußte. Am Ende der Welt, das war seit Homer und Hesiod der ganzen Antike bekannt, lagen die glückseligen Inseln, das Elysium der Heroen. Diesen Auserwählten gab Zeus, so Hesiod,

> »Leben und Wohnsitz und ließ sie wohnen an den Enden der Erde, und sie wohnen sorglosen Muts auf den Inseln der Seligen an dem tiefwirbelnden Okeanos — glückselige Heroen, für die die nahrungsspendende Erde dreimal im Jahr ihre reiche honigsüße Frucht trägt.«

Den alten Traum vom Paradies der schönen Menschen und Helden-Paare, wo einem die Früchte in den Mund wachsen und die Quellen des Genusses nie versiegen, hat im 18. Jahrhundert ein Deutscher weitergeträumt: Wilhelm Heinse schrieb nach einem Italienaufenthalt seinen Renaissance-Roman »Ardinghello und die Glückseeligen Inseln«, der in der Gründung einer Kolonie der freien Liebe gipfelt. Denn Glückseligkeit bedeutet für Heinse vor allem »in Kraft zu geniessen, Gegenstand und Genuß«. Und dorthin, wo nach Heinse »die Liebe in allerhöchster Freyheit ihre Flügel« schwingt, zog es den Professor. Er mußte dazu nicht bis ans Ende der Welt segeln — Sizilien lag nur eine Tagesreise südlich.

Am 29. März begann das Abenteuer, nicht »Hals über Kopf« allerdings, wie Biograph Janz meint, sonst hätte Nietzsche nicht so keck an Gast geschrieben und dies später noch einmal bestätigt. Aber sicher ist, daß er keines der üblichen Passagierschiffe benutzte, wie 1876 von Genua nach Neapel, sondern als halbblinder Passagier ein unbequemes Frachtschiff bestieg, das ihn Nonstop mit nach Sizilien nahm. Dazu, so Peter Gast, hätte er »unter einem romanhaften Vorwand ... den Kapitän eines sicilianischen Segel-Frachtschiffes zu überreden vermocht«. Nun endlich lag das Meer offen, schienen sich Raum und Zeit ins Unendliche zu dehnen, konnte sein Genueser Schiff »in's Blaue« treiben.

Ins Blaue in der Tat: Den Freunden erschien es wie eine Schnapsidee. Der Mann, der da, wie er stolz verkündete, »mit Einem kühnen Sprunge, direkt, als einziger Passagier«, seinen Traum vom Südland wahrmachte, war schließlich leidend, anfallskrank, mit peinlichem Reinlichkeitssinn behaftet. Und zudem vertrug er Hitze sehr schlecht, von der grellen Sonne ganz zu schweigen. Nicht zufällig galt Sizilien als Winter-Kurort. Nun kam der Sommer, aus Afrika drohte der Schirokko. Freund Overbeck, der bald ein Kärtchen aus Messina in Händen hielt, antwortete aufgebracht: »Auch geht mir, so sehr ich mir etwa die Zweckmässigkeit eines Sommers am Meere vorstellen kann, der Gedanke schwer ein, dass Du diese Jahreszeit in jener schon halb punischen Zone aushalten sollst.« Was Nietzsche da unternahm, so Janz, war »wider jede Vernunft der klimatischen Erfahrung«.

Auch Gast hatte Post bekommen, in der sein Meister ihm das Rätsel auflöste: »Also, ich bin an meinem ›Rand der Erde‹ angelangt, wo, nach Homer, das *Glück* wohnen soll« — und, seltsam, Homer scheint Recht zu haben: »In Wahrheit, ich war noch nie so guter Dinge, wie die letzte Woche, und meine neuen Mitbürger verwöhnen und verderben mich auf die liebenswürdigste Weise.« Mitbürger? Hatte er sich nach knapp acht Tagen schon eingebürgert? Plante er gar, länger als die beabsichtigten »zwei Monate« zu bleiben, für immer, als Bürger unter Bürgern? Ein ganz neues Nietzsche-Gefühl. Am 1. April schreibt er nach Naumburg den mystifizierenden Satz, der »letzte Anfall meines Leidens glich vollständig der Seekrankheit« — war wohl auch nichts anderes, aber so bringt er es der Naumburger Tugend bei, daß er an fragwürdigem Orte untergetaucht ist. Und beeilt sich, auf der nächsten Karte zu versichern, daß er »nicht um zu verschwenden« übers Meer gegangen ist. Seine Ankunft schildert er märchenhaft: Als er »zum Dasein erwachte, lag ich in einem hübschen Bettchen an einem stillen Domplatz; vor meinem Fenster ein paar Palmen«. Für drei Wochen lautet seine Adresse nun »Messina poste restante«.

Kaum eine Episode seines Lebens hat die Nietzsche-Biographen so in Verlegenheit gebracht. Vier Postkarten kamen aus Messina, alle euphorisch gestimmt, das ist die ganze schriftliche Ausbeute. »Dürftig« scheint auch dem Nietzsche-Herausgeber Mazzino Montinari der Wissensstand; die Vermutung von Janz, er habe Wagner dort treffen wollen, erklärt Montinari zu Recht für abwegig. »Wen er sonst treffen wollte, ist weder bekannt noch — m.E. — richtig gefragt.« Wen sollte der notorische Einzelgänger dort auch treffen wollen, am Rande der Welt? Die Ratlosigkeit der Biographen faßte Ross zusammen, der sich ebenfalls sicher ist, daß Nietzsche dort »niemanden getroffen« hat:

> »So inkognito wie in Messina hat er nirgendwann und nirgendwo gelebt. Er hat niemanden getroffen, ist niemandem aufgefallen, wir kennen nicht seine Adresse, nicht seine Erlebnisse. Was er davon schreibt, hat Traumcharakter ... Hat er in einem Weingarten sitzend heiter südliche Verse gedichtet? Man möchte es gerne glauben. ›Idyllen aus Messina‹ heißen die Gedichte, die er im Mai Schmeitzner für seine neugegründete ›Internationale Monatsschrift‹ überließ. Aber Messina kommt in den ›Idyllen aus Messina‹ schlechterdings nicht vor. Die Gedichte waren in Genua fertig geworden.«

Nietzsches poetischer Leistungsnachweis, der den Freunden Aufschluß über seine sizilianischen Aktivitäten geben sollte, war getürkt. Die Genueser Strand- und Friedhofspoesie hatte nur in einem Sinn mit seinem Insel-Idyll zu tun; aber davon ahnten vielleicht die Freunde etwas — die Biographen nicht. Warum halten sie auch so hartnäckig an »Messina« fest, der Stadt, in der es wirklich nicht genug für drei Wochen zu tun gab? Und nur, weil er im städtischen Postamt seine Karten aufgab und Briefe abholte. Der Strandwanderer und Gesundheitsschwimmer wird sehr schnell die Orte herausgefunden haben, an denen es Eidechsen und Meergötter zu entdecken gab. Der einzige Hinweis auf sein sizilianisches Alltagsleben klingt wie eine Erinnerung ans ligurische Vagabundendasein:

»Wäsche im letzten Zustande! Ich pfeife auf zwei noch möglichen Hemden!« Das klingt beschwipst — auf Hemden kann man nicht pfeifen, sehr wohl aber auf dem »letzten« Loch.

Nietzsche wird nicht lange gewartet haben, bis er die alte Griechensiedlung Tauromenion aufsuchte. Der Ort war nicht erst seit Gloeden ein Begriff. Seine antiken Ruinen, vor allem das Teatro Greco, hatten ihn zur Hauptattraktion des Küstenstrichs gemacht. Im Mai 1787 brütete Goethe hier über einer Tragödie »Nausikaa«; Nietzsche, der offenbar die »Italienische Reise« schon vorher zu Rate gezogen hatte, schlug den Goethe-Stoff ein paar Monate vor seinem Sizilien-Abenteuer dem Musikus Gast zur Vertonung vor: »Immer schwebt jetzt ›Nausicaa‹ um mich«, schreibt er begeistert, »ein Idyll mit Tänzen und aller südlichen Herrlichkeit solcher, die am Meere leben.« Er wußte, welches Idyll ihn dort erwartete.

Nur leider hat er es nicht beschrieben. »Nichts Nachgelassenes aus Messina«, klagt Ross, »kein Notizbuch.« Wo er doch sonst so verschwenderisch mit Hinweisen für Biographen umging! Vielleicht hat er auch etwas hinterlassen, und man suchte nur an der falschen Stelle. Vielleicht hätte man nur die Postkarten etwas genauer lesen müssen. Jene an Gast zum Beispiel, in der er sein Reiseziel offenbarte, enthält einen deutlichen Bezug auf den Aphorismus von der *»Gefahr des Glücklichsten«*. Er sei am Rand der Erde angekommen, so schrieb Nietzsche auf seiner Postkarte, »wo, nach Homer, das *Glück* wohnen soll«. Im Aphorismus der »Fröhlichen Wissenschaft« nennt er den tiefsten Augenblicks-Genuß, auf den die purpurne Schwermut folgt, das *»Glück Homer's«*. Es sei der Zustand dessen, heißt es weiter, »der den Griechen ihre Götter, — nein, sich selber *seine* Götter erfunden hat!« Nun gibt es, neben den drei Notizen, aus denen dieser Text zusammengestellt wurde, eine Vorform des Aphorismus vom Herbst 1881, in der Nietzsche den Glücklichsten noch auf sich allein gestellt sein läßt. Erst in der endgültigen Fassung, die Ende Mai 1882 ins Reine geschrieben wurde, darf er das Glück Homers teilen;

das Glück, das Nietzsche in der Gast-Karte vom April aus Messina als sein eigenes beschrieb: »In Wahrheit, ich war noch nie so guter Dinge, wie die letzte Woche.«

Warum eigentlich? Hat er sich, wie Homer, *seine* Götter erfunden? Mit ihnen zusammen gleich *sein* neues Griechenland entdeckt? Als er 1884 am Verseschmieden ist, versucht er sich an einer Hymne auf die südlich-afrikanisch-versucherische Musik, die ihm seit Genua in den Ohren lag — und verbindet mit ihr die Erinnerung an »Glücksel'ge Inseln«, die vordergründig gar nichts mit dieser Musik zu tun haben:

»Nun wird mir Alles noch zu Theil
Der Adler meiner Hoffnung fand
Ein reines, neues Griechenland
Der Ohren und der Sinne Heil — . . .

Oh zögre nicht nach südlichen Geländen,
Glücksel'gen Inseln, griechischem Nymphen-Spiel
Des Schiffs Begierde hinzuwenden
Kein Schiff fand je ein schöner Ziel . . .«

Der Adler seiner Hoffnung hat ihm also ein reines, neues Griechenland gefunden, nachdem die Seele, vom Speer des Januarius befreit, zum Meer ihrer höchsten Hoffnung geeilt war; und nun, da »Ohren« und »Sinne« gleichermaßen erlöst scheinen, lädt er ein, seinem Beispiel zu folgen und des Schiffs Begierde nach Süden zu wenden. Dorthin will ich, sagte er einst — nun soll es heißen: Dorthin wollen wir. Denn dort hatte er auch seine Gesundheit gefunden. Franz Overbeck, den er Anfang Mai in Basel besuchte, berichtete wahre Wunderdinge über die Genesung des Dauerkranken:

»Seit vielen Jahren habe ich zum ersten Male N(ietzsche) mehrere Tage hintereinander gesehen, ohne dass irgend eine Krise seines Befindens allen Verkehr unterbrochen hätte. Seine Farbe war die beste von der Welt und an eine ernste Erschütterung seines Organismus scheint mir nicht zu denken, da er wieder beträchtlich zugenommen hatte. Wir waren die 5 Tage stets bis gegen Mitternacht zusammen, N(ietzsche) war lebhafter als je, konnte selbst sehr viel Musik hören, kurz wir fassten die schönsten Hoffnungen.«

Daß auch die Ohren dort ihr Heil finden, hängt mit seinem musikalischen Gegenideal zusammen, jener »Carmen«, in der die alte Bexer Gil-Blas-Seligkeit widerklingt. Ein Jahr vor seinem Zusammenbruch, als sein Haß auf den längst toten Wagner hochkochte, hat er es noch einmal beschrieben, ja besungen. Diese Musik sei seine *»Genesung«* in Töne gesetzt, mit ihr, so versichert er, »nimmt man Abschied vom *feuchten* Norden«. Und er beschreibt ihre »südlichere, braunere, verbranntere Sensibilität« mit Worten, die einen modernen »Carmen«-Hörer ratlos lassen. Aber Nietzsche hat dabei auch etwas ganz anderes gehört. Wie ihm aus dem »Tristan« die Tragödie seiner Kindheit entgegentönte, so beschwört die »Carmen«-Musik seine große Loslösung herauf, von der Bexer Sternen-Freundschaft bis zum afrikanisch-sizilianischen Abenteuer und der Entdeckung einer neuen Welt jenseits des Nordens, jenseits des Eises:

»Das afrikanische Glück, die fatalistische Heiterkeit, mit einem Auge, das verführerisch, tief und entsetzlich blickt; die lascive Schwermuth des maurischen Tanzes; die Leidenschaft blinkend, scharf und plötzlich wie ein Dolch; und Gerüche aus dem gelbe(n) Nachmittage des Meeres heranschwimmend bei denen das Herz erschrickt, wie als ob es sich an vergessene Inseln erinnere, wo es einst weilte, wo es ewig hätte weilen sollen . . .«

Der letzte verräterische Satz — Nietzsche hat ihn in der Druckfassung des »Fall Wagner« weggelassen — klingt wie ein Seufzer. Mitten in die Schilderung seiner »Carmen«-Entrücktheit weht ihm ein opernfremder Meeresgeruch hinein, sein Herz erschrickt, die Erinnerung an ein verlorenes Paradies erwacht — und die Sehnsucht nach jenen Inseln am Ende der Welt, zu denen er nie mehr zurückkehren sollte. In »Also sprach Zarathustra« hat Nietzsche ihnen ein Denkmal gesetzt, und auch der Sehnsucht, jener »grossen flügelbrausenden Sehnsucht«, die ihn einst vom Festland losgerissen hatte:

»Und oft riss sie mich fort und hinauf und hinweg und mitten im Lachen: da flog ich wohl schaudernd, ein Pfeil, durch sonnentrunkenes Entzücken: hinaus in ferne Zukünfte, die kein Traum noch sah, in heissere Süden, als je sich Bildner träumten: dorthin, wo Götter sich tanzend aller Kleider schämen . . .«

Licht-Bildner Gloeden hatte dieses Paradies dem Norden geöffnet: Auf seinen Photographien tanzen die Knaben, von Nietzsche in homerischer Laune zu Göttern erhoben, die sich aller Kleider schämen und häufig, wie erzählt wurde, zu nächtlicher Stunde auf den Bergwiesen des Monte Ziretto Bacchanale feierten. Dort, so Zarathustra weiter, sei das Leben ewiger »Götter-Tanz und Götter-Muthwillen«, ein »ewiges Sich-fliehn und -Wiedersuchen vieler Götter ... das selige Sich-Widersprechen, Sich-Wieder-hören, Sich-Wieder-Zugehören vieler Götter: — Wo alle Zeit mich ein seliger Hohn auf Augenblicke dünkte ...«

Für einen Augenblick, den Augen-Blick einer Erinnerung, bei der das Herz erschrickt, hat der »grosse Verborgene« seine Maske abgenommen und hinzugefügt:

»Dort war's auch, wo ich das Wort ›Übermensch‹ vom Wege auflas ...«

Den Göttertanz hat Nietzsche nicht vergessen. Als es mit seinem Verstand zu Ende ging, im Januar 1889, beobachtete ihn die Frau des Turiner Kioskbesitzers Davide Fino, bei dem er sich eingemietet hatte, durchs Schlüsselloch. »Beeindruckt, den Professor singen zu hören«, so erzählte sie später, habe sie den indiskreten Blick gewagt — »und ihn nackt tanzen gesehen«.

XI

»DAS RAUBTHIER, DAS SICH ALS HAUSTHIER STELLT«

Auf den glückseligen Inseln hatte sich für Nietzsche eine alte Sehnsucht erfüllt. Wie in seiner Knaben-Novelle »Capri und Helgoland« konnte er dort »in den Trümmern der Vergangenheit« wandern und an den neuen Freunden jenes »Gegenstück« entdecken, das sich »in gleicher Weise« bei ihm »vorfindet«. Auch im August 1881 hatte er vom ferne leuchtenden Strand geträumt, als neuer Columbus, der seinem Sternenfreund Paul Rée gesteht, er könne, »Bruchstück und wandelndes Elend«, das er sei, nur ganz selten »in das *bessre Land*« hinausschauen, »in dem die ganzen und vollständigen Naturen wandeln«. Rée, das wußte er, verstand Bild und Sehnsucht.

Auch er ist für Nietzsche ein solcher Wiedergefundener, der zu seiner eigenen Bruchstückhaftigkeit als »Freund und Vollender« hinzugetreten ist; der die platonische Unvollkommenheit des Älteren durch sein jüngeres Gegenstück vollendet.

Die heilige Dreieinigkeit. Nietzsche läßt sich in diesem Brief von der Freundschafts-Euphorie förmlich hinwegtragen und in die Stimmung jener Hymne zurückversetzen, die er einst seinem Pfortenser Freund in die Verbannung nachgesandt hatte: »Du stehst, gebogen leis zurück«, dichtete er damals und beschwor als kosmisches Schlußbild:

»O dürfte doch des Himmel(s) Glanz
Sich einzig über dich ergießen,
Daß wie im schönsten Lenzestanz
Stets neue Blumen dir entspri(e)ßen!«

Für seinen Stella wandelt er das Bild vom lebendigen Garten leicht ab. Ich möchte, schreibt er ihm, »was ich Ihnen vielleicht schon zehnmal sagte, eine eigne *Sonne* schaffen können, die über Ihnen und dem Wachsthum Ihres Gartens allein zu scheinen hätte«.

Im Februar des folgenden Jahres liegen sie zusammen unter *einer* Sonne am Mittelmeerstrand, Rée »in einem Zustande ausgelassenen Entzückens«, Bruchstück Nietzsche endlich frei von Anfällen: »Sein Aussehen«, berichtet der Freund stolz, »ist dasjenige eines Jünglings.« Als er es niederschreibt, hat er den Genueser schon verlassen und sich in ein neues Abenteuer gestürzt. Aus Rom erhält Nietzsche bald eine aufrüttelnde Nachricht: Rée hat wieder einen Menschen entdeckt, der sich, wie einst Heinrich von Stein, zum Jünger für den Philosophen eignet. Nur ist es diesmal kein Jüngling, sondern ein Mädchen. Wie elektrisierend die römische Botschaft auf den Adressaten gewirkt haben muß, geht aus seinem Antwortbrief hervor. Im Bewußtsein, daß er binnen Wochenfrist seine lange geplante —

und Rée verheimlichte — Sizilien-Reise beginnen wird, grüßt er »diese Russin« und bestätigt, er sei »nach dieser Gattung von Seelen lüstern. Ja ich gehe nächstens auf Raub danach aus«. Der Raubzug bezog sich auf seine Südland-Expedition: Hier spricht Andrea Doria, der die Befriedigung seiner Begierden notfalls mit Gewalt erzwingen will. Nietzsches Begierde, seines »Schiffes Begierde«, ist in diesen Tagen auf gleichgesinnte Jünger gerichtet, die sich um ihn als ihren Meister scharen, wie einst Athens Jugend um Sokrates — und kein Dämonion soll ihn dabei stören. Daß Rée eine Heirat in Aussicht stellt, schmeckt ihm weniger: »Ein ganz anderes Capitel ist die Ehe«, antwortet er ihm, »ich könnte mich höchstens zu einer zweijährigen Ehe verstehen«, und auch das nur in Hinblick auf die gewaltige Aufgabe, die vor ihm steht. Offenbar meinte Rée, es sei um des guten Rufs willen nötig, die Jüngerschaft des Mädchens per Trauschein zu legitimieren. Zum Schein, so läßt sich die Antwort Nietzsches verstehen, ließe es sich einrichten — aber nur auf begrenzte Zeit.

Während der Philosoph in See sticht, um sein Goldland zu erobern, befreunden sich die beiden Jünger, der Adept und die Initiantin, und Rée macht seinerseits einen Heiratsantrag, der bei der Braut auf entschiedene Ablehnung stößt. Mit Männern habe sie ihre Erfahrungen; ihr »Liebesleben«, so erklärt sie, sei »für Lebenszeit abgeschlossen«. Lou Salomé, die als Adlige in ihrem Paß »Exzellenz« genannt wird, ist seit einem Monat 21 Jahre alt. Auch in Rom, wo sie bei Malwida von Meysenbug auf Erholung ist, trägt sie das schwarze hochgeschlossene »Nonnenkleidchen« der Züricher Studentinnen und will sich durchaus von niemandem die Freiheit beschneiden lassen, die sie sich seit ihrer Abreise aus St. Petersburg vor zwei Jahren erobert hat.

Als die einzige Tochter des russischen Generals Gustav von Salomé 1861 geboren wurde — die Vorfahren waren als Hugenotten in preußische Dienste getreten, später an den russischen Hof gelangt —, stand ihr ein Leben in der besseren Gesellschaft bevor. Eine Generalstochter war eine exzellente Partie, und das erwartete die Familie auch von ihr. Mittelpunkt ihres Lebens war der Vater, in dessen Gesellschaft sie, wie ihr Biograph Peters schreibt, ein wahres »Glücksgefühl« empfand. Die Liebe zu ihm scheint abgöttisch gewesen zu sein, Liebes- und Zornesbeweise waren gleichermaßen willkommen: Oft ließ sie sich von ihm freiwillig Schläge auf den nackten Po verabreichen, und »mit Tränen in den Augen flehte sie ihn an, sie noch weiter zu bestrafen«. Doch der alte Herr, der damals schon das Pensionsalter erreicht hatte, war kein strenger, sondern ein liebender Gott. Die enge Beziehung zu ihm beeinflußte Lous ganzes Leben — sicher auch die Konkurrenz zur Mutter, mit der sie, wie sie selbst schreibt, »auf Kampffuß« stand.

Mit siebzehn löst sich Lou von Vater und Familie und schließt sich einer neuen Vaterfigur an, dem 1836 geborenen Prediger Gillot, der sie durch sein charismatisches Wesen »erweckt« und zur Jüngerin macht. Ohne Wissen der Salomés verwandelt sich die kleine Ljola, wie sie gerufen wurde, in ein »ekstatisch gesteigertes Mädchen, das so zu lieben glaubte, wie die heilige Therese den Herrn Jesus geliebt hatte«. Doch ihr Messias ist verheiratet, hat zwei Töchter in Lous Alter und einen wenig frommen Plan: Er will sie auch zur Frau erwecken, läßt sie bei gemeinsamer Lektüre auf seinem Schoß sitzen, wo sie prompt ohnmächtig wird, und taxiert sie mit einem Blick, daß man sich »wie splitternackt entkleidet« vorkommt. Schließlich versucht er sie zu überrumpeln. Der 43jährige erfolgsgewohnte Kanzelredner greift, wie im Gesellschaftsroman der Zeit, nach der 18jährigen ihm hörigen Generalstochter — und alles ist aus.

> »Überdies aber«, so erinnert sich Lou, »hatte ihn meine anhaltende Kindhaftigkeit — herkommend von nordländisch-später Körperentwicklung — gezwungen, zunächst vor mir zu verheimlichen, daß er die familiären Vorbereitungen zur Verbindung zwischen uns schon veranlaßte. Als der entscheidende Augenblick unerwartet von mir forderte, den Himmel ins Irdische niederzuholen, versagte ich. Mit einem Schlage fiel das von mir Angebetete aus Herz und Sinnen ins Fremde.«

Der 50jährige Friedrich Nietzsche auf der Veranda des Hauses in Naumburg. »Ich sah den Unglücklichen«, notierte sein Freund Erwin Rohde 1894, als das Foto aufgenommen wurde, »er war völlig stumpf, erkannte außer Mutter und Schwester niemanden mehr.« (Nietzsche-Archiv, Weimar).

»Das traute Pfarrgebäude ist mit mächtigem Griffel in meine Seele eingegraben«, schrieb Nietzsche über das Röckener Haus, in dem er 1844 geboren wurde.

Pastor Carl Ludwig Nietzsche, der 1843 die 13 Jahre jüngere Franziska Oehler geheiratet hatte, starb sechs Jahre später an Gehirnerweichung.

»Welch schlechte Luft blies mich an, als ich Kind war!« Nietzsche als Konfirmand 1861 mit dem »auffallend stieren Blick«, den damals ein Arzt an ihm bemerkte.

»Es war für uns schrecklich, in der Stadt zu leben«, schrieb Nietzsche, nachdem die vaterlose Familie nach Naumburg gezogen war. Hier wurde er zum Musterschüler gedrillt und lernte die »Naumburger Tugend« hassen.

»Plebejisch und abstoßend« fand Nietzsche die Burschenschaft »Franconia«, der er 1864 in Bonn beigetreten war. Der elitebewußte Student – links über dem Fäßchen – verließ das Corps und gründete in Leipzig den »Philologischen Verein«.

Richard Wagners Villa in Tribschen bei Luzern war für den Basler Professor Nietzsche liebstes Ausflugsziel. Auch seine Freunde Carl von Gersdorff (Mitte) und Erwin Rohde (rechts) bekannten sich zu dem anrüchigen Theatergenie.

»Die Welt kennt gar nicht die menschliche Größe und Singularität seiner Natur«, schwärmte Nietzsche über sein Idol Wagner und pries dessen Frau Cosima als »sympathischste Frau, der ich im Leben begegnet bin«.

Eine »Brüderschaft der Lehrer und Erzieher« wollte Nietzsche 1873, im Schweizer Kurort Flims gründen. Doch leider spukte es im Schlößchen, und auch der Preis schreckte den Pädagogen ab.

»Wie sie sich alle über mich lustig gemacht haben!« Nietzsche fühlte sich von den Baslern nicht ernstgenommen und versuchte schon bald, die anstrengende Professur loszuwerden.

Heinrich Köselitz, der Nietzsche in Basel aufsuchte, blieb ihm lebenslang ein verläßlicher Partner. Sein Meister nannte ihn in »Peter Gast« um.

»Der Nietzsche kann nicht einmal einen gesunden Furz lassen«, spottete sein Basler Kollege, der berühmte Historiker Jacob Burckhardt.

Malwida von Meysenbug nahm sich des hilfsbedürftigen Nietzsche an, der in ihr »ein gutes Stück mütterliches Wesen« fand.

»Eine verschmitzte Manier, giftig zu stechen«, beklagte Nietzsche an seiner Schwester Elisabeth, die zeitlebens bemüht war, ihn zu bevormunden.

»Bis über stille sehnsüchtige Meere der Nachen schwebt, das güldene Wunder, um dessen Gold alle guten schlimmen wunderlichen Dinge hüpfen.« Nietzsches Vision des Gottes Dionysos, der übers Meer kommt, um seinen leidenden Jünger zu erlösen, findet sich auch auf der Schale des Exekias in der Münchener Antikensammlung.

»Um Mittag, wenn zuerst der Sommer ins Gebirge steigt, der Knabe mit den müden, heißen Augen.« Am Rosenlaui-Gletscher dichtete Nietzsche 1877 sein Sehnsuchtslied vom Sommerknaben. Als Kurgast hatte er vor einem Bauernhaus einen kranken Jungen kennengelernt, der nach seiner Abreise starb. Im Gedicht läßt er ihn sagen: »Mein Gruß ist Abschied, mein Kommen Gehen, ich sterbe jung.«

Rosenlaui. Well-et-Wetterhorn. 5888.

In Basel legte Nietzsche großen Wert auf elegante Kleidung. Die »Affektation des Vornehmen« war es auch, die seinem Freund Franz Overbeck als »eine der schwächsten, bedenklichsten Eigentümlichkeiten« Nietzsches erschien.

»Ein Mund zum Küssen!« sagte Nietzsche, als ein junger Student ihm von Holbeins angeblichem Selbstporträt im Basler Museum vorschwärmte. (Öffentl. Kunstsammlung Basel, Kupferstichkabinett).

Auf dem berühmten Peitschenbild von 1882 wird Lou Salomé von ihren Verehrern Paul Rée und Nietzsche im Wagen gezogen. Die beiden »Sternenfreunde« besuchten in Genua häufig den Friedhof Camposanto di Staglieno, der Nietzsche zur »Berg-Burg des Todes« inspirierte.

»Als ich zum Dasein erwachte, lag ich in einem hübschen Bettchen an einem stillen Domplatz; vor meinem Fenster ein paar Palmen.« Nietzsches Sizilien-Abenteuer im April 1882 begann in einem Hotel in Messina, wo man den Seekranken nach der langen Überfahrt mit einem Segelschiff unterbrachte.

»Aah! das ist ja Zarathustra!« rief Nietzsche aus, als er 1885 eine Reproduktion von Leonardo da Vincis Selbstporträt in Peter Gasts Pensionszimmer in Venedig entdeckte. »So ungefähr habe ich ihn gedacht.«

»Ich gieng an jenem Tage am See von Silvaplana durch die Wälder; bei einem pyramidal aufgethürmten Block unweit Surlei machte ich Halt. Da kam mir der Gedanke.« Im August 1881 hatte der Engadin-Besucher hier die Vision der Ewigen Wiederkehr des Gleichen.

In einem dunklen Hinterzimmer im oberen Stockwerk dieses Hauses in Sils-Maria verbrachte der Philosoph ab 1881 sieben Sommer. In Durischs Lebensmittelgeschäft im Erdgeschoß kaufte er ein.

»Dem Mittag Freund und Freund der Ewigkeit.« Im ligurischen Portofino erwanderte sich Nietzsche zentrale Teile seines »Zarathustra« – »richtiger, er überfiel mich …«.

»Die unbedingte Verschiedenheit des Blicks« konstatierte der »Zarathustra«-Autor an allen, die wie er eine »große Loslösung« hinter sich haben. Das Profilbild von 1882 wurde später zu seinem Markenzeichen.

»Der du mit dem Flammenspeere meiner Seele Eis zerteilt.« In Sizilien entdeckte Nietzsche 1882 sein ersehntes Arkadien. Die Vision eines wiedergekehrten Griechenland fotografierte der deutsche Lichtbildner Wilhelm von Gloeden, der wie Nietzsche aus dem sittenstrengen Norden nach Italien geflohen war. »Dort war's auch«, schrieb der Philosoph, »wo ich das Wort ›Übermensch‹ am Wege auflas.«

»Wo Götter sich tanzend aller Kleider schämen«, am Fuße des Ätna, glaubte Nietzsche seine »Glückseligen Inseln« gefunden zu haben. Schon fünf Jahre vor ihm hatte sich der Mecklenburger von Gloeden – hier in Piratentracht – in Taormina von der Schönheit der nackten Körper fesseln lassen.

»Tropische Üppigkeit.« Nietzsche überwinterte am liebsten an der italienischen Riviera, wo er nur poste restante zu erreichen war. Im Herbst 1886 wohnte er in diesem Hotel in Ruta bei Portofino und fühlte sich an eine »Insel des griechischen Archipelagos« erinnert.

»Abends auf der Pobrücke: herrlich! Jenseits von Gut und Böse!!« jubelte Nietzsche 1888 in Turin, wo er seine Autobiographie »Ecce Homo« schrieb – der Zusammenbruch warf seine Schatten voraus (Verrecchia, Zarathustras Ende).

»An der Brücke stand jüngst ich in brauner Nacht.« Nietzsche dichtete sein berühmtes »Gondellied«, als er im Sommer 1885 an der Rialtobrücke in Venedig wohnte und beim Anhören nächtlicher Musik »zu Tränen bewegt« wurde – »zitternd vor bunter Seligkeit«.

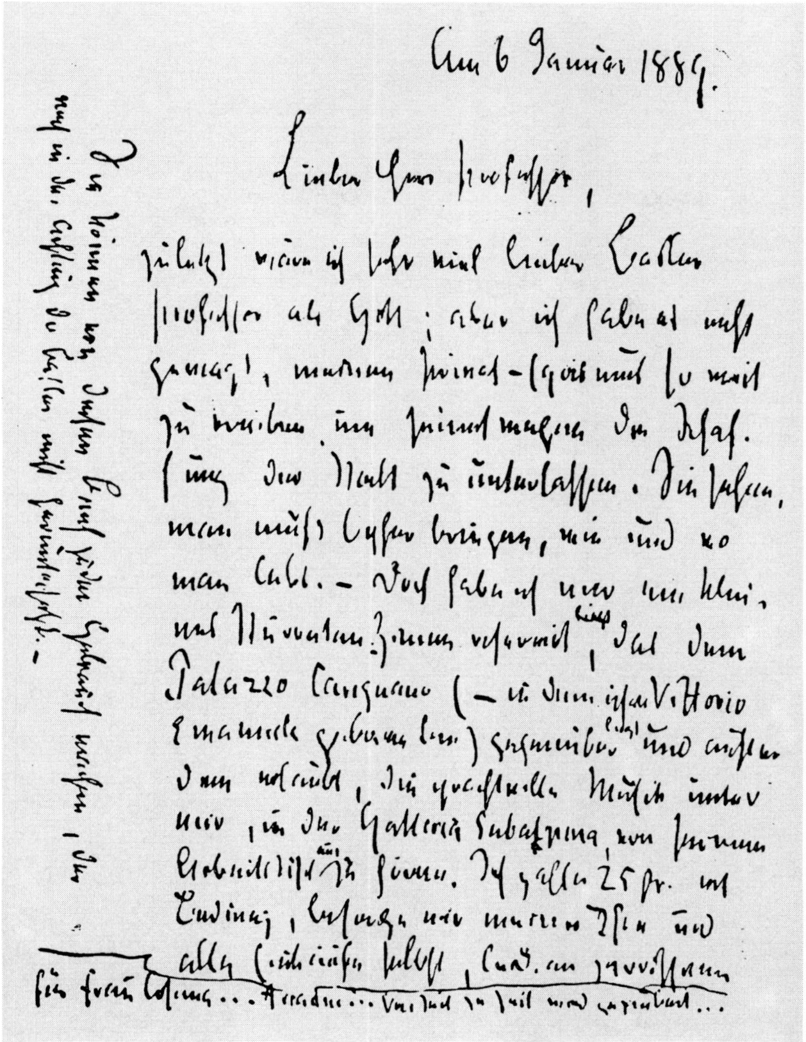

Am 6 Januar 1889.

Lieber Herr Professor,

zuletzt wäre ich sehr viel lieber Basler Professor als Gott; aber ich habe es nicht gewagt, meinen Privat-Egoismus so weit zu treiben, um seinetwegen die Schaffung der Welt zu unterlassen. Sie sehen, man muß Opfer bringen, wie und wo man lebt. – Doch habe ich mir ein kleines Studentenzimmer reservirt, das dem Palazzo Carignano (– in dem ich als Vittorio Emanuele geboren bin) gegenüber liegt und außerdem erlaubt, die prachtvolle Musik unter mir, in der Galleria Subalpina, von seinem Arbeitstische aus zu hören. Ich zahle 25 fr. mit Bedienung, besorge mir meinen Thee und alle Einkäufe selbst, leide an zerrissenen

Sie können von diesem Brief jeden Gebrauch machen, der mich in der Achtung der Basler nicht heruntersetzt. –

»Zuletzt wäre ich sehr viel lieber Basler Professor als Gott«, schrieb Nietzsche nach Ausbruch seiner Paralyse aus Turin an Jacob Burckhardt in Basel. Franz Overbeck (links), an den sich der ratlose Burckhardt mit dem irrwitzigen Nietzsche-Brief wandte, holte den kranken Freund in die Basler Nervenklinik.

Jahrelang war Nietzsche als »irrender Flüchtling« mit Postkutschen wie dieser durch die Alpen gereist – die strapaziösen Fahrten hatten seiner Gesundheit geschadet. Auf seiner letzten Reise nach Basel und von dort ins Irrenhaus Jena saß er in der Eisenbahn.

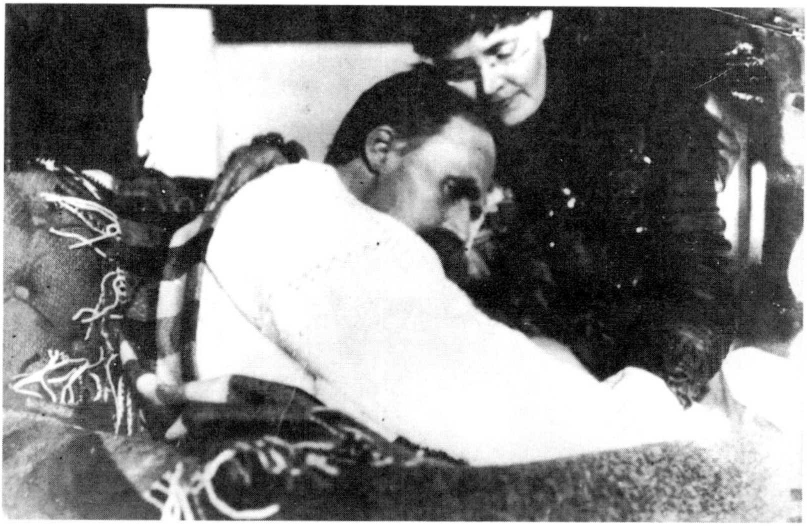

Der Kranke 1899 mit seiner Schwester Elisabeth in der Weimarer »Villa Silberblick«, die sie zur Pilgerstätte für Europas Geistesadel stilisierte.

»Versunken in die Betrachtung des Sonnenuntergangs« lag der Kranke auf seinem Diwan, als Hans Olde ihn zeichnete.

Mit Wutanfällen reagierte Nietzsche 1889 auf seine Mutter, als sie ihn im Zug nach Jena holte. Sie pflegte ihren »Herzensfritz« bis zu ihrem Tod 1897.

»Sie weiß fast nichts als die Menschen zu quälen und zu schinden«, schrieb Peter Gast über Nietzsches Schwester, die das »Nietzsche-Archiv« zu einem florierenden Unternehmen und später zur Nazi-Kultstätte machte. Sie starb 1935, nachdem sie Hitler den Spazierstock ihres Bruders übergeben hatte.

»Ich habe viele schöne Sachen geschrieben.« Als der Maler Curt Stoeving den Kranken in der Gartenlaube malte, war der bereits zum lebenden Inventarstück des »Nietzsche-Archivs« geworden. Den Weltruhm, der damals begann, hat er nicht mehr wahrgenommen.

Daß ihre heftige Liebe zu Gillot abrupt endete und sein handgreiflicher Sympathiebeweis den Bruch besiegelte, lag weniger an Gillots Ungeschicklichkeit als an Lous besonderer Art von Liebe. Sie war so wenig eine heilige Therese wie er ein Jesus. Für Lou war der Prediger nur auf die vakante Stelle des Vater-Idols gerückt, das schon immer eine Nähe zum »lieben Gott« hatte. Gustav von Salomé war seit langem leidend, »die Krankheit ihres Vaters«, so der Biograph, »verdüsterte das Leben in der Familie«. Als er im Februar, zur Hoch-Zeit der Lou-Gillot-Affäre, starb, löste er das Leben der Salomés »aus seiner Sicherheit«. Daß die Generalstochter während dessen an einer neuen Sicherheit mit einem neuen »Vater« baute, muß ihr selbst wie ein Verrat an Gott vorgekommen sein. Der Verführungsversuch Gillots, mit dem er die Vater-Rolle abstreifen wollte, war für Lou die letzte Konsequenz dieser Rolle: Versuchte er doch mit ihr, was sie einst »in kindlicher Unschuld« mit dem Vater spielte und nun, da sie ihn »auf dem Gewissen« hatte, nicht mehr ungestraft spielen durfte. Die einstige Vater-Tochter-Intimität wurde in ihrer Neuauflage zum Schockerlebnis. Sex war fortan für sie tabu.

Lou blieb der erotischen Katastrophe treu, provozierte sie geradezu: Angezogen von älteren charismatischen Männern, ließ sie ihren kindlichen Charme spielen wie einst beim Vater, identifizierte sich bis zur Selbstaufgabe mit ihrem »Meister«, um im Augenblick der »Wahrheit«, wenn der Partner »aus der Rolle fiel«, sich eilig zurückzuziehen. Die Treue zum toten Vater als Rache an seinen Nachfolgern. Eiskalt, so empfanden es ihre Opfer. Ihr selbst blieb keine Wahl. Sie war, wie Peters schreibt, »dann am glücklichsten, wenn die anderen die Rollen weiterspielten, die sie ihnen in ihrer Phantasie zugeteilt hatte«. Zu diesem Glück gehörte auch das Debakel im letzten Akt.

Im römischen Frühling 1882 hob sich der Vorhang über einem neuen Stück. Rée, der für die Vaterrolle zu jung und schlaff war, wurde zum Geschwister ernannt. Ihr Lieblingsbruder Eugène, der vielleicht als Vorbild diente, war zeitlebens vom »Hauch des Mysteriösen« umgeben; eine »dämonische Natur«, die einmal bei einem Hausball mit Perücke und Korsett auftrat und als Frau mit »verliebten jungen Offizieren« die Nacht durchtanzte. Lou, die sogleich Rées weibliche Züge entdeckte, hinter denen scheinbar keine Katastrophen lauerten, machte ihn zum Bruder und blieb ihm fünf Jahre lang als Schwester treu. Da eine unverheiratete junge Dame schwerlich ohne Anstandsbegleitung durch die Welt reisen konnte, übernahm der neue Bruder die Rolle der »Ehrendame«. Mochte er auch unter dieser etwas ehrenrührigen Funktion gelitten haben, so steigerte sich doch seine Zuneigung zu diesem aparten Wesen, das partout keine Frau sein wollte, in echte Verliebtheit. Auch hier, so mochte er fühlen, hatte er eine platonische Hälfte gefunden.

Mit dem Brief an seinen Meister über die »junge Russin« wollte er vermutlich beiden einen Gefallen tun: Lou brauchte einen Mann aus Anstandsgründen und weil sie intelligenter als andere Frauen war, einen möglichst intelligenten; Nietzsche brauchte, ebenfalls aus Anstandsgründen, eine Frau — Rée hatte sehr wohl mitbekommen, wie verbissen Elisabeth und Malwida für den Hagestolz etwas Passendes gesucht hatten. Daß in dieser hochgeistigen Beziehung das Sexuelle keine Rolle spielen würde, war von beiden Seiten garantiert: Nietzsche, so glaubte Rée zu wissen, konnte nicht, und Lou, so hatte sie ihm versichert, wollte nicht. Statt dessen würden sie ihn, der in beide verliebt war, in ihren Bund als Dritten aufnehmen. Schließlich hatte er ihn ja herbeigeführt. Erst jetzt winkte die wahre Vollkommenheit, wo der Männergesellschaft durch Hinzutritt eines weiblichen Wesens samt ehelicher Legitimation alles Anrüchige genommen würde. Dies stieg als Gedanke der »heiligen Dreieinigkeit« in ihnen auf, der keuschen Variante der populären ménage à trois.

Die Erwählte war sogleich »begierig geworden, Sie zu sehen, zu sprechen«, wie Rée schrieb, wollte sogar »über Genua« reisen; aber da war der Philosoph schon nach Unbekannt enteilt und die Dame in Schwarz sehr zornig. Als Lou Andreas-Salomé mit siebzig ihren Lebensrückblick aufsetzte, mochte sie das nicht mehr wahrhaben. Ihre Angaben sind tendenziös, weil sie ihre eigene Rolle in dem Stück verschleiern wollte. Sowenig es stimmt, daß Paul Rée »Hals über Kopf von Monte Carlo« kam — schon Anfang Februar war sein Besuch bei Malwida für »Mitte März« avisiert —, sowenig eilte Nietzsche, wie sie behauptet, »unerwartet aus Messina herbei«, um sich aufzudrängen. Sogleich hätte er sich zum »Dritten im Bunde« gemacht, was »Paul Rée und mich in neue Besorgnis um *unseren* Plan geraten ließ«, nämlich einer Geschwistergemeinschaft. Als der Neuankömmling den Freund auch noch »zum Fürsprecher bei mir für einen Heiratsantrag machte«, war sie ernstlich indigniert. »Sorgenvoll« hätten Brüderchen und Schwesterchen eine Ablehnung erwogen, die Nietzsche nicht verletzten mußte.

Das klingt plausibel, stimmt aber nicht. Rée hatte Nietzsche mit seinen beiden Lockbriefen geködert, das Zusammentreffen eingefädelt, den Eheplan ausgeheckt, schließlich seinem Meister sogar die Begierde der Jüngerin vermeldet, ihn zu sehen. Hatte er Lous Abstecher nach Genua erfunden? Nein. Nietzsche mußte sich eingeladen, ja herbeigewünscht fühlen, zumal er mit dem Freund gerade eine »entzückende« Zeit in Genua verlebt hatte. Da Lou sicher von Rées Briefen wußte, konnte weder Nietzsches Auftauchen noch der Antrag überraschend sein, höchstens der Zeitpunkt. Und Rée hatte keinen Grund, Lou über seine Pläne im Ungewissen zu lassen — sein Ziel war hehr, die Heirat eine Formalität. Zudem legte die junge Studentin auch in den folgenden Jahren einen wahren Heißhunger nach älteren, gebildeten Männern an den Tag. Warum also hätte sie verärgert sein sollen, als ein namhafter Denker mit mysteriöser Aura ihr seine Aufwartung machte? Sie hatte keinen Grund, mit der neuen Bekanntschaft unzufrieden zu sein.

Aber die Memoirenschreiberin von 1931/32 hatte allen Grund, Nietzsche als Eindringling und Störenfried darzustellen, weil sonst ihre »Schuld« an den späteren Komplikationen offenbar würde: Sie war lange genug »in der Schule bei Freud« gewesen, um das, was folgte, als provozierte Wiederholung ihres Erlebnis-Musters zu begreifen. Der Ältere, der mit dem Anspruch des »Meisters« auftrat, erwies sich auch altersmäßig als ideal für die unbesetzte Vater-Rolle, womit das seit Gillot bekannte Spiel erneut anheben konnte. Lou begann sich in das neue Idol hineinzuleben, hineinzuverlieben. Sie identifizierte sich mit seinen Gedanken, erahnte seine Gefühle, artikulierte, worüber er schwieg, und trieb sich und ihn zielstrebig in die Katastrophe, die nicht ausbleiben konnte.

Es begann, als rechtes Immoralisten-Drama, im Petersdom. Malwida hatte Nietzsche dorthin geschickt, wo Bruder Rée in einem Beichtstuhl an seinen gottlosen Aphorismen arbeitete, während Lou auf ihn wartete. Nietzsche entdeckte die beiden und begrüßte Lou mit Worten, die weniger auf sie als auf den Herrn im Beichtstuhl gemünzt waren: »Von welchen Sternen gefallen sind wir hier einander zugeführt worden?« Auf die junge Dame wirkte das »feierlich«, ja pompös, und war doch nur als »private joke« für den Sternenfreund gemeint, der sie ihm ja wirklich »zugeführt« hatte. Der Memoirenschreiberin mißfiel dieses Wort, es paßte nicht zur Darstellung, die sie von dem Treffen gab. Also änderte sie in ihrem Lebensrückblick den Begrüßungssatz: »Von welchen Sternen sind wir uns hier einander zugefallen?« — das klang nach »Zufall«, und so war es ihr lieber.

Nächster Schauplatz, rund zwei Wochen später, war das kleine Städtchen Orta am Ortasee, hinter dem sich »bis zu einer Höhe von etwa hundert Metern ein bewaldeter Hügel« erhebt, »der dem heiligen Franziskus geweiht ist und den Namen ›Monte Sacro‹ trägt«. Hier ist Nietzsche mit Lou allein. Ihre Mutter hat Kopfweh vorgeschützt, Rée muß als Kavalier bei ihr bleiben, und der Professor geht mit dem Mädchen die Votivkapellen besuchen. Sie bleiben lange aus; Mutter Salomé, schreibt Lou, ist gekränkt, Paul sehr verstimmt. Er mag es nicht, wenn junge Damen sich allein mit seinem Meister unterhalten — das hat schon Isabelle von der Pahlen zu spüren bekommen; und noch weniger mag er es, daß sein neugewonnenes Schwesterchen mit seinem Sternenfreund fremdgeht. Paul hat sich in einen tragischen Zwiespalt hineinbugsiert: Statt Dritter im Bunde zu sein, läuft er Gefahr, das fünfte Rad am Wagen zu werden.

Was war auf dem heiligen Berg des heiligen Franz geschehen? Nietzsche sprach später gegenüber Lou vom »entzückendsten Traum meines Lebens«. Lou meinte nur: »Ob ich Nietzsche auf dem Monte sacro geküßt habe — ich weiß es nicht mehr.« Das paßt in ihre Umdeutung: Natürlich wußte sie sehr genau, was geschehen war, mit welchen Kunstgriffen sie dem leicht beeinflußbaren Mann Hoffnungen machte, ihn in ihren Bann zog, wie es das Rollenspiel vorschrieb. In einem seiner Pläne für ein spektakuläres Finale von »Also sprach Zarathustra« läßt Nietzsche ein Weib auftreten, das »das Kommen von Adler und Schlange« verkündet. Während die Welt plötzlich stillzustehen scheint, zieht sie »den Arm Zarathustras an ihre Brust«. Worauf der Abgrund stöhnt und sein Feuer »heraufbrüllt«. Vergleichbares läßt sich in seinem Werk nicht mehr finden — vermutlich hat er auch Vergleichbares wie auf dem Monte Sacro nie mehr erlebt.

Dritter Schauplatz: Eine Woche später sind die drei auf geheiligtem Boden in Luzern, wo die Nähe zu Wagners seliger Halbinsel Tribschen melancholische Erinnerungen in ihm weckt. Hier will der längst Geköderte, Verliebte, Gefoppte eine persönliche Aussprache mit Lou erzwingen, weil, wie sie später kommentierte, »ihm nun hinterher Paul Rées römische Fürsprache für ihn ungenügend erschien«. Und weil er sie nun wirklich, und nicht mehr nur pro forma, haben wollte. Das Erlebnis auf dem Monte Sacro war das Versprechen; jetzt, in Luzern, sollte sie es, mußte sie es einlösen. So dachte Nietzsche. Als Bühne hatte er sich Thorwaldsens sterbenden Löwen ausgesucht, dem eine Speerspitze im Rücken steckt. Verwundet hat mich, die mich erweckt! 1889, kurz nach der Einlieferung in die Basler Irrenanstalt, hat Nietzsche den sterbenden Löwen, sich selbst, mit düsterem Strich gemalt. Denn vor dem Denkmal im Luzerner Gletschergarten holte er sich einen »Korb«. Mit verzweifelter Lustigkeit drängte er anschließend die beiden Freunde, sich mit ihm zusammen photographieren zu lassen — nicht als »heilige Dreieinigkeit«, sondern als zwei Männer unter der Peitsche. Der berühmte Photograph Jules Bonnet wird kein zweites Mal ein so verunglücktes Gruppenbild mit Dame aufgenommen haben. Lou erinnert sich, Nietzsche habe diese Aufnahme »betrieben«,

> »trotz heftigem Widerstreben Paul Rées, der lebenslang einen krankhaften Abscheu vor der Wiedergabe seines Gesichts behielt. Nietzsche, in übermütiger Stimmung, bestand nicht nur darauf, sondern befaßte sich persönlich und eifrig mit dem Zustandekommen von den Einzelheiten.«

Auch mit »dem Kitsch des Fliederzweiges an der Peitsche«, den er wahrscheinlich ihrem Strauß entnommen hat. Im Sommer scheint die Peitschenführerin das kompromittierende Bild, das Lou-Biograph Pfeiffer »grotesk und unheimlich« nennt, in Bayreuth herumgezeigt zu haben, was zu Nietzsches späterer Erbitterung beitrug. Nun, nach dem Kitsch-Intermezzo in Monsieur Bonnets Atelier, führte er Lou nach Tribschen, wo sie Tränen in seinen Augen bemerkte, wohl über die verlorene Zeit der ersten Wagner-Liebe, aber auch über die verlorene Illusion seiner Lou-Liebe. Als er zwei Jahre später für seinen »Sohn« Zarathustra eine Art Willkommens-Gedicht verfaßt, erinnert er sich an die melancholische Szene mit Lou am Vierwaldstättersee im Schatten des Wagner-Hauses:

> »Hier saß ich sehend, sehend — doch hinaus!
> Die Finger spielend im zerpflückten Strauß
> Und wenn die Thräne aus dem Lide quoll
> Schamhaft-neugierig: ach wem galt sie wohl!«

Vielleicht wußte er es selbst nicht so genau: Galt sie Cosima, an die er gedacht haben mag, während er mit dem Stock im feuchten Sande zeichnete; galt sie Lou, die ihn schulmäßig an der Nase herumführte; oder schon seinem Sohn, der ihn als einziger aus dem Dilemma retten konnte?

Letzter Schauplatz: Während Lou, von Malwida protegiert, in den innersten Wagner-Zirkel Bayreuths vorstößt und, trotz Keuschheits-Oper »Parsifal«, den Wagnerianern den Kopf verdreht, sitzt Nietzsche in Tautenburg und wartet. Der Verschönerungs-Verein des Thüringer Wald-Kurortes hat zu seinen Ehren zwei neue Bänke aufstellen lassen, der Philosoph sich im Gegenzug verpflichtet, Täfelchen darauf anbringen zu lassen — »Nichts, was verrostet!« Und nun kommen sie nicht. Auf dem einen soll stehen »Der todte Mann«, auf dem anderen »Die fröhliche Wissenschaft«, aber der Naumburger Täfelchen-Macher läßt sich Zeit, und so wartet der Besteller immer ungeduldiger auf die Bänke-Zier und auch auf Lou, der er damit Eindruck machen möchte.

Elisabeth, die als Anstandsdame das Tautenburger Idyll überwachen soll, findet schon in Bayreuth Anlaß zu Ärger: Lou scheint sich an den Maler Joukowsky heranzumachen, der die »Parsifal«-Dekorationen entworfen hat — daß er mit einem Knaben namens Pepino lebte, weiß das Lama nicht; außerdem scheint Lou ihren Bruder vor den Wagners herunterzumachen — daß dies gar nicht mehr nötig war, entging dem Lama ebenfalls. Mit Sicherheit wußte sie nur eines: Die aparte 21jährige mit dem baltischen Akzent und der tierischen Fähigkeit, mit den Ohren einzeln zu wackeln, wie sie bald erspähte, hatte sie endgültig aus Wagners Gnadensonne in den Schatten gedrängt, wo sie nur noch die altjüngferliche Schwester eines krankhaften Renegaten war. Elisabeths Faß zum Überlaufen brachte ein kurzer Flirt zwischen Lou und Elisabeths Zukünftigem, Bernhard Förster, im Eisenbahncoupé. Im Jenaer Haus von Clara Gelzer, die einst als Basler Ehrendame Nietzsches Krötentraum aufgetischt bekam, gerieten die Rivalinnen aneinander. Auf Elisabeths Vorwurf, sie habe den Ruf ihres Bruders in den Schmutz gezogen, konterte die jüngere mit dessen angeblichem Vorschlag zur »wilden Ehe«, worauf das Lama sich übergab. Außerdem, stichelte Lou weiter, habe nicht sie sich an den edlen Denker herangemacht, sondern er sich an sie, und zwar mit den unedelsten Absichten.

Die Fehde, von Elisabeth listig angezettelt, zeigte bei Fritz nicht die gewünschte Wirkung. Statt mit der Frevlerin zu brechen, begann er einen dreiwöchigen Intensivkurs in Aufklärungsphilosophie, bei dem sie immer mehr in die Rolle der Denk-Partnerin hineinwuchs — »mit möglichster Ausschaltung störender Dritter«, wie sie in bezug auf Elisabeth spitz berichtet. Leider wuchs Nietzsche ebenfalls in eine Rolle hinein. Drei Wochen hatte Lou Zeit, »übergroßes Vertrauen zu seiner Lehrerkraft« zu entwickeln, ihre »tiefverwandten Naturen« — samt der okkulten Fähigkeit, »Geisterklopfen« hervorzurufen — zu entdecken und dabei, wie einst in der St. Petersburger Studierstube, das Wesen des Älteren in sich hineinzusaugen. Dem bekam die Tour de force blendend; wie durch ein Wunder, erzählt Lou, konnte er »cirka 10 Stunden täglich . . . verplaudern«. Doch während Lou sich dem neuen Lehrer anverwandelte, wurde der für sie zu ihrem alten. Nur, Nietzsche war kein Gillot, hatte keine Erfahrungen mit Frauen — deshalb auch seine knäbische Verliebtheit —, setzte sie nicht auf seinen Schoß und kratzte höchstens an ihrer verschlossenen Stubentür wie ein Pennäler. Die Sexualität, mit deren Auftritt die Komödie in die Katastrophe münden mußte, wollte einfach nicht kommen.

Lou half nach — nicht durch eigenen Vorgriff wie am Monte Sacro, sondern durch psychologische Feinarbeit: Mit dem Fingerspitzengefühl eines Regisseurs, der weiß, was passieren muß, spürte sie in Nietzsche Verborgenes auf und ließ es in ihrer Rollenspielphantasie zur Wirklichkeit werden.

»Es konnte nicht fehlen«, schreibt sie in ihren Memoiren, »daß in Nietzsches Wesen und Reden mich gerade etwas von dem faszinierte, was zwischen ihm und Paul Rée weniger zu Worte kam. Schwangen doch für mich dabei Erinnerungen . . . mit, die aus meiner allerkindischsten und doch persönlichsten, unvernichtbaren Kindheit herrührten.«

Und deshalb, weil ihre Beziehung in die alte Vater-Tochter-Konstellation führte, wurde sie gerade durch das »Faszinierende« daran zur »inneren Abkehr« gezwungen. Denn das Spiel führte zum Tabu. Sie hätte damals, schreibt Pfeiffer, ein »brennendes Interesse« gefühlt, herauszufinden, wie es in ihm wirklich aussieht: »›wie steht es hierin mit ihm?‹, in *dem* nämlich, was die in ihr nachschwingenden frühesten Erfahrungen betraf«. Natürlich mußte sie finden, was sie suchte. Sein wahres Erkenntnis-Ziel, so notierte sie in Tautenburg, habe geradezu »religiöses Gepräge«, weil er es »aus einem gleichsam erlösungsbedürftigen, peinvollen Zustande als eine Selbstrettung« ergreift. Unter dem Heiligenschein ragen also, bei genauerem Hinsehen, die Bockshörnchen hervor. Lou, mit Nietzschescher Entlarvungslust und Aphorismenschärfe:

> »So wie die christliche Mystik ... gerade in ihrer höchsten Ekstase bei grobreligiöser Sinnlichkeit anlangt, so kann die idealste Liebe ... wieder sinnlich werden. Ein unsympathischer Punkt, diese Rache des Menschlichen ... denn das ist der Punkt des *falschen Pathos,* der verlorenen Wahrheit und Redlichkeit des Gefühls. Ist es dies, was mich von Nietzsche entfremdet?«

Lou argumentiert unredlich: Was sie für sich selbst reklamiert, den »reinen Geist« ihrer nonnenhaften Geschlechtslosigkeit, will sie als Maßstab für andere nehmen, als wäre er der »Naturzustand« und nicht die Überreaktion auf eine Gefühlskatastrophe. Sie selbst hatte ja die Zweisamkeit gesucht, die Nebenbuhlerin Elisabeth ausgeschaltet, Bruder Paul in Stibbe gelassen, und führte Nietzsche nun »an jene schwindligen Stellen, wohin man wohl einsam geklettert ist um in die Tiefe zu schauen«. Und wunderte sich dann, wenn sie unversehens »in die Abgründe« gerieten. Wie ein ängstliches Kind zog es sie in das »verbotene Zimmer«, wo sie fand, was sie suchte.

Aber in Nietzsches verbotenem Zimmer — Lou sprach von »manchem dunklen Verließ und verborgenen Kellerraum« in ihm — wartete etwas ganz anderes. Das mochte ihr zwar auch Angst eingejagt haben, aber aus anderen Gründen als die Gillotsche Umarmungsstrategie. Dreißig Jahre später verriet sie in ihrem Buch über Freud, nicht in ihren Memoiren, was sie damals in seinem Burgverlies entdeckt hatte — eine perverse Folterkammer:

»Insofern als grausame Menschen immer auch Masochisten sind, hängt das Ganze mit einer gewissen Bisexualität zusammen. Und es hat einen tiefen Sinn —. Als ich zum ersten Mal im Leben mit jemandem dies Thema besprach, war es Nietzsche (dieser Sadomasochist an sich selber). Und ich weiß, daß wir hinterher nicht wagten, uns anzusehen.«

Sollte Nietzsche vor der Geistesschwester, im Hochgefühl der Entdeckung eines neuen Menschen, seine Maske abgenommen haben? Oder hat Lou sie ihm, als unbestechliche und in Männersachen gewitzte Beobachterin, vom Gesicht gerissen? Der Begriff Bisexualität war damals nicht allgemein gebräuchlich. Darwin hatte ihn 1878 auf bestimmte Erbeigenschaften von Tieren und Pflanzen angewandt; als Gedanke, daß »eine weibliche Seele in einem männlichen Körper« wohnen könne, war er Mitte der sechziger Jahre von dem Österreicher Karl Ulrichs propagiert worden. Ende der neunziger Jahre hatte Sigmund Freud mit seinem Busenfreund Wilhelm Fließ das Problem der »Bisexualität« diskutiert, später sich mit ihm über diesem Gedanken zerstritten. Doch erst im Jahrzehnt darauf wurde der Zusammenhang zwischen Bisexualität und Sadomasochismus von Freud offengelegt. In ihrem 1917 erschienenen Artikel über »Psychosexualität« unterstreicht Lou, es sei er gewesen, der die »Grausamkeits-Perversion (Sadomasochismus)« und »ihren aktiv-passiven Charakter« mit dem »in der Bisexualität vereinten Gegensatz von männlich und weiblich in Beziehung« setzte. Lou zitiert die erste von Freuds »Drei Abhandlungen zur Sexualtheorie«, die 1905 erschienen sind. Ursprünglich hatte Freud die Arbeit unter dem Titel »Die menschliche Bisexualität« geplant. Und doch behauptet Lou, eine Züricher Studentin und ein kranker Ex-Professor hätten diesen Gedanken schon im Sommer 1882 gedacht. Oder will sie nur andeuten, was sie damals hinter Nietzsches Maske entdeckt hatte und nun, dank Freud, zu erklären weiß? Was immer die beiden damals im Gästezimmer des Tautenburger Pfarrhauses besprochen haben, sie fühlten, daß sie damit ein Tabu verletzt hatten. Lou war auf dem richtigen Weg.

*

War Nietzsche, der Liebhaber des griechischen Schönheitsideals, wirklich in Lou verliebt? Seine eifersüchtige Schwester schrieb ihrer Freundin Clara entrüstet, er sei »ja rasend in sie vernarrt«; die Overbecks entdeckten »Leidenschaft« in ihm, die sie vorher so nicht wahrgenommen hatten, Frau Ida sogar »höchste seelische Wonnen«, die ihm diese »Bekanntschaft« gebracht habe; und Adlatus Gast erinnerte sich, sein Meister »war von der Lou einige Zeit wirklich bezaubert«; aus der »Illusion, der er sich über Lou hingab, wuchs die Stimmung für seinen Zarathustra«. Der Wahnsinn, der ihn schon in Tautenburg gebissen hatte, um dann monatelang in ihn »hineinzukriechen«, drückt sich am besten in den Worten der Mutter aus: »Entweder heiratet der Sohn das Mädchen, oder er wird verrückt oder er erschießt sich.«

»EINE GRAUSAMKEIT DES SCHICKSALS«. Wahnsinn war es nicht von Anfang an. Nach Rées Einladung wurde lediglich allgemeine »Lüsternheit« nach »neuen Seelen« signalisiert; nach der Rückkehr aus Sizilien trat nicht zufällig der Heiratswunsch in den Vordergrund. Denn Nietzsche war nicht nur, wie er Freunden schrieb, wegen des Schirokko-Windes aus Sizilien geflohen. Schirokko war für ihn ein weiter Begriff: Er nennt ihn seinen großen »*Feind,* auch im Metaphorischen Sinne«, der ihn erregt wie eine Angstvorstellung und seine Gedanken lähmt. Nachdem alles aus war mit Lou, wurde sie selbst für ihn zu diesem metaphorischen Feind: »ich nenne L(ou) meinen leibhaften Scirocco«, schreibt er an Rée. Tatsächlich steckte mehr als heiße Sahara-Luft dahinter, als Nietzsche den Wüstenwind für seinen überstürzten Aufbruch aus Sizilien verantwortlich machte. Etwas anderes hatte ihm dort Kopfschmerzen bereitet.

Was ihn wirklich von den glückseligen Inseln vertrieb, hat er im Kapitel *»Von grossen Ereignissen«* in »Also sprach Zarathustra« angedeutet: Dort wird der Held von Seeleuten auf einer Insel entdeckt, »auf welcher der rauchende Berg steht«. Und »da erkannten sie mit grösster Bestürzung«, heißt es im Bibelton, »dass es Zarathustra sei; denn sie hatten ihn Alle schon gesehn«. Als er davon erfährt, meint er, »es wird mein Schatten gewesen sein«, und zieht den klugen Schluß: »Sicher aber ist das: ich muss ihn kürzer halten, — er verdirbt mir sonst noch den Ruf.« Später wird Zarathustra den Lesern verraten, daß dieser Schatten ein Wanderer ist und im »Morgenland« ein Bordell besucht hat.

Der einzige Schatten, der über Nietzsches Arkadien am Ätna gefallen sein dürfte, war die Angst vor Entdeckung. Deshalb auch die vorsichtige Frage an Gast, ob die Wagners noch in Palermo seien. Nietzsche fürchtete um seinen Ruf. Die Vorstellung, jemand könnte ihn bei seinen einsamen Ausflügen beobachtet haben, zumal wenn sie nicht einsam blieben, machte ihn krank. Ob er nun wirklich, wie im »Zarathustra« suggeriert, »erkannt« worden war und damit »grösste Bestürzung« ausgelöst hatte, oder nicht — es war sein Schatten, seine dunkle, verborgene Seite, die immer auf Wanderschaft gehen mußte. Als er in Sizilien das Gefühl hatte, daß sein Inkognito aufgehoben war, packte er seine Koffer.

Was lag näher, als nach Rom zu Rée und »dieser Russin« zu eilen, um aller Welt durch Heirat zu beweisen, daß dieser Schatten nicht er selbst war. Hochgestimmt wie ein Bräutigam kam er an, dem der beste Freund das Hochzeitsbett bereitet hat. Nachdem Nietzsche von Lou den Laufpaß bekommen hatte, schrieb er an Rée: »Ich habe geglaubt, Sie hätten sie überredet, mir zu Hülfe zu kommen.« Ganz so überzeugt davon war er bald selbst nicht mehr. Irgendwie fand er den Freund schon in Rom verändert. War er vom Sternenfreund zum Nebenbuhler geworden? Aber er hatte ihn doch selbst herbeigerufen ... Vorsichtshalber gab Nietzsche der Zukünftigen zu verstehen, daß er sich durchaus nicht als Rées Mitbewerber betrachtete. Denn der, das mußte sie wissen — und das teilte er sogar Ida Overbeck mit —, lief außer Konkurrenz. Er konnte ja gar keine Frau lieben, geschweige denn ein wackerer Ehemann sein. Ihm selber wollte er es auch noch einmal in Erinnerung bringen: »Man kann sich nicht auf wunderbarere Weise *Freund* sein, als wir es jetzt sind, nicht wahr? Mein alter lieber Rée!« Du bist und bleibst der Alte, nicht wahr! Am selben Tag geschrieben, klingt der Brief an Lou schon eindeutiger: »Rée«, heißt es da mit listigem Wohlwollen, »ist in allen Stücken ein besserer *Freund* als ich es bin und sein kann; beachten Sie diesen Unterschied wohl!« Vier Tage später will er ihr den kleinen Unterschied unter vier Augen klarmachen: »über ›Freunde‹ und den *Freund Rée* insonderheit will ich mündlich mich erklären: ich weiß sehr wohl, was ich sage, wenn ich ihn für einen besseren Freund halte als ich es bin und sein kann. —« Und Malwida vertraut er an, zur gefälligen Weitergabe, daß der »Gedanke der Fortpflanzung der Menschheit« ihm »unerträglich« sei: »er bringt es nicht über sein Gefühl, die Zahl der Unglücklichen zu vermehren.«

Wie Rée möchte auch Nietzsche zwei Fliegen mit einer Klappe schlagen: Sich als Liebhaber gegenüber dem schlaffen Paul profilieren und zugleich den peinlichen Eindruck vermeiden, er spanne dem Freund sein Mädchen aus. »Er war sich gewiß, daß Rée kein richtiger Mann war«, meint Biograph Ross, und wollte endlich sich und der Welt Gewißheit verschaffen, daß es mit ihm selbst anders stand, daß er ein Kavalier war aus echtem Schrot und Korn. Zum Heirats-Gedanken, der die Entlarvungsfurcht bannte, kam bald der Wille zum Neuanfang: Hier hatte er eine Seele, die ihn zugleich legitimierte, anregte, unterhielt — und dabei peinlich darauf bedacht war, jene Seite des Weiblichen, die er degoutierte, zu verbergen. Sie wollte keine Geschlechtsliebe. Streng im schwarzen Kleidchen wirkte sie fast wie ein Jüngling, begriff die Welt »wie ein Mann« und führte, wie ein Bekannter schrieb, »die Waffen, mit denen der Mann den Kampf des Lebens aufnimmt, in einer gewissen herben Ausschließlichkeit«. Ein Jüngling oder wenigstens das, was ihr späterer Geliebter Rilke eine Jünglingin nannte, als Jüngerin — ein neuer Wind blähte das Columbus-Segel.

»Die Wahrheit ist«, schrieb Nietzsche an Overbeck, »in der Art, wie ich hier handeln will und werde, bin ich einmal ganz und gar Mensch meiner Gedanken, ja meines innersten Denkens: diese *Übereinstimmung* thut mir so wohl, wie mir das Bild meiner Genueser Existenz wohlthut, in der ich auch nicht hinter meinen Gedanken zurückgeblieben bin.«

Will und werde, sagt der neue Columbus, und an seine Entdeckung Lou richtet er die beschwörenden Worte: »Was ich nie mehr glaubte, einen Freund meines *letzten Glücks und Leidens* zu finden, das erscheint mir jetzt als möglich — als die *goldene* Möglichkeit am Horizont alles meines zukünftigen Lebens.« Der neue Freund wird sogleich einem Idealisierungsprozeß unterworfen, in dem Lou die Masken seines Begehrens tragen muß. Karneval der Tiere:

»Lou ... ist scharfsinnig wie ein Adler und muthig wie ein Löwe und zuletzt doch ein sehr mädchenhaftes Kind, welches vielleicht nicht lange leben wird.«

Die Todesahnung vollendet die Fata Morgana, die ihm aus der eigenen Kindheit emporsteigt. Ein Gedicht der Freundin, so schreibt er erschüttert an Gast, »klingt wie eine Stimme, auf welche ich seit meiner Kindheit gewartet habe ...« Die alte Weise weckt ihn wieder. Nun scheint die Sehnsucht des Alumnen Friedrich für den Enddreißiger in Erfüllung zu gehen; aber nur mit kräftigen Retuschen: Denn was er dem Freund als »ein sehr mädchenhaftes Kind« preist, »welches vielleicht nicht lange leben wird«, ist in Wahrheit eine kecke, selbstbewußte Frühemanzipierte, die den Tagträumer längst am Nasenring durch die Manege führt.

Er ahnte es. Schon während seiner ersten Verliebtheit, als er Freund Rée ins rechte Licht setzte und Lou damit verprellte, kam die Angst zurück, von der er sich seit Rom befreit glaubte. Sein Ruf stand wieder auf dem Spiel. Eine ménage à trois mit einem unverheirateten Mädchen, das Andeutungen streute über sittliche Verwahrlosung ... Der Immoralist schielte auf die Moral. Und setzte Lou auseinander, daß er »die Verborgenheit des Lebens« liebe; und »ich wünschte von Herzen, daß Ihnen und mir ein europäisches Geschwätz erspart bliebe.« Seinerseits will er alles tun, um es zu vermeiden: Heiraten an erster Stelle; an zweiter aber beschließt er, »daß die Zeit meiner Südländerei vorüber ist« — ein »dicker Strich unter *diese* Vergangenheit«, denn der »Süden Europa's ist mir jetzt aus dem Sinn gerückt. Ich will nicht mehr einsam sein und wieder lernen, Mensch zu werden ...«

Auch jener Otto Eiser aus Frankfurt soll das erfahren, der ihn einst an Wagner verriet und damit jene Verleumdung in Umlauf brachte, die immer noch in Bayreuth kursierte. Anfang September schreibt er im Vollgefühl des nahen Triumphes an den Arzt, er dürfe sich endlich »als Genesenen ... bezeichnen. Seltsam und unglaublich, nicht wahr?« Und er verspricht, ihm »Einiges zu erzählen, das vielleicht auch den Arzt interessiren möchte«. Es interessierte nicht. Eiser lehnt eine Begegnung mit der Begründung ab, »daß mich unser Zusammentreffen heute extrem erregen und meiner qualvollen Schlaflosigkeit etc. etc. neuen Anlaß geben würde ...«

Ein Prophet. Als dem begriffsstutzigen Galan endlich dämmerte, daß Lou von ihm zu Rée zurückgewechselt ist und die Tautenburger Nähe nur das Vorspiel zu Lous endgültiger Distanzierung war, beginnt er »fürchterlich« zu leiden — mit einem Schlag Freund und Freundin verloren, mit der Familie zerstritten, vor den Bekannten angeschwärzt, vor der Gesellschaft bloßgestellt. Im November flüchtet er zurück ins eiskalte Ligurien, obwohl er vorher geschrieben hatte, »in einer erneuten Genueser Einsamkeit« liege »manche Gefahr«. Kaum angekommen, beginnt die Selbstquälerei, fühlt er einen *»Alpdruck«,* unter dem er zu ersticken droht. Sein Hauptleiden aber ist die Angst um seinen Ruf. Hat der Sternenfreund vielleicht schon geplaudert? Was haben die Bayreuther im »Parsifal«-Sommer kolportiert? Was hat Lou ihnen erzählt? Nietzsche spricht von »abscheulicher Verunglimpfung meines ganzen Charakters und Willens« durch Lou, beklagt als »unglaubliches Resultat dieses Sommers«, daß er den »Angehörigen und den Baslern« verdächtig geworden sei als ein »niedrig gesinnter M(ensch) der noch dazu auf Schleichwegen geht«. Und jenes »Gerede«, das er sich immer schrecklicher ausmalt, will ihm partout nicht mehr aus dem Kopf, jene Verunglimpfungen, die Lou »in Umlauf« gesetzt habe. »Das ist eine *Grausamkeit* des Schicksals.« Grausame Ironie in der Tat: Um seinen Ruf zu retten, hatte er sich zu ihr geflüchtet, die nun ihrerseits — wenn auch vornehmlich in seiner Phantasie — seinen Ruf ruinierte. Und noch dazu mit Verleumdungen, über die er eigentlich nur lachen konnte, wäre ihm nicht zum Weinen gewesen. Er hatte es, ein letztes Mal, der Gesellschaft und den Forderungen des Gattungs-Genius recht machen wollen. Zum Dank wurde er mit Verfolgungswahn geschlagen. Sollte sich sein Dämon an ihm gerächt haben?

Das Instrument seiner Rache war, nun wußte er es, Lou selbst. Die Maske des todkranken Kindes war ebenso von ihr abgefallen wie Adlergefieder und Löwenfell. Die Jünglingin vom heiligen Amte, mit der er die Zukunft erobern wollte, die »Erscheinung meines Ideals auf Erden«, verwandelte sich in eine Alptraum-Hexe: Sie raubte ihm nun den Schlaf als »Katze« mit »grausam versetzter Sinnlichkeit«, voll »ausbeutender Lust«, getrieben von »thierhaftem Egoism«, »das Raubthier, das sich als Hausthier stellt«. Hat sie sich nicht in ihn eingeschlichen, um ihm das Herz aus dem Leib zu reißen? Hat sie ihn nicht verführt, um ihn desto besser quälen zu können? Aus purer Vernichtungslust hat sie seinen Ruf »befleckt«. Nietzsches gequälter Aufschrei: »ich verlor das Wenige, was ich noch besaß, meinen guten Namen.«

Doch nicht die grausame Göttin aus Gimmelwalder Gewitternächten, die alles rings zu Leichen tritt, sollte Lous letzte Maske sein. Auf die grausame Herrin mit den Raubtierzähnen folgt die letzte Verwandlung: Das Weib als Kröte, »eklig und gräßlich«. Nachdem seine im Haß nimmermüde Schwester ihm den Verdacht eingeimpft hatte, Rée habe ihn erst vor Lou verunglimpft, bevor Lou dies vor der ganzen Welt tat, verliert Nietzsche die Fassung. Er droht dem alten Freund »mit ein paar Kugeln«, beschimpft ihn gegenüber seinem Bruder Georg, er sei »ein schleichender, verleumderischer, verlogener Gesell« — auch in Vorahnung dessen, was der noch von sich geben könnte — und nennt Lou

»diese dürre schmutzige übelriechende Äffin mit ihren falschen Brüsten«.

Aus den fließenden Gewändern des göttlichen Ideals tritt das alte Ekeltier: die Wahrheit. Lou als Baubo. Und mit dem heiligen Zorn, in den ihn die Wahrheit versetzt, schickt er die Wahnsinns-Zeilen über die beiden Ex-Freunde an den Rittergutsbesitzer Georg Rée in Stibbe, der ihm umgehend mit einem Injurienprozeß droht. Hat er Nietzsches Infamie verstanden? Ihr Bruder, so hatte der mit Schopenhauer angedeutet, der die Päderastie ein schleichendes Laster nennt, ist gar kein Mann; und Lou, die sich mit fremden Brüsten schmückt, keine Frau. Zarathustra beißt zurück. Lou hat seinen Ausfall nicht vergessen. Als sie sich im hohen Alter einer Brustoperation unterziehen und danach ein Polster unterm Kleid tragen mußte, sagte sie »mit einem leisen Lächeln: ›Nietzsche hatte also doch recht. Jetzt habe ich eine falsche Brust‹.«

Im Winter 1882 friert Nietzsche im Columbus-Land, fällt von einem Wut- in den nächsten Migräneanfall, wird von der lauten Brandung am Schlaf gehindert und erkennt einmal mehr: »Meine Natur ist gemacht, sich lange quälen zu lassen und wie mit langsamem Feuer verbrannt zu werden.« Zur gleichen Zeit haben sich die Schreckgestalten seiner Schlaflosigkeit, Rée und Lou, in eine Berliner Pension eingemietet: ein Zimmer für sie, eines für ihn, und im dritten treffen sie sich. Für Lou ist ihr Brüderchen »wie eine schwarze Schönheit mit blauen Augen — um den Mund weich und lebensmüde«, ein »Gefährte edelster Einzigkeit«, bei dem ihre »Sinne« doch immer das »*Leib*fremde spüren«. Für ihn ist das Schwesterchen die Verkörperung seines höheren Selbst, das Ideal, dem er sich, in Nietzsches höhnischen Worten, »dienstbar« gemacht hat. Ihre Symbiose, die »für immer gemeint« war, hielt indes nur so lange, bis die nächste Vaterfigur an Lous Kammer klopfte. Es war der rund fünfzehn Jahre ältere Gelehrte Friedrich Carl Andreas, der mit seinem Bart und Umhang »die äußere Erscheinung eines Mönches« hatte. Der Mann im priesterlichen Schwarz mit den strengen Zügen flößte ihr augenblicklich den »Zwang« ein, ihm zu folgen. Es war, wie sie später schreibt, die »Gewalt des *Unwiderstehlichen*«, das Gefühl einer »unabänderlich gegebenen *Tatsächlichkeit*«, das sie packte und mitriß. Papas Höllenzwang eben. Deshalb endete die Faszination auch an der Gürtellinie. Lou bemerkte nicht die Spur einer »erotischen Erregung der Sinne«; im Gegenteil, »ich verhielt mich in meiner Empfindungsweise gar nicht als *Frau*«. Die Angst vor dem Vater-Sex war offenbar so tief verwurzelt, daß sie Andreas, der sie im Schlaf zu nehmen suchte, fast erwürgt hätte und erst von seinem Röcheln erwachte. Die Keuschheit wurde eiserne Bedingung der Ehe mit ihm. Noch vor der Heirat im Juni 1887 verließ der überflüssig gewordene Bruder Paul das Paar, wurde Armenarzt und stürzte sich im Engadin zu Tode. 1917 stieg in der Freud-Schülerin die »Sehnsucht auf, er möge am Leben geblieben sein . . . Weiß ich doch auch erst jetzt, wer er war, in der Krankhaftigkeit seines ganzen Wesens, von dem ich damals nichts begriff«.

Erst Jahre nach der Onkelhochzeit mit Andreas erlebte Lou ihren sexuellen Durchbruch — meist mit Männern, die deutlich jünger waren als sie und später, indiskret genug, über ihre »Umarmung« berichteten, sie sei »hinreißend, elementar, archaisch« gewesen. »Mit einem strahlenden Ausdruck in ihren blauen Augen sagte sie: ›Das höchste Lustgefühl ist für mich das Empfangen des Samens!‹ Und sie hatte eine unstillbare Sehnsucht danach«. Lou, die Späterweckte, wollte ihren Durchbruch immer wieder erleben; bestehende Liebes- oder Familienverhältnisse störten sie dabei nicht. Sie sei, hieß es, ein »Vampir und ein Kind zugleich«.

Eine differenziertere Deutung lieferte der schwedische Psychotherapeut Poul Bjerre, der sie 1911 Freud offiziell vorstellte. Bjerre war verheiratet und fünfzehn Jahre jünger als sie, und doch, wie Biograph Peters schreibt, »auf den ersten Blick von ihr bezaubert«. Das Porträt seiner fünfzigjährigen Geliebten liest sich wie ein Dokument über die »Unwandelbarkeit des Charakters«:

»Sie hatte die Gabe, sich unmittelbar in die Gedankenwelt eines anderen zu versetzen, besonders wenn sie ihn liebte. Ihre enorme geistige Konzentration schürte gleichsam das geistige Feuer ihres Liebespartners ... Sie hatte einen ungewöhnlich starken Willen und Freude daran, über Männer zu triumphieren. Zwar konnte sie entflammen, aber nur für Augenblicke und in einer seltsam kalten Leidenschaftlichkeit ... Ja, sie hat Ehen und Menschenleben zerstört ... Sie konnte sich nie ganz hingeben, selbst während der leidenschaftlichsten Umarmung nicht, und darin war sie keineswegs kalt. Sie hat immer davon gesprochen, aber tun konnte sie es nicht ... Sie sehnte sich nach Erlösung von ihrer starken Persönlichkeit und fand sie nicht. In irgendeinem tiefen Sinne war Lou die unerlöste Frau.«

*

Als Sigmund Freud 1911 auf dem Weimarer Kongreß der Internationalen Psychoanalytischen Gesellschaft mit Lou Andreas-Salomé zusammentraf, die mit einem Buch über Nietzsche bekannt geworden war, spürten beide die Nähe des Nietzsche-Archivs und seiner giftigen Wächterin Elisabeth. Aber sie wußten auch um die gefährliche Nähe von Nietzsches psychologischen Entdeckungen zu denen der Psychoanalyse — gefährlich deshalb, weil man den Urheber dieser Gedanken totschwieg. Dem Patriarchen, der über seine Herde wachte, war der verrückt gewordene Philosoph und Moral-Vernichter nie ganz geheuer. Mit seiner Übermenschen-Phantasie ließ er sich für die Zwecke des militanten Neugermanentums nutzbar machen, mit seiner Entlarvungs-Psychologie hatte er den Grund für die »Seelen-Zergliederung« gelegt. Aber Freud liebte keine Vorläufer. Aus Furcht, sich allzusehr in ihm wiederzufinden, schob er die Nietzsche-Lektüre, nach eigenem Zeugnis, immer wieder hinaus, um ihn schließlich weitestgehend zu »verdrängen«, wie sein Ausdruck dafür lautete. Im Verdrängungswettbewerb der Ideen-Urheber wollte er keinen anderen Gott neben sich haben.

FREUDS ABWEHRSCHLACHT. Fast alles, was sich heute an Freuds Namen knüpft, läßt sich mit geschultem Auge in Nietzsches Schriften finden. »Der Inhalt unseres Gewissens«, sagt der Philosoph, »ist Alles, was in den Jahren der Kindheit von uns ohne Grund regelmässig *gefordert* wurde ... Der Glaube an Autoritäten ist die Quelle des Gewissens.« Aus dem, was Freud das »Über-Ich« nennt, hat sich, nach Nietzsche, die Religion entwickelt: Man erkennt gegenüber den Vorfahren eine *»Schuld«* an, »die dadurch noch beständig anwächst, dass diese Ahnen ... als mächtige Geister« fortexistieren. »Die *Furcht* vor dem Ahnherrn und seiner Macht« nimmt in dem Maß zu, »in dem die Macht des Geschlechts selbst zunimmt« — zuletzt wird der Ahnherr »nothwendig in einen *Gott* transfigurirt«. Erkenntnisse einer Friedhofspflanze. Daß psychische Erkrankungen durch ein Trauma in der Kindheit hervorgerufen werden können, sprach Nietzsche 1884 an, als er die »Wellenwirkung« erwähnte, die sich »oft durch ein ganzes Leben hindurch« bemerken lasse — an ihrem Ursprung steht »ein choc nerveux, in der Kindheit empfangen«. Auch die Diskrepanz zwischen Bewußtem und Unbewußtem, zwischen Maske und

Trieb, der sich hinter ihr verbirgt, war Nietzsche bewußt; deshalb auch, »dass gerade in dem, was *nicht-absichtlich* an einer Handlung ist, ihr entscheidender Werth gelegen sei, und dass alle ihre Absichtlichkeit, Alles, was von ihr gesehn, gewusst, ›bewusst‹ werden kann, noch zu ihrer Oberfläche und Haut« gehört. Die »Verdrängung« als Kraft, mit der sich das Bewußtsein gegen diese nicht »bewußten« Tendenzen wehrt, wurde ebenfalls von ihm entdeckt: »Vergesslichkeit ist keine bloße vis inertiae«, keine Trägheit also, sondern »vielmehr ein aktives, im strengsten Sinne positives Hemmungsvermögen«, ja »eine Aufrechterhalterin der seelischen Ordnung.« Den Künstler, Wissenschaftler und Religiösen kann man nur verstehen, wenn man durchschaut, welche »Triebe er sublimisirt«. Nietzsche entdeckte sogar den »Widerstand«, der sich gegen jede Art Seelen-Erforschung aufbaut: »Eine eigentliche Physio-Psychologie« — sein Wort für Psychoanalyse — »hat mit unbewussten Widerständen im Herzen des Forschers zu kämpfen.«

Freud, der mit seiner Arbeit erst begann, als sein Vorläufer aus dem Verkehr gezogen worden war, hatte bald mit unbewußten Widerständen gegen Nietzsche zu kämpfen. Nachdem er schon in seiner Studentenzeit dessen Gedanken kennengelernt hatte — was er aber verheimlichte —, schrieb er in Nietzsches Todesjahr seinem Freund Wilhelm Fließ, er habe sich »den Nietzsche beigelegt, in dem ich die Worte für vieles, was in mir stumm bleibt, zu finden hoffe, aber ihn noch nicht aufgeschlagen«. Jahrzehnte später behauptete er in einem Artikel zur »Geschichte der psychoanalytischen Gesellschaft«, er habe sich den »hohen Genuß der Werke Nietzsches . . . mit der bewußten Motivierung versagt, daß ich in der Verarbeitung der psychoanalytischen Eindrücke durch keinerlei Erwartungsvorstellung behindert sein wolle.« Freud deutet sich seine Verdrängung in die bewußte Versagung eines Genusses um. Zwar konzediert er, gerne »auf alle Prioritätsansprüche« zu verzichten, wo »die mühselige psychoanalytische Forschung die intuitiv gewonnenen Einsichten des Philosophen nur bestätigen kann«; aber zugleich setzt er das »Kinderspiel« des Philosophen gegenüber seiner eigenen »mühseligen Forschung« herab, aus der der Ernst des Lebens spricht.

Die Nachsicht, die er gegenüber seinen eigenen Nachentdeckungen walten ließ, fiel ihm gegenüber anderen, die sich bei Nietzsche bedienten, schon schwerer. Als er in einer Schrift den Begriff »Es« von Georg Groddeck übernimmt, weist er in einer Fußnote eigens darauf hin, daß dieser »wohl dem Beispiel Nietzsches« folgte, bei dem dieser Ausdruck »durchaus gebräuchlich« ist. Gebräuchlich gerade nicht, man muß ihn mit der Lupe suchen.

Nicht nur seine Furcht, »vorweggenommen« zu sein, ließ Freud bei diesem Thema einsilbig werden. Im April und Oktober 1908 hatte sich der Mittwochskreis der Freudschen Psychoanalytiker ein besonders delikates Diskussionsthema ausgesucht: Nietzsche. Freud äußerte dabei kategorisch, daß »Nietzsches Gedanken auf seine eigenen Arbeiten gar keinen Einfluß gehabt hätten«. Mitten hinein in diverse Deutungsversuche, in denen von latentem Sadismus, verdrängter Homosexualität und seinem Vater-Komplex die Rede war, platzte Paul Federn mit der Behauptung:

»Aus sicherer Quelle könne er mitteilen, daß Nietzsche zu Zeiten seines Lebens homosexuell gelebt habe und seine Lues in einem homosexuellen Bordell in Genua akquirierte.«

Gemessen an der Verehrung, die Nietzsche damals genoß, kam das Statement einer Gotteslästerung gleich. Wohl, um nicht noch mehr arischen Haß auf die als »jüdisch« verschrieene Freud-Schule zu ziehen, kehrte man die Sache unter den Teppich. Auch die Nietzsche-Biographen und -Exegeten haben sich zu dem Federn-Wort ausgeschwiegen. Vielleicht hätten sie Quellen-Forschung betreiben sollen.

Einer, der es hätte wissen können, war Joseph Paneth, der zu Nietzsches »treu anhänglichem, stark jüdisch dominierten Wiener Verehrerkreis« gehörte. Der »Naturforscher«, als den Nietzsche ihn bezeichnete, machte im Dezember 1883 die Bekanntschaft seines Idols in Nizza, wo beide bis ins folgende Frühjahr Kontakt miteinander hatten. Noch ein Jahr später, als Paneth längst wieder in Wien ist, erwähnt Nietzsche ihn als einen »großen Bewunderer und Anbeter«. Paneth hatte sich ihm als Informationszuträger empfohlen: Neues aus Wien, Hintergrund-Dossiers über andere Verehrer und sonstigen Klatsch ließ er Nietzsche reichlich zukommen. Dafür berichtete er auch brühwarm nach Wien, was er mit dem Philosophen erlebt hatte. Er wurde Privatdozent für Physiologie an der Wiener Universität und starb 1890 mit 33 Jahren an Tuberkulose. In einem Freud-Brief aus dem Jahr 1934 taucht der längst vergessene Nietzscheaner wieder auf: »ein Freund von mir, Dr. Paneth, hatte im Engadin seine Bekanntschaft gemacht und mir viel von ihm geschrieben.« Paneth, so scheint es, wußte ihn für den Denker zu interessieren, zu dem Freud vorher wegen dessen »unzugänglicher Vornehmheit« auf Distanz geblieben war.

Der lungenkranke Propagandist erscheint in Freuds »Traumdeutung« unter negativen Vorzeichen. In dem 1899 erschienenen Buch erzählt Freud eine Traumszene, »in der ich P. durch einen Blick vernichte«. P.'s Witwe entdeckt eine versteckte Verunglimpfung ihres Mannes und kündigt dem überraschten Traumdeuter die Freundschaft. Als ein anderer ihm Freundschaft und Gefolgschaft aufkündigt, muß Freud sich wieder an Nietzsche erinnern lassen: C. G. Jung übersandte seinem Lehrmeister 1912 eine »Unabhängigkeitserklärung«, die zum Bruch in der psychoanalytischen Gesellschaft führte. »Ich lasse Zarathustra für mich reden«, schrieb Jung, der genau um die Achillesferse seines Meisters wußte. »Man vergilt es einem Lehrer schlecht, wenn man immer nur Schüler bleibt.« Daß der Philosoph als Waffe gegen ihn eingesetzt wurde, muß Freud sehr erregt haben, denn in einem Antwortbrief unterlief ihm eine der berühmten Freudschen Fehlleistungen. Statt der vorwurfsvoll-rhetorischen Frage, »wann ich solche Versuche zur geistigen Unterdrückung unternommen habe« — eigene Antwort: »Ich glaube, nie« —, schreibt er im Original, »warum ich solche Versuche zur geistigen Unterdrückung unternommen habe«.

Auch die Trennung von seinem nächsten »Kronprinzen« stand im Zeichen des verleugneten Vorläufers. Otto Rank, Leiter des »Psychoanalytischen Verlags«, widersprach 1924 in seinem Buch »Das Trauma der Geburt« nicht nur Freudschen Dogmen, sondern bezweifelte auch dessen alleinige Vaterschaft an der neuen Disziplin. Auf sie hätte unter anderen auch Nietzsche Anspruch. Rank schreibt, der Philosoph habe die »Sexualverdrängung« erkannt, im »Dionysischen« die »neurotische Zerrissenheit« beschrieben und von Sokrates eine »unübertrefflich scharfsichtige Psychoanalyse« geliefert. Otto Rank, der Freud zu dessen 70. Geburtstag auch noch mit einer Nietzsche-Prachtausgabe beglückte — Freud klagte über die Geldverschwendung —, wurde aus Papas Urhorde verstoßen. »Es war«, schreibt Freud-Biograph Roazen, »als wollte Rank mit seinem Geschenk sagen: Du wirfst mir vor, daß ich Gedanken von Dir entlehne; schau Dir an, was Du selbst von Friedrich Nietzsche entlehnt hast.«

Im Dezember 1930 preist der Schriftsteller Arnold Zweig den Vater der Psychoanalyse als Vollender Nietzsches. »Die Analyse hat sich alle Werte umgewertet«, schreibt er in bezug auf Nietzsches Plan einer »Umwertung aller Werte« und behauptet, Freud habe »den Willen zur Macht auf das zurückgeführt, was ihm zu Grunde liegt«. Im Entdecker-Überschwang möchte Zweig über solche »Brücken zu Nietzsche hinüber« mehr erfahren, ermuntert zugleich den Briefpartner, selbst etwas über diese wenig bekannten Brücken zu schreiben. Aber Freud hat sie längst abgebrannt. Im übrigen möge Zweig erst dann etwas darüber veröffentlichen, »wenn ich nicht mehr da bin«. Vier Jahre später vertraut der Dichter dem Seelenarzt an, er bereite einen »Roman von Nietzsches Umnachtung« vor; ob Freud ihm nicht dabei helfen und auch den Kontakt zu »Frau Lou« herstellen wolle ... Wie 1930 holt Zweig sich eine Abfuhr, die diesmal aufschlußreich genug ist: »Keine Zuschrift zu meinem 78ten hat mich stärker beansprucht als Ihre«, schreibt Freud, der ausgerechnet an seinem Geburtstag von dem Gespenst heimgesucht wird. Er habe eine instinktive Abneigung gegen dieses Projekt, bekennt er weiter, führt einige Argumente an und resümiert: »Ob das meine wirklichen Argumente gegen Ihren Plan sind, weiß ich nicht. Vielleicht spielt noch die Beziehung eine Rolle, in die Sie mich zu ihm bringen.« Auch »Frau Lous« Ablehnungsschreiben klingt wie »neurotische Abwehr«:

»Das ist für mich eine *ganz und gar undenkbare* Beteiligung ... Das ist für mich nicht zu berühren, voll Schrecken wehre ich es ab ... Übrigens wie recht haben Sie, ihm überhaupt von dem Nietzscheplan dringend abzuraten.«

Zweig läßt nicht locker. Er spürt, vielleicht weiß er sogar, daß Freud zu diesem Thema eine engere Beziehung hat, als er zuzugeben bereit ist. Im Juli 1934, fünf Jahre vor Freuds Tod, bringt er ihn tatsächlich dazu, mit der Wahrheit herauszurücken — die darin besteht, daß Freud es vorzieht, im Fall Nietzsche auf sie zu verzichten:

»Vor dem Nietzsche-Problem stehen für mich zwei Wächter, die mir den Eingang verwehren. Erstens, man kann einen Menschen nicht durchleuchten, wenn man seine Sexualkonstitution nicht kennt, und die Nietzsche's ist völlig rätselhaft. Es geht selbst die Sage, er sei passiv homosexuell gewesen und habe sich die Lues in einem italienischen Männerbordell geholt. Ob es wahr ist? Qien sabe? Zweitens, er hatte eine schwere Krankheit, und nach langen Vorboten brach die Paralyse bei ihm aus. Konflikte hat ein jeder. Wenn einer eine Paralyse hat, treten die Konflikte in der Ätiologie weit zurück. Ob es dem Dichter erlaubt sein soll, die groben Tatsachen der Pathologie umzuphantasieren?«

Die beiden Wächter stehen deshalb vor dem Nietzsche-Eingang, weil Freud sie dort aufgestellt hat. Daß man Symptome echter Geisteskrankheit nicht umphantasieren oder zurechtdeuteln darf, ist klar, aber das wollte Zweig gar nicht. Das erste Argument dagegen klingt, als würde ein Arzt zum Patienten sagen: Ich kann leider keine Diagnose stellen, weil ich Ihre

Krankheit nicht kenne. Hat nicht Freuds Deutungsarbeit immer gerade dort angesetzt, wo die Abwehrmechanismen des Unbewußten, auch seines eigenen, ihn daran zu hindern suchten? Daß eine »Sexualkonstitution« rätselhaft ist, hätte für ihn einen Grund mehr darstellen müssen, sie zu durchleuchten. Und warum kolportiert er die Federn-Aussage von 1908 unter der suggestiven Rubrik »Sage«, garniert mit zwei koketten Fragefloskeln?

Man kann Freuds Brief auch anders lesen. Die Wächter stehen nicht da, um ihn am Wissen zu hindern, sondern an der Weitergabe des Wissens. Es sind die Widerstände, die sich der Wahrheit in den Weg stellen — und Freud kannte sie. Daß man einen Menschen nicht durchleuchten kann, dessen Sexualkonstitution unbekannt ist, soll kein Bekenntnis eigener Ignoranz oder Hilflosigkeit sein — als das es gelesen wurde —, sondern Mahnung an den Außenstehenden: Herr Zweig, da Ihnen über seine Sexualität nichts bekannt ist, können Sie ihn auch nicht dichterisch darstellen! Und als Schuß vor den Bug des Ahnungslosen, der vermintes Gewässer ansteuert, bringt Freud »Sage« samt Syphilis ins Spiel, was einem hochgestimmten Dichter nun wirklich den Appetit verderben kann.

Dabei hätte der Freud-Verehrer, der seinen Nietzsche-Roman nie schreiben sollte, durch den Brief auf die rechte Spur gebracht werden können: 1924 hatte Freud sich mit dem Tautenburger Tabu-Thema beschäftigt. In seiner Schrift »Das ökonomische Problem des Masochismus« tauchen gleich zu Anfang die beiden Schlüsselbegriffe seines Abwehrbriefes an Zweig auf: »Man hat ein Recht dazu«, schreibt Freud, »die Existenz der masochistischen Strebung im menschlichen Triebleben als ökonomisch *rätselhaft* *) zu bezeichnen.« Gerade das hat sie mit Nietzsches »Sexualkonstitution« gemein: Auch sie ist rätselhaft. Schon im übernächsten Satz erscheint das zweite Schlüsselwort des Freud-Briefs: »Wenn Schmerz und Unlust nicht mehr Warnungen, sondern selbst Ziele sein können, ist das

*) Hervorhebung von mir, J. K.

Lustprinzip lahmgelegt, der *Wächter**) unseres Seelenlebens gleichsam narkotisiert.« Wie vor Nietzsches Eingang der Wächter seiner »rätselhaften«, sprich masochistischen Sexualkonstitution, so steht vor dem Seelenleben jedes Menschen das Lustprinzip — wobei es in seinem Fall nur ins Gegenteil verkehrt ist.

Mit einem Nietzsche-Begriff erklärt Freud, warum. In jedem Lebewesen trifft die Libido auf ihren Widerpart, den »Todes- oder Destruktionstrieb«. In ihrem Kampf, ihn »unschädlich« zu machen, lenkt sie ihn »nach außen«, wodurch er »Destruktionstrieb, Bemächtigungstrieb, *Wille zur Macht*«*) wird — Nietzsches späterer Grundbegriff, den Freud hier als gegen die Außenwelt gerichteten Todestrieb deutet. Freud als Nietzsche-Interpret. Der Teil dieses Triebes, so der Analytiker weiter, »der direkt in den Dienst der Sexualfunktion gestellt« wird, ist der »eigentliche Sadismus«; der andere Teil, der »libidinös gebunden« im »Organismus« bleibt, wird zum »erogenen Masochismus«. Der Wille zur Macht, der gegen sich selbst wütet, weil er an äußerer Betätigung gehindert wird, war ein Lieblingsgedanke Nietzsches. In der »Genealogie der Moral« entdeckt er als den Ursprung der Gewissens-Selbstquälerei, »dass alle jene Instinkte des wilden freien schweifenden Menschen sich rückwärts, sich *gegen den Menschen selbst* wandten. Die Feindschaft, die Grausamkeit, die Lust . . . an der Zerstörung — Alles das gegen die Inhaber solcher Instinkte sich wendend: *das* ist der Ursprung des ›schlechten Gewissens‹«.

Zum »Rätsel« Nietzsche gehört aber auch die »Sage« seiner Homosexualität. Und die hatte nicht Federn, sondern Freud in die Welt gesetzt — er, der so gut wie Federn *wußte,* daß sein Vorläufer homosexuell war, behauptete nun gegenüber dem Schriftsteller, es sei nur eine Sage. Hätte Zweig die Protokolle der Wiener »Psychoanalytischen Gesellschaft« gekannt, die Freud pikanterweise an Paul Federn weitergab, so wäre er in seiner Verehrung für den Patriarchen Freud sicher schwankend

*) Hervorhebung von mir, J. K.

geworden. 1908 machte er einige Anmerkungen zu Nietzsche, auf denen sich sein ganzer Roman hätte aufbauen lassen. Damals waren die beiden Wächter noch nicht auf ihren Posten, und Freud litt noch nicht unter der krankhaften Angst um seine Einzigkeit.

Freud sprach in der Mittwochsgesellschaft darüber, daß Nietzsche in seiner Autobiographie »Ecce homo« seinen Vater »noch einmal« tötet, worin er »infantile Nachklänge« spürte; daß er »in seiner Pubertätszeit eine Christusphantasie in sich getragen« habe und später, durch seine Paralyse, zur Introspektion gekommen sei. Dann macht sich Freud an die Lösung von Nietzsches Lebens-»Rätsel« und beweist damit eine intime Kenntnis von dessen Biographie und Werk, die seine vorgebliche Ignoranz widerlegen. Hängt es mit seiner eigenen latenten Homosexualität zusammen, daß er sein Wissen außerhalb des Mittwochs-Kreises verleugnet hat? Sein Klartext zu Nietzsche wurde am 28.10. 1908 in der Berggasse zu Protokoll genommen:

> »Durch die Krankheit vollständig vom Leben abgeschnitten, wendet er sich auf das einzige Forschungsobjekt, das ihm geblieben ist und das ihm als Homosexuellen ohnehin näher lag, an das Ich. — Und da beginnt er mit großem Scharfsinn, gleichsam in endopsychischer Wahrnehmung, die Schichten seines Selbst zu erkennen. Er macht eine Reihe glänzender Entdeckungen an seiner Person. Aber nun kommt die Krankheit: Er begnügt sich nicht damit, diese Zusammenhänge richtig zu erraten, sondern er projiziert die Erkenntnis, die er an sich gemacht hat, als Lebensanforderung nach außen. Das Lehrhafte, Pastorale, das in ihm vom Christus-Ideal steckt, kommt zu seiner psychologischen Einsicht hinzu ... Was ihn zu dieser ganz außergewöhnlichen Leistung befähigt hat, durch alle Schichtungen hindurch die Triebe zu erkennen, ist der Auflockerungsprozeß durch die Paralyse.«

Was Freud in rühmenden Worten über Nietzsches Entdekkung des inneren Selbst sagt, trifft auch auf ihn zu. Ohne seine Fähigkeit, »die Schichten des Selbst zu erkennen«, wäre Freud nicht zur Theorie der Psychoanalyse gekommen. Einziger Unterschied: Die Krankheit ließ Nietzsche das im Inneren Entdeckte nach außen »projizieren«, psychologische Tatsachen auf die Menschheitsgeschichte aufblenden. Daß Nietzsches Erkenntnisse eng mit seiner Sexualität verknüpft waren, deutet Freud auch mit der Schlußbemerkung an, die ganze Anlage der Schrift »Ecce homo« lasse »schließen, daß ein Kapitel: ›Über meine Sexualität‹ hineingehört und vielleicht auch geschrieben wurde.« Ob es wahr ist? Quien sabe? Wahr ist, daß auch Freud der Vorwurf gemacht wurde, seine psychoanalytischen Einsichten auf weltgeschichtliche Zusammenhänge anzuwenden. Bekanntestes Beispiel: sein Buch »Totem und Tabu«, in dem Freud den »Ödipus-Komplex« als eine Art Urknall der Menschheitsentwicklung darstellt.

Für Freud war Nietzsche, wie für diesen selbst, der neue Ödipus: Er hatte seinen Vater — sogar zweimal — getötet und durch diese nebst ein paar anderen »ungeheuren Naturwidrigkeiten« das Geheimnis der Sphinx gelöst. Nietzsche-Ödipus war zum Wissenden geworden, der entsetzt in den grauenhaften Abgrund blickt, in dem auch Freud sieht, was sein Vorgänger sah: den Vatermord, die »naturwidrigen Greuel« der Urgeschichte. Von diesem unerträglichen Anblick, so hatte Nietzsche gepredigt, heilt die Kunst. Nur in der Tragödie erfährt das grauenhafte Ödipus-Wissen seine ekstatische Erlösung, nur in ihr feiert der sterbliche Gott, der verfluchte Ödipus — feiert der Gottesmörder Nietzsche seine Auferstehung: Ein strahlendes Götterbild kommt dem im Schmerz Zerrissenen entgegen, berührt ihn wundersam und läßt ihn Bilderfunken sprühen. Es ist die Verschmelzung zweier Götter, die von der Schuld befreit. Der Ödipus-Komplex, auch das wußte Freud, kann nur durch eine »erlöste« Sexualität geheilt werden.

Er hatte seinen Nietzsche gut gelesen. Wenige Jahre, nachdem er in der Mittwochsgesellschaft die Nietzsche-Karten auf den Tisch gelegt hatte, beschwor er in »Totem und Tabu« dessen ödipale Tragödien-Vision: den Gott, der durch seine Leiden hindurch erlöst wird. Das Buch, von der Fachwissenschaft abgelehnt, liest sich wie die psychoanalytische Deutung von Nietzsches Kindheit: Am Anfang steht der Tod des Vaters, an dem sich der Sohn schuldig weiß, weil hinter seiner »zärtlichen Liebe« in Wahrheit »Feindseligkeit« versteckt war. Im Dämon, der ihn fortan bedrängt, steckt das rächende Vatergespenst. Um den immer wiederkehrenden Alp zu beruhigen und zugleich das eigene schlechte Gewissen zu entlasten, sucht sich der Sohn ein Tier, das den Vater ersetzt und an seiner Statt verehrt wird; zum Beispiel ein Eichhörnchen, das man zum König ernennt. Und wie Nietzsche sein privates Grusel-Drama auf dem Umweg über Hamlet in der griechischen Tragödie wiederfand, so entdeckt Freud die neurotischen Leiden des jungen Menschen in der Jugend der Menschheit wieder.

Freuds »Urhorde«, die es nach Meinung derer, die es wissen müssen, so nie gegeben hat, ähnelt außerordentlich jenem Nietzscheschen Satyrchor, der ebenfalls nur in der Phantasie seines Erfinders existierte. Für Freud besteht diese Horde aus Söhnen, die die Mutter haben wollen, aber nicht kriegen, weil der Vater vor ihr steht und auf ihr liegt. Sie hassen ihn und lieben ihn zugleich: denn er ist stärker als sie. Aber ihr Haß ist auch stärker als sie, und vor allem als er — sie töten ihn, essen ihn und spüren plötzlich Magendruck: schlechtes Gewissen, Reue, Schuld. Das hält sie zusammen. Sie schaffen den toten Alten zum unsterblichen Gott um und verzichten, zur Besänftigung seiner Rachsucht, auf den Besitz jener Frau(en), um deretwillen sie ihn töteten: Inzest-Verbot. Noch etwas anderes erreichen sie durch ihr Zusammenbleiben, was Freuds Urhorde ganz nahe mit Nietzsches Satyrchor zusammenrückt: »Sie retteten so die Organisation, welche sie stark gemacht hatte und die auf homosexuellen Gefühlen und Betätigungen ruhen konnte.«

Zum Schluß seines Versuchs über den Ursprung des schlechten Gewissens und die Genealogie der Moral erweist Freud seinem Vorgänger die Ehre, die ihm gebührt: Er zitiert als Höhepunkt die »Geburt der Tragödie«, natürlich ohne sie zu nennen — Tabu-Rücksichten. »In der Geschichte der griechischen Kunst gibt es eine Situation«, beginnt Freud, als hätte er sie eben entdeckt, und er meint die »älteste griechische Tragödie«. Bei ihr handelt es sich nicht um ein bloßes Theaterereignis, weiß er, sondern um einen historischen Vorgang. »Eine Schar von Personen, alle gleich benannt und gleich bekleidet, umsteht einen einzigen, von dessen Reden und Handeln sie alle abhängig sind: es ist der Chor und der ursprünglich einzige Heldendarsteller.« Und der »mußte leiden«, da er »tragische Schuld« auf sich geladen hatte. Nun aber stellt Freud die Frage aller Fragen in den Raum und gibt knappste, wie er hofft: überzeugende, Antwort:

»Warum muß aber der Held der Tragödie leiden, und was bedeutet seine ›tragische‹ Schuld? Wir wollen die Diskussion durch rasche Beantwortung abschneiden. Er muß leiden, weil er der Urvater, der Held jener großen urzeitlichen Tragödie ist, die hier eine tendenziöse Wiederholung findet, und die tragische Schuld ist jene, die er auf sich nehmen muß, um den Chor von seiner Schuld zu entlasten.«

Das »rasche Abschneiden«, in dem Papa Freud sich hier übt, ist sein Kastrationsgestus gegenüber dem Zirkel, der schon den Mund zur Gegenfrage geöffnet hat: Steht das nicht schon bei Nietzsche? So nicht, aber so ähnlich. Denn wie Freud andeutet, ist der Held nicht nur der Täter, der für seinen Mord büßt, sondern auch das Opfer, das vom Helden ermordet wird. In Freuds unentschiedenen Worten: »der Urvater, der Held«. So sah es Nietzsche: Der Held ist im Augenblick der Zerreißung mit dem Ureinen — dem »Urvater« — eins; und da der Chor gleichzeitig auch mit dem Helden verschmilzt, ist die Versöhnung von Vater und Sohn vollzogen, die Urhorde namens »Satyrchor« von ihrer Schuld entlastet. Daß Freud damit nur seinen Vordenker weitergedacht hat, muß in ihm eine besondere Art von Ödipus-Komplex ausgebildet haben. Als ihm seine Schüler eine Gedenkmünze mit dem rätsellösenden Ödipus überreichten, erbleichte Freud. Nietzsche-Ödipus ließ sich nicht verdrängen.

Freud, der seine Urhorden-Neigungen zugunsten des Patriarchen-Status abgewürgt hatte, mußte entsetzt sein, als er von

Federn über Nietzsches Satyr-Wesen aufgeklärt wurde. Aber er scheint dessen sicherer Quelle getraut zu haben. Kannte er sie vielleicht selbst? Handelte es sich um Paneth, der Nietzsche an der Riviera erlebt hatte und den Freud auch ein zweitesmal »tötete«? Als Paneth 1890 starb, war Federn erst 19. Oder hatte etwa Paul Rée sich an dem perfiden Sternenfreund schadlos gehalten, indem er in Wien oder Berlin plauderte? Interessenten gab es genug. Unter anderem auch Paul Federns älteren Bruder Karl, der in den achtziger Jahren in Wien, einer Hochburg der Nietzscheaner, studierte und sich mit dem Philosophen beschäftigte.

Karl Federn trat nach der Jahrhundertwende als Nietzsche-Propagandist auf. Die Tänzerin Isadora Duncan, die den natürlichen Tanz des klassischen Griechenland wiederbeleben wollte und mit einem hellenischen Knabenchor in Tunika und Sandale durch Europas Konzertsäle tingelte, war durch ihn 1903 auf Nietzsche aufmerksam geworden. In ihm entdeckte die Tanz-Avantgardistin mit dem Hang zum Nackten die verwandte Tänzerseele — dank Federn, der ihr Zarathustras Geist beschwor:

»Unter den bei uns verkehrenden Künstlern und Schriftstellern befand sich auch ein junger Mann mit auffallend intelligenten Zügen, hoher Stirn und durchdringenden Augen hinter scharfen Brillengläsern. Er hieß Karl Federn und hatte es sich in den Kopf gesetzt, mir das Genie Friedrich Nietzsches zu enthüllen. ›Nur durch Nietzsche‹, lauteten seine Worte, ›werden Sie zur vollen Erkenntnis jenes Ausdrucks im Tanz gelangen, den Sie suchen!‹ Jeden Nachmittag erschien er bei mir und las aus dem ›Zarathustra‹, wobei er mir Sätze und Ausdrücke, die mir unverständlich waren, erklärte.«

Seelenführer Federn mußte ihr dabei die wichtigsten Passagen ins Englische übersetzen, auch das »Tanzlied«, in dem Zarathustra erst seinen Cupido züchtigen muß, bevor er von der Liebe singen kann. Isadoras Nietzsche-Begeisterung brachte sie sogar in Konflikt mit der Bayreuther Ideologie. Cosima hatte sie eingeladen, die Choreographie des Venusberg-

Bacchanals für den »Tannhäuser« von 1904 zu übernehmen. Prompt kam es in ihr zum Widerstreit der Weltanschauungen. »Meine Seele glich einem Schlachtfeld«, berichtet sie in ihren Memoiren, »wo Apollo, Dionysos, Christus, Nietzsche und Richard Wagner einander den Boden streitig machten.« Als sie auch noch spärlich bekleidet auf die heilige Festspielbühne treten wollte, spitzte sich der Konflikt Nietzsche contra Wagner — gleich »Natürlichkeit« gegen »Heuchelei« — dramatisch zu:

»Bei der ersten Vorstellung von Tannhäuser erregte meine durchsichtige Tunika, die jedes Detail meines tanzenden Körpers sichtbar werden ließ ... Aufregung, und im letzten Moment verlor sogar Frau Cosima die Courage. Sie sandte knapp vor meinem Auftreten eine ihrer Töchter mit einem langen weißen Hemd in die Garderobe und ließ mich bitten, es doch unter meinen dünnen Schleiern ... anzulegen. Aber ich blieb fest ... So stand ich, eine ausgesprochene Heidin, allein im Kampf gegen die Philister.«

Punktsieg für Zarathustra.

*

Rapallo, die italienische Hafenstadt in der Provinz Genua, wurde durch den deutsch-sowjetischen Vertrag von 1922 berühmt; der Name, den man mit Ort und Vertrag verknüpft, ist Walther Rathenau. Wäre es nach Nietzsche gegangen, so verbände man heute seinen Namen mit diesem Ort. Denn in Rapallo, im Albergo de la Posta, das »unmittelbar am Meere« und zu Füßen des Monte Allegro steht, wo er trotz eines Kaminzimmers gefroren hat »wie noch nie, auch nie so schlecht gegessen«, ist der erste Teil seines Hauptwerks »Also sprach Zarathustra« entstanden. Das heißt, er hat ihn sich erwandert, wie er später erzählt, »an Pinien vorbei und weitaus das Meer überschauend«; und dabei »fiel mir der ganze erste Zarathustra ein, vor Allem Zarathustra selber, als Typus: richtiger, er *überfiel mich* . . .« Damals reichte seine Columbus-Welt, wie er an Gast in Leipzig schrieb, »von Portofino bis Zoagli; ich wohne in der Mitte, nämlich in Rapallo, aber meine Spaziergänge führen mich täglich an die genannten Grenzen meines Reichs.« Täglich spaziert er auch in die kleine Nachbarstadt Santa Margherita, wo er seine »poste restante«-Post abholt, von Anfang Dezember 1882 bis Ende Februar 1883. Inkognito verpflichtet.

Das künstliche Paradies. Im Dezember sitzt Nietzsche im Albergo de la Posta und nimmt Opium. Der Grund: »die Affekte fressen mich auf. Ein gräßliches Mitleid, eine gräßliche Enttäuschung, ein gräßliches Gefühl verletzten Stolzes — wie halte ich's noch aus?« Antwort: »Heute Abend werde ich so viel Opium nehmen, daß ich die Vernunft verliere.« Ein paar Zeilen weiter ist es geschehen. Das Bekenntnis steht in einem Briefentwurf an die Ex-Freunde Lou und Rée. Die Augen, so scheint es, sind ihm beim einsamen Wandern und nächtlichen Herumsitzen im kalten Zimmer aufgegangen. »Beunruhigen Sie sich nicht zu sehr über die Ausbrüche meines Größenwahns oder meiner verletzten Eitelkeit«, höhnt er, der »kopfleidende Halb-Irrenhäusler . . . den die Einsamkeit vollends verwirrt hat.« So, das weiß er nun, das hört er förmlich, sprechen sie über ihn. Verspotten sie ihn mit teuflischem Gelächter. »Zu dieser, wie ich meine verständigen Einsicht in die Lage der Dinge komme ich, nachdem ich eine ungeheure Dosis Opium *aus Verzweiflung* eingenommen habe.« Als er den Brief, wieder bei Verstand, ins reine schreibt, unterstreicht er statt des »aus Verzweiflung« die *»verständige* Einsicht« und schickt ihn ab. Kurz darauf nimmt er in einem neuen Schreiben Stellung zu diesem Verzweiflungsbrief: »Ich bin durchaus nicht verrückt und leide auch nicht an Größenwahn«, beteuert er, also: »verwechseln Sie nicht meine Vernunft mit dem Unsinn meines neulichen Opiumbriefes.« Den Unsinn, den er geschrieben habe, nimmt er zurück — daß er ihn unter Opiumeinfluß zu Papier brachte, nicht.

Nietzsche hat das Rauschgift als Drohmittel benutzt — eine »ungeheure Dosis« raubt nicht nur den Verstand, sondern tötet. Hat er gehofft, den beiden damit wenigstens ein schlechtes Gewissen machen zu können? Oder hat er das Rauschgift, wie Biograph Ross vermutet, gar nicht genommen, sondern sich nur als »dämonische Manfred-Figur« stilisiert und mit dem Brief »Literatur« gemacht? Vielleicht war die Selbstmorddrohung Literatur — das Opium war es nicht.

Als Nietzsche in seinem Zimmerchen in Rapallo die mehr oder weniger ungeheure Dosis Opium einnahm, war er längst in die Mysterien der Bewußtseinserweiterung und -auflösung eingeweiht. Schon 1868 nach seinem Reitunfall in »Balduins« Sattel hatte er »alle Abende Morphium« genommen; 1870, nach dem verunglückten Sanitätseinsatz im Deutsch-Französischen Krieg, wurden ihm »Opium- und Tanninklystire« verabreicht; 1877 verschrieb ihm ein Arzt in Neapel gegen seine Migräne »Narcein«, ein Opium-Mittel; in einem seiner Notizbücher findet sich der Hinweis auf »Diacodien«, das ebenfalls das Suchtmittel enthält. Im Gedicht vom »geheimnissvollen Nachen« spricht er vom »Mohn«, der einen »tief schlafen macht«, in einem anderen, ebenfalls aus den »Liedern des Prinzen Vogelfrei«, bittet er sein Fieber: »Giess alle Mohne, Giess, Fieber! Gift mir in's Gehirn!« Nachdem er wahnsinnig geworden war, so erzählt die Schwester, »pflegte er . . . unserer Mutter öfters geheimnisvoll zu sagen, ›daß er 20 Tropfen genommen habe‹ — er sagte nicht wovon — ›und daß ihn dann der Geist hinweggeführt hätte‹.« Man sträubt sich, der Schwester derlei zu glauben, aber eine Aufzeichnung der Mutter, die das Geplapper des Sohnes 1895 mitschrieb, scheint ihr recht zu geben: »Alumnen gute Menschen«, sagt er da, »Adjuncten sehr geliebt«, und schließlich, vor dem Hausmädchen Alwine, das er wohl auch liebt: »Opium«. In der Liste der angenehmen Erinnerungen darf das nicht fehlen.

Wie das Mittel wirkt, kann man seit 1821 in Thomas de Quinceys »Bekenntnissen eines Opiumessers« nachlesen. Der

Autor, begabt mit dem Witz eines Laurence Sterne, beschreibt das Opium als Offenbarung. Raum- und Zeitgefühl verändern sich, Vergangenheit wird zur Gegenwart, Träume werden als wirklich, die Wirklichkeit traumhaft erlebt. Opium spaltet die Geschichte in zwei Hälften, zumindest für den, der es nimmt. Opium macht nicht nur »high« — es sprengt alle Grenzen, das Bewußtsein schnuppert Ewigkeits-Luft. Thomas de Quincey nahm die Droge nicht zum Vergnügen, und dazu wurde sie Anfang des letzten Jahrhunderts auch nicht verkauft. Er brauchte sie zur Linderung seiner »rheumatischen Kopf- und Gesichtsschmerzen« — die ab 1859 auch bei Nietzsche von Anstaltsarzt Zimmermann diagnostiziert worden waren: »Rheumatischer Hals- und Kopfschmerz«. Als Beigabe bekam de Quincey die Himmelfahrt:

> ». . . nach einer Stunde, o Himmel, welch ein Umschwung! Welch ein Wiedererwachen verborgener Geisteskraft aus tiefsten Tiefen! Welche Apokalypse der Welt in mir! Daß meine Schmerzen verschwunden waren, wurde in meinen Augen zur Kleinigkeit; der negative Effekt wurde von der ungeheuren Größe jener positiven Auswirkungen verschlungen, die sich vor mir in der Unendlichkeit des göttlichen Vergnügens auftaten, das sich mir plötzlich offenbart hatte.«

Das künstliche Paradies war in jeder Apotheke erhältlich; »das Glück konnte jetzt für einen Penny gekauft und in der Westentasche mitgenommen werden, tragbare Ekstasen konnte man auf Halbliterflaschen abgezogen bekommen, und Seelenfrieden ließ sich mit der Post versenden«. Damit spricht er den Fixern unserer Tage aus dem Herzen. Der Unterschied besteht darin, daß er es nicht gefixt, auch nicht, wie der Titel sagt, gegessen hat, sondern getrunken; ein anderer, daß man 1821 noch nicht um die Suchtgefahr des Opiums wußte — wohl aber um die tödliche Wirkung einer Überdosis, eines goldenen Schlucks sozusagen.

Nietzsche, chronisch schmerzverseucht und ekstasehungrig, wußte zu dosieren. Doch als ein alter Holländer, der angeblich aus Java kam, ihm eine »mittelgroße Flasche« — eine Halbliterflasche? — mit einer gewissen Flüssigkeit schenkte, war die Wirkung umwerfend:

»Die Flüssigkeit machte den Eindruck eines ziemlich starken Alkohols«, berichtet die Schwester, »und besaß einen fremdländischen Geruch, — aber auch einen fremdländischen Namen, den ich mir nicht habe merken können, da wir diese Flüssigkeit nur als das ›javanische Beruhigungsmittel‹ bezeichneten. Der Holländer hatte sehr dringlich anempfohlen, immer nur wenige Tropfen in einem Glas Wasser zu nehmen. Das habe ich auch probiert und eine gewisse erheiternde Wirkung konstatiert ... Späterhin, im Herbst 1885, gestand er mir, daß er einmal offenbar einige Tropfen zu viel genommen habe, sich dann plötzlich auf den Boden hätte hinwerfen müssen, und daß die Erheiterung in eine Art Lachkrampf ausgeartet sei.«

Die Flüssigkeit machte den Eindruck von Alkohol, weil der Grundstoff, wie schon de Quincey schreibt, damit verdünnt wird. Möglicherweise hat Paul Lanzky, ein sonderlinghafter Schriftsteller und Hotelbesitzer, diese Substanz zu sehen bekommen. Im Dezember 1884 lebte er mit Nietzsche in der »Pension de Genève« in Nizza und machte sich als Gesprächspartner und Vorleser nützlich. Lanzky, von dem Nietzsche sagte, er habe »einen Begriff davon, *wer* ich bin«, bemerkte damals, daß der Philosoph »immer und immer« von der Frage umgetrieben wurde, »ob die Oase Biskra in der Sahara zu einer zehnjährigen Einsiedelei eines Zarathustra's nicht würdiger wäre«, und lernte auch den Holländer kennen, der dem schlaflosen Fernsüchtigen die milde Gabe beschert hatte. Außerdem fiel ihm auf, daß Nietzsche reichlich Alkohol konsumierte — »ich wollte ihm das gern abgewöhnen« — und eine Flasche Cognac in drei Tagen leerte. Aber »Rauschgifte als Genußmittel hat Nietzsche mißbilligt, als Linderungsmittel gegen überlastende Qualen moralischer oder leiblicher Natur ... anerkannt.« In Nizza hat Lanzky den Stoff, aus dem die Träume sind, gesehen:

»Nietzsche zeigte mir (von dem Holländer) ein kleines Flacon weißen Pulvers, in der Größe von 5×2 cm, das ihm mit der äußersten Ermahnung ausgehändigt worden war, nur in seltenen Fällen vor dem Schlafengehen ein Milligramm von dem Pulver zu sich zu nehmen. Das muß Nietzsche auch sparsam getan haben, denn 1885 und 1886 (Ruta) existierte es noch.«

Und was, wenn Nietzsche, per selbstverfaßtem Rezept, nachgefüllt und den Cognac zum Verdünnen benutzt hätte? Um Haschisch, wie oft vermutet, wird es sich bei dem weißen Pulver kaum gehandelt haben — ein Milligramm hätte keine Wirkung gezeigt. Lanzky meint, es könne auch Kokain gewesen sein — mit dem Sigmund Freud zur gleichen Zeit in Wien experimentiert hat. Der Holländer, so Lanzky, habe Nietzsche die Droge nur deshalb gegeben, weil »dieser sich beklagte, oft nur eine Stunde schlafen gekonnt zu haben, wodurch er sich mit Selbstmordgedanken trug«. Ob gerade dagegen die Droge das rechte Mittel war? Sie machte abhängig, erkaufte die grenzenlose Freiheit der Phantasmen mit einer Verödung des »normalen« Lebens, aus dessen bedrohlicher Nüchternheit man sich nur wieder ins Paradies zurückflüchten konnte. Wer, wie de Quincey, die Traumfabrik in der Flasche besaß, war für den Alltag verloren, konnte mit den angeblichen Zwecken des Menschenlebens nichts mehr anfangen — für ihn war der Mensch etwas, das überwunden werden mußte.

Im August 1884 erhielt Nietzsche in seiner Schweizer Sommer-Zuflucht Sils-Maria Besuch. Die Züricher Studentin Resa von Schirnhofer wartete in der »kleinen bescheidenen Speisestube« auf ihn, bis sich die Türe zum anstoßenden Zimmer öffnete und der Philosoph erschien:

»Er lehnte sich müde an den Pfosten der halbgeöffneten Türe, hatte einen verstörten Ausdruck im bleichen Gesicht und fing sogleich an, über die Unerträglichkeit seines Leidens zu reden. Er beschrieb mir, wie er, sobald er die Augen schlösse, eine Fülle phantastischer Blumen sähe, die sich umschlingend und umrankend in fortwährendem Wachstum begriffen, an Formen und Farben wechselnd in exotischer Üppigkeit eine aus der anderen emporsprießten. *›Nie habe ich Ruhe‹,* so klagte er, Worte, die sich mir einprägten.«

Zweimal fragte er sie dann »angstvoll«, ob dieser Zustand »ein Symptom beginnenden Wahnsinns« sei. Wohl möglich. Doch die in exotischer Üppigkeit emporsprießenden Blumen sind eher Symptom eines Rauschgift-Trips, »psychedelisch«, wie man das einst nannte — einschließlich der Angst, dieser Zustand eines entfesselten Bewußtseins würde nie mehr enden. Nietzsche beschreibt ihn einmal als »hellstes Bewußtsein und Bleischwere und Unbeweglichkeit nach Opium«.

Wenn er vorüber ist, scheint es, als wäre er nie gewesen. »Sobald Nietzsche dann wieder erschien, zu Spaziergängen und Plaudereien bereit«, erzählt die Besucherin, »erinnerte nichts an diese Krankheitsszene.« Es war Nietzsche selbst, der ihr über seine Kopfschmerzanfälle und »*verschiedene* Mittel«, die er dagegen anwandte, berichtete. Er habe sich in Rapallo und an der Riviera »allerlei Recepte selbst verschrieben«, die ihm »ohne Fragen und Zögern« ausgehändigt wurden. »Daß jedoch bedenkliche Mittel darunter gewesen sein müssen, schließe ich daraus, daß Nietzsche, wie er mir ausdrücklich sagte, eher verwundert gewesen sei, nie gefragt worden zu sein, ob er Arzt sei und berechtigt, Mittel dieser Art zu verordnen.«

Nietzsche blieb der Droge treu. Auch im Engadiner Sommer 1886 vertraute der Vertrauensselige sich einer Kurbekanntschaft an. Marie von Bradke sah ihn jeden Morgen gegen fünf, den »gelben Sonnenschirm über sich gespannt«, zum See »stürmen«, mit »unstätem«, ja »manieriertem« Gang. Bei einer gemeinsamen Seepromenade weihte er die Baltin in das laufende Selbst-Experiment ein:

> »Er sprach mir von seinen furchtbaren Kopfschmerzen und daß ihm ein Bekannter — ich glaube aus Indien — ein Gift dagegen gegeben habe, nach dessen Einnehmen er wie tot liegengeblieben sei. Auch andere Gifte habe er gebraucht.«

Gifte? Wollte er die Dame schockieren, seiner Spitzweg-Erscheinung einen Hauch Dämonie verleihen? Oder sollten damit gewisse Verhaltenseigenheiten erklärt werden, die sie — neben seinem »nicht tadellosen« Gang und Wuchs — an ihm bemerkt haben mochte? Jedenfalls signalisierte er damit seiner zwischen Mitleid und Faszination schwankenden Reisebekanntschaft, daß er aus einer anderen Welt komme und diesseits gar nicht faßbar sei. Als er im Januar 1889 mit ekstatischem Tanz und dithyrambischen Gesängen endgültig in diese andere Welt einging, suchte man seinen Triumph mit einer Reihe von Beruhigungsmitteln zu dämpfen. Das Rezept dazu existiert noch, es stammt aus einer Turiner Apotheke und führt unter dem 8. Januar auf: »Sciroppo diacodio«, Opiumsirup.

XII

ZARATHUSTRAS GEHEIMNIS

»Die Gestalt des Zarathustra ist das Höchste, was der Dichter geschaffen hat, es ist ein Typus ewiger Schönheit, göttlicher Weltverklärung, — der Übermensch selbst.«

ELISABETH FÖRSTER-NIETZSCHE

»... so wäre also mein Leben doch nicht mißrathen?«

FRIEDRICH NIETZSCHE

Als Nietzsche Ende 1888 im Vorgefühl des nahen Wahnsinns, der ihm wie der Anbruch seiner Weltherrschaft erschien, eine letzte Autobiographie schrieb, gab er ihr den Titel »Ecce homo«: Es ist das Bild des Erlösers »voll Schmerz und voller Hohn«, auf den noch Kreuzigung und Auferstehung warten. Als die sogenannte Katastrophe von Turin, die Syphilis-Paralyse, über ihn hereinbricht, unterschreibt er einen Teil seiner Briefe tatsächlich mit »Der Gekreuzigte«. Nietzsche, das ist der »homo«, auf den das »Ecce« mit ausgestrecktem Zeigefinger zeigt wie der Johannes auf Grünewalds Christus am Kreuz. Er ist aber nicht nur der gemarterte Gottessohn, sondern auch der Gott selber, Dionysos nämlich, auf den jener andere, lächelnde

Johannes zu zeigen scheint, den Leonardo da Vinci mit dem Auge des Weibes und nach oben gerecktem Finger malte. Deshalb unterschreibt Nietzsche die andere Hälfte seiner Briefe mit »Dionysos«. Einer, der leidet wie ein Gott, dafür aber auch Lust empfindet wie ein Gott. Der letzte Satz seines zwischen Zynismus und Größenwahn schwankenden »Ecce homo« lautet: *»Dionysos gegen den Gekreuzigten . . .«*

Dieser Nietzsche trägt keine Masken mehr: Er ist sie, wechselt sie fast stündlich. Früher erfand er sich seine Figuren, später verbarg er sich hinter ihnen, jetzt schlüpft er in sie hinein. Hat er es nicht mehr in sich selber ausgehalten? Allzu miserabel scheint es ihm nicht zu gehen. Er sitzt in Turiner Cafés, löffelt Gelati, knabbert Grissini — »die ganz dünnen *Brodröhrchen*« —, verdaut »wie ein Halbgott« und genießt an den Abenden »auf der *Pobrücke*« seine Welt »Jenseits von Gut und Böse«. Am 30. September gar den »Müssiggang eines Gottes am Po entlang«.

Das Elephanten-Weibchen. In »Ecce homo« legt der Memoirenautor die Karten auf den Tisch. Es sind seine bunten Spielkarten, die er da hinblättert mit Siegermiene. »Ich habe«, verkündet er über sein Hauptwerk »Also sprach Zarathustra«, mit »ihm der Menschheit das grösste Geschenk gemacht, das ihr bisher gemacht worden ist.« Natürlich hat diese Menschheit nichts davon bemerkt, auch nichts von der neuen Synthesis der Götter, die unerkannt in seiner Gestalt auf Erden wandelt. Siehe der Mensch! ruft Nietzsche aus, und auch: Siehe das Buch! Gibt es überhaupt einen Unterschied? »Dies Buch, mit einer Stimme über Jahrtausende hinweg, ist nicht nur das höchste Buch, das es giebt«, schreibt er, »es ist auch das *tiefste.*« Tief wie ein Brunnen, aus dem der Leser Eimer voll Gold schöpft. Als Kostprobe zieht der Autor ein Zitat aus der funkelnden »Glückstiefe«, an dem die »Tropfen« in »zärtlicher Langsamkeit« herabträufeln:

»Die Feigen fallen von den Bäumen, sie sind gut und süss: und indem sie fallen, reisst ihnen die rothe Haut. Ein Nordwind bin ich reifen Feigen. Also, gleich Feigen, fallen euch diese Lehren zu, meine Freunde: nun trinkt ihren Saft und ihr süsses Fleisch!«

Die Einladung zum Feigen-Essen stammt aus dem »Zarathustra«-Kapitel *»Auf den glückseligen Inseln«,* wo der Held seinen Übermenschen entdeckte.

In »Ecce homo« verrät Nietzsche einiges über das Geschenk, das er mit dem »Zarathustra« der Menschheit gemacht hat. »Die Grundconception des Werks«, schreibt er, »gehört in den August des Jahres 1881.« Konzeption heißt hier: Empfängnis. »Rechne ich . . . von jenem Tage an vorwärts, bis zur plötzlichen und unter den unwahrscheinlichsten Verhältnissen eintretenden Niederkunft im Februar 1883«, erklärt er, »so ergeben sich achtzehn Monate für die Schwangerschaft.« Woraus sich der Schluß »nahelegt«, daß »ich im Grund ein Elephanten-Weibchen bin«. Echte Elephanten brauchen dazu noch länger; aber Nietzsche spielt damit gar nicht auf die Zoologie, sondern auf eine fromme Legende an: Buddha sei von einem göttlichen Elephanten gezeugt worden, im siebten Himmel, wohin ein süßer Traum die Königin Maya entführt hatte. Zurück auf der Erde, fiel eines Tages ein Blumenregen auf sie herab, Sphärenmusik ertönte — und der Welterlöser war geboren.

Ähnlich erging es Nietzsche mit seinem Sohn Zarathustra: Die Niederkunft fand allerdings nicht im Blumenregen, sondern im frostigen Winter von Rapallo statt, im Februar 1883, als Nietzsche sich die Kälte seines Zimmerchens aus den Gliedern wandern mußte. Auf den Wegen zwischen Zoagli und Portofino, so erzählt er, sei ihm der ganze erste Zarathustra eingefallen, »als Typus: richtiger, er *überfiel mich* . . .« Nietzsche meint damit nicht Vergewaltigung, sondern Inspiration: Der Held benutzt ihn als sein Mundstück, als Eintrittspforte, durch die er und seine Botschaft ebenso triumphal wie überfallartig in die Welt treten, um sie zu verändern. Mir blieb keine Wahl, fügt der Autor achselzuckend hinzu:

»Mit dem geringsten Rest von Aberglauben in sich würde man in der That die Vorstellung, bloss Incarnation, bloss Mundstück, bloss medium übermächtiger Gewalten zu sein, kaum abzuweisen wissen ... Man hört, man sucht nicht; man nimmt, man fragt nicht, wer da giebt; wie ein Blitz leuchtet ein Gedanke auf ... ich habe nie eine Wahl gehabt. Eine Entzückung, deren ungeheure Spannung sich mitunter in einen Thränenstrom auslöst ... Alles geschieht in höchstem Grade unfreiwillig, aber wie in einem Sturme von Freiheits-Gefühl, von Unbedingtsein, von Macht, von Göttlichkeit.«

So sei der »Zarathustra« geboren worden, versichert sein Autor, als wäre in ihm selbst der Seher Johannes auf Patmos wiedergekehrt, über den der Geist des Herrn gekommen war, auf daß er seine Offenbarung niederschreibe. »Der Begriff Offenbarung«, so bekräftigt Nietzsche die Tradition, »beschreibt einfach den Thatbestand.«

Für den August 1881, als Zarathustra gezeugt wurde, ist der Tatbestand weit schwerer auszumachen. Denn offenbar war Nietzsche nicht nur am Empfangen, sondern auch am Zeugen beteiligt. »Unsterblich ist der Augenblick, wo ich die Wiederkunft zeugte«, sagt er später und läßt keinen Zweifel, daß es eben jener Augenblick der »Conception« war, zu dessen »unsterblichem Gedächtniß« er das Buch schrieb, vielmehr nach höherem Diktat weitergab:

»Die Grundconception des Werks, der *Ewige-Wiederkunfts-Gedanke,* diese höchste Formel der Bejahung, die überhaupt erreicht werden kann —, gehört in den August des Jahres 1881.«

Wer nun eine hymnische Beschreibung dieses Ereignisses erwartet, wird enttäuscht — der Memoirenautor von 1888, der bereits Götterluft wittert, hat Eigenwerbung nicht mehr nötig. Sein knapper Bericht:

»Ich gieng an jenem Tage am See von Silvaplana durch die Wälder; bei einem mächtigen pyramidal aufgethürmten Block unweit Surlei machte ich Halt. Da kam mir der Gedanke.«

Reines Understatement. Von diesem Tag an lief in seinem Leben alles anders. In den achtzehn Monaten, die folgten, durchwanderte er sämtliche Höhen und Tiefen seiner weiten

Gefühlsskala und immer mit dem Hintergedanken, daß dies alles ewig wiederkäme. Im September 1882 verließ er seine Schweizer Eremitage Sils-Maria samt Stein und See und kehrte nach Genua zurück, wo er bis zu seinem Ausflug auf die glückseligen Inseln blieb. Nichts weist darauf hin, daß er dort Zeit zum Weiterspinnen seines Gedankens gefunden hätte. Anderes war dort zu entdecken, das nicht minder umwälzend für sein Leben war. Kaum zurückgekehrt, hing er ein halbes Jahr zwischen Hoffen und Bangen, ob oder ob nicht die Studentin Lou ihm beim Konzipieren und Austragen seiner Gedanken helfen würde — doch schon beim zaghaften Versuch, ihr und Paul Rée die »Wiederkunft« zu erklären, wurde er ausgelacht. Folgte der »Alptraum« seiner endlosen Selbstquälerei, der ihn schließlich nach Rapallo führte.

Er lebt im Albergo della Posta, jenem an den Hang gebauten »älteren rotgestrichenen Haus mit einem gemalten Palmetten-Fries«; sein Zimmer liegt im Obergeschoß, zu dem eine »schmale rötliche Steintreppe« hinaufführt. »Ein kleines, dürftiges Zimmer«, notiert eine Besucherin. Nur ein Fenster, das nicht auf die Küste, sondern auf die Bergwand geht. Er sieht das Meer nicht, aber er hört es. Nachts, so klagt er, macht »die hohe See« ihm »den Schlaf unmöglich«. Freund Overbeck in Basel weiht er zu Weihnachten in seinen depressiven Zustand ein: »Dieser Bissen Leben war der härteste den ich bisher kaute; es ist immer noch möglich, daß ich daran ersticke. Ich habe an den beschimpfenden und qualvollen Erlebnissen dieses Sommers gelitten wie an einem Wahnsinn.« Einzige Hilfe scheinen die Drogen gewesen zu sein. Am 1. Februar schreibt er dem Basler Freund, er habe in den »letzten zwei Monaten 50 gramm Chloral-Hydrat (puro) verbraucht« — ein Schlafmittel, mit dem auch König Ludwig II. aus dem Alptraum der Wirklichkeit zu entfliehen suchte.

Noch Jahrzehnte später ist der deutsche Zimmerherr hier unvergessen. Man erinnert sich allerdings nicht an ein Buch, das hier geschrieben wurde, sondern an anderes, über das man schweigt. Eine Verehrerin besucht das Haus, das Zimmer, erschrickt über die Ärmlichkeit, ja Armseligkeit, in der das Genie hier lebte — und wohl auch darüber, daß man seiner reichlich respektlos gedenkt. Offenbar war selbst der Name des unbeliebten Fremden ins Italienische verfremdet worden. Wie die Besucherin bemerkte,

»ist auch der jetzige Pächter (des Albergo) und sein Hausstand nicht gut auf den ›Signor Luigi‹, den ›huomo alla barba‹ zu sprechen. Ich fragte ungeschickt mit meinem allzu knappen Italienisch. Und ich bekam so wenig zu hören. Ach so wenig . . . ›Und wissen Sie nichts Besonderes?‹ — ›Eh — Signora —‹ Ein bedauerndes Achselzucken«.

Es ist die Zeit, in der Zarathustra geboren wird, die Zeit, in der sein »medium« Opium nimmt — nicht zum Schlafen, dafür gibt es den Holzhammer Chloral; Aufstieg aus den Niederungen, heißt die Devise. Mit dem Körper steigt er »auf der herrlichen Strasse nach Zoagli hin in die Höhe, an Pinien vorbei und weitaus das Meer überschauend«, während er im Geiste ganz andere Höhen erfliegt. »Hier ist in jedem Augenblick der Mensch überwunden«, tönt es in »Ecce homo«, »der Begriff ›Übermensch‹ ward hier höchste Realität, — in einer unendlichen Ferne liegt alles das, was bisher gross am Menschen hiess, *unter* ihm.« In eines seiner Notizbücher trägt er damals eine Charakteristik des »Übermenschen« ein, die jenem Bild, das ihm auf den glückseligen Inseln aufgegangen war, eine unerwartete Dimension hinzufügt:

»Der Übermensch hat aus Überfülle des Lebens jene Erscheinungen der Opiumraucher und den Wahnsinn und den dionysischen Tanz . . . Zu Vielem führt Krankheit jetzt, was *an sich* nicht Symptom der Krankheit ist: zur *Vision.*«

Dem Kranken, den ein Mittel high macht, erscheint sein Ideal, das vor lauter Gesundheit high ist. Mehr noch, so gibt er in »Ecce homo« zu verstehen, dieses Ideal läuft vor ihm her — und er, gebeugter Herr mit Stock und Schnauz, folgt mühelos, beflügelt, immer die »leichten Füsse« des Jünglings vor Augen, dazu dessen »Bosheit und Übermuth« im eigenen

Herzen. So eilen sie dahin, das Ideal und sein Verfolger, wie dereinst Aschenbach und der kleine Pole, doch durch und durch anmutig, schwebend. Denn »Zarathustra ist ein Tänzer«.

Oft kommen ihm Zweifel, ob er noch ganz bei Verstand ist. Schon im ersten Brief, der Zarathustras glückliche Geburt ankündigt, schreibt sein Erzeuger, er werde »wohl in Deutschland unter die Verrückten gerechnet werden«, nach diesem Buch, mit diesem Anspruch. An Overbeck meldet er im März, wieder in schwärzester Stimmung, es sei nun »Nichts mehr gut zu machen; ich werde nichts Gutes mehr machen. Wozu noch etwas machen! Das erinnert mich an meine letzte Thorheit, ich meine den ›Zarathustra‹«. Und er fügt bitter hinzu: »Ist es jetzt deutlich zu lesen? Ich schreibe wie ein Schwein.« Das hatte Cosima Wagner vor Jahren behauptet, und es war ihm hartnäckig im Gedächtnis geblieben. Einmal spricht er gar von einem »Pistolenlauf«, der ihm »jetzt eine Quelle relativ angenehmer Gedanken« sei. Denn er könne dieses »ganze unheimliche verborgen gehaltene Leben« einfach nicht mehr ertragen, da »alle meine menschlichen Beziehungen« immer nur »mit einer Maske von mir zu thun haben«.

Zarathustra ist mehr als eine Maske — er erschien als sein »Lebensretter«. Als er an den Martern der Lou-Rée-Affäre langsam zugrunde ging, die fortgesetzte Selbstquälerei den Selbstmord als einzigen Ausweg erkennen ließ, war er ihm beigesprungen; »ich habe einen schweren Stein mir damit von der Seele gewälzt«, schreibt er an Gast. »Die ungeheure Last, die in Folge des Wetters auf mir liegt«, so deutet er seine Misere, »hat sich bei mir in Gedanken und Gefühle verwandelt, deren Druck *furchtbar* war; und aus dem plötzlichen Loswerden von dieser Last, in Folge von 10 absolut heitern und frischen Januartagen, die es gab, ist mein ›Zarathustra‹ entstanden.« Dies die meteorologische Version. Dem Theologen Overbeck schreibt er in Auferstehungssprache: »Ich war vorher in einem wahren *Abgrund* von Gefühlen . . . aber ich habe mich ziemlich ›senkrecht‹ aus dieser Tiefe in meine *Höhe* erhoben.« Seinem

Verleger Schmeitzner teilt er, dem frohen Anlaß angemessen, spezielle Ausstattungswünsche mit: Er möchte »eine schwarze Linie, welche den Text jeder Seite einfaßt«, dazu ein »*stärkeres* Velin« als die früheren Werke. Schließlich, gestalterische Raffinesse, will er auf dem Titelblatt ganz auf seinen Namen verzichten: nur möglichst auffällig den Schriftzug »Also sprach Zarathustra«. »Sehr groß natürlich und in rother Farbe, auf blaßgrünem Grunde.«

Als Peter Gast das fertige Buch — den späteren »ersten Teil« von vieren — in Händen hält, versteht er nicht eben viel; aber irgendwie kommt ihm der Sprachstil vertraut vor, und so formuliert er seine Ratlosigkeit in einen Lobpreis um, den er, zum Ausgleich, mit einem Widerhaken versieht: »Diesem Buch ist eine Verbreitung der Bibel zu wünschen, ihr kanonisches Ansehen, ihr Commentarengefolge, auf dem dieses Ansehen zum Theil mit beruht.« Nietzsche läßt sich erst den Honig um den Bart schmieren — »so wäre also mein Leben doch nicht mißrathen?« —, um später zu entdecken, daß Gast mit dem »Commentarengefolge« genau den neuralgischen Punkt berührt hatte: Trotz herzlicher Verbreitungswünsche — man versteht es nicht. Die neue Bibel ist deutungsbedürftig!

Eilig liefert der Autor den Schlüssel nach, in mehrfacher Ausfertigung. Anfang April erfährt Overbeck, dem »Zarathustra«-Autor sei beim »Durchlesen von ›Morgenröthe‹ und ›fröhlicher Wissenschaft‹« etwas Entscheidendes aufgegangen: »Es ist eine *Thatsache,* daß ich den Commentar vor dem Text gemacht habe.« Fast keine Zeile stehe in seinen Loslösungs-Büchern, die nicht als Erklärung zu »genanntem Zarathustra« dienen könne. Bei Unverständnis hilft also nur eins: Nietzsche lesen. Malwida sucht er mit dem Hinweis zu schockieren, er habe mit dem Buch »alle Religionen herausgefordert« — es sei einfach ein »Kunststück« und eine »Thorheit« zugleich, »die Commentare eher zu schreiben als den Text«. Gast meldet er — »es ist ein curiosum« — man könne geradewegs bis zu »Schopenhauer als Erzieher« zurückgehen, um Aufklärung über den

»Zarathustra« zu bekommen. Spätestens jetzt mußte ihm aufgegangen sein, was er im Jahr darauf so formulierte: Sein heiliges Buch war »dunkel und verborgen und lächerlich für Jedermann«. Man verstand es nicht, man verstand *ihn* nicht. Er machte der Menschheit ein Buch zum Geschenk, das er in höchster Gefühlsekstase empfangen und im Zustand göttlicher Inspiration niedergeschrieben hatte, und sie wollte es nicht. Drei Teile druckte sein Verleger, dann kam es zum Bruch; den vierten publizierte Nietzsche, das Elephanten-Weibchen, auf eigene Rechnung: Privatdruck an kopfschüttelnde Freunde. Das Urteil des common sense, auf das Nietzsche nie etwas gab, es sei denn, es tat ihm weh, faßte Thomas Mann zusammen:

»Dieser gesichts- und gestaltlose Unhold und Flügelmann Zarathustra mit der Rosenkrone des Lachens auf dem unkenntlichen Haupt, seinem ›Werdet hart!‹ und seinen Tänzerbeinen ist keine Schöpfung, er ist Rhetorik, erregter Wortwitz, gequälte Stimme und zweifelhafte Prophetie, ein Schemen von hilfloser Grandezza, oft rührend und allermeist peinlich — eine an der Grenze des Lächerlichen schwankende Unfigur.«

Wäre es möglich, daß Thomas Mann damit nicht das Bild der Kunstfigur, sondern das ihres Autors gezeichnet hat — ein Bild, das er sich längst, unter einem Haufen von Lorbeer- und Grabkränzen, zurechtgemacht hatte? Nietzsche, der Selbstquäler, hätte sich in diesem gespenstischen Spiegel wiedererkannt.

*

Im Juli 1881 kam Nietzsche aus Italien ins Engadin. Es sollte zur »Geburtsstätte meines Zarathustra« werden. Der Aufenthalt in den Bergen begann mit Kalamitäten. Erst hatte sein Zug den Anschluß verfehlt, was die Reisezeit von Recoaro nach St. Moritz verdoppelte; dann mißfiel ihm der mondäne, zu teure Kurort und er dachte an Abreise — bis ein junger Schweizer Hotelier, den er im Coupé kennengelernt hatte, ihm im nahen Dörfchen Sils-Maria ein »stilles Plätzchen« vermittelte, das wenig kostete. Nietzsche lebte auf: Die »Wege, Wälder, Seen, Wiesen sind wie für mich gemacht«, jubelt er,

»alle 50 Bedingungen meines armen Lebens scheinen hier erfüllt zu sein«. Außer einer, und das ist durchaus beabsichtigt. Der freiwillige Asket findet sich täglich im Hotel des Schweizers ein, wo er nicht an der table d'hôte, sondern »allein, wie natürlich«, speist. Krank bleibt er trotzdem. Nach den ersten zwei Wochen Alpenaufenthalt schreibt er von »4 schweren zwei- oder dreitägigen Anfällen«, innerhalb von neun Tagen folgen zwei weitere. Ein Lichtblick: der Philosoph Spinoza, der ihn »erstaunt« und »entzückt«, der ihm seine »Einsamkeit« samt »Athemnoth« auf den »ganz hohen Bergen« zur traulichen »Zweisamkeit« werden läßt. Seine Gesellschaft scheint ihn so in Anspruch zu nehmen, daß er zwei Wochen lang nichts von sich hören läßt.

VISION AM SEE. Am 14. August dringt ein schmetternder Fanfarenstoß aus dem Gebirgstal. Etwas Unvergleichliches scheint ihm widerfahren zu sein, das alle bisherigen Ekstasen meilenweit unter sich läßt. Peter Gast, der die frohe Botschaft erhält, war einiges von seinem Meister gewöhnt. Mit diesem Brief aber, das muß er gespürt haben, war der Rahmen des »Üblichen« gesprengt. Und genauso wollte der Absender es auch verstanden wissen:

> »An meinem Horizonte sind Gedanken aufgestiegen, dergleichen ich noch nicht gesehn habe — davon will ich nichts verlauten lassen, und mich selber in einer unerschütterlichen Ruhe erhalten. Ich werde wohl einige Jahre noch leben müssen! Ach, Freund, mitunter läuft mir die Ahnung durch den Kopf, daß ich eigentlich ein höchst gefährliches Leben lebe, denn ich gehöre zu den Maschinen, die *zerspringen* können! Die Intensitäten meines Gefühls machen mich schaudern und lachen — schon ein Paarmal konnte ich das Zimmer nicht verlassen, aus dem lächerlichen Grunde, daß meine Augen entzündet waren — wodurch? Ich hatte jedesmal den Tag vorher auf meinen Wanderungen zuviel geweint, und zwar nicht sentimentale Thränen, sondern Thränen des Jauchzens; wobei ich sang und Unsinn redete, erfüllt von einem neuen Blick, den ich vor allen Menschen voraus habe.«

Offenbar läßt sich nur an der Wirkung auf Augen und Gemüt beschreiben, was ihn da in der Engadiner Abgeschiedenheit heimgesucht hat. Handelte es sich um den euphorischen Schub seiner Krankheit? Offenbar fürchtete er selbst, verrückt zu werden, zu *»zerspringen«*. Oder hatte er eine kleine »Überdosis« seines selbstverschriebenen Getränks genommen? Immerhin war ihm das Bild des Menschen, der unter Tränen und Jauchzen, Singen und Tanzen mit der Natur verschmilzt, seit langem vertraut. Dem trunkenen Satyr nähert sich im Augenblick höchsten Leidens das Traumbild seines Gottes. Jetzt war er selbst auf »hoher Alpentrift«, in musikalischer Selbstverschwendungslaune, und fühlte sich »wie der Krikelkrakel«, den »eine unbekannte Macht über's Papier zieht, um eine *neue Feder* auszuprobieren«. Eine unbekannte Macht? Hat ihn der Gott berührt, während er, wie einst Archilochus, mit dem Ureinen verschmolz? Ist er dabei in ihn eingegangen, um ihn zu seinem Mundstück, seiner Schreibfeder zu machen, auf daß er Bilderfunken sprühe? Nietzsche, längst wieder ernüchtert und von neuen Anfällen niedergeworfen, deutet es an. Als er dem Venediger Adlatus sein Geheimnis ankündigt, liegt es bereits zwei Wochen zurück. Auf einem Blatt Papier hat er damals festgehalten, was ihm durch den Kopf gelaufen war. Das Mémorial des Pascal-Lesers Nietzsche trägt die Datierung: »Anfang August 1881 in Sils-Maria, 6000 Fuss über dem Meere und viel höher über allen menschlichen Dingen! —«

Über das eigentliche Erlebnis schweigt das Blatt. Nur die Folgen für ihn und die anderen sind darauf festgehalten — denn es wird Konsequenzen haben, was ihm da offenbart worden ist, unabsehbare Konsequenzen für die gesamte Menschheitsgeschichte. Auf die Überschrift *»Die Wiederkunft des Gleichen«* folgt eine Aufzählung dessen, was der Mensch sich nun »einverleiben« muß:

»1. Die Einverleibung der Grundirrthümer.
2. Die Einverleibung der Leidenschaften.
3. Die Einverleibung des Wissens und des verzichtenden Wissens. (Leidenschaft der Erkenntniss)«

Woraus sich die »schwerste Erkenntniß« ableitet, daß »ein absoluter Überschuß von Lust« nachweisbar sein *»muß«* — »sonst ist die Vernichtung unser selbst in Hinsicht auf die Menschheit als Mittel der Vernichtung der Menschheit zu wählen«. Es stellt sich die Frage, »ob *wir* noch *leben wollen«* — denn »dieses Stück Menschheitsgeschichte *wird* und muß sich ewig wiederholen, *das* dürfen wir aus der Rechnung lassen, darauf haben wir keinen Einfluß«. Über den Gedanken selbst scheint er sich keine Gedanken mehr zu machen, der ist ihm über jeden Zweifel erhaben. Die Frage bleibt, wie man mit ihm umgehen muß. Wenn alles ewig wiederkehrt und man selbst mit, so gibt es nichts »Anderes« mehr — alles gehört untrennbar zusammen; wer das erkannt hat, wird sich alles »einverleiben«, als wesentlich in seine eigene Existenz aufnehmen. Es gibt nichts Fremdes mehr. Höchstens die Frage, ob sich das Ganze überhaupt lohnt. Sie ist die Entscheidungsfrage, mit der die Menschheit konfrontiert werden muß. An dem »neuen *Schwergewicht*« der Wiederkunft kommt keiner vorbei. »Was machen wir mit dem *Reste* unseres Lebens«, fragt Nietzsche sich im Majestätsplural. Antwort: »Wir *lehren die Lehre.*« Schon in den folgenden Aufzeichnungen versucht er sich im Ton des Menschheitslehrers: »Die Frage bei allem, was du thun willst: ›ist es so, daß ich es unzählige Male thun will?‹ ist das *größte* Schwergewicht.«

Nietzsche wußte, warum er Gast den Gedanken selbst verschwieg. Was ihn als höchste Vision erschüttert hatte, klang in nüchterner Alltagssprache wie die idée fixe eines Gedankentüftlers. Gast mochte an den Folgen ablesen, was sein Meister erlebt hatte. War es denn überhaupt ein Gedanke und nicht vielmehr ein »Blick«? Deutet Nietzsche nicht an, daß er es »gesehen« habe? Fragt sich nur, was. Wenn dieser Augenblick von Sils-Maria, wie er nun überzeugt war, ewig wiederkehrte, immer wieder als derselbe vor seine Augen trat, so war da nichts weiter zu sehen, als was sich ihm gerade zeigte: der See, am Ufer der »pyramidale Stein«, die Berge und ihre Widerspiegelungen im Wasser. Durch die Wiederholung würde dieser Anblick nichts gewinnen. Er bleibt, schön oder nicht, immer derselbe. Die Wiederkunft also doch nur ein Gedanke? Verfolgt man Nietzsches Notizen, die um jenes Erlebnis kreisen, so taucht immer wieder ein anderes Bild auf: der »Blitz«. Am See hatte ihn die Erleuchtung wie ein Blitz getroffen, ihm, vielleicht, wie einst am Naumburger Messe-Abend mit schneidiger Klinge das Herz durchbohrt. Ihn neugeschaffen. Auch der Blitz von Sils verwandelt ihn im Innersten:

»Wenn nur Ein Augenblick der Welt wiederkehrte, — sagte der *Blitz* — so müßten alle wiederkehren
absolute Nothwendigkeit als *Schild mit Bildwerken geschaut!*«

War dies die Vision, der »Blick, den ich vor allen Menschen voraus habe?« Fünf Jahre später, im letzten Jahr seines Schaffens, kehrt das Bild in einem »Dionysos-Dithyrambus« wieder. Auf den Ruhm, so spottet Nietzsche in »Ruhm und Ewigkeit«, pfeife er, der sei vergänglich; ihm winke höherer Gewinn: die Ewigkeit, von der er nicht wie die anderen wortreich reden müsse — ihm habe sie sich offenbart, vor seinen Augen sich nackt gezeigt. Was andere kaum denken können — er *sieht* es:

»Still! —
Von grossen Dingen — ich *sehe* Grosses! —
soll man schweigen
oder gross reden:
rede gross, meine entzückte Weisheit!

Ich sehe hinauf —
dort rollen Lichtmeere:
— oh Nacht, oh Schweigen, oh todtenstiller Lärm! . . .

Ich sehe ein Zeichen —,
aus fernsten Fernen
sinkt langsam funkelnd ein Sternbild gegen mich . . .

Höchstes Gestirn des Seins!
Ewiger Bildwerke Tafel!
Du kommst zu mir? —
Was Keiner erschaut hat,
deine stumme Schönheit, —
wie? sie flieht vor meinen Blicken nicht?

Schild der Nothwendigkeit!
Ewiger Bildwerke Tafel! ...
Höchstes Gestirn des Seins! ...«

Nietzsches Vision der Ewigkeit, die er »jenseits aller sieben Himmel« gedichtet hat, läßt sich erklären. Das funkelnde Stern-Bild, dessen stumme Schönheit sich nur vor seinen Blikken entschleiert, ist die an den Himmel versetzte Sehnsucht nach dem fernen Griechenland. Der Einsame von Sils erblickt das Land, das ferne leuchtet — für den Augenblick unerreichbar, doch notwendig irgendwann wiederkehrend. Dieses Land zeigt sich ihm, wie Homer es im 18. Gesang der »Ilias« beschrieben hat. Denn bei jenem »Schild der Nothwendigkeit«, auf dem »ewige Bildwerke« zu sehen sind, handelt es sich um den Schild des Achill. Der göttliche Schmied Hephaistos hat auf ihm den ganzen hellenischen Kosmos festgehalten, mit der fruchtbaren Erde, dem wogenden Meer, dem Himmel mit Sternen, Mond und »laufender Sonne«, unter denen sich der verklärte Alltag der Griechen abspielt: hin- und herwogender Kampf, darüber »unsterbliche Götter«, die den Menschen leiten, Idylle des Landlebens, in der Mensch und Natur eine Einheit bilden — »auch ein Rebengefilde, von schwellendem Weine belastet, bildet' er schön aus Gold«. Schließlich das Sinnbild der ewigen Wiederkunft, des tiefsten Geheimnisses der Griechen:

»Einen Reigen auch schlang der hinkende Feuerbeherrscher ...
Blühende Jünglinge dort und vielgefeierte Jungfraun
Tanzten den Ringeltanz, an der Hand einander sich haltend.
Schöne Gewand' umschlossen die Jünglinge, hell wie des Öles
Sanfter Glanz, und die Mädchen verhüllete zarte Leinwand ...«

Nietzsche kannte den kosmischen Schild, liebte ihn schon zu Basler Zeiten. Als Lehrer am Pädagogium hatte er seinen Schülern vor den Sommerferien einmal den Wunsch ausgedrückt, »man solle in der Ilias die Beschreibung vom Schilde des Achill lesen und darüber berichten«. Wie schon bei den »Bacchen« war er begierig gewesen, die Pennäler über ihre Eindrücke referieren zu hören. Derlei Texte gehörten für ihn nicht zum »Pensum« — seine Schüler sollten sie sich als eine höhere Wirklichkeit einverleiben.

Der goldene Schild des Achill bedeutete für Nietzsche das Abbild des heißersehnten Griechenland, »mein non plus ultra«: Das Schöne und das Grausame gleichermaßen vollendet gestaltet, die Leiber der Jugendlichen im anmutigen Tanz wie die kreisenden Sterne am Himmel, die fruchttragende Natur im Gleichklang mit dem Lebensrhythmus des Menschen — und alles ewig sich wiederholend: die Welt als Insel der Glückseligkeit. Am Silvaplaner See, auferstanden von einem tagelangen Anfall, vielleicht auch begeistert, visionär gemacht durch einen Schluck Traumstoff, sah er plötzlich die Vollkommenheit vor sich: das geliebte Arkadien, den höchsten erreichbaren Zustand des Weltalls als »ewige Nothwendigkeit«. Und dieser Zustand weiß, daß er nicht vergehen wird, sondern wiederkommt. Eine Ewigkeit war nötig, um ihn zu schaffen, dafür wird er auch nach einer weiteren Ewigkeit wiederkehren, immer weiter sich drehend wie der Tanz der Sterne, der Reigen der griechischen Heldensöhne. *»Ich habe das Griechenthum entdeckt«,* schreibt Nietzsche später, »sie glaubten an die *ewige Wiederkunft!* Das ist der *Mysterien-Glaube!*«

Das könnte er, blitzartig, am See gesehen haben. Die Euphorie der Genesung machte aufnahmebereit für Gesichte, die auch die Droge schenkt. Oder ein epileptischer Anfall. Nietzsche war sicherlich kein Epileptiker, aber er hatte als Jugendlicher »epileptische Zustände ohne Bewußtseinsverlust«: Er erlitt nicht nur, er erlebte. War ein solches Gehirngewitter auch am Seeufer über ihn hereingebrochen, bei offenem, »stierem« Auge? Hatte er, während die Wogen des Anfalls über ihm zusammenschlugen, das höchste Gestirn seines Lebens erblickt?

Vor dem Anfall tritt die sogenannte »Aura« als Vorbote auf, bei der es auch zu déjà-vu-Erlebnissen kommt: Dabei sagt sich der Kranke, »alles, was jetzt kommen *wird,* habe ich schon früher einmal genauso erlebt«. Dostojewski, der selbst an dieser Krankheit litt, hat in seinem Roman »Der Idiot« den Anfall minuziös geschildert. Er schreibt, daß

»... ganz plötzlich mitten in der Traurigkeit, der inneren Finsternis, des Bedrücktseins und der Qual, sein Gehirn sich für Augenblicke gleichsam blitzartig erhellte und alle seine Lebenskräfte sich mit einem Schlage krampfhaft anspannten. Die Empfindung des Lebens, des Bewußtseins verzehnfachte sich in diesen Augenblicken, die nur die Dauer eines Blitzes hatten ... (sie waren) eine außergewöhnliche Steigerung des Selbstbewußtseins ... und zugleich eines im höchsten Grade unmittelbaren Selbstgefühls. Wenn er in jener Sekunde, das heißt, im allerletzten Augenblick des Bewußtseins, vor dem Anfall, sich manchmal noch klar und bewußt zu sagen vermochte: ›Ja, für diesen Augenblick kann man das ganze Leben hingeben!‹«

Nietzsche scheint am Silvaplaner See ähnlich empfunden zu haben. Eine Notiz über den blitzartigen Augenblick lautet:

»Unsterblich ist der Augenblick, wo ich die Wiederkunft zeugte. Um dieses Augenblicks willen *ertrage* ich die Wiederkunft.«

Als Nietzsche 1882/83 diese Sätze niederschreibt, kennt er den Russen kaum dem Namen nach; erst im Februar 1887 wird er ihn als Geistesverwandten »entdecken«.

Was immer an jenem Augusttag 1881 am Ufer eines Engadiner Sees mit Nietzsche vorging — woher kam ihm die Überzeugung, daß seine Vision objektive Gültigkeit hatte? Er ahnte von Anfang an, daß sich diese Idee nicht beweisen ließ. Daß man sie glauben mußte. Aber warum mußte man sie glauben? Wer in einem ekstatischen Zustand eine Vision hat, kann sein Leben lang an das Gesehene glauben, eine Religion gründen, den Ort des Geschehens — wie Nietzsche dies mit dem Stein am See versuchen wird — heiligsprechen. Aber zwischen einem blitzartig aufleuchtenden Gesicht und einem Gedanken, der auch noch bei klarem Verstand überzeugen soll, gibt es eine unüberbrückbare Kluft. Nietzsche mag den Schild des Achill gesehen haben — daß sich im Griechenreigen, der auf ihm dargestellt ist, das Geheimnis des Universums verbirgt, konnte er nicht mitgesehen haben. Woher also kam die »felsenfeste« Überzeugung?

Die Antwort könnte sehr einfach sein: Nicht die Wiederkehr, die auf dem Schild dargestellt ist, überzeugte ihn, sondern die Wiederkehr des Schildes selbst. Es war in seinem Bewußtsein aufgestiegen, als sähe er es zum ersten Mal. Keine Erinnerung, die das Gedächtnis ihm bewahrt hat, sondern eine Vision, die zugleich einmalig ist und doch wie etwas Bekanntes, seit Urzeiten Vertrautes erscheint. Etwas, das »eine Ewigkeit lang« vergessen war und nun, blitzartig, bis ins letzte Detail wiedererkannt wird. Der Griechenkenner sieht den Schild des Achill, begreift ihn in seiner »absoluten Nothwendigkeit«, aber er weiß in diesem Augenblick nicht, daß er ihn längst kennt, mit seinen Schülern in Basel besprach, wie sicher auch seine Lehrer in Pforta darüber gesprochen haben. Er weiß, daß er wiedergekehrt ist, ohne zu ahnen, woher. So verbürgt ihm der Schild die Wiederkehr. Es war nicht das erste Mal, daß ihm Fremdes unvermutet zu eigenem wurde, Lesefrüchte über Nacht an seinem Baum hingen. Seine Schriften sind ein Kosmos, in dem vieles wiederkehrt, ohne daß er und der Leser es wissen. Manchmal ließ er auch wiederkehren — sein Wort dafür lautete wohl »Einverleibung«.

Als Nietzsche 1888 auf den zweiten Teil von »Also sprach Zarathustra« zu sprechen kommt, beginnt er die Passage in Religionsstiftermanier: »Im Sommer, heimgekehrt zur heiligen Stelle, wo der erste Blitz des Zarathustra-Gedankens mir geleuchtet hatte, fand ich den zweiten Zarathustra.« Der Name seines Helden scheint so eng mit dem Gedanken verknüpft wie dieser mit der Vision. Hatte sich ihm der seltsame Heilige mit dem persischen Namen damals am See gezeigt, als das »höchste Gestirn« aufging und die Welt den Atem anhielt? Oder hatte er, wie man in »Ecce homo« liest, sein Opfer erst in Rapallo überfallen? Aus Nietzsches Notizbüchern geht hervor, daß der Held schon kurz nach dem See-Erlebnis auf die Bühne getreten ist, möglicherweise sogar »dabei war«. Unmittelbar nach der ersten Wiederkunfts-Notiz ertönt die unverwechselbare Zarathustra-Stimme, und noch im selben Monat erscheint der

Name zusammen mit dem geplanten Buchtitel *»Mittag und Ewigkeit«*. Er war also schon gegenwärtig, wenn er auch erst achtzehn Monate später von seinem Vater, dem »Elephanten-Weibchen«, geboren wurde.

Während Nietzsche die Vision am See erst 1888 in »Ruhm und Ewigkeit« dichterisch faßte, bemühte er sich schon seit 1882 um eine poetische Darstellung des Zarathustra-Erlebnisses. Doch auf Anhieb wollte sie nicht gelingen. Jahrelang reimte und änderte er daran, bis er sie, in endgültiger Form, 1887 in die »Lieder des Prinzen Vogelfrei« aufnehmen konnte. Auch Zarathustra, das spricht aus jeder der fünf Fassungen, überkam ihn als plötzliches Erlebnis, vielleicht gar als Halluzination. Sicher aber als Rätsel: In den Gedichtfragmenten läßt der Autor seine mysteriöse Begegnung an verschiedenen Orten und offenbar auch zu unterschiedlichen Zeiten spielen.

Der erste Versuch findet im Spätsommer 1882 statt, als ihn die Erinnerung an seine Columbus-Zeit überkommt und er seiner Herzens-Schmerzens-Jüngerin Lou ins Stammbuch schreibt: »Freundin — sprach Columbus — traue keinem Genuesen mehr!« Unmittelbar davor stehen Gedichtzeilen, in denen sich Zarathustra ankündigt:

»Hier saß ich wartend — wartend? Doch auf nichts,
Jenseits von gut und böse, und des Lichts
Nicht mehr gelüstend als der Dunkelheit,
Dem Mittag Freund und Freund der Ewigkeit.«

»Mittag und Ewigkeit« sollte das erste »Zarathustra«-Buch heißen, das er im August 1881 in Sils-Maria konzipierte, und auch den vierten Teil versah er zuerst mit diesem Titel. Aber das Gedicht von 1882, das ihn in ungewisser Wartestellung »jenseits von gut und böse« zeigt, trägt den Titel *»Portofino«*. Damals konnte er nicht ahnen, daß ihn sein Held gerade hier, auf den Spaziergängen um Rapallo, »überfallen« würde. Aber der Ort war schon im Sommer 1882 für ihn Erinnerung, er gehörte zu seinem ersten Genueser Erwachen — das Meer und auch »das Gebirge bei Porto fino — dort, wo die Bucht von

Genua ihre Melodie zu Ende singt«. Und hier sollte ihm der Mittagsfreund begegnet sein, ein halbes Jahr vor der Silser Schild-Vision?

Auch im nächsten Gedichtfragment, ein paar Monate später entstanden, scheint sich der Autor sicher, daß sein Held ihm nicht zuerst im Engadin, sondern bei Genua erschienen ist: »Ganz Meer, ganz Mittag, ganz Zeit ohne Ziel.« Nietzsche, der »Genueser Müssiggänger«, sitzt auf einem Felsvorsprung über dem Meer, fern den Menschen, fern seiner eigenen Vergangenheit, nur noch vom »Auge der Ewigkeit« angeblickt — »ganz nur Spiel«. Worauf also wartet er, wenn er überhaupt wartet? Auch in diesem Gedicht wird es verschwiegen. Kurze Zeit später, beim dritten Anlauf, ist es heraus. Mitten in selbstquälerischen Notizen, die von Wahnsinn sprechen und der Gewißheit, »als Richter und Henker an mir *zu Grunde*« zu gehen, im Wahnsinn der Lou-Rée-Affäre also, taucht die erlösende Vision auf: Zarathustra.

> »Ganz Meer, ganz Mittag, ganz Zeit ohne Ziel
> Ein Kind, ein Spielzeug
> Und plötzlich werden Eins zu Zwei
> Und Zarathustra gieng an mir vorbei.«

Ein Kind, ein Spielzeug? Seine ersten Kinderreime hatten von »jener Felsenspitz« gesprochen, auf der sein »Lieblingssitz« sei. War er in der Mittagssonne wieder zum Kind geworden, das sich mit einem Spielzeug vergnügt? Oder war er, träumendes Weltkind, unbemerkt zum Spielzeug eines Gottes geworden? Und was war geschehen, als »plötzlich« die »Eins« zur »Zwei« wurde? Das klingt nach faustischem Hexeneinmaleins, nach Zauberei und schwarzer Magie: Zarathustra, der persische Magier, ein Geist aus der Flasche? Oder war es die Sehnsucht des Kindes nach dem verlorenen Vater? Die Gestalt des Zarathustra, so berichtet die Legendenschreiberin Elisabeth, sei ihm »seit frühester Jugend vorgeschwebt«, er habe sie »als Kind im Traum gesehen«. Träumte er wieder, wachte er? War es vielleicht ein ähnliches Wiederkunftserlebnis wie am Silvaplaner See? Hatte er die Szenerie aus Meer und Mittag, den beglückenden Augenblick, den er gerade erlebte, als dessen Wiederkunft erfahren? Ein déjà-vu, in dem er sich selbst als den Wiedergekehrten, als Doppelgänger im Ewigkeitslicht, erblickte, seine wahre Idealgestalt: Zarathustra? Oder hatte er sich, wie am pyramidalen Stein, an etwas erinnert, das ihn tief beeindruckt hatte, ohne zu wissen, daß er sich erinnerte? Ein Bild, das ihn für einen Augenblick überfiel und ihm das Gefühl gab, es kehrte ihm aus der Ewigkeit wieder?

Im Herbst 1884, mitten in der Vorarbeit zum letzten Teil des »Zarathustra«, macht er sich erneut an die dichterische Bewältigung des Erlebnisses. Doch nun spielt es nicht mehr in Portofino, sondern an einem See, und er ist nicht mehr das Kind, um das sich der Kosmos dreht, sondern ein verliebter Mann, den eine Erinnerung zu Tränen rührt:

»Hier saß ich sehend, sehend — doch hinaus!
Die Finger spielend im zerpflückten Strauß
Und wenn die Thräne aus dem Lide quoll
Schamhaft-neugierig: ach wem galt sie wohl!
Da — — —«

Nein, auch in diesem Versuch bleibt Zarathustra unerwähnt. Aber die Situation ist eindeutig: Nietzsche besucht mit Lou die Wagner-Halbinsel Tribschen am Vierwaldstätter See, den zerpflückten Fliederstrauß in der Hand, mit dem Stock im Sand zeichnend — verzweifelt darüber, daß das Mädchen ihm gerade einen Korb gegeben hat, melancholisch, weil die Freundschaft mit den Wagners in die Brüche gegangen war. Jetzt, mehr als zwei Jahre später, sieht er die Situation neu: Die um die verlorenen Freunde vergossenen Tränen galten in Wahrheit seinem Mittagsfreund. »Schamhaft-neugierig« habe er über den See geblickt und »liebend, liebend — unbewegt« seiner geharrt. Als Nietzsche später das Ende einer weiteren Freundschaft zu beklagen hat, ruft er wieder seinen Helden herauf — als »Zaubrer« und »Mittags-Freund«, der genau »zur rechten Stunde« gekommen sei. »Da stand er vor mir«, heißt es nun, nachdem der hoffnungsvolle Wagner-Jüngling Heinrich von Stein sich von ihm abgewandt hatte.

Als das Gedicht vom Erscheinen Zarathustras 1887 gedruckt wird, hat der Dichter erneut den Schauplatz gewechselt. Von der Küste Liguriens ist das Gedicht über Luzern an den Silvaplaner See gewandert. Es trägt jetzt den Titel: *»Sils-Maria.«*

»Hier sass ich, wartend, wartend, — doch auf Nichts,
Jenseits von Gut und Böse, bald des Lichts
Geniessend, bald des Schattens, ganz nur Spiel,
Ganz See, ganz Mittag, ganz Zeit ohne Ziel.

Da, plötzlich, Freundin! wurde Eins zu Zwei —
— Und Zarathustra gieng an mir vorbei . . .«

Er ruft es seiner Verflossenen Lou nach, die er einst vor seinem Genuesentum gewarnt hatte: Ich brauchte dich gar nicht, denn ein Höherer kam zu mir herab, ein Zauberer! Nur — wo kam er herab und ging an ihm vorbei? War es kein einmaliges Erlebnis wie am See von Sils, sondern ein wiederholtes? Vielleicht wieder eine unbemerkte Erinnerung, in der sich ausdrückte, was ihn in Portofino, Luzern und auch in Sils am tiefsten bewegt hatte: die Sehnsucht nach einem Freund, einem griechischen Seelenführer und Geliebten? Kam »Freund Zarathustra« als Ersatz für den unerreichbaren Stern, als eine Art »apollinischer Erscheinung«, zu der, seit Rohdes Zeiten, die Distanz gehört?

Einen solchen übermenschlichen Sternenfreund hat Friedrich Hölderlin in seinem Briefroman »Hyperion« beschrieben: Alabanda, ein wilder Kämpfer und zugleich leidenschaftlicher Liebhaber, der seinen Freund begehrt wie Achill den Patroklos. Doch Hyperion und Alabanda müssen auseinandergehen. Als sie am Meer voneinander Abschied nehmen, wo Alabanda ein Schiff besteigt, um nie mehr wiederzukehren, ruft Hyperion ihm ein verzweifeltes »Weh! Alabanda! Alabanda!« nach.

»Ich blieb am Ufer, blickte still, von den Schmerzen des Abschieds müd, in die See, von einer Stunde zur andern. Die Leidenstage der langsamsterbenden Jugend überzählte mein Geist, und irre, wie die schöne Taube, schwebt' über dem Künftigen . . .«

Dann nimmt Hyperion das »längstvergessene Lautenspiel«, um sich sein »Schicksalslied« zu singen: von den »seligen Genien«, die »droben im Licht« wandeln, denen ewig der Geist blüht und deren selige Augen »in stiller ewiger Klarheit blikken« — es sind die Sterne, die an den Himmel erhobenen Geliebten. Doch während die Sternbilder in den glänzenden Götterlüften funkeln, fern und unerreichbar, stürzt ihr Sänger »ins Ungewisse hinab«:

»Doch uns ist gegeben,
Auf keiner Stätte zu ruhn,
Es schwinden, es fallen
Die leidenden Menschen
Blindlings von einer
Stunde zur andern,
Wie Wasser von Klippe
Zu Klippe geworfen,
Jahr lang ins Ungewisse hinab.«

Wie Hölderlins Hyperion saß Nietzsche am Wasser, die Vergangenheit überblickend und die Zukunft, dem Augenblick verloren und dem Ersehnten in Gedanken ganz nahe — da kam ihm diese Erinnerung wieder. In der Pfortenser Zeit war Hölderlin sein Lieblingsdichter gewesen, der Hyperion machte »in der Erhabenheit und Schönheit der darin auftauchenden Gestalten auf mich einen ähnlichen Eindruck ... wie der Wellenschlag des erregten Meeres«. So der Alumne im Oktober 1861, zwanzig Jahre vor Sils-Maria, in einem »Brief an meinen Freund«. Nietzsche spürte sehr wohl die verzweifelte Sehnsucht, die Hölderlin in diesem Griechenland-Roman mehr andeutete als aussprach: die Liebe zum verborgenen Schönen. Ob »er gleich von verklärendem Schimmer umflossen scheint«, so erklärt der junge Nietzsche seinem Freund, »ist alles unbefriedigt und unerfüllt; die Gestalten, die der Dichter hervorzaubert, sind ›Luftbilder, die in Tönen, Heimweh weckend, uns umklingen, uns entzücken, aber auch unbefriedigte Sehnsucht erwecken‹«. Denn nirgends, das spürt er, »offenbart sich die Sehnsucht nach Griechenland in reineren Klängen.« Für ihn vertraute Klänge: »Diese Verse ... entquollen dem reinsten, weichsten Gemüth, diese Verse, in ihrer Natürlichkeit und Ursprünglichkeit die Kunst und Formgewandtheit Platens verdunkelnd ...«

Im »Hyperion« fand Nietzsche die Worte für jene »Gesichte und Erscheinungen« seiner Jugend, die »göttlichen Blicke und Augenblicke«, denen er im »Zarathustra« einen »immergrünen Kranz des Lebens« darbringen wird. Im »Hyperion« fand er auch, als Siebzehnjähriger, was ihm mit siebenunddreißig »plötzlich« und wie zum ersten Mal aufgehen wird: daß die Geschöpfe seiner heimlichen Begierde wie unerreichbare Sterne sind, leuchtend und in göttlichen Bahnen kreisend; daß die Liebe zu ihnen nur in seltenen »Augenblicken« Erfüllung findet — Augenblicken, in denen die Sterne vom Himmel herabzukommen scheinen, in denen die Zeit stillsteht und die Ewigkeit anbricht; schließlich den Gedanken, daß alles wiederkehrt, der Augenblick der Lust nicht anders als der wandelnde Stern am Himmel. So las Nietzsche es im »Hyperion«, sog es in sich auf, bis er es sich »einverleibt« hatte. Und vergaß es, bis es als eine höhere Wirklichkeit, sichtbar und greifbar, an ihm vorüberging, vielleicht auch so geisterhaft, wie er es in einer mysteriösen Notiz beschreibt:

»Allein geht er; denn seine Gestalten umringen ihn, die er nur sieht. Und trifft er seines Gleichen, so umarmen sich ihre Geister, und mit 4 Augen sehen sie dieselben Gestalten.«

War die Erscheinung Zarathustras eine solche Wiederkunft »seines Gleichen«? Wäre mit ihm die ganze Geheimlehre des »Hyperion« wiedergekommen, jener Versuch Hölderlins, den Vernunftsystemen seiner Freunde Hegel und Schelling die Vision eines Reiches der Liebe entgegenzustellen? Auch Hölderlin hatte sich »als Religionsstifter« gefühlt, wie Pierre Bertaux schreibt, der die »ersehnte Erneuerung der Welt ... durch eine Art Keimzellen: im ›stillen‹ Wirken ›Einzelner‹ und ›Weniger‹« vorbereitet habe. Der »Hyperion« sollte dabei »das neue Glaubensbekenntnis, das moderne Evangelium, das in erzählender Form vorgetragene Manifest der Neuen Religion« sein. Mit ihm stieß er, so in einem Brief an den »Herzensbruder« Neuffer, in eine »*terra incognita* im Reiche der Poesie« vor.

Denn was wie pantheistische Naturschwärmerei erscheint, ist in Wahrheit erotischer Schönheitskult, der aus der Keimzelle der Freundschaft entspringt und die ganze Welt in seine Glückseligkeit einschließt. Die Liebe des Mannes zum Jüngling, verkörpert in Adamas und seinem »Stern« Hyperion, entwickelt sich zur reifen Liebe von »Gleichem zu Gleichem«, von Held Alabanda zu Held Hyperion. Als Nietzsche die »griechische Cultur der classischen Zeit« einmal als eine »Cultur der Männer« darstellt, deren Voraussetzung die »erotische Beziehung der Männer zu den Jünglingen« war, ruft er Hölderlin als Gewährsmann auf und zitiert dessen »schönen Spruch«: »denn liebend giebt der Sterbliche vom Besten«. Auch Rohde legt er ihn einmal ans Herz.

Hyperion, den das Auge Alabandas erweckt, »bis es sich in meinem Auge fühlte und wir errötend uns einander nachsahn«, wird durch die aufblühende Liebe zum Philosophen. »Wie Stürme, wenn sie frohlockend, unaufhörlich fort durch Wälder über Berge fahren, so drangen unsre Seelen in kolossalischen Entwürfen hinaus.« Als sie zum ersten Mal »vertraulich umschlungen im Dunkel des immergrünen Lorbeers« sitzen, ihren Plato auf den Knien, überkommt Hyperion die Vision einer neuen Gesellschaft: Die alte, ein »leeres Possenspiel« mit »willenlosen Leichnamen« hat ausgedient — »Weg mit ihnen! Er darf nicht stehen, wo er steht, der dürre faule Baum, er stiehlt ja Licht und Luft dem jungen Leben, das für eine neue Welt heranreift«. Mit diesen Worten besiegelt Hyperion ihren Bund. »Alabanda flog auf mich zu, umschlang mich, und seine Küsse gingen mir in die Seele.«

Auch Hyperions Freund und Dioskure hat sein Heldentum einem Erweckungserlebnis zu verdanken. Einst sei er am Meer einem jungen Mann begegnet, der ihn »mit seinem Ernste, seiner Liebe« an sich zog — und da war »meine verhärtete Seele wieder aufgetaut ... von den Blicken des Jünglings«. Ein Sanctus Januarius am »Smyrner Strande«. Das »neue Leben«, das ihnen damals »keimte zum Genusse der Welt und zum Kampfe mit ihr«, setzte sich nun mit Hyperion fort, all sein Hoffen war nun »an dich gekettet«. Hyperion schreibt seiner Seelenfreundin Diotima — ihr Name ist Platos Symposion entnommen —, daß sein Alabanda »blüht, wie ein Bräutigam. Aus jedem seiner Blicke lacht mich die kommende Welt an«. In ihren Flitterwochen steht den beiden die Zukunft offen — auch das Firmament, an dem »der Abendstern« mit den »übrigen Helden des Himmels« aufsteigt, in denen das Leben »in ewiger müheloser Ordnung durch den Äther« sich bewegt, in ewigen Kreisbahnen, versinkend, um wieder aufzugehen.

Aus der Liebe entspringen jene »Sternenwelten der Freude«, die Zarathustra über der Menschheit aufspannen will. Einst wollte er für seinen Sternenfreund Rée sogar eine eigene Sonne schaffen. Auch Hölderlins Hellene fühlt in sich den Wunsch, »noch eine Sonne« zu erschaffen, »und neue Zöglinge für sie«. Und weiß dabei sehr wohl, daß die seligen Genien am Himmel nur ein Bild sind für die höhere »Gottheit«:

> »Ich hab es *einmal* gesehn, das Einzige, das meine Seele suchte, und die Vollendung, die wir über die Sterne hinauf entfernen, die wir hinausschieben bis ans Ende der Zeit, die hab ich gegenwärtig gefühlt ... wißt ihr seinen Namen? den Namen des, das *eins* ist und *alles?* Sein Name ist Schönheit.«

Aber nur kurz leuchtet sie den Irdischen, wie ein Blick aus einem Auge, den man nie wieder vergessen kann. Es sind jene Augenblicke des höchsten Glücks, in denen das Jetzt auch Vergangenes und Zukünftiges einschließt: »Zusammengedrängt in *einen* glücklichen Moment«, so weiß Diotima, habe er »den Verlust von allen goldenen Jahrhunderten« empfunden und damit auch »die Kraft von allen Kräften der Heroen«. Über seine Liebe zu ihr schwärmt Hyperion: »Was ist alles, was in Jahrtausenden die Menschen taten und dachten, gegen *einen* Augenblick der Liebe?«

Um dieses einen Augenblicks willen gäbe er sein ganzes Leben hin. »Ich würde Jahrtausende lang die Sterne durchwandern, in alle Formen mich kleiden, in alle Sprachen des Lebens, um dir *einmal* wieder zu begegnen.« Daß es geschehen wird, ist seine tiefste Überzeugung. Denn »die ewige Schönheit, die Natur leidet keinen Verlust in sich«. Als Alabanda ihn verläßt, um heldenhaft zu sterben, versichert er dem trauernden Freund, »daß ich endlos ... unzerstörbar bin ... ewig«. Sein Abschiedsgruß — »wir sehn vielleicht uns dennoch einmal wieder« — gleicht jenem, den Hyperion von der sterbenden Diotima empfängt: »Wir werden wohl uns wieder begegnen.«

Hölderlins Freundschafts-Metaphysik, aus der der Mysterienglaube der Wiederkunft erwächst, hat ein klassisches Vorbild. Nur in einem Philosophen traten Freundschaft, Sternenglaube und Wiederkunftsgedanke zusammen: Pythagoras. Der Weise, der seine griechische Heimat verließ, um in Unteritalien eine religiös-philosophische Gemeinde um sich zu scharen, wurde schon zu Lebzeiten wie ein Gott verehrt. Den Glauben an die »Seelenwanderung«, so heißt es, habe er von ägyptischen Priestern gelernt; er selbst sei, nach dem Bericht des Empedokles, durch »zehn, ja zwanzig Menschenleben« gelaufen.

Seine Jünger lehrte Pythagoras die »Unsterblichkeit der Seele«, mit der die »göttliche Natur der Gestirne« verknüpft war. Auch sein Schüler Alkmaion hielt »die Sterne, weil sie beseelt seien, für Götter«. Und diese »göttlichen« Wesen, so Aristoteles über den pythagoräischen Glauben, »seien in ewiger Bewegung: Mond, Sonne, Sterne und der ganze Himmel«. Und über allem, Irdischem wie Himmlischem, thront die Harmonie, die Schönheit, die sich in Zahlen ausdrücken läßt.

Nietzsche beschäftigte sich mit dem Weisen zur Zeit der »Geburt der Tragödie«; die »pythagoreische Freundschaft«, in der den Freunden »alles gemeinsam« ist, taucht immer wieder als Vorbild in seinen Briefen auf. »Solche Menschen« wie Pythagoras, schreibt er, »leben in ihrem eignen Sonnensystem« und behandeln sich selbst »mit einer übermenschlichen Schätzung, ja mit fast religiöser Scheu.« Als großer Einzelgänger, an dem »etwas Unnatürliches und Wunderbares in die Augen fällt«, habe Pythagoras eine »Gemeinschaft für *Vornehme*« gegründet, die dem »Tempelherrn-Orden« ähnelte. Für ein solches »Ungethüm von Stolz und Selbstherrlichkeit« mit einer »ächten Religionsstifter-Seele« ist der »Mensch nicht Product der Vergangenheit, sondern (der) Wiederkehr«.

Im Zusammenhang mit Pythagoras taucht 1872 zum ersten Mal Zarathustra in Nietzsches Werken auf, in seiner griechischen Namensform. Nietzsche wehrt sich gegen den Gedanken, die griechische Philosophie sei aus dem Orient einfach »importirt« worden; vielmehr hätten die Hellenen »bei anderen Völkern lebende Bildung eingesogen«. So stehe jetzt unter anderen geistesverwandten Paaren »Zoroaster neben Heraklit«.

Nietzsche hätte seinen Weisen vom Meer, in dem ihm nicht nur Hölderlins Griechenland-Sehnsucht leibhaftig erschienen war, Pythagoras nennen können. Doch dann wäre es nicht sein »Sohn« gewesen, den er selbst empfangen und zur Welt gebracht hatte. Ein anderer Grund, warum er den Namen des Persers übernahm, der ansonsten bei ihm keine Rolle spielte: Zoroaster ist ein Aster, ein Stern. In der von Nietzsche benutzten »Symbolik und Mythologie der alten Völker« von Friedrich Creuzer wird der Name mit »Goldstern« übersetzt. Als Nietzsche dies, angeblich erst nach der Niederschrift des ersten »Zarathustra«, entdeckt, schreibt er an Gast, dieser »Zufall machte mich glücklich. Man könnte meinen, die ganze Conception meines Büchleins habe in dieser Etymologie ihre Wurzel«. Die Conception — war das nicht der Augenblick am Silvaplaner See? Zarathustra ein Sternbild, das nur seinen Augen sichtbar wird? Später wird der Weise über seinen Namen sagen, er sei ihm »zugleich lieb und schwer«. Nur Nietzsche wußte, wie der »Stern« Zoroaster mit dem »höchsten Gestirn des Seins« zusammenhing. Daß er in seinem Helden einen Stern sah — wie Freund Rée einmal sein Stern gewesen war —, geht aus einer späteren Notiz hervor:

»Glaube es mir, Z(arathustra) starb und ist nicht mehr. Ein Stern erlosch in ödem Raum: aber sein Licht — — —«

Am 26. August 1881, im Monat der Vision, erscheint nicht nur der Titel »Mittag und Ewigkeit« in Nietzsches Notizbuch, sondern auch der Anfang einer Heiligenlegende: »Zarathustra, geboren am See Urmi, verliess im dreissigsten Jahre seine Heimat« und »verfasste in den zehn Jahren seiner Einsamkeit im Gebirge den Zend-Avesta.« In Creuzers Mythologie-Buch konnte Nietzsche lesen: »Zoroaster zieht sich auf das Gebirge Elbruz zurück und widmet sich daselbst ganz der Betrachtung und Andacht.« In der »Fröhlichen Wissenschaft« wird Nietzsche seinen neuen Heiligen mit ähnlichen Worten ins Leben treten lassen, und selbst »Also sprach Zarathustra« hält noch bis ins Detail der Zeitangaben an der frühen Notiz von 1881 fest.

Auch ein modernes Buch stand bei Zarathustra Pate. Einer seiner Höhepunkte: Auf einer astrologischen Plattform hoch über einer nachtdunklen Stadt haben sich Priester eingefunden, um die Sterne zu beobachten. Der Held, den sein teuflischer Widerpart mit auf die Plattform genommen hat, bezweifelt, daß die Sterne Götter sind. Der Teufel entgegnet ihm: »doch! Denn die Dinge um uns vergehen; der Himmel aber bleibt unwandelbar wie die Ewigkeit!« Und er erklärt dem begriffsstutzigen Frager, wohin er ihn geführt hat:

»du selbst stehst auf der ehrwürdigsten Stelle der Erde. Hier haben sich Pythagoras und Zarathustra getroffen.«

Der Teufel und sein Gesprächspartner, der heilige Antonius, sind die Hauptpersonen von Gustave Flauberts »Versuchung des heiligen Antonius«. Der Stoff des Asketen, der sich in die Einsamkeit zurückzieht, wo er von den Ausgeburten seiner unterdrückten Begierde an den Rand des Wahnsinns getrieben wird, gehört zu den Seelen-Dramen des Abendlands. In seinen »Zarathustra« hat Nietzsche viele Elemente der Legende, in Flauberts theatralischer Aufbereitung, übernommen. Zwar zitiert er den Buchtitel erst 1885, wo er Flauberts »Salambô« und den »heiligen Antonius« als »die Maskerade des *bourgeois*« lächerlich macht, doch kannte er den französischen Romancier schon seit der Basler Zeit. 1872 hatte ihn ein Musiker um ein Opernlibretto nach »Salammbô« gebeten, was den Wagnerianer in ihm so beleidigte, daß er noch 1888 in seinen »Fall Wagner« die Bosheit einflocht, Flaubert hätte seine »Madame Bovary« ins Karthagische übersetzen »und sie dann, mythologisirt, Wagnern als Textbuch« anbieten sollen. Das war als Spitze gegen Cosima gemeint, die sich 1871 aufgeregt hatte, als ein Kritiker die »Meistersinger« mit »Mme. Bovary« zu vergleichen wagte.

Flaubert hatte sein Stück für einen Hauptdarsteller und seine tausend Phantasmen 1874 veröffentlicht, nachdem er durch den Bovary-Prozeß berühmt geworden war. Eine Hauptanregung zu dem Stoff hatte er in Genua bezogen, wo er in einem Palazzo das Antonius-Bild von Breughel sah. Ob Nietzsche es dort auch entdeckt hat? Richard Wagner nahm sich Flauberts Mysterien-Buch 1880 in Neapel vor, legte es aber »mit Widerwillen« aus der Hand. Zumindest in diesem Punkt war Nietzsche sich mit seinem einstigen Idol einig: Das Buch lief ihm contre cœur. Ein Asket, der dem Leben absagt zur höheren Glorie eines weltfeindlichen Gottes, mußte ihn einfach provozieren. Für Nietzsche war das die reine »Weltverleumdung«. Flaubert war sein Antipode: Ein wildgewordener décadent, der seine verdrängten Begierden auf dem Papier auslebt, weil in ihm der *»Haß auf das Leben«* endlich »Herr geworden« ist; ein Keuschheitsapostel, der in Wahrheit nur jene »Willens-Schwachen« kennt — seinesgleichen nämlich —, »wo désir an Stelle des Willens steht!« Was Nietzsche dabei am meisten stört: Der Franzose möchte wohl, aber traut sich nicht. Vor lauter »Selbstquälerei und feinerer Grausamkeit« maskiert er sich — eine Pariser Witzfigur! »Was ich lache über Flaubert«, notiert er sich einmal, »mit seiner Wuth über den bourgeois, der sich verkleidet, ich weiß nicht als was!«

Flaubert hat es ja selber nötig, weil ihm der Mut zur Wahrheit fehlt. Nietzsches schärfstes Argument gegen ihn ist aber der heimliche Nihilismus, der dem allen zugrundeliegt. Der sei Mitte des Jahrhunderts entstanden, als sich »der romantische Glaube an die Liebe und die Zukunft« in das »Verlangen zum Nichts« verwandelt habe — womit Nietzsche zwei auf einen Streich trifft: »Jene typische Verwandlung, für die unter Franzosen G. F(laubert) unter Deutschen R. W(agner) das deutlichste Beispiel abgiebt.«

Nietzsche hat nie erwähnt, welchen Einfluß Flauberts »Versuchung« auf seinen »Zarathustra« hatte. Aber er plante, den vierten Teil mit dem Untertitel »die Versuchung Zarathustra's« zu versehen. Denn seinem Helden geht es ähnlich wie Flauberts Figur — nur mit umgekehrten Vorzeichen. Auch vor Zarathustras Höhle in den Bergen tauchen die Masken seiner eigenen Existenz auf. Doch die Begierden, die Antonius abtötet und am Ende überwindet, will Zarathustra züchten. Was jener verdammt, will er emporrufen. Was der Christ segnet, verflucht Zarathustra. Gegen den Asketen aus der nihilistischen Traumfabrik setzt Nietzsche seinen Antichristen. Und deshalb, weil er umkehren muß, was verkehrt ist, läßt er seinen Anti-Antonius mit der Szene beginnen, die Flaubert ans Ende gesetzt hat.

»Endlich bricht der Tag an«, heißt es bei diesem; »als höbe sich der Vorhang vor einem Tabernakel, rollen sich goldene Wolken zu großen Schnekken und geben den Himmel frei — und mitten darin die Sonne. Von der Sonnenscheibe strahlt das Antlitz Jesu Christi.«

Für Zarathustra dagegen bleibt die Sonne Sonne, sein leuchtendes Geschwistergestirn, mit dem er auf du und du ist:

»Endlich aber verwandelte sich sein Herz, — und eines Morgens stand er mit der Morgenröthe auf, trat vor die Sonne hin und sprach zu ihr also: ›Du grosses Gestirn! Was wäre dein Glück, wenn du nicht Die hättest, welchen du leuchtest!«

*

Mitten in den Aufzeichnungen nach der Vision am See findet sich ein Selbstbekenntnis Nietzsches, das an seinen ersten Aufenthalt 1876 in Neapel erinnert und in den Gedanken mündet:

»Züchtung der Griechen. *Die Männer schöner als die Frauen.*«

Diese »Erleuchtung« kam ihm nach der Ankunft, als er mit Malwida von Meysenbug und dem Sternenfreund Rée in der Kutsche um den Hügelzug Posillipo fuhr, der für seine Aussicht auf Neapel berühmt ist. Zwei Bemerkungen hat Nietzsche sich dazu notiert: »›Wie ertrug ich nur bisher zu leben!‹ auf dem Posilipp als der Wagen rollte — Abendlicht« und »Posilipp und all die Blinden, denen das Auge geöffnet wird.« War ihm damals das Auge für die Schönheit der Neapolitaner, dieser Nachfahren griechischer Kolonisten, aufgegangen? An entscheidender Stelle im »Zarathustra« wird auch die »Tristan«-Anspielung »Wie ertrug ich nur bisher zu leben!« wieder auftauchen — als der erlöste Übermensch lachend vor ihm steht. Ähnliches wie Nietzsche hat auch der Malwida-Freund Ferdinand Gregorovius im Hafen von Neapel erlebt:

»Die Neapolitaner schwimmen gleich Delphinen. Das Element erhält den Menschen im ursprünglichsten Naturzustande. Der warme Himmel bringt die Nacktheit wieder zu Ehren, und die herrlichsten Studien des Nackten lassen sich hier auf der Straße machen. Dieser Gegensatz ist wunderbar grell; es rollen am Quai hin die luxuriösen Equipagen mit den elegantesten Menschen der höchsten Gesellschaft, und vor den Augen des besternten Prinzen, der feinsten Dame aus dem Salon von Paris oder London springen Scharen nackter Menschen in paradiesischer Unschuld in die Wellen. Die Fischerbuben laufen nackt selbst auf die Straße und begrüßen mit vielen graziösen Verbeugungen und lebhafter Gestikulation den Fremden ... Ich machte mir oft das Vergnügen, vom vierten Stock meiner Wohnung herab diese nackten Buben mit einem Gran auf die Straße zu locken. Auf einen Wink sprangen sie ins Wasser, produzierten ihre Künste und kehrten wassertriefend wieder zurück, um den Lohn zu empfangen.«

Von jener Kutschfahrt um die Küste, bei der über dem Vesuv »majestätisch Gewitterwolken« standen und »die Stadt glänzte, als wäre sie aus purem Gold gebaut«, hat Malwida ihrer Ziehtochter Olga berichtet:

»Es war so wunderbar, daß die Herren wie trunken vor Entzücken waren. Nietzsche habe ich niemals so lebhaft gesehen. Er lachte vor lauter Freude.«

Was Malwida Ende Oktober 1876 schrieb, kehrte im Herbst 1881 in Nietzsches Erinnerung wieder. Jetzt, wo ihm das Auge über die Wiederkunft, das »höchste Gestirn des Seins«, geöffnet war, begriff er auch jene andere Augen-Öffnung, die ihm die Schönheit der nackten Südländer offenbart hatte:

»Ich habe nicht Kraft genug für den Norden: dort herrschen die schwerfälligen und künstlichen Seelen, die so beständig und nothwendig an Maßregeln der Vorsicht arbeiten als der Biber an seinem Bau. Unter ihnen habe ich meine ganze Jugend verlebt! das fiel über mich her, als ich zum 1. Male den Abend über Neapel heraufkommen sah, mit seinem sammtnen Grau und Roth (des) Himmels — wie ein Schauder Mitleid mit mir, daß ich mein Leben damit anfieng, alt zu sein, und Thränen und das Gefühl, noch gerettet zu sein, im letzten Augenblick.«

Nein, im Süden sind keine »Maßregeln der Vorsicht« nötig. Und nur ein überängstlicher Thomas Mann konnte in Neapel 1896 in den Verzweiflungsruf ausbrechen: »Woran leide ich? An der Geschlechtlichkeit . . . wird sie mich denn zugrunderichten? . . . Wie komme ich von der Geschlechtlichkeit los?« Nietzsche dagegen fühlte sich hier »im letzten Augenblick« gerettet. Und seine Loslösungs-Bücher »Morgenröthe« und »Fröhliche Wissenschaft« werden dasselbe Lob des Südens singen, das schon Hölderlin im »Hyperion« anstimmte. Auch er wandte sich schaudernd vom Norden ab. »Man muß im Norden schon verständig sein, noch eh ein reif Gefühl in einem ist«, klagt sein Held Hyperion, »man mißt sich Schuld von allem bei, noch ehe die Unbefangenheit ihr schönes Ende erreicht hat . . .«

Der Schatten an der Wand. Die Schuld von allem, das war Nietzsche aus dem Gewissen gesprochen. Der Norden bedeutete schlechtes Gewissen in Permanenz, die wütende

Geißel der Naumburger Tugend. Fühlte er nicht bei fast jedem Gedanken, jeder Tätigkeit diesen nagenden Verdruß? Hatte er sich nicht ein Leben lang verstecken, erst seine Sehnsüchte, dann deren Erfüllung verleugnen müssen? Er war in den Süden geflohen, um die Drohungen des Gesetzes und der Niedertracht hinter sich zu lassen. Keiner zeigte mehr mit Fingern auf ihn. Jenen, die ihm an seinen südlichen Fluchtorten begegneten, blieb er ein Unbekannter; jenen, die ihn kannten und an der Nabelschnur der Korrespondenz festhielten, blieben seine Adressen, die Einzelzellen unterm Dach, unbekannt. Hinter Inkognito und poste restante verbarg er sich vor ihren Blicken wie der nackte Adam unter den »Bäumen im Garten«.

Nur, das Schuldgefühl saß innen, Gottes strafende Stimme kam aus dem eigenen Ohr. Als Nietzsche im Oktober 1881 aus Sils-Maria nach Genua zurückkehrt, die Ewige Wiederkunft im Gepäck, scheint wieder jenes dumpfe Wissen in den Vordergrund getreten zu sein: daß sein schlimmster Feind ebenfalls mit im Gepäck ist, das Schuldgefühl. Jetzt, wo ihm das Geheimnis allen Seins offenbart war, nämlich: daß es kein Geheimnis, keinen Gott und auch kein Jenseits gibt, sondern nur das, was ist, ewig, nimmt er den Kampf gegen die innere Stimme auf. In kreisenden Gedanken, die nasse Feder auf dem Papier. Im selben Heft, in dem die Mittags-Vision des homerischen Schildes verarbeitet wird, taucht der *»Gewissensbiss«* auf, »auch nach *unbeabsichtigtem* Frevel«. Als Beispiel nennt Nietzsche sein mythisches alter ego — Oedipus. Das Schlimmste daran: »*Ekel* vor sich selber!« Das Gewissen hetzt sein Opfer gegen sich selbst auf, verdirbt ihm die letzte Freude an sich, treibt es, oft genug, in den Tod. Wer sich vor sich selbst ekelt, sollte am besten einen Strick nehmen oder eine Überdosis Opium. Oder, dies die versucherische Möglichkeit als Überlebens-Rezept, dem an den Kragen gehen, der den Ekel einimpft.

Aber der ist längst tot. Im Genueser Herbst 1881 häufen sich die Erwähnungen vom *»Tode Gottes«*. Das erste Buch von

»Also sprach Zarathustra« wird geradezu als »*Grabrede* auf den Tod *Gottes*« bezeichnet. Und der Autor nennt sich, den Menschen ohne Gott, den »einsamsten der Einsamen«, der für den Menschen nun einen *»Freund«* finden muß. Er kennt ihn natürlich schon, den »Zauberer«, der auch für ihn an die Stelle des toten Gottes gerückt ist: um Mittag war's. Aber was bedeutet das eigentlich, daß »Gott tot ist«? Wollte Nietzsche damit die poetische Umschreibung seiner atheistischen Überzeugung liefern, wonach, wie er einmal abwiegelnd sagt, »der Glaube an den christlichen Gott unglaubwürdig geworden ist«? Dann war das Schlagwort, als das es vom »Volksmund« übernommen wurde, denkbar ungeeignet. Denn muß, was tot ist, nicht doch einmal gelebt haben?

Wäre Nietzsches »Gott ist tot« tatsächlich nur die originelle Verpackung einer damals schon angestaubten Erkenntnis gewesen, dann könnte man sie guten Gewissens ad absurdum führen. Aber das war es nicht. Der Satz bedeutete für Nietzsche nichts Metaphorisches — für ihn war er Wirklichkeit. Nicht die Vorstellung, daß es Gott gar nicht gibt, hatte sich in ihm festgesetzt, sondern: daß es ihn einmal gab und daß er jetzt, wie ein Mensch, tot ist. Der Tod Gottes, ein schauerlicher Gedanke, zu dem für ihn Leichengeruch und Totengräberlärm gehörten. Wußte er eigentlich, woher ihm diese idée fixe kam? Vermutlich ebensowenig, wie er die Quelle des »vorbeigehenden Zarathustra« oder des wiederkehrenden Schildes der Notwendigkeit ahnte. Plötzlich, so scheint es, war die Idee da, mit letzter Überzeugungskraft, und mußte heraus. »Mord der Morde!« notiert er sich in Genua. »Wir erwachen als Mörder! Wie tröstet sich ein solcher?«

Als man dem kleinen Friedrich Nietzsche im Röckener Pfarrhaus sagte, daß nun sein Vater tot sei, gab es keinen Trost für ihn. Wem ein Gott stirbt, der findet keinen Ersatz, dem bleibt die Welt verwüstet, weil alles, was an ihn erinnert — und alles erinnert an ihn — nur noch von seiner Abwesenheit spricht. Wo Gott tot ist, scheint auch die Welt gestorben.

Fritz, der einsamste der Einsamen, fand sich damals, wie sein »letzter Mensch« Oedipus, in einer entseelten Alptraumlandschaft wieder, deren Schatten draußen auf dem Gottesacker vom toten Gott flüsterten. Wenn Nietzsche, über dreißig Jahre später, mit verzweifelter Beharrlichkeit, den »Tod Gottes« verkündet, dann steckt in dieser so keck erscheinenden Proklamation nicht nur die Trauer über den unersetzlichen Verlust des Vaters, sondern auch die Angst vor seiner Wiederkehr. Denn der tote Gott war wiedergekehrt: Erst auf dem Gottesacker, als kinderraubender Schatten aus dem Grab; dann in der Stimme des Dämonion, deren Raunen der Sohn fürchtete wie den Tod. »Das Klanggespenst meines Ohrs« begleitete ihn als leibhaftige Gewissens-»Stimme«. Und machte ihm sich selbst und sein Leben zum Ekel. Hatte er sie in Naumburg als kleiner Pastor und Musterschüler halbwegs in Zaum halten können — wer die Gebote befolgt, entgeht der Verfolgung —, mußte sie seit seiner Pubertät mit doppelter Hartnäckigkeit zurückgekehrt sein. Sowenig sich die Sehnsuchts-Gedanken aus dem Kopf vertreiben ließen, wollte der tote Gott aus dem Ohr — ein Gespenst, vor dem er weder die Augen noch die Ohren verschließen konnte. Es saß in ihm, in der Höhle seines Bewußtseins.

Das dritte Buch der »Fröhlichen Wissenschaft«, in dem Zarathustra seinen ersten spektakulären Auftritt hat — wenn auch inkognito —, beginnt mit dem Aphorismus *»Neue Kämpfe«,* der im Herbst 1881, dem »Zarathustra«-Herbst, konzipiert wurde:

> »Nachdem Buddha todt war, zeigte man noch Jahrhunderte lang seinen Schatten in einer Höhle, — einen ungeheuren schauerlichen Schatten. Gott ist todt: aber so wie die Art der Menschen ist, wird es vielleicht noch Jahrtausende lang Höhlen geben, in denen man seinen Schatten zeigt. — Und wir — wir müssen auch noch seinen Schatten besiegen!«

Nietzsches Aufruf: Gott ist tot, nun laßt uns auch noch seine Spuren beseitigen! In einer Textvariante sagt er deutlicher, was er mit dem Schatten Gottes meint, der die Menschen in Höhlen fürchten macht: »Aber ein Gespenst ist er geworden! Freilich!« Sein Schatten fällt aus der Vergangenheit herüber in die Gegenwart und nimmt den Pflanzen das Licht. Nietzsche, die Pflanze vom Gottesacker, wußte das. War er nicht selber fast verkümmert? Und alles, was er von dem Gewissensqual-Gott zu erleiden hat, widerfährt der ganzen Christenheit mit ihrem blutsaugerischen Glauben — »hütet euch vor dem Schatten Gottes«, warnt er da. »Man nennt ihn auch Metaphysik.« So der Pfarrerssohn über die Folgen eines fatalen Irrtums.

Das war der dumpfe Grundton zu seinem Genueser und Silser Siegesgesang, der lange Schatten, den seine neue Sonne warf. Woher aber, so fragte er sich, kam die Macht, die dieser Gewesene nach wie vor über ihn ausübte? Wie konnte etwas Totes ihn, den Lebendigen, das Fürchten lehren? Schon der kleine Pastor hatte die Antwort geahnt: Er war schuld an diesem Tod. Deshalb hatte der Tote die Macht, ihn immer wieder schuldig zu sprechen. Der Vater lag auf seinem Gewissen, als Alpdruck, den er nicht mehr loswurde. Gerade sein »hoffnungsvollstes« Buch, »Die fröhliche Wissenschaft«, hat Nietzsche sich ausgesucht, seinen lebenslangen Schuldkomplex in die Welt hinauszuschreien: verkleidet als »toller Mensch«, den sein Gewissen in den Wahnsinn treibt, weil er mit dem, was er angerichtet hat, nicht fertig wird.

Am hellen Vormittag, so beginnt Nietzsche seinen legendenhaften Bericht, sei ein toller Mensch mit der Laterne auf den Marktplatz gelaufen und habe unaufhörlich geschrien: »Ich suche Gott! Ich suche Gott!« Das klingt nach Diogenes, kommt aber ebenfalls direkt aus Nietzsches Kindheit: In Naumburg mit seinen Märkten und Messen war ihm der Verlust des Vaters und der Heimat schmerzlich ins Bewußtsein getreten. Hier, vor den fremden Städtern, war er ein Waisenkind, das vergeblich nach dem Vater sucht. Der tolle Mensch begegnet einigen, die ohnehin nicht an Gott glauben, und muß sich ihren Spott anhören: »Hat er sich verlaufen wie ein Kind?« Oder: »Ist er zu Schiff gegangen? ausgewandert? — so schrieen und lachten sie durcheinander.« Wie könnten sie verstehen, was es heißt, einen Gott zu verlieren! Sie hatten ja niemals einen. Oder vielleicht doch, und wissen es nur nicht mehr? Der Mann mit der Laterne, der am Tage sucht, was ihm in der Nacht verlorengegangen ist, springt auf sie los »und durchbohrte sie mit seinen Blicken«. So hatte den kleinen Fritz der steinerne Ritter in der Röckener Sakristei angeblitzt. Und was schreit der tolle Mensch den »normalen« ins Ohr?

»Wohin ist Gott? rief er, ich will es euch sagen! *Wir haben ihn getödtet,* — ihr und ich! Wir alle sind seine Mörder.«

Die Mordtat, die seinen Hörern durchaus nicht einleuchten will, scheint seinen Kopf verwirrt zu haben. Denn das, was lange zurückzuliegen scheint — wenn es überhaupt stattgefunden hat —, steht vor ihm, als wäre es eben geschehen:

»Hören wir noch Nichts von dem Lärm der Todtengräber, welche Gott begraben? Riechen wir noch Nichts von der göttlichen Verwesung?«

Offenbar ist ihm wirklich jemand gestorben, dessen Leichnam er zu riechen glaubt, während die Totengräber draußen vor seinem Fenster »das Grab ausmauern«, wie er in seiner Kindheits-Autobiographie erinnert. Und *er* ist schuld, *seiner* Grausamkeit ist der Gott zum Opfer gefallen. Mit der Blutrünstigkeit seiner Alumnen-Gedichte, in denen heulende Mönche abgeschlagene Häupter schütteln, läßt der Autor seinen »tollen Menschen« bekennen, der Gott sei »unter unseren Messern verblutet«. Er, das »Heiligste und Mächtigste, was die Welt bisher besass«. Wer »wischt diess Blut von uns ab? Mit welchen Wassern könnten wir uns reinigen?« Einen solchen Anfall hatte Nietzsche bereits in der »Morgenröthe« beschrieben, als er den Wahnsinnigen schildert, der einem »neuen Gedanken den Weg bahnt«: Auch er, den »Schaum des Epileptischen« vor dem Mund, leidet unter einer Blutschuld: »ich habe das Gesetz getödtet, das Gesetz ängstigt mich wie ein Leichnam einen Lebendigen.« Aber die Menschen, die den tollen Menschen hören, verstehen es nicht und blicken »befremdet auf ihn«. Irgendwie kann man es ihnen nicht verübeln. Sie werden es noch begreifen, sagt der tolle Mensch; die Mordtat »ist noch nicht bis zu den Ohren der Menschen gedrungen«.

Wohl aber zu seinen eigenen. Die dämonische Stimme flüstert sie ihm immer wieder zu, wenn die Welt schläft und der tote Gott in seinem Herzen erwacht. Dann herrscht die einsamste Einsamkeit, starrt ihn die höhnische Larve des Weltalls an, wie es einst sein tragischer Held Oedipus erlebte. Die ganze Welt — wie ausgestorben; alles, was fest war — verrückt. Auch das schreit der tolle Mensch den Leuten auf dem Marktplatz entgegen:

> »Was thaten wir, als wir diese Erde von ihrer Sonne losketteten? Wohin bewegt sie sich nun? Wohin bewegen wir uns? Fort von allen Sonnen? Stürzen wir nicht fortwährend? Und rückwärts, seitwärts, vorwärts, nach allen Seiten? Giebt es noch ein Oben und ein Unten? Irren wir nicht durch ein unendliches Nichts? Haucht uns nicht der leere Raum an? Ist es nicht kälter geworden? Kommt nicht immerfort die Nacht und mehr Nacht?«

Der Wahnsinnige, den die Vorstellung eines entseelten Weltalls peinigt, ist niemand anderes als Zarathustra. In der Grundfassung dieses Textes »zündete Z(arathustra) am hellen Vormittage eine Laterne an« und lief zur Verkündung seiner schaurigen Botschaft auf den Markt. Vermutlich hat Nietzsche den heiligen Namen in der Endredaktion weggelassen, weil er ihn nicht schon vor seinem ersten Auftritt mit einem Mord belasten wollte. Zarathustra, der leuchtende Sonnenbruder, sollte nicht mit fremdem Blut besudelt werden.

Aber sein Redefluß war aus fremden Quellen gespeist. Im Marktgeschrei des tollen Menschen verbirgt sich eine entscheidende Passage aus Flauberts »Versuchung des heiligen Antonius«: die Beschreibung der entgöttlichten Unendlichkeit, des eisigen Weltalls, in dem der Mensch orientierungslos umherwirbelt. Daß Nietzsche an dieser Stelle auf Flaubert zurückgreift, liegt nicht an eigener Ideenarmut. Das verwüstete All seiner Alptraumlandschaften war ihm vertraut genug. Aber im »Antonius« ist es eben der Teufel, der dem zitternden Heiligen das entgöttlichte Urchaos vor Augen führt. Muß nicht der Mörder Gottes selbst zum Teufel, zum Gegen-Gott und »Antichrist« werden, als der Nietzsche sich schon 1883 gegenüber Malwida zu erkennen gibt?

Im »Antonius« tritt der Teufel als vergöttlichte Wissenschaft auf: »Mein Reich ist weit wie das Universum; mein Durst ist grenzenlos«, ruft er aus, der selbst »schön wie ein Erzengel, strahlend wie eine Sonne« erscheint. »Ich schreite immer fort, befreie den Geist und wäge die Welten ohne Haß, ohne Furcht, ohne Mitleid, ohne Liebe, ohne Gott. Man nennt mich Wissenschaft.« Zum Beweis seiner Sätze nimmt er den Zweifelnden auf einen Rundflug durchs All mit und kommentiert sachkundig, was ihnen begegnet. Antonius bemerkt sehr schnell, daß die Stimme des Teufels »wie ein Echo seiner Gedanken« ist, »eine Antwort aus seiner Erinnerung«. Auf der Flugbahn Jean Pauls, der in seinem »Komet« eine ähnliche Sternenexkursion antrat, sausen Teufel und Asket durch »Sternregen, goldene Staubschwaden, gleißende Nebel«. »Was ist das Ziel von alledem?« fragt der fromme Passagier. Sein Pilot antwortet: »Es gibt kein Ziel!« Denn alles ist unendlich. »Sieh die Sonne an!« raunt er ihm zu mit jener Stimme, die von innen zu kommen scheint. »Aus ihren Rändern brechen hohe Flammen und zersprühen in Funken, die zu Welten werden; — und hinter der letzten, jenseits der Tiefen, wo du nur noch Nacht siehst, kreisen andere Sonnen, und dahinter andere, und abermals andere, unendlich . . .«

Das ist zuviel für Antonius. »Halt! halt!« schreit er. »Ich habe Angst! ich stürze in den Abgrund.« Der Teufel beruhigt ihn: »es gibt keinen Grund, keine höchste Grenze, kein Oben und Unten, kein Ende.« Antonius, dem die Wahrheit dämmert: »Wie? und meine Gebete, meine Seufzer, die Qualen meines Fleisches, die Inbrunst meiner Liebe wären an ein Trugbild verloren . . . an den Raum . . . sinnlos.« Ein Schwindel erfaßt ihn, und er stimmt den verstörten Klagegesang von Nietzsches »tollem Menschen« an:

»Eine furchtbare Kälte läßt meine Seele erstarren. Das übersteigt jeden Schmerz! Es ist ein Tod, tiefer als der Tod. Ich stürze in die unabsehbare Finsternis. Sie durchdringt mich. Diese Grenzenlosigkeit des Nichts sprengt mein Bewußtsein!«

Die höhnische Antwort des Teufels kann sich Nietzsches »toller Mensch« selbst geben: Vielleicht ist alles eine Täuschung, meint jener, die Welt in beständigem Fluß, wodurch es nichts Festes und also auch nichts Wahres geben kann. Dann wäre »die Täuschung die einzige Wirklichkeit. Und weißt du«, fragt er den entgeisterten Antonius, »ob du siehst? weißt du, ob du lebst? Vielleicht gibt es nichts!«

Nietzsche war von dieser Flaubert-Stelle so beeindruckt, daß er sie nicht nur im ersten Auftritt des Zarathustra vor »Also sprach Zarathustra«, sondern auch in seiner späteren Vorrede zur »Geburt der Tragödie« — mit Augenzwinkern — zitierte:

»Was ich damals zu fassen bekam, etwas Furchtbares und Gefährliches, ein Problem mit Hörnern, nicht nothwendig gerade ein Stier, jedenfalls ein *neues* Problem: heute würde ich sagen, dass es das *Problem der Wissenschaft* selbst war.«

An den Hörnern des Teufels, in dem die Wissenschaft steckt, hatte sich Antonius bei seinem Sternenflug festhalten müssen:

»Antonius faßt mit ausgebreiteten Armen die beiden Teufelshörner, so daß er ganz über dem Teufel liegt.«

Die sinnlose Unendlichkeit des Universums, die dem modernen Menschen durch die Wissenschaft vor Augen geführt wird, hatte der kleine Pastor schon in seinen ödipalen Alpträumen erfahren. Er wußte, daß die letzte Konsequenz der Welt ohne Gott unerträglich ist, den Menschen in die Höllenqual des Nichts stürzt. Ihr Name ist: Schuld. Natürlich sagt der Teufel die Wahrheit: Am Tod des Vaters gibt es nichts zu deuteln. Ebensowenig an seiner gespenstischen Wiederkehr, als Schatten, als dämonische Stimme.

Bevor Zarathustra im letzten Aphorismus des vierten Buches der »Fröhlichen Wissenschaft« unter eigenem Namen auftreten und, mit der Kurzbiographie aus Creuzers »Mythologie« versehen, seinen »Untergang« beginnen darf, malt sein Vater dem Leser noch einmal liebevoll aus, was ihm von der dämonischen Stimme des toten Gottes blüht. Er benennt den Abschnitt nach jenem Begriff, der schon in der ersten Wiederkunfts-Notiz von Sils-Maria auftauchte. Damals im August hatte es geheißen: »Das neue *Schwergewicht: die ewige Wiederkunft des Gleichen.*« Nun spricht Nietzsche vom *»grössten Schwergewicht«,* und es ist nicht länger die strahlende Sonnenvision eines goldenen Schildes, sondern — ein Alptraum. Sein Alptraum. Lange hatte er überlegt, wie er diese eigentlich unsägliche Erfahrung formulieren, dem Leser verständlich machen konnte. Erst wollte er sie dem Alchimisten Paracelsus in den Mund legen, als Wunderlegende, zu der man »ein muthiges Herz wie ein Löwe« braucht. War es »das Blendwerk eines mir übel wollenden Geistes«, fragt sich der Magier. Wenn ja, habe er nie »eine ärgere Versuchung« erlebt. Nietzsche wählte den Namen Paracelsus nicht nur wegen seines mysteriösen Beiklangs: Der Arzt und Weise hatte einst in Basel eine Professur und mußte im Streit die Stadt verlassen.

Beim nächsten Versuch, die beklemmende Botschaft loszuwerden, suchte er sich einen »geliebten Fremdling« aus, dem er zuerst die beglückende Seite der Wiederkunft verraten wollte: jenen »Gedanken«, der »vor mir aufgegangen ist, gleich einem Gestirne und der zu dir und zu Jedermann hinunterleuchten möchte« — erst das Schild der Schönheit, dann die nächtlichen Grabestöne. Wenn Nietzsche später die Wiederkunft seinen Freunden und Bekannten anvertraute, zog er die Alptraum-Version vor. Lou Salomé weihte er in das »Geheimnis« ein, als wäre es »Etwas, vor dessen Bewahrheitung und Bestätigung ihm unsagbar graue«. Und er sprach dabei »mit leiser Stimme und mit allen Anzeichen des tiefsten Entsetzens«. Gegenüber Overbeck bediente er sich derselben »unheimlich flüsternden Stimme, als ob er ein ungeheures Geheimnis verkündete«. Auch Resa von Schirnhofer, die Züricher Studentin, erlebte die Verkündigung auf lächerlich-theatralische Weise:

»Dann erhob er sich um sich zu verabschieden, und als wir bei der Türe standen, veränderten sich plötzlich seine Züge. Mit einem starren Ausdruck im Gesicht, scheue Blicke um sich werfend als würde eine entsetzliche Gefahr drohen, wenn ein Horcher seine Worte hörte, die Hand am Munde den Laut dämpfend, verkündete er mir flüsternd das ›Geheimnis‹.«

Das Geheimnis der ewigen Wiederkunft. Im Aphorismus *»Das grösste Schwergewicht«* ist es ausgesprochen, mit derselben unheimlichen Flüsterstimme, die es den erschrockenen Freunden ins Ohr zischte. Es ist sein Dämonion selbst, das redet, das »Klanggespenst« seines Ohrs. Wie, so fragt Nietzsche versucherisch, wenn auch die anderen das erlebten, was ich erleben mußte? Kämen sie dann nicht zu denselben Schlüssen?

»Wie, wenn dir eines Tages oder Nachts, ein Dämon in deine einsamste Einsamkeit nachschliche und dir sagte: ›Dieses Leben, wie du es jetzt lebst und gelebt hast, wirst du noch einmal und noch unzählige Male leben müssen; und es wird nichts Neues daran sein, sondern . . . alles unsäglich Kleine und Grosse deines Lebens muss dir wiederkommen, und Alles in der selben Reihe und Folge — und ebenso diese Spinne und dieses Mondlicht zwischen den Bäumen, und ebenso dieser Augenblick und ich selber.‹«

Nietzsche fordert den Leser auf, sich eine Situation vorzustellen, die »einsamste Einsamkeit« nämlich, die nur er kennt; und er ruft vor ihm die dämonische Stimme auf, die nur er hört. Er erzählt von etwas, das der Leser sich sonst nie träumen ließe: Die Spinne, vor der ihn schon in seinem ersten Reimgedicht ekelte, erscheint, und auch das Mondlicht, bei dem er das Vatergespenst zuerst erblickte, und jene »Stimme des Vaters«, die ihn lähmt und ihm den Atem abdrückt. Und diese Stimme sagt ihm, daß alles wiederkehrt? Ist sie die Verkünderin der ewigen Wiederkunft, die der Hörer nicht ertragen kann? »Würdest du dich nicht niederwerfen und mit den Zähnen knirschen und den Dämon verfluchen, der so redete?« fragt Nietzsche.

Hatte er damit die Botschaft seines Dämonion entschlüsselt? Oder war es ihm hier genauso ergangen wie am Silvaplaner See, wo er die Erscheinung einer Erinnerung mit ihrem Inhalt verwechselte? Nicht das Schild des Achill hatte ihn von der Wiederkunft überzeugt — was immer er auf ihm zu entdecken glaubte —, sondern die Wiederkunft der Vorstellung. Nicht anders scheint es sich mit der Botschaft des schleichenden Dämons zu verhalten. In einer Notiz fragt sich Nietzsche einmal, ob wir nicht »ein Wissen haben, welches wir *fürchten?* Mit dem wir nicht allein sein wollen? Ein Wissen, vor dessen Druck wir zittern, vor dessen Flüstern wir bleich werden?« Nur ist es nicht das Wissen um die Wiederkunft, das ihn zittern und erbleichen läßt — wie sehr er sich das auch einreden mag; es ist die Wiederkunft des Alptraums, die ihm erst dieses Wissen nahelegt. Der Alptraum war es, der ihn zittern und erbleichen machte, lange bevor ihm die Wiederkunft aufging — und ohne ihn wäre auch die lustvollste Vision vom See bald verblaßt und zu einer unbegreiflichen Erinnerung geworden. Aber der Alpdruck, der immer wiederkehrt, lieferte den dumpfen Orgelton zum Dankchoral. Wer das »grösste Schwergewicht« auf sich fühlt, das ihm ein ewig wiederkehrendes Leben in Aussicht stellt, der muß auch den Alp ertragen, der ihn drückt und martert, in alle Ewigkeit. Im Aphorismus *»Das grösste Schwergewicht«* spricht es die Dämonenstimme selbst aus: »dieser Augenblick und ich selber« — es ist das furchtbare Lebensgeheimnis des Alpträumers, den bei Nacht das Klanggespenst, bei Tage die Gewissensstimme foltert.

Doch Nietzsche reißt das Steuer herum. Columbus tritt auf den Plan, verstärkt durch die Vision des Weisen Zarathustra und jenen Augenblick, um dessentwillen er sein ganzes Leben hingäbe. Den Augenblick vom See. Und so fragt er, wieder versucherisch auf den Busch klopfend, ob in seinen Lesern vielleicht ein unerkannter Stern schlummere, der wiederkommen will:

> »Oder hast du einmal einen ungeheuren Augenblick erlebt, wo du ihm antworten würdest: ›du bist ein Gott und nie hörte ich Göttlicheres!‹«

Einen Augenblick des Glücks, der Ekstase, den man immer wieder erleben, für den man immer wiederkommen will? Und wäre dies nicht eine neue Einstellung zum Leben: sich »bei

Allem und Jedem« zu fragen, ob man etwas immer wieder haben und tun will? Es wäre ohne Zweifel das »grösste Schwergewicht«, die höchste Bedeutung, die ein Mensch seinem Leben verleihen kann. Nach ihm würde man sich sehnen, um »nach Nichts *mehr zu verlangen,* als dieser letzten ewigen Bestätigung und Besiegelung«.

Nietzsche weiß genau, zu wem er spricht. Nicht zu jedermann, wohl aber zu jenen, die größter Augenblicke fähig sind und deshalb auch größte Schwergewichte tragen können. In der Urfassung des Aphorismus ließ er diesen übermenschlichen Menschentyp auftreten. Er stammt aus dem Lande Hyperions:

»würdest du jener Athlet und Held werden, der diess Gewicht tragen und noch mit ihm emporsteigen könnte? Stelle dir den mächtigsten Gedanken vor Augen — und du wirst zugleich das Ideal erblicken, das vor den mächtigsten Menschen der Zukunft hergeht! ... Oder wie müsstest du dem Leben und dir selber gut sein um dies Gewicht nicht als höchste Last, sondern als höchste Lust zu empfinden.«

Dieser Athlet und Held heißt Zarathustra, der im nächsten Aphorismus vor die Sonne hintreten und zu ihr wie ein Gestirn zum anderen sprechen darf. Als ein Held und Athlet wird er von nun an Lasten emportragen müssen und auch erleben, wie Last sich in Lust verwandelt.

Daß dabei ein »Ideal« vor dem heldenhaften Lastenträger hergeht, hat er bereits in der »Fröhlichen Wissenschaft« beschrieben, um es 1888, in der Bekennerlaune des »Ecce homo«, mit Zarathustra zusammenzubringen. Der Aphorismus steht im »Sanctus Januarius«, dem fünften Buch der »Fröhlichen Wissenschaft« und heißt *»Die grosse Gesundheit«.* Es ist jene Gesundheit, die ihn im Süden von seinen nördlichen Gebrechen befreite, ihm, dem neuen Columbus, »ein noch unentdecktes Land« zeigte, »dessen Grenzen noch Niemand abgesehn hat, ein Jenseits aller bisherigen Länder und Winkel des Ideals, eine Welt so überreich an Schönem, Fremdem, Fragwürdigem, Furchtbarem und Göttlichem«, daß man am gegenwärtigen Menschen und Alltag nur noch verzweifeln kann. In »Ecce homo« verrät Nietzsche auch, daß der »Typus« des Zarathustra, der ihn einst auf seinen Spaziergängen überfallen habe, eben diese »große Gesundheit« zur »physiologischen Voraussetzung« hat. Er ist der Seefahrer, dessen »Seele . . . alle Küsten dieses idealischen ›Mittelmeers‹ umschifft« hat — er ist es, vor dem das Ideal herläuft, dem der athletische Held und »mächtigste Mensch der Zukunft« nachläuft. Und es ist, wie »Ecce homo« wiederholt,

»ein wunderliches, versucherisches, gefahrenreiches Ideal . . . das Ideal eines menschlich-übermenschlichen Wohlseins und Wohlwollens, welches oft genug *unmenschlich* erscheinen wird«.

Hatte Nietzsche vor seiner »grossen Loslösung« das »Menschliche, Allzumenschliche« einer verlogenen Gesellschaft bloßgestellt, so sieht er jetzt die Vision des »Menschlich-Übermenschlichen« vor sich enthüllt. Doch diese Vision gehört zu einem Wesen aus Fleisch und Blut; und nicht nur einem, sondern all jenen bronzehäutigen Göttern, denen man auf einsamen Meerespfaden nachläuft, um die platonische Schönheitsidee leibhaftig vor sich aufgehen zu sehen. Im selben Jahr, in dem »Ecce homo« entsteht, notiert Nietzsche in Nizza, er wolle so über die Kunst reden,

»wie ich mit mir selber rede, auf wilden und einsamen Spaziergängen, wo ich mitunter ein frevelhaftes Glück und Ideal in mein Leben herunter erhasche«.

Das klingt wie die poetische Umschreibung einer Inspiration, die ihn, »halb Künstler, halb Vogel«, überkommt. Doch in der Urfassung der Notiz wartet der Autor mit handfesten Angaben auf — denn diese Ideale, die vor dem Tänzer herlaufen, damit er sie erhasche, gab es wirklich:

»Und wie viele neue Ideale sind im Grunde noch möglich! — Hier ein kleines Ideal, das ich alle fünf Wochen einmal auf einem wilden und einsamen Spaziergang erhasche, im azurnen Augenblick eines frevelhaften Glücks.«

Die Notiz trägt das Datum: »Nizza, den 25. März 1888.« Ein Jahr später lebte er bereits, seine geliebte Fortschrittsmütze auf dem Kopf, in der Jenaer Irrenanstalt, verbrachte seine Zeit plätschernd im Badezimmer und machte auf die Ärzte den Eindruck, er sei »in seinen jungen Jahren ein flotter Tänzer gewesen«. Denn sobald »der Baron X. auf seiner Zither spielte, da konnte der Herr Nietzsche nicht schnell genug auf die Beine kommen, um einen Dauertanz anzufangen, bis ihn der Oberwärter zu seiner Beruhigung abführte«.

*

»Als Zarathustra dreissig Jahr alt war, verliess er seine Heimat und den See seiner Heimat und gieng in das Gebirge. Hier genoss er seines Geistes und seiner Einsamkeit und wurde dessen zehn Jahre nicht müde.«

Zarathustras Vorrede. »Ha! Feierlich! Ein würdiger Anfang«, wird Zarathustras Schatten dereinst im Bordell ausrufen. Höchst feierlich und sagenhaft beginnt Nietzsche sein Selbst-Offenbarungsbuch, als schriebe er, den die Legende einmal zum Heiligen machen wird, seine eigene Heiligenlegende. Aber es hatte sich so angeboten: Der Mythologe Creuzer sagte es dem persischen Weisen Zoroaster nach, Hölderlins Held Hyperion war aus den Ebenen in »die höchsten Berge« geflohen, auf daß sein Geist sich »wie ein Adler, dem der blutende Fittich geheilt ist«, über die »sichtbare Welt« ausdehne, »als wäre sie sein«; und auch Flauberts Antonius verließ seine Heimat, Mutter und Schwester und sah Adler über seinem Kopf kreisen, bis er sich auf einem »halbmondförmigen, von großen Felsbrocken eingeschlossenen Bergplateau« ansiedelte: die rechte Bühne für seine Versuchung, der rechte Schauplatz auch für Zarathustras Auftritt.

»Endlich aber verwandelte sich sein Herz, — und eines Morgens stand er mit der Morgenröthe auf, trat vor die Sonne hin und sprach zu ihr also: ›Du grosses Gestirn! Was wäre dein Glück, wenn du nicht Die hättest, welchen du leuchtest! Zehn Jahre kamst du hier herauf zu meiner Höhle: du würdest deines Lichtes und dieses Weges satt geworden sein, ohne mich, meinen Adler und meine Schlange.‹«

Mit der Sonne per Du! Dafür ist es auch seine eigene. Zehn Jahre lang konnte Zarathustra genießen, was der Alumne Nietzsche seinem Schwarm, was der Sternenfreund seinem Stella Rée gewünscht hatte: eine eigene Sonne über sich zu haben, die ihren Stern erwärmt und zum Leuchten bringt. Auf dem einsamsten Bergplateau, das nur von seinen Tieren und den Geistern seiner Vorgänger besucht wird, hatte sich ihm sein sehnlichster Sternen-Wunsch erfüllt. In der »fröhlichen Wissenschaft« war er vor der Frage gestanden: »Wo ist inmitten der jetzt wirklichen Welt *dein* Winkel und Stern? Wo kannst *du* dich in die Sonne legen, sodass auch dir ein Überschuss von Wohl kommt und dein Dasein sich rechtfertigt?« Und er hatte sich geantwortet: »Ich will für mich eine eigene Sonne schaffen.«

Nun ist es vollbracht. Dem Stern, dem »Goldstern«, ist in seiner alpinen Einsamkeit ein Gestirn aufgegangen, an dessen Licht er sich sättigt, ein Geschwistergestirn, in dessen »ruhiges Auge« er blicken kann, ohne zu erblinden. Wozu braucht dieser Sonnenjünger Haustiere? Sie sind, wie er erklärt, sein Stolz und seine Klugheit. Leider haben der Adler und die Schlange, die am »Überfluss« seiner Sonne partizipieren dürfen, die unangenehme Eigenschaft, sich in brenzligen Situationen davonzumachen. Gerade jetzt, wo er sich entschließt, seine überirdische Sternenwelt zu verlassen, muß er ohne sie auskommen.

Zehn Jahre hat ihm sein Autor Zeit gegeben, seine Sonne zu »geniessen«, das »höchste Gestirn des Seins« in sich aufzusaugen — nun ist Zarathustra selbst zur Sonne geworden. Und er will anderen Sternen leuchten, sein eigenes Licht »verschenken und austeilen« — und endlich das Wirklichkeit werden lassen, was Nietzsche schon in seiner Schopenhauer-Schrift von sich gefordert hatte: Erst so hoch zu steigen »wie je ein Denker stieg, in die reine Alpen- und Eisluft hinein«, und dann »einmal« seinen Blick »steil und leuchtend wie ein Lichtstrahl auf die Dinge« niederfallen zu lassen, als »glühendes, rothgefärbtes, die Welt überströmendes Licht«. Den Weg hatte ihm Hölderlin gezeigt, der seinem Hyperion rät: »Du mußt, wie der Lichtstrahl, herab, wie der allerfrischende Regen, mußt du nieder ins Land der Sterblichkeit, du mußt erleuchten«; und wie dieser sich Mut zugesprochen hatte — »Gelingt der Biene doch ihr kleines Reich, warum sollte denn ich nicht pflanzen können und baun, was not ist?« —, sagt Zarathustra zu sich selbst: »Ich bin meiner Weisheit überdrüssig, wie die Biene, die des Honigs zu viel gesammelt hat.« Der Goldstern, der Erleuchtung und Wärme wie Honig zu verschenken hat, muß wie alle Sterne untergehen, »in die Tiefe steigen«, ja, horribile dictu, in die »Unterwelt«. Denn sein Becher ist voll, er will »überfliessen, . . . dass das Wasser golden aus ihm fliesse«, er will »wieder leer werden«. Und dazu, sagt Zarathustra, muß er »wieder Mensch werden«. Und damit, sagt Nietzsche, »begann Zarathustra's Untergang«.

Daß der Stern wieder Mensch wird, der Bergsteiger auf Talfahrt geht, geschieht nicht freiwillig. Auch über Sternen herrscht das Gesetz ihrer Kreisbahn; auch Zarathustra muß, sobald er voll geworden ist, sich ausleeren. Die Religionsstifter-Geste vom großen Verschenken ist Rhetorik, später wird er gestehen, daß es die »Begierde nach Liebe« war und die Sehnsucht des Lichtes nach der Dunkelheit, die ihn untergehen ließ. »Nacht ist es«, klagt der Übervolle im »Nachtlied«, »ach dass ich Licht sein muss!«

Nicht nur hier hat der Hagiograph geschummelt. Es steht einer Sonne nicht frei, unterzugehen; und auch der Aufstieg Zarathustras in die Berge, über den sein Autor hinweggehuscht war — »und gieng in das Gebirge« —, geschah vor einem düsteren Hintergrund. Kaum hat der Held seine Höhle verlassen, muß er sich von einem heiligen Einsiedler im Wald daran erinnern lassen. Der »Greis«, der Antonius heißen könnte, sieht ihm die Verwandlung an, die ihn zum »Tänzer« werden ließ, zum »Kind«, zum »Erwachten«. Als er vor zehn Jahren an seiner Hütte vorbeigekommen war, habe er ein anderes Bild geboten: »Damals trugst du deine Asche zu Berge.« Der merkwürdige Satz, ein Schlüsselgedanke des ganzen Buches, bleibt unkommentiert, die »Vorgeschichte«, wie bei Heiligenviten üblich, ausgeblendet. Nur am Schluß des Einsiedler-Gesprächs, bei dem der Asket ihn vor den Menschen warnt, deutet der untergehende Stern an, was ihn in die Einsamkeit getrieben und zum Aschenträger hatte werden lassen — »dass *Gott todt* ist!«

Nicht zufällig war »Zarathustra« als »*Grabrede* auf den Tod *Gottes*« geplant. Denn der Held hatte seine Heimat und den See seiner Heimat verlassen, weil ihm sein Gott gestorben war, schlimmer noch: weil er ihn, wie einst auf dem Marktplatz verkündet, umgebracht hatte. Vor dem Aufstieg ins alpine Sonnenland kam ein Mord; der Weg nach oben wurde ihm deshalb zur unsäglichen Qual: Die Tat lag auf ihm als unerträgliches Gewicht. War es Gottes »Asche«? In einer Vorarbeit zum »tollen Menschen« hatte er seine Klage über den Gottesmord in in die Erkenntnis münden lassen: »Noch sehen wir unsren Tod, unsere Asche nicht ... auch der Tod und die Asche brauchen Zeit!« Die Asche, zu der die Menschen erlöschen, wenn ihnen ihre Gottessonne verglüht, ist die Asche Gottes, der sein Licht nur verschenken konnte, weil sie es ihm abnahmen. Sie gehörten zusammen wie Vater und Sohn, und so starben sie zusammen, als der Sohn den Vater tötete. Sie wissen es nur noch nicht. Seit Gott starb, ist die Welt ein Aschenhügel, über dem der Leichengeruch Gottes liegt: »Riechen wir noch nichts vom Feuer und der Asche in der Luft«, fragt der tolle Mensch in einer Notiz, und präzisiert dann: »Riechen wir noch nichts von der göttlichen Verwesung?« Zarathustra selbst wird später einem »Einsamen« verraten, er müsse sich erst »in der eignen Flamme« verbrennen, wenn er aus der Asche neu entstehen wolle. Aber irgendwann werden alle Menschen merken, daß sie längst ausgebrannt und zu Asche geworden sind — ein »Wahrsager« meldet das aus der fernen Zukunft: dann »stäuben wir der Asche gleich«. Oder wie es Hyperion seinem Freund Bellarmin schreibt: Jede Flamme »geht empor ... bis ihr Stoff verzehrt ist, nun raucht und ringt sie und erlischt; was übrig ist, ist Asche. So geht's mit uns. Das ist der Inbegriff von allem, was in schröckendreizenden Mysterien die Weisen uns erzählen.«

Dem Weisen Zarathustra war dieses Mysterium als Himmelsgestirn aufgegangen, seine Asche hatte Feuer gefangen. »Damals trugst du deine Asche zu Berge«, sagte ihm der alte Heilige, »willst du heute dein Feuer in die Thäler tragen?« Er muß. Und läßt, wenn auch nur in einer Vorarbeit, den Asketen den Zipfel seines Geheimnisses sehen: »diese häßliche Schlange da«, vor der sich der versuchungsresistente Antonius »fürchtet«; und »als die Schlange eben ein wenig den Kopf hervorstreckte, siehe, da machte er einen Sprung und entfloh«. Hinweg, Satan! Dabei war es nur die Erinnerung an ein Kinderspiel: »Also schieden sie von einander wie 2 K(naben) lachen(d).« Kurz darauf folgt die Ankündigung eines Verhängnisses: »Dies ist *meine* Schlange, die mir in den Schlund schlich.«

Wer etwas zu verkaufen hat, geht damit am besten auf den Markt; wer etwas verschenken will, zumal wenn es sich um eine Vision handelt, sollte sich an andere Orte begeben, Kirchen oder Versammlungsräume. Leider hat Zarathustra, der aus dem Wald fort in die Welt zieht, seine Tiere dort zurückgelassen und steuert unklug und weltfremd in die Katastrophe. Schon einmal hatte er seine Haut zu Markte getragen, in der Maske des wahnsinnigen Gottesmörders. Und war ausgelacht und verhöhnt worden. Verglichen mit dem, was er jetzt vortragen will, war das die Schrulle eines bedauernswerten Geistesgestörten. Nun hat er eine Brandrede im Gewande: Er will in den Menschen, die eigentlich auf die Darbietungen eines Seiltänzers warten, die Flamme seines Ideals entzünden, jenes Ideals, das vor ihm hergeht und ihn mit unlöschbarem Durst erfüllt:

»Ich lehre euch den Übermenschen.«

Wie kann er das »menschlich, übermenschliche« Ideal der »fröhlichen Wissenschaft« auf dem Marktplatz lehren? Wie kann man überhaupt ein Ideal »lehren«? Wenn sie es erst vor sich sehen, so schließt Zarathustra wohl von sich auf andere, dann werden sie ihm auch nachfolgen müssen. Schönheit zieht an. Und sind diese Menschen nicht mit ihm verwandt? Er spricht sie als »Brüder« an, die verstehen, wenn er ihnen sagt, daß der heutige Mensch »mehr Affe, als irgend ein Affe« ist und deshalb überwunden werden muß. Alle Wesen haben etwas über sich hinaus geschaffen, ein Ziel angestrebt, ein Ideal verwirklicht. »Ich beschwöre euch meine Brüder«. Offenbar weiß er nicht, zu wem er da redet. Die Einsamkeit hat ihm eine falsche Vorstellung von den Menschen gegeben. »Ich fürchtete mich unter Menschen«, bekennt der »Zarathustra«-Autor einmal, »es verlangte mich unter Menschen und nichts stillte mich. Da ging ich in die Einsamkeit und schuf den Übermenschen.«

Er sah den Übermenschen, und er schuf die Lehre. Er sehnte sich nach dem Übermenschen und wollte die große Sehnsucht auch seine Brüder lehren. Denn ein »höheres Wesen als wir selber sind zu schaffen . . . ist der Trieb der Zeugung, das ist der Trieb der That und des Werks«, notiert er einmal. Der Trieb der Zeugung, Schopenhauers Genius der Gattung, spiegelt ihnen das Ideal der Gattung vor, und sie müssen ihm blind folgen. Denn der Trieb herrscht in ihnen. Wie wäre es, wenn statt des fragwürdigen Geschlechts-Genius ein neuer Gott aufträte, der nicht mehr Fort-, sondern Höherpflanzung lehrte? Und nur, indem er, wie der alte Genius, ein begierdenweckendes Bild vor Augen stellt? Verglichen mit dem, was sich unter dem Begriff Mensch fort- und fortpflanzt, ohne von der Stelle zu kommen, in dem noch vieles »Wurm« und »Affe« ist und selbst der »Weiseste« ein »Zwitter von Pflanze und Gespenst«, wäre das ein gewaltiger Fortschritt. Wie jener »Zwitter« aus Röcken, als der sich der Autor selbst karikiert, würde die Menschheit die große Loslösung erleben, den Aufbruch zu neuen Ufern.

Und so stellt Zarathustra das neue Schönheitsideal vor seine »Brüder« hin:

»Ihr verhüllt eure Seele: Nacktheit wäre Schande für eure Seele. Oh daß ihr lerntet, warum ein Gott nackt ist! Er hat sich nicht zu schämen. Er ist mächtiger nackt!«

Statt dessen glauben sie immer noch, der Körper sei »etwas Böses, die Schönheit ... eine Teufelei; mager, gräßlich, verhungert, schwarz, schmutzig, so soll der Leib aussehen.« Und er flucht: »Wehe dem Unseligen, dem der Leib böse und die Schönheit teuflisch scheint!«

Doch weder der Fluch, der auf alle Antoniusse und Leibverächter gemünzt ist, noch der Preis der göttlichen Nacktheit, der auf die noch gesunden Brüder zielt, stehen in »Also sprach Zarathustra«. Nietzsche hat sie weggelassen. Auch jene Sätze, in denen er die »Schaffung« des Übermenschen erklärte:

»Er stellte ein nacktes Bild eines Gottes hin: also sehnt sich auch der Südlichste noch nach einem (zweiten) Süden«,

schreibt er nur für die Kladde, und kurz darauf:

»Was ist es damit, daß sie die Götter nackt bildeten? — So sehnt sich der Südlichste noch nach neuen Süden.«

Die Griechen haben ihre Götter nackt in Marmor gemeißelt, um vor den Menschen und der Ewigkeit ein Ideal festzuhalten und zum Leuchten zu bringen, das sie gesehen hatten. Jetzt hat es auch Zarathustra gesehen, und er predigt es, weil er kein Praxiteles ist; und als er bemerkt, daß seine Worte verhallen, vergleicht er sich mit dem Bildhauer in seiner Marmorwerkstätte. »Ach, ihr Menschen, im Steine schläft mir ein Bild, das Bild meiner Bilder! ... Nun wüthet mein Hammer grausam gegen sein Gefängniss.«

Verleitet Zarathustra damit zur Sünde? Im Gegenteil, ruft er über die Köpfe hinweg, nicht »eure Sünde — eure Genügsamkeit schreit gen Himmel, euer Geiz selbst in eurer Sünde schreit gen Himmel! Wo ist doch der Blitz, der euch mit seiner Zunge lecke?« Er ist dieser Blitz, der seine Flamme wie ein Pfingstwunder über sie ausgießen will. Er ist der Weise Zarathustra, der »an allen guten und bösen Dingen *geleckt*« hat.

Und wie einer, der mit Blitzen lecken und mit »Wahnsinn impfen« will, predigt er das Unverständliche — aber so ist es seiner Botschaft angemessen. Denn auch der Übermensch hat Erscheinungen wie ein Opiumraucher und den Wahnsinn des dionysischen Tanzes. Zarathustra, ein Schamane? Wie anders könnte er die Gleichgesinnten finden! Er muß zum tanzenden Sprach-Bildhauer werden, denn alles »Übermenschliche erscheint am Menschen als Krankheit und Wahnsinn«.

Auch der »normale Mensch« ist krank und wahnsinnig — er weiß es nur nicht. Zarathustra hilft ihm auf die Sprünge:

»Der Mensch ist ein Seil, geknüpft zwischen Thier und Übermensch, — ein Seil über einem Abgrunde. Ein gefährliches Hinüber, ein gefährliches Auf-dem-Wege, ein gefährliches Zurückblicken, ein gefährliches Schaudern und Stehenbleiben.«

Einst hatte Nietzsche verkündet, der Mensch reite träumend auf dem Rücken eines Tigers — jetzt sieht der Bergwanderer, daß sich um ihn herum Abgründe auftun: der Abgrund des Grauens, des Alpdrucks, des Todes, der Schuld. Der träumende Mensch täuscht sich darüber hinweg, daß er diesen Abgründen nicht entgehen kann. Am Ende des Lebens grinst der Tod, am Ende der Menschheitsgeschichte die Sinnlosigkeit einer aschgrauen Schädelstätte. Und so glaubt Zarathustra, daß seine Predigt auch verstanden wird: Wenn schon Grauen, dann auch Schönheit — das Mysterium, das er in der »Geburt der Tragödie« offenbarte.

Jetzt hat er sein nacktes Ideal, wie ein Künstler, vor den Menschen enthüllt — seht, betet an, folgt ihm nach! Als Nietzsche sich 1887 erneut der griechischen Kulturblüte widmet, jener nie mehr erreichten Hoch-Zeit des Menschseins, läßt er die männliche Schönheit endgültig in den Vordergrund treten. »Der *große Stil*«, so formuliert er, und »Das *Nackte*« gehören für ihn untrennbar zusammen. Wo das Nackte bei den Hellenen triumphiert, ist auch der große Stil nicht weit, der, nach Buffons Wort, den ganzen Mann ausmacht. Für beides hat Nietzsche instinktives Verständnis: »NB. In psychologischer Hinsicht habe ich *zwei Sinne:* einmal: den Sinn für das *Nackte,* sodann: den Willen zum *großen Stil*«. Und dieser Wille »zur Vereinfachung, Verstärkung, zur Sichtbarkeit des Glücks« hat den »Muth zur psychologischen *Nacktheit*«. Das, umständlich ausgedrückt, »Sichtbarwerdenlassen des Glücks insgleichen der Nacktheit« ist »eine Consequenz des Willens zur Furchtbarkeit . . .«

Zarathustra bemerkt, daß man ihn nicht versteht; man hält ihn für einen »Spötter in furchtbaren Spässen«. Nachdem er sich in Fahrt geredet hatte, war er zum grausamen Propheten geworden, der seinen Hörern nicht nur ihren Untergang voraussagt, sondern sie geradezu auffordert, ihn herbeizuführen — damit, indem sie sterben, das Ideal endlich erscheine. Will er sie zum Satyrchor aufpeitschen, denen im Todestaumel der strahlende Gott erscheint? Will er der gottesmörderischen Urhorde den neuen Götzen vor Augen führen, der nicht aus Ton oder anderem brennbaren Material, sondern aus Fleisch und Blut ist? Alle sollen, wie er, untergehen, sich verschwenden; so ist es nun einmal das Schicksal des Menschen. Aber sie sollen es mit einem übermenschlichen Leuchten im Auge tun. Und eigentlich, so verkündet er wie der Guru einer Selbstmordgemeinschaft, liebt er sie nur um ihres Untergangs willen:

> »Ich liebe die grossen Verachtenden, weil sie die grossen Verehrenden sind und Pfeile der Sehnsucht nach dem anderen Ufer. Ich liebe Die, welche nicht erst hinter den Sternen einen Grund suchen, unterzugehen und Opfer zu sein: sondern die sich der Erde opfern, dass die Erde einst des Übermenschen werde . . .
>
> Ich liebe alle Die, welche wie schwere Tropfen sind, einzeln fallend aus der dunklen Wolke, die über den Menschen hängt: sie verkündigen, dass der Blitz kommt, und gehn als Verkündiger zugrunde.«

Noch in den zweideutigen Worten vom »anderen Ufer« und den »Sternen«, vom »Pfeil der Sehnsucht« und vom fallenden »Blitz«, der leckt und vernichtet, schwingt das Bild vom nackten Gott nach, das Nietzsche unterdrückte. Nur vor seiner Schönheit gerät der Griechenfreund in einen solchen Dithyrambus der Todessehnsucht, die eigentlich sexuelle Begierde ist. Und so steuert sein zungenredender Prophetengeist auf jenes Bild zu, in dem Zeugungs- und Gebärlust, Sternenmetaphysik und Südland-Traum zusammenfließen:

»Ich sage euch: man muss noch Chaos in sich haben, um einen tanzenden Stern gebären zu können. Ich sage euch: ihr habt noch Chaos in euch.«

Nietzsche hat nicht nur seinen Sohn Zarathustra, sondern auch den Übermenschen aus dem Chaos seiner Seele zur Welt bringen müssen. »Die Geburt des *Übermenschen*«, lautet eine Notiz, und so steht das Bild des Übermenschen, trotz unterdrückter Stelle, doch vor dem Leser: ein tanzender Stern, ein Jüngling, der auf dem Schild des Achill im Reigen der Wiederkehr schreitet, aber auch einer jener See-Sterne, die auf glückseligen Inseln in paradiesischer Anmut ihre Körper bewegen. Das Bild vom göttlichen Nackt-Tanz wird später noch im »Zarathustra« auftauchen.

Als der Redner, der seine Seele auf der Zunge trägt, seine Zuhörer mit dem *»letzten Menschen«,* ihrem Spiegelbild, konfrontiert, der von Schönheit und Sternen keinen Schimmer hat und mit ein wenig Gift ab und zu sich »angenehme Träume« verschafft, wird er von der johlenden Menge unterbrochen. Genau der wollen sie sein, der sich mit Rauschgift betäubt und damit zufrieden ist, dem alten Genius der Gattung zu folgen und »sein Lüstchen für den Tag und sein Lüstchen für die Nacht« zu haben. Und so verhöhnen sie ihn und lachen ihn aus; »und indem sie lachen, hassen sie mich noch. Es ist Eis in ihrem Lachen.« Die Stimmung ist umgeschlagen. Hohn wird zu Haß, in die Masse kommt Bewegung.

Was hat sie so gegen ihn aufgebracht? Ohne die unterdrückte Stelle des nackten Übermenschen, der sich seiner Blöße nicht schämt, ist die heftige Reaktion des Publikums kaum zu verstehen. Später flüstert man ihm zu, daß er von den »Guten und Gerechten« und den »Gläubigen des rechten Glaubens« gehaßt werde, weil er »die Gefahr der Menge« sei. Aus Notizen geht hervor, man habe gemunkelt, es sei »nicht das

Schlimmste Zarathustra in die Hände zu fallen, aber nachts von ihm zu träumen«. In einer anderen Aufzeichnung verurteilt der Autor seinen Helden zu einem »Leben unter der Verachtung der herrschenden Sittlichkeit *(verachtet)*«. Einmal läßt er sogar den König beschließen, Zarathustra sei, als »des Volks Verführer«, des Todes schuldig, man müsse ihn als »einen schädlichen Menschen vernichten«. Schon auf dem Marktplatz läuft er Gefahr, verprügelt zu werden. Unholde haben auf öffentlichen Plätzen nichts verloren. Sein Glück ist, daß der Seiltänzer das Hohngeschrei mißversteht und sich, ganz eitler Künstler, herausgerufen glaubt. Sogleich zieht das neue Spektakel die Aufmerksamkeit an sich, der Ärger um den unanständigen Volksverhetzer ist vergessen.

»Da aber geschah Etwas, das jeden Mund stumm und jedes Auge starr machte. Inzwischen hatte der Seiltänzer sein Werk begonnen: er war aus einer kleinen Thür hinausgetreten und gieng über das Seil, welches zwischen zwei Thürmen gespannt war . . . Als er eben in der Mitte seines Weges war, öffnete sich die kleine Thür noch einmal, und ein bunter Gesell, einem Possenreisser gleich, sprang heraus und gieng mit schnellen Schritten dem Ersten nach. ›Vorwärts, Lahmfuss, rief eine fürchterliche Stimme, vorwärts Faulthier, Schleichhändler, Bleichgesicht! . . . In den Thurm gehörst du, einsperren sollte man dich, einem Besseren, als du bist, sperrst du die freie Bahn!‹ — Und mit jedem Worte kam er ihm näher und näher: als er aber nur noch einen Schritt hinter ihm war, da geschah das Erschreckliche, das jeden Mund stumm und jedes Auge starr machte: — er stiess ein Geschrei aus wie ein Teufel und sprang über Den hinweg, der ihm im Wege war. Dieser aber, als er so seinen Nebenbuhler siegen sah, verlor dabei den Kopf und das Seil; er warf seine Stange weg und schoss schneller als diese, wie ein Wirbel von Armen und Beinen, in die Tiefe.«

Ein Mord am hellichten Tage, vor den Augen der Öffentlichkeit. Der ehrliche Seiltänzer, der für Geld seinem Artistenhandwerk nachgeht, wird von einem teuflischen Clown verhöhnt und in den Abgrund gestürzt, zum höheren Gaudium des Marktplatzes hingerichtet. Das Bild, einprägsam wie ein Traumgesicht, steht in Nietzsches Werken ohne Beispiel da — der Seiltänzer gehört nicht zu seinem metaphorischen Personal. Doch der Sturz in den Abgrund ist ein häufiges Bild.

»Kein Pfad mehr! Abgrund rings und Todtenstille!« gehört zu seinen Angstszenarien. Daß ein Spaßmacher aus schrecklicher Willkür jemanden in diese Tiefe stürzt, muß Nietzsche als extremste Form des Bösen erschienen sein: Vernichten aus Lust an der Todesangst des anderen. Nur der Teufel kann so etwas wollen!

In Jakob Böhmes Werk »Aurora oder Morgenröte im Aufgang« findet sich eine ähnliche Szene. Nietzsche mag das Buch in der Pobleser Pfarrbibliothek gelesen haben, vielleicht hat es ihn zu seinem eigenen Buchtitel inspiriert. »Ach Mensch, o Mensch«, schreibt Böhme mahnend, warnend, Nietzsches »O Mensch, gib acht« vorwegnehmend, »warum tanzest du doch mit dem Teufel, der dein Feind ist? Hast du nicht Sorge, er wird dich in die Hölle stoßen? Wie gehest du so sicher? Hast du doch nur ein schmales Steglein, darauf du tanzest: unter dem Stege ist die Hölle. Siehest du nicht, wie hoch und gefährlich du gehest? Du tanzest zwischen Himmel und Hölle!« Nietzsches Zarathustra: »Der Mensch ist ein Seil, geknüpft zwischen Thier und Übermensch, — ein Seil über einem Abgrunde.« Von diesem Menschheits-Seil und -Steg wird der Seiltänzer hinabgestürzt, aus abgründiger Bosheit. Nur Zarathustra weiß, daß diesem öffentlichen Mord ein heimlicher vorausgegangen war — der Mord an Gott. Eine Freveltat, noch viel abgründiger als der Seil-Sturz, eine Sünde, die schlechthin untilgbar ist, wurde begangen, von ihm begangen. Ist der Teufel nun gekommen, um sich seinen Höllenbraten zu holen? Hat Zarathustra sich am Ende selbst im armen Seiltänzer entdeckt — als Gottesmörder, den die gerechte Strafe ereilt?

Verlegt man die Szene aus der räumlichen in die Bewußtseins-Welt, so gleicht sie in vielem dem Alptraum, den Nietzsche immer wieder erlebte: Etwas, das den Mund stumm und das Auge starr macht; eine Gestalt, die man nicht sieht, aber spürt, die näher kommt und mit »fürchterlicher Stimme« ihn in Panik bringt; er sieht die Bedrohung nicht, aber »mit jedem Wort kam er ihm näher und näher«; schließlich »das Erschreckliche«: ein Geschrei »wie ein Teufel«, von dem das Opfer in den Abgrund stürzt. Es fällt, wie in einem Anfall, als »ein Wirbel von Armen und Beinen«. Sterbend sagt der Abgestürzte, »ich wusste es lange, dass mir der Teufel ein Bein stellen werde. Nun schleppt er mich zur Hölle«. Als Zarathustra ihn darüber aufklärt, daß es weder den einen noch das andere gibt, antwortet ihm der Seiltänzer: »Ich bin nicht viel mehr als ein Thier, das man tanzen gelehrt hat, durch Schläge und schmale Bissen.«

Nietzsche hatte als Kind auf dem Naumburger Markt Seiltänzer beobachten können. Vielleicht war er sich schon damals wie der Tänzer am Abgrund vorgekommen, den er später in sich entdeckte; das dressierte Wunderkind, das die Mutter mit karger Kost und unerbittlicher Strenge auf den rechten Weg gebracht hat, eben jenen schmalen Pfad, auf dem er von Stimmen bedroht, von Gestalten zu Tode geängstigt wurde. In Naumburg war er zum ersten Mal vor die Öffentlichkeit getreten und hatte bei den Gleichaltrigen Hohn und Spott geerntet; in Pforta war es ihm nicht anders ergangen, man schnitt aus Papier einen Hampelmann aus, um eine hündische Folgsamkeit zu karikieren, die man in ihm vermutete; in Basel erlebte er den Absturz erst nach strahlenden Anfangserfolgen, ein Absturz war es dennoch: lächerlich geworden vor einer Stadt, der man seine gehobene Lebensform verdankte; schließlich die »Geburt der Tragödie«, die zum größten Triumph hatte werden sollen, und ihm die Hinrichtung durch einen Pfortenser Kollegen einbrachte. Und immer wieder die Angst vor der Entlarvung: Nietzsche, ein Perverser. Nicht zufällig trat der arme Seiltänzer seinen Todesgang an, nachdem Zarathustra sein Bekenntnis zum Übermenschen abgelegt hatte, zum Verbotenen, das mit Bann belegt war. Der Hohn der Menge, der in Haß umschlug, war die Reaktion auf die Selbst-Bloßstellung. Der Angriff der Moral auf den Unmoralischen, der »Normalen« auf den, der seine Sehnsuchtspfeile nach dem anderen Ufer verschießt, und dies bekanntmacht. Welcher Frevel!

Es kam der Alptraum der Absturzangst, der die Züge jenes wiederkehrenden Gespensts trug, in dem der tote Vater steckt. Die Stimme des Dämonion, die Gestalt hinter dem Stuhl — und der gähnende Höllenrachen. Doch alle Abstürze wurden für Nietzsche von einem übertroffen, der ihn an den Rand des Selbstmords brachte und mittelbar zu der schweren Krankheitskrise vom Winter 1879/80 führte: der Alptraum von Wagners Denunziation. Er dauerte bis zur großen Loslösung und ließ Nietzsche noch in den letzten Tagen seines wachen Lebens nach Rache dürsten, über Wagners Tod hinaus. Nun sah er den Rufmord Wagners im schrecklichen Bild des Mordes am Seiltänzer: Wagner hatte ihn immer mit seinen Possen und Grobheiten gequält, ihm schon am Abend ihres Bekanntwerdens Proben seines Clown-Talents gegeben. Er war ein Meister im höhnischen Abfertigen anderer Menschen, auch nahestehender, die er verleumdete und demütigte, wenn ihm der Sinn danach stand. Und oft aus purer Willkür. So habe er sich, das könnte Nietzsche in dem Bild gesehen haben, auf seine Spur gesetzt, ihn verfolgt und schließlich, als Eiser sich willfährig zeigte, mit der tödlichen Beleidigung zur Strecke gebracht. Im Kapitel *»Von den Fliegen des Marktes«* wird Zarathustra in den »feierlichen Possenreissern« auf dem Markt die »grossen Männer« erkennen, die einen zu einem Ja oder Nein zwingen wollen. »Wehe, du willst zwischen Für und Wider deinen Stuhl setzen«, sagt Zarathustra — eben das hatte Nietzsche versucht und war dabei abgestürzt. Wenn der Possenreißer Wagner ihn einen Schleichhändler nennt, benutzt er Schopenhauers »schleichende« Charakterisierung des Päderasten; mit dem »Bleichgesicht« spielt er wohl auf die gegenüber Eiser angedeuteten Symptome des Lasters an, für das man ihn, auch nach geltender Rechtsprechung, ins Zuchthaus bringen sollte. In den Turm mit den Knabenschändern! Nietzsche hat am Schluß der beklemmenden Szene einen weiteren Hinweis auf Wagner gegeben. Das Opfer sei abgestürzt, sagt er, »als er so seinen Nebenbuhler siegen sah«. Für Nietzsche war Wagner ein Nebenbuhler in jeder Hinsicht — um die Gunst der deutschen Jünglinge, die er einer tragisch-griechischen Zukunft entgegenführen wollte; vielleicht auch Cosimas, weil sie seine Frau war; schließlich als Konkurrent um musikalisch-literarischen Ruhm. Nach dem Rufmord war Nietzsche tatsächlich, wie der Seiltänzer, von seinem Nebenbuhler erledigt und abgetan. Ein Gefallener.

Mit der Szene auf dem Marktplatz hat Nietzsche den grauenhaften Aspekt der Wiederkunft in sein Buch eingeführt. Das bedrohliche Gespenst kehrt — in wechselnder Gestalt — immer wieder zurück, um sein Opfer in den Abgrund der Hölle zu stürzen. Und dieses Gespenst, so weiß Nietzsche jetzt, ist nichts anderes als der Gedanke der Ewigen Wiederkunft — ein Gedanke, den man nicht mehr aus dem Kopf bekommt, der kreist und kreist, qualvoll und zwanghaft, und der nichts anderes denkt als dieses Kreisen. »Vorwärts, Lahmfuß Schleichhändler — oder ich springe usw.«, heißt es in einer späteren Notiz, »so schrie es mich an.« Er selbst hörte die Stimme, erschrak vor ihren Worten zu Tode. Aber diese Worte sagte das Leben selbst zu ihm: »Das Leben selber schuf diesen für das Leben schwersten Gedanken, es will über sein höchstes Hinderniß *hinweg!*« Heißt: Der Gedanke ist für jenen Menschen am schwersten, der am meisten am Leben zu leiden hat; deshalb zwingt es gerade ihn, diesen Gedanken zu denken. Er selbst, Friedrich Nietzsche, ist jenes Hindernis, das das Leben mit schrecklichen Stimmen und Gestalten hinter seinem Stuhl überwinden will. Es macht ihn reif, den vernichtenden Gedanken zu denken — und unterzugehen.

Wenige Aufzeichnungen weiter spricht er vom *»Großen Fluch gegen die Freunde!«* und erkennt dann: »Dieser Gedanke springt über mich hinweg!« Erst nach »einigen Capiteln der Angst und Unschlüssigkeit Heraufbeschwörung des *großen Gedankens*«. Sobald er ihn sich aber »einverleibt« hat, wird er selbst zum Propheten der Wiederkunft, folglich auch, befremdlich genug, zum Possenreißer, der über unschuldige Opfer hinwegspringt. Was er seinen Freunden über die »neue Lehre« sagt, daß jeder, der sie sich einverleibt, »den Teufel im Leibe« hat, gilt auch für ihn selbst. Schon am Ende der Vorrede hat er sich die Grausamkeit des Springteufels zu eigen gemacht, die andere eiskalt in den Abgrund stößt:

»Zu meinem Ziele will ich, ich gehe meinen Gang; über die Zögernden und Saumseligen werde ich hinwegspringen. Also sei mein Gang ihr Untergang!«

Und in einer Notiz meldet er die Verwandlung von Opfer in Täter als vollzogen:

»Zarathustra selbst der Possenreisser, der über den armen Seiltänzer hinwegspringt.«

Ein mörderisches Pamphlet aus seiner eigenen Feder mochte ihn zu dieser überraschenden Deutung veranlaßt haben; und es war, Ironie des Schicksals, der Possenreißer und Abfertiger Wagner, der ihn 1873 dazu angestiftet hatte. Seit langem trug der Komponist tiefen Groll gegen den Theologen David Friedrich Strauß im Herzen. Obwohl sein junger Parteigänger Nietzsche zu diesem sogar »eine gewisse Neigung gehabt hatte«, wie Janz schreibt, ließ er sich von Wagner zu der bösartigen Attacke verleiten. Nietzsches Versuch, den alten Mann mit seiner ersten »Unzeitgemäßen Betrachtung« »lächerlich« zu machen, gab dem Meister Genugtuung, dem Schreibtischtäter bei den Lesern eine »düstere« Aura und dem Opfer, wie Nietzsche bald befürchtete, den Tod. Genau ein halbes Jahr nach Erscheinen des Pamphlets starb Strauß, und der Auftragsschreiber bekam Gewissensbisse. »Es greift mich etwas an«, schrieb er kleinlaut nach dem Begräbnis und mochte mehr als einmal daran gedacht haben, daß es nicht der erste evangelische Theologe war, den er auf dem Gewissen hatte. 1885, durch Zarathustra gehärtet, sah er den Vorgang anders. Nun schien ihm sein Attentat eines Immoralisten würdig:

»— ich lachte ein armes anmaaßliches moderiges Buch öffentlich zu Tode... nun, man kann auf Erden noch manchen *gefährlicheren* Gebrauch von seinem Gelächter machen! Vielleicht habe ich selbst unversehens dabei einen alten Mann ... ›umgebracht‹? — man giebt es mir zu verstehen. Aber so bringt es Krieg und Sieg mit sich; und ich will mit gutem Gewissen noch ganz andre Menschenleben einmal ›auf dem Gewissen‹ haben!«

Am Abend nach dem Mord am Seiltänzer hält Zarathustra auf dem Marktplatz die Totenwache. Das Volk hat sich verlaufen, ein kalter Wind bläst über den »Einsamen«, und er begreift, wie sinnlos Leben und Sterben der Menschen sind. Vom Zynismus eines Possenreißers ist er hier weit entfernt. Statt dessen nimmt er den »Leichnam auf seinen Rücken«, um ihn mit sich zu tragen. Unter dem gehässigen Geflüster des Mörders und dem Hohn der Totengräber verläßt er die Stadt und geht in die Einsamkeit. Für Nietzsche war dies ein schauriges Bild: Ausgestoßen aus der menschlichen Gemeinschaft, allein mit einem »kalten und steifen Leichnam«, von dem das Blut auf ihn herabtropft, weil es, wie er sich notiert, »noch nicht getrocknet war«. Erinnerte er sich an die Nacht mit der Choleraleiche? Oder war es sein Bild für den Alptraum, in den ihn der Possenreißer gestürzt hatte — etwas Schreckliches drückt ihn nieder, das er tragen muß, immer weiter, ohne Hoffnung. Es ist sein eigener geschundener, entseelter Körper. So trägt Zarathustra wieder einmal »seine Asche zu Berge« — aber im Gegensatz zu seinem ängstlichen Autor, der dabei tausend Tode stirbt, bewahrt Zarathustra den Gleichmut selbst dann noch, als er sich in einem tiefen Wald verlaufen hat und erschöpft zu Boden sinkt. Der Tote aber, so notiert Nietzsche, liegt »ihm zur Seite«. In der Endfassung läßt er die grausige Silvesternacht-Reminiszenz weg — Zarathustra bettet da die Leiche in einen hohlen Baum.

Doch wie Nietzsche aus seinem Silvester-Alptraum vom toten Vater auf seinem Bett erwacht war, kommen auch Zarathustra am nächsten Tag umwälzende Erkenntnisse. Hatte dem Bonner Studenten eine Stimme zugerufen, er solle nicht länger zu den »Toren und Narren der Zeit« gehören, so springt Zarathustra von seinem Mooslager auf »wie ein Seefahrer, der mit Einem Male Land sieht«, und jauchzt über »eine neue Wahrheit«. Nicht länger will er zum Toren und Narren der Gesellschaft werden; ein »Licht« ist ihm über Nacht aufgegangen, ein Morgen von südländischer Klarheit. Aus dem Schatten, zu dem Nietzsche in Basel und im Naumburger Winter 1879/80 geworden war, steigt der Genueser Held Columbus, die Enge der Grabkammer weitet sich zum unendlichen Horizont eines »wieder offenen Meeres«. Das neue Land aber, das er sieht, greifbar nahe, verlockend wie ein Morgentraum, sind seine »Gefährten«. Die Zeit des Alleinseins ist vorüber, Zarathustra geht auf Eroberung aus:

> »Gefährten sucht der Schaffende, und nicht Leichname ... denn Alles steht bei ihm zur Ernte ... Gefährten sucht der Schaffende, und solche, die ihre Sicheln zu wetzen wissen. Vernichter wird man sie heissen und Verächter des Guten und Bösen. Aber die Erntenden sind es und die Feiernden.«

Ihnen allein, denen er seine Überfülle entgegentragen wird, auf daß sie abgeerntet, seinen Honig, auf daß er gegessen, sein Sonnenlicht, auf daß es getrunken werde, will er den »Regenbogen« zeigen, und »alle die Treppen des Übermenschen«. Denn er möchte ihr »Herz schwer machen mit meinem Glücke«. Das Volk aber, die »Heerde«, jene »Guten und Gerechten«, die ihn hassen, läßt er ein für allemal hinter sich.

Erst jetzt, wo er das Schlimmste überstanden hat, lassen sich seine »Thiere« wieder blicken. Dem neuen Columbus, der durchs finstere Tal der Demütigungen und Ängste allein schreiten mußte, kehren Stolz und Klugheit zurück: In weiten Kreisen zieht der Adler über ihm seine Bahn, die Schlange liebevoll »um seinen Hals geringelt«. So einprägsam das Bild ist — Nietzsche hat es nicht am hohen Himmel, sondern in einem Buch des Byron-Freundes Shelley entdeckt: »Und in der Luft sah einen Adler ich, den einer Schlange Ringelleib umwand«, heißt es da. Auch deshalb bot sich die Vision als Symbol der Ewigen Wiederkunft an: Wie die Tiere wiederkehren in kreisender Bewegung, so kehrt auch die Lesefrucht wieder, nur unbemerkt. Daß er es bei den Tieren ansonsten mit unsicheren

Kantonisten zu tun hat, weiß Zarathustra aus Erfahrung. Seine Bitte deshalb: Wenn ihm das nächste Mal seine Schlange Klugheit davonwischt, möge wenigstens der Adler bei ihm bleiben und »mein Stolz dann noch mit meiner Thorheit fliegen! — Also begann Zarathustra's Untergang.«

*

Von einem Untergang ist im ersten Buch von »Also sprach Zarathustra« noch wenig zu spüren. Der Held hält Reden. Mitten in einer Stadt hat er seine »Brüder« um sich geschart, die wegen ihrer Brünstigkeit die »bunte Kuh« heißt: Sie putzt sich wie ein Weib, weil sie darauf wartet, wie ein Weib genommen zu werden, von immer neuen Matadoren und Marktschreiern des Tages. Ganz anders Zarathustra, der Menschheitslehrer. Wenn Nietzsche in »Ecce homo« berichtet, wie diese Figur ihn als »Typus« auf den Spaziergängen um Rapallo »überfallen« habe, so signalisiert er damit: Nicht ich habe mich zum Prediger aufgeschwungen — seine Predigten kamen über mich. Vermutlich auch deshalb, weil in den Adern des neuen Typus, vor dem ein versucherisches Ideal hertänzelt, altes Predigerblut pulsiert. Sein Vater, der Pastor, der mit der Leidenschaft seines Kanzelwortes erstaunte, war mit Zarathustra wiedergekommen. Nur eben gesund, sehr gesund, und nicht sterbenskrank wie Carl Ludwig. Ein gesunder Pastor und Hirte sammelte nun Schäfchen um sich, Jünger, die er der »bunten Kuh« abspenstig macht.

Die Reden Zarathustras. Die Vision vom Weisen am See, in dem ihm das Idealbild des platonisch-hölderlinschen Knabenliebhabers und -erziehers erschienen war, wurde nun um den Bibelton des toten Vaters bereichert: Warum sollte Zarathustra, der Mörder dieses Vater-Gottes, nicht zu seinem Nachfolger werden und statt krankhafter Phrasen die Lehre von der übermenschlichen Gesundheit lehren? Den Bibelton hatte er seit frühesten Kindheitstagen im Repertoire, jetzt konnte er ihn, unter umgekehrten Vorzeichen, triumphal zum Erklingen bringen. So sind Zarathustras Reden, bewußt oder unbewußt, mit umgedrehten Bibelzitaten gespickt, die häufig noch mit hohlem Kanzelpathos vorgetragen werden. Aber vermutlich konnte er nicht anders, wie er in seinem Inspirationstext bekennt: »ich habe nie eine Wahl gehabt.« Dem »medium«, das nur »mit Blut schreibt«, floß neben rauchendem Heiden- auch kaltes Pastorenblut in die Feder. Hat er es bemerkt?

In der Stadt trifft sich Zarathustra mit den Jüngern, um ihnen seine Lebenserinnerungen zu erzählen, die er sogleich moralischer Nutzanwendung zuführt: Keine Erfahrung, der nicht prompt ein Lehrsatz folgt. Hatte Nietzsche sich so seine Eliteschule vorgestellt? Auf der Grundlage des Lehrer-Schüler-Eros läßt der ältere die jüngeren an seiner Lebensweisheit, damit an seinem Leben teilhaben. Wie Plato den Stella, wie Adamas den Hyperion. Eigentlich hat es auch Nietzsches Held mit einzelnen zu tun. Nur am Anfang und Ende der Reden tritt die Brüder-Schar gesammelt auf — das Gros des Unterrichts wird in Einzelstunden erteilt, ganz privatissime für Lieblinge. Die Scheffler und Kelterborn wußten davon zu berichten.

In seiner ersten Rede sagt Zarathustra, wer er ist. Er spricht zwar *»Von den drei Verwandlungen«,* als handele es sich um ein Naturgesetz; aber er selbst ist dieser »Verwandelte«, den erst eine gewaltsame Befreiung zu dem werden ließ, der er ist. Zu Anfang war er ein »Kamel«, sozusagen der »Bruder des Lamas«. Und er wollte, nach guter Kamelart, tragen, tragen, immer schwerere Lasten, sich demütigen, erniedrigen, selbst »dem Gespenste die Hand reichen, wenn er uns fürchten machen will«. Und so, mit allem »Schweren« beladen, das wie ein Alpdruck seine Schritte lähmt, »eilte ich in meine Wüste«. Nietzsche, das Kamel, das einst eine Kamelie war, hat »dieß Alles . . . gethan und trage es auf mir: und dies Alles gebe ich heute weg um ein Geringes — um das Lächeln eines Kindes.« So steht es in einer Textvariante, die er verwarf. Ist es jenes Kind, das inmitten der Vorarbeiten zu dieser Rede auftaucht, das vor ihm die Augen öffnete, »die Augen des Kindes und der Blüthe. Was ist geschehen? Die Hand eines Schaffenden berührte es. Die Sonne eines Schaffenden errieth den verborgenen Gott.« Zarathustra ist diese Sonne, er ist der Schaffende, der sich seine Jünger sucht. Aber das Kind wird später erst in seiner Verwandlungsrede erscheinen. Zuvor muß das Kamel in der Wüste seinem Feind begegnen.

Ein Drache liegt am Wege, »goldfunkelnd, ein Schuppenthier, und auf jeder Schuppe glänzt golden ›Du sollst!‹« Dieser Zwingherr hatte ihn einst zum Tragetier gemacht, sein »letzter Herr« und »letzter Gott«. Seinem Gewissensbefehl war er unterworfen gewesen. Nun sieht er ihn selbst vor sich, wie Siegfried den schatzhütenden Fafner — der Gewissensdrache will ihn totbeißen, weil er den Frevel des Gottesmordes auf sich geladen hat und sein Ausstieg in die Wüste unmoralisch ist. Nur einer von beiden kann überleben — Zarathustra oder sein Gewissen. Zum Glück hat er in der Wüste eine Verwandlung durchgemacht. Der losgelöste Geist wurde zum schweifenden Raubtier, das nach Beute lüstern ist. Nicht nur das Gewissen beißt — auch der Löwe hat Zähne. In der »einsamsten Wüste« kommt es zum Entscheidungskampf.

Zartfühlend wie ein Kanzelredner vermeidet der Autor jedes Wort über die Bluttat, erwähnt pietätvoll, wie sehr der Löwe den Drachen einst als »sein Heiligstes liebte« und nun gezwungen ist, »daß er sich Freiheit raube von seiner Liebe«. Später wird Zarathustra in deutlicher Sprache vom Kampf mit der Gewissensschlange und dem Todesbiß reden. In seiner ersten Rede dagegen wird der alte Gott diskret abgeschafft; die rauschhafte Revolution, die mit diesem Königsmord eingeleitet wurde, bleibt denn auch blasse Allegorie. Die »grosse Loslösung«, die Nietzsche in den Schriften vor Zarathustra bejubelt hatte, wird in gestelzte Theologensprache rückübersetzt. Seine tanzenden Götter gerinnen zum Symbol des heraklitschen Weltkindes, zu dem der Löwe, der ein Kamel war, auch noch werden muß:

»Aber sagt, meine Brüder, was vermag noch das Kind, das auch der Löwe nicht vermochte? Was muss der raubende Löwe auch noch zum Kinde werden? Unschuld ist das Kind und Vergessen, ein Neubeginnen, ein Spiel, ein aus sich rollendes Rad, eine erste Bewegung, ein heiliges Jasagen . . . *seine* Welt gewinnt sich der Weltverlorene.«

Welche Welt? Jene, in der die Hand des Schaffenden aus dem Kind den verborgenen Gott hervorlockt, wie die Sonne aus der Erde einen Keimling? Oder jene, die aus Zarathustra die »erste Bewegung« schafft, wie eine verworfene Version lautet, mit der er sogar »die Sterne um sich herumrollen machen« kann? Jene Welt, in der vielleicht auch die Erinnerung an den Rosenlauibader Sommer-Knaben »mit den müden, heißen Augen« wiederkehrte, der wiederum ein Kind am Totenbett seines Vaters wachrief? Wenn Zarathustra seinen Brüdern predigt, daß der Weltverlorene sich seine Welt gewinnt, indem er wieder zum Kind wird, sagt ihnen das nichts. Sie verstehen ihn so wenig wie die Gaffer auf dem Marktplatz.

Vielleicht wollte er auch gar nicht verstanden werden. Schon die nächste Rede ist so dick in metaphorische Watte gepackt, daß man kaum errät, wen der Prediger da geißelt. Er spricht *»Von den Lehrstühlen der Tugend«,* auf denen ein »Weiser« den »Jünglingen« Seltsames predigt: »Ehre und Scham vor dem Schlafe« rät er und daß man alles tun müsse, um sich den guten Schlaf zu erhalten — selbst die zehn Gebote solle man vor allem deshalb einhalten, damit der Schlaf nicht durch schlechtes Gewissen gestört wird. Zarathustra nennt die Gewohnheiten, die den guten Schlaf fördern, »mohnblumige Tugenden«, die Überwindung von Begehrlichkeiten »Mohn der Seele«. Die Opiumzitate führen zu dem, was Nietzsche wirklich mit den »Lehrstühlen der Tugend« meinte: Religion, sagt Marx, ist Opium fürs Volk. In einer erläuternden Aufzeichnung, die ungedruckt blieb, sagt Nietzsche: »Ehemals nannte ich's ›Christenthum‹ — heute nenne ich's ›das Mittel gut zu schlafen‹.« Ein Mittel, das ihm offenbar fehlte, als ihm in der Nacht des »geheimnissvollen Nachens« weder »das Kissen, noch der Mohn, noch, was sonst tief Schlafen macht, — ein gut Gewissen«, Ruhe gaben. Dafür entdeckte er, wieviel besser es sich miteinander im Nachen als allein auf harter Matratze schläft. Warum aber so zaghaft? Warum nannte er das Tugend-Kind nicht beim Namen, jene Guten und Gerechten, die nur Gutes tun, weil sie Angst vor dem schlechten Gewissen, sprich: dem schlechten Schlaf, haben? Weil er es nicht mit seiner frommen Familie verderben wollte, der er vor nicht allzulanger Zeit den Schmähnamen »Naumburger Tugend« verpaßt hatte.

Diese Tugend ist eine beraubende Tugend. Sie nimmt, statt zu geben. Um ruhigen Gewissens und erbärmlichen Schlafs willen drangsaliert sie ihre Opfer mit immer neuen »Du sollst nicht!« Die »Naumburger Tugend«, das weiß Nietzsche, hat ihn krank gemacht, indem sie ihn all dessen beraubte, was ein junger Leib zum Aufwachsen braucht. Als Mensch, der in einem Pfarrhaus geboren wurde, machte man ihn zum »kleinen Pastor«, der vor allem brav, folgsam und gelehrig zu sein hat, vom Frommsein zu schweigen; als Pflanze, die neben dem Gottesacker aufwuchs, sorgte man dafür, daß sie nicht genug Licht und Luft bekam. Während der Geist wuchs, zu gefälliger Produktivität auflief, verkümmerte der Körper. Seine »Kinder« dagegen, die er im Süden sah, die nackten Götter, die genug Sonne und Luft zum Wachsen hatten, denen man nicht die Flügel beschnitt, wenn sie in die Höhe gingen, jene bronzenen Schwimmer, von denen Maupassant berichtet, die sich den Objektiven des Wilhelm von Gloeden darboten, Zarathustras Ideale — sie kannten jene »Schuld« nicht, von der Hölderlin sprach, und deshalb konnte ihre »Unbefangenheit« auch »ihr schönes Ende erreichen«.

Nietzsche sagt es in seinem »Ecce homo« noch einmal, was ihm sein ganzes Leben verdüstert hat: die »Unwissenheit in physiologicis«, will sagen, die falsche Ernährung, der Mangel an Bewegung im Freien, schließlich auch — »verfluchter« Idealismus! — die Verdrängung des Sexuellen. Mutter und Schwester, die ihn ein Leben lang als ihren »Herzensfritz«, den braven Jungen mit dem Einser-Zeugnis, konservieren wollten, flößten ihm, wie er in »Ecce homo« schreibt, »unsägliches Grauen« ein. Sie, vor allen anderen, dieses »giftige Gewürm«, seien der »tiefste Einwand gegen die ›ewige Wiederkunft‹, mein eigentlich *abgründlicher* Gedanke.«

Doch sie waren nur die Stellvertreter des toten Vaters auf Erden, spielten sein schlechtes Gewissen, wenn er die Stimme des eigenen zum Schweigen brachte. Sie waren der Inbegriff jener Moral, von der er sich gewaltsam getrennt hatte. In seiner Rede *»Von den Hinterweltlern«* erzählt Zarathustra seinen »Brüdern«, was die Naumburger Tugend aus ihm gemacht hatte — damals, als er sich nach dem »unbekannten Gott« sehnte, dem er in tiefster Herzenstiefe seine Altäre geweiht, und zugleich die Wiederkunft der dämonischen Gewissensstimme fürchtete wie den Tod. Damals, so Zarathustra, war er ein »Hinterweltler«. Doch nicht aus dem Geist sei ihm die Sehnsucht nach dem besseren Jenseits gekommen, sondern aus dem Leib, der »am Leibe verzweifelte«: Sein kranker Körper glaubte damals, »den Bauch des Seins zu sich reden« zu hören, als die Flüsterstimme hinter ihm stand — aber es war nur sein eigener Leib, so begreift er jetzt, der seine Verzweiflung in einer Halluzination entlud.

Das Weltbild des jungen Nietzsche, das die »Erscheinungen« durchschaute und den »leidenden und zerquälten Gott« dahinter entdeckte, war bloße Projektion: Weil es für den Leidenden »trunkne Lust« ist, von seinem Leiden wegzusehen, erfand er sich, wegsehend, einen Gott, der aus derselben trunknen Lust die Welt erschaffen hat. »Wegsehn wollte der Schöpfer von sich, — da schuf er die Welt.« Aber der Gott, in den die Sehnsucht dessen mündete, der sich selbst nicht mehr ertrug, war zugleich sein Gespenst. Wer auf einen Höheren hört, wird hörig, Gefolgschaft schafft Folgsamkeit, göttliches Wissen schlechtes Gewissen. Nietzsche hatte an diesem Punkt den Mechanismus seines jugendlichen Wahnsinns durchschaut: Der tote Vater wird als höchstes Gesetz verehrt, der sich zugleich zum unerbittlichen Richter über alles Handeln aufschwingt. Und da Zarathustra weiß, daß er selbst diesen Richter-Gott getötet hat, muß er sich lebenslang als das Opfer seiner Strafwut fühlen. Das Gespenst, das ihn mit seiner ewigen Wiederkehr quält, stieg aus der Asche des getöteten Vaters empor.

> »Also warf auch ich einst meinen Wahn jenseits des Menschen, gleich allen Hinterweltlern. Jenseits des Menschen in Wahrheit? Ach, ihr Brüder, dieser Gott, den ich schuf, war Menschen-Werk und -Wahnsinn, gleich allen Göttern! Mensch war er, und nur ein armes Stück Mensch und Ich: aus der eigenen Asche und Gluth kam es mir, dieses Gespenst, und wahrlich! Nicht kam es mir von Jenseits!«

Es war der Leib, der an sich selbst verzweifelte, der die Gestalt hinter dem Stuhl, das Klanggespenst, die wiederkehrende Qual des Alptraums schuf. Der Leib, der sich selbst nicht mehr ertrug, wollte seinen eigenen Untergang — oder die Befreiung. Zarathustra, heroisch, hat die Befreiung gewählt:

> »Was geschah, meine Brüder? Ich überwand mich, den Leidenden, ich trug meine eigne Asche zu Berge, eine hellere Flamme erfand ich mir. Und siehe! Da *wich* das Gespenst von mir!«

Daß ein Gespenst von ihm »weicht«, hatte er schon in jener Notiz behauptet, die an den Traum von der Silvesternacht erinnerte, als der sterbende Vater auf seinem Bett lag und röchelte; da war er »plötzlich« erwacht und das Klanggespenst seines Ohrs von ihm gewichen. War etwas Ähnliches auf dem Berg geschehen, nachdem Zarathustra seine Asche samt Gespenst emporgetragen hatte? Wodurch verwandelte sich die Asche des Todes in die Flamme des Gestirns, das sein Licht verschwenden will? Der kranke, an sich selbst verzweifelnde Leib in die »grosse Gesundheit«?

Sicher ist, daß eine Verwandlung mit ihm vorging: In der nächsten Rede *»Von den Verächtern des Leibes«* spricht er nicht mehr von Gott oder Gespenst, Asche oder Hinterwelt, sondern vom Leib. Nicht das »Ich« macht den Menschen aus, sondern sein Leib. Denn der »thut Ich«. Er ist das Selbst, das alles »bezwingt, erobert, zerstört«, und das nichts lieber will als: »über sich hinaus zu schaffen« — das ist seine »ganze Inbrunst«. Wenn es daran gehindert wird, will dieses Selbst untergehn; wenn es nicht mehr über sich hinaus schaffen, lieben, erzeugen kann, schafft es sich selbst seinen Untergang. Beispielsweise, indem es »hinter sich« tritt:

»Hinter deinen Gedanken und Gefühlen, mein Bruder, steht ein mächtiger Gebieter, ein unbekannter Weiser — der heisst Selbst. In deinem Leibe wohnt er, dein Leib ist er.«

Das Selbst seines kranken Leibes war als schreckliche Gestalt hinter ihm erschienen, die ihn zum Tod überreden wollte: auch das schlechte Gewissen, das er einmal den »Gottes-Biß« nennt, überredet zum Nichts, zur »Hinterwelt«. Aber Zarathustra ist ein Erwachter, er hat die Bedrohung des Alptraums hinter sich gelassen, seit er den Leib entdeckte — den eigenen und den der anderen Gesunden. Columbus hat damit den Kontinent der Kontinente erschlossen. In einer Textvariante notierte sich Nietzsche:

»Hinter deinen Gedanken und Gefühlen steht dein Leib und dein Selbst im Leibe: die terra incognita.«

Dies unbekannte Land liegt ebenso hinter den »Gedanken und Gefühlen« wie es »jenseits des Nordens, des Eises . . . des Todes« liegt. Und nur der kann es entdecken, dessen Sehnsucht ihn mit brausenden Segeln von der alten Welt losreißt, dessen Selbst gesund genug ist, »über sich hinaus zu schaffen«, einem Ideal zu folgen, nach dem nicht die »kleine Vernunft« des Geistes, sondern die »grosse Vernunft« des Leibes lechzt. Wenn Zarathustra vom Leib spricht, so nicht als Materialist, sondern als Verliebter. Er spricht im Grunde gar nicht vom Leib, er will ihn. Das Ich, so bekennt er,

»redet vom Leibe und es will noch den Leib, selbst wenn es dichtet und schwärmt und mit zerbrochnen Flügeln flattert«.

Wer den Leib hinter den Schleiern aus Gedanken und Kleidern entdeckt, seine Schönheit anstelle des röchelnden Gespensts, der wird auch seine Leidenschaften mit anderen Augen sehen — jene Kräfte, in denen sein Leib über sich hinausgreift, ohne den Geist um Erlaubnis zu fragen. Nicht länger dürfen sie als »böse« gelten, aus ihnen spricht die »grosse Vernunft«, ihre Sehnsucht ist die des wahren Selbst. »Einst«, so versichert Zarathustra einem »Bruder«, »hattest du Leidenschaften und nanntest sie böse. Aber jetzt hast du nur noch deine Tugenden: die wuchsen aus deinen Leidenschaften.« Aus den Teufeln, die den Widerstrebenden foltern wie den heiligen Antonius am Berge, werden »Engel«:

»Einst hattest du wilde Hunde in deinem Keller: aber am Ende verwandelten sie sich zu Vögeln und lieblichen Sängerinnen.«

Denn die Tugend — nicht die »Naumburger«, die nur verbieten kann — ist eine Leidenschaft, die der Geist bejaht. *»Von den Freuden- und Leidenschaften«* nennt Sprachspieler Nietzsche diese Rede, in der er sich selbst, unbemerkt, wie er glaubt, porträtiert hat:

»Und ob du aus dem Geschlechte der Jähzornigen wärest oder aus dem der Wollüstigen oder der Glaubens-Wüthigen oder der Rachsüchtigen . . .«

Er *ist* — und scheint sich selbst darüber zu wundern, daß er das auch noch niederschreibt; denn als er es zuerst notiert, heißt es:

»Wer würde es mir glauben, sprach Zarathustra, daß ich zum Geschlechte der Jähzornigen gehöre, und zu dem der Wollüstigen, der Glaubens-Wüthigen, der Rachsüchtigen?«

Keiner. Und so hat er es aus dem »Zarathustra« weggelassen. Auch das andere Bekenntnis, das jenem Zitat von dem unterirdischen Zwinger eine persönliche Wendung gibt, blieb ungedruckt:

»Ich habe alle diese wilden Hunde noch bei mir, aber in meinem Keller. Ich will sie nicht einmal bellen hören.«

Deshalb mußte er sich Vögel erfinden, die das Knurren aus der Tiefe übertönen. Und er fand die Vögel, als er seine »Leidenschaft« zur »Freudenschaft« umdeutete. Eben das will er dem Bruder erklären: Seinen Leidenschaften soll er ein »höchstes Ziel« ans Herz legen, so werden sie zu Tugenden. Natürlich nimmt einem das keiner ab, und deshalb soll er es wie ein Geheimnis bewahren. Nicht beim Namen nennen!

»Besser thätest du, zu sagen: ›unaussprechbar ist und namenlos, was meiner Seele Qual und Süsse macht und auch noch der Hunger meiner Eingeweide ist.‹«

Besser täte er, sich Bilder für seine Tugend und den Hunger seiner Eingeweide auszudenken, von denen er dann gegenüber anderen stammelt, verschämt und versucherisch. So mag er sagen, rät ihm Zarathustra, eine

»irdische Tugend ist es, die ich liebe: wenig Klugheit ist darin und am wenigstens die Vernunft Aller. Aber dieser Vogel baute bei mir sich das Nest: darum liebe und herze ich ihn, — nun sitzt er bei mir auf seinen goldnen Eiern.«

Von dem, was man liebt, muß man in Bildern sprechen; von dem, was man aus Liebe tut, am besten gar nicht. Die anderen ertrügen die Wahrheit nicht. In seiner Rede *»Vom bleichen Verbrecher«* schildert Zarathustra einen Menschen, der sie selbst nicht erträgt. Er hat etwas getan, wofür er sich verachtet. »Es giebt keine Erlösung für Den, der so an sich selber leidet, es sei denn der schnelle Tod.« Zarathustra wählt als Beispiel einen Mörder, der nicht wahrhaben will, daß er nicht, wie die anderen und auch seine kleine Vernunft behaupten, aus Habsucht gemordet hat, sondern aus Lust am Blut — »er dürstete nach dem Glück des Messers!« Aber er begreift es nicht, daß sich das Leid und Begehren seiner »armen Seele« in »mörderischer Lust und Gier nach dem Glück des Messers« ausdrückte. Wehe »will er thun, mit dem, was ihm wehe thut.« So verachtet er sich selbst, die Gesellschaft verachtet ihn — und beide haben unrecht. Er konnte nicht anders, denn sein Selbst wollte es so.

Zarathustra hat Sympathie mit dem »bleichen Verbrecher«. Vielleicht, weil jener Possenreißer auf dem Seil sein Opfer als »Bleichgesicht« beschimpft hatte, als einen, den sein Laster zeichnet? Oder dachte Zarathustra an jene »Freundschaft«, der die Verleumdung ein bleiches Gesicht nachsagt? Und die doch ein Zwang ist, größer als alle menschliche Vernunft, weil hinter ihr die große Vernunft des Leibes steht. Wie sich der kranke Körper, dem wehgetan wird, nach Blutvergießen sehnt, so sehnt sich der gesunde nach dem schönen Leib. Aber man nennt ihn dafür ein »Bleichgesicht« und nickt in boshafter Zustimmung, wenn er sich selbst als »bleichen Verbrecher« verachtet. Wie sehr sein Erfinder selbst im »bleichen Verbrecher« steckt, verrät eine Vorstufe des Gedankens:

»Der bleiche Verbrecher im Kerker und Prometheus dagegen! Entartung!«

In der »Geburt der Tragödie« wird Prometheus wegen »seiner titanenhaften Liebe zu den Menschen« von Geiern zerrissen; zu den Menschen, die, wie Nietzsche betont, er selbst geschaffen hat. Das Bild des Titanen, der seine Schöpfung den Göttern entgegengestellt und dafür als Frevler endlose Qualen zu erdulden hat, ist »eine dionysische Maske«. Welche Entartung, daß aus jenem stolzen Leidenden, der für alle sichtbar am Kaukasus angeschmiedet war, ein im Verlies versteckter, mit sich selbst zerfallener Selbstquäler und -mörder wurde! Für seine »Geburt der Tragödie« ließ sich der Gottesmörder und Erfinder einer neuen Menschheit den befreiten Prometheus als Vignette zeichnen. Denn wie jeder Prometheus wartet auch er darauf, daß ein Freund und Held kommt, der ihn von seinen Ketten erlöst.

Nicht der Geist lenkt den Menschen, sondern der Leib. Deshalb liebt Zarathustra nur die Sprache des Leibes, will er nur lesen, so verkündet er in der Rede *»Vom Lesen und Schreiben«*, was »Einer mit seinem Blute schreibt. Schreibe mit Blut«, rät er deshalb seinem Bruder, »und du wirst erfahren, dass Blut Geist ist«. Und so soll auch der Schüler nicht länger im unklaren darüber sein, welches Blut in Zarathustra pulsiert, welche Sprache sein Leib spricht. Es ist die Sprache der Liebe:

»Es ist wahr: wir lieben das Leben, nicht, weil wir an's Leben, sondern weil wir an's Lieben gewöhnt sind. Es ist immer etwas Wahnsinn in der Liebe. Es ist aber auch immer etwas Vernunft im Wahnsinn.«

Die »grosse Vernunft« des Leibes nämlich, der oft genug etwas will, was die »kleine Vernunft«, die sich Vernunft nennt, für wahnsinnig hält — zumal, wenn es sich dabei um die Liebe handelt. Auch Zarathustra ist nicht frei von solchem vernunftfreien »Wahnsinn in der Liebe«, denn ihm, so bekennt er,

»scheinen Schmetterlinge und Seifenblasen und was ihrer Art unter Menschen ist, am meisten vom Glück zu wissen. Diese leichten thörichten zierlichen beweglichen Seelen flattern zu sehen — das verführt Zarathustra zu Thränen und Liedern. Ich würde nur an einen Gott glauben, der zu tanzen verstünde.«

Wenn Zarathustra, wie er sagt, unter Tränen dichtet, entstehen Dionysos-Lieder, stammelnde Dithyramben, in denen der leidende Gott seine unstillbare Sehnsucht hinaussingt — nach jenen flatterhaften Flügelwesen, die so entzückend durch die sonnenwarme Luft gaukeln und an jeder Blüte saugen und dabei so schwer zu haschen sind. Zarathustra würde nicht nur, wie er bekennt, an einen Gott glauben, »der zu tanzen verstünde«; wer so zu tanzen versteht wie diese zierlichen Seelchen, den erhebt er kraft seiner Liebe unter die Götter. Das ist sein homerisches Glück. Wo die Göttlichkeit sich im Tanz offenbart, gibt es auch nichts Teuflisches mehr, es sei denn die Schwere, die Müdigkeit, die Lähmung der Glieder. Hier, im Reich der Schmetterlinge und Singvögel, ist der Teufel nur noch »der Geist der Schwere«. In einer Notiz nennt er ihn, im Gegensatz zum genius generationis, dem Genie der Gattung und Geschlechtsliebe, den »genius gravitationis«, den Dämon der Schwerkraft. Durch ihn, so Zarathustra, »fallen alle Dinge«; durch Zarathustra aber, der gegen diesen Teufel sein Bekenntnis als wandelnder Stern und tanzender Gott ablegt, steigen sie:

»Ich habe gehen gelernt: seitdem lasse ich mich laufen. Ich habe fliegen gelernt: seitdem will ich nicht erst gestossen sein, um von der Stelle zu kommen. Jetzt bin ich leicht, jetzt fliege ich, jetzt sehe ich mich unter mir, jetzt tanzt ein Gott durch mich.«

Zarathustras Reden sind eine Flugschule; das Mittel, das seinen Schülern Flügel verleiht, ist die Freundschaft. Je offener er die Einsamkeit, die zur Zweisamkeit wird, predigt, um so unverhüllter tritt sein Haß auf den Geist der Schwere auf, der die Freunde niederdrückt, am Boden hält, am Fliegen hindert — wie jene *»Prediger des Todes«* es tun, die das Leben verleumden, weil sie »in sich das Raubthier herumtragen«, das sie zerfleischt, und so wollen sie auch andere zerfleischen; weil sie »gerne todt sein« wollen, verführen sie die anderen zur Abkehr vom Leben und machen alles schlecht, um dessentwillen man dem Leben gut sein muß: »Wollust ist Sünde«, verkündigen sie, das »Leben ist nur Leiden.«

Auch den Staat, dieses »kälteste aller kalten Ungeheuer«, haßt Zarathustra, »wo der langsame Selbstmord Aller — ›das Leben‹ heißt.« Vom Staat spricht er nur als *»Vom neuen Götzen«,* der sich anmaßt, der »ordnende Finger« Gottes zu sein, und doch nur von der Gier der »Überflüssigen«, vom »Dampfe dieser Menschenopfer« lebt. Seine Märkte werden von den »feierlichen Possenreissern« beherrscht, die ihre ahnungslosen Opfer in den Abgrund stoßen; aber auch von »giftigen Fliegen«, die den edlen Jünglingen, die sich nicht wehren können, ihr Blut aussaugen: ihnen schmeicheln, vor ihnen winseln, um sie am Ende zu ruinieren. »Sie bestrafen dich für alle deine Tugenden«, weiß er aus Erfahrung und auch: »Deine Nächsten werden immer giftige Fliegen sein.« Seine Mutter wird er einmal verzweifelt fragen, »woher jene verschmitzte Manier« seiner Schwester komme, »giftig zu stechen«. Wo er doch, so Zarathustra, kein »Fliegenwedel« sein will.

Gegen den gesellschaftlichen Alptraum hilft nur eines: Aussteigen. Denn »dort, wo der Staat aufhört, da beginnt erst der Mensch«, steht »grossen Seelen auch jetzt noch die Erde« offen:

»Leer sind noch viele Sitze für Einsame und Zweisame, um die der Geruch stiller Meere weht.« Denn dort, »wo der Staat *aufhört,* — so seht mir doch hin, meine Brüder! Seht ihr ihn nicht, den Regenbogen und die Brücken des Übermenschen? —« Wer Augen hat, zu sehen, der sehe, meint Zarathustra. Auch er wird schon bald die Stadt verlassen müssen, wo seine Lehre Anstoß erregt und sein Licht sich im Qualm der allgemeinen Betriebsamkeit verdüstert.

Den Brüdern, die er zurücklassen muß, schenkt er zuvor noch die Philosophie der Freundschaft. Weder die »Vielzuvielen« können sie verstehen noch die Frauen. Die sind »nicht der Freundschaft fähig: Katzen sind immer noch die Weiber, und Vögel. Oder, besten Falles, Kühe«. Aber auch die Jünglinge müssen die Freundschaft erst lernen. Mit Kameradschaft hat sie wenig zu tun. Denn ihr Hauptelement ist die Schönheit. Und um die muß sich jeder Freund selbst kümmern:

> »Du kannst dich für deinen Freund nicht schön genug putzen: denn du sollst ihm ein Pfeil und eine Sehnsucht nach dem Übermenschen sein.«

Je schöner der Freund, desto näher kommt er dem Ideal, das er verkörpert. Dafür muß er aber auch nackt sich zeigen können — was viele nicht zu verstehen scheinen:

> »Du willst vor deinem Freunde kein Kleid tragen? Es soll deines Freundes Ehre sein, dass du dich ihm giebst, wie du bist? Aber er wünscht dich darum zum Teufel! Wer aus sich kein Hehl macht, empört: so sehr habt ihr Grund, die Nacktheit zu fürchten! Ja, wenn ihr Götter wäret, da dürftet ihr euch eurer Kleider schämen!«

Das klingt nach Selbst-Erlebtem. Mit Nacktheit, so wird der leidenschaftliche Freischwimmer des öfteren erfahren haben, erregt man nicht, wie erhofft, Begierde, sondern Anstoß. Warum aber? Vielleicht, weil man nicht schön genug dazu ist. Heute noch, so meint Zarathustra, müssen wir uns unserer Nacktheit schämen, weil wir keine göttlich-schönen Körper besitzen; dereinst aber, zu Göttern geworden, werden wir uns unserer Kleider schämen, unserer miefigen nordischen Scham schämen. Dann, wenn unsere Sehnsucht nach dem Übermenschen Erfüllung gefunden hat.

Das kann ganz schnell gehen. Denn die Fesseln, die den Freund am Fliegen hindern, lassen sich lösen; vorausgesetzt, ein Freund hilft ihm dabei. Und während er selbst behilflich ist, dem Freund denselben befreienden Dienst zu erweisen, erheben sie sich in die Lüfte. Also sprach Nietzsche, doch nicht im »Zarathustra«. Zwar sagt er hier: »Mancher kann seine eignen Ketten nicht lösen und doch ist er dem Freunde ein Erlöser«; aber er läßt offen, worin diese Erlösung besteht. Eine Notiz gibt Auskunft. Es ist die Philosophie der Freundschaft, die zum Übermenschen führt:

»Der Freund als Dämon und Engel. Sie haben für einander das Schloß zur Kette. In ihrer Nähe fällt eine Kette ab. Sie *erheben* sich einander. Und als ein Ich von Zweien nähern sie sich dem Übermenschen und jauchzen über den Besitz des Freundes, weil er ihnen den zweiten Flügel giebt, ohne den der eine nichts nützt.«

Verliebtheit stammelt, sagt Nietzsche einmal. Ein stammelnder Text, zumal wenn unterdrückt, sollte entziffert werden. Hat Nietzsche hier, als Gegensatz zum »Tier mit den zwei Rücken«, den »Menschen mit zwei Flügeln« erfunden? Mit einem Flügel fliegt sich schlecht — das mag Nietzsche schon als Pförtner Alumne gedacht haben, als er Schillers philosophisches Gedicht über die »Künstler« las. Von denen wird gefordert: »Erhebet euch mit kühnem Flügel hoch über euren Zeitenlauf; Fern dämmre schon in eurem Spiegel das kommende Jahrhundert auf.« Das gefiel Nietzsche, er zitiert es sogar noch in seiner Schrift »Richard Wagner in Bayreuth«, wo er überzeugt ist, zu *»Menschen der Zukunft«* zu sprechen. Er irrte sich, wie er nun weiß: auf dem Markt, auch dem Buch-Markt, wird man überhört. Besser ist es, den Flug der Künstler selbst anzutreten. Aber ach, die Schillersche Schwinge ist zu einseitig. Nur der Freund kann da helfen: »Der Freund als Dämon und Engel«: Dämon, weil er unstillbare Begierde einflößt, Engel, weil er allein von ihr erlösen kann. In Ketten liegt sein Freund, angeschmiedet wie Prometheus an einen Kaukasus aus Schuld und Lähmung, zerrissen vom Gewissens-Geier, dem Wüten der »Natur« ausgeliefert. Zu ihm kommt der Held Herakles und löst ihm die Ketten. Nietzsches Dankbarkeit gegenüber dem befreienden Helden und Stern drückt sich in einer heiteren Notiz des Jahres 1884 aus: »Ich höre mit Vergnügen«, schreibt der astronomisch interessierte Philosoph, »daß unsere Sonne in rascher Bewegung gegen das Sternbild des Herkules hin begriffen ist, und ich hoffe, daß der Mensch auf dieser Erde darin der Sonne gleich thut.« Die Sonne, die sich, ganz zarathustrisch, auf ihren Stern zubewegt. So kommt der Freund zum Freund und trägt den Befreiten in übermenschliche Gefilde wie der gefiederte Zeus den Ganymed — nicht als zwei, sondern in ein Wesen verschmolzen, das sich im Auf und Ab des Flügelschlags dem Ziel und Inbegriff alles »Macht«-Gefühls nähert: dem Übermenschen. Genau das hatte Nietzsche im Herbst 1881 von den Satyrn behauptet, deren »dionysisches Wesen« er »als Versuche von ungeflügelten Thieren« deutete, »sich Flügel einzubilden und sich über die Erde zu heben«. Sobald ihr Gott nahe kommt, platzt ihnen der Knoten und der ekstatische Höhenflug beginnt.

Ganz so klar scheint der unterdrückte Text vom Freundes-Flügel-Paar nicht zu sein. Sie haben, schreibt Nietzsche, »für einander das Schloß zur Kette« — eigentlich müßte es heißen: den Schlüssel zum Schloß, aber das hätte wohl zu sehr nach Fausts zuckendem Schlüssel geklungen, der zu den Müttern führt. Sie brauchen den Schlüssel auch gar nicht — die Kette fällt schon in »ihrer Nähe« ab, von allein also. Und was bedeutet: »Sie *erheben* sich einander«? Daß sie sich, wie die Satyrn, mit vereinten Kräften »über die Erde heben«? Aber sie tun es »einander«, richten offenbar einer den anderen auf, bevor sie abheben. Verschmolzen in ein »Ich«, das der großen Vernunft des Leibes, nähern sie sich dem Übermenschen. Der zweigeflügelte Mensch schwebt dem Idealzustand entgegen.

Vielleicht versteht man an dieser Stelle Nietzsches programmatischen Satz:

> »Ziel: auf einen Augenblick den Übermenschen zu *erreichen*. *Dafür* leide ich *alles!*«

Dafür, daß man selbst, daß dieser Augenblick immer wieder kommt. So deutlich steht es nicht im »Zarathustra«, zumindest nicht in der Freundschafts-Metaphysik des ersten Teils. In seiner Rede *»Von der Nächstenliebe«,* von der er nichts hält, da ihm, als Columbus, das Fernste viel liebenswerter scheint, nennt er sein übermenschliches Ideal gar ein »Gespenst«: unwirklich ist es wie ein Gespenst, und es kehrt wohl auch immer wieder. Zarathustras Definition der »Fernsten-Liebe«:

> »Diess Gespenst, das vor dir herläuft, mein Bruder, ist schöner als du; warum giebst du ihm nicht dein Fleisch und deine Knochen? Aber du fürchtest dich und läufst zu deinem Nächsten.«

Fürchtet der »Bruder« sein wahres Ideal wie ein Gespenst? Er soll ihm einfach zur Wirklichkeit verhelfen, das Idol, das ihn beherrscht, mit eigenem Blut erfüllen. Aber wie soll das gehen? Eben mit Hilfe des Freundes; »in deinem Freunde«, sagt Zarathustra, »sollst du den Übermenschen als deine Ursache lieben.« Heißt: im Freund ein Abbild des Ideals, »ein Vorgefühl des Übermenschen«, entdecken und in der Verschmelzung mit ihm, der körperlichen Verwandlung in das Flügeltier, das Ideal erreichen, leibhaftig und wirklich. Natürlich nur für Augenblicke. So wird das Gespenst, auf das man sich flügelschlagend zubewegt, zum wirklichen »Übermenschen« und zu »Ursache«, Ziel und Form der höchsten menschlichen Anstrengung.

Frauen haben, wie Katzen und Kühe, keine Flügel. Sie taugen nicht zur Transsubstantiation des Gespenstes in ein schwebendes engelhaftes Wesen aus Fleisch und Knochen. In jener berühmt-berüchtigten Rede *»Von alten und jungen Weiblein«* fällt nicht nur der Sacher-Masochsche Peitschensatz; den Weiblein wird der scharfe Marsch geblasen. Rätselhaft scheint das Weib? Nun, »Alles am Weibe hat Eine Lösung«, weiß Zarathustra, »sie heisst Schwangerschaft«. Damit läßt sich dieses Problem für den Mann lösen: Er sieht in den Frauen die Nachwuchs-Bringerinnen, deren »Hoffnung heisse: ›möge ich den Übermenschen gebären!‹« So hat die »gute Hoffnung«, in die sie durch den Mann versetzt wird, wenigstens einen Sinn. Aber damit ist das Problem für die Frau selbst noch nicht gelöst. Sie ist nun einmal kein Mann, und das macht sie zur Freundschaft, zur höchsten Höhe des Übermenschlichen, schlechthin unfähig — sie versteht es nicht, sie kann es auch nicht. »Das Weib im Weibe erlösen!« fordert Nietzsche deshalb in einer Aufzeichnung. Mit der Schwangerschaft mag sich der Mann das »Räthsel Weib« aus dem Weg geschafft haben — den Weibern selbst ist damit noch nicht geholfen. Da sie nun einmal nicht Mann sein können, sind sie leidend, und ihr Leiden verlangt nach Erlösung. Wäre die Erlösung vielleicht: Auch in dir steckt ein Mann, oder wie er es dereinst einer Wüstenschönheit zurufen wird: Sei ein Mann, Suleika? Aber dazu fehlt ihnen das Wichtigste. Zarathustra hat wenigstens einen philosophischen Trost parat:

> »Meine Brüder, ich weiß keinen Trost für das Weib als ihr zu sagen: ›auch du kannst den Übermenschen gebären‹.«

Auch du. Eigentlich braucht es dich dazu nicht, denn wo zwei Flügel sind, ist auch der Übermensch nahe; aber auch du kannst ihn hervorbringen, den herrlichen Leib, dessen Abglanz tröstend auf dich fallen wird.

Direkt in Anschluß an diese für alle Frauen wahrhaft niederschmetternde Rede folgt seine Geschichte *»Vom Biss der Natter«,* die er selbst als »unmoralisch« bezeichnet. Unter einem Feigenbaum, so erzählt er, sei er eingeschlafen, da habe ihn eine Schlange gebissen und im Fortschleichen angekündigt: »mein Gift tödtet«. Seine Entgegnung, wann »wohl je ein Drache am Gift einer Schlange« starb, ist pure Rhetorik. Später dichtet er über Zarathustra: »Ein Kranker nun, der an

Schlangengift krank ist.« Nietzsche hatte vermutlich beim Kosten einer reifen Feige das Gift abbekommen, das ihm, nach Jahrzehnten schmerzhafter Inkubation, erst Wahnsinn und dann den Tod brachte. Eine nachträgliche Rechtfertigung seines Hasses auf die »Weiblein«?

Auch der Gedanke an die Ehe erfüllt ihn mit Abscheu. Was er *»Von Kind und Ehe«* zu berichten weiß, erklärt, warum er den allgemeinen Kuppelungsversuchen so hartnäckig widerstanden hat. Für ihn ist die Ehe, so eine Vorstufe in seinen Notizen, »züchtige Unzucht«: »Zwei Thiere suchten sich, und fanden einander ... sie suchen Gemeinsamkeit an Armut Schmutz und erbärmlichem Behagen!« Und am Ende muß auch noch der Gott herbeigerufen werden, »der heranhinkt, zu segnen, was er nicht zusammenfügte«. Aber was gehen Zarathustra verkuppelte Tiere an — der Übermensch läuft vor ihm her! Nicht nur das Weib, auch die Ehe muß erlöst werden, durch die Aussicht auf sein Ideal. Selbst ihre »beste Liebe« soll nur ein »verzücktes Gleichniss und eine schmerzhafte Gluth« sein, in der die Sehnsucht nach dem Übermenschen flackert. »Bitterniss ist im Kelch auch der besten Liebe: so macht sie Sehnsucht zum Übermenschen, so macht sie Durst dir, dem Schaffenden!«

Die Geschlechtsliebe macht dem Manne Durst auf eine höhere Liebe. Viele, so notiert sich Nietzsche zu diesem Gedanken, suchen nach dem »im Weibe verborgenen Thiere«; nur wenige lieben aus »Mitleiden mit einem leidenden Gott«, der in ihnen selbst verborgen ist, und deshalb leidet, weil er verborgen bleiben muß, ein in tiefster Herzenstiefe angeschmiedeter Held Prometheus. So aber soll man den Ehemann sehen, ihm seine fleischliche Schwäche nach dem Weib vergeben, zugleich den in ihm verborgenen Gott erahnen:

»Ich liebe den, welcher im Nächsten den leidenden Gott sieht, der in ihm versteckt ist und sich des Thiers schämt, welches an ihm sichtbar war.«

Die Liebe zwischen Mann und Frau, so Zarathustra, soll »ein entzücktes Gleichniß von dem« sein, »was selten gesehen wird, das Gleichniß der Fr(eundschaft)«. Oder poetischer: »Der Strahl eines Sternes glänze in eurer Liebe!«

Zarathustras erster Redenzyklus endet mit seinem Abschied aus der Stadt. Begleitet von vielen, »die sich seine Jünger nannten«, wie sein Autor vorsichtig schreibt, preist er ihnen noch einmal die Tugend der Sonne, die ihn einst aus dem Gebirge ins Tal hatte »untergehen« lassen. Im Gegensatz zu dem, was man »Tugend« nennt, und was in Wahrheit den Menschen um seine Freiheit bringt, spricht Zarathustra *»Von der schenkenden Tugend«,* die sich verschwendet und deren Blick »goldgleich« leuchtet: Es ist die Tugend der Liebenden. Ihnen verspricht er, den Goldblick in die Zukunft gerichtet, eine Insel der Freiheit, deren köstlichen Geruch er schon mit geblähten Nüstern einzieht. In der Stadt »bunte Kuh« ist der Markt mit seinen Possenreißern und Rufmördern zu nahe. Zarathustra weist den Weg der Befreiung; Columbus will endlich sein Südland entdecken:

> »Tausend Pfade giebt es, die nie noch gegangen sind: tausend Gesundheiten und verborgene Eilande des Lebens. Unerschöpft und unentdeckt ist immer noch Mensch und Menschen-Erde. Wachet und horcht, ihr Einsamen! Von der Zukunft her kommen Winde mit heimlichem Flügelschlagen; und an feine Ohren ergeht gute Botschaft. Ihr Einsamen von heute, ihr Ausscheidenden, ihr sollt einst ein Volk sein: aus euch, die ihr euch selber auswähltet, soll ein auserwähltes Volk erwachsen: — und aus ihm der Übermensch. Wahrlich eine Stätte der Genesung soll noch die Erde werden! Und schon liegt ein neuer Geruch um sie, ein Heil bringender, — und eine neue Hoffnung!«

Mit seinen letzten Worten kündigt er den »grossen Mittag« an, wo die Sonne am höchsten steht und schon in der Antike den Berauschten auf hoher Alpentrift der leibhaftige Gott erschienen war. Dann aber, so sagt Zarathustra, soll der Brüder »letzter Wille« sein:

> *»Todt sind alle Götter: nun wollen wir, dass der Übermensch lebe.«*

Das Buch, das als »Grabrede« auf den toten Gott geplant war, endet mit dem Tod der Götter. Für Nietzsche ist das keine Selbstverständlichkeit, sondern eine Ungeheuerlichkeit — alles, was er über die Freundschaft und den Übermenschen gepredigt hat, kann nur unter der Bedingung gültig sein, daß der Gott wirklich tot ist. Dazu muß man ihn aber töten; dazu muß man die Schuld des Vatermordes auf sich nehmen. Die Befreiung des Menschen kann nicht wie ein Bahnbillett nach Genua gekauft werden. Erst muß gemordet, dann die Gewissensqual erduldet werden; erst muß man zu Asche verbrannt sein, und dann muß man die Asche zu Berge tragen. Nietzsches Chiffren für den qualvollen Prozeß seiner »grossen Loslösung«.

Bevor Zarathustra seine »Jünger«, oder wer immer mit ihm aus der Stadt ging, verließ und die große Vision vom fernen Eiland des Glücks und dem Gottesstaat ohne Gott verkündete, hat er sie gewarnt. In der Rede *»Vom Wege des Schaffenden«* hat er seinen Weg nachgezeichnet: ein Passionsweg mit vielen Marterstationen. »Willst du, mein Bruder, in die Vereinsamung gehen?« Wenn ja, bereite dich auf das Schlimmste vor! Denn du hast zuerst deinen Gott umgebracht, dich von Herkunft und Moral gelöst, deinen Vater in dir abgetötet. Er wird dir wiederkehren:

> »Furchtbar ist das Alleinsein mit dem Richter und Rächer des eignen Gesetzes. Also wird ein Stern hinausgeworfen in den öden Raum und in den eisigen Athem des Alleinseins.«

Die Angstvision des »tollen Menschen«, wie sie Flauberts Teufel den heiligen Antonius hatte erleben lassen. Alptraumzeit, in der

> »dein Erhabnes selbst dich fürchten machen wird wie ein Gespenst . . . Es giebt Gefühle, die den Einsamen tödten wollen; gelingt es ihnen nicht, nun, so müssen sie selber sterben! Aber vermagst du das, Mörder zu sein?«

Die Gefühle, die den Einsamen töten können: das schlechte Gewissen, die Selbstzweifel, der Lebensüberdruß, sind stärker als seine kleine Vernunft. Aus ihnen spricht der Leib, der krank ist, der am Leben leidet — und seinen Willen zum Untergang dem Bewußtsein in ständig wiederkehrenden Gespenstern vor

Augen führt. »Der Leib war's«, sagt Zarathustra in der Rede *»Von den Hinterweltlern«,* »der am Leibe verzweifelte.« Aus seiner Asche steigen die Gespenster auf. Und ihre röchelnde unartikulierte Stimme sagt immer nur das eine: Du willst untergehen, du mußt untergehen. Aber es ist nicht der »Bauch des Seins«, der da redet und zum Tode überredet, sondern der Leib selber, der so nicht länger leben möchte.

»Aber der schlimmste Feind, dem du begegnen kannst, wirst du immer dir selber sein; du selber lauerst dir auf in Höhlen und Wäldern. Einsamer, du gehst den Weg zu dir selber! Und an dir selber führt dein Weg vorbei und an deinen sieben Teufeln! Ketzer wirst du dir selber sein und Hexe und Wahrsager und Narr und Zweifler und Unheiliger und Bösewicht. Verbrennen musst du dich wollen in deiner eignen Flamme: wie wolltest du neu werden, wenn du nicht erst Asche geworden bist!«

Das Gespenst, das stärker als die kleine Vernunft ist, weil es aus der großen kommt, trägt viele Masken. Und es überfällt den Menschen, wenn er allein und schwach ist und in der Totenstille die inneren Stimmen hört. Wie der Possenreißer auf dem Marktplatz kennt das Gespenst alle Schwachstellen und setzt seinen Finger in jede Wunde. Teuflisch quält es ihn wie ein Alpdruck, den man nicht loswird, es sei denn, man stürbe zuvor. Als Ketzer spricht die innere Stimme zu ihm: Es ist genau umgekehrt, wie du sagst; als Hexe quält ihn jene innere Kraft, die ihm den »Hexentrank aus Grausamkeit und Wollust« braut; der Wahrsager weiß, welches Grauen am Ende seines Lebens, vielleicht schon am Ende dieses Tages, ihn erwartet; der Narr schreit ihm höhnisch zu, er sei ein Schleichhändler und Bleichgesicht; der Zweifler schüttelt den Kopf und läßt ihn mit seinen fragwürdigen Wahrheiten allein; und wer ihn als Unheiliger und Bösewicht in Versuchung führt — er weiß, daß er ihnen allen, den Teufeln, in denen sein Leib »Nein« zu ihm sagt, nichts entgegenzusetzen hat. Er kann nur tragen und leiden, Asche tragen, Berge emporschleppen, ausharren. Das schlimmste der Gespenster aber ist der tote Gott — mit ihm ist er zu Asche verbrannt, zu einem Leben in kalter Öde verdammt. Ein solches Leben ist schlimmer als der Tod: ein langsames Dahinsterben im Bewußtsein, daß die Liebe nicht mehr ist. Solche Gefühle, Zarathustra sagt es, und Nietzsche weiß es, seit er als Kind in der Röckener Winternacht erwachte, können töten; »gelingt es ihnen nicht, nun, so müssen sie selber sterben!«

Wie tötet man ein Gefühl? Wie besiegt man den Leib, der einen mit Gespenstern schrecken macht? Vielleicht, indem man das als feindlich empfundene Gefühl bejaht, zum Leib, der Nein sagt, Ja sagt — den Leib und seine große Vernunft anerkennt, zu dem auch die Niedergedrücktheit und der Todesschrecken gehörten, um im Erwachen über sich hinauswachsen zu können. In der Rede *»Vom Wege des Schaffenden«* rät Zarathustra jenem, der in die Einsamkeit geht, er solle »einen Gott« schaffen aus seinen »sieben Teufeln«. Er solle zum Helden werden, indem er, wie er einmal notiert, seinen Teufel »vergöttert«:

> »und auf dem Wege dazu macht er den Zustand des Ketzers der Hexe des Wahrsagers, des Skeptikers, des Weisen Inspirirten und Überwältigten durch, und ertrinkt zuletzt in seinem eignen Meere.«

Zarathustra verlangt nichts anderes von seinem Jünger, als daß er sich den Leib, der mit ihm — und mit dem er — im Krieg ist, »einverleibt«: Du selbst bist Ketzer, du bist die verführerisch-dämonische Hexe, bist die Zustände deines Leibes, deren Masken dein Bewußtsein als fremde zu sehen glaubt. Doch nur, weil dein Leib selbst dir fremd ist. Und noch deine erhabensten Zustände der Inspiration und des Überwältigtseins sind nur Zustände des Leibes, der sich in sich selbst wohlzufühlen beginnt.

Dann, so Zarathustra, wirst du untergehen. Aber das Meer, in dem du ertrinkst, bist du selbst; die Wellen, die dich verschlingen, gehören zu deinem eigenen Leib. Du gehst in dir selbst unter, um aus dir wieder aufzuerstehen. Nietzsche scheint dies wirklich erlebt zu haben: das Ertrinken im eigenen Meer. Im Herbst 1881, dem Ewige-Wiederkunfts-Herbst, schrieb er ein Erlebnis nieder, das ihn ähnlich erschüttert hatte wie die Gestalt hinter dem Stuhl oder das Sternenschild am See. Ist es ein epileptischer Anfall, den er beschreibt, oder eine durch Opium bewirkte psychedelische Vision? Sicher ist, daß Nietzsche etwas Außerordentliches widerfahren war, das in Zarathustras Weisheitsschatz übernommen werden konnte.

»Ich stehe still, ich bin auf einmal müde. Voran, scheint es, geht es abwärts, blitzschnell, in irgend einen Abgrund — ich mag nicht hinsehen. Hinter mir ragt das Gebirge. Ich greife zitternd nach einem Halt. Wie! ist alles um mich plötzlich zum Gestein und Absturz geworden? Hier dies Gesträuch — es zerbricht in meiner Hand und vergilbte Blätter und ärmliche Würzelchen rieseln abwärts. Mich schaudert und (ich) schließe das Auge . . .«

Es ist die Situation des Seiltänzers auf dem Seil: Ringsum Abgrund, kein Halt; Angst packt ihn; was fest war, rieselt versucherisch in die Tiefe. Es ist der Augenblick, wo der innere Feind auftaucht, als Possenreißer von hinten, und mit schrecklicher Stimme stößt, was ohnehin fallen will. Aber es gibt jetzt keinen Possenreißer. Nietzsche ist allein mit sich und seiner Absturzangst. Als er das Auge schließt, schaudernd, entdeckt er in sich denselben Abgrund, der draußen gähnt:

». . . Wo bin ich? Ich sehe in eine purpurne Nacht, sie zieht mich an sich und winkt mir . . .«

In der Grundfassung des Textes hatte es geheißen:

». . . Wo bin ich? Ich sehe in eine purpurne Nacht um mich, ich bin in ihr untergegangen, ich ertrinke — alles ist ein brausendes stürzendes (Meer) um mich, durch mich, in mir — ja das Meer ist auch in mir, ja ich selber bin zu dieser purpurnen Nacht geworden . . .«

Die Stimme versagt ihm, so schreibt er, und er fühlt sich wie verschüttet »unter einer Last trunkener und undurchsichtiger Gefühle«. Er weiß nicht mehr, was mit ihm geschieht:

»Woran leidest du jetzt? — ja ich *leide* — das ist das rechte Wort! — Welcher Wurm biß mich ins Herz?«

*

Zarathustra ist in seine Einsamkeit zurückgekehrt, aus der er einst in die Täler hinabgegangen war. Ob er wieder »seines Geistes« genießt? Der Einsame, so hatte Zarathustra *»Vom Wege des Schaffenden«* gesagt, muß sich »einen Gott« schaffen aus seinen »sieben Teufeln«. Auch er selbst ist besessen. In der Höhle seines Bewußtseins lauert ihm der Feind auf, der er selber ist. Es wächst in ihm, so weiß er, und macht ihm Schmerzen wie einer Schwangeren. Er nennt es seine Weisheit, die ihn mit ihrer Überfülle in Bedrängnis bringt. Wäre es möglich, daß es sein Teufel ist? Auch in der »Vorrede« hatte Zarathustra vom Überfluß an Honig und Weisheit gesprochen, den er als sonnengleiches Gestirn verschenken wollte — ein freigiebiger Heiliger, den seine Naivität fast das Leben gekostet hätte.

Zweiter Teil. Nun liegt er, dem »Monde und Jahre« in seiner Einsiedelei vergangen sind, im Wochenbett. Nicht Honig ist es und auch keine Lehre vom Übermenschen — etwas Lebendiges will geboren sein: das, wovon er besessen war, wird ihn nun nach dem Übermenschen besessen machen. Ein Alptraum sagt in drastischer Deutlichkeit, was ihm da in der Einsamkeit gewachsen ist: Deine Sehnsucht ist zur Gier, und diese zum teuflischen Willen geworden, das zu bekommen, wonach dir der Sinn steht. Zarathustra hat seinen Teufel in sich großgezogen! Ein Kind sagt es ihm, das zugleich Ehrfurcht vor seiner Unschuld und Sehnsucht nach dem Gott in ihm wachruft. Als letzte Verwandlung des Löwen hatte er es seinen Jüngern gepredigt und auch gesagt: »dies Alles gebe ich heute weg um ein Geringes — um das Lächeln eines Kindes.« Denn im Kind schläft der Gott, den die Hand des Schaffenden zu erwecken weiß. Nun hat ihm sein Traum ein solches »aus sich rollendes Rad« in die Höhle gebracht; doch was es ihm zeigt, erschreckt ihn zu Tode:

»Was erschrak ich doch so in meinem Traume, dass ich aufwachte? Trat nicht ein Kind zu mir, das einen Spiegel trug? ›Oh Zarathustra — sprach das Kind zu mir — schaue Dich an im Spiegel!‹ Aber als ich in den Spiegel schaute, da schrie ich auf, und mein Herz war erschüttert: denn nicht mich sahe ich darin, sondern eines Teufels Fratze und Hohnlachen.«

Seine eigene Deutung, mit der er den Traum »allzugut« zu verstehen glaubt, ist falsch. Seine Lehre, meint er, sei in Gefahr, man habe sie entstellt — deshalb müsse er nun schleunigst zurück, um nach dem Rechten zu sehen und nach den verlorenen Freunden zu suchen. Abgesehen davon, daß er einen Grund braucht, wieder »zu Tal« zu gehen, führt seine Deutung in die Irre. Denn der Traum offenbarte ihm nichts über seine Lehre, aber alles über ihn selbst: Das Kind zeigte ihm in einem Spiegel, wie er es anschaut — als Teufel, als besitz- und lustgieriger Dämon, dessen siegessicheres Lachen in den Ohren des Einsiedlers wie schrecklicher Hohn klingt. Mit einem Schrei erwacht er, das Alpgesicht hat ihn erschüttert.

Zarathustra springt auf — »nicht wie ein Geängstigter, der nach Luft sucht, sondern eher wie ein Seher und Sänger, welchen der Geist anfällt«. Wie ein »Morgenroth« liegt plötzlich »ein kommendes Glück auf seinem Antlitze«. Keine Panik mehr vor dem Teufel in ihm? Nein, Zarathustra macht ihn zu seinem Gott! Seine dämonische Begierde, die ihn mit der Satyrmaske bedrohte, verwandelt sich ihm in »Seligkeit«. Und er fragt: »Bin ich nicht verwandelt! Kam mir nicht die Seligkeit wie ein Sturmwind?« Schnell wie der Teufel will er ins Land seiner Kinder hinab, wohin ihn die Begierde treibt. Warum sich widersetzen — der Leib ist stärker als die Vernunft, seine Kräfte wachsen ihm wie Flügel. Zarathustra läßt zum ersten Mal seine Sehnsucht sich aussingen, die nicht von teuflischer Gier, sondern göttlicher Lust auf den Übermenschen getrieben wird:

»Meine ungeduldige Liebe fliesst über in Strömen, abwärts, nach Aufgang und Niedergang. Aus schweigsamem Gebirge und Gewittern des Schmerzes rauscht meine Seele in die Thäler ... Mund bin ich worden ganz und gar, und Brausen eines Bachs aus hohen Felsen ... Und mag mein Strom der Liebe in Unwegsames stürzen! Wie sollte ein Strom nicht endlich den Weg zum Meere finden!«

Das Eis der Seele ist mit dem Flammenspeer des heiligen Januarius zerteilt worden, seine Sehnsucht eilt brausend zum Meer ihrer »höchsten Hoffnung«. Zarathustra weiß sehr wohl, daß der »Teufel in ihn gefahren ist« und ihm keine Wahl mehr bleibt, als der fordernden Natur ihren Lauf zu lassen; und sein Autor ahnt, daß ihn der »Teufel reitet«, derlei niederzuschreiben.

». . . in deinen Wagen springe ich, Sturm! Und auch dich will ich noch peitschen mit meiner Bosheit! . . . Wahrlich, einem Sturme gleich kommt mein Glück und meine Freiheit! Aber meine Feinde sollen glauben, *der Böse* rase über ihren Häuptern.«

Einst war Fritz dem Wilden Jäger im Labyrinth des mitternächtlichen Waldes begegnet und vor Angst in Ohnmacht gefallen — jetzt führt er selbst die Wilde Jagd an und genießt den Schrecken, den er anderen einjagt.

Zarathustra weiß sehr wohl, daß er selbst der Teufel ist, der Wolken und Wellen peitscht und deshalb fürchten muß, seine Kinder mit dieser Begierde zu erschrecken. »Ach, wie wuchs mein Hunger nach euch in meiner Verbannung!« heißt es in einer Textvariante. »Und nun fürchte ich gar, daß meine Liebe euch noch mit ihrem Hunger Furcht macht!«; mehr noch: »daß meine Liebe selber mich fremder euch macht und fürchterlicher«, daß sie euch »Furcht macht mit ihrem Wahnsinn«. Auch Pan, der Mittagsgott, erschreckt die Nymphen, die in panischer Furcht vor ihm fliehen — muß der teuflische Satyr Zarathustra nicht ebenso Angst verbreiten? »Ach, dass ich's verstünde, euch mit Hirtenflöten zurück zu locken!« seufzt er. »Ach, dass meine Löwin Weisheit zärtlich brüllen lernte!«

Seine Weisheit, die er einst sonnengleich zu verschwenden gedachte, ist zur Löwin geworden, zum Raubtier, das zu beißen und zu gebären versteht. Erst wenn der Löwe den Drachen »Du sollst« totgebissen hat, so lehrte Zarathustra, kann er zum Kind werden. Aus dem Löwen ist in der Bergeinsamkeit eine Löwin geworden, die ihm etwas geboren hat, das ihn wieder zu seinen »Kindern« bringt:

»Meine wilde Weisheit wurde trächtig auf einsamen Bergen; auf rauhen Steinen gebar sie ihr Junges, Jüngstes. Nun läuft sie närrisch durch die harte Wüste und sucht und sucht nach sanftem Rasen . . . Auf eurer Herzen sanften Rasen, meine Freunde! — auf eure Liebe möchte sie ihr Liebstes betten!«

Der Alptraum mit der Teufelsmaske hat ihm gezeigt, was da unter Schmerzen in ihm herangewachsen war: ein triumphierend lachender Satyr, *sein* Teufel. Und es bedurfte schon einer sehr »wilden« Weisheit, um dieses Schreckbild aller anständigen Bürger als sein eigenes »Ich« anzunehmen: sein Leib, dessen große Vernunft eine unwiderstehliche Begierde entwickelt hat. Im selben Augenblick aber, wo er seinen Teufel »vergötterte«, den entfremdeten Körper als seinen eigenen annahm, wurde er selbst gleichsam noch einmal geboren. Was vorher Teufel war, heißt nun *Wille.* Es ist der Wille des Löwen. Alkibiades war ein solches Raubtier, und auch in der Sammlung des Theognis, die Nietzsche wohlvertraut war, findet sich der Spruch eines Knabenliebhabers, der sich mit dieser »blonden Bestie« vergleicht: »Einem Löwen gleich, der seiner Kraft vertraut, so ergriff ich in meinen Krallen ein Kitz unter einer Hirschkuh, aber trank sein Blut nicht.« Der Grieche Lukian soll allen, die Männerliebe für unnatürlich hielten, geantwortet haben: »Die Löwenmännchen lieben nicht Löwenmännchen, weil sie keine Philosophen sind.«

Zarathustra ist Philosoph und Löwenmännchen zugleich. Er hat durchschaut, daß die »Versuchung des Bösen« in Wahrheit der Wille des eigenen Leibes ist, ein grausamer, wild umherschweifender Wille, der sich sein Kitz unter jeder Hirschkuh zu finden weiß. Mit dieser Einverleibung mobilisiert Zarathustra Kräfte, vor denen er zuvor gezittert hat — Sturm und Blitz sind nun Pfeile in seiner Hand, mit dem brausenden Wind fährt er dem Ziel seiner Sehnsucht entgegen. Nichts mehr, was ihn aufhalten könnte. Wer will, was seine große Vernunft will, regiert die Welt. Und er will, dieser in einen Donnergott verwandelte Teufel, dorthin, wo die Götter nackt tanzen — auf die glückseligen Inseln:

»Wie ein Schrei und ein Jauchzen will ich über weite Meere hinfahren, bis ich die glückseligen Inseln finde, wo meine Freunde weilen.«

Erst im dritten Teil wird Zarathustra verraten, daß er nicht zum Predigen vor gläubigen Jüngern auf die fernen Inseln gefahren ist. Satyrn sprechen nicht — sie singen allenfalls von ihrem Gott. Und in dithyrambischer Bekennerlaune sang sich der Autor von der Seele, was damals, zu Zeiten seiner Höhleneinsamkeit, in ihn gefahren war, und vor allem, wohin er gefahren war:

»Meine weise Sehnsucht schrie und lachte also aus mir, die auf Bergen geboren ist, eine wilde Weisheit wahrlich! — meine grosse flügelbrausende Sehnsucht. Und oft riss sie mich fort und hinauf und hinweg und mitten im Lachen: da flog ich wohl schaudernd, ein Pfeil, durch sonnentrunkenes Entzücken: — hinaus in ferne Zukünfte, die kein Traum noch sah, in heissere Süden, als je sich Bildner träumten: dorthin, wo Götter tanzend sich aller Kleider schämen . . . Dort war's auch, wo ich das Wort ›Übermensch‹ vom Wege auflas.«

Mit diesem letzten Satz verrät sich der Autor — denn zum einen läßt sich in einer fiktiven Welt, »die kein Traum noch sah«, schwerlich ein Wort »vom Wege« auflesen; und zum anderen widerlegt er damit die ganze Chronologie seines Buches: Zehn Jahre, so hatte der Autor behauptet, habe sein Held in den Bergen meditiert und dann seine Lehre vom Übermenschen an den Mann zu bringen versucht; erst nach der Rückkehr in die Einsamkeit darf er die glückseligen Inseln besuchen, auf die ihn sein stürmischer Wille führt, und dort das Wort »auflesen«. Nicht in Zarathustras Chronologie, sondern in Nietzsches Biographie liegt des Rätsels Lösung: Erst kam, 1881, die Schild-Vision der Wiederkehr, dann ging Zarathustra an ihm vorbei, und erst im Frühjahr 1882 lernte er die glückseligen Inseln mit ihren nackten Göttern kennen. Das Buch aber begann er im Winter 1882/83. Deshalb kann Zarathustra schon in der »Vorrede« etwas lehren, was er erst später am Wege auflesen wird.

Daß die schönen Knaben Götter sind, konnte er schon 1863 in Pforta bei Anakreon nachlesen. Damals hatte er sich einige homoerotische Gedichte dieses Dichters herausgeschrieben, vom »jungfräulich blickenden Kleobulos«, für den er rast, oder von Gott Eros, der einen »mit leichten Schwingen« zum Olymp fliegen läßt. Anakreon wurde einmal gefragt, warum seine Gedichte immer Knaben und nicht Göttern gewidmet seien. Seine Antwort: »Weil sie unsere Götter sind.« Für Nietzsche wurde Sizilien zum Land der nackten Götter, das für »Zarathustra«-Leser in fernster Zukunft liegt. Auch sonst mystifizierte er sein Sizilien-Erlebnis nach Kräften. Gegenüber Gast behauptete er, er hätte dabei Ischia »in den Sinnen« gehabt, obwohl er diese Insel nie betreten hat; einem Bekannten schreibt er später, er »träume davon, daß ich in nicht ferner Zeit irgendwo im Süden, am Meere, auf einer Insel, umgeben von den zutrauenswürdigsten Freunden« ein neues Leben beginnen werde. Sizilien, das ihn so glücklich gemacht hatte, daß es ihm drei Wochen lang die Sprache verschlug, erwähnte er nicht mehr. 1884 teilt er seiner Mutter mit, nach Taormina zu gehen, wie das Lama vorgeschlagen hatte, »liegt mir jetzt ganz fern ebenso fern als Fräulein Mellien«. Als Nietzsche das schreibt, den vierten Teil des »Zarathustra« vor sich, weiß er, daß er nie wieder dorthin zurückkehren wird. Er fürchtet, »erkannt« zu werden. Aus demselben Grund wird er im »Zarathustra«-Jahr 1883 auch seine Columbus-Residenz verlassen. Über Genua schreibt er dem Basler Freund Overbeck im Vertrauen:

> »Zuletzt war ich dort zu *bekannt* — und ich konnte nicht länger leben wie ich wollte. Nizza ist groß genug, es versteckt mich.«

Das Kapitel, das dem *»Kind mit dem Spiegel«* folgt, sieht den Helden bereits am Ziel seiner Luftreise. Der Sturm der Wilden Jagd ist einer arkadischen Idylle gewichen. Zarathustra findet sich, endlich, *»Auf den glückseligen Inseln«*. Und er fühlt sich sehr wohl dabei:

> »Die Feigen fallen von den Bäumen, sie sind gut und süss; und indem sie fallen, reisst ihnen die rothe Haut. Ein Nordwind bin ich reifen Feigen.

Also, gleich Feigen, fallen euch diese Lehren zu, meine Freunde: nun trinkt ihren Saft und ihr süsses Fleisch! Herbst ist es umher und reiner Himmel und Nachmittag.«

Schwer zu glauben, daß Zarathustra alles auf sich genommen hat, um wieder Reden zu halten; daß er mit seiner Sehnsucht und Begierde nur ein Publikum für seine Vorträge gesucht hat — dazu hätte er auch in der Stadt bleiben können. Und wozu die Verwandlung in den Teufel, die Einverleibung seines wilden Löwenbabys, des unwiderstehlichen Willens, wenn es am Ende doch nur zu einer Open-air-Vorlesung reicht? Und wie ernst kann es Zarathustra mit der großen Vernunft des Leibes gewesen sein, wenn sie sich wieder nur in Reden ausströmt — die Sehnsucht des frustrierten Körpers unter der Sonne des Mittelmeers, zwischen überladenen Fruchtbäumen, im warmen Wüstenwind ... Man hat es ihm bis heute abgenommen. Schließlich ist er ein Philosoph, und was tut ein Philosoph anderes als denken und lehren?

Sowenig man den Saft und das süße Fleisch einer Rede trinken kann, taugt die Südfrucht als Metapher für höheren Philosophieunterricht. Die Feige symbolisierte schon im Kapitel *»Vom Biss der Natter«* das weibliche Geschlechtsteil, im weiteren Sinn den sexuellen Genuß. Archilochus, Nietzsches poetisches Ekstase-Vorbild, hat ein Gedicht auf eine Hure verfaßt, das er »Die saftigen Insel-Feigen« nannte — der Griechenkenner Nietzsche hat es sicher gekannt; in einem Lied auf Dionysos werden die »Feigen, die süßen« dem »Beischläfergott« geopfert, und einem Freund rät der griechische Dichter: »Paros laß und seine Feigen, laß das Fischerleben sein!« Welchen Geschlechts die Früchte des jungen Fischers waren, bleibt offen.

Schon früh hatte Nietzsche das Frucht-Bild als Freundschafts-Metapher entdeckt. In einem seiner Werbebriefe an den Dioskuren Rohde schrieb er: »Die Frucht fällt vom Baume, ohne Windstoß. Und so ist es mit der Liebe der Freunde: ohne Mahnung, ohne Rütteln, in aller Stille fällt sie nieder und beglückt.« Als er in der »fröhlichen Wissenschaft« vom Kulturherbst spricht, in dem »die Aepfel vom Baume fallen«, sieht er in diesen »die Individuen, die Samenträger der Zukunft«. Auch Feigen sind solche Samenträger, die unter südlicher Sonne reifen und auf einen herrischen Windstoß von Norden warten. Sie fallen nicht von allein, wie die Rohde-Frucht — man muß nachhelfen.

Wenn Zarathustra nach dem Feigen-Mahl doch mit einer Rede beginnt, so hat das andere Gründe. Er hält sie nicht den »Brüdern«, die er in seiner Adresse erwähnt, sondern sich selbst. Mitten in die Entspannung hinein platzt ihm der Gedanke an Gott:

»Seht, welche Fülle ist um uns! Und aus dem Überflusse heraus ist es schön hinaus zu blicken auf ferne Meere. Einst sagte man Gott, wenn man auf ferne Meere blickte; nun aber lehrte ich euch sagen: Übermensch.«

Da ist er nun endlich auf den Inseln, nach denen er sich jahrelang in seiner Gebirgshöhle verzehrt hatte, im Ringkampf mit den sieben Teufeln, in der Hoffnung auf das Ideal des gesunden Lebens — und weiß nichts Besseres mit seiner Zeit anzufangen, als von Gott und seinem Gegenmodell zu reden. Das liegt daran, daß ihm sein geheimes Leben unter reifen Früchten ein schlechtes Gewissen macht. Und das ist für ihn untrennbar mit dem toten Gott verbunden. Nun holt er zum letzten Schlag gegen ihn aus: Übermensch oder Gott — Sein oder Nichtsein. Hamlet am Aetna. Gerade weil er sich jetzt befreit und in seiner Welt fühlt, kann er die Rechnung aufmachen: Wer ist besser? Wer bringt mehr?

»Könntet ihr einen Gott *schaffen?*« fragt Zarathustra versucherisch. Nein, natürlich nicht. »Wohl aber könntet ihr den Übermenschen schaffen«, lautet seine entwaffnende Folgerung. »Nicht ihr vielleicht selber, meine Brüder! Aber zu Vätern und Vorfahren könntet ihr euch umschaffen des Übermenschen.« Der gesunde schöne Mensch, vor allem in jener Gestalt, die sich an mediterranen Stränden tummelt, könnte zum Vorbild aller Menschen werden, wie einst zu Platos Zeiten, als die

Götter sich in bronzenen Jünglingsleibern inkarnierten. Und warum sollte man diesen Menschen nicht züchten! Der Wille will das, was er begehrt, selbst schaffen. In ihm steckt Zeugungskraft, von der Schönheit der gesunden Körper erweckt. Gott dagegen, ein Gespenst, das aus der Asche kranker Körper aufsteigt, aus Grüften, die nach Tod riechen, überredet zum Tode. Dieser Gedanke kranker Leiber, so Zarathustra weiter, an den die Menschheit so viel Energie und Liebe verschwendet hat, macht selbst krank. Er macht

> »alles Gerade krumm und Alles, was steht, drehend . . . Diess zu denken ist Wirbel und Schwindel menschlichen Gebeinen und noch dem Magen ein Erbrechen: wahrlich, die drehende Krankheit heisse ich's, Solches zu muthmaassen.«

Im »Antichrist« hat Nietzsche diesen Gedanken des »kreisenden Irreseins« wieder aufgenommen; er nennt den ständigen Wechsel zwischen Schuldgefühl und Erlösungswahn, der zum Christentum gehört, eine »methodisch erzeugte *folie circulaire*«, die aus der Erde ein »Irrenhaus« macht, in dem für den Menschen nur eine »Vollkommenheit« übrigbleibt: jenes »bleiche, krankhafte, idiotisch-schwärmerische Wesen«, das sich »Heiligkeit« nennt.

Zarathustra schwebt eine ganz andere Art von Vollkommenheit vor. Was er wirklich sieht, wenn er über »ferne Meere blickt« und dabei vom Übermenschen spricht, hat sein Autor in einer Notiz verraten:

> »Euer Blick nach fernen Meeren, eure Begierde, den Felsen und seine Spitze zu betasten — eine Sprache ist es nur für eure Sehnsucht. Menschen sucht nur euer Blick und eure Begierde, und das, was mehr ist als Mensch!«

Ob Zarathustra in See sticht oder auf hohe Berge steigt — die beiden »nur« verraten es: Er sucht Menschen, hält Ausschau mit den Augen seiner Begierde. Doch das, wonach es seine höchste Sehnsucht verlangt, muß er erst noch »schaffen«. Er hat den »Weg des Schaffenden« beschrieben, die Schrecken des Leibes und Freuden seiner Auferstehung — jetzt wiederholt er das Entscheidende, was den einen über den anderen Gedanken, was den Übermenschen über Gott hinaushebt: Dieses Gespenst ist immer schon da — den Übermenschen aber kann man selbst hervorbringen; und nur, was man »schafft«, kann man auch lieben. Erst aber muß der Schaffende »selber das Kind« sein, »das neu geboren werde, dazu muss er auch die Gebärerin sein wollen und der Schmerz der Gebärerin«. Das, was in seinem Leib großwächst, muß er befreien, wenn nötig mit Gewalt. Dann aber wird es wie der Sturmwind über »ferne Meere« hinbrausen und nicht mehr nur Felsspitzen betasten, sondern den Freund finden, der ihm den anderen Flügel gibt, auf daß der Übermensch abheben könne:

> »Alles Fühlende leidet an mir und ist in Gefängnissen: aber mein Wollen kommt mir stets als mein Befreier und Freudebringer. Wollen befreit . . . Auch im Erkennen fühle ich nur meines Willens Zeuge- und Werde-Lust; und wenn Unschuld in meiner Erkenntniss ist, so geschieht diess, weil Wille zur Zeugung in ihr ist.«

Umwertung aller Werte. Was zu Zeiten des alten Gottes schuldig machte, wird nun zum Beweis der Unschuld: daß hinter einem Gedanken oder einer Handlung die Sexualität steckt. Und gerade das Erkennen, diese traditionell kälteste und interesseloseste Beschäftigung, ist nach Zarathustra befeuert von der Lust an Zeugung und Entstehung neuen Lebens. Alle Sinne des Wiedergeborenen sind darauf gerichtet. Und wenn der alte Schuld-Gott den Menschen krank machte mit seiner »folie circulaire«, dem ewigen Kreislauf aus Qual und Erlösung, so bringt Zarathustra mit seinem neuen Kreislauf den Menschen Gesundung: Jener Übermensch, den ihr schaffen wollt, als der ihr in den Himmel eurer höchsten Hoffnung schwebt, ist unsterblich — er wird ewig wiederkommen: Ist er zu Asche verbrannt, wird sein Wille ihn auf Berge emportragen und zu neuer Flamme entzünden, die wiederum in anderen die Glut unter der Asche zum Lodern bringt. Nichts will der Wille sehnlicher, als ewig diese Vollkommenheit zu erreichen. Das ist sein Hunger, der, einmal geweckt, nie mehr zu stillen ist:

»Hinweg von Gott und Göttern lockte mich dieser Wille; was wäre denn zu schaffen, wenn Götter — da wären! Aber zum Menschen treibt er mich stets von Neuem, mein inbrünstiger Schaffens-Wille; so treibt's den Hammer hin zum Steine. Ach, ihr Menschen, im Steine schläft mir ein Bild, das Bild meiner Bilder! Ach, dass es im härtesten, hässlichsten Steine schlafen muss! Nun wüthet mein Hammer grausam gegen sein Gefängniss.«

Daß dieser menschliche Marmor häßlich ist, gilt sicher nicht für die gesunden Leiber des Südens — wohl aber für seinen eigenen: »ich Mensch«, heißt es in einer Textvariante, »ich Stein, ich häßlichster härtester Stein, in dem — mein Bild schläft!« Jeder Mann ist ein solches steinernes Gefängnis mit abweisenden Wänden, in dem der Übermensch wie Dornröschen schläft. Man muß ihn nur wachküssen. Oder mit dem Hammer kommen. Das Bild kehrt in Nietzsches Spätphilosophie häufig wieder. Er will damit zuschlagen, Götzen kaputthauen, Feinde niedermachen. Für Zarathustra dagegen ist er Werkzeug des Bildhauers. Im Süden wird er zum griechischen Marmor-Künstler, der aus dem Stein herausschlägt, was seine Begierde in ihn hineinsieht. Nur ist dieser Marmor aus Fleisch und Blut, und eigentlich muß der Hammer gar nicht so brutal vorgehen — es genügt, wenn er das Dornröschen wachruft: »Der Hammerruf soll das schlafende Bild aufwecken!« lautet eine Notiz.

Auch Zarathustra mußte, in qualvoller Geburt, den Gott, der Wille heißt und Hörnchen trägt, in sich wecken und aus sich hervortreiben; so wuchs ihm der Flügel der Freiheit, der ihn übers Meer trug. Jetzt muß er dem Freund denselben Dienst erweisen: die Ketten lösen, das Gefängnis öffnen, den Gott, der den anderen Flügel hat, erlösen. Der befreite Leib arbeitet an der Befreiung des anderen Leibes, damit beide mehr werden als Leib, und »als ein Ich von Zweien«, zum Übermenschen emporschweben.

»Vollenden will ich's: denn ein Schatten kam zu mir — aller Dinge Stillstes und Leichtestes kam einst zu mir! Des Übermenschen Schönheit kam zu mir als Schatten. Ach, meine Brüder! Was gehen mich noch — die Götter an! —«

In mehreren Notizen hat Nietzsche verraten, welche Art von »Schatten« einst zu ihm gekommen war — kein Hades-Schatten jedenfalls, kein wiederkehrendes Gottes-Gespenst, das mit seiner Häßlichkeit schreckt, sondern eher der Schatten, den ein Leib auf einen anderen wirft, der in der Sonne liegt: »Voraus wirft die Vollendung ihren Schatten: *Schönheit* heiße ich diesen Schatten«, sagt Nietzsche wie in Abwandlung des Stendhal-Wortes, wonach Schönheit nur das Versprechen der Glückseligkeit sei; für Zarathustra ist Schönheit der Schatten, den die »Vollendung« wirft, auf daß sie mit ihm Hunger und Begierde wecke und den Willen zur Zeugung:

»Nicht ein Geschmack, sondern ein Hunger soll euch Schönheit sein: Eure Nothdurft soll euch Schönheit heißen: oder ich will euch nicht. Nicht in der Sattheit soll euer Verlangen schweigen und untertauchen, sondern in der Schönheit —: der Schatten kommender Götter soll euch stille machen.«

Die Übermenschen als die kommenden Götter, die ihre Schatten, Lust weckend, vorauswerfen. Wo Notdurft war, soll Schönheit werden! Das Bild von Hammer und Marmor, selbst von Kunst und Künstler ist nur Zarathustras »Gleichnis«. Wie früher aus Marmor der Apoll hervorgehämmert wurde, so muß nun im Menschen jener Gott erweckt und geschaffen werden, der im Gefängnis der Kranken-Moral schmachtet — Kunst ist nur ein Bild für dies Menschen-Schaffen; doch die Kraft, die in ihr wirkt, ist dieselbe: Im Sommer 1887 schreibt Nietzsche über die *»Genesis der Kunst«,* sie bestehe in jenem *»Vollkommen-Machen, Vollkommen-sehen,* welches dem mit geschlechtlichen Kräften überladenen cerebralen System zu eigen ist«; platter gesagt, oder, mit Nietzsche, *»physiologisch«:* »der schaffende Instinkt des Künstlers und die Vertheilung des semen ins Blut . . . Das *Verlangen nach Kunst und Schönheit* ist ein indirektes Verlangen nach den Entzückungen des Geschlechtstriebes . . . Die *vollkommen gewordene Welt*«. Und im selben Jahr ruft er seinen Lesern förmlich zu: »begreift *ihr's* denn nicht, was (die Kunst) ist: ein Attentat auf alle pudeurs?«

Die glückseligen Inseln sind jene »vollkommen gewordene Welt«, in der nur die Rede sich noch mit Bild und Gleichnis begnügen muß; das Leben hat seine Wirklichkeit, jenseits von Kunst und Rede, längst gefunden. Wenn Zarathustra am Ende dieses Kapitels fragt, was ihn noch die alten »Götter« angingen, wo er eigentlich den christlichen »Gott« meint, so nur, weil der neue Gott, den er hier gefunden und erweckt hat, nicht einzeln auftritt: Es sind immer viele Götter, die die Erinnerung an den einen Gott vergessen lassen, ja die Vorstellung, daß es nur *einen* Gott geben könnte, ad absurdum führen. Was wäre ein Gott ohne die Liebe eines anderen! Auch Hölderlin hat das gewußt, der seinen Hyperion an den fernen Bellarmin schreiben ließ:

»Der Mensch ist aber ein Gott, sobald er Mensch ist. Und ist er ein Gott, so ist er schön ... So war der Athener ein Mensch ... Das erste Kind der menschlichen, der göttlichen Schönheit ist die Kunst. In ihr verjüngt und wiederholt der göttliche Mensch sich selbst.«

In seiner Rede *»Vom Gesindel«* erinnert sich Zarathustra noch einmal an den Weg, den er gegangen ist, inkognito, um den »Born der Lust« zu finden, aus dem in den Niederungen nur die »Lüsternheit« säuft, der die wollüstige Frucht in der Hand »süsslich und übermürbe« wird, der reife »Fruchtbaum« endlich »wipfeldürr«. Deshalb wohnte er unter »Völkern fremder Zunge, mit verschlossenen Ohren«, daß er vom Marktgeschrei der Possenreißer verschont bliebe; lebte, einem »Krüppel gleich, der taub und blind und stumm wurde«, in Genua viele Stufen hoch unterm Dach, dort, wie er einmal notiert, »wo alle Treppen aufhören«. Im Rückblick erscheint es ihm wie ein Bettlerleben, das von Almosen leben mußte:

»Mühsam stieg mein Geist Treppen, und vorsichtig; Almosen der Lust waren sein Labsal.«

Verglichen mit den glückseligen Inseln waren die Strandabenteuer des neuen Columbus nur »Almosen der Lust«, die ihm von Mitleidigen zugeworfen wurden. Jetzt aber fallen ihm die saftigen Feigen in den Mund — denn hier trinkt er am Born der Lust selbst. »Hier im Höchsten«, sagt Zarathustra seinen »Brüdern«, habe er ihn wiedergefunden, den Lustbrunnen, den die Brunst der Täler vergiftet: »Wahrlich in's Höchste musste ich fliegen, dass ich den Born der Lust wiederfände! ... Fast zu heftig strömst du mir, Quell der Lust! Und oft leerst du den Becher wieder, dadurch dass du ihn füllen willst!« Er sagt es, als wäre er wieder einsam im Gebirge und die neue Lust jene alte, die er zehn Jahre genossen hatte, bevor er unterging. Aber der Berg, der ihn und seine »Brüder« zu »Nachbarn den Adlern, Nachbarn dem Schnee, Nachbarn der Sonne« macht, ist der Aetna. Denn noch lebt Zarathustra auf seinen Inseln der Vollkommenheit, wo er ungestraft den Rat geben kann:

> »Werft nur eure reinen Augen in den Born meiner Lust, ihr Freunde! Wie sollte er darob trübe werden! Entgegenlachen soll er euch mit *seiner* Reinheit«.

Als Nietzsche 1886 eine neue Vorrede zu seiner »Geburt der Tragödie« schreibt, in der er den »Versuch einer Selbstkritik« wagt, offenbart er die eigentliche Absicht, die er mit dem Buch verfolgte. Er wollte »sich seine Mitschwärmer« suchen und sie »auf neue Schleichwege und Tanzplätze ... locken« — als eine »beinahe mänadische Seele«, die den unverzeihlichen Fehler beging, zugleich zum Tanz zu laden und »in einer fremden Zunge« zu stammeln. »Sie hätte *singen* sollen, diese ›neue Seele‹«, seufzt Nietzsche, »und nicht reden!« In der Mitte des zweiten Teiles von »Also sprach Zarathustra« nimmt der Held seine Lehrer-Maske ab und singt als mänadische Seele und leidender Satyr seinen Gott herbei.

»Das Nachtlied«, diesen Sehnsuchtsgesang eines Liebeskranken, so erzählt Nietzsche, habe er im Frühsommer 1883 auf »einer loggia« hoch über der Piazza Barberini in Rom gedichtet. In seinem Dachzimmer, wo er »tief unten die fontana rauschen« hörte, »wurde jenes einsamste Lied gedichtet, das je gedichtet worden ist«: Nietzsche einsam über der Stadt, einer

verführerischen, aber fremden Stadt, die mit ihren Locklauten zu ihm hereindringt wie einst die Messe zu Naumburg — und Begierden weckt. Damals war ein Gewitter aufgezogen und hatte ihn mit seinen Blitzen erlöst. Damals hatte er eigentlich komponieren wollen — »siehe, es ging nicht; weiter stürmte das Herz; und der Ton blieb tot«. 19 Jahre später geht ihm »eine Melodie von unsäglicher Schwermuth« durch den Kopf, »deren Refrain ich in den Worten wiederfand ›todt vor Unsterblichkeit‹«. Nun macht seine unsägliche Schwermut ein Lied daraus, eine »unsterbliche Klage, durch die Überfülle von Licht und Macht, durch seine *Sonnen*-Natur, verurtheilt zu sein, nicht zu lieben«.

Nach Rom war er auf Einladung Malwidas gekommen, sie hatte ihm das Zimmer bei einem Schweizer Maler vermittelt; ein Inkognito, wie üblich und nötig, war damit unmöglich gemacht. Er gab sogar in allen Briefen die genaue Adresse an. Bevor er wieder abreiste — »Rom ist kein Ort für mich — so viel steht fest« schrieb er an Gast —, verriet er einer Bekannten, er sei entschlossen, »auf ein paar Jahre zu ›verschwinden‹« und es dabei *»so schwer«* zu haben, »wie nur irgend ein Mensch es hat«. Seinen Plan, den er Overbeck gegenüber eine »Weltflucht« nennt, begründet er damit, daß er »erst unter diesem Drucke« das *»gute Gewissen«* gewinne, »etwas zu besitzen, das wenige Menschen haben und gehabt haben: *Flügel* — um im Gleichnisse zu reden«. Was ihm vor allem ein schlechtes Gewissen machte und seiner Aufbruchstimmung Flügel wachsen ließ, war die Anwesenheit seiner Schwester. Sie hatte sich nach der Lou-Katastrophe mit ihm versöhnt, ihn dann nach Rom gelockt. Nietzsche mußte sich wie unter Aufsicht vorkommen — seine Anstandsdamen Lama und Malwida ließen sich kaum abschütteln.

Also träumt er davon, wie im Brief von den »Flügeln« angedeutet, sich nach bewährter Zarathustra-Manier davonzumachen. Noch aber sitzt er fest, blickt auf die interessante nachtdunkle Stadt hinab, die ihm verboten ist, sieht jenen nackten Berninischen Triton auf dem Brunnen der Piazza, der seine übermenschlichen Begierden auf einer Muschel zum Tönen bringt, hört das Rauschen und beredte Plätschern der Fontäne, und wird dabei sehr melancholisch:

»Nacht ist es: nun reden lauter alle springenden Brunnen. Und auch meine Seele ist ein springender Brunnen. Nacht ist es: nun erst erwachen alle Lieder der Liebenden. Und auch meine Seele ist das Lied eines Liebenden. Ein Ungestilltes, Unstillbares ist in mir; das will laut werden. Eine Begierde nach Liebe ist in mir, die redet selber die Sprache der Liebe.«

Nietzsche, den sein Begehren treibt, sitzt angekettet in seiner Mansarde — der Springbrunnen, ein »fernher« kommender Gesang, auf den etwas in seinem Inneren antwortet, wie einst auf Rohdes römischen Freundschaftsbrief, etwas »Ungestilltes«, das, in Nietzsches Sprachspiel, »laut« werden will: alles lockt ihn, umschmeichelt ihn mit Engelszungen, erinnert ihn daran, wie allein er ist. »Schweig mir von Rom!« hatte er damals Rohde geantwortet. Und so singt er, faute de mieux, das »Lied der Eins(amkeit)«, wie er es ursprünglich nennen wollte. Seine Frustration ist, in Zarathustra-Sprache übersetzt, die Qual der Sonne, die ihr Licht verschenkt und dabei verlernt hat, das Licht anderer Sterne zu trinken.

»Licht bin ich: ach, dass ich Nacht wäre! Aber diess ist meine Einsamkeit, dass ich von Licht umgürtet bin. Ach, dass ich dunkel wäre und nächtig! Wie wollte ich an den Brüsten des Lichts saugen!«

Saugen und schlucken, beim Plätschern des Bernini-Fauns wird ihm der Gaumen trocken. In einer Notiz sehnt sich die Sonne nicht nach Brüsten, sondern nach kleinen Sternen, die einsam durch die Nacht wandeln:

»Wenn ich dunkel wäre und nächtig, wie wollte ich nach Licht dürsten und Licht trinken! Ich würde euch segnen, ihr kleinen Funkelsterne und Lichtwürmer und hinunterschlucken.«

Die Sonne Zarathustras, die sich auf hohen Bergen entzündet hat, lodert nun mit ihrem heißen Brand vor sich hin, und kein Gott löscht. Nietzsche bleibt auf seiner Überfülle sitzen; »ich trinke die Flammen in mich zurück, die aus mir brechen.« Vor lauter »Begierde nach Begehren« und »Heisshunger in der Sättigung« an eigenen Flammen wächst ein Groll in ihm — »wehethun möchte ich Denen, welchen ich leuchte, berauben möchte ich meine Beschenkten: — also hungere ich nach Bosheit«. Denn wohl nimmt man von ihm, aber ohne seine Flammen zu trinken. Er fühlt, daß sein Licht nicht an ihre »Seele« rührt, daß seine eigene Springbrunnen-Seele keine Durstigen anlockt — »und bald«, so klagt er in einer Notiz, »werde ich nicht einmal mehr ihre Haut erreichen«.

Schrecklich: Er sieht mit Kenner-Blick »wartende Augen und die erhellten Nächte der Sehnsucht«; doch sie warten nicht auf ihn, und ihre Liebeslieder rufen, wie ihm einst der nächtliche Rohde-Vogel verraten hat, nach anderen. So wächst der Groll in ihm, dem heimatlosen Wanderer: »Rache sinnt meine Fülle aus . . . Tücke quillt aus meiner Einsamkeit.« Während, so Gold-Stern Zarathustra, viele Sonnen durchs All »kreisen« und »zu Allem, was dunkel ist, reden«, bleiben sie ihm stumm. Denn um selbst an Lichtbrüsten trinken zu können, müßte er auch in ihre Nacht untertauchen. Er weiß es sehr gut: Nur »ihr Dunklen, ihr Nächtigen, die ihr Wärme schafft aus Leuchtendem! Oh, ihr erst trinkt euch Milch und Labsal aus des Lichtes Eutern!« Wie gerne gehörte er in dieser lauen Mainacht zu den Dunklen und Nachtschwärmern, die wandelnden Sternen ihre Überfülle abnehmen, sie einfach hinabschlucken — statt selbst, übervoll, sein Leid in Liedern aussingen zu müssen, die keiner hört. Oder in Rachephantasien zu schwelgen, die keiner liest, weil Nietzsche sie wohlweislich aus der Endfassung strich:

> »Und könnte ich einmal meinen Liebsten der (reißende) Räuber . . . heißen, der (Raub) Nachtvogel . . . wie wollte ich dann ihre Furcht mit Liebe vergelten! . . . Ach, daß ich (eine Stunde lang) meinen Liebsten ein (reißender) Räuber hieße und (ein) Raubvogel!«

Nur eine Stunde, das klingt nicht weniger konkret als das Ideal, das ihn alle fünf Wochen einmal entzückt. Nur eine

Stunde, das singt auch Isolde am Sterbelager ihres Geliebten Tristan. Aber diese Stunde will der wilde Weise mit Grausamkeiten nutzen, sich endlich für erlittene Pein rächen, seine Krallen zeigen. »Unsäglich«, so die Urfassung weiter, »durstet mein Herz . . . Nach eurem Durste (durste ich hier unsäglich): verschmachten noch werde ich aus Liebe zu eurer Liebe . . . meine Seele verschmachtet vor Liebe zur Liebe.« Und so kehrt, unsäglich schwermütig, weil eigentlich unsagbar, der Refrain wieder, mit dem er sein Lied eines vereinsamten Satyrs begann, daß Nacht ist und die Brunnen mit überquellenden Mündern zu ihm reden, er aber nicht trinken darf; und daß die Lockgesänge der Verliebten, die die Nacht erhellen, nur Sehnsucht in ihm wecken, die sie nicht stillen können. Soweit Nietzsche auf der Loggia über dem Barberini-Platz, kurz vorm einsam-traurigen Zubettgehen.

Fünf Jahre später verklärt er nach Kräften: »Dergleichen«, so schwärmt er im Vorgeschmack seiner baldigen Apotheose, »ist nie gedichtet, nie gefühlt, nie *gelitten* worden: so leidet ein Gott, ein Dionysos.« Und zugleich versichert er, daß dem Lied nichts Irdisches zugrunde lag, sondern nur göttliches Verlangen, metaphysischer Durst nach dem Unbegreiflichen:

> »Die Antwort auf einen solchen Dithyrambus der Sonnen-Vereinsamung im Lichte wäre Ariadne . . . Wer weiss ausser mir, was Ariadne ist! . . . Von allen solchen Räthseln hatte Niemand bisher die Lösung, ich zweifle, dass je Jemand auch hier nur Räthsel sah.«

Nietzsche hat sich hier aus Ablenkungsgründen und Lust an der Irreführung eine Mystifikation erlaubt, ein Scherzchen in der »Laune eines Halbgotts«. Er sollte nicht mehr erleben, mit welchem Heißhunger die Deuter sich sogleich auf die Stelle, das vermeintliche Rätsel, stürzten. Man erkannte treffsicher, daß es jene Ariadne sein müsse, die Nietzsche seit der Tribschener Zeit verehrte, Cosima Wagner. Tatsächlich hatte sie damals diesen mythologischen Namen bekommen, weil sie, vom Theseus-Bülow verlassen, zum Geliebten von Wagner-Dionysos wurde. Das war böser Spott, denn in Wirklichkeit hatte Dionysos den armen Theseus einfach ausgebootet, und Nietzsche, dessen Rachsucht auf die perfiden Bayreuther 1888 einen neuen Gipfel erreichte, verwendete den für Cosima peinlichen Namen so oft es eben ging. Doch hier, im *»Nachtlied«,* ist weder für Vergangenheitsbewältigung noch für höhere Bosheit Platz: am wenigsten für Frau Cosima. Denn das Lied richtet sich an die Dunklen und Nächtigen der großen Stadt, nach deren Durst er schmachtet: »Meine Liebe und mein Heißhunger nach ihnen«, so schreibt er in einem Fragment, »wächst mit meiner Verbannung.« Verbannt ist er in Rom von seinen Herzens-Sternen. Und er wird eilen, diese Verbannung zu beenden.

Was also meinte er mit dem Rätsel? Die angemessene Antwort auf den Dithyrambus des Satyrs, der an seiner Überfülle leidet, kann nur die Ankunft des Gottes sein, der ihm seine Qual beendet, seine »Seele« von der Last ihrer Begierden befreit. Und das könnte ihm Ariadne bieten? Nein. »Ariadne«, so verrät der Kommentar zur Neuausgabe der Werke Nietzsches, ist »die Seele Zarathustras«. Es war diese Seele, die er im Nachtlied einen springenden Brunnen und das Lied eines Liebenden nennt. Ariadne, das ist seine Sehnsucht, nicht deren Erfüllung. Die kretische Prinzessin, so erzählt der Mythos, liegt, von ihrem Geliebten Theseus verlassen, einsam am Strand, Todessehnsucht im Herzen. Doch statt des Todes — oder, wer weiß, vielleicht als der Tod mit lächelnder Maske — kommt Dionysos und wandelt ihr unsterbliches Leid in einen Augenblick unsterblicher Lust. Dionysos nimmt ihr die Überfülle ab, trinkt an den Brüsten ihres Lichts. Und erhebt sie später aus Dankbarkeit unter die Sterne.

Wie also könnte Ariadne die Antwort auf ihre eigene Sehnsucht sein? Sie ist es auch nicht, man hat Nietzsches Hinweis falsch gedeutet. »Wer weiss ausser mir, was Ariadne ist!« hatte er gesagt. Und die Leser verstanden: *wer* Ariadne ist. Erst seit Veröffentlichung des Nachlasses weiß man, *was* Ariadne ist: der ursprüngliche Titel des Zarathustra-Dithyrambus *»Von der grossen Sehnsucht«*. Wieder klagt seine Seele,

Ariadne nämlich, über ihre Fülle, nennt sich gar einen »Weinstock mit schwellenden Eutern«, der »über brausende Meere« hinblickt und auf den »grossen Löser« wartet, der seine reifen Trauben aberntet. Dieser ersehnte Gott, der im Dithyrambus *»Ariadne«* mit duftendem Atem und »diamantenem Winzermesser« übers Meer kommt, ist die Antwort auf den »Dithyrambus der Sonnen-Vereinsamung«, den Nietzsche über den Dächern Roms gedichtet hat. Der Gott, der die leidende Ariadne erlöst, heißt Dionysos.

Auch *»Das Tanzlied«,* das direkt ans Nachtlied anschließt, handelt von der Liebe, deren Erfüllung verschlüsselt angedeutet wird. Zarathustra, so erzählt sein Autor, sei mit den Jüngern »durch den Wald« spazierengegangen, wo er »nach einem Brunnen suchte«. Doch um den Born, an dem er seine Glut kühlen möchte, tanzen Mädchen. Als sie ihn erkennen, lassen sie von ihrem Vergnügen ab; Zarathustras Anwesenheit kann Mädchen nicht beflügeln. Zwar beteuert er, »kein Spielverderber« sein zu wollen, der ihnen »mit bösem Blick« nahetritt, doch gibt er ihnen zugleich zu verstehen, daß sie von seiner Liebe nichts erwarten dürfen: Wer sein Dunkel nicht scheue, verrät er, »der findet auch Rosenhänge unter meinen Cypressen«. Nicht nur zarte Blüten gibt es dort unten zu entdekken; »auch den kleinen Gott findet er wohl«, fährt Zarathustra fort, »der den Mädchen der liebste ist« — der Liebespfeil des Cupido; doch leider, leider, »am hellen Tage schlief er mir ein, der Tagedieb!« muß Zarathustra bekennen. Neben dem Brunnen liegt seine Männlichkeit, eingeschlafen, »still, mit geschlossenen Augen«. Was hat ihn so ermüdet, daß selbst hübscheste Tänzerinnen seine Aufmerksamkeit nicht mehr erregen können? »Haschte er wohl zu viel nach Schmetterlingen?« fragt Zarathustra, jenen »leichten thörichten zierlichen beweglichen Seelchen«, deren Flattern, wie er einst verriet, »Zarathustra zu Thränen und Liedern« rührt. Und vor lauter »Haschen« nach ihnen ist der kleine Gott zu müde, um sich mit Mädchen abzugeben. Doch Strafe muß sein:

»Zürnt mir nicht, ihr schönen Tanzenden, wenn ich den kleinen Gott ein Wenig züchtige! ... Und mit Thränen im Auge soll er euch um einen Tanz bitten.«

Er meint es so drastisch, wie er es niederschreibt. Fremdgehen kann sein Cupido nur, wenn er vorher etwas gequält wird und ihm davon Tränen ins Auge treten; in einer Variante heißt es präziser: »Und zürnt mir nicht, wenn ich diesen kleinen Gott ein wenig peitsche.« Dereinst, im Wüstenbordell, wird er sich nach eiskalten Beißzähnchen für seine — also sprach Zarathustra — »heisse Dattel« sehnen. Während der hart angefaßte Gott nun auf der Wiese mit den Mädchen tanzt, singt ihnen Zarathustra ein rätselhaftes Lied vor, das »Tanzlied« eben, in dem er mit dem »Leben« über seine »Weisheit« zu sprechen scheint — in Wahrheit spricht er mit sich selbst über sein Geheimnis, das er einmal das *»nächtliche«* nannte.

»In dein Auge schaute ich jüngst, oh Leben! Und in's Unergründliche schien ich mir da zu sinken. Aber du zogst mich mit goldner Angel heraus; spöttisch lachtest du, als ich dich unergründlich nannte. So geht die Rede aller Fische, sprachst du; was *sie* nicht ergründen, ist unergründlich. Aber veränderlich bin ich nur und wild und in Allem ein Weib, und kein tugendhaftes: Ob ich schon euch Männern ›die Tiefe‹ heisse oder ›die Treue‹, ›die Ewige‹, die ›Geheimnissvolle‹.«

Während sein Cupido mit den Mädchen tanzt, träumt sein Herr und Meister von jenem Auge, das ihn schon bei seiner Columbus-Reise angeblickt hatte: »Nur dein Auge, ungeheuer blickt mich's an, Unendlichkeit.« Dieses Auge hat es in sich. Denn nicht das Auge ist Teil — oder gar Organ — der Unendlichkeit, sondern umgekehrt: die Unendlichkeit wird erst durch den Blick in ein Auge erfahrbar; der Blick begegnet sich, kehrt wieder aus dem Gegenüber, um erneut zurückgesandt zu werden — zwei beseelte Spiegel, die ewig in sich kreisen. Daß sich Gleichfühlende im Spiegel ihres Blicks erkennen, steht auch in dem anonymen »Bekennerbrief« eines Homosexuellen des letzten Jahrhunderts zu lesen. »Die gütige Natur«, so schreibt er 1864, »hat uns einen gewissen Instinkt verliehen, der uns gleich einer Brüderschaft vereint; wir finden uns gleich, es ist kaum ein Blick des Auges, wie ein elektrischer Schlag, und hat mich bei einiger Vorsicht noch nie getäuscht.« Als Nietzsche den Augen-Blick einmal aufgefangen hat, das halkyonische Seefahrer-Lächeln samt der »orgiastischen Seele des Weibes« in den Catullschen »Honigaugen«, entdeckte er darin auch die »zitternde Oberfläche«, die wie Wasser quoll. Damals hatte Nietzsche »ihn« nicht nur gesehen, er wurde auch von ihm gesehen. Der Blick war in die Tiefe gesunken, ein Abgrund ohne Schranken hatte sich ihm im geheimnisvollen Nachen aufgetan. Schon in »Menschliches, Allzumenschliches« findet sich ein Hinweis auf den *»Doppelsinn des Auges«:* »Wie das Gewässer zu deinen Füssen eine plötzliche schuppenhafte Erzitterung überläuft«, schreibt er da, so gebe es auch im Auge »Zweideutigkeiten« zu entdecken, »bei denen man sich fragt: ist's ein Schaudern? ist's ein Lächeln? ist's Beides?« Schauder wovor? Vor der Tiefe, die sich dem Schauenden auftut? Lächeln worüber? Über die Entdeckung eines Gleichen? Oder, wie er mysteriös hinzufügt, beides?

Zarathustra blickt im *»Tanzlied«* dem Leben ins Auge und sinkt ins Unergründliche. Genauso hatte er sein Erlebnis im Nachen beschrieben: »Und ein Abgrund ohne Schranken that sich auf: — da war's vorbei!« Es beginnt mit dem Spiel der Augen und endet mit dem Untergang in den Purpur-Fluten der Liebe. Schon einmal hatte Zarathustra, in seiner Rede *»Vom Gesindel«,* das Leben als einen »Born der Lust« bezeichnet und seine »Brüder« aufgefordert: »Werft nur eure reinen Augen in den Born meiner Lust.« Er wird dafür sorgen, daß sie nicht darin ertrinken. Denn kaum ist er — oder sind sie — im lustvollen Blick des Lebens versunken, vielleicht wirklich nur für einen langen Augenblick, werden sie wieder ans Licht und ins Leben zurückgeholt: »mit goldner Angel«. Wer so stirbt, weiß Zarathustra, wird verjüngt wiedergeboren. Das Leben »angelt« sich ihn wieder. Später wird er dasselbe machen, seine »goldene Angelruthe« auswerfen, damit die »Menschen-Fische«, »anbeissend an meine spitzen verborgenen Haken, hinauf müssen in *meine* Höhe«.

Kaum ist Zarathustra dem Lust-Born des Lebens-Auges wieder enttaucht, beginnt das Leben ein Gespräch mit ihm. Erst spottet es, weil er es für »unergründlich« hält, wo doch nur seine kleine Menschenvernunft das Gesetz von Liebestod und Wiedergeburt nicht begreifen kann; dann verrät es ihm, daß es »ein Weib« ist, »und kein tugendhaftes«. Denn wie es verschlingt, so gebiert es wieder — die »orgiastische Seele des Weibes« eben. Aber deshalb muß das Auge nicht unbedingt ein weibliches sein. In einer Textvariante scheint Nietzsche es einem Mann zugeordnet zu haben: »Golden blitzt sein Auge«, heißt es da, während ein Kahn in seinen »dunklen Gewässern« schwimmt. »In seinen Augen senkt und hebt (er) sich wieder beim Tanzen und ihr, die ihn tragen — — —.« In der Endfassung spricht Nietzsche dagegen vom Leben als einer Sie: »Von wem redest du doch? sagte sie.«

Ihre Frage ist berechtigt — was Zarathustra mit dem Lebens-Auge passiert war, wiederholte sich nun mit seiner »wilden Weisheit«. Sie erklärt ihm zwar, daß er das Leben nur deshalb lobe, weil er es wolle, weil sein Wille, das Kind seiner Löwen-Weisheit, es mit allen Konsequenzen des Todes und der Abgründigkeit will; dabei ist sie selber nichts anderes als dies: unergründlich, abgründig, in die Tiefe lockend — und ihn mit einem Gedanken oder einer Vision wiedergebärend. Gibt es überhaupt einen Unterschied zwischen dem männlichen Leben mit dem weiblichen Auge und dem männlichen Zarathustra mit seiner weiblichen kinderaustragenden und -gebärenden Weisheit? Diese Weisheit

»hat ihr Auge, ihr Lachen und sogar ihr goldenes Angelrüthchen: was kann ich dafür, dass die Beiden sich so ähnlich sehen?«

Seine wilde Weisheit ist der Wille, wiederzukommen; aber auch das Leben ist nichts anderes als der Wille, wiederzukommen. »Von wem redest du doch?« fragt ihn das Leben, als er von der Weisheit spricht. Und dabei »machtest du wieder dein Auge auf, oh geliebtes Leben! Und in's Unergründliche schien ich mir wieder zu sinken. —«

Das, so erzählt Nietzsche, habe Zarathustra gesungen, während sein kleiner Gott mit den Mädchen tanzte — er dachte dabei an anderes. Das Spiel der verliebten Augen und des sich öffnenden Liebesabgrunds verschlüsselte er bis zum Unverständlichen und sagte doch nur eins: Ich folge, wenn ich dies tue, nur meiner wilden Weisheit, die wiederum nur das will, was das Leben selber will. Wer also kann mir etwas vorwerfen? Und kaum hat er sich derart erklärt und zurückgenommen, öffnet sich wieder das Auge der Liebe und verschluckt ihn. Die Schlüssel-Szene hat ihren Autor nicht befriedigt; er wiederholte sie im dritten Teil und gab ihr den Titel *»Das andere Tanzlied«*. Das Auge und sein Liebeserlebnis im »geheimnissvollen Nachen«, so offenbart er jetzt, gehören zusammen:

> »In dein Auge schaute ich jüngst, oh Leben: Gold sah ich in deinem Nacht-Auge blinken, — mein Herz stand still vor dieser Wollust: — einen goldenen Kahn sah ich blinken auf nächtigen Gewässern, einen sinkenden, trinkenden, wieder winkenden goldenen Schaukel-Kahn!«

Nicht nur sein abgründiges Erlebnis mit dem Hirten kehrt darin wieder, sondern eine noch ältere Erinnerung, die erklärt, was den Kahn so zum Schaukeln bringt. Es ist Isoldes Schlußgesang aus Richard Wagners »Tristan«, in dem die Worte »ertrinken, versinken« den Augenblick markieren, in dem die Heldin ihren prometheischen Liebes-Tod erleidet. »Mild und leise wie er lächelt«, so halluzinierte sie, »wie das Auge hold er öffnet«; hörte dann, ihm ins Sternenauge blickend, jene alte Weise wieder, die ihn einst aus dem Todesschlaf erweckte — und fühlt plötzlich Wellen, die sie umrauschen, »soll ich schlürfen, untertauchen?«, um endlich im Abgrund des Alls zu »ertrinken, versinken —, unbewußt —, höchste Lust!«

Zarathustra erlebt Isoldes Sterben nach. Und entdeckt, im »Tanzlied«, daß das Leben ihn mit goldener Angel aus diesem

Liebes-Todes-Abgrund wieder herausfischt. Daß er immer wiederkommt und gar nicht oft genug dem Leben oder seiner Weisheit ins Auge blicken kann, ertrinken und versinken kann, um, wie die Kahnfahrer am nächsten Morgen, herrlich erfrischt und ausgeruht wiedergeboren zu werden. — Das dritte Lied Zarathustras, *»Das Grablied«,* ist ein Totengesang. Aber seine Trauer gilt nicht den Verstorbenen, die er in seiner Jugend beweinte, sondern dieser Jugend selbst. Das, was an ihr göttlich war, so singt er, ist ihm gestorben, schlimmer noch: ermordet worden. Nun hat er, wie die Trauernde in Böcklins »Toteninsel«, einen Kahn bestiegen, um auf seine Gräberinsel einen »immergrünen Kranz des Lebens (zu) tragen« — »zur Insel der Abgeschiedenen fahrend auf schlafenden Meeren«, wie er sich in Böcklin-Stimmung notiert. Drei Jahre zuvor hatte er in Venedig ein Zimmer »mit dem Blick auf die Todteninsel« und fühlte sich bei »wochenlangem Regenwetter und Scirocco« wie »am Ende der Welt«. Und zugleich dort, wo auch das Leben endet. Hat er sich damals, Frühjahr 1880, in einer Gondel zur Insel der verlorenen Glückseligkeit hinüberrudern lassen?

> »Oh ihr, meiner Jugend Gesichte und Erscheinungen! Oh, ihr Blicke der Liebe alle, ihr göttlichen Augenblicke! Wie starbt ihr mir so schnell! Ich gedenke eurer heute wie meiner Todten.«

Zarathustras Elegie eines Liebenden besingt nicht verstorbene Menschen, sondern erloschene Blicke: das »Aufblinken göttlicher Augen«, die Wimpernschläge des Entzückens, in deren goldener Tiefe er versunken war. Nun, auf der stillen Überfahrt ins Reich des Todes, erschüttert die Erinnerung daran »das Herz des einsam Schiffenden«.

> »Ach, wir waren gemacht, einander nahe zu bleiben, ihr holden fremden Wunder; und nicht schüchternen Vögeln gleich kamt ihr zu mir und meiner Begierde — nein, als Trauende zu dem Trauenden!«

Auch in einem Gedichtentwurf aus derselben Zeit tauchen die wundersamen Augenkontakte wieder auf: »So wie ich ihn einst siegen und sterben sah«, notiert sich Nietzsche, »den Freund, der göttliche Augenblicke und Blitze in meine dunkle Jugend warf.« Erhellt wurde dies Dunkel unter anderem von Schillers Räuberhauptmann Karl Moor. Der 14jährige Alumne in Pforta, begeisterter Schiller-Leser, findet ihn 1859 »fast übermenschlich« und zitiert jenen berühmten Sonnenuntergangssatz, der Karls eigenen Untergang verklärend vorwegnimmt: »So stirbt ein Held: Anbetungswürdig! — — — Da ich noch Bube war, war's mein Lieblingsgedanke, wie sie zu leben, zu sterben wie sie!« Leuchten und untergehen wie die Sonne, göttliche Blitze und Blicke werfend. War es die Schiller-Figur, die jene Blicke, wie Nietzsche später variiert, »göttlich in meine dunkle Jugend warf«? Oder war es einer seiner Schillerbegeisterten Freunde, der für ihn zu einem Helden Moor geworden war, zu einer freigiebigen Sonne, die sein aschenfarbenes Gestirn erleuchtete?

Zarathustras Trauergesang schlägt um in Zorn. Die Menschen waren es, die seine zärtlichen Ewigkeiten verkürzten, »wie ein Ton zerbricht in kalter Nacht«, und sein unschuldiges Glück vergällten:

»*Mich* zu tödten, erwürgte man euch, ihr Singvögel meiner Hoffnungen! Ja, nach euch, ihr Liebsten, schoss immer die Bosheit Pfeile — mein Herz zu treffen! ... Nach dem Verwundbarsten, das ich besass, schoss man den Pfeil: das waret ihr, denen die Haut einem Flaume gleich ist und mehr noch dem Lächeln, das an einem Blick erstirbt!«

Was hatte ihn krank gemacht: Daß er auf das verzichten mußte, wonach er sich sehnte; daß er sogar den Blicken ausweichen mußte, die von gemeinsamer Sehnsucht sprachen; daß selbst die Tastversuche seiner »zärtlichen Begierde« unter den bösen Blicken anderer sterben mußten. Immer von irgendwelchen boshaften Augen beobachtet sein, immer sich vor unsichtbaren Verfolgern in acht nehmen müssen! Was hatte ihn krank gemacht? Daß seine gesunde Begierde sterben mußte.

»Aber diess Wort will ich zu meinen Feinden reden: was ist alles Menschen-Morden gegen Das, was ihr mir thatet!«

Auch später, so klagt Zarathustra, habe man seine »Nächte zu schlafloser Qual« verkauft, »Unflath auf den Weg des Blinden« geworfen, ihm seinen »besten Honig« verdorben — Rufmord an ihm begangen wie Wagner, ihn verleumdet und bloßgestellt wie Lou und Rée. Und einst wollte er, zu ersten Rauschzeiten der Tragödie, »im Tanze . . . der höchsten Dinge Gleichniss reden«; aber sein Mysterienführer Wagner mordete mit seinen Tönen »meine Verzückung« — »und nun blieb mir mein höchstes Gleichniss ungeredet in meinen Gliedern! Ungeredet und unerlöst blieb mir die höchste Hoffnung!«

Auf dem Höhepunkt seiner Klage bricht er wieder in Isoldes Worte aus: »Wie ertrug ich's nur?«, auf die ihr Geliebter Tristan mit einem schmerzlichen Sehnsuchtsruf antwortet, »hin zur heil'gen Nacht, wo ur-ewig, einzig wahr, Liebeswonne ihm lacht!« Dann sinkt »hernieder« die berühmte »Nacht der Liebe«. Auch Zarathustra, auf den Gräbern seiner ermordeten Lieben, sehnt sich nach nichts mehr als dem Versinken im Nacht-Auge. Auf die Frage, wie er's ertrug, wie seine »Seele wieder aus diesen Gräbern« erstand, gibt er sich die Antwort seiner wilden Weisheit:

»Ja, ein Unverwundbares, Unbegrabbares ist an mir, ein Felsensprengendes: das heisst *mein Wille* . . . Immer noch brachst du dich durch alle Gräber! In dir lebt auch noch das Unerlöste meiner Jugend . . . Ja, noch bist du mir aller Gräber Zertrümmerer: Heil dir, meinWille! Und nur wo Gräber sind, giebt es Auferstehungen. —«

Sein Löwenkind, der Wille, hatte einst den Drachen »Du sollst!« totgebissen, war aus dem Grab seiner Berghöhle ausgebrochen, um im brausenden Sturm auf die glückseligen Inseln zu fahren. Dieser Wille, der immer wiederkommen will wie die Sonne aus der Nacht, wird ihm auch noch die Vergangenheit erlösen und die geliebten Toten aus ihren Gräbern erwecken: Denn was ewig wiederkommen muß, kann nicht ewig tot bleiben. Oder, wie er in einer Textvariante schrieb:

»Wahrlich, wo meine Gräber sind, da sind auch noch immer meine Auferstehungen!«

Schon im folgenden Kapitel *»Von der Selbst-Ueberwindung«* erklärt sich der Autor über diesen Willen, der Gräber sprengt und Freiheit schafft. Dieses Geschenk seiner wilden Weisheit lebt und schafft in allem — selbst noch in den, ach so objektiven, Philosophen ist es das Löwenkind, »was euch treibt und brünstig macht«. Nur, sie wissen es nicht, und auch die ziellos dahinvegetierende Menschheit, die ihre Misere fortpflanzt, statt sie zu beenden, weiß es nicht. In allem, was lebt, *lebt* in Wahrheit nur »der Wille zur Macht, — der unerschöpfte zeugende Lebens-Wille«.

Zarathustra fand das nicht durch Nachdenken. Er erlebte es an sich selber, wie sein eigener Leib ihn in die Enge trieb, bis er begriff, daß er selbst, sein Selbst, in diesem »Teufel« steckte; und er sah es in jenen Augenblicken, die so lehrreich und vielsagend waren, als hätte er der Weisheit selbst ins Auge geblickt. Mit »hundertfachem Spiegel«, so Zarathustra, fing er den Blick des Lebendigen auf, »wenn ihm der Mund geschlossen war: dass sein Auge mir rede. Und sein Auge redete mir«. Es redete ihm von der Lust, Herr zu sein über einen anderen, und auch von jener Lust, sich zu unterwerfen, um damit über Kleines, auch die eigene Kleinheit, Herr zu werden:

»Wo ich Leben sah, fand ich den Willen zur Macht . . . Man unterwirft sich dem Großen, um über Kleine Herr zu sein: diese Lust überredet uns zur Unterwerfung.«

Eine Lust spricht aus dem Auge des Lebens, die sich unterwerfen oder andere unterwerfen will, sich hingeben oder andere vergewaltigen will:

»Und wie das Kleinere sich dem Grösseren hingiebt, dass es Lust und Macht am Kleinsten habe: also giebt sich auch das Grösste noch hin und setzt um der Macht willen — das Leben dran . . . Und wo Opferung und Dienste und Liebesblicke sind: auch da ist Wille, Herr zu sein.«

Dieser Wille ist stärker als alles, ja noch als er selbst — denn er muß sich immer wieder überwinden; und »diess ist eure verborgene Liebe und eurer Seele Glänzen, Zittern und Überwallen«. Oder, wie der liebeshungrige Zarathustra auf hohen

Bergen sagte, bevor er auf die Inseln fuhr: »Meine ungeduldige Liebe fliesst über in Strömen.«

Nietzsche sollte später der Versuchung nachgeben, den erlebten Gedanken in ein philosophisches System zu integrieren, das sich als Religion für Welteroberer interpretieren ließ. Hatte er vergessen, wie geheimnisvoll das Schlag-Wort in sein Leben eingetreten war? Ein Dämon, ähnlich jenem seiner einsamsten Einsamkeit, hatte ihn bedrückt und bedroht, bis sein »Ich« ihn als eigen Fleisch und Blut adoptierte und »Ja« sagte zu seinen flügelbrausenden Begierden. In der »Fröhlichen Wissenschaft« nannte Nietzsche ihn den *»Dämon der Macht«:*

»Nicht die Nothdurft, nicht die Begierde, — nein, die Liebe zur Macht ist der Dämon der Menschen. Man gebe ihnen Alles, Gesundheit, Nahrung, Wohnung, Unterhaltung, — sie sind und bleiben unglücklich und grillig: denn der Dämon wartet und wartet und will befriedigt sein. Man nehme ihnen Alles und befriedige diesen: so sind sie beinahe glücklich, — so glücklich als eben Menschen und Dämonen sein können.«

Das Glück eines Dämons besteht allenfalls in der »Wollust der Hölle«, der exquisiten Mischung aus Wonne und Schmerz, die auf Lebendiges wirkt wie das Trinken von Salzwasser. Dieser ungeduldige Dämon ist das wirkliche Gegenstück zum erdachten »Genius der Gattung«, in dem sich angeblich der »Wille zum Leben« verkörpert. Aber »diesen Willen«, behauptet Zarathustra, »giebt es nicht!« Und das, was Schopenhauer als den Dämon des Lebenswillens mißverstand, der zur Fortpflanzung anstachelt, ist in Wahrheit ein ganz anderer Dämon, dem am Leben und seiner Verlängerung gar nichts liegt. Er will, unersättlich, immer mehr, und das, wenn möglich, immer wieder. Und deshalb ist er auch nicht wirklich zu befriedigen. Rastlos in Untergang und Wiederkehr, reißt er alles mit, ob es sich ihm unterwirft oder widersetzt. Er ist stärker als alles, selbst stärker als der Tod.

In einem anderen Aphorismus, der in der »Morgenröthe« auftaucht, hat Nietzsche verdeutlicht, was am »Willen zur Macht« für ihn das Ursprünglichere war — nicht der Wille, wie bei

Schopenhauer, sondern die Macht. Das Erlebnis der Macht erst, das exaltierte weltumspannende Gefühl, in dem Grausamkeit und Zärtlichkeit nicht mehr zu unterscheiden sind, macht den Menschen, macht die Welt wollen, ewig wiederkommen wollen — »alle Lust«, sagt Zarathustra später, »will Ewigkeit.« Und Macht ist nur das Selbstbewußtsein dieser Lust — schmerzliche Fülle und Ergießungswonne in einem:

»*Wirkung des Glückes.* — Die erste Wirkung des Glückes ist das *Gefühl der Macht:* diese will *sich äussern.*«

Der Wille: das lustvolle Sich-äußern-wollen der Macht. Sie »will sich *ausgeben,* will schaffen, es ist eine fortwährendeKette von Explosionen«, schreibt Nietzsche in einer Notiz; und versichert an anderer Stelle, daß »*nicht* die Befriedigung des Willens« die »Ursache der Lust« sei, »sondern daß der Wille vorwärts will und immer wieder Herr über das wird, was ihm im Wege steht: das Lustgefühl liegt gerade in der Unbefriedigung des Willens«. Die Lust, die sich äußert — die Macht, die will —, empfindet neue Lust an den Widerständen, die sich ihr entgegenstellen. »Lust als Machtgefühl« ist immer »die Unlust voraussetzend«. Genau betrachtet, meint Nietzsche, könnte man die Lust »überhaupt bezeichnen als einen Rhythmus kleiner Unlustreize«. Gerade diese »Unbefriedigung, statt das Leben zu verleiden, ist das große *Stimulans* des Lebens«. Unlust reizt selbst zu neuer Lust, der Schmerz macht Lust auf neue Lust — am Ende will der Wille gleichermaßen Lust und Unlust, und ist nicht länger die Wollust, die Lust will, sondern die Macht, die Lust am Wollen hat. Nietzsches Woll-Lust.

Der »Wille zur Macht«, der ihm als bedrohlicher Dämon auf den Leib rückte, entpuppt sich als diese Woll-Lust, die Gefängnisse und Gräber sprengt. Ihre höchste Form, so weiß Nietzsche, findet sie in der Sexualität. Mit Fortpflanzung hat das wenig zu tun; schon eher mit der »entschiedenen Bejahung« des Lebenswillens, die auch Schopenhauer in ihr entdeckte. Für Nietzsche ist

»die ungeheure Wichtigkeit, mit der das Individuum den *geschlechtlichen Instinkt* nimmt, ... nicht eine *Folge* von dessen Wichtigkeit für die Gattung: sondern das Zeugen ist die eigentliche *Leistung* des Individuums und sein höchstes Interesse folglich, seine *höchste Machtäußerung.*«

Das Zeugen, sagt Nietzsche, ist der höchste Wille zur Macht. Er meint damit nicht den biologischen Vorgang, sondern den Augenblick »höchster Machtfülle«, den der Mensch dabei genießt — und nicht allein, denn zum Abheben braucht es eines zweiten Flügels.

Aber hat Nietzsche nicht auch behauptet, »der höchste *Wille zur Macht*« bestehe darin, dem »Werden den Charakter des Seins *aufzuprägen?*« Martin Heidegger stellte diesen Satz mißverständlich in den Mittelpunkt seiner Nietzsche-Deutung. Dabei ist offensichtlich, daß Nietzsche hier das Gegensatzpaar Werden-Sein im Sinn seiner Zarathustra-Vision verwendet, die ihm die Ewigkeit im Augenblick offenbarte. »Mittag und Ewigkeit« sollte das Buch heißen — es war jener mittägliche Augenblick, der ihm das Schild des Achill zeigte, »Ewiger Bildwerke Tafel«, auf dem Hephaistos, in Wahrheit Homer, das Werden des hellenischen Kosmos auf dem Goldschild verewigt hatte. Dasselbe aber widerfuhr ihm, der dies sah und in einem Augen-Blick die Ewigkeit erfaßte, die ewig wiederkehrende Schönheit des Griechentums. Dies war kein Augenblick interesselosen Wohlgefallens, sondern die entzückte Vision seiner Wollust. Um ihretwillen, sagt Nietzsche, will er ewig wiederkommen.

Schopenhauer hat jene Wollust des Auges in seiner »Metaphysik der Geschlechtsliebe« beschrieben: Sie ergreift den Mann mit »schwindelndem Entzücken«, sobald er nur eine Frau von »ihm angemessener Schönheit« erblicke. Dann fliegen die Funken der Blicke hin und her, dann spiegelt Cupido ihm »die Vereinigung mit ihr als das höchste Gut vor« — und schließlich »perpetuiert«, verewigt sich das Menschengeschlecht in diesem Paar, nachdem sein Genius, durch die Augen des Mannes spähend, in der Schönen den »deutlich ausgedrückten Stempel« der Gattung erkannt hat. Im Geschlechtsakt prägt die Gattung den vergänglichen Menschen ihren Stempel auf, den Stempel der Ewigkeit.

Zarathustra wird nicht von weiblicher, sondern von griechisch-männlicher Schönheit und dem Anblick vergoldeter Heldenleiber in schwindelndes Entzücken gestürzt. Sein Dämon reizt ihn nicht zur Fortpflanzung; er verewigt den vergänglichen Augenblick, indem er ihn immer wieder will. Sein höchster Wille zur Macht prägt dem »Werden« so den Stempel des »Seins« auf. Und nicht vergebens. Nietzsches berühmte Aufzeichnung vom »höchsten Willen zur Macht« endet mit der Versicherung:

> »Daß *Alles wiederkehrt,* ist die extremste *Annäherung einer Welt des Werdens an die des Seins: Gipfel der Betrachtung.*«

Man könnte dem, mit Heidegger, entgegenhalten, daß Nietzsche unter diesem »Aufprägen« der Ewigkeit aufs Vergängliche die Kunst gemeint hat. Doch das ist nur solange ein Widerspruch, als man die Kunst in Heideggers Sinn versteht; sieht man die Kunst wie Nietzsche, so dient sie nur der Verherrlichung und Verewigung dieser *»höchsten Machtäußerung«*. Nur im Genuß des göttlichen Leibes entspringt die Vision des in Marmor gehauenen Griechengottes; nur die Zärtlichkeit der Hand und der Augen formt dem Stein das übermenschliche Leben überzeugend ein. Und erweckt im Betrachter dieselbe Sehnsucht und Gier, aus der die göttliche Skulptur entstanden ist. So wie der »klassische Geschmack« für Nietzsche zum »Sichtbarwerdenlassen des Glücks« führt, erweckt der Anblick der Schönheit ein »indirektes Verlangen nach den Entzückungen des Geschlechtstriebes«. Nietzsche war sicher, damit der griechischen Vorstellung vom »erscheinenden« Gott am nächsten gekommen zu sein. Schon in der »Morgenröthe« sagte er provozierend:

> »Was ist unser Geschwätz von den Griechen! Was verstehen wir denn von ihrer Kunst, deren Seele — die Leidenschaft für die *männliche* nackte Schönheit ist!«

In diesem Nacktsein verkörpert sich höchste Macht — ohne etwas zu »tun«, unterwirft es Schwächere, entzündet es die Liebe der Betrachter. Gern unterwirft man sich einem solchen Gott und spürt noch in der Lust der eigenen Unterwerfung die Lust seiner übermenschlichen Macht. Schönheit, so sagt Zarathustra im nächsten Kapitel, das *»Von den Erhabenen«* handelt, ist nur sichtbar werdende Macht. Hatte er dabei Michelangelos »sterbenden Gefangenen« aus dem Louvre im Sinn mit seiner wollüstigen Körperhaltung?

> »Den Arm über das Haupt gelegt: so sollte der Held ausruhn, so sollte er auch noch sein Ausruhen überwinden. Aber gerade dem Helden ist das *Schöne* aller Dinge Schwerstes . . . Wenn die Macht gnädig wird und herabkommt in's Sichtbare: Schönheit heisse ich solches Herabkommen.«

Auch hier hat Nietzsche in einer Textvariante Konkreteres über sein Schönheits-Ideal verraten:

> »Mit lässigen Muskeln und schön, wie es einem Gnadenreichen zukommt: und wahrlich: was ist Schönheit, wenn es nicht das Sichtbarwerden der Gnade ist? Wenn die Übermacht gnädig wird und ihre Gnade herabkommt ins Sichtbare: Schönheit heiße ich solches Herabkommen.«

So wird, gegen Ende seines wachen Lebens, auch seines Geschlechts-Lebens, ein Sternbild zu ihm herabkommen, das »höchste Gestirn des Seins«, in dem er den Schönheitsreigen auf dem Griechenschild wiedererkannte, der in ihm zuerst den Durst nach Wiederkunft erweckt hatte; jenen Durst, den Zarathustra am Ende des Kapitels seinem Schüler, der sich für einen »Erhabenen des Geistes« hält, in Aussicht stellt. Einst, so weissagt er ihm, wirst auch du schön sein und deiner eigenen Schönheit den Spiegel vorhalten:

> »Dann wird deine Seele vor göttlichen Begierden schaudern . . . Diess nämlich ist das Geheimniss der Seele: erst, wenn sie der Held verlassen hat, naht ihr, im Traume, — der Über-Held.«

Es geht der Seele des Mannes wie der Prinzessin Ariadne: Erst muß sie, von ihrem Helden verlassen, in der unsäglichen Schwermut des Nachtliedes versinken, um mit der goldenen

Angel des Tanzliedes von einem traumhaften Über-Helden wieder herausgefischt zu werden.

Leider läuft Zarathustras Zeit auf den glückseligen Inseln ab. Nicht der Schirokko ist es, der ihn zum Abbrechen seines Nomadenzelts treibt, sondern ein Gespenst. Ein beängstigender Schatten wird auf einer Vulkaninsel gesichtet, »unweit den glückseligen Inseln«, wie der Autor erläutert. Der Schatten fliegt geradewegs in den Höllenschlund hinein. Es handelt sich dabei, wie einige Schiffsleute »mit grösster Bestürzung« erkennen, um Zarathustra. Nüchterner Kommentar des »alten Steuermanns«: »da fährt Zarathustra zur Hölle!« Aber nein, sagt der, als ihn seine Freunde nach der Rückkehr über den Vorfall unterrichten, man hat nicht mich, sondern meinen Schatten gesehen. »Sicher aber ist das: ich muss ihn kürzer halten, — er verdirbt mir sonst noch den Ruf.« Gestrichen hat Nietzsche bei der Schlußredaktion den folgenden Satz:

> »Und an dieser Stelle verstummte Zarathustra mit Einem Male und sah seine Jünger befremdet an.«

Mit gutem Grund, denn nicht nur, daß man ihn auf der fernen Paradiesesinsel entdeckt hat, macht ihm zu schaffen; das ganze Kapitel *»Von grossen Ereignissen«,* das darüber berichtet, ist auffällig mißlungen. Zuerst erzählt der Autor im Märchenton, daß es in der Nähe von Zarathustras glückseligen Inseln einen Feuerberg gebe, der beständig rauche und dem man nachsage, ein schmaler Weg in seinem Vulkankegel führe direkt in die Hölle. Zur gleichen Zeit, als Zarathustra »bei Nacht zu Schiff« geht, »ohne zu sagen, wohin er reisen wolle«, wirft ein anderes Schiff vor jener Vulkaninsel Anker. Die Mannschaft geht an Land, »um Kaninchen zu schiessen«. Plötzlich hören sie eine Stimme »es ist Zeit!« rufen und sehen »durch die Luft einen Mann auf sich zukommen«, in dem sie Zarathustra erkennen, »denn sie hatten ihn Alle schon gesehn«. Er fliegt »gleich einem Schatten« an ihnen vorbei in Richtung Feuerberg. Drei Tage später legt dieses Schiff bei den glückseligen Inseln an, wo schon Gerüchte über das Verschwinden Zarathustras umlaufen. Die Seeleute erzählen ihr Erlebnis, und das Volk kommt zu dem Schluß, »dass der Teufel Zarathustra geholt habe«. Erst fünf Tage nach seinem mysteriösen Verschwinden kommt Zarathustra zurück und erzählt, was ihm in der Zwischenzeit widerfahren war. Er sei »über das Meer« gefahren, um das »Geheimniss« des »Feuerhunds« zu ergründen — »und ich habe die Wahrheit nackt gesehn, wahrlich! barfuss bis zum Halse«.

Die »Wahrheit«: In der Hölle wohnt der Feuerhund, ein Umstürzler, der Lava und Asche spuckt, nach »Freiheit« brüllt, an »grosse Ereignisse«, sprich: Revolutionen, glaubt und mehr als alles den »Höllenlärm« liebt. Natürlich zähmt ihn Zarathustra auf der Stelle; und verrät ihm, daß es im Herzen der Erde noch einen anderen Feuerhund gebe, dessen Atem Gold haucht, der nicht brüllt, sondern lustig lacht, weil er weiß: *»Das Herz der Erde ist von Gold.«* Beschämt zog der Revolutionär »seinen Schwanz ein, sagte auf eine kleinlaute Weise Wau! Wau! und kroch hinab in seine Höhle«. Soweit Zarathustras lachhafte Geschichte. Als ihm seine Jünger, wenig beeindruckt, die viel interessantere von der Erscheinung am Vulkan erzählen, weicht er aus. Bin ich denn ein Gespenst, fragt er erst, um dann den Hinweis auf seinen »Schatten« zu geben, den er kürzer halten müsse. Vor allem aber will er eines wissen: »Warum schrie denn das Gespenst: es ist Zeit! ... *Wozu* ist es denn — höchste Zeit?« Die Frage ist leicht zu beantworten. Zarathustra, der hier ganz mit seinem Autor verschmolzen ist, muß die glückseligen Inseln schleunigst verlassen. Hatte er sich nicht schon verdächtig gemacht, als er klammheimlich von Genua aufgebrochen war? Vielleicht gab es sogar Hinweise, warum er übers Meer gefahren war — um die »Wahrheit« nackt zu sehen?

Auch die Topographie dieses Kapitels stimmt mit Nietzsches sizilianischen Erfahrungen überein. Wenn es anfangs heißt, es gebe »unweit den glückseligen Inseln Zarathustra's« einen ständig rauchenden Feuerberg, so gilt das auch für die Umgebung Messinas und Taorminas: Die Liparischen Inseln weisen zwei noch tätige Vulkane auf, den Vulcano und den Stromboli. Schon im letzten Jahrhundert zählten die Aschenkegel zu den beliebtesten Ausflugszielen der Gegend; auch Guy de Maupassant, der wie Nietzsche in den achtziger Jahren Messina besuchte, ließ sich auf die rauchenden Inseln befördern — um so lieber, als die Hafenstadt »nichts Interessantes aufzuweisen hat«.

»Man fährt um Mitternacht von Messina mit einem schmutzigen Dampfboot ab . . . und öffnet die Augen erst wieder beim Licht des anbrechenden Tages. Da vorn, genau vor uns, liegen die Liparischen Inseln. Die erste links und die letzte rechts stoßen dicken weißen Rauch in den Himmel. Das sind der Vulcano und der Stromboli . . . Bald legt das Schiff vor der kleinen Insel und der Stadt Lipari an . . . Ich miete eine Barke, um Vulcano zu besichtigen . . . Es ist eine wilde kleine Insel mit einem Gipfel von ungefähr vierhundert Metern Höhe . . . Und ich beginne, einen schmalen Pfad hinaufzusteigen, der sich durch Asche und Lava schlängelt, glitschig und hart in Serpentinen aufwärts führt . . . Vorsichtig bewege ich mich auf der warmen Asche und der Lava bis zum Rand des großen Kraters. Es ist der erstaunlichste verblüffendste Anblick, der sich dem menschlichen Auge bieten kann. Am Grunde dieser riesigen Wanne, la Fossa genannt . . . speien etwa ein Dutzend riesige Spalten und gewaltige runde Löcher schrecklich zischend Feuer, Rauch und Schwefel in die Luft.«

In dem Heft, in das Nietzsche im Sommer 1883 die Vorarbeiten zu diesem Kapitel eintrug, finden sich verschiedene Hinweise auf einen Vulkan und auch den Pfad, der sich an ihm hochzieht:

»Auf Asche schreit' ich empor den Aschenberg, gen Abend . . . Im veilchenblauen Meere zur Tiefe liegt ein Kahn: sein Schiffer starrt nach mir hinauf die Hand am Auge. Jetzt fährt zur Hölle Zarathustra — so sagt der Fährmann schaudernd und schlägt sein Kreuz.«

War Nietzsche, wie Maupassant, von Messina aus zu einem Hafen der Vulkaninseln gefahren, von wo er sich mit einer Barke an den Aschenberg rudern ließ? Ein paar Seiten später notiert er sich: »Zur letzten Scene die Erscheinung bei Stromboli.« Er war also nicht nur am Nachbarberg des Vulcano gewesen, sondern hatte dort auch eine »Erscheinung« gehabt? Vielleicht jenen »Schatten«, in dem er — oder andere — Zarathustra erkannten? Die Antwort, die der spätere Freud-Schüler C. G. Jung 1901 in seiner Dissertation gab, klingt ungleich prosaischer: Der »Zarathustra«-Autor hat die Anfangsszene dieses Kapitels schlicht von Justinus Kerners Grusel-Journal »Blätter aus Prevorst« übernommen. Da Jung dem damals hoch gehandelten Nietzsche kein Plagiat vorwerfen wollte, sprach er von »Kryptomnesie«, einer Erinnerung also, die nicht als solche ins Bewußtsein tritt — ähnlich wie das Schild der Wiederkunft oder der griechische Weise am Meer. Zwischen seinem 12. und 15. Lebensjahr hatte Friedrich tatsächlich die Kernersche Okkult-Postille im Pobleser Schrank durchstudiert und dabei jene Geschichte aus dem Jahre 1686 entdeckt, die ihm gerade wegen ihrer ungewöhnlichen Konsequenzen unter die Haut gegangen sein muß. Vier britische Schiffe gehen beim Stromboli vor Anker, weil ihre Kapitäne an Land gehen und Kaninchen schießen wollen.

»Zu ihrem unaussprechlichen Erstaunen« sahen sie plötzlich »zwei Männer erscheinen«, die »sehr schnell durch die Luft auf sie zuschwebten; der eine war schwarz gekleidet, der andere hatte graue Kleider an; sie kamen nahe bei ihnen vorbei, in höchster Eile, und stiegen, zu ihrer größten Bestürzung, mitten in die brennenden Flammen in den Schlund des schrecklichen Vulkans, Mount Stromboli, hinab.«

Einer der Männer, die da so spektakulär zur Hölle fuhren, wurde erkannt. Es war ein gewisser Mr. Bootty, der, wie es der Zufall fügte, in der Nachbarschaft eines der Kapitäne lebte. Lebte? Kaum zurückgekehrt, erfuhr die Schiffsbesatzung, daß der Engländer zur Stunde seines Erscheinens und Verschwindens im Vulkanschlund in seinem Haus in Wapping, England, verschieden war. Die Witwe Boottys fand die Schauergeschichte wenig amüsant und verklagte die Herren wegen Verleumdung ihres seligen Mannes. Vergeblich. Da die Kapitäne, Männer von Ehre, nicht nur das Gesicht des Verblichenen, sondern auch die besonderen »Knöpfe am Rock« erkannt hatten, wurde die Klage der Aufklärerin zurückgewiesen. Das Verfahren, das, wohl ein Unikum in der Rechtsgeschichte, die Existenz von Gespenstern bestätigt hatte, ging auch noch auf ihre Kosten.

Auf Fritz muß die Story wie eine Offenbarung gewirkt haben: Hier fand er unter Eid bezeugt, daß Tote als Gespenster wiederkehren und, schlimmer noch, vom Teufel in die Hölle geholt werden. Wer anders konnte die zweite Gestalt gewesen sein! Was Fritz halb wachend, halb träumend in der Röckener Winternacht gesehen hatte, hier stand es schwarz auf weiß. Der Eindruck war so tief, daß er die Geschichte ein Vierteljahrhundert später fast wörtlich wiederholen kann, einschließlich des munteren Details vom Kaninchenschießen. Im Gegensatz zu seinen sonstigen halluzinatorischen »Kryptomnesien« wußte der Vierzigjährige sehr wohl, was er da erinnerte, und notierte sich als Gedächtnisstütze die »Erscheinung am Stromboli«. Warum aber wärmt er die Teufels-und-Gespenster-Geschichte gerade jetzt auf, wo sein Held sich's auf den glückseligen Inseln wohl sein läßt und das Ideal des Übermenschen zum Greifen nahe ist? Weil auch die Furcht vor Strafe nahe ist: das Gespenst des toten Gottes, das seinen Schatten über das Paradies wirft. Hatte er nicht schon als Kind gefürchtet, der Teufel — oder das Vatergespenst — könne ihn hinabholen? Und war nicht der Ausdruck, ihn selbst oder jemand anderen solle »der Teufel holen«, sein Lieblingsfluch? Was, wenn der es plötzlich wahrmachte? Zur Höllenangst, die mit der Erinnerung an seine frühe Kindheit aufstieg, kam aber noch eine weit realistischere Furcht: Er könnte, als Griechenfreund in permissiven Gefilden, erkannt worden sein — vielleicht gar, wie der arme Mr. Bootty, mit einem obskuren Begleiter ... Mehr noch als die Kinderangst um sein »Seelenheil« und das nagende Gewissen trat ein panischer Gedanke in den Vordergrund: Er war dabei, seinen guten Ruf irreparabel zu beschädigen. Ein einziger Bekannter mußte ihn sehen, und nicht nur die süßen Paradiesesfrüchte waren vergällt — Professor Nietzsche war erledigt.

Die Befürchtung, der Teufel könne ihn holen — sein Ruf »zum Teufel« gehen —, war schon in Zarathustras »Vorrede« aufgetaucht. Dort hatte der Held den sterbenden Seiltänzer, der dem diabolischen Possenreißer zum Opfer gefallen war, mit der Versicherung getröstet, es gebe weder Teufel noch Hölle. Nun will der »Zarathustra«-Autor die Vorstellung einer »Hölle« widerlegen, indem er sie lächerlich macht. Was die »alten Weibchen aus dem Volk« für die feurige Unterwelt halten, so erzählt er nach seiner Rückkunft auf die Inseln, sei nichts als flüssige Lava im Inneren der Erde; die könne mit ihren lautstarken Eruptionen zwar Verwirrung und Zerstörung anrichten, sei aber ansonsten sinnlos wie jede Revolution. Daß die Hölle wirklich harmlos, ihr Zerberus zahnlos ist, beweist Zarathustra mit seiner Wiederkehr: Wie der Held Herakles ist er aus dem Hades zurückgekehrt — um den Preis allerdings, daß er selbst dabei etwas unwirklich und schattenhaft geworden ist.

*

Zarathustra verfällt in eine tiefe Depression. Seit er weiß, daß er seine glückseligen Inseln verlassen muß, scheint ihm die Welt verödet. Sein Wille hatte ihn hierhergeführt, seine brausende Sehnsucht Erfüllung gefunden. Jetzt muß er dem Paradies den Rücken kehren. Ist es die Erinnerung an die vielen »herzzerreißenden Abschiede« seines Lebens, die ihn so melancholisch macht? Der Abschied von Röcken, von Tribschen, der Abschied von Freunden und auch von jenen Göttern am Strand, bei dem ihn die purpurne Schwermut überkam? Doch nun ist es wieder wie in Röcken: Die endgültige Vertreibung aus der Heimat hing für ihn mit jenem Wahrtraum zusammen, der die furchterregende Verwandlung seines Vaters zu Tage brachte. Der Vater-Gott, Inbegriff der geliebten Heimat, hatte sich in ein böses Gespenst verwandelt — sein Sohn Fritz in einen Wahrsager, der den Vater dabei beobachtete, wie er das Brüderchen Joseph in die Grube holte, wer weiß, vielleicht in die Unterwelt, in die Hölle? Spätestens als er seine Großmutter weinend unter Trümmern sah und Großvater Oehler starb, wußte Fritz, daß ihm die düstere Gabe geblieben war. Er sah die Zukunft — und die Zukunft war der Tod.

WAS GESCHAH AUF DER BERG-BURG DES TODES? Längst hatte sich diese Überzeugung in Nietzsches Denken festgesetzt: Auch die Menschheit, krank an ihrer eigenen Vergangenheit, geht auf ihren Tod zu. Sie ist nur eine kluge Tierart, die das Erkennen erfunden hat und nach einer »Minute« wieder sterben muß. »Nach wenigen Athemzügen der Natur erstarrte das Gestirn, und die klugen Thiere mussten sterben.« Nur, dieser Tod ist ein Alptraum. Wie schon die röchelnden Atemzüge andeuten, sieht er dabei das Vater-Gespenst vor sich; das sterbende Jahr, das im Silvestertraum auf seinem Bett lag: den Augenblick, in dem die Zeit endet und das nicht enden wollende Grauen beginnt. Nox intempesta. Nietzsche, der Wahrsager, sieht dies Ende der Menschheit voraus, und er leidet unter diesem Wissen. Es ist ein Teil von ihm, den er am liebsten loswürde. Deshalb muß er ihm um so sicherer begegnen. In seiner Rede *»Vom Wege des Schaffenden«* sagt Zarathustra dem Jünger voraus, sein Weg werde an Höhlen vorbeiführen, in denen er sich selbst auflauert — als jene Teufel, die er von sich abspaltet. Eine dieser sieben Schreckgestalten, die den aschetragenden Wanderer bedrohen, ist der »Wahrsager«. Die Begegnung mit ihm ist schrecklich, und Zarathustra tröstet den Jüngling: »Verbrennen musst du dich wollen in deiner eignen Flamme: wie wolltest du neu werden, wenn du nicht erst Asche geworden bist!«

Nietzsche, der Wahrsager einer deprimierenden Menschheitszukunft, fand sich auch gern in anderen Wahrsagern wieder. Als Resa von Schirnhofer ihn Ostern 1884 in Nizza besuchte, erzählte er ihr eine Geschichte, die geeignet war, einer jungen Dame Schauer über den Rücken laufen zu lassen:

»Viel sprach mir Nietzsche von Taine, mit dem er in Briefwechsel stand und dessen ›Origines de la France contemporaine‹ er mir zu lesen anriet. Daraus erzählte er mir mit dramatischer Lebendigkeit die erschütternde Szene, die Taine, den Papieren La Harpes entnommen, wiedergibt. Besonderen Eindruck machte mir die Steigerung in Nietzsches Darstellungsweise, als er gegen Ende der Schilderung zum Gespräch Cazottes mit der Duchesse de Grammont kam und dasselbe sowie das Folgende langsam und zögernd vorbrachte. Als ich bald nachher . . . das Werk Taines las, sah ich, wie umständlich und genau mir Nietzsche alle Einzelheiten dieser seltsamen Begebenheit erzählt hatte.«

Geschehen war es 1788, kurz vor der Revolution. Cazotte, den der Historiker Taine »mystischen Träumereien ergeben« nennt, sagte seinen hochherrschaftlichen Tafelfreunden auf den Kopf zu, daß derselbe ihnen demnächst abgeschlagen werde. Man geruht, das eher komisch zu finden, und die Duchesse de Gramont, die es Nietzsche angetan hat, provoziert den Wahrsager mit der Feststellung:

»Pour ça, dit alors la duchesse de Gramont, nous sommes bien heureuses, nous autres femmes, de n'être pour rien dans les révolutions. Il est reçu qu'on ne s'en prend pas à nous et notre sexe . . . — Votre sexe, mesdames, ne vous en défendra pas cette fois . . . Vous serrez traitées tout comme les hommes, sans aucune différence quelconque.«

Woran der gnadenlose Cazotte die Prophezeiung anschließt, daß die Herzogin wie viele ihrer Geschlechtsgenossinnen auf das Schafott geführt werden wird, »mit auf dem Rücken zusammengebundenen Händen«. Für den begeisterten Taine-Leser Nietzsche muß gerade diese Mischung aus Parapsychologie, Grausamkeit und Sexualität den wahren Kitzel gebracht haben — der noch durch den Vortrag vor Jungfer Resa gesteigert wurde. Meinte die Herzogin doch im Scherz, daß sie als Frauen ja glücklicher daran seien, da man sich bei Revolutionen erfahrungsgemäß nicht an ihnen vergreife. Der Wahrsager nimmt ihre feine Unterscheidung zwischen »nous et notre sexe« auf, indem er zu verstehen gibt, daß ihnen in diesem Fall auch letzteres nichts helfen wird — sie werden ganz wie Männer behandelt werden, ohne den geringsten Unterschied. Welche Aussichten! Der Wahrsager sagt das Grauen, den Tod, das Unausdenkbare voraus — aber damit auch das Ende der qualvollen Geschlechtertrennung. Der Alptraum, der den Menschen bevorsteht, behandelt alle gleich, »sans aucune différence quelconque«.

Daran ist aber im Augenblick nicht zu denken. Nietzsche fühlt sich krank vor Sehnsucht nach der verlorenen Glückseligkeit. Und krank ist auch seine Welt geworden, auf die der Schatten des toten Gottes gefallen ist. Alles, was Lust war, hat sich in sein Gegenteil verkehrt. Wie einst die Frucht, von eisigem Frost berührt, vom Baum fiel, ist die Insel nun in eine Alptraumlandschaft verwandelt. *»Der Wahrsager«* erzählt es Zarathustra als eine Vision dessen, was der Menschheit noch bevorsteht — aber der erlebt es schon jetzt. Seine Hoffnung ist ihm zerstört, längst überwunden geglaubte Ängste kriechen in ihm hoch und lassen seinen Fruchtgarten verfaulen. In den Worten des Wahrsagers:

»— und ich sahe eine grosse Traurigkeit über die Menschen kommen. Die Besten wurden ihrer Werke müde ... Wohl haben wir geerntet: aber warum wurden alle Früchte uns faul und braun? Was fiel vom bösen Monde bei der letzten Nacht hernieder? Umsonst war alle Arbeit, Gift ist unser Wein geworden, böser Blick sengte unsre Felder und Herzen gelb. Trocken wurden wir Alle; und fällt Feuer auf uns, so stäuben wir der Asche gleich.«

Die Bilder des Untergangs sind die umgekehrten Metaphern der Lust: die süßen Saft-Feigen sind verfault, wurden gar braun und eklig; statt der »Paradieses-Luft«, die, wie Zarathustras Schatten später erzählen wird, im Wüstenbordell »vom Monde herabfiel«, fällt nun Pesthauch nieder. Der Mond, so der Wahrsager in Kindersprache, ist »böse« geworden. Wie die Welt des kleinen Fritz sich nach dem Tod des Vaters in ein abstoßendes Leichentuch hüllte, so sieht der Wahrsager die glückseligen Inseln in eine Mülldeponie verwandelt. Die Welt ist geworden, was Nietzsche an sich selbst erleben mußte: Asche. Verbrannt. Tot. Und selbst das Auge, in dessen wollüstiger Tiefe Zarathustra versunken war, um mit goldenem Rütchen wieder herausgefischt zu werden, hat nun den bösen Blick, der alles versengt und vergiftet. Glückseligkeit wurde zur Unseligkeit. Aus dem Sumpf der Sinnlosigkeit tönt der Unkenruf des Wahrsagers: »Ach, wo ist noch ein Meer, in dem man ertrinken könnte«, das diese entseelte todessüchtige Welt in sich aufnehmen und aus seiner schöpferischen Tiefe heraus wiedergebären könnte. Aber selbst das Meer »wich zurück«, und die Menschen, zum Sterben zu müde, »leben fort — in Grabkammern!« Die Erde ist, wie Nietzsche schon 1879 prophezeit hatte, nur noch »ein schwebender Grabhügel«.

Zarathustra hört die Wahrsagung und geht für drei Tage in Hungerstreik. Schließlich verstummt er und fällt nach einer Weile in »tiefen Schlaf«. Todesschlaf. Der Traum, den ihm sein Autor eingibt, könnte gleichermaßen von der Angstvision des Wahrsagers und einer Zukunftsvision Hölderlins beeinflußt sein. Auch Hyperion sieht seine Zukunft, nachdem er sich zum ersten Mal von seinem Geliebten Alabanda getrennt hat, in dunklen Tönen:

»Ist der Mensch nicht veraltert, verwelkt«, fragt er seinen Freund Bellarmin, »ist er nicht, wie ein abgefallen Blatt, das seinen Stamm nicht wiederfindet . . . war ich nicht wie ein zerrissen Saitenspiel? Ein wenig tönt ich noch, aber es waren Todestöne . . . Einen Sterbekranz hätt ich gern mir gewunden, aber ich hatte nur Winterblumen«. Und er durchleidet »die Totenstille, die Nacht und Öde« des Lebens, »die ganze dürftige Sterblichkeit . . . Wir sind wie Feuer, das im dürren Aste oder im Kiesel schläft; und ringen und suchen in jedem Moment das Ende der Gefangenschaft.«

Erst wenn die Liebe zurückkehrt, kann auch das Feuer aus der Asche wieder auflodern. Hyperion hat es erlebt:

»Aber sie kommen, sie wägen Äonen des Kampfes auf, die Augenblicke der Befreiung, wo das Göttliche den Kerker sprengt, wo die Flamme vom Holze sich löst und siegend emporwallt über der Asche, ha! wo uns ist, als kehrte der entfesselte Geist . . . im Triumphe zurück in die Hallen der Sonne.«

Nicht nur Hölderlin hat Regie geführt in dem Alptraum, den Zarathustra nach seinem Erwachen erzählt. Seine Stimme, so bemerken die Jünger an seinem Bett, kam »wie aus weiter Ferne« — aus der Ferne seiner Kindheit, deren traumatische Erinnerungen sich in seinem Traum mit den jüngsten Erfahrungen seiner großen Loslösung verbanden — als hätte sich das Unterbewußtsein geöffnet und seine fernste Vergangenheit als Gegenwart ausgespien, während die frischen Eindrücke seines Zarathustra-Lebens in weite Ferne hinausgerückt scheinen wie etwas Fremdes, in dem sich der Träumer nicht mehr erkennt. Der erwachte Zarathustra sagt seinen Jüngern, er wisse nicht, was der Traum bedeute, »sein Sinn ist verborgen in ihm und eingefangen und fliegt noch nicht über ihn hin mit freien Flügeln«. Wer Nietzsche kennt, wird zumindest daraus folgern können, daß der Sinn mit seinem italienischen Vogeldasein zusammenhängt. Aber auch er selbst scheint den Traum nicht verstanden zu haben. Im Herbst 1882 trug er ihn seinen Freunden Lou und Paul Rée vor, vermutlich als versucherische Einweihung in seinen Gedanken der ewigen Wiederkunft. Denn daß dieser Traum damit zu tun hatte, war seine Überzeugung. Nur eben wie? Nietzsche, so Lou Salomé später, »wurde nicht müde, ihn deutend mit sich herumzutragen. Eine geistreiche, oder dem Gefühl des Träumenden glücklich angepaßte Interpretation konnte ihn dann beglücken und förmlich erlösen.« Über Rées Hinweis, es handle sich »gewiß« um die Folgen einer Darmblähung nach einer »Erbsensuppe« konnte Nietzsche sicher nicht lachen. Gast, der ohnehin Verständnisschwierigkeiten mit dem »Zarathustra« hatte, fragte Nietzsche auch, was er mit dem seltsamen Traum gemeint habe: »Der Traum, den ich aufs Christentum bezogen hatte«, so der Adlatus in einem Brief an Overbeck, »bezieht sich auf den Gedanken der mechanischen Repetition verschiedener Weltalter, auf die ›Lehre der ewigen Wiederkunft‹, wie Nietzsche sie nennt.«

Die erste Erwähnung des Traums findet sich in jener Aufzeichnung aus dem Rosenlauibader Sommer 1877, die auch das Entweichen des Klanggespensts an Silvester anführt:

»Alpa Alpa
Campo Santo
Bergkrystall«

heißt es da, als wolle er sich Gedichttitel notieren. Alle drei Stichworte spielen in Zarathustras Alptraum eine wichtige Rolle. Kannte sein Autor schon sechs Jahre vor der Niederschrift die Einzelheiten des Traums? »Alpa Alpa« ist ein rätselhafter Ruf, den der Autor seinen zitternden Helden um Mitternacht vernehmen läßt — auf einem gruseligen Bergfriedhof, der dem Genueser »Campo Santo« nachgebildet ist. Seit 1881 war er zu einem Lieblingsaufenthalt des »neuen Columbus« geworden, nachdem er ihn vermutlich schon 1876 vor der Sorrent-Reise kennengelernt hatte. Stifters Novelle »Bergkristall« spielt, wie Nietzsches Sommerknaben-Gedicht, in der Nähe eines Gletschers. Ein mitternächtliches Naturereignis taucht verwandelt in Zarathustras Traum wieder auf. Ob Nietzsche ihn genauso geträumt hat, wie er in »Also sprach Zarathustra« beschreibt, ist eine andere Frage. Daß Nietzsche ihn, wie schon in seiner Kindheit erlebt, dringend erzählen und niederschreiben mußte, spricht für seine Authentizität. Anders ließ er sich nicht bewältigen. Vermutlich hat sich Nietzsche seit der Erzählung seines Krötentraums in der Basler Abendgesellschaft nie mehr so tief »ins Gebein« schauen lassen wie mit dieser Traumgeschichte:

»Allem Leben hatte ich abgesagt, so träumte mir. Zum Nacht- und Grabwächter war ich worden, dort auf der einsamen Berg-Burg des Todes. Droben hütete ich seine Särge: voll standen die dumpfen Gewölbe von solchen Siegeszeichen. Aus gläsernen Särgen blickte mich überwundenes Leben an. Den Geruch verstaubter Ewigkeiten athmete ich: schwül und verstaubt lag meine Seele. Und wer hätte dort auch seine Seele lüften können! Helle der Mitternacht war immer um mich, Einsamkeit kauerte neben ihr; und, zudritt, röchelnde Todesstille, die schlimmste meiner Freundinnen. Schlüssel führte ich, die rostigsten aller Schlüssel; und ich verstand es, damit das knarrendste aller Thore zu öffnen. Einem bitterbösen Gekrächze gleich lief der Ton durch die langen Gänge, wenn sich des Thores Flügel hoben; unhold schrie dieser Vogel, ungern wollte er geweckt sein. Aber furchtbarer noch und herzzuschnürender war es, wenn es wieder schwieg und rings stille ward, und ich allein sass in diesem tückischen Schweigen. So gieng mir und schlich die Zeit, wenn Zeit es noch gab: was weiss ich davon! . . .«

Die Szene: der alte Friedhof von Röcken, der Hamlet-Friedhof, die entmenschte Oedipus-Welt — Alptraumlandschaft, die immer für schreckliche Überraschungen gut ist. Nun hat sich der alte Gottesacker, nahe dem die Pflanze einst geboren war, zum Genueser Camposanto ausgewachsen, einem pompösen Denkmal des Totenkults, das allerdings, wie Nietzsche betont, »schöner ist als mein Traum davon«. Und Zarathustra versieht die Stelle des Grabwächters. Warum müssen Gräber bewacht werden? Damit sie nicht ungewollten Besuch von Lebenden bekommen? Oder damit die Lebenden vor unerwünschtem Besuch von Toten bewahrt bleiben? Immerhin sitzt er inmitten gläserner Särge, aus denen jederzeit ein Schneewittchen springen kann. Ist die Totenwelt nur scheintot? Die Vergangenheit, zu Asche geworden, deren Geruch Zarathustra einatmen muß, gar nicht wirklich vergangen?

Der Wächter ist nicht allein. Wie damals in der Röckener Wiederkunftsnacht herrschen Mondschein, Totenstille und Einsamkeit. Die Totenstille allerdings, »die schlimmste meiner Freundinnen«, hat zu »röcheln« begonnen. Stirbt da gerade einer? Bekommt man nicht vom bloßen Zuhören Atemnot? Ist es der Vater, der da immer noch stirbt und stirbt? Wird Zarathustra vom Klanggespenst heimgesucht, das ihn nur an Silvester verschont? Es röchelt, etwas muß in den letzten Zügen sein. Herrscht wieder die »nox intempesta«, bei der jeden Augenblick etwas aus dem Nichts entstehen kann? Alles ist »furchtbar«, »herzzuschnürend«, »tückisch«. Alles ist tot — und doch wartet es. Und das Warten legt sich als Alpdruck auf Zarathustras Brust.

Zarathustras Berg-Burg des Todes ist nicht nur sein persönliches Kindheitstrauma — in diesem Traum wacht er über dem Friedhof der Menschheitsgeschichte. Was der Wahrsager prophezeite, ist eingetreten. Die Erde, der schwebende Aschenhügel, ist zu einem gigantischen Archiv all dessen geworden, was gewesen ist — eine Enzyklopädie der Vergangenheit, eine Schädelstätte des Geistes, und Zarathustra ist ihr Archivar. Eben dies hatte Nietzsche schon früher als heimliches Ziel aller Wissenschaft ausgemacht: sie, das »grosse Columbarium der Begriffe«, die »Begräbnisstätte der Anschauungen«, wird dereinst zum Friedhof, in dem nur noch der Wissenschaftler sitzt und über Karteileichen wacht. Das Leben kann dahinfahren, so nur die »Wahrheit« erhalten bleibt. Die Wahrheit: Särge.

Wenn Nietzsche einmal Diogenes Laertius spöttisch den »Nachtwächter der griechischen Philosophie« nennt, zu deren Schatzkammer er allein den Schlüssel führt, dann gibt ihm sein Traum zu verstehen, daß er nun selbst dazu geworden ist: zum Türwart der Vergangenheit. In »Menschliches, Allzumenschliches« hatte Nietzsche dem *»Schlüssel«* einen eigenen Aphorismus gewidmet:

»Der eine Gedanke, auf den ein bedeutender Mensch, zum Gelächter und Spott der Unbedeutenden, grossen Werth legt, ist für ihn ein Schlüssel zu verborgenen Schatzkammern, für Jene nicht mehr, als ein Stück alten Eisens.«

Ein solches Stück alten Eisens führt auch Zarathustra. Mit diesem »rostigsten aller Schlüssel« kann er das »knarrendste aller Thore« öffnen — die Superlative deuten an, daß es übertragen zu verstehen ist: ein uralter Gedanke, vielleicht bei Pythagoras entdeckt, wird zum Sesam-öffne-dich einer verborgenen Schatzkammer, wenn man ihn nur recht zu »führen« weiß. Zarathustras Autor ist zu dieser Tätigkeit geradezu prädestiniert: Er war Pförtner, also fleißiger Griechisch-Schüler. Warum sollte nicht er mit dem alten Schlüssel neue Schätze entdecken? Aber das Tor läßt kaum auf eine Schatzkammer schließen: Es beleidigt nicht nur Zarathustras empfindliche Ohren mit superlativisch übersteigerten Mißtönen, sondern sperrt sich auch gegen Öffnungsversuche. Es knarrt, krächzt bitterbös wie ein Vogel, als wären die Flügel des Tores Vogelschwingen. Und was die Schätze dahinter betrifft — es sind nur Särge unter Staub.

Als Nietzsche zu Zeiten der »Geburt der Tragödie« seinen tragischen Monolog des Oedipus schrieb, versetzte er ihn in dieselbe Leichenwelt, die ihn »mit ihren mitleidslosen Sternen« anschaut, Sternen, die ihm nicht Liebe schenken, sondern ihn mit der Kälte des Todes anhauchen. Und auf sein einsames Sterben blickt die »hohnvolle Larve des Weltalls« herab — Nietzsche schreibt diesen Ausdruck in jener Aufzählung nieder, in der auch das Klanggespenst und die Stichworte des Berg-burg-Traums erscheinen. Oedipus, der letzte Mensch, stirbt an der Kälte des Weltalls. Zur Strafe. Denn er hat den Gott ermordet, der die Liebe war. Nur noch die Stimme »eines Sterbenden«, so sagt Nietzsches Oedipus zu sich, kommt zu ihm wie der letzte »Erinnerungshauch alles Menschenglücks« — sein Röcheln ist letzte Erinnerung an den toten Vater, den Gott, den er auf seinem Gewissen hat. Als Oedipus nach Nietzsches Wiederkunfts-Erlebnis wieder auftaucht, trägt er die Maske des »tollen Menschen«, der den Mord an Gott für die Kälte des sinnentleerten Alls verantwortlich macht. Sein wahrer Name ist Zarathustra — der Einsame auf der Berg-Burg des Todes:

»So gieng mir und schlich die Zeit, wenn Zeit es noch gab: was weiss ich davon! Aber endlich geschah das, was mich weckte. Dreimal schlugen Schläge an's Thor, gleich Donnern, es hallten und heulten die Gewölbe dreimal wieder: da gieng ich zum Thore. Alpa! rief ich, wer trägt seine Asche zu Berge? Alpa! Alpa! Wer trägt seine Asche zu Berge? Und ich drückte den Schlüssel und hob am Thore und mühte mich . . .«

Wie in jener Winternacht 1850 wird die Alptraumlandschaft von ohrenbetäubendem Lärm erfüllt, der den Schlummernden, wie damals der »rauschende Orgelton«, weckt. Ging Fritz zum Fenster, um dessen Flügel zu öffnen, so Zarathustra zum Tor, an dessen Flügeln er sich ebenfalls müht. Kein Wunder, daß er, der sonst den Schlüssel kennerhaft zu führen weiß, nun Probleme hat. Daß etwas »Schlag auf Schlag« geht, verwirrt ihn. Offenbar auch die Sprache: Daß Schläge schlugen, ist nicht schön ausgedrückt. Aber hier wird nicht artig gedichtet — hier ist gleich der Teufel los. Und die unwillkürliche Erinnerung: Hatte Nietzsche damals bei Pastor Oehler vielleicht auch Karl Philipp Moritz' Abnormitätensammlung »Magazin der Erfahrungsseelenkunde« gelesen? Dort kündigt sich einem Lehrer der Tod seines Lieblingsschülers genauso an: »Es war um halb zwölf Uhr, als drey Schläge an die verschlossene Thür geschahen.«

Oder war es Mozarts »steinerner Gast« aus der Unterwelt, der sich mit dreifachem Klopfen an der Tür der Lebenden meldet?

Nietzsche hatte einmal den Begriff des »Don Juan der Erkenntniss« geprägt, den es, nachdem er alles durchgekostet hat, nach dem *»Wehethuenden«* des Wissens verlangt, also »nach der Hölle«. Dort angekommen, wird »die ganze Welt der Dinge« diesem »Hungrigen keinen Bissen« mehr reichen können; er ist »selber zum steinernen Gast geworden«. Sollte es dieser zynische Höllenbewohner sein, der sich an Zarathustras Pforte mit dreifachem Pochen meldet?

Auch in Stifters »Bergkristall« ist ein solcher Dreifach-Schlag beschrieben: Zwei Kinder verirren sich am Heiligen Abend, ersteigen mühsam einen Berg und finden unter dessen Gipfel in einer Felsenhöhle Schutz. Um Mitternacht werden sie Zeugen eines seltenen Naturereignisses:

»In der ungeheueren Stille, die herrschte, in der Stille, in der sich kein Schneespitzchen zu rühren schien, hörten die Kinder dreimal das Krachen des Eises. Was das Starrste scheint und doch das Regsamste und Lebendigste ist, der Gletscher, hatte die Töne hervorgebracht. Dreimal hörten sie hinter sich den Schall, der entsetzlich war, als ob die Erde entzweigesprungen wäre.«

Mit dreimaligem Klopfen haben sich das Gespenst des verstorbenen Schülers und der steinerne Höllen-Gast gemeldet; mit dreifachem Krachen beweist der Gletscher, der tot scheint, daß er lebt. Zarathustra hat es gewußt: das Röcheln, das tückische Schweigen haben ihm verraten, daß etwas Schreckliches geschehen wird. Auch in Schillers Gedicht von den »schlimmen Monarchen« öffnet sich des »Gruftgewölbes Riegel«, donnern die Tür-»Flügel« auf, hallen die Gewölbe »neunfach« wider, weil Hekate die Grabpforte berührt hat — Hekate, die Göttin der Gespenster und der wildgewordenen Unterwelt. Zarathustra bewahrt immerhin genügend Contenance, seines Amtes zu walten. Wie es sich gehört, fragt er, wer da Einlaß wünsche, geht sozusagen seinem Beruf nach, zu dem offenbar auch die rätselhafte Parole »Alpa! Alpa!« gehört. Seine Frage dagegen ist dem Leser vertraut. Zarathustra selbst hat ja einst seine Asche zu Berge getragen, nicht auf einen Friedhof zwar, doch in seine Berghöhle, und die Berg-Burg des Todes hat in der Tat etwas von einer solchen Zuflucht. »Seine Asche zu Berge tragen«, das hieß: sich im Kampf mit einem stärkeren Feind aufreiben und seinen ausgebrannten Körper emportragen, damit er wieder zur Flamme werde. Zarathustra rät es auch seinem Jünger, der den »Weg des Schaffenden« gehen will; und warnt vor den Teufeln, die ihm in Höhlen auflauern — seinen eigenen Teufeln. Kaum hat Zarathustra den Pförtner-Ruf gerufen und den Schlüssel ins Loch gedrückt, bricht die Hölle los:

»Und ich drückte den Schlüssel und hob am Thore und mühte mich. Aber noch keinen Fingerbreit stand es offen: Da riss ein brausender Wind seine Flügel auseinander: pfeifend, schrillend und schneidend warf er mir einen schwarzen Sarg zu: Und im Brausen und Pfeifen und Schrillen zerbarst der Sarg und spie tausendfältiges Gelächter aus. Und aus tausend Fratzen von Kindern, Engeln, Eulen, Narren und kindergrossen Schmetterlingen lachte und höhnte und brauste es wider mich. Grässlich erschrak ich darob: es warf mich nieder. Und ich schrie vor Grausen, wie nie ich schrie. Aber der eigne Schrei weckte mich auf: — und ich kam zu mir.«

Blitzschnell tritt die Katastrophe ein: Noch während sich der Grabwächter am Tor abmüht, reißt ein Sturmwind die Flügel jener unholden Vogel-Pforte auseinander und wirft Zarathustra unter Höllenlärm einen Sarg zu, als ließe der Vogel ihn fallen. Die ohrenbetäubende Begleitmusik hat auch Flauberts Antonius gehört, als die Söhne des Teufels ihn versuchten — »häßlich, geschuppt, ekelerregend wie ein Leichenhaus, mit Geheul, Gepfeife und Gebrüll«. Keinen Toten hat der Sarg geladen, der durch die Pforte schießt, sondern überquellendes Leben, das beim Auftreffen auf den Gruftboden herausplatzt. War der Alpdruck, der zuvor auf der Berg-Burg herrschte, ins Unerträgliche angewachsen, so ist sein Ende der reine Horror. Statt mondbeschienenem Totenröcheln und lastender Gewissensschuld überschlagen sich die Ereignisse. Und alles zielt gegen Zarathustra: Der Sarg »speit« Widerliches nach ihm aus, ein höhnischer Lachorkan läßt die Berg-Burg bis in die Fugen erzittern, aus »tausend Fratzen« wird Zarathustra verhöhnt und ausgelacht. Offenbar ist etwas Schreckliches passiert — ihm passiert.

Eines der ersten Gedichte, die Fritz reimte, um nicht gefressen zu werden, berichtet von einem ähnlichen Vorfall: Mitten in der Nacht ertönt lauter Trommelhall, verrückte Tierchen beginnen sein Bett zu bevölkern und singen, angeführt von einem krächzenden Raben, Kakophonisches, bis die ganze Teufelsbrut »nebst gar vielen Ungeziefer« einstimmt. Und während der Mond das Panikorchester des kindlichen Alptraums bescheint, geschieht das »Grässliche«:

»Doch die Berge neigen sich
Eine Bescherung ich nun krieg
Mause nimt den grosen (Kot)
Schlägt mich damit Mausetodt.
Seht da wach ich auf
Sp(r)inge aus (den) den Bette nauf.«

Wer Angst hat, macht ins Bett. Wer den Schaden zuvor hat, braucht für den Spott hinterher nicht zu sorgen. Ein Trauma, das haften blieb. Auch der Traum auf der Berg-Burg gipfelt in einem solchen Bergrutsch: Kaum hat die Ladung den Pförtner passiert, bevölkert ein grotesker Kinderchor seine Gruft, der vor Schadenfreude schier zu platzen scheint. Die grauenhafte Spannung hat sich entladen und bringt neues Grauen mit sich.

Der Schrei, der den Alpträumer aus seiner Schreckensvision erlöst, rettet auch Zarathustra. Aber der Schock sitzt ihm in den Knochen; traurig bleibt er auf seinem Bett liegen und schaut »mit fremdem Blicke« auf seine Jünger, wie einer, »der aus langer Fremde heimkehrt« — und »noch erkannte er sie nicht«. Wie ein Kind, das schreiend aus seinem Angsttraum erwacht, und sich in seiner Umgebung nicht zurechtfindet. Zarathustra hatte Besuch von seiner Vergangenheit bekommen, wo ihn einst ein gewisser Mause totgeschlagen hatte. Aber nicht nur dieser peinliche Erdenrest, oder die allzu lebendige Erinnerung daran, war wiedergekommen, sondern die ganze Kindheit mit ihren unbegreiflichen Monstrositäten und Unverdaulichkeiten: all jene »furchtbaren Schreie Zeichen Räthsel«, wie er im »Wiederkunfts«-Herbst 1881 schreibt, »womit die Verdauung der Menschheit nicht fertig wird, — der *›Koth des Daseins‹*«. Als Nietzsche 1888 der Wagnerschen Musik etwas wirklich Vernichtendes nachsagen will, behauptet er, ihre Instrumente »überreden selbst noch die Eingeweide (— sie *öffnen* die Thore, mit Händel zu reden)«; will sagen: Wagner »wirft« seine Hörer »um«, indem er ihnen zu Alpträumen und — Macht hoch die Tür, die Tor macht weit! — eiliger Verdauung verhilft.

Wenn Peter Gast es »mechanische Repetition« nennt, was Nietzsche mit dieser Traumgeschichte ausdrücken wollte, so trifft dies tatsächlich auf den Alptraum zu. Seine Schrecken kommen immer wieder, unverändert. Da die Nacht, die in ihm herrscht, zeitlos ist, kann er nie altern, nie vergehen. Nichts war für den Reinlichkeitsfanatiker schrecklicher als dieser Kot-Traum, der ihn dem Hohn der anderen preisgab und die Strenge der Mutter heraufbeschwor. Um so schlimmer, daß er immer wiederkehrte: die Pforte, die üble Töne und manchmal laute Wind- und Sargladungen ausstößt, und von ihrem Wächter, der sich als nachgiebiger Pförtner erweist, nicht unter Kontrolle gehalten werden kann; die Bescherung, die sich mit Gewalt ihren Weg bahnt, obwohl die Öffnung nur »Fingerbreit« offensteht, und die sogleich Spottgrimassen auf den Plan ruft, die ihm den Rest geben.

Lag Paul Rée mit seiner humorig gemeinten Bemerkung vielleicht gar nicht so schief, als er auf ein schweres Abendmahl tippte? Zarathustra scheint ihm im Kapitel *»Von alten und neuen Tafeln«* recht zu geben: Er beschreibt da jene »Welt-Müden«, deren Weisheit lautet: »es lohnt sich — Nichts«, weshalb sie, wie der Grabwächter, allem Leben absagen. Zarathustra kennt ihr Problem. Sie haben nur schlecht gegessen:

> »dass sie schlecht *assen,* daher kam ihnen jener verdorbene Magen, — ein verdorbener Magen ist nämlich ihr Geist: *der* räth zum Tode!«

Nietzsche hat sich mit dieser Deutung sicher Erleichterung verschafft: der grauenhafte, immer wiederkehrende Alptraum nur die Folge falscher Ernährung, »tugendhafter« Leibfremdheit, die aus der »Unwissenheit in physiologicis« entsprang. Das Gespenst — nur Schatten einer Magenverstimmung? Er wußte sehr gut, daß dies eine Simplifizierung war, mit der er die wahre Ursache verstellte: Das Gespenst, das ihm aus der eigenen Asche kam, war der tote Gott. Seine Macht bezog dieser Gewissensquäler aus der Tat, der er zum Opfer gefallen war. Zarathustra hatte ihn ermordet. Nun mußte er die Folgen tragen, das heißt: er konnte sie nicht ertragen. Schreiend erwacht er aus ihrem Alpdruck.

Zarathustra — erwacht, doch ohne Orientierung — »wusste noch nicht die Deutung seines Traumes«. Ein Jünger hilft aus: »Bist du nicht selber der Wind mit schrillem Pfeifen, der den Burgen des Todes die Thore aufreisst? Bist du nicht selber der Sarg voll bunter Bosheiten und Engelsfratzen des Lebens? Wahrlich, gleich tausendfältigem Kindsgelächter kommt Zarathustra in alle Todtenkammern, lachend über diese Nacht- und Grabwächter ... Schrecken und umwerfen wirst du sie mit deinem Gelächter ... Wahrlich, *sie selber träumtest du,* deine Feinde: das war dein schwerster Traum!« Zarathustra blickte am Ende dem Traumdeuter ins Gesicht »und schüttelte dabei den Kopf. —«

Ganz schlüssig war er sich selbst nicht. Denn genau diese Interpretation macht er sich im Kapitel *»Von alten und neuen Tafeln«* zu eigen. Nachdem er dort den Welt-Müden den Marsch geblasen hat, gibt er sich als brausender Windgott zu erkennen, der die verstaubten Grüfte der dyspeptischen Melancholiker durchpustet:

> »Oh meine Brüder, ein frischer Brause-Wind kommt Zarathustra allen Weg-Müden ... Auch durch Mauern bläst mein freier Athem, und hinein in Gefängnisse und eingefangne Geister! Wollen befreit.«

Was ist nun wahr? Wiederholt sich in Zarathustras Alptraum auf der Berg-Burg des Todes das Trauma von Alptraum,

Kot- und Strafangst seiner Kindheit — oder ist es gar nicht Zarathustra, der das träumt, sondern seine »Feinde«, die er des Nachts mit furchtbarem Tosen und fliegenden Sargladungen heimsucht? Auf welcher Seite steht Zarathustra? Ist er der Grabwächter oder der furchtbare Eindringling? Opfer oder Täter?

Im Rosenlaui-Sommer von 1877 war er noch ganz Täter. Zur selben Zeit, als er sich die Stichworte für seine Berg-Burg-Geschichte notierte, erzählte er einer Kurbekanntschaft den Traum, der ihn beschäftigte. Der aufmerksame Zuhörer war jener Reinhart von Seydlitz, der später meinte, Gebirgsbäche könnten sich bedanken, wenn sie so rein wären wie Nietzsche.

»Nietzsche erzählte lachend, er habe im Traum einen endlosen Bergpfad hinauf steigen müssen; ganz oben, unter der Spitze des Berges, habe er an einer Höhle vorbei gehen wollen, als aus der finstern Tiefe ihm eine Stimme zurief: ›Alpa, Alpa, — wer trägt seine Asche zu Berge?‹ —«

Natürlich erzählte Nietzsche ihm den Traum nur deshalb, weil er hinter seinen Sinn kommen wollte. Was bedeutete der Ausdruck: »seine Asche zu Berge tragen«? Wer war »Alpa«? Auch Seydlitz scheint es nicht gewußt zu haben. Im »Zarathustra« versucht Nietzsche sich selbst an der Lösung: Die Stimme, die ihn da erschreckte, war seine eigene, oder vielmehr: die jenes »schlimmsten Feindes«, der er sich selbst ist — »du selber lauerst dir auf in Höhlen und Wäldern«. Den Einsamen, der, vom Leben verbrannt, seine Asche zu Berge trägt, erwartet unter dem Gipfel sein Teufel. Nur, was ist so schlimm an dem Anruf? Im Berg-Burg-Traum kommt er von einem verängstigten Grabwächter, der vor lauter Angst seinen Schlüssel kaum ins Loch bringt. Im Traum von 1877 kannte Nietzsche seinen Gegner noch nicht. Er ahnte höchstens, zu welcher Höhle er da mühsam emporgeklettert war — zur Grabhöhle, deren Wächter ihm mit teuflischem Hohn zu verstehen gibt: Du glaubst emporzusteigen, in Wahrheit trägst du nur deinen Leichnam ins Grab. Deine Mühen sind umsonst — am Ende des beschwerlichen Weges, das du hiermit erreicht hast, wartet der Tod.

Wartet Schlimmeres als der Tod. Die Friedhofs-Höhle, zu der er immer wiederkehren muß, ist der Gottesacker seiner ruchlosen Tat. Als Mörder muß er zum Ort des Frevels zurückkehren. Auch diese beklemmende Vorstellung dürfte sich aus einer alten Lesequelle gespeist haben. Einer der wichtigsten Anreger seiner Heimat- und Grab-Gedichte aus Pförtner-Zeiten war Adelbert von Chamisso, bei dem er gelegentlich bis ins Detail abkupferte. Chamissos Sage von den »Männern im Zobtenberge« in Niederschlesien muß ihn einfach beeindruckt haben — ein einsamer Bergsteiger entdeckt in einer Höhle Ungeheuerliches. Im Jahre 1570 sei es gewesen, berichtet der Dichter, »am Sonntag Quasimodo«:

»Er war des Berges kundig, und Schlucht und Felsenwand
Und jeder Stein am Stege vollkommen ihm bekannt;
Wo in gedrängtem Kreise die nackten Felsen stehn,
War diesmal eine Höhle, wo keine sonst zu sehn.

Er nahte sich verwundert dem unbekannten Schlund,
Es hauchte kalt und schaurig ihn an aus seinem Grund;
Er wollte zaghaft fliehen, doch bannt' ihn fort und fort
Ein lüsternes Entsetzen am nicht geheuren Ort ...

Die Pforte war verschlossen, zu welcher er nun kam,
Er klopfte, von der Wölbung erdröhnt' es wundersam,
Er klopfte noch zum andern, zum dritten Mal noch an,
Da ward von Geisterhänden unsichtbar aufgetan ...«

Drinnen in der grausigen Höhle sitzen drei beklagenswerte Gestalten in alter Tracht mit langem Grauhaar, die auf seinen Gruß nur »hic nulla, nulla pax!« antworten — hier gibt es keinen Frieden. Hinter einem Vorhang entdeckt der Besucher den Grund ihres gespenstischen Fortexistierens:

»... Dahin gewendet hob er den Vorhang schaudernd auf:
Geripp und Schädel lagen gespeichert da zuhauf;
Vergebens wars mit Purpur und Hermelin verdeckt,
Drei Schwerter lagen drüber, die Klingen blutbefleckt ...«

Drei Mörder sitzen hier, fried- und ruhelos, und warten, umgeben von den Indizien ihrer Freveltaten, auf das Jüngste

Gericht. Das Bild muß sich dem jungen Nietzsche eingeprägt haben — kehrte es nun in seinem Traum wieder? Das Aufsteigen, die mysteriöse Höhle, das dreimalige Anklopfen an die verschlossene Pforte, schließlich die Stimme, deren »nulla, nulla pax!« sich zu »Alpa! Alpa!« verschliffen haben könnte . . .

Nietzsche hat es vorgezogen, seinem Kurbekannten Seydlitz den Rest des Traumes zu verschweigen. Oder hat sich die Traumstory erst später weitergesponnen, bis zu jenem Ereignis, das der Grabwächter auf der anderen Seite der Pforte so traumatisch erlebte? Sicher ist: Nietzsche steckt in beiden Traumgestalten, und wenn er die Grabwächter seine Feinde nennt, die ihm »verhaßt sind«, so ist er eben sich selbst verhaßt und muß sich auf seinem Aschenweg als Feind gegenübertreten. Zarathustra, »der Zweisiedler mit dem Teufel«. Sicher ist aber auch: die Begegnung der beiden verfeindeten »Ich« führt zu einer Explosion, deren Heftigkeit sich nur in einer Häufung von Superlativen ausdrücken läßt. Im Platzen des »Sargs« fliegt die ganze Berg-Burg in die Luft.

Im *»Grablied«* hatte Zarathustra ebenfalls von einem Friedhof erzählt, in dem seine unerlöste Jugend begraben sei — die »göttlichen Blicke und Augenblicke«, nach denen sein einsames Herz sich sehnt. »Wie ertrug ich's nur?« hatte Zarathustra damals gefragt. »Wie erstand meine Seele wieder aus diesen Gräbern?« Seine Antwort: *»mein Wille«* — wie ein Wanderer »schreitet« er »herzenshart« und »unverwundbar«, geht durch Wüsten, steigt auf Berge und beweist irgendwann seine felsensprengende Kraft. Durch alle Gräber »bricht« er sich, in jede Gruft bläst sein Sturmwind — er ist »aller Gräber Zertrümmerer«. Wie Herakles holt er das geliebte Verstorbene aus der Unterwelt zurück, erweckt die Vergangenheit zu neuem Leben. Dazu muß er zu den Friedhöfen gehen — denn »nur wo Gräber sind, giebt es Auferstehungen«.

Es war auch dieser Wille gewesen, der ihn seine Asche emportragen ließ. Eigentlich war er erledigt, abgestürzt wie der Seiltänzer, verbrannt von dem Wissen des Gottesmordes, ohne

Hoffnung auf Liebe. Aber mit zusammengebissenen Zähnen schleppte er sich »zu Berge«. Er wußte sehr wohl, daß sein Weg an dunklen Höhlen vorbeiführen würde, in denen ihm sein eigener Teufel auflauerte. Einst hatte er *»Von den Hinterweltlern«* gepredigt, daß der Gott, den sie fürchteten, ihnen »aus der eigenen Asche und Gluth« gekommen, das Gespenst, das ihr Leben überschattete, nur »ein armes Stück Mensch und Ich« sei. Kaum hatte er seine Asche zu Berge getragen, so Zarathustra, erfand er sich »eine hellere Flamme« — da *»wich* das Gespenst von mir!« Zuerst entdeckte er, daß es sein eigener Leib war, »der am Leibe verzweifelte«; dann, daß die teuflischen Begierden, die er verdrängte und wie wilde Hunde in den Keller sperrte, in Wahrheit aus der »grossen Vernunft« seines Leibes kamen. Es war kein Gespenst, das einst mit unartikulierter Stimme hinter seinem Stuhl hervorröchelte, sondern sein Leib, der ihm als fremder erschien. »Hinter deinen Gedanken und Gefühlen, mein Bruder, steht ein mächtiger Gebieter, ein unbekannter Weiser — der heisst Selbst. In deinem Leibe wohnt er, dein Leib ist er.« Im Kapitel vom *»Kind mit dem Spiegel«* war ihm dieser Leib noch als Teufelsfratze erschienen, die ihn mit ihrem »Hohnlachen« erschreckte — noch begriff er seine Begierde nicht, verteufelte sie, ängstigte sich vor ihr. Bis er sie sich einverleibte: nicht als seine eigene, sondern als die seiner »grossen Vernunft«, seines Leibes. Und schon wuchsen ihm die Flügel, die ihn zur Erfüllung dieser Begierde trugen. Die Friedhofsstille seiner Einsiedlerexistenz verwandelt sich mit einem Schlag in das Brausen des Sturms, des Gebirgsbachs, der zum Meere seiner höchsten Hoffnung eilt. Tatsächlich war seine wilde Weisheit, die Löwin, nur »guter Hoffnung« gewesen, ihre Geburtswehen hatte er als Schmerzen und Todesangst mißverstanden. Auf hohen Bergen gebar sie ihm sein Kind, sein Raubtierbaby — den Willen, der ihn zur Macht treibt, zum lustvollen Machtgefühl, das Gräber zertrümmert, in Berg-Burgen des Todes mit Jauchzen eindringt und als brausender Sturm unaufhaltsam durch die Welt rast.

Seine Begierde ist wie seine Macht grenzenlos, ewig. Denn es ist die Begierde des Seins, der Wille zur Macht selber. Wollen, so predigt dieser »Brause-Wind« Zarathustra im Kapitel *»Von alten und neuen Tafeln«,* bläst auch »durch Mauern« hindurch, »hinein in Gefängnisse und eingefangne Geister!« Denn »Wollen befreit«.

Zarathustras Traum von der Berg-Burg des Todes bringt diese Befreiung in Bilder, die jeden Rahmen sprengen: Mit gewaltigen Schlägen läßt er den Eingang zur Unterwelt erzittern, ihre engen Gänge aufheulen, drückt wie ein brausender Wind die Pforte ein, kaum daß sie einen Fingerbreit offensteht — und entlädt sich in einem infernalischen Getöse. Befreit hat sich mit dieser Gewalttat nicht nur sein Wille; auch die Asche, die er mühevoll zu Berge getragen hat, ist er losgeworden: Er hat sie gewaltsam von sich geschleudert, ausgespien und — wie der Frosch, den man gegen die Wand wirft — ihren wahren Inhalt preisgegeben. Was dem entsetzten Grabwächter als Höllenbrut erscheint, die ihn verspottet, ist in Wahrheit das Ziel seines Begehrens. Wovor der Bergsteiger sich fürchtete, der Sarg auf seinem Rücken, die Gestalt, die hinter ihm stand — es war der Leib und seine Begierde nach »Kindern, Engeln, Eulen, Narren und kindergrossen Schmetterlingen«. Im *»Tanzlied«* war sein kleiner Gott müde geworden vom Haschen nach Schmetterlingen, die ihn mehr als alles, vor allem mehr als tanzende Mädchen, interessieren. Der platzende Knoten offenbart ihm, daß sie »kindergroß« sind. Ihr Hohnlachen wird schon in der Deutung seines Jüngers zu fröhlichem »Kindes-Lachen«, der Inhalt des Sarges zu »bunten Bosheiten und Engelsfratzen des Lebens«. Was dem magenkranken Grabwächter in seiner einsamen Höhle als Teufelsfratze erschien und ihn, nach dem Bersten des Sarges, in »tausend Fratzen« verhöhnte, verwandelt sich in »Engelsfratzen« und Zarathustras höchste Sehnsucht. In den Worten des Traumdeuters an seinem Bett: »Neue Sterne liessest du uns sehen und neue Nachtherrlichkeiten; wahrlich, das Lachen selber spanntest du wie ein buntes Gezelt über uns.«

Was anfangs wie der »grässliche« Höhepunkt von Zarathustras Alptraum erschien — die kotige Bescherung aus Mauses Tagen —, erscheint nun als sexuelle Befreiung, als lustvoll-gewaltsame Penetration, in der der Wille seinen Willen hat: In drei Schlägen hatte der tote Gletscher, der erstarrte Leib, bewiesen, daß er »das Regsamste und Lebendigste« ist; mit Wucht war er in die enge Pforte, die sonst Grausen erregte, eingedrungen; und unter superlativischem Getöse hatte er sich entladen, seine Last von sich geworfen. Nur wo Gräber sind, sagte Zarathustra, gibt es Auferstehungen.

Doch zuvor muß man seine Asche zu Berge tragen. Erst im mühsamen Aufsteigen, dem Kampf gegen die Schwere, die nach unten zieht, staut sich die Macht an, die dann, raubtierhaft, kurz vor dem Gipfel losbricht. Oder wie Nietzsche sich 1880 notierte:

> »Der geschlechtliche Reiz im Aufsteigen unterhält eine Spannung, welche sich im Gefühle der Macht entladet . . . In der Macht ist das Gefühl, gern wehe zu thun — eine tiefe Gereiztheit des ganzen Organismus, welcher fortwährend Rache nehmen will. Die wollüstigsten Thiere sind in diesem Zustand am bösesten und gewaltthätigsten.«

Wie das mühevolle Aufsteigen mit der Asche auf dem Rücken nun nachträglich zum Ansteigen der Lustspannung wird, die sich am Ende entlädt, den Sarg, die Asche auswirft, so erscheint auch die Alpqual des Pförtners nachträglich als Sehnsucht nach Vergewaltigung. Der Einsame wartete förmlich darauf, daß jemand in seine Berg-Burg einbricht, in seine Pforte hineinstößt. Sein Schlüssel, den er führt, dieses rostige Instrument, hat seit Goethes »Faust« eine genau in die Pforte passende Bedeutung. Mephisto treibt mit Faust sein Schlüssel-Spielchen. Er biete, so der Teufel, bequemen Zugang zu den Müttern. »Hier diesen Schlüssel nimm«, sagt er versucherisch. Drauf Faust: »Das kleine Ding!« Mephisto, abgebrüht: »Erst faß ihn an und schätz' ihn nicht gering.« Und wirklich, er wächst. Faust merkt zu seinem Staunen, »was man an ihm besitzt«. Es ist der Schlüssel, der »die rechte Stelle« wittert.

Und dieser einsame Portier Zarathustra, der so selten Gelegenheit hat, ihn ins Schloß zu drücken, wie er es nennt — »Und ich drückte den Schlüssel« —, ist voller Sehnsucht nach einem Besucher. Wie einst Hölderlins Hyperion, der schier verzweifelt ob seines quälenden Alleinseins:

»Ach! meinen Adamas sucht ich, meinen Alabanda, aber es erschien mir keiner. Endlich schrieb ich auch nach Smyrna, und es war, als sammelt' alle Zärtlichkeit und alle Macht des Menschen in *einen* Moment sich, da ich schrieb; so schrieb ich dreimal, aber keine Antwort, ich flehte, drohte . . . aber keine Antwort von dem Unvergeßlichen.«

Alabanda schweigt. Und jener angstvolle Ruf »Alpa! Alpa!«, in dem sich vielleicht das »nulla, nulla pax« des Chamisso-Gedichts verbarg, verwandelt sich in einen sehnsüchtigen Schrei nach Alabanda, dem fernen Geliebten. Als Nietzsche zum ersten Mal von seinem »Alpa! Alpa!«-Traum berichtete, in Rosenlauibad, sehnte er sich nach seinem Sternenfreund Paul Rée. In der Erinnerung an die Bexer »Flitterwochen« und das unmittelbar folgende Sorrentiner Aha-Erlebnis in der Kutsche — »Männer schöner als die Frauen« — fühlte er seine Einsamkeit besonders schmerzlich. Das »Gletscher«-Gedicht mit dem Sommerknaben und das »Herbst«-Gedicht mit der Sternenblume singen von seiner Sehnsucht.

Zarathustra, der Grabwächter des Todes, verschüttet unter Erinnerungen und der Last des Wissens, verstaubt, erstarrt, eingegraben in seine Höhle, sehnt sich nach erlösendem Besuch an seiner Pforte. Die Vorstufen zum Traum von der Berg-Burg erzählen davon:

»Alpa! schrie ich. Die Furcht und Sehnsucht schrie aus mir: eine Stimme wollte ich wieder hören. Eine Stimme von Menschen her, wie sie ein Wind oder ein Vogel davon trägt.«

Und in einem anderen Fragment, das an den ersten »Alpa!«-Ruf anschließt:

»Aber keine Stimme antwortete. Ach, ihr wißt nicht wie ich Einsamer den Stimmen gut bin. Trunken bin ich worden noch über häßliche Stimmen.

Alpa! schrie ich, so rede doch Stimme. Alpa! schrie meine Furcht und Sehnsucht aus mir. (Eine Stimme) Die von Menschen her ein Wind oder ein Vogel d(avon) zu mir trug.«

Und als es dann passiert, plötzlich und gewaltsam, als der Aschenträger in seine Pforte eindringt, nicht vorsichtig, wie es einer fingerbreiten Öffnung zukommt, sondern mit Sturmeswucht, mit der sprichwörtlichen »elementaren Gewalt«, da kann er es kaum ertragen, und die Befleckungsfurcht überlagert das befreite Lachen danach. Zarathustra selbst hatte ihn vergewaltigt, seine im endlosen Anstieg aufgestaute Energie in ihn hinein entladen, seine Höhle durch die fingerbreite Pforte hindurch zur Explosion gebracht. In einer Notiz läßt Nietzsche seinen Helden triumphieren:

»Ich selber bin der Wind der die Thore aus einander bricht zu Todtenkammern. Ich selber bin der Sarg voller bunter Bosheiten und Engel(s)-fratzen, ich selber bin das Gelächter des Lebens in mitternächtlicher Todtenkammer.«

Schon richtig. Aber er selbst saß auch in der Kammer drinnen, verängstigt, vom Alp gedrückt, sehnsüchtig harrend. Nun weiß er, daß die Macht, die er fürchtete, zugleich jene andere war, die er herbeisehnte. Der Leib, vor dem sich der »Geist« des Archivars hinter Särgen verschanzte, hatte ihn erst mit Teufelsmasken geschreckt, um ihm dann lustvoll die Pforte einzudrücken — jenen »Pförtner« eben, als der sich Nietzsche bezeichnen durfte. Der Leib — sein Leib — ist stärker als er; sein Wille läßt ihm Flügel wachsen, die ihn einst als Tor-Flügel bedroht hatten; nun sind sie verwandelt und blasen mit ihrem Sturmwind den ganzen verklemmten Gottesacker hinweg. Was hinter ihm steht, hat seine Bedrohlichkeit verloren. Denn, wie er den *»Verächtern des Leibes«* sagte:

»Es ist mehr Vernunft in deinem Leibe, als in deiner besten Weisheit. Und wer weiss denn, wozu dein Leib gerade deine beste Weisheit nöthig hat?«

Der Traum mit dem doppelten Sinn war Zarathustras Antwort auf die düstere Prophezeiung des Wahrsagers. Die ausgestorbene Welt, in der die Menschen nur noch in Grabkammern scheintot dahinvegetieren, besiegt vom Gespenst des toten Gottes, dessen Schatten alles Lebensfeuer erstickt — diese Welt ist Zarathustra wohlvertraut. Er durchlitt sie in seinen kindlichen Alpträumen und auch später, wenn er sich wieder einmal in die Einsamkeit des Oedipus hinausgestoßen sah und der Himmel da oben so weit und die Sterne so kalt waren. Dann spürte er die Asche, zu der er verbrannt war, und hörte die röchelnde Zeit, die zu ihrem Ende gekommen war — den Dämon der Stimme.

Auch der Wahrsager war so ein Dämon, in dem Zarathustra selbst steckt: ein Teufel, der ihm in seiner Einsamkeit auflauert, um ihm, durch die Ankündigung des bevorstehenden Alptraums, den letzten Rest an Lebensfeuer zu nehmen. »Ach, wo ist noch ein Meer, in dem man ertrinken könnte«, ruft der Wahrsager; aber »alle Brunnen versiegten uns, auch das Meer wich zurück«. Die Erde, ein trocknender Sumpf. Alles Lebendige, so weiß Zarathustra, muß untergehen, wenn es wiedergeboren werden will; muß sich mit Haut und Haaren einem Gedanken oder einem Menschen hingeben, um in ihm aufgehen zu können. Seine höchste Lust war es, im Nacht-Auge des Lebens zu versinken, bis ihn das goldene Angelrütchen wieder an die Oberfläche zog. Auch in einem Brief an Lou Salomé verwendet Nietzsche dieses Bild. »Ah, diese Melancholie!« seufzt der Liebessüchtige in seiner Verbannung und setzt anstelle des Ortes ein verwirrt-verzweifeltes »Kali phosphor« neben das Datum. »Wie *seicht* sind mir heute die Menschen! Wo ist noch ein Meer, in dem man wirklich noch *ertrinken* kann! Ich meine ein Mensch.« Wenn Nietzsche von »ertrinken« spricht, reimt sich für ihn darauf nur »versinken« und auch Isoldes letzte Worte vor diesem Versinken: »unbewußt — höchste Lust!«

Zarathustra, so lautet die Antwort an den Wahrsager, und indirekt auch an die seichte Lou, ist dieser Mensch, in dem man ertrinken und versinken kann. Zu dem armen Grabwächter, der vor Alpangst und Liebesfrust selbst zum aschgrauen Gespenst geworden ist, kommt er als lachendes gewalttätiges Leben, das seine höchste Lust beim schamlosen Eindringen in fremde Pforten findet. Der Grabwächter hatte nach einem Freund gefleht, und einen Sturm geerntet. In dem Orkan aus lachender Lust war das zähneklappernde Grauen untergegangen, versunken in den aufgepeitschten Wellen des brausenden Meeres. Als Zarathustra erwacht, begreift er nur langsam, daß er überlebt hat. Er ist wiedergeboren, das Meer hat ihn an Land gespien. Sogar sein Hunger kommt ihm zurück. Die Jünger mögen ihm doch »eine gute Mahlzeit machen«. Den Wahrsager aber läßt er an seine Seite bitten, damit er sich gemeinsam mit ihm stärke — »und wahrlich, ich will ihm noch ein Meer zeigen, in dem er ertrinken kann!« Aber erst nach dem Essen.

Noch einmal, ehe Zarathustra weiterzieht, beschwört er die neue Welt, die er verlassen muß. Aus ihr ist auch der umwerfende Nachtbesuch seines Traums gekommen. Denn daß es der »Leibhaftige« war, der da mit tausend Teufelsfratzen der Totenstarre ein zuckendes Ende bereitete, ist ihm klar. Es war der Teufel, der ihm überall auflauert, der Teufel, den er im eigenen Leib hat. Er möchte sich vor allem »den Anblick des *Bösen* nicht verleiden« lassen »durch eure Furchtsamkeit«, predigt er im Kapitel *»Von der Menschen-Klugheit«*. Es kommt nämlich nicht nur darauf an, den Teufel in sich zu entdecken — man will ihn auch in den Leibern der anderen bewundern.

»Ich bin selig, die Wunder zu sehn, welche heisse Sonne ausbrütet: Tiger und Palmen und Klapperschlangen. Auch unter Menschen giebt es schöne Brut heisser Sonne und viel Wunderwürdiges an den Bösen . . . Wahrlich, es giebt auch für das Böse noch eine Zukunft! Und der heisseste Süden ist noch nicht entdeckt für den Menschen.«

O doch, aber er will es nicht verraten. Was wißt ihr vom Bösen, sagt Zarathustra. Die wahren Drachen, die bissigsten Raubtiere kommen noch — Zarathustra wittert sie schon. Mit ihnen, so verheißt er der Menschheit, wird der Übermensch dereinst zu ringen haben wie Siegfried mit Fafner. Dabei muß den heutigen Menschen schon der Übermensch suspekt sein:

»So fremd seid ihr dem Grossen mit eurer Seele, dass euch der Übermensch *furchtbar* sein würde in seiner Güte! Und ihr Weisen und Wissenden, ihr würdet vor dem Sonnenbrande der Weisheit flüchten, in dem der Übermensch mit Lust seine Nacktheit badet! ... ich rathe, ihr würdet meinen Übermenschen — Teufel heissen!«

Er selbst hieß ihn ja so, als er noch Angst vor ihm hatte und sich vor seinem eigenen Körper verkroch. Aus seinem Teufel hat Zarathustra sich diesen lachenden Engel geschaffen, und aus seiner panischen Furcht vor dem Leiblichen die unstillbare Sehnsucht danach — »da wuchsen mir die Flügel, fortzuschweben in ferne Zukünfte. In fernere Zukünfte, in südlichere Süden, als je ein Bildner träumte: dorthin, wo Götter sich aller Kleider schämen!« Dorthin wollte er, dorthin fuhr er. Und nun ist die Zeit gekommen, aufzubrechen. — Im Kapitel *»Die stillste Stunde«* klagt Zarathustra seinen Freunden ein letztes Mal sein Leid, und er verrät ihnen, wie so oft verschlüsselt, warum er die glückseligen Inseln verlassen muß. »Was geschah mir, meine Freunde? Ihr seht mich verstört, fortgetrieben, unwillig-folgsam, bereit zu gehen — ach, von *euch* fortzugehen!« Schuld daran ist die »zornige Herrin«, die es ihm gebietet. »Gestern gen Abend sprach zu mir meine *stillste Stunde*: das ist der Name meiner furchtbaren Herrin.« Die Stimme war wiedergekommen, der Boden war unter ihm gewichen, der »Zeiger rückte, die Uhr meines Lebens holte Athem —, nie hörte ich solche Stille um mich: also dass mein Herz erschrak«.

Der Alptraum hat ihn wieder. Die Zeit setzt aus, atmet wie der Sterbende an Silvester. Und aus seinem Röcheln hört er die Stimme heraus, die eigentlich gar keine Stimme ist. Aber Zarathustra versteht sie blind, wie der Sohn seinen Vater:

»Dann sprach es ohne Stimme zu mir: *›Du weisst es, Zarathustra?‹* — Und ich schrie vor Schrecken bei diesem Flüstern, und das Blut wich aus meinem Gesichte: aber ich schwieg.«

Was den Studenten als Gestalt hinter seinem Stuhl mit tonloser Stimme quälte, hat Zarathustra nun begriffen: Sein kranker, von ihm totgeschwiegener Körper hat das Schweigen mit toter Stimme durchbrochen. Seine Botschaft: Ich kehre immer wieder, du wirst mich nicht los. Du wirst das Gespenst des toten Vaters sowenig los wie deinen Leib. Zarathustra deutet noch etwas anderes in die Stimme hinein: Sie befiehlt ihm, »es« zu lehren — daß alles Schreckliche wiederkommt. Zarathustra soll das Unerträgliche, die unfrohe Botschaft, den Menschen bringen. Aber er wagt es nicht. Zitternd erwidert er der Stimme: »Ich will nicht.«

»Da geschah ein Lachen um mich. Wehe, wie diess Lachen mir die Eingeweide zerriss und das Herz aufschlitzte!«

So war es dem Grabwächter auf der Berg-Burg auch gegangen: die Todesangst vor der Wiederkunft des »Gespensts« stülpte seine Eingeweide förmlich nach außen. Daß er selbst es ist, der ihn da vergewaltigt, mit übermenschlich-teuflischer Macht, in der er ertrinken muß, um gen Morgen neugeboren daraus zu erwachen, das ist nun vergessen. Die Stimme hat wieder geflüstert, die Eingeweide sind ihm wieder zerrissen, und höhnisches Lachen hat den Raum einmal mehr zum Heulen gebracht.

»Und wieder lachte es und floh: dann wurde es stille um mich wie mit einer zwiefachen Stille. Ich aber lag am Boden, und der Schweiss floss mir von den Gliedern.«

Es ist die Angst, die Zarathustra aus dem Paradies vertreibt. Sein Gespenst war ihm wieder in den Ohren gelegen. Sein Alptraum von Selbstbeschmutzung und Hohngelächter hatte ihn wieder heimgesucht. Die Wiederkunft hat ihn zu Boden gedrückt. So muß er wieder in die Verbannung. Als er ein letztes Mal mit den Freunden zusammen war, so schreibt sein Autor, »überfiel ihn die Gewalt des Schmerzes und die Nähe des Abschieds von seinen Freunden, also dass er laut weinte; und Niemand wusste ihn zu trösten. Des Nachts aber gieng er allein fort und verliess seine Freunde«.

Es waren »moralische« Rücksichten, die ihn vertrieben. Du »hast dich in deine Freunde und dich selber verliebt und aus dem Leben ein Labsal gemacht«, heißt es in einer Notiz. »Die glückseligen Inseln verweichlichen dich.« Du wirst schlaff, du wirst mürbe — du wirst die Verachtung der anderen nicht ertragen! Und so läßt die Angst vor der Naumburger Tugend den kleinen Pastor in den Jesus-Ton der Passionsgeschichte verfallen. Wie jener auf den Ölberg geht, sich von den Freunden losreißt und mit der Todesangst ringt, daß — so das Lukas-Evangelium — sein Schweiß wie Blutstropfen zur Erde fällt, so fühlt auch Zarathustra Ölbergs-Verlassenheit um sich und die Kreuzigung vor sich. Fünf Jahre später wird er seine Wahnsinns-Zettel mit »Der Gekreuzigte« unterzeichnen.

Wie ein Dieb schleicht Zarathustra sich im Schutze der Nacht davon. Er steigt über den Rücken der Insel, um am Morgen ein Schiff zu finden, das ihn mitnimmt. »Es gab nämlich allda eine gute Rhede, an der auch fremde Schiffe gern vor Anker giengen; die nahmen Manchen mit sich, der von den glückseligen Inseln über das Meer wollte.« Als er nach langer Wanderung die jenseitige Küste erreicht hat, rastet er auf den Klippen, wo er das Meer »von bösen Erinnerungen« stöhnen hört — oder »bösen Erwartungen«? Er weiß es nicht. »Und alsbald geschah es«, schreibt sein Autor im verhaßten Bibel-Ton, daß Zarathustra weinte — »vor Zorn und Sehnsucht weinte Zarathustra bitterlich«.

*

Als der Rekonvaleszent Nietzsche im Sommer 1868 aus dem Kurort Wittekind einen beschwingten Brief an die Gattin seines Gönners Ritschl schickt, gesteht er ihr, er habe »leider« eine Neigung »für Heines Reisebilder«, womit er sagen will: Die strenge Wissenschaft, der ich mich in Gestalt ihres Gatten unterwerfe, ist nur eine Maske von mir. Gelegentlich gebärdet er sich dafür wie ein Satyr und läßt die gute Frau Sophie am Klavier einen Blick auf seine zwei »Pferdefüße« werfen, Wagner und Schopenhauer nämlich, die sich, vor einem scharfen Auge wie dem ihren, ohnehin »schlecht verstecken« lassen.

Dritter Teil. Im folgenden Jahr schon konnte Nietzsche, der begeisterte Heine-Leser, in den »aus dem Nachlasse des Dichters zum ersten Male veröffentlichten« sogenannten »Letzten Gedichten und Gedanken« ein Textstück lesen, das zu Heines »Reise von München nach Genua« gehörte und ihm wie aus der Seele gesprochen war. Das Stück bietet zwar nur, was man philologisch eine »Lesart« nennt, öffnete jedoch für den Leser Nietzsche einen ganzen Sternenhimmel gedanklicher Möglichkeiten.

Die Geschichte: Heine besucht in Trient den Dom, sieht dort die schöne Hand einer Frau, dann auch ein Zucken dieser Hand, und fühlt sich an seine Geliebte Maria erinnert, die tot ist. Die Vergangenheit ersteht im Handumdrehen aus dem Grab. Und will nicht mehr zurück: Der Revenant verfolgt ihn. Vor einer Bottega fesselt eine junge Harfenspielerin seine Aufmerksamkeit. Das Hürchen, das der »Tod schon verderblich angehaucht« hat, bietet ihm ihre Blume an. Doch Heine, »gestimmt wie ein reiner Stern«, weist ihre Offerte zurück — und im selben Augenblick ist die Vergangenheit wieder da: Das Mädchen errötet, »aus der Harfe erklang ein leiser, ein einzelner Ton, so schmerzlich wie aus der Tiefe einer todwunden Seele — und ich hatte schon einmal diesen Ton gehört, eben so vorwurfsvoll. Eine traurige Erinnerung überschauerte mich plötzlich. Es war wieder die dämmernd braune Stube . . .«

Auch Nietzsche sollte einmal einen solchen Laut vernehmen, fernher kommend durch die braune Nacht in die Einsamkeit seines Zimmers — die Stimme seiner Sehnsucht nach Erwin Rohde. Jahrzehnte später, auf der nächtlichen Eisenbahnfahrt ins Irrenhaus, hat er wieder das Saitenspiel seiner Seele zum vorbeischwebenden Gesang der Geister erklingen lassen. Als Heine den Harfenton hört, verwandelt sich die Szene. Er steht nicht mehr in Trient, sondern im Sterbezimmer seiner Maria, und er »küsste die Lippen der todten Maria, und aus ihrem Winkel ertönte von selbst die verlassene Harfe, und es war derselbe Ton —«

Heine pflückt die Rose, die ihm das Mädchen anbietet. Der Zauber dieser schwermütigen Nacht der Erinnerung, der altvertraute Klagelaut des Saitenspiels, haben das Nymphchen und die tote Geliebte in eins verschmelzen lassen. Sie hält er nun wieder im Arm und träumt von dem Glück, das er mit ihr besessen und verloren hat. Während er dem Klavierspiel Marias lauscht, träumt er »einen Traum von unaussprechlicher Seligkeit« — »ich starb, ich lebte und starb wieder, Ewigkeiten rauschten vorüber . . .« Und plötzlich begreift er, daß für den Liebenden alles wiederkehrt, daß die Zeit »lügt« und der Tod nur ein Atemholen vor der nächsten Umarmung ist. Die sexuelle Ekstase faßt die ganze Ewigkeit in sich. Heines mystische Erleuchtung:

»Denn wisse, die Zeit ist unendlich, aber die Dinge in dieser Zeit, die faßlichen Körper, sind endlich; sie können zwar in die kleinsten Theilchen zerstieben, doch diese Theilchen, die Atome, haben ihre bestimmte Zahl, und bestimmt ist auch die Zahl der Gestaltungen, die sich gottselbst aus ihnen hervor bilden; und wenn auch noch so lange Zeit darüber hingeht, so müssen doch, nach den ewigen Kombinationsgesetzen dieses ewigen Wiederholungspiels, alle Gestaltungen, die auf dieser Erde schon gewesen sind, sich wieder begegnen, anziehen, abstoßen, küssen, verderben, vor wie nach —«

Es ist die Nacht der zeitlosen Liebe, Tristans und Isoldes Nacht, die Nacht des Italienreisenden Heine mit einem Gespenst aus Fleisch und Blut, »im Angesicht von vielen tausend entdeckten und noch mehreren unentdeckten Sternen«.

Für den Heine-Leser Nietzsche gehört die zeitlose Nacht dem Gespenst des toten Vaters. So sehr er sich nach der Wiederkunft sehnt, die ihn auf die glückseligen Inseln zurückbringt, so unerträglich ist ihm jenes Gesicht, das sie ihm um Mitternacht zuwendet. Denn er kehrt nicht wie Heine zur toten Geliebten, sondern ins Sterbezimmer seines Vaters zurück. Die heißersehnte Umarmung, im Gletscher-Gedicht beschworen, erfüllt ihn mit Ekel und Todesangst, sobald die röchelnde Stimme ertönt. Kein Harfenklang, sondern ein Klanggespenst.

Zarathustra, zu Schiff gegangen, auf der Heimreise zu sich und seinen sieben Teufeln, sollte es wieder hören. Der Abschied hatte ihm die Stimme verschlagen, »kalt und taub vor Traurigkeit« antwortete er nicht einmal auf die Blicke der Seeleute. Sie wußten sehr wohl, wen sie da an Bord genommen hatten. Es war »ruchbar« geworden, erzählt der Autor, weil »ein Mann zugleich mit ihm« das Schiff bestiegen hatte, der ebenfalls »von den glückseligen Inseln kam«. Er ist erkannt worden, wie befürchtet.

Doch er wäre nicht Zarathustra, wenn ihn die Gesellschaft tapferer Seeleute kalt ließe. Er lauscht ihren Abenteuern — und »Siehe! zuletzt wurde ihm im Zuhören die eigne Zunge gelöst, und das Eis seines Herzens brach«. Ein Sanctus Januarius auf hoher See! Nun, da er sicher sein kann, daß er verstanden wird, erzählt er seine Abenteuer-Geschichte, erzählt sie, weil sie »Versucher« sind, trunken von Rätseln, vielleicht gerade jenem der »grossen Loslösung«, die sie, als Seeleute, längst hinter sich haben; weil sie »Zwielicht-Frohe« sind, die auch ohne Licht ihren Weg zu finden wissen; weil sie »mit Flöten zu jedem Irr-Schlunde gelockt« werden: er meint das Labyrinth des gehörnten Halbtiers und -gottes Minotaurus, aus dem sie, im Gegensatz zu Theseus, gar nicht mehr herauswollen. Sie brauchen keinen Ariadne-Faden, an dem sie sich »feige« ins Freie tasten können — sie wollen das Rätsel des Labyrinth-Herren »errathen«. Auch die Huren, denen der Schatten Zarathustras begegnete, sind »Räthsel, die sich rathen lassen«. Und Homer, so deutet Nietzsche einmal an, verlor die Freude am Leben, weil er das Rätsel der Fischerjungen nicht raten konnte. Ob die Seeleute an Bord seines Schiffes viel mit seinem Rätsel anfangen konnten? Es spielt auf einem hohen Berg, und auch, in fernster Vergangenheit, in einem flachen Land, das Deutschland heißt.

»Düster gieng ich jüngst durch leichenfarbne Dämmerung, — düster und hart, mit gepressten Lippen. Nicht nur Eine Sonne war mir untergegangen. Ein Pfad, der trotzig durch Geröll stieg, ein boshafter, einsamer, dem nicht Kraut, nicht Strauch mehr zusprach: ein Berg-Pfad knirschte unter dem Trotz meines Fusses . . .«

Die Sonnen seines südlichen Himmels sind ihm untergegangen; zurück bleibt ein trübes Dämmerlicht, das an Leichen erinnert. Zarathustra muß wieder Asche tragen, einen Berg-Pfad — zu einer neuen Berg-Burg? — steigen und auch das boshafte Geräusch hören, das ihn in seinem Unglück verhöhnt:

»Stumm über höhnischem Geklirr von Kieseln schreitend, den Stein zertretend, der ihn gleiten liess: also zwang mein Fuss sich aufwärts. Aufwärts: — dem Geiste zum Trotz, der ihn abwärts zog, abgrundwärts zog, dem Geiste der Schwere, meinem Teufel und Erzfeinde. Aufwärts: — obwohl er auf mir sass, halb Zwerg, halb Maulwurf; lahm; lähmend; Blei durch mein Ohr, Bleitropfen-Gedanken in mein Hirn träufelnd . . .«

Nicht nur in Höhlen lauert ihm sein Teufel auf — jetzt hat er sich auf seinen Rücken gesetzt, um ihn, wie einst der teuflische Possenreißer den Seiltänzer, mit seinem Hohn in die Tiefe zu stürzen. Die Gestalt hinter ihm ist so gräßlich, wie nur je ein Gespenst sein konnte; aber sie will ihm auch ans Leben — ihn mit flüssigem Blei vergiften, mit ihrem wachsenden Gewicht in den Abgrund drücken. »Jüngst« war Zarathustra noch ein Tänzer gewesen, der mit leichten Füßen über Abgründe sprang, einen Gott durch sich hindurchtanzen fühlte; nun hat der Feind des Tanzes und des Göttlichen sich auf seinem Rücken festgekrallt.

Und Zarathustra bekommt es mit der Angst zu tun. Was sein Autor verschweigt, beschrieb er Jahre zuvor in »Menschliches, Allzumenschliches«. Die *»Phantasie der Angst«,* so erklärte er da,

»ist jener böse äffische Kobold, der dem Menschen gerade dann noch auf den Rücken springt, wenn er schon am schwersten zu tragen hat«.

Zarathustra hat Angst, anschwellende, panische Angst — Alpangst. Eigentlich ist der Berg, den er unter Mühen ersteigen muß, nur ein Bild für dieses unaufhaltsame Ansteigen der Qual; wie der Zwerg, dessen Namen der Alpforscher Laistner von »twergen«, drücken, ableitet, nur die Last symbolisiert, die immer schwerer wird und ihn zu ersticken droht. Ein solches sagenhaftes Alpwesen setzt sich, wie Laistner erzählt, »dem nächtlichen Wanderer auf die Achsel und bläst ihm den Tod in die Ohren«. Wenn im Märchen ein Gespenst oder eine verwunschene Prinzessin »erlöst« werden soll, so muß man sie häufig zu einem bestimmten Ort tragen, »aber Schritt für Schritt wird sie schwerer«. Als ein Mann sich einmal ein Herz nahm, um das »Märzenfräulein« zu erlösen, »hockte sie sich ihm selber auf, er brachte sie aber ermattet und von Schweiß triefend nur halbwegs bis zum Gottesacker«. Das Gespenst — eine »Phantasie der Angst«, die aus der Erregung des Alptraums zu monströser Riesenhaftigkeit anschwillt.

Zarathustras Zwerg ist kein gespenstisch-schönes Berg-Burgfräulein, sondern ein Ungeheuer, »halb Zwerg, halb Maulwurf«, mit dem man Kinder das Fürchten lehren kann. Böse wie ein Kobold, eklig wie ein kleines Felltier mit großen Grab-Krallen. Für Nietzsche war der Maulwurf mehr. 1885 schreibt er nach Naumburg:

> »Wundert Euch nicht zu sehr, meine Lieben, wenn sich heute der hamletische Maulwurf aus Nizza und *nicht* aus Vallombrosa (›Schattenthal‹ —) verlautet . . . Prinz Eichhorn.«

Ob Mama und Lama seine Zitate verstanden haben? Eigentlich gehöre ich ja als Maulwurf Hamlets ins Schattental, so deutet er an; aber ich ziehe dem trotzdem meine Küstenresidenz Nizza vor. In Vallombrosa war sein Bewunderer Paul Lanzky Mitbesitzer eines Hotels, in das er Nietzsche eingeladen hatte. Der fühlte sich wieder einmal in Hadesnähe. Von dort war einst, in Shakespeares Drama, das Gespenst des toten Vaters aufgestiegen, das der Sohn »Maulwurf« nannte. Zuerst war er Hamlet in voller Rüstung erschienen, um ihn über den wahren Sachverhalt seines Todes aufzuklären. »Es heißt«, sagt ihm der Geist, »daß, weil ich schlief in meinem Garten, mich eine Schlange stach« — was aber nur im übertragenen Sinn stimmt: Die Schlange war sein eigener Bruder; der »träufelt in den Eingang meines Ohrs das schwärende Getränk«. Hamlet hat damit *»erkannt«,* schreibt Nietzsche in der »Geburt der Tragödie«, und es »ekelt« ihn, zu handeln. Ekel spricht auch aus Hamlets späterer Klage über das Vatergespenst, das sich zum Quälgeist entwickelt: der »alte Maulwurf«, sagt er, solle »hurtig« weiterwühlen, weiter sein Gewissen durchpflügen. Im Nizza-Brief hat Nietzsche sich mit diesem pelzig-widerlichen Grab-Geist identifiziert und zugleich mit seinem Opfer, eben dem Prinzen Hamlet, der nun, als Sohn des toten Königs Eichhorn, mit »Prinz Eichhorn« unterschreibt.

Der Maulwurfszwerg auf Zarathustras Rücken kann auch sprechen, mit gespenstischer Stimme, wie sich versteht. »Höhnisch« raunt er ihm »Silb' um Silbe« ins Ohr: »Du warfst dich hoch«, flüstert er boshaft, »aber jeder geworfene Stein muss — fallen!« Zarathustra ist zum Sturz in den Abgrund verurteilt — und seinen Richter und Henker trägt er gleich mit sich. Nietzsche führt in dieser Druckfassung seines Kapitels nur das vernichtende Urteil an — seine Begründung, vor allem die Anklage, zensiert er. Wie er in der »fröhlichen Wissenschaft« einen anonymen »tollen Menschen« den Gottes-Mord verkünden ließ und Zarathustras Namen vermied, so streicht er jetzt den eigentlichen Vorwurf des Gespenstes gegen den Helden. Schämte er sich zu verraten, worunter er wirklich litt? Aber ohne die Anklage wird das Todesurteil gegen ihn gar nicht verständlich. Das unterdrückte Gespräch mit dem Maulwurfszwerg hat sich in seinem Nachlaß erhalten:

> »Du Mörder Gottes, du Überwundner, noch überwandest selber du deinen Mord nicht. Zurück fällt der Stein, den du warfst — jeder Stein muß fallen! Verurtheilt zu dir selber und zur langsamen Steinigung . . .«

Zarathustra, ein bleicher Verbrecher, der durch leichenfarbene Dämmerung seinem gerechten Sturz entgegensteigt! Er hat den Gott getötet, aber dessen Stimmgespenst konnte er nicht töten. Nun verurteilt es ihn zum Tode. Und verhöhnt ihn: Alles was du tust und ersehnst, ist sinnlos; nachdem du die Liebe getötet hast, gibt es für dich nichts mehr zu lieben.

»Du suchst Einen, den du lieben könntest und findest ihn nicht mehr? ... Dein glühendes Auge wird aber- und abermals den oeden Raum durchbohren — aber wo du auch suchst, wird nunmehr die Oede ewig sein ... du selber und dein glühendes Auge — ihr habt ja den leeren Raum also leer gemacht.«

Spielt der Gewissenszwerg damit auf jene göttlichen »Augen-Blicke« an, um deretwillen er die Moral getötet hat? Dafür kann er sich jetzt an dem Frevler mit dem glühenden Auge rächen: Es gibt keinen Stern mehr, der dich in deiner einsamsten Einsamkeit trösten könnte. Die Liebe ist tot. Deine Blicke durchbohren niemanden mehr, nur noch das Nichts. Irgendwann findet Zarathustra die Sprache wieder und zahlt dem Zwerg in gleicher Münze heim. »Hüte dich vor mir«, sagt er dann drohend in der unterdrückten Textvariante,

»Denn ich bin grausam. Hüte dich, daß ich dich nicht einst mit Gelächtern zu Tode kitzle! Hüte dich, daß ich dich nicht tanzend zu Tode trete ...«

Zarathustra, in die Enge getrieben, dreht den Spieß um. Der Zwerg, er weiß es sehr gut, ist der Possenreißer vom Turm, der mit seinem Hohn und seinem teuflischen Wissen über arme Tänzer und Gottesmörder hinwegspringt. Wer Angst vor ihm hat, ist schon verloren. Zarathustra will keine Angst mehr haben, kehrt also auf dem Seil um und tritt dem Gespenst entgegen: Nun lache *ich* dich zu Tode, springe ich über dich hinweg. Und er fügt die sadistischen Worte hinzu: »Daß ich meinen Willen auf deinen Widerwillen schreibe, mit glühendem Erze einschreibe — das heiße mir meine letzte Wollust!« Der Zwerg, der sich vor Zarathustras Löwen-Weisheit nicht zu fürchten scheint, ist damit kaum in Verlegenheit zu bringen: »Zur Antwort blies mir der Zwerg eiskalt in den Rücken: dann aber wollte mein Fuß daß ich glitt und stolperte ... Bis in die Zehen hinein erschrak ich ...«

In der Endfassung kommt es nicht zu dem aufschlußreichen Gespräch. Hier dreht Zarathustra den Spieß ohne weiteres um, und dem Flüsterzwerg, der bemerkt, was die Stunde geschlagen hat, bleibt die Antwort im Munde stecken. Der Held also steigt und steigt, er träumt, er denkt —

»aber Alles drückte mich. Einem Kranken glich ich, den seine schlimme Marter müde macht, und den wieder ein schlimmerer Traum aus dem Einschlafen weckt. — Aber es giebt Etwas in mir, das ich Muth heisse: das schlug bisher mir jeden Unmuth todt. Dieser Muth hiess mich endlich stille stehn und sprechen: ›Zwerg! Du! Oder ich!‹ . . .«

Die Wirkung ist verblüffend. Kaum hat Zarathustra die Initiative an sich gerissen, weicht der Alpdruck. »Da geschah, was mich leichter machte«, sagt er triumphierend, »denn der Zwerg sprang mir von der Schulter« — und setzte sich neugierig auf einen Stein. »Es war aber gerade da ein Thorweg, wo wir hielten.« Einen seltsamen Berg muß Zarathustra bestiegen haben, auf dem ihn ein Torweg erwartet. War es wieder die Genueser Berg-Burg mit dem Toreingang und den langen Gassen, die sich nach beiden Seiten erstrecken? Zarathustra, kaum von seiner Last erlöst, wird schon wieder zum Lehrer:

»Siehe diesen Thorweg! Zwerg! . . . der hat zwei Gesichter. Zwei Wege kommen hier zusammen: die gieng noch Niemand zu Ende. Diese lange Gasse zurück: die währt eine Ewigkeit. Und jene lange Gasse hinaus — das ist eine andre Ewigkeit . . . Von diesem Thorwege Augenblick läuft eine lange ewige Gasse *rückwärts:* hinter uns liegt eine Ewigkeit. Muss nicht, was laufen *kann* von allen Dingen, schon einmal diese Gasse gelaufen sein? Muss nicht, was geschehen *kann* von allen Dingen, schon einmal geschehn, gethan, vorübergelaufen sein? Und wenn Alles schon dagewesen ist: was hältst du Zwerg von diesem Augenblick? Muss auch dieser Thorweg nicht schon — dagewesen sein? . . .«

Doch, er war, und der Zwerg weiß es auch. Daß er es weiß, gab ihm seine Macht über Zarathustra: Die Vergangenheit, mit ekliger Stimme und unerträglichem Gewissensdruck, kommt immer wieder. Im selben Augenblick aber, wo Zarathustra dies durchschaut, ist der Bann gebrochen. Nicht zufällig geschieht es an einem Torweg. Der war schon einmal da. Mit ihm verknüpft sich auch das Leid, das ihm von dem Gespenst seit Kindheitstagen angetan wurde. Wirklich einleuchten kann das Bild vom Torweg, von dem sich zwei Gassen in entgegengesetzter Richtung fortbewegen, die aber immer nur in einer begangen werden können, nur einem Stadtkind, das auch einmal »die andere Richtung« einschlagen will: fort aus der Stadt, zurück ins verlorene Paradies der Heimat. Zarathustras Frage an den Zwerg, ob dieser Torweg nicht schon dagewesen sein muß, wird seinen Zuhörern auf dem Schiff kaum eingeleuchtet haben — dem abgesessenen und -gesetzten Maulwurfszwerg dafür um so mehr:

»Es war in Naumburg an der Saale im Frühling 1850«, erinnert sich die Schwester, »als ein fünfjähriger Knabe, geleitet von einer Dienerin, die ein kleines Mädchen trug, am Eingang der Neugasse stand . . . und sinnend die Straße entlangschaute . . . Die Straße schien uns endlos endlos lang, das Haus in weiter Ferne. Fritzchen bezeugte durchaus keine Lust, dorthin zu pilgern . . . Gewissermaßen ist diese erste Erinnerung auch unser Eintritt in die Welt, denn bis dahin hatten wir still und verborgen in dem Dörfchen gelebt.«

Zarathustra sagt nicht: Was laufen kann, läuft durch diese Gasse; er sagt: muß durch diese Gasse laufen. Seine Abneigung gegen die Stadt, seine Sehnsucht nach der verlorenen Heimat, jener ersten glückseligen Insel, trat ihm in dieser elend langen Neugasse bildlich vor Augen. Er mußte sie gegen seinen Willen laufen. Noch eine andere Gasse führte zu ihrem neuen Wohnhaus. Nietzsche schreibt über sie in seiner Autobiographie von 1856: Es war die Priestergasse, durch die er immer an den Pfarrwohnungen vorbeiging,

»bis zu der Lücke, mit der das Besitztum unsres Wirtes beginnt. Durch einen großen Torweg gelangen wir in den Hof mit seinen vielen Nebengebäuden, bis wir das Wohnhaus, das mit seiner vorderen Front die Ecke der Neugasse bildet, erreichen«.

In diesen Gassen, die zu dem Torweg führen, hatte für Fritz die »Verbannung« aus der Heimat begonnen; auch Zarathustra, der dies erzählt, hat gerade ein solches Paradies verloren. Und wie damals die Ausstoßung aus der geliebten Welt als »Stimme in der Neugasse« schaurig vor sein Bewußtsein trat, so kriecht das Klanggespenst des Maulwurfszwergs in Zarathustras Ohr. Auch damals war »alles, was laufen kann«, durch die Neugasse mitgekommen, nicht nur die lebende Familie, sondern auch der tote Vater und all die anderen Versatzstücke des Alptraums. Und sie kamen mit, weil sie *mußten:*

»Und diese langsame Spinne, die im Mondscheine kriecht, und dieser Mondschein selber, und ich und du im Thorwege, zusammen flüsternd, von ewigen Dingen flüsternd — müssen wir nicht alle schon dagewesen sein?«

Ja, selbst das Gespräch mit dem Gespenst ist wiedergekommen. In einem Briefentwurf für Lou Salomé aus dem verzweifelten Herbst 1882 in Santa Margherita taucht die Formulierung auf: »wie mit meinem Dämonion reden«. Bis dahin hatte der Dämon immer die Initiative ergriffen, und er, der ihn mit sich schleppen mußte, ängstlich geantwortet. Nun ist es Zarathustra, der redet und den Dämon zum Schweigen bringt. Sein Mut hat ihn die »andere Richtung« einschlagen lassen. Er sieht jetzt das, was ihn von hinten bedrohte, vor sich. Es war ein Gedanke, an dem er so schwer trug, weil er ihn nicht ertragen konnte. Und deshalb nennt er ihn jetzt beim Namen — es ist der Gedanke, der immer wiederkehrt und nichts anderes zum Inhalt hat. Während der Entstehung des »Zarathustra« schrieb Nietzsche an Overbeck, ihm sei »*zum ersten Male* der Gedanke gekommen . . . der die Geschichte der Menschheit in zwei Hälften spaltet . . . ich habe mir selber Muth machen müssen . . . Muth zum Tragen jenes Gedankens!«

Zarathustra sieht es genauso. Die Maske des hamletischen Maulwurfs ist dem Gedanken vom Gesicht gerissen — aber schrecklich bleibt er immer noch:

»Also redete ich, und immer leiser: denn ich fürchtete mich vor meinen eignen Gedanken und Hintergedanken. Da plötzlich, hörte ich einen Hund nahe *heulen.*«

Wie der Held hinter sich den Zwerg, so hat auch sein Gedanke hinter sich noch einen Hintergedanken — und der trägt wieder die eben zerrissene Larve des Alptraums. Zarathustra, der die andere Richtung eingeschlagen hat, marschiert damit sehenden Auges in die Katastrophe seines Ursprungs. Auf hoher See, zwischen Sizilien und dem italienischen Festland, träumt ihm die Schlüsselszene des Röckener Pfarrhofs, wie sie sich vor 32 Jahren zugetragen hat; er träumt sie nur scheinbar — in Wahrheit kommt sie wieder: Alle Sinne nehmen sie auf, bis in die letzte Faser seines Leibes wird er von ihr erschüttert:

»Hörte ich jemals einen Hund so heulen? Mein Gedanke lief zurück. Ja! Als ich Kind war, in fernster Kindheit: — da hörte ich einen Hund so heulen. Und sah ihn auch, gesträubt, den Kopf nach Oben, zitternd, in stillster Mitternacht, wo auch Hunde an Gespenster glauben: — also dass es mich erbarmte. Eben nämlich gieng der volle Mond, todtschweigsam, über das Haus, eben stand er still, eine runde Gluth, — still auf flachem Dache...«

Zarathustra-Nietzsche sagt nichts von dem Grab, das sich auf dem Gottesacker öffnet; er wird später davon sprechen. Er sagt nichts von dem Gespenst, das aus dem Grab aufsteigt, um in der Kirche ein Bündelchen zu holen, das sich am nächsten Tag als der kleine Joseph entpuppte. Er sagt nur: daß er sich vor seinen eigenen Hintergedanken fürchtete und ihm ein gräßliches Geräusch eine Szene vor Augen führt — ja, nicht einmal ihm, sondern dem Hund. Er sagt nicht: Ich sah ein Gespenst, sondern: der Hund heulte zu einer Zeit, wo auch er an Gespenster glaubt. Auch er hat es gesehen. Schließlich schien der Mond hell genug. Und »eben«, sagt Nietzsche, »stand er still«. In eben diesem Augenblick. Daß Hunde Geister wittern, konnte er in Kerners »Blättern aus Prevorst« nachlesen: dem Spuk in einem Pfarrhaus ging das »klägliche Gewinsel eines Hundes« voraus, wodurch sich der Pfarrer, der darüber berichtete, in seiner Überzeugung »bestärkt« sah, »daß diese Tiere mit ihren schärferen Sinnen Erscheinungen wahrnehmen, welche unseren Sinnen entgehen; daß sie gleichsam Geister wittern«. Nietzsches kindlichen Sinnen war damals nichts entgangen — der heulende Hund war sein Zeuge.

Nietzsche verschweigt, wieder einmal, was wirklich geschehen war. Schämte er sich, vor einem Gespenst zu Tode erschrocken zu sein? Oder war es dasselbe Tabu, das ihn den Gottesmörder in Zarathustra unterdrücken ließ? Der trägt seine Asche zu

Berge, schleppt einen bösen Zwerg mit sich herum — aber daß der tote Vater in ihnen verborgen ist, will der Autor nicht preisgeben. Der Gottesmord und die Szene auf dem nächtlichen Gottesacker hängen für ihn untrennbar zusammen. Seit das Gespenst des Vaters wiederkehrte, mußte sein Sohn mit dem Schlimmsten rechnen. Auch er konnte mit hinabgezogen werden. Seine Angst vor der Urszene ist so groß, daß er sie nicht mehr erzählen kann. Als Kind konnte er; jetzt ist sie tabu. Aber wie ein Dramatiker greift er zu dem Kniff, die Szene, wenn schon nicht zu beschreiben, so doch in den Augen eines Beobachters lebendig werden zu lassen — in den Augen eines Hundes, der nicht sprechen, dafür aber erbarmungswürdig heulen kann. Im Heulen steckt das Entsetzen, das den Autor »in fernster Kindheit« ergriffen und gewürgt hat. Und seitdem nicht mehr vergangen ist. Ein Ton — und die gräßliche, unsagbare Erinnerung ist präsent. Mit einem Unterschied: Zarathustra hat das Geheimnis des Gespensts durchschaut; er weiß, daß es immer wiederkehrt, weil es wiederkehren muß. Wie jetzt, in diesem Augenblick, den er deshalb nicht mehr als Opfer der Wiederkunft erlebt, sondern als ihr Beobachter. Er sieht, wie das wiederkehrende Gespenst dabei ist, einen Menschen zu erwürgen:

»Wohin war jetzt Zwerg? und Thorweg? Und Spinne? Und alles Flüstern? Träumte ich denn? Wachte ich auf? Zwischen wilden Klippen stand ich mit Einem Male, allein, öde, im ödesten Mondscheine. *Aber da lag ein Mensch!* Und da! Der Hund, springend, gesträubt, winselnd, — jetzt sah er mich kommen — da heulte er wieder, da *schrie* er: — hörte ich je einen Hund so Hülfe schrein? Und, wahrlich, was ich sah, desgleichen sah ich nie. Einen jungen Hirten sah ich, sich windend, würgend, zuckend, verzerrten Antlitzes, dem eine schwarze schwere Schlange aus dem Munde hieng. Sah ich je so viel Ekel und bleiches Grauen auf Einem Antlitze? Er hatte wohl geschlafen? Da kroch ihm die Schlange in den Schlund — da biss sie sich fest . . .«

Die Vergangenheit ist zurückgekehrt. Jetzt, wo der Augenblick der Wahrheit angebrochen ist, können die Requisiten des Alptraums, in denen sie verborgen war, verschwinden. Zwerg,

Torweg, Spinne, die Flüsterstimme — vor der Wirklichkeit haben sie keinen Bestand. Und diese Wirklichkeit bietet Zarathustra einen furchtbaren Anblick: Er sieht sich selbst als kleinen Pastor an der Wiederkehr seines toten Vaters ersticken. Der Mond scheint, der Hund heult, und Fritz, erstarrt vor dem, was sich auf dem Gottesacker begibt, erleidet einen Schock: das Bild, durch den Hund und den Tod des Bruders bestätigt, hat sich in ihm festgebissen, die Ewigkeit des Todes sich seinem Augen-Blick aufgeprägt. Der kleine Pastor, der ja ein »Hirt« ist, wird das Bild nie mehr loswerden. Hat er damals, sich windend, zuckend, verzerrten Antlitzes, einen epileptischen Anfall »ohne Bewußtseinsverlust« erlitten? Er hatte wohl geschlafen, sagt der Autor. Mitten aus dem Schlaf weckte ihn das Grauen, um ihn nie wieder loszulassen.

Nietzsche wählte für das Gespenst das Bild der Schlange, weil sie die Wiederkehr symbolisiert: Sie liegt in einem Ring, ihr Kopf beißt in ihren eigenen Schwanz; dort wo sie zu enden scheint, fängt sie immer wieder von neuem an; er wählte sie auch, weil sie zu den typischen Alptraumtieren gehört. Grauenhafte Vorstellung: eine schwarze, dicke Schlange, die dem Schläfer in den Mund kriecht, um ihn zu ersticken, schlimmer noch: ihn zum Bewußtsein aufzuwecken, daß er erstickt wird. Eine ideale Alpszene, dutzendfach in Sagen und Legenden wiederholt: Da kriechen verwunschene Prinzessinnen als lautlose Zünglerinnen an Jünglingen hoch, unwiderstehlich angezogen von deren blühendem Mund, in den sie hineinkriechen. Alp-Kenner Laistner zitiert eine mecklenburgische Sage, in der dem Helden, der pflichtschuldigst ein verhextes Mädchen erlösen soll, »plötzlich eine Schlange in den Mund kriecht«; »er schreit laut auf, und alles ist verschwunden«. Ein anderer, dem das verwunschene Kind gleich in Schlangengestalt erscheint, muß sie sich »drei Mal um den Hals kriechen lassen«; als sie beim letzten Mal »den Kopf schmeichelnd gegen seinen Mund« ausstreckt, um ihn zu küssen, schüttelt er sie angeekelt ab, und Spuk wie Erlösung sind dahin. Meist legen es die Schlangen darauf an, um einen Kopf kürzer gemacht zu werden. Ihr Kuß soll den Retter zum Todesbiß verleiten. Ein Bauer, der zu seinem »Schlänglein« ein gewisses Vertrauensverhältnis entwickelt hat, hört staunend die Bitte, ihm doch »mit dem Beil den Kopf abzuhauen«. Nach langem Sträuben »verstand er sich dazu: das Schlangenhaupt flog weit weg, und aus dem Leib stieg die schönste Prinzessin«. Umgekehrt wird ein Prinz daraus. Laistners Deutung: Die Erleichterung, die das Ende des Alpdrucks bringt, schlägt sich in körperlichen Reaktionen nieder, die in der Traumsprache als Ausspucken eines Fremdkörpers erscheinen können und zugleich als Erlebnis höchsten Glücks. Aus dem Grauen naht, wie ein verklärtes Traumbild, die erlöste Prinzessin, früher hätte man gesagt: die Göttin. Auch der Alumne Nietzsche hatte mit vierzehn einen Schlangentraum — nach dem Erwachen aus der Todesangst konnte er sich mit einer natürlichen Erklärung beruhigen:

> »Es ist eigenthümlich, wie rege die Phantasie im Traume ist; ich, der ich immer des Nachts Bänder von Gummi um die Füße trage, träumte, daß zwei Schlangen sich um meine Beine schlängelten, sofort greife ich der einen an den Kopf, wache auf und fühle daß ich ein Strumpfband in der Hand habe.«

Die Schlange war für ihn nicht nur Bild der Wiederkehr — sie war ihm auch als Bild wiedergekehrt: intuitiv, visionär, als sähe er sie zum ersten Mal. In Wahrheit war schon der Siebzehnjährige darauf gestoßen, als er Petöfis Gedichte studierte und sich einverleibte. Auch sein melancholisches Mondnacht-Gedicht, bei dem der todessüchtige Ermanarich, von den Gespenstern seiner Opfer gequält, Trost beim bleichen Lun' findet, war von dem Ungarn angeregt worden. Ein anderes Gedicht Petöfis, es heißt »Licht nur Licht!«, beklagt die Sinnlosigkeit des Menschenlebens, die Zwecklosigkeit alles Tuns, und scheint in derselben Stimmung geschrieben, die Zarathustra beim Aschetragen in leichenfarbener Dämmerung erfüllte. Vielleicht stieg sein Anreger mit, als der »Wanderer« den traurigen Weg über den Rücken der Insel nahm, fort von den geliebten Kindern, zurück in die einsamste Einsamkeit. Petöfi in seinem Verzweiflungs-Poem:

»Jedoch, sind wir nicht bloß vergleichbar ...
Dem Wanderer, der auf Berge klimmt
Und steht am Gipfel er, dann wieder
Den Rückweg nimmt
Hernieder?
Und ewig daure dieser Lauf
Hinauf, hinab, hinab, hinauf?
Entsetzlich, ach entsetzlich Denken,
Um sich in Irrsinn zu versenken! ...«

Die Sinnlosigkeit, ewig. Als würde der Zwerg auf Zarathustras Schulter Petöfis Gedanken zitieren, weist er ihn höhnisch raunend auf den bevorstehenden Absturz hin: Was steigt, muß fallen. Und wieder, wie Sisyphos, sich mühsam emporarbeiten, um erneut abzustürzen. Der Gedanke der Wiederkehr in Petöfis Worten:

»Wen nie im Bogen
Gedanken noch umflogen
Wie diese, ach, wie die,
Der fror noch nie;
Was Kälte ist, der weiß es nicht ...«

Mitten in Nietzsches »Zarathustra«-Aufzeichnungen findet sich ein Satz, in dem Petöfis frostiger Gedanke wiederkehrt, aber auch die Szene, in der der Mond scheint, der Hund heult und noch etwas anderes geschieht, was der Autor sonst lieber verschweigt:

»in fernsten und kältesten Gedanken umgehend, wie ein Gespenst auf Winterdächern, zur Zeit, wo der Mond sich in den Schein legt«.

Am Ende von »Also sprach Zarathustra« erscheint das Schock-Bild wieder. »Ach! Ach!« seufzt Zarathustra da um Mitternacht. »Der Hund heult, der Mond scheint. Lieber will ich sterben, sterben, als euch sagen, was mein Mitternachts-Herz eben denkt.« Denkt es den kältesten und fernsten Gedanken, der schon Petöfi so »entsetzlich« vorgekommen war? Steigt in ihm die Erinnerung an die Winternacht in Röcken auf — oder an das Bild, in dem der ungarische Dichter den eisigen Gedanken festhielt?

> »Mit solcherlei Gedanken ist verglichen
> Die Schlange warmer Sonnenstrahl,
> Die eisgleich kommt geschlichen
> Uns über'n Busen, glitzernd, fahl
> Und bluterfrierend weiter schleicht
> Den Hals hinan, bis sie erreicht
> Den Mund,
> Und uns den Atem dann erstickt im Schlund.«

Der Ausdruck »Schlund« hat sich Nietzsche offenbar eingeprägt, gleichsam in ihm festgebissen — denn auch seinem jungen Hirten in Agonie und Todesangst kroch das Untier »in den Schlund«. Das Wort, bei dem man eher an den »Taucher« als eine zarte Knabenkehle denkt, mag aus der Not des Übersetzers geboren worden sein — Zarathustra verlieh ihm dichterische Weihen.

Petöfis Gedanken-Schlange, mit der Lebensekel und Todesangst in den Menschen hineinkriechen, um sich dort festzubeißen, erwies sich auch in Nietzsches weiterem Leben als anhänglich. War es der Teufel, der wie zu Paradieses-Zeiten in den glatten Leib schlüpfte, um dem Menschen das Leben zur Hölle zu machen? War es der tote Vater-Gott, der sich, ermordet vom eigenen Sohn, in einen rächenden Giftzahn verwandelte? In einer Notiz aus dem »Zarathustra«-Umkreis schreibt Nietzsche: »Der Gewissensbiß ein Gottesbiß« — sein Schlangengift hat nicht die Kraft zu töten, aber es läßt das Opfer im Leben tausend Tode sterben.

Als Nietzsche 1886 zu seinen Büchern der Befreiung neue Vorreden schreibt, stellt er dem Werk, das den Bruch mit Wagner besiegelt hatte, die Geschichte seiner »grossen Loslösung« voran: Wie sein »gebundener Geist« zum »freien Geist« wurde, indem er sich von allem, was er liebte, losriß, alles, was ihm heilig schien, umkehrte, und schließlich, in Zarathustras späterem Bild, vom Kamel zum Löwen wurde, vom Wagner-Apostel zum gefährlichen Raubtier. Als »Herr der Wüste«

schweift er »grausam umher, mit einer unbefriedigten Lüsternheit; was er erbeutet, muss die gefährliche Spannung seines Stolzes abbüssen; er zerreisst, was ihn reizt«. Folgt man Zarathustras Lehre *»Von den drei Verwandlungen«,* müßte ihn eigentlich der Drache »Du sollst!« am meisten reizen. In seiner Vorrede, drei Jahre nach dem ersten Teil »Zarathustras« geschrieben, lauert ihm ein weit gefährlicheres Tier in der Wüste auf:

»Die Einsamkeit umringt und umringelt ihn, immer drohender, würgender, herzzuschnürender, jene furchtbare Göttin und mater saeva cupidinum.«

Die grausam-strenge Göttin, die sich ihm einst im Gewitter nahte und schreckliche Begierden weckte, legt sich als Schlange um seine Brust und schnürt ihm das Herz zu. Die Einsamkeit gebiert Ungeheuer; der Löwe muß sehen, wie er mit dem tückischen Wesen fertig wird, das zugleich — als Teufel oder Vatergespenst — grausam zubeißt und — als Mutter der verbotenen Doppel-Wollust — seinen unersättlichen Durst nach Grausamkeit weckt. Erst wenn der Löwe sich aus dieser Umarmung befreit hat, so Nietzsche weiter, überkommt ihn die *»grosse* Gesundheit« und alles, was das südländische Leben so leicht macht: »Vogel-Freiheit, Vogel-Umblick, Vogel-Übermuth.« Auch für den »Zarathustra« hatte Nietzsche diese Entwicklung geplant: »Der Weg durch alle 7 Einsamkeiten«, notiert er sich, »endlich die Schlange.« Erst wenn die »einsamste Einsamkeit« angebrochen ist, taucht das lebensgefährliche Tier aus der röchelnden Stille auf — wie in der Nacht auf der Berg-Burg des Todes, als aus dem »herzzuschnürenden« und »tückischen« Schweigen sich das Gräßliche und Unsägliche in einem rahmensprengenden Gewitter entlud.

Auch Flauberts Antonius hatte diese würgende Stille erlebt. Mitten in der Nacht war er eine Treppe hochgestiegen. Im Schein des Mondlichts und flackernder Tonlampen erkennt er in einem Raum verhüllte Menschen, die auf der Erde hocken, neben ihnen »halbnackte, von Ungeziefer zerfressene Kinder«. Der Heilige ahnt, daß etwas Furchtbares geschehen wird, er

»stöhnt vor Beklemmung; er spürt den Atem von etwas Ungeheuerlichem, von einem bevorstehenden entsetzlichen Verbrechen«. Plötzlich beginnt einer der Anwesenden wie in Trance zu tanzen, ruft immer wieder: »Komm! komm! komm! heraus aus deiner Höhle!« Die Beschwörung hat Erfolg. In einem Korb beginnt sich etwas zu regen, Blätter rascheln — »und der Kopf einer Pythonschlange taucht auf . . . sie ist riesengroß und schwer«, kriecht über die entzückte Gemeinde hinweg, »ihre Ringe verdoppeln sich, füllen das Zimmer: sie schließen Antonius ein«. Als die Gläubigen beginnen, das Tier abzuküssen und in höchsten Tönen zu preisen, fällt er in Ohnmacht. Die letzten Worte, die er aus dem Mund der ekstatischen Schlangenanbeter hört, sind: »Du bist Christus!« Der Erlöser — eine Schlange.

1869 war dem einsamen Nietzsche, wie er Rohde in Rom schreibt, seine Professur zur »Schlange« geworden, die ihn erst »verführt hat«, weg vom Freunde, und ihm dann »im Munde zum Stein« wurde. 1882 sollte ihm die Lou-Affäre in den »Schlund« kriechen. Mehrmals schreibt er an Freunde, er sei fast daran »erstickt«. Nur dank Zarathustra hätte er überlebt. Der Held als Erlöser. Aber so einfach war das nicht. Denn die Schlange, deren Zähne in seinem Inneren festsaßen, ließ sich nicht herausreißen. Auch sein Held, der im ödesten Mondschein zwischen wilden Klippen sich selbst als das Opfer seiner wiederkehrenden Vergangenheit entdeckt, weiß nicht, wie er helfen soll. In letzter Sekunde kommt ihm die rettende Idee:

> »Meine Hand riss die Schlange und riss: — umsonst! sie riss die Schlange nicht aus dem Schlunde. Da schrie es aus mir: ›Beiss zu! Beiss zu! Den Kopf ab! Beiss zu!‹ — so schrie es aus mir, mein Grauen, mein Hass, mein Ekel, mein Erbarmen, all mein Gutes und Schlimmes schrie mit Einem Schrei aus mir. — . . . Der Hirt aber biss, wie mein Schrei ihm rieth; er biss mit gutem Bisse! Weit weg spie er den Kopf der Schlange —: und sprang empor. — . . .«

Gut gebissen, Löwe. Der kleine Pastor tötet den Vater noch einmal, indem er ihm, der sich in seiner Kehle festgebohrt hat, die eigene durchbeißt. Was sonst hätte geholfen? Herausziehen kann man ihn nicht, die Zähne sitzen zu fest; aber selbst seine Zähne in ihn schlagen, das kann man. Nie wäre das Opfer der Schlange von selbst darauf gekommen, denn Ekel und Angst hatten es gelähmt. Doch Zarathustra, der sich schon von der Last des Zwerges befreien konnte, weiß, wie man mit Gespenstern umgeht: indem man den Spieß umdreht, in die »andere Richtung« marschiert und über den hinwegspringt, der einen in den Abgrund stoßen will. Genaugenommen war es nicht einmal Zarathustra, der schrie, sondern all das, was ihm zuvor das Leben unerträglich gemacht hatte: Grauen, Haß, Ekel, Erbarmen — sie, die ihn wie Teufel quälten, werden plötzlich zu seinem Instrument und tun an seiner Statt, was er selbst nie gewagt hätte. Denn in ihnen steckte sein eigener, gegen ihn gekehrter Wille, der sich nun befreit. Sein Löwenkind tötet die Schlange, in der das steckt, was bisher seinem Willen gespottet hatte: seine eigene Vergangenheit.

> »Dies ist *mein* Wort das mich erwürgen wollt!! Dies ist *meine* Schlange, die mir in den Schlund schlich«

schreibt Nietzsche in einer Vorarbeit; und zur selben Zeit:

> »Erlösung! Aus spie ich den Schlangenkopf! Erlösung! Den Willen lehrte ich das Zurückwollen«.

Erst wenn der Wille die Vergangenheit »erlöst« hat, kann er flügelbrausend ins offene Meer der Zukunft aufbrechen; erst, wenn die Zukunft wieder offen ist, kann auch die Vergangenheit ein Teil von ihr werden — denn in fernster Zukunft, das weiß Zarathustra, kehrt sie zurück. Auf den Klippen im Mondschein war sie ihm als Schlange in den Schlund gekrochen, *seine* Schlange; und er hatte sie, hatte sich erlöst, indem er sie totbiß. Im selben Augenblick ist die ganze Welt verwandelt. Wie in der »Geburt der Tragödie« der Satyr, den eben noch die grauenhafte Vision seines zerrissenen Gottes wahnsinnig machte, dessen verklärtes Bild aus den Wolken herabschweben sieht und, vom Lorbeerzweig der Inspiration berührt, sich, toll vor Lust, im Jauchzen, Singen, Tanzen entlädt, so erlebt Zarathustra nach dem erlösenden Biß das Wunder seines auferstandenen Gottes:

»— Der Hirt aber biss, wie mein Schrei ihm rieth; er biss mit gutem Bisse! Weit weg spie er den Kopf der Schlange —: und sprang empor. — Nicht mehr Hirt, nicht mehr Mensch, — ein Verwandelter, ein Umleuchteter, welcher *lachte!* Niemals noch auf Erden lachte je ein Mensch, wie *er* lachte! Oh meine Brüder, ich hörte ein Lachen, das keines Menschen Lachen war, — — und nun frisst ein Durst an mir, eine Sehnsucht, die nimmer stille wird. Meine Sehnsucht nach diesem Lachen frisst an mir: oh wie ertrage ich noch zu leben! Und wie ertrüge ich's, jetzt zu sterben! —«

Aus dem kleinen Gespensterseher, dem »Besessenen« aus Raffaels Transfiguration, dem Musterknaben aus dem heiligen Tugendland ist der Übermensch geworden. Die Erlösung, die ihm keiner bringen konnte, weil keiner stärker war als sein Feind, hat ihm all sein »Gutes und Schlimmes« gebracht. Und mit diesem Biß ist nicht nur er selbst befreit; auch die Geschichte kann aufatmen. Schon im Zusammenhang mit der »Geburt der Tragödie« hat sich Nietzsche das Bild von Schlange und Biß aufgedrängt:

»Der Sokratismus hat dem aeschyleischen Musikdrama den Kopf abgebissen: es blieb das Drama zurück, und zwar das reine Drama, das Intriguenstück — der Kopf blieb lebendig und seine galvanischen Zuckungen — —«

Sokrates hat die Tragödie vernichtet, indem er aus ihr die tragische Weisheit verbannte, den Umschlag von Grauen in Lust, über dem der Gott erscheint. Seinem Dämonion folgend, das ihm Angst vor der geschlechtlichen Ekstase einflüsterte, biß er der »nackten Wahrheit« der Tragödie den Kopf ab. Kastrierte sie. Das Zucken des Schlangenkopfes begleitete den tödlichen Orgasmus. Auch der Platonismus, mit dessen Leibfeindlichkeit Sokrates das Abendland vergiftete, wird von Nietzsche in seiner Vorrede zu »Jenseits von Gut und Böse« als Alpdruck beschrieben. Nun, so schreibt er, da dieser Platonismus überwunden ist,

»wo Europa von diesem Alpdrucke aufathmet«, sind wir »die Erben von all der Kraft, welche der Kampf gegen diesen Irrthum grossgezüchtet hat«.

Das Christentum, der »Platonismus fürs Volk«, hatte sich wie die Alpschlange um das junge Leben gewickelt; Nietzsche, dem Visionär, ist beim Blick auf jene Zeit »zu Muthe, als ob vor unsern Augen in den Tropen wilde Tiger unter den Windungen ungeheurer Schlangen zerdrückt würden« — die Tiger, Verwandte seines Löwen, tauchen in seiner Phantasie auch als schöngewachsene, kriegerische Griechenhelden auf. Und diese Tiger wurden jahrhundertelang von der Schlange Christentum gewürgt!

Was Zarathustra in seinem »Gesicht« vor Augen trat, war eine vielfache Erlösung: von seinem eigenen Röckener Alptraum, an dessen Ende, wie im Märchen vom Froschkönig, ein schöner Königssohn den leidenden Prinz Eichhorn erlöst; vom Platonismus, dessen Moral und Weltfeindlichkeit die Erde in einen Gottesacker, die Menschen in wandelnde Leichen verwandelte — denen mit dem Übermenschen ein neues Ziel, eine neue Sehnsucht »eingeimpft« wird; schließlich die Lösung seines eigenen »Rätsels«. In einer Notiz versuchte Nietzsche einmal den Gedanken der Wiederkunft mit dem der beißenden Schlange zu verschmelzen. »Alles ›es war‹ wird wieder ein ›es ist‹«, schreibt er da, und deutet die Gefahr an, die mit einer Rückkehr des Vergangenen in die Gegenwart verbunden ist: »Allem Zukünftigen beißt das Vergangene in den Schwanz.« Wie Sokrates der Tragödie. Wie der tote Gott im »Gottesbiß« seinem frevlerischen Sohn. Doch im Fall des jungen Hirten auf den Klippen ist es umgekehrt: Indem er der Schlange, die Zarathustra als *seine* erkennt, die scharfen Zähne in den Hals schlägt, beißt das Zukünftige dem Vergangenen in den Schwanz. Der Hirt, dem die Zukunft gehört, dem Mann, der von seiner Vergangenheit nicht loskommt. Nun ist die Schlange in der Tat Zarathustras Tier — doch nicht als Wiederkunftssymbol führt sie ihn zur Erlösung, sondern als jene andere Schlange, mit deren Kopf er neckisch den prüden Einsiedler in den Bergen erschreckt hatte. Auch sie will immer wieder kommen. Diese Schlange ist Zarathustras verborgenster Teil, seine Tiernatur, die sich — »Träumte ich denn? Wachte ich auf?« — in den Mund eines Jünglings geschlichen hat, als der Mond schien und nur das Auge der Unendlichkeit zusah.

Selten zeigt sich Zarathustras Schlange. Im Oktober 1886 tat sie es. Da wohnte er an der ligurischen Küste, umsorgt von dem Vallombrosa-Mann und Gast-Ersatz Lanzky, lebt für »5 frs. den Tag, tutto compreso, auch der Wein«, und genießt, was er so gern genießt: sein »Nachsommer-Glück«. Auch Erinnerungen überfallen ihn hier, wie die an Zarathustra, der ihm vor Jahren ganz in der Nähe aufgelauert hatte, auf einsamen Spaziergängen, wie er sie nun wieder unternehmen kann, da Lanzky gehfaul und kein »Soldat« ist. Dem fernen Adlatus Gast schwärmt er aus Ruta Ligure vor: »Denken Sie sich eine Insel des griechischen Archipelagos« — auch Nietzsche mußte sie sich »denken«, er war nie dort gewesen —, »mit Wald und Berg willkürlich überworfen«. Was ihn besonders entzückt: »Es ist etwas *Griechisches* daran, ohne Zweifel: andererseits etwas Piratenhaftes, Plötzliches, Verstecktes, Gefährliches.« Er schwimmt, Gast wird es bemerkt haben, wieder in seinem Element. Den Griechen nah und den Seeräubern, Caesar und Columbus zugleich, mit Erobererblick den Horizont überschauend.

Die Bühne ist bereitet, die Schlange kann erscheinen. Nietzsche, der Erbe des Archilochus auf dem erträumten Archipelagus, wartet aufs Erscheinen des apollinischen Gottes und zündet ungeduldig Feuer an, um ihn herbeizurufen — »mehrfach auch«, so verrät er Gast, »lasse ich große Feuer vor mir empor lodern«, und er genießt es, Vorgeschmack des göttlichen Auftritts, die »reine unruhige Flamme mit ihrem weißgrauen Bauche sich gegen den wolkenlosen Himmel aufrichten zu sehen«. Das gefährliche Kokeln im sommertrockenen Pinienwald fand, entgegen seiner Behauptung, nicht nur »zum Vergnügen« statt.

Im Dionysos-Dithyrambus »Das Feuerzeichen« entpuppt sich der Zündler als sehnsüchtiger Satyr, der damit seinen Gott herbeibeschwört:

»Hier, wo zwischen Meeren die Insel wuchs,
ein Opferstein jäh hinaufgethürmt,
hier zündet sich unter schwarzem Himmel
Zarathustra seine Höhenfeuer an,
Feuerzeichen für verschlagne Schiffer,
Fragezeichen für Solche, die Antwort haben . . .«

Antwort auf sein Rätsel, das dringend gelöst werden muß. Schon als Jüngling hatte er seinem »unbekannten Gotte« Altäre feierlich geweiht — der fiktive Opferstein auf dem Bergrücken bei Ruta ist derselbe Altar; Feuer und Rauch weisen den Weg, den nur eine wirklich verschlagene Gottheit kennt:

»Diese Flamme mit weissgrauem Bauche
— in kalte Fernen züngelt ihre Gier,
nach immer reineren Höhn biegt sie den Hals —
eine Schlange gerad aufgerichtet vor Ungeduld:
dieses Zeichen stellte ich vor mich hin . . .«

Es ist, wie der ursprüngliche Text verrät, »seine« Schlange: Die Flamme, die ihren Hals in die Höhe streckt, »begehrlich lodernd in kalten Fernen meine Schlange gerad aufgerichtet vor Ungeduld«. Der ragende Phallus Zarathustras, der mit seiner Gier »in kalten Fernen« züngelt—im Wüstenbordell wird es den Schatten des Helden, der sich eine Dattel nennt, nach eiskalten Beißzähnen verlangen, »mädchenhaften eiskalten schneeweissen schneidigen«, denn nach denen, so bekennt Zarathustras masochistisches Selbst, »lechzt das Herz allen heissen Datteln«. Die schmerzende Kälte des Bisses kühlt das Feuer, das in ihm brennt, die Flamme, die ihn langsam zu Asche werden läßt. Selbst seinem Freund Overbeck war aufgefallen, daß Nietzsche an seiner eigenen Glut zugrunde ging: »Nun ist es«, schreibt der Basler an Gast zu »Zarathustra«-Zeiten, »als ob man einer Selbstverbrennung beiwohnte.« Drei Jahre später deutete ihm sein feuriger Freund in einem Brief an, der »Zarathustra« sei »deshalb ein *unverständliches* Buch ... weil er auf lauter Erlebnisse zurückgeht, die ich mit Niemandem theile«. Aber doch eben, verschlüsselt, mitteilte. Wußte Overbeck? Kannte er die Verwandlung seines Freundes von trockenem Holz und Asche in lebendig aufzüngelndes Feuer? In der Textvariante zum »Feuerzeichen« schreibt Nietzsche: »auf dem Berg noch war ich Flamme hier lodre (ich) als stille Gluth.«

Nietzsche, der Scheiterhaufen, der irgendwo versteckt in einem ligurischen Pinienwald auf den Gott wartet, der ihn in Flammen aufgehen und seine Schlange mit ihrem weißgrauen Bauche emporsteigen läßt — das Bild stammt von ihm selbst: Bekenntnis dessen, der sich in dem Gedicht »Ecce homo« selbst als »Flamme« zu erkennen gegeben hat. Im Wald wartet er, daß einer sein Feuer entzünde:

> »Einen Scheiterhaufen sah ich gethürmt: mürbe und gedrückt wartete er des Funkens: seine eigene Schwere drückte ihn. Den Knaben blies er sein Verlangen zu: mit trockenem Gaumen röchelte er sein Wort, aber die Knaben hörten ihn nicht. Zu Knaben muß man schreien: mit Gewalt immer ihrer Ohren und Augen Thür aufreißen.«

Zu Knaben muß man schreien — wie Zarathustra auf den Mondscheinklippen, als das Reißen mit der Hand nichts half, immer wieder schrie: »Beiss zu! Beiss zu!«, gegen den Ekel des Hirten anschrie, bis dieser sich überwand, kräftig zubiß, ausspie und damit sich selbst und Zarathustra erlöste. Sein Lachen machte den Gebissenen glücklich, nun will er es immer wieder hören, immer wieder kommen, um dieses Lachens willen. Schon im Traum auf der Berg-Burg hatte er das Kindsgelächter gehört, es hatte ihn umgeworfen; jetzt bringt es ihm die Befreiung. Noch einmal nimmt er die Stimme von Wagners Isolde an, die das Nahen der Liebeserfüllung spürt und in den schmerzlichen Jubel ausbricht: »Wie ertrug ich's nur«, die Sinnlosigkeit des Lebens ohne den Geliebten, und »Wie ertrag ich's noch«, ohne mit ihm zu verschmelzen und in der Vereinigung mit Tristan endlich sterben zu dürfen.

»Meine Sehnsucht nach diesem Lachen frisst an mir«, ruft dagegen der erlöste, gesundgebissene Zarathustra aus, »oh wie ertrage ich noch zu leben! Und wie ertrüge ich's, jetzt zu sterben! —«

Er will nicht, wie Wagners Liebespaar, den Tod; er will, den Übermenschen vor Augen, ewig leben. Und er weiß, daß ihm sein Wunsch erfüllt wird.

Doch zuvor heißt es, wieder einmal, untergehen. »Mit solchen Räthseln und Bitternissen fuhr Zarathustra über das Meer«, schreibt sein Autor, und man fragt sich, woher die Bitternis kommt, nachdem sich im Traumgesicht sein Rätsel so herrlich gelöst hat. In der ersten Fassung lautete dieser Satz auch etwas anders: »Mit solchen Bitternissen im Herzen verließ Zarathustra seine Freunde.« Er will sie ja nicht verlassen — er muß. Das erbittert. Der Biß auf den Klippen, der ihn in jeder Hinsicht befreite, gehört der Vergangenheit an, und leider dauert es eine kleine Ewigkeit, bis er wiederkehrt. So träumt Zarathustra nun auf hoher See von seinen »Kindern in ihrem ersten Frühlinge«, die, so eine Variante, »von gemeinsamen Winden gestreichelt« werden. Er war, wie er jetzt begreift, »angekettet an die Liebe« zu ihnen, »das Begehren legte mir diese Schlinge«; ganz feigen- und dattelhaft fühlte er sich »im eignen Safte« kochen, weil die Sonne seiner Liebe »brütend« auf ihm lag. Das aber ist nun vorbei, »Schatten und Zweifel« waren erkältend über ihn hinweggelaufen, hatten ihn losgerissen von seinen Kindern, und schließlich war das Gespenst aufgetaucht, um allem ein Ende zu machen.

Das Kapitel *»Von der Seligkeit wider Willen«* zeigt einen Helden, der dem nostalgischen Glück der Erinnerung ausweicht, weil ihm, er weiß es, das Schlimmste noch bevorsteht — wie immer. Seit er die Inseln seiner Glückseligkeit verlassen hat, fällt er wieder dem Alptraum seiner Vergangenheit zum Opfer:

»Meine Vergangenheit brach ihre Gräber, manch lebendig begrabner Schmerz wachte auf —: ausgeschlafen hatte er sich nur, versteckt in Leichen-Gewänder. Also rief mir Alles in Zeichen zu: ›es ist Zeit!‹ — Aber ich — hörte nicht: bis endlich mein Abgrund sich rührte und mein Gedanke mich biss. Ach, abgründlicher Gedanke, der du *mein* Gedanke bist! Wann finde ich die Stärke, dich graben zu hören und nicht mehr zu zittern? Bis zur Kehle hinauf klopft mir das Herz, wenn ich dich graben höre! Dein Schweigen noch will mich würgen, du abgründlich Schweigender! Noch wagte ich niemals, dich *herauf* zu rufen: genug schon, dass ich dich mit mir — trug! Noch war ich nicht stark genug zum letzten Löwen-Übermuthe und -Muthwillen.«

Gedanke und Gespenst sind eins geworden. Gemeinsam kehren sie wieder und vergällen ihm die Erinnerung an glücklichere Zeiten. Der Gedanke, sagt Zarathustra, hat ihn gebissen. Aber dann wäre er es auch gewesen, der ihm den Kopf abbiß. Oder war es zwar sein Gedanke, der ihn biß, aber nicht seine Zähne, die ihn davon befreiten? Nun denn, der Maulwurf hat ihn wieder. Wie der Vater einst aus dem Grab emporgeschwebt war, weil seine Gräber die Toten nicht halten können, so tritt ihm jetzt der Gedanke in den Weg und verdüstert die Zukunft. »Meine Gräber öffneten sich«, heißt es in einer Notiz, »mein lebendig begrabener Schmerz stand wieder auf — unter Leichengewändern hatte er sich ausgeschlafen.« Es war sein eigener Schmerz gewesen, so deutet der Sohn jetzt das damals Geschehene, der unerträgliche Verlust, der ihn aus tiefem Schlaf weckte und das Gespenst in Leichengewändern emporrief: seine Sehnsucht nach dem verlorenen Gott. Zarathustra begreift, daß ihm diese Wiederkehr unerträglich sein mußte, daß er sie deshalb abkapselte, in die Unterwelt seines Bewußtseins wegdrängte, wo sie ihr gefährliches blutgieriges Schattendasein führte. Er mußte den Toten ein zweites Mal begraben, damit er selbst leben konnte — »ich verschloß die Höhle, in der du schläfst und schleichst — genug des Furchtbaren ist mir dein dumpfes Schleichen und Erdbeben«, heißt es in der Notiz weiter. In diese Höhle muß Zarathustra nun zurück, deren Boden zittert, weil unter ihm der hamletische Maulwurf gräbt: »Bis zur Kehle hinauf klopft mir das Herz, wenn ich dich graben höre!«

Die Angst vor dem Gespenst ist nicht nur körperlich gegenwärtig, sie ist Teil des Körpers selbst. Er will, sein Wille will, aber das Bewußtsein fühlt sich bedroht. Im Schmerz des Kindes über den Verlust, seiner unstillbaren Sehnsucht nach dem Verlorenen, steckt dieser Wille, das Geliebte wiederzuhaben, aber als etwas Fremdes, vor dem das Ich zittert. Die Folge, die Nietzsche ein Leben lang erfuhr: Zwei »Ich« treten in ihm wie selbständige Wesenheiten auf, die sich feindlich gegenüberstehen — wie der Seiltänzer und der Possenreißer, wie Zarathustra und sein Gespenst. Dieser Gedanke ist so wirklich wie sein eigener Leib. Am Klopfen und Beben dieses Leibes erlebt er ihn, unausweichlich, denn keiner kann aus seiner Haut fahren. Nietzsche nennt diese Spaltung den »Ursprung der Religion«. 1888, im letzten Jahr seines Schaffens, schreibt er:

»In summa: der Ursprung der Religion liegt in den extremen Gefühlen der Macht, welche als *fremd* den Menschen überraschen: und dem Kranken gleich, der ein Glied zu schwer und seltsam fühlt und zum Schluß kommt, daß ein anderer Mensch über ihm liege, legt sich der naive homo religiosus in *mehrere Personen* auseinander. Die Religion ist . . . (eine) Art *Furcht-* und *Schreckgefühl* vor sich selbst . . .«

Die Geburt der Religion aus der Last des Alptraums — denn nur in ihm kann eine so niederdrückende Vorstellung wie diese auftauchen, daß ein »anderer Mensch« sich schwer über einen legt; es sei denn im Lusttraum, den das Mittelalter »Incubus« nennt. In beiden Fällen wird der eigene Leib, unter verschiedenen Vorzeichen, als fremd erlebt. Auch Religion, so Nietzsche weiter, ist nur eine Selbst-Entfremdung des Leibes, eine *»Alteration der Persönlichkeit«*: »dies Mal nannte er sein Liebesgefühl Gott.« Und dieses »Liebesgefühl« lebt, auch wenn der »Gott« tot ist; es ist stärker als der Tod. In ihm steckt der Wille, der seinen Willen haben will und sich, wenn die Wirklichkeit sich dem entgegenstellt, seine Götter und Gespenster erfindet — man muß es nur wissen, meint Nietzsche. Denn so sicher der Wille wiederkommt und sich durchsetzen will, taucht auch das Gespenst oder der Gott wieder auf, den er sich geschaffen hat.

»Will denn ein Trieb, wie ihr lehrt, ›befriedigt‹ sein? Will er frei von sich selber sein und Frieden haben? Wollte jemals ein Wille das Nicht-Wollen? Daß er schaffe, das ist aller Triebe Treiben: und wenn er eine Weile schläft, so schläft er sich nur aus, um nachher — sich auszuwachen . . .«

Aber man hat es mißverstanden, hat sich vor diesem scheinbaren Schreckbild mit der Eigendynamik eines individuellen Wesens zitternd in eine Ecke verkrochen, ohne zu bemerken, daß es der eigene Körper, die »grosse Vernunft« war. Man hat vor seiner Grabesstimme gebebt — und doch war es die Stimme des eigenen Willens gewesen: »ihr mißdeutetet immer des müden Willens Stimme und das Schnaufen und Schnarchen des schlafenden.« Kein Toter schnaufte und schnarchte im »Klanggespenst«: »Schnaufen und schnarchen kann auch der Lebendigste.«

Das Kapitel *»Der Genesende«* beginnt wie ein Horrorfilm. Kaum ist Zarathustra in seine Höhle in den Bergen zurückgekehrt, rückt ihm das »Lebendigste« auf den Leib, als wäre es etwas Totes — nur, daß er es umgekehrt empfindet: da liegt etwas Totes, das sich lebendig, bedrohlich lebendig benimmt. Schreck laß nach! Aber nein, diesmal ergreift Zarathustra die Initiative. Mit Löwen-Übermut und -Mutwillen geht er zum Angriff über, und der Leser wird staunender Zeuge einer Live-Beschwörung, in dem ein Phantom ein anderes herausfordert. Wagner-Kenner werden sich an Wotans Beschwörung der Erda erinnert fühlen, andere an Don Quichote und seine Windmühlen. Was geschieht, ist für den armen Helden entsetzlich, für den Leser nur entsetzlich komisch: Zarathustra auf der Couch.

»Eines Morgens, nicht lange nach seiner Rückkehr zur Höhle, sprang Zarathustra von seinem Lager auf wie ein Toller, schrie mit furchtbarer Stimme und gebärdete sich, als ob noch Einer auf dem Lager läge, der nicht davon aufstehn wolle.«

Er wird schwerlich aufstehen können — es ist der Sterbende, der in der Silvesternacht 1864 auf seinem Bett in der Bonner Studentenbude lag und ihn mit seinem Röcheln verrückt machte. Damals nannte er ihn, den Vater in den letzten Zügen, das »sterbende Jahr« und ließ nach dessen Tod eine Byronsche Stimme verkünden, daß die Macht der »Zeit«, zu deren »Narr« er geworden war, nun endgültig gebrochen sei. 1883 in der Zarathustra-Höhle liegt und schnauft er wieder, nachdem er sich, wie man nach der späteren Religions-Notiz befürchten muß, als ein »anderer Mensch« über seinen Sohn gelegt hatte, in bewährter Alpmanier. Diesmal braucht Zarathustra keine Engelsstimme mehr, die das »Klanggespenst meines Ohrs« entweichen läßt — diesmal schreit er selbst, brüllt sich seine Angst aus dem Leib und vertreibt damit die ganze Alptraum-Menagerie, die sich seit Naumburger Tagen um seine Ruhestatt lagerte — »fliegend, flatternd, kriechend, springend, wie ihm nur die Art von Fuss und Flügel gegeben war«, macht es sich aus dem Staub. Aber die ekligen Tierchen, die schon Antonius peinigten, sind ja nur der Hofstaat des toten Königs — nun wird Zarathustra, der Prinz, der seines Erbes nicht froh werden darf, auch den toten König aus seiner Gruft wecken müssen:

> »Herauf, abgründlicher Gedanke, aus meiner Tiefe! Ich bin dein Hahn und Morgen-Grauen, verschlafener Wurm: auf! auf! ... Hier ist Donners genug, dass auch Gräber horchen lernen!«

Mit Donnerschlägen hatte er sich einst an der Berg-Burg des Todes bemerkbar gemacht; nun geht es dem Toten selbst ans Leder. Das Gespenst wird zitiert, mit zarathustrischem Höllenzwang beschworen. Er ruft, wie Wotan das Urweib Erda ruft: Erwache! Und bevor das eigentlich Umwerfende geschieht, das sozusagen das ganze Eintrittsgeld wert ist, kann sich der Autor noch einen Seitenhieb auf seinen Widersacher Wagner gönnen: »Nicht ist das *meine* Art, Urgrossmütter aus dem Schlafe zu wecken, dass ich sie heisse — weiterschlafen!« Das tut nur Wotan, der sie mit doppeltem »Hinab!« in ihre »gruftähnliche Höhle« zurückstößt. Zarathustra dagegen verlangt es nach der Entscheidung. Sein Löwenkind Wille will es. »Herauf!« so schreit er, während er wie ein Schamane herumspringt. Das Gespenst läßt es sich nicht zweimal sagen. Sein Auftritt ist längst Routine. Im »Ermanarich«-Gedicht war die »weiße Gestalt« des Sohnes dem vermeintlichen Mörder so erschienen:

»... Weh! die Gestalt,
Die dort aufsteigt! S'ist seine Gestalt.
Sie wächst und schwillt, sie will mich erdrücken,
Sie will mich durchbohren mit ihren Blicken!«

Der Fremde, in dem der eigene Körper — oder zumindest ein Teil von ihm — steckt, macht sich durch schwellendes Eigenleben bemerkbar. Auch jetzt wieder, zwanzig Jahre später, und gerade so, als wäre seitdem keine Zeit vergangen:

»Du regst dich, dehnst dich, röchelst? Auf! Auf! Nicht röcheln — reden sollst du mir! ... Heil mir! Du kommst — ich höre dich! Mein Abgrund *redet,* meine letzte Tiefe habe ich an's Licht gestülpt! Heil mir! Heran! Gieb die Hand — — ha! lass! Haha! — — Ekel, Ekel, Ekel — — — wehe mir!«

Wer so schreibt, ist außer sich. Das ist kein Prosatext, kein Gedicht, sondern eher ein Tonbandmitschnitt, eine Aufzeichnung wie die von der Gestalt hinter dem Stuhl, von der es heißt, sie sei in großer Erregung niedergeschrieben. Die Sprache scheint angesichts eines unartikuliert flüsternden Dämons zu versagen. Die Kehle, in der das Herz klopft, kann nur stammeln. Wenn Zarathustra nicht lange darauf behauptet, es sei der »Überdruss am Menschen« gewesen, der Ekel vor der Wiederkehr des »kleinen Menschen«, so ist dies höchstens im übertragenen Sinn richtig. In einer Textvariante sagt er ausdrücklich: »Du regst dich, dehnst dich? — Du röchelst. Es giebt nichts Neues mehr.« Nicht nur der kleine Mensch, den er verachtet, kehrt ewig wieder — es ist das immergleiche Gespenst, das sich ihm aufdrängt und das ihn, als er es endlich emporzurufen wagt, wie eine Axt fällt. Der Vater, zu dem der kleine Sohn vertrauensvoll sagt: »Gib die Hand«, hat sich verwandelt, ist in Mumientücher eingewickelt, blind, wie Zarathustra eigens bemerkt, und durch und durch eklig. Es schüttelt ihn, und sein »Wehe mir!« gilt nicht nur der Halluzination, die er nicht erträgt, in alle Ewigkeit nicht ertragen wird, sondern auch seinem Schuldgefühl: Im heftigen Ekel steckt noch der Tötungsimpuls, der den geliebten Vater in ein widerliches Leichenbündel verwandelt hat.

»Kaum aber hatte Zarathustra diese Worte gesprochen, da stürzte er nieder gleich einem Todten und blieb lange wie ein Todter. Als er aber wieder zu sich kam, da war er bleich und zitterte und blieb liegen und wollte lange nicht essen und trinken. Solches Wesen dauerte an ihm sieben Tage.«

Der Mord kann nur durch seinen eigenen Tod gesühnt werden. Zum Glück bricht sein Wille alle Gräber, also auch sein eigenes: nach sieben Tagen auferstanden von den Toten. Der frevlerische Biß auf den Schlangenklippen wurde durch ein rituelles Selbstopfer gesühnt.

Aber das Problem, das ihm durch das Gespenst gestellt wird, ist damit nicht, oder nur vorläufig, gelöst. Lange hat er sich durch »unbewußte Selbstbehütung, Vorsicht, Verschleierung« vor der »schwersten Erkenntniß« gedrückt — doch nun ist sie heraus: »Plötzlich öffnet sich die furchtbare Kammer der Wahrheit.« Und die Wahrheit ist, daß er sie nicht erträgt. Aber was bleibt ihm übrig — er wird sie ja nicht los. Er kann nicht vor ihr fliehen. Der nächste Gedanke in seinen Aufzeichnungen deutet die Lösung an — es ist die Lösung der mondbeschienenen Klippen:

»*Beschwörung der Wahrheit aus dem Grabe* . . . wir entdecken, daß unser einziges Mittel, sie zu ertragen das ist, ein Wesen zu schaffen, *das sie erträgt . . . der Schlange den Kopf abbeißen*!«

Dieses Wesen, oder vielmehr: diese Wesen, gibt es schon. Und auch der Schlangenbiß hat schon stattgefunden. Im selben Augenblick, in dem Zarathustra dem Moral-Gespenst den Kopf abgebissen hat, wurde auch seiner eigenen Schlange der »Kopf abgebissen« — von einem jener Wesen, die keine Angst vor derlei ekligen Tieren und ihrer immer wiederkehrenden Auferstehung haben.

Der Biß auf den Klippen hat Zarathustra verwandelt. Aus dem Löwen, so hatte er einst gepredigt, muß ein Kind werden. Aber dieses Kind Zarathustra hängt noch an der Grausamkeit, der es sich verdankt. Wie er das Gespenst nicht loswird, weil ihm der Kopf immer nachwächst, so will auch die Begierde nach der gewaltsamen Befreiungslust nicht mehr weichen. Die Schlange, das weiß er, ist stärker als seine »kleine Vernunft«; aber auch sie wird bezwungen von einem Stärkeren, und das ist die »grosse Vernunft« seines Willens, den ihm seine Löwin auf hohen Bergen gebar. Der Wille ist grausam. Er will zubeißen, Schmerz und Untergang bringen, und er darf es, weil es für ihn kein Dürfen gibt: Was er will, nimmt er sich; er »darf« es aber auch aus einem anderen Grund: Weil sein Leib bereit ist, dies selbst zu ertragen, was er anderen zu leiden gibt. Seit der junge Hirt ihm auf den Klippen den erlösenden Biß verpaßt hat, giert er danach, zwischen mahlenden Kiefern sein Leben auszuhauchen.

Das Kapitel *»Von alten und neuen Tafeln«,* in dem er noch einmal das Land beschwört, »wo Götter tanzend sich aller Kleider schämen«, und sich nicht länger der »grossen Sehnsucht« nach seinem *»Kinder-Land«* schämt — was geht ihn noch das Vater-Land an! —, mündet in einen Dithyrambus der Grausamkeit. Lustvoll malt er sich seine alte Karl-Moor-Vision aus, vom »Freund, der Blitze und Blicke göttlich in meine dunkle Jugend warf«, wie er später dichtet, der untergehen will wie die Sonne, leuchtend, heldenhaft. Diesen Genius des Heldentodes nennt er nun seinen Willen, der ihm zur »Nothwendigkeit« wird, weil er eine »Wende aller Noth« bringt. Und er erklärt, warum er gerade so sterben will, »wie ich ihn einst sterben sah: siegend, *vernichtend* . . .« — weil die Wende der Not darin besteht, daß sie selbst zur Lust wird. Der Untergang ein Fest. Der Todesbiß die große Genesung. Denn alle Lust will Ewigkeit. Und diesen Willen, dessen »Über-mir« an die Stelle des alten »Über-Ich« getreten ist, bittet er, »unerbittlich« zu sein:

»— Dass ich einst bereit und reif sei im grossen Mittage: bereit und reif gleich glühendem Erze, blitzschwangrer Wolke und schwellendem Milch-Euter: — — bereit zu mir selber und zu meinem verborgensten Willen . . .«

Zarathustra ist, wieder einmal, reif. Wie eine saftige Feige auf der Sonneninsel, die vom Baum fallen, flüssige Lava, die sich aus dem Aetna ergießen, eine Gewitterwolke, die ihre Blitze ausschütten, ein Euter, das seine Milch verspritzen will — was allen verborgen ist, was er selbst am besten verborgen gehalten hat, jetzt will und muß es heraus! Denn er ist

»ein Bogen brünstig nach seinem Pfeile, ein Pfeil brünstig nach seinem Sterne: — — ein Stern bereit und reif in seinem Mittage, glühend, durchbohrt, selig vor vernichtenden Sonnen-Pfeilen«.

Zarathustra gibt sich zu erkennen. Nicht umsonst nennt er sich »Gold-Stern« und stammt aus einem Volk, das nichts will als »Wahrheit reden und gut mit Bogen und Pfeil verkehren«. Die Wahrheit dieses Sterns ist, daß er sich nicht nur zum Bogen krümmen, sondern auch als Pfeil abschießen kann; daß er zugleich Pfeil ist, der einen Stern durchbohren will, und Stern, der von Pfeilen durchbohrt sein will — Pfeilen, von denen er in einer anderen Selbstvernichtungs-Wort-Orgie verrät, sie seien »zähnestumpf«.

Damit ist die Situation des *»Nachtlieds«* wiedergekehrt, nur verschärft. Hatte er damals noch abgewiegelt, eigentlich verlange ihn »nach Rede«, so bleibt jetzt kein Raum mehr für rhetorische Maskenspielereien. Der Wahrheit wird die Ehre gegeben, gerade weil sie wehtut. Seine »Seele« hatte er damals, hoch über dem Brunnengeplätscher der Piazza, als »springenden Brunnen« und »Lied eines Liebenden« besungen; nun hat er »die kleine Scham und die Winkeltugend« von ihr abgewaschen und sie überredet, »nackt vor den Augen der Sonne zu stehn«. Denn nackt singt sich am besten *»Von der grossen Sehnsucht«*. Es ist die Sehnsucht des Weinstocks, der reichlich mit Sonne und nächtlichem Schweigen durchtränkt wurde, bis er reif war und ein dringendes Verlangen spürte. In »Ecce homo« wird der Autor schreiben, daß dieser Weinstock-Gesang Antwort gibt auf die »unsterbliche Klage« des Dionysos, der damals in Rom seine Einsamkeit in die »erhellten Nächte der

Sehnsucht« hinausgeweint hatte. Die Antwort kommt von *»Ariadne«,* wie das Sehnsuchts-Kapitel heißen sollte. Ariadne, verlassen von ihrem wenig wollüstigen Entführer Theseus, liegt einsam am Strand von Naxos und sehnt sich nach dem Tod. Der kommt in einem Kahn übers Meer gefahren und heißt Dionysos. Aber der Tod, den er ihr bringt, schmeckt süß und kostet nicht das Leben. Als funkelndes Sternbild wird der Gott sie später, ewig kreisend, an den Nachthimmel versetzen.

Wie Ariadne ist Zarathustra zum Sterben bereit. »Nun möge die Sehnsucht brausend anschwellen«, singt er in einer unterdrückten Version, »sich hütend vor jeder kleinen Befriedigung.« Die große und endgültige Befriedigung steht auf dem Spiel; dafür lohnt sich das Warten:

»Oh meine Seele, überreich und schwer stehst du nun da, ein Weinstock mit schwellenden Eutern und gedrängten braunen Gold-Weintrauben: — — gedrängt und gedrückt von deinem Glücke, wartend vor Überflusse und schamhaft noch ob deines Wartens ... Deine Fülle blickt über brausende Meere hin und sucht und wartet ...«

Ariadne, in weiblicher Ergebung des Kommenden harrend, steht nicht allein am Inselstrand — auch ihr erigierter Phallus, dessen »schwellendes Euter« mit den »gedrängten Gold-Trauben« darunter sich nur als Bild für einen männlichen »Weinstock« eignet, harrt seines Herrn; sehnt sich, wie einst seine Schlange nach dem Biß, als Weinstock nach »Winzer und Winzermesser«. Ariadne will das Messer, das sich wie eine Reihe eiskalter Beißzähne oder ein Schwarm vernichtender Sonnenpfeile in ihre Weinstockfülle hineinbohrt. Und so muß sie, übervoll zum Bersten, ihre »purpurne Schwermut« nun als rechter Wein-Stock »ausweinen«,

»bis über stille sehnsüchtige Meere der Nachen schwebt, das güldene Wunder, um dessen Gold alle guten schlimmen wunderlichen Dinge hüpfen ... hin zu dem güldenen Wunder, dem freiwilligen Nachen und zu seinem Herrn: das aber ist der Winzer, der mit diamantenem Winzermesser wartet, — — dein grosser Löser, oh meine Seele, der Namenlose — — dem zukünftige Gesänge erst Namen finden!«

Der Namenlose heißt — »Ecce homo« wird dieses »Räthsel« preisgeben — Dionysos. Streng genommen gibt es ihn gar nicht. Er taucht nur, plötzlich wie der Teufel, immer dann auf, wenn die schwellende Sehnsucht eines Weinstocks ihn ruft. Begierde beschwört ihn, sein weibliches Orgiasmus-Auge im männlichen Antlitz eräugt den männlichen Weinstock an jeder reifen Ariadne. Er kommt, um ihn von seiner Überfülle zu erlösen. Er ist grausam, er spielt mit seinem Messer, er läßt sich viel Zeit mit dem erlösenden Schnitt. Zarathustras Vater hat den Nachen schon vor längerer Zeit kennengelernt, dessen »nächtliches Geheimniss« den Gaffern verborgen bleibt. Der Herr des »sinkenden, trinkenden, wieder winkenden goldenen« Schaukel-Kahns aber ist Dionysos. Man kann nie sicher sein, wann er kommt, nur, daß er kommt. Dionysos, der Gott, über den sich mit Sicherheit nur sagen läßt, daß er, wenn er einmal gekommen ist, immer wieder kommen wird. Denn auch Weinstöcke müssen immer wieder geerntet werden.

Wenn Nietzsche über Dionysos schreibt, beginnt er zu kokettieren, anzudeuten, mit den Augen zu zwinkern. Denn Gesichertes läßt sich nicht sagen; nicht einmal, wann er ihm zum ersten Mal begegnet ist. Schon vor der »Geburt der Tragödie«, so schreibt er in seiner Selbstkritik, sei er Jünger jenes »unbekannten Gottes« gewesen, dessen »Verborgenheiten« der »Name Dionysos wie ein Fragezeichen mehr beigeschrieben war«. Später dann, in den Jahren der »*Genesung* . . . voll bunter und schmerzlich-zauberhafter Begebnisse« — »Welche Schauder! Welche kurze kleine Winkel des Glücks! Welches Ausruhen in der Sonne! Welche Zärtlichkeiten!« — sei er ihm leibhaftig begegnet, unter vielen »seltsamen und nicht ungefährlichen Geistern« . Zum Glück hat er dieses Treffen einmal beschrieben, und es ist nicht sicher, ob dies nur in der Phantasie oder wirklich stattgefunden hat:

»Es war Frühling, und alles Holz stand in jungem Safte: als ich so durch den Wald gieng und über eine Kinderei nachdachte, schnitzte ich mir eine Pfeife zurecht, ohne daß ich recht wußte, was ich that. Sobald ich aber sie zum Munde führte und pfiff, erschien der Gott vor mir, den ich seit langem schon kenne.«

Plaudernd gesteht ihm der junge Gott — »ich habe keinen Grund, meine ›Blöße‹ zu decken« —, daß er die Menschen zugrunde richten will. Nicht, um sie einfach zu vernichten, was er auch könnte; sondern »daß dabei Etwas für mich herauskommt«.

»Was denn? fragte ich neugierig. — *Wer* denn? solltest du fragen.«

Natürlich möchte das der Autor, dem dies widerfuhr, auf die Zukunft der Menschheit bezogen wissen. Dionysos, der Gott der ewigen Wiederkunft, wird all jenen Menschen den Untergang bringen, die seine »Philosophie« nicht ertragen — die anderen wird er damit zu Übermenschen machen, zu jenen vollkommenen und wohlgeratenen Menschen, die auch an der Not noch ihre Freude, im Schmerz noch ihre Lust haben können.

»Es ist wahrscheinlich, daß bei solchen vollkommenen und wohlgerathenen Menschen zuletzt die allersinnlichsten Verrichtungen von einem Gleichniß-Rausche der höchsten Geistigkeit verklärt werden; sie empfinden an sich eine Art *Vergöttlichung des Leibes*.«

Diese hätten die Griechen, schreibt Nietzsche, »nicht ohne viele Vorsicht und fromme Schweigsamkeit — mit dem Götternamen: Dionysos« bezeichnet. Auch er tut das. Sein Dionysos sehnt sich, wie im *»Nachtlied«* besungen, nach der Liebe der Menschen. Aber sie müssen schön und gesund und vollkommen sein.

Man kann Dionysos, der zugrunde richtet, um vollkommen zu machen, auch anders verstehen. Möglicherweise hat gerade das dem Autor im Sinn gelegen, als er im Frühlingswald mit dem göttlichen Jüngling plauderte: etwas ganz Persönliches, nur ihm verständlich und seinem schamlosen Gesprächspartner. Zur »allersinnlichsten Verrichtung« nämlich braucht es ein scharfes Winzermesser, vorausgesetzt, man ist ein reifer Weinstock; oder einen von der Bogensehne springenden Pfeil, wenn man ein wandelnder Stern ist; oder eben die berühmten Zähne, die sich in den Schlangenhals graben. Grausam richtet der Gott zugrunde — aber nicht, um zu töten, sondern um einen neuen Menschen aus dem Gemarterten hervorgehen zu lassen. Nach dessen befreitem Lachen dürstet Zarathustra, seit er es zum ersten Mal auf den Klippen hörte. Um dieses Lachens willen, so sang er, darf er nicht mehr sterben; aber ein Leben, ohne es ständig zu hören, erträgt er nun auch nicht mehr. Ariadne braucht Dionysos.

Nur leider ist auf ihn kein Verlaß. Er kommt, wann er will. Er foppt seine Jünger. Messerscharfe oder zähnestumpfe Erfüllung wird in Aussicht gestellt, aber nicht vollzogen. Dionysos frustriert. Man eilt ihm nach, verfolgt ihn, glaubt ihn aus diesem, jenem Auge blitzen zu sehen und muß sich doch wieder enttäuscht abwenden und in »purpurne Schwermut« versinken. Dann, plötzlich, ist er wieder da, mit halkyonischem Lächeln, ein Spötter, der sein Opfer erst an den Ohren zieht und ihm häßliche Grimassen schneidet, bevor er ihm zu Willen ist. *»Das andere Tanzlied«* singt von diesem wetterwendischen Gott, in dessen Auge der Verliebte schon den goldenen Kahn winken sieht, bei dessen Anblick ihm Tanzwut durch Fersen und Zehen zuckt. Doch erst will er Verstecken- und Fangenspielen: Sobald Zarathustra nach ihm greift, weicht er zurück, und Schlangen züngeln nach seinem übermenschlichen Freier: folgt Zarathustra ihm nach, wird er in Höhlen und Dickichte gelockt, wo »Eulen und Fledermäuse« ihn gespenstisch umschwirren; eigentlich wollte der Autor lieber »Schmetterlinge« schreiben, aber er strich es wieder. Dann heulen Hunde hinter ihm her, und drohend zeigt Dionysos ihm die »weissen Zähnlein«, an denen er sich nicht sattsehen kann. Um seines Gottes Durst zu stillen, so sagt Zarathustra mit faunischem Lächeln, hätte er wohl etwas — »aber dein Mund will es nicht trinken!« Nein, denn er ist mehr als alles andere ein Quälgeist.

Wie schon im *»Tanzlied«* nennt Zarathustra ihn auch im *»anderen Tanzlied«* das »Leben«: »In dein Auge schaute ich jüngst, oh Leben: Gold sah ich in deinem Nacht-Auge blinken, — mein Herz stand still vor dieser Wollust.« Und da das Leben im Lateinischen weiblichen Geschlechts ist, wird Dionysos, der Unnennbare, Namenlose, der große Geheimnisvolle und Zweideutige, hier zu einer Sie. Was ihn nicht stört — er ist ohnehin alles, Leben und Tod, Mann und Frau, Wehtun und Lustbereiten. Im ersten *»Tanzlied«* hatte er sich noch nicht offenbart; dafür durfte Zarathustra sich auch mit goldener Angel aus dem abgründigen Meer seines Auges herausfischen lassen. Nun kennt er ihn, und prompt beginnt das quälende Spielchen, das Zarathustras Lust ins Unerträgliche steigert. Dieses »Leben«, in dessen Auge er versinkt, zieht ihn nicht mehr heraus — es läßt ihn absaufen in den Wechselbädern der Ungewißheit. Es lockt ihn und hält ihn hin, stachelt an, indem es zurückstößt, bereitet Lust, indem es wehtut:

> »Ich fürchte Dich Nahe, ich liebe dich Ferne; deine Flucht lockt mich, dein Suchen stockt mich: — ich leide, aber was litt ich um dich nicht gerne! Deren Kälte zündet, deren Hass verführt, deren Flucht bindet, deren Spott — rührt.«

Mit einem Wort: aussichtslos. Zarathustra, aus der Fassung gebracht, schimpft ihn gar eine »Schlange und Schlupf-Hexe« — eine böse Zauberin mit einem steifen Zauberstab? Die Hexe war im Zarathustra schon einmal aufgetaucht. Im Kapitel *»Vom Wege des Schaffenden«* gehörte sie zu den sieben Teufeln, an denen Zarathustra auf dem Weg zum Gipfel vorbei muß. Sie ist sadistisch wie Sacher-Masochs Venus, spöttisch wie ein Mädchen, launisch wie eine Frau und tückisch wie eine Katze. Sie könnte auch Lou heißen, wenn es nicht Dionysos wäre. Als Zarathustra den Weg des Schaffenden ging und seine Asche emportrug, wußte er nicht, wer sich in der Hexe verbarg — wohl aber, daß es ein Teil seiner selbst, seines fremden, sich selbst unheimlichen Körpers war. Schon in Euripides' »Bacchen« hatte Nietzsche den weiblichen Dionysos kennengelernt, der in Frauenkleidern einhergeht und lüsterne Blicke um sich wirft — ein männlicher Gott mit der orgiastischen

Seele des Weibes. In einem Gedichtfragment von 1888 taucht *»die Hexe«* als sein alter ego auf:

»wir dachten übel von einander? . . .
wir waren uns zu fern.
Aber nun, in dieser kleinsten Hütte,
angepflockt an Ein Schicksal,
wie sollten wir uns feind sein?
man muß sich schon lieben,
wenn man sich nicht entlaufen kann«.

Das Bild vom Pflock ruft Assoziationen an eine Folterkammer hervor. Der Text gehört tatsächlich in den Zusammenhang einer solchen Gewalt-Vision aus dem »Zarathustra«, in dem die Requisiten des lustvollen Versteckspiels und der qualvollen Reizsteigerung versammelt sind. Das Gedicht taucht im vierten Teil von »Also sprach Zarathustra« auf, später, mit einem humorigen Anhang versehen, als »Dionysos-Dithyrambus«. Hier trägt er den Titel »Klage der Ariadne« und setzt nur fort, was der Autor in den »Zarathustra«-Kapiteln *»Von der grossen Sehnsucht«* und *»Das andere Tanzlied«* angezettelt hat. Ariadne-Zarathustra winselt unter den Quälereien des verborgenen Gottes Dionysos, der ihr mit »zähnestumpfen Pfeilen«, mit »spitzen eisigen Frostpfeilen«, mit »schadenfrohen Götter-Blitz-Augen« zusetzt. »Grausamster Stachel!« nennt sie ihn und bettelt: »Stich weiter!«

Dionysos, der hier als »Unnennbarer! Verhüllter! Entsetzlicher!« beschworen wird, hält sich bedeckt. Er schießt seine Geschosse aus dem Dunkeln ab, was ihren Reiz erhöht. Ariadne, empfänglich für derlei Überraschungen, jammert: »So liege ich, biege mich, winde mich, gequält von allen ewigen Martern, getroffen von dir, grausamster Jäger, du unbekannter — *Gott* . . .« Leidet sie wirklich oder gehört das zum Rollenspiel? Man ist sich nicht sicher. Steckt vielleicht gar das Vatergespenst in diesem »Henker-Gott«? Klar scheint nur eins: Er will Ariadne nicht töten, nur martern. Aber das versteht sie nicht. »Wozu — *mich* martern, du schadenfroher unbekannter

Gott?« Wirklich ähnelt die Qual, die er ihr bereitet, jener des Alpgespensts:

»Haha!
Du schleichst heran
bei solcher Mitternacht? . . .
Was willst du?
Sprich!
Du drängst mich, drückst mich,
Ha! schon viel zu nahe! . . .«

Das klingt nach »Ekel, Ekel, Ekel«, nach stillster Mitternacht und erstickendem Alpdruck. Steckt Dionysos etwa auch im teuflischen Gespenst, das ihn in den Abgrund zu stürzen droht, das ihn in der Grabeshöhle seines Zimmerchens mit abgründigem Horror erfüllt? In der »Klage der Ariadne« wird es nicht nur zur Gewißheit — die Marter des Gewissens und des Alptraums erweist sich als Teil eines Spielchens, dessen Meister der Schmerz-Lust-Gott Dionysos ist. Denn als Ariadne endlich, zermürbt von seiner Quälerei, sich ihm ganz hingeben will, ihm ihre Liebe gesteht — zieht er sich flugs zurück.

»Davon!
Da floh er selber,
mein einziger Genoss,
mein grosser Feind,
mein Unbekannter,
mein Henker-Gott! . . .
Nein!
komm zurück!
Mit allen deinen Martern! . . .
Oh komm zurück,
mein unbekannter Gott, mein *Schmerz!*
mein letztes Glück! . . .«

Aus der Perspektive des Leidens ist das nicht zum Lachen. Es scheint schlechthin unverständlich, pervers. Steckt dahinter Nietzsches verzweifelter Heroismus, der sich geschmolzenes Siegelwachs auf die Handfläche träufelt, um dem Schmerz zu trotzen? Der mit zusammengebissenen Zähnen Ja zur Wiederkunft sagt, obwohl alles Schauerliche damit ebenfalls wiederkommt? Oder beschreibt die »Klage der Ariadne« nur ein sadomasochistisches Ritual, in dem das Leiden als Element der Luststeigerung notwendig ist, vor allem auch das Versagen der letzten Steigerung, des Geschlechtsverkehrs.

Der Psychoanalytiker Wilhelm Stekel, der sich auch mit Nietzsches »latenter Homosexualität« beschäftigte, hat mit einer Domina über ihr Spielchen gesprochen. Die Strafe wird in ihm zur ersehnten Belohnung; der Geschlechtsverkehr aber dem Freier abgeschlagen. Wenn der Mann, so erzählt sie, zudringlich wird, stößt sie ihn zurück: »Dann sehe ich ihn spöttisch an und lache ihn aus. Ich sehe ihn vor Leidenschaft sich krümmen, während ihm sein Verlangen den letzten Rest Männlichkeit raubt. Er fängt an, mich anzuflehen, zu wimmern, vor mir zu kriechen, mich anzubeten. Ich bleibe kalt, und dieser Triumph macht mir eine größere Freude als das ganze übrige Spiel.« In Nietzsches Worten:

> »Schwärzres und Schlimmres schautest du als irgend ein Seher: durch die Wollust der Hölle ist noch kein Weiser gegangen.«

*

Das Genie des Herzens. Ariadnes Flehen um Grausamkeit wird von der plötzlichen Erscheinung des Gottes unterbrochen. »Ein Blitz. Dionysos wird in smaragdener Schönheit sichtbar.« Was Ariadne mit staunendem Auge sieht, hat Nietzsche in Genua erlebt. In der »fröhlichen Wissenschaft« spricht er in enthusiastischen Worten von der Brandung, deren Wellen »mit furchterregender Hast in die innersten Winkel des felsigen Geklüftes hinein« lecken, um »ganz weiss vor Erregung« wieder herauszuschlüpfen; worauf die nächste Welle andonnert, »gieriger und wilder noch als die erste«, und das Spiel wiederholt. »Ihr und ich«, sagt der Autor resümierend, »wir sind ja aus Einem Geschlecht! — Ihr und ich, wir haben ja Ein Geheimniss!« Und dieses Geheimnis, dieses Geschlecht hat er wirklich gesehen: Als die Brecher gegen den

Strand und die Klippen liefen, diese »schönen Unthiere«, haben sie »ihre grünen gefährlichen Leiber« so hoch emporgetrieben, wie sie nur konnten, um dann »als grüne Dämmerung und grüne Blitze« für einen langen Augenblick zwischen ihm und der Sonne zu stehen, bis sie ihre »Smaragden hinab in die tiefste Tiefe« schütteten. »Treibt es wie ihr wollt«, schreit er ihnen zu, eingegraben im Sand, den Sonnenhut auf dem Kopf, »brüllt vor Lust und Bosheit.«

Dionysos, der ebenso boshafte wie lustbereite Gott der ligurischen Brandung, erscheint vor seiner am Strande winselnden Ariadne: der Ersehnte, Unvergleichliche, »meine letzte Herzensflamme«, wie Ariadne schluchzt. Doch er denkt gar nicht daran, ihr zu willfahren. Sie hat seine Schönheit gesehen, das muß genügen. »Muss man sich nicht erst hassen, wenn man sich lieben soll?« fragt er neckisch, wie Nietzsche seine Hexe am Pflock. Und erklärt, mit halkyonischem Lächeln: *»Ich bin dein Labyrinth . . .«* Will sagen: Du bist in mir drin, du kommst nicht aus mir heraus. Am Ende wirst du gefressen. Ich bin das Meer, in dem du ertrinken wirst.

Wenn Nietzsche im letzten Jahr seines Schaffens Cosima Wagner mit Ariadne identifiziert, so nur aus dionysischer Bosheit und Rachsucht. Für angetane Schmach und Ehrabschneidung hält sich der offenbarte Gott schadlos. Er wußte genau, wie peinlich der prüden Dame der Spitzname »Ariadne« war — den Verrat an Hans von Bülow, der ihr deshalb den Titel verliehen hatte, konnte sie jahrelang nicht verwinden, er stürzte sie geradezu in lustvolle Gewissensmartern. Im Januar 1889 bombardierte Nietzsche sie mit kompromittierenden Zetteln, nennt sie »die Prinzeß Ariadne, meine Geliebte«, erteilt ihr, wie sie einst dem tumben Anselmus, Aufträge — »Dies breve an die Menschheit sollst *du* herausgeben« — und gibt auch gegenüber Jacob Burckhardt die Identität der ehebrecherischen Ariadne preis. Das war nicht Liebe, wie man klatschsüchtig unterstellte, sondern Rache. Noch im September 1888 schrieb er ihr, zwölf Jahre nach der letzten Begegnung:

»Sie wissen sehr gut, wie sehr ich den Einfluß kenne den Sie auf W(agner) ausgeübt haben — Sie wissen noch besser, wie sehr ich diesen Einfluß *verachte* ... Ich habe in dem Augenblick Ihnen und Wagner den Rücken gekehrt, als *der Schwindel* los ging ... Wenn die *Tochter* Liszt in Dingen der deutschen Cultur, oder gar der Religion mitreden will, so habe ich kein Erbarmen ...«

Der Henker-Gott redet. Aber nicht nur Cosima soll unter ihm leiden; auch Wagner, der ihn an den Rand des Selbstmords getrieben hat wie nur je ein Possenreißer einen armen Seiltänzer, wird bedient: Nietzsche legt ihm im vierten Teil des »Zarathustra« die »Klage der Ariadne« in den Mund. In dem epileptischen »Zauberer«, der sie zitternd singt, konnten Eingeweihte leicht den Bayreuther Meister erkennen. Während eines seiner Anfälle, schreibt Gregor-Dellin, habe er mit den Händen wild um sich geschlagen, bevor er fast bewußtlos wurde. Deshalb läßt Nietzsche seinen Zauberer, der sich einst Lindhorst nannte, die »Glieder werfen« wie ein »Tobsüchtiger«. Schadenfroh malt er den Anfall aus und darf den Gedemütigten am Ende sogar mit dem Stock traktieren. Aus Bosheit bleibt dem Zauberer auch der Gott verborgen — nur Ariadne darf ihn in seiner smaragdenen Meeresschönheit sehen.

Auch mit Schopenhauer hatte Nietzsche noch eine Rechnung offen. Sein »Genius der Gattung« spukte in ihm, seit er das Dämonenbuch in Leipzig mit auf seine Bude genommen hatte. Durch ihn und die »Metaphysik der Geschlechtsliebe« hatte er erste Bekanntschaft mit den Forderungen der Gattung gemacht, deren Symptome er an sich selbst nur lückenhaft erkennen konnte: Zwar liefen, einerseits, seine Sehnsucht nach der Sexualität, seine Begierde nach dem Schönen, sein Wunsch, zu lieben und geliebt zu werden, den Erwartungen des Gattungsgenius konform; doch andrerseits spürte er nicht das geringste Verlangen nach dem, was für den Genius das Entscheidende ist: der Fortpflanzung. Schlimmer noch: sie widerte ihn an. Für den Generations-Cupido, der die Autorität des ganzen Menschengeschlechts und gleichsam dessen in die Zeit herabkommende Ewigkeit verkörpert, war er ein Versager. Die

Strafe dafür fiel bitter genug aus: Wie er sollte, konnte er nicht; wie er wollte, durfte er nicht.

Wer aber war jener andere Dämon, der in ihm steckte und seine Begierden so zielsicher leitete? Und wozu die Sehnsüchte, die Visionen, die Träume der Vollkommenheit — bezahlt mit endloser Qual der Selbstverleugnung und des Maskenzwangs? Seine Antwort: Dionysos. Er richtet zugrunde, damit für ihn etwas herauskommt bei dem Spiel. Auch er verfolgt eine höhere Idee, repräsentiert die Ewigkeit im Augenblick. Aber die Ziele des Gattungsgenius interessieren ihn nicht. Fortpflanzung der Vielzuvielen? Wozu? Das Häßliche immer wieder? Nein danke. Schließlich ist er ein Grieche. Und deshalb reizt ihn ein anderes Ziel. Mit ihm und dessen Wahnsinn hat er sein halb widerstrebendes, halb willfähriges Opfer geimpft. Statt des ewig wiederholten Menschlichen, Allzumenschlichen will er das Übermenschliche. Die Vollkommenheit des Übermenschen. Wie aber stellt man ihn her? Zeugt man ihn als ein normales Menschenkind? Springt der Funke vom Gott auf den Menschen oder gar von Mann zu Mann? Die Antwort fand Nietzsche an jenem Augustnachmittag am Silvaplaner See. Er sah die Wiederkunft: das Schild der kreisenden Jünglinge und Mädchen als höchste Notwendigkeit, die zugleich die Wende seiner Not brachte. Sie allein, die ewige Wiederkunft des Gleichen, sorgt dafür, daß die übermenschlichen Augenblicke nicht verlorengehen. Wenn der Mensch über sich hinaussteigt, ihm und seinem Geliebten Flügel wachsen und ihnen der Himmel des Göttlichen offensteht — wie kurz waren diese Momente, wie tief die Schwermut danach. Doch das melancholische Lied der Vergänglichkeit, dessen Refrain sich immer wiederholt, ist nun, ein für allemal, vorbei. Nicht ein Weib — die Ewigkeit bringt den Übermenschen ewig wieder.

»Die sieben Siegel« heißt die Schluß-Hymne des dritten Teils von »Also sprach Zarathustra«. Es ist eine Liebeserklärung an die Ewigkeit, von ihm, Zarathustra, der »zum Blitze

bereit im dunklen Busen« ist, »zum erlösenden Lichtstrahle, schwanger von Blitzen, die Ja! sagen, Ja! lachen«. Ein Hymnus auf die große Schwangere, die Ewigkeit heißt, die ihm, dem Blitzewerfer, seine Kinder gebiert. »Alle Lust will Ewigkeit«, hatte er zuvor verkündet, während die Mitternachtsglocke schlug. Nun singt er von der Zeugung, zu der diese Lust führt, und von der Geburt, die auf die Zeugung folgt:

> »oh wie sollte ich nicht nach der Ewigkeit brünstig sein und nach dem hochzeitlichen Ring der Ringe, — dem Ring der Wiederkunft! Nie noch fand ich das Weib, von dem ich Kinder mochte, es sei denn dieses Weib, das ich liebe: denn ich liebe dich, oh Ewigkeit!«

Die Ewigkeit, ein abstrakter Begriff, der nach Scholastik riecht, als Gegenstand einer begeisterten Hymne? Immerhin: Sie löst ihm das Dilemma der Vergänglichkeit, sichert den Bestand der übermenschlichen Augenblicke. Doch Zarathustras leidenschaftlicher Ausbruch gilt gar nicht jener Begriffshülse, sondern dem lebendigen, kraftstrotzenden Gott, der dahinter steht. Verhüllt den meisten, offenbart nur ihm, seinem Jünger. Den Satz: »Oh wie sollte ich nicht nach der Ewigkeit brünstig sein«, präzisierte Nietzsche erst, strich dann aber die Ergänzung wieder. Sie lautet:

> »brünstig nach der Einzigen (dem Weib) (seligster Verthuender), die noch Sterne im Becher ihrer (seiner) Lust zerschmilzt . . . in deren Nacht-Auge Gold blitzt, ein goldner Kahn auf nächtigen Gewässern — ein versinkender trinkender wieder winkender goldener Schaukel-Kahn: deren Lächeln droht, deren Haß verführt, deren Wollust tödtet, deren Tödten erlöst, deren Erlösung bindet.«

Dieser seligste Vertuende und göttlich Verschwendende, den Nietzsche einmal »Leben« und ein andermal »Ewigkeit« nennt, bereitet seinem Jünger Schwierigkeiten in der Geschlechtsbestimmung. Er oder sie? Schon im *»anderen Tanzlied«* hatte ihn der Wollust-Kahn schwankend gemacht, der ihm aus dem weiblichen Auge des männlichen Gottes zugewinkt hatte. Es ist Dionysos, der im Kahn kommt und Sterne im Becher seiner Lust schmelzen läßt — ein Vergnügen, dem sich auch sein

Jünger gern hingeben möchte. »Ist es«, so fragt er in einer anderen gestrichenen Passage des Schlußkapitels, »daß mich gelüstet, Sterne im Becher der Lust zu schmelzen . . .?« Es ist. Aber nur dem Gott Dionysos steht es frei, mit Wollust zu töten und im Töten, im Biß oder Schnitt mit scharfem Winzermesser, zu erlösen. Er ist der Löser und Erlöser. Ariadne kann davon einen unsterblichen Dithyrambus singen.

Mit der Eröffnung der geheimnisvollen »sieben Siegel« hat Nietzsche den Genius der Gattung endgültig abgeschafft. Wen interessiert noch die Gattung? Wer brünstig nach diesem Gott der Ewigkeit ist, der den Menschen nicht fort-, sondern höherpflanzen will, hat keinen Gedanken mehr an Grete und ihren dämonischen Kuppler zu verschwenden. An die Stelle des abgetanen »Genius der Gattung« tritt triumphierend sein Nachfolger: das *»Genie des Herzens«*. Ihm hat Nietzsche den Schlußgedanken einer Schrift gewidmet, die er, ebenfalls zu seinen Ehren, »Jenseits von Gut und Böse« nannte:

> »Das Genie des Herzens, wie es jener grosse Verborgene hat, der Versucher-Gott und geborene Rattenfänger der Gewissen, dessen Stimme bis in die Unterwelt jeder Seele hinabzusteigen weiss . . .«

beginnt dieser Aphorismus, ein nicht enden wollender Satz, der immer wieder anhebt, seine suggestiven Wiederholungen wie Wellen über den Strand spülen läßt, jedesmal gieriger und verführerischer — um endlich den Schleier des Mysteriums zu lüften. Was aber leistet das Genie des Herzens? Statt den Mann, wie Schopenhauers Gattungsgenius es liebte, aus sich heraus in fremde Gefangenschaft und törichte Selbstvergessenheit zu führen, leitet das Herzensgenie ihn zur Entdeckung und Befreiung seines inneren Schatzes. Aber hatte das nicht schon Schopenhauer geahnt, der über die vergebliche Schönheits-Sehnsucht des Mannes schrieb: »Das niedrig gewachsene, schmalschultrige, breithüftige und kurzbeinige Geschlecht das schöne nennen konnte nur der vom Geschlechtstrieb umnebelte männliche Intellekt: in diesem Triebe nämlich steckt seine ganze Schönheit.« Das Genie des Herzens erlöst diese Sehnsucht von ihrem erdrückenden Panzer, läßt den Mann sich selbst finden. Eigentlich kommt diese Befreiung gar nicht von außen — es ist Gleiches, das sich im Gleichen findet, Göttliches, das nur ein Gott erwecken kann. Diesen Gott nennt Nietzsche den »grossen Verborgenen«, einmal, weil er sich nur ihm enthüllt hat, zum anderen, weil das, was eigentlich groß an ihm ist, selbst jenen, die ihn zu kennen glauben, meist entzogen bleibt.

Was ist so groß an ihm? Daß er zugleich Gott und Versucher sein kann, was sich seit biblischen Paradieses-Tagen ausgeschlossen hatte — das Göttliche und das Satanische waren feindliche Mächte. Im Herzensgenie sind sie vereinigt. Damit gibt es aber auch keine Gewissensqual mehr. Nur wo Gut und Böse, Gott und Versucher, entgegengesetzt sind, wird der Mensch zwischen ihnen aufgerieben. Der neue Versucher-Gott, der zugleich in Versuchung führt und es auf einen Versuch ankommen läßt, befreit den Menschen von seinen Gewissens-Ratten. Sobald der Ton seiner Flöte erklingt, heilen die Wunden, die das nagende Schuldgefühl dem Menschenherzen gerissen hat. Die Stimme des neuen Gottes kommt nicht wie die des alten Jahwe von außen und oben, drohend, vernichtend: Sie spricht vertraut mit ihm wie ein Dämonion, das sich vom Widersacher zum Freund gewandelt hat. Und wie der Sternenheld Herakles weiß sie in die »Unterwelt jeder Seele« hinabzusteigen, um das gewaltsam Verdrängte, die ermordeten Blicke der Jugend, alles Totgeschwiegene heraufzuführen ans Tageslicht, wie der Held es mit Alkestis tat. Das Genie des Herzens, so führt Nietzsche seinen mäandernden Satz weiter, das jener neue Gott besitzt,

> »welcher nicht ein Wort sagt, nicht einen Blick blickt, in dem nicht eine Rücksicht und Falte der Lockung läge, zu dessen Meisterschaft es gehört, dass er zu scheinen versteht — und nicht Das, was er ist, sondern was Denen, die ihm folgen, ein Zwang *mehr* ist, um sich immer näher an ihn zu drängen, um ihm immer innerlicher und gründlicher zu folgen . . .«

Die klassische Definition des Verführers, dessen hypnotische Zweideutigkeit noch in Nietzsches Wortwahl hineinspielt. Was ist eigentlich eine »Falte der Lockung«? Vielleicht kann das nur ein Jünger wissen, der seines Gottes Worte gehört, seinen Blick gesehen hat, und jenes gauklerische Vermögen am eigenen Leib erlebte, sich dem anderen gleichsam anzuverwandeln, ihm sich so einzuverleiben, daß ihm gar keine Wahl bleibt, als mit ihm zu verschmelzen. Das Geheimnis der Verführung eben.

Aber dieser Gott verstellt sich nicht um seiner selbst willen — er will erziehen, befreien, den Verklemmten aus sich heraus- und zugleich in sich hineinlocken:

»— das Genie des Herzens, das alles Laute und Selbstgefällige verstummen macht und horchen lehrt, das die rauhen Seelen glättet und ihnen ein neues Verlangen zu kosten giebt, — still zu liegen wie ein Spiegel, daß sich der tiefe Himmel auf ihnen spiegele . . .«

Wer diesen Gott erlebt, verstummt. Die Welt des Wortemachens und der Wichtigtuerei versinkt unbemerkt, es wird still um ihn, die zuvor erregte See breitet sich in halkyonischer Glätte — und plötzlich erscheinen in ihr wie in einem tiefen Brunnen die Sterne. Die Seele liegt glatt, erfüllt von einem neuen Verlangen, von dem das Herzensgenie ihr zu kosten gab — eigentlich kann man so wenig von einem Verlangen kosten wie von einem Durst trinken; aber in diesem Fall trifft das Bild: Sobald sich der Sternenhimmel in seiner Tiefe spiegelt, spürt er dieses neue Verlangen. Denn nun funkeln die Götter des Firmaments nicht nur hoch über ihm, sondern auch tief in ihm. Der Gott weckt dieses neue Feuer nicht nur, er bläst es auch an und lehrt, wie man es zum Auflodern bringt:

»das Genie des Herzens, das die tölpische und überrasche Hand zögern und zierlicher greifen lehrt; das den verborgenen und vergessenen Schatz, den Tropfen Güte und süsser Geistigkeit unter trübem dickem Eise erräth und eine Wünschelruthe für jedes Korn Goldes ist, welches lange im Kerker vielen Schlamms und Sandes begraben lag . . .«

Die Hand, die bis dahin kaum »ihrem Griff getraut« hatte — unerfahren und zu hastig bei der Sache, wofür Nietzsche das überraschende Wort »überrasch« erfindet —, verschüttend, was in langsamen Tropfen genossen werden will, jeder kleinen Befriedigung nachhechelnd —; diese Hand lernt nun »zierlich« begreifen und betasten wie mit Mädchenfingern und unter dem Eispanzer, den eine tugendhafte Erziehung über den Fruchtgärten des Leibes aufgetürmt hatte, den Schatz zu finden. Wie der heilige Januarius dem neuen Columbus das Seeleneis mit flammendem Speer zerteilte, so ertastet sich diese zarte Hand »den Tropfen Güte und süsser Geistigkeit« und findet endlich, aufzuckend wie eine goldenes Wünschelrütchen — wer weiß, vielleicht wie einst »in rhythmischem Gestalten« —, das körnige Gold, nach dem schon der Schatzsucher Columbus seine Segel setzte. »Dorthin will ich«, hatte er mit Blick auf das Goldland jenseits des Horizonts ausgerufen, »und ich traue mir fortan und meinem Griff.« Gerade dieses Greifen will gelernt sein. Nicht jeder Zudringlichkeit enthüllt sich dieser Schatz, die »terra incognita« des Leibes. Sobald das Genie aber fündig geworden ist und mit der Wünschelrute das verborgene Gold aufgespürt und ertastet hat, dann geschieht das nächste Wunder: Der Gott nimmt dieses Gold nicht wie ein Conquistador in seinen Besitz — er schenkt es dem, aus dessen Tiefe er es förderte:

»das Genie des Herzens, von dessen Berührung Jeder reicher fortgeht, nicht begnadet und überrascht, nicht wie von fremdem Gute beglückt und bedrückt, sondern reicher an sich selber, sich neuer als zuvor, aufgebrochen, von einem Thauwinde angeweht und ausgehorcht, unsicherer vielleicht, zärtlicher zerbrechlicher zerbrochener, aber voll Hoffnungen, die noch keinen Namen haben, voll neuen Willens und Strömens, voll neuen Unwillens und Zurückströmens . . .«

Nicht zufällig ist er der Gott des Meeres, der den Menschen in smaragdener Brandung zerbricht, um ihn zu neuen übermenschlichen Hoffnungen dem Leben zurückzugeben. Wer in diesem Meer ertrinkt, kehrt am Morgen schaumgeboren zurück. Wer sich diesem Gott hingibt, wird sich reicher wiedergegeben. Nietzsche, der sich dabei ertappt, wie er sich vor seinen Zuhörern verplaudert und Unsagbares preisgibt, hält mit einem Mal inne, fragt: ». . . aber was thue ich, meine

Freunde? Von wem rede ich zu euch? Vergass ich mich soweit... dass ihr nicht schon von selbst erriethet, wer dieser fragwürdige Geist und Gott ist, der in solcher Weise *gelobt* sein will.« Nietzsche hat von seinem Meister gut gelernt, beginnt nun selbst zu locken und andeutungsreiche Fragen zu stellen und gibt sich und ihn schließlich zu erkennen. Ja, er ist es, »kein Geringerer nämlich, als der Gott *Dionysos,* jener grosse Zweideutige und Versucher-Gott« — und ich bin sein Prophet, vielmehr: »der letzte Jünger und Eingeweihte«. Das kommt so kokett und augenzwinkernd, daß man für einen Moment am Ernst der Worte zweifelt. Genau das möchte der Autor auch — er will nur von denen verstanden werden, die einen Blick für die Sternenwelten haben, die Dionysos ihnen eröffnet. Den Blinden mag sein Text wie eine Farce, ein Possenspiel erscheinen.

Als Possenspiel endet es auch. Der Gott, der »keinen Grund« sieht, seine »Blösse zu decken«, weil es ihm, wie der Autor moderiert, »vielleicht an Scham« fehlt, entdeckt an seiner Gesprächspartnerin Ariadne eine Blöße. Er stellt sie bloß. Er denke oft darüber nach, meint der Versucher-Gott im Parlando-Ton, wie er den Menschen »stärker, böser und tiefer mache, als er ist« —

»›Stärker, böser und tiefer?‹ fragte ich erschreckt. ›Ja, sagte er noch Ein Mal, stärker, böser und tiefer; auch schöner‹ — und dazu lächelte der Versucher-Gott mit seinem halkyonischen Lächeln, wie als ob er eben eine bezaubernde Artigkeit gesagt habe. Man sieht hier zugleich: es fehlt dieser Gottheit nicht nur an Scham . . .«

Nein, sonst hätte der listige Dionysos seine häßliche Gesprächspartnerin Cosima Wagner nicht an ihrer verwundbarsten Stelle gekitzelt. Aber er meint es ja nicht so — muß man sich nicht erst verletzen, bevor man sich wieder mögen kann?

*

Anfang April 1884 erhält Nietzsche in Nizza Besuch. Seit kurzem hat er den fertigen dritten Teil von »Also sprach Zarathustra« in Händen. Das war's vorerst — mit dem Auftauchen des Winzer-Gottes im goldenen Nachen und der Abschaffung des Gattungsgenius, der durch die Wiederkehr überflüssig wird, hatte er sein »heiliges Buch« vollendet. Nur, keiner hatte es begriffen. Sein Besuch, die österreichische Erstsemesterin Resa von Schirnhofer, die wie Lou in Zürich studiert, kommt auf Empfehlung von Malwida, die sicher wieder Hintergedanken damit verbindet. Resa erlebt den 39jährigen, der ihr Vater sein könnte, »als Mensch von exquisiter Sensibilität, zartfühlend und von ausgesuchter Höflichkeit in Gesinnung und Manieren dem weiblichen Geschlecht gegenüber«. In den zehn Tagen ihres Zusammenseins war absolut nichts »in seinem Wesen, das störend auf mich gewirkt hätte«. Als Frau, das merkte Resa schnell, interessierte sie ihn nicht — umso mehr ihr Unterbewußtes: Man sprach über »sonderbare Träume transzendenten Inhalts« und »Erlebnisse aus meiner Kinderzeit«. Auch eine Weise, in einen anderen Menschen zu dringen.

VIERTER TEIL. Am ersten Sonntag nach ihrer Ankunft lud der Professor sie zu einem Stierkampf ein. Leider unblutig, da »gemäss behördlicher Verordnung weder Pferde auftreten durften, noch Stiere getötet werden«. Als Ersatzbefriedigung gab es in den Pausen des Touristenspektakels »Carmen«-Orchesterstücke. War das der eigentliche Grund, der Nietzsche in die Arena gelockt hatte? Seit er die Oper zum ersten Mal im November 1881 in Genua gehört hatte, war sie seine Lieblingsmusik. Im folgenden Jahr schickte er seinem Musikus Gast den Klavierauszug mit begeisterten Randkommentaren. Für ihn liege in dieser Musik der »Eros, wie die Alten ihn empfanden«, jene klassischen Lehrmeister und Liebeskünstler der Antike — von denen Fräulein Resa keinen Schimmer hat. Vor Gast nennt er diesen Eros »verführerisch spielend boshaft dämonisch unbezwinglich«, die Hauptperson »mitleidig höhnisch verlockend«. Wie jene Hexe, die ihn im *»anderen Tanz-*

lied« foppt und hinhält, in der Ariadne-Klage mit Augenblitzen aus dem Dunkeln martert und seiner Umarmung lachend entwischt. Carmens Geschichte: Sie fesselt den Helden an sich, entzündet seine Liebe, um ihn dann gelangweilt fallen zu lassen. Ein Torero ist ihr nächster Stern. Der Held verbrennt langsam in den Flammen seiner Liebe. Ihm bleibt keine andere Wahl, als sie zu töten. Was als Flirt in der Zigarettenfabrik begann, endet, so Nietzsches Ausdruck, im »*Fieber* der *todtbereiten* Leidenschaft«. Natürlich wußte er, daß diese Musik seinen ästhetischen Sinn unterforderte. Aber es ging ihm dabei nicht um Kunst, sondern um dionysische Wollust. Schon in der Ouvertüre, die er als »prachtvollen Zirkuslärm« lobt, entdeckt er im tragischen Motiv »das Beste, was seit Stendhal sur l'amour geschrieben worden ist«. In diesem Buch, es heißt »De l'amour«, liest sich das so:

> »Heute abend habe ich erfahren, daß die Musik, wenn sie vollkommen, das Herz in genau denselben Zustand versetzt, in dem es sich befindet, wenn es die Gegenwart des geliebten Wesens genießt, das heißt, daß sie uns das augenscheinlich lebhafteste Glück gibt, das auf dieser Erde besteht.«

Man denkt an den berühmten Satz über Sappho, sie sei die einzige Frau gewesen, die »beim Klang der Lyra den Eros« erlebte. Nietzsche scheint es ähnlich ergangen zu sein, wie seine Begleiterin in der Arena mit Staunen bemerkte: »Diese Musik wirkte elektrisierend auf Nietzsche, der wie verklärt horchte, mich in leidenschaftlichen Worten auf den pulsierenden Rhythmus, das Elementare, Pittoreske darin aufmerksam machte.« Als Resa »ein heftiges Verlangen« aus ihren »unbewussten Tiefen« aufsteigen fühlte, ein echtes, blutiges Stiergefecht zu sehen, war ihr Begleiter hocherfreut: »An meine Äusserung über diesen neu entdeckten Zug zur Grausamkeit in meinem Wesen knüpfte Nietzsche allerlei interessante Bemerkungen« an. Grausamkeit, das war sein Stichwort: Vom Dolchstoß des Mithras in der Grotte Mitromania über den Don Josés in Carmens Brust bis zum Biß in den Schlangenhals — ohne Grausamkeit keine Erlösung.

Auch im März 1883 hatte es Nietzsche zu »Carmen« hingezogen. Nicht im geringsten störte ihn dabei, daß das Genueser Theater »gestopft voll« war — er genoß es sogar, wie er Gast berichtet:

»Nun, alter Freund, auch ich war wieder ganz glücklich, es bewegt sich bei dieser Musik irgend ein tiefer tiefer Grund in mir, und ich nehme mir immer dabei vor es auszuhalten, und lieber noch meine äußerste Bosheit auszuschütten als an mir — zu Grund zu gehen. Ich dichtete fortwährend dabei Dionysos-Lieder in denen ich mir die Freiheit nehme, das Furchtbarste furchtbar und zum Lachen zu sagen: dies ist die jüngste Form meines Wahnsinns.«

Wie einst beim »Tristan« im dritten Akt: Die Musik erregt ihn so, daß er fürchtet, daran zugrunde zu gehen. Aber ist nicht Dionysos der Gott, der zugrunde richtet, damit für ihn etwas dabei herauskommt—zum Beispiel ein »Dionysos-Lied«? Ein Lied, das wie der tragische Satyrchor den Schmerzensschrei in Jubelgesang verwandelt, das sein unsägliches Leiden an der Zerrissenheit hinaussingt, bis der erlösende Gott aus den Wolken oder »in smaragdgrüner Dämmerung« erscheint? In Genueser »Carmen«-Begeisterung singt der deutsche Professor solche tragischen Dithyramben, deren eigenartiger Humor darin besteht, daß es ihn, wie seine halbtierischen Vorbilder im alten Drama, »gelüstet, *nackt* zu kommen«. Der musikalisch Mitgerissene hat keine Lust mehr, »seine Blösse zu decken«. Doch des Professors neue Kleider blieben unbemerkt. Seine Lieder, die er später als »Dionysos-Dithyramben« veröffentlichen wird, sind die Kernstücke des vierten Teils von »Also sprach Zarathustra«. Halb aus Bosheit, halb aus Selbstschutz versteckt er sich hinter durchsichtigen Larven, in denen seine Freunde unschwer erkennen können, wer wirklich gemeint ist — nur sie sollen das Buch erhalten. Wer ihn nicht kennt, mag in den skurrilen Masken seine Feinde vermuten.

Der vierte Teil ist das Satyrspiel, das immer nach dem Ende der Tragödie folgen muß. Leider findet er dafür keinen Verleger. Er klopft sogar bei Gersdorff an, ob der ihm finanziell unter die Arme greifen will:

»Es giebt einen vierten (letzten) Theil Zarathustra, eine Art sublimen Finale's, welches gar nicht für die Öffentlichkeit bestimmt ist (das Wort ›Öffentlichkeit‹ und ›Publikum‹ klingt mir, in Bezug auf meinen ganzen Zarathustra, ungefähr so wie ›Hurenhaus‹ und ›öffentliches Mädchen‹ — Pardon!).«

Zu seiner Bibel erhabenster Männlichkeit scheinen ihm nur drastische Kontrastworte einzufallen. Ob Gersdorff später bemerkt hat, daß in eben diesem vierten Teil, zu dessen Druck er kein Scherflein beitrug, ein Hurenhaus mit öffentlichen Mädchen vorkommt — mit denen der Held allerdings herzlich wenig anfangen kann? An Peter Gast meldet Nietzsche zwei Tage darauf, ein neues Buch sei fertig. Den Titel *»Mittag und Ewigkeit«* bezeichnet er einen Monat später als »Verlegenheits-Auskunft in Hinsicht auf einen neuen Verleger«, der ihm kaum den vierten Teil eines bereits veröffentlichten Werks abgenommen hätte. Nietzsches Einschätzung seines neuen Opus:

»Übrigens vielleicht *undruckbar:* eine ›Gotteslästerung‹, gedichtet mit der Laune eines Hanswursts.«

Mit anderen Worten: das Furchtbarste furchtbar und zugleich zum Lachen. Nietzsche druckt es trotzdem, in vierzig Exemplaren, die unter strengster Geheimhaltung an Freunde und Bekannte verschickt werden. Für die Kosten von 284 Mark und 40 Pfennig muß er selbst aufkommen.

Wenn sich nach Fertigstellung des letzten »Zarathustra« in Nietzsches Briefen die Andeutungen häufen, er sei Maskenträger, Schauspieler und durchaus nicht das, was man in ihm vermutet, sondern vielleicht das genaue Gegenteil davon, so war die neue Offenheit bereits in diesem Buch ausgebrochen. »Wenn ich nicht ein gut Stück von einem Schauspieler wäre«, schreibt er der Schwester, »so hielte ich's nicht eine Stunde aus, zu leben.« Gegenüber Heinrich von Stein bekennt er, es sei sein »Loos, mich nur unter Masken zu zeigen«. Und selbst bei Malwida, der Kupplerin, läßt er durchblicken, daß er nicht länger mit einem ehemaligen Basler Professor verwechselt werden wolle: »Zum Teufel auch! Was geht mich dieser Herr an! —«

Doch wer sich als Maskenträger zu erkennen gibt, hat eben damit seine Maske abgenommen.

Das letzte Buch von »Also sprach Zarathustra« ist nicht wie die anderen eine Predigtsammlung, auch kein rätselhaftes Traumprotokoll, sondern der komische letzte Akt seines Seelen-Dramas, der auf der Bühne rund um seine Gebirgshöhle stattfindet. Keine Brüder, Jünger oder Kinder treten auf, sondern Masken aus jener Welt im Tal, die er einst bei seiner großen Loslösung hinter sich gelassen hat. Statt Evangelium ein Maskentreiben. Es sind allesamt Witzfiguren, die sich da aus Not und Lebensüberdruß in Zarathustras Gletscherklarheit emporschleichen: Zwei exotisch aufgeputzte Könige, die einen Esel mit sich führen, als wären sie geradewegs aus Flauberts »Versuchung des heiligen Antonius« entsprungen; der Wahrsager, düsteren Angedenkens; ein selbstquälerischer Wissenschaftler, der sich freiwillig von seinen Studienobjekten, Blutegeln, aussaugen läßt; der letzte Papst, der sich »ausser Dienst« über seinen alten Gott lustig macht; schließlich ein Aussteiger, den der Gesellschafts-Ekel in die Armut getrieben hat — sie alle, ein Karnevalszug seiner Selbstverhöhnung, suchen bei Zarathustra Hilfe. Als die »höheren Menschen«, die sie sich dünken, haben sie einen Anspruch darauf! Wenn ihr vermeintlicher Erlöser sie am Ende mit Löwengebrüll zum Teufel jagt, werden sie — und die paar Leser, für die das Buch bestimmt ist — begreifen, daß sein Übermensch mit der »Geistes-Elite« nichts zu tun hat. Nur Mitleid empfindet Zarathustra über seine Gäste und den Autor, der sich in ihnen verbirgt — aber er verkneift es sich, da er Wichtigeres zu tun hat. Seine Sehnsucht treibt ihn wieder hinaus, den geliebten Kindern entgegen, die nahe sind.

Das einzige, was die Leser des Sonderdrucks daran aufgeregt haben dürfte, war die Frage: Wen hat Nietzsche in diesen Masken karikiert? Manche werden sich selbst wütend wiedererkannt haben, Wissenschaftler und Aussteiger gab es genug unter seinen Freunden; auch Wagner, Liszt oder Schopenhauer wurden hinter den Larven ausgemacht. Und sie alle, die intellektuelle Welt, aus der der Autor kam und von der sich sein Zarathustra auf Nimmerwiedersehen verabschiedet hatte, wurden abgefertigt und ad acta gelegt, vom Brüllen seiner schweifenden Bestie vertrieben.

Es geht auch gar nicht um sie. Für Zarathustra gehören sie zu den »Mißrathenen«, die sich »verpanzern und verstellen, um etwas von sich zu retten«; was sie ihm erzählen, läßt ihn kalt, und »schaudernd« erkennt er: »es ist Nichts, was ich nicht selbst erlebt habe!« Aber es liegt weit hinter ihm, unter ihm — er »vertröstet sich (auf) seine Glückseligen«. Etwas ganz anderes hatte seinen Autor getrieben, nach fast einjähriger Pause den vierten Teil zu schreiben: Er wollte sich selbst zu erkennen geben, im Satyrspiel die verhaßte Maske abnehmen. 1888 wird er sich in »Ecce homo« als hemmungsloser Selbstbeweihräucherer bloßstellen, als Größenwahnsinniger, der sich selber eine lange Nase dreht; und wird vor Franz Overbeck, der den Wahnsinnigen aus seinem Turiner Zimmerchen abholen kommt, einen nackten Satyrtanz aufführen, der, so der schockierte Theologe, »auf grauenhafte Weise« an die »orgiastische Vorstellung der heiligen Raserei« erinnerte. Seine Hand habe sich gesträubt, »die letzten krassesten Einzelheiten zu Papier zu bringen«. Der Satyr wird sich amüsiert haben — zeigte er dem »höheren Menschen« doch nur das Zerrbild, das der sich längst von ihm gemacht hatte. Harlekins Abschiedsvorstellung.

Im vierten Teil »Zarathustras« hat der Autor seinen Seelen-und-Körper-Striptease auf mehrere Figuren verteilt und so den Genuß am exhibitionistischen Akt mit der sadistischen Pointe gekrönt, daß jemand anderes sich darin bloßgestellt fühlt.

Die erste Maske Zarathustras, die mit einem furiosen Epilepsie-Anfall ins Satyrspiel platzt, ist *»Der Zauberer«,* der Zarathustra als »von aller Welt Verlassener und Vereinsamter« sein lächerliches Leid klagt, »nach vielem Zittern, Zucken und

Sich-Zusammen-Krümmen«, wie der Autor schadenfroh hinzufügt. Die Schadenfreude ist reine Selbstquälerei — im Zauberer steckt er selbst, die »siebente Einsamkeit«, die das Kapitel in der Überschrift tragen sollte, ist seine eigene. Das Lied, das der Zauberer dem eisig zuhörenden Zarathustra vorjammert, ist die »Klage der Ariadne«. 1888 wird Nietzsche ihm diesen endgültigen Titel geben. Aber auch in Ariadne steckt er selbst, sein Lied *»Von der grossen Sehnsucht«,* das den Winzer übers Meer ruft, trug diesen Titel. Zarathustra hört sich die masochistischen Leiden seines Autors an, der nicht genug haben kann von den Martern, die ihm der unbekannte Gott angedeihen läßt. Immer wieder will er getroffen und durchbohrt sein, sterbenssüchtig, wie er vorgibt, genußsüchtig in Wahrheit, auf immer brennenderen Schmerz begierig. Wie Caesar, für den die wilden Piraten Lösegeld fordern, sieht er sich vom »grausamsten Jäger« gefangen — doch nicht nur Lösegeld will er geben, sich selbst bietet er an, »dem Hunde gleich«, der seinem Herrchen »Liebe zuwedelt«. Als der neue Caesar sich so unterwirft und den letzten Liebesdienst fordert, flieht der Gott. Nicht aus Angst natürlich, sondern weil es zum Spiel gehört.

Die flehentliche Bitte, mit »allen deinen Martern« zurückzukommen, wird nicht umsonst geäußert — Zarathustra verprügelt den Masochisten mit dem Stock, worauf der um Gnade bittet: Es war alles nur Spiel, er wollte sich nur als *»Büsser des Geistes«* wichtigmachen, der »an seinem bösen Wissen und Gewissen erfriert«. In Wahrheit habe er die Rolle nur aus Eitelkeit angenommen, dieser »Pfau der Pfauen«, der sich als Richard Wagner zu erkennen gibt. Doch das, was der Histrione nachäffte, ist für den Vater Zarathustras Wirklichkeit: Der Mord an Gott hat ihn zu einem Gewissens-Selbstquäler gemacht, der die Verfolgung durch das Gottes-Gespenst irgendwann als sado-masochistisches Versteckspiel genießen lernte. Der Gottes-Biß, der anderen Verdammnis bringt, bedeutet ihm Erlösung.

Auf seinem Weg »durch Berge und Wälder« gelangt Zarathustra »mit Einem Male« in eine völlig veränderte Landschaft: Grabesstille herrscht und die Öde, an der der »letzte Mensch« Oedipus einst erfror. Es ist »das Reich des Todes«, wie Nietzsche es seit den zeitlosen Mitternächten seiner Kindheit kennt. Es ist auch die Bühne, die im Kapitel *»Von Gesicht und Räthsel«* die Geburt des Übermenschen aus dem Biß des Raubtiers sah. »Hier starrten schwarze und rothe Klippen empor«, schreibt der Autor, und »eine Art hässlicher, dicker, grüner Schlangen« kamen zum Sterben hierher. »Darum nannten diess Thal die Hirten: Schlangen-Tod.« Hatte der Hirt am Ende gewußt, wo er sich Schlafen legte? War die Schlange ihm freiwillig in den Schlund gekrochen, nicht ihn zu erwürgen, sondern von ihm getötet zu werden? Wartete er gar auf das Ungeheuer wie dieses auf ihn und seine scharfen Zähne? Zarathustra, an den Schauplatz des Geschehens zurückgekehrt wie der Täter zum Tatort, »versank in eine schwarze Erinnerung, denn ihm war, als habe er schon einmal in diesem Thal gestanden«.

Mitten im Grübeln stößt er auf »Etwas, das am Wege sass, gestaltet wie ein Mensch und kaum wie ein Mensch, etwas Unaussprechliches«. Im Tal, wo die Götter sterben, begegnet er dem Angstgespenst seines Autors aus Leipziger Studententagen. »Was ich fürchte, ist nicht die schreckliche Gestalt hinter meinem Stuhle«, hatte der damals notiert, »sondern ihre Stimme«, der »schauderhaft unartikulierte und unmenschliche Ton jener Gestalt. Ja, wenn sie noch redete, wie Menschen reden!« Nun sitzt sie vor Zarathustra, dieses schreckliche, halb menschliche, halb unmenschliche Phantom. Und wieder ertönt die schauderhafte Stimme:

> »Da aber wurde die todte Öde laut: vom Boden auf nämlich quoll es gurgelnd und röchelnd, wie Wasser Nachts durch verstopfte Wasser-Röhren gurgelt und röchelt; und zuletzt wurde daraus eine Menschen-Stimme«.

Eine natürliche Erklärung für die Gehörs-Halluzination: aus der defekten Wasserleitung war sein Alptraum aufgestiegen, hatte ihn eine Gestalt erdichten lassen, deren Stimme ihn erschreckte wie sein eigener totgeschwiegener Körper. Aber woher die entsetzliche Angst damals, die ihn zittern machte wie vor dem Leibhaftigen? Zarathustras Antwort kommt erst, nachdem er »mit einem Male« niedergestürzt ist, »wie ein Eichbaum, der lange vielen Holzschlägern widerstanden hat, — schwer, plötzlich, zum Schrecken selber für Die, welche ihn fällen wollten«. Wieder muß er den symbolischen Sühnetod sterben, bevor er, ebenfalls symbolisch, wieder auferstehen darf. Und er »stand auf« mit einer neuen Erkenntnis:

»Ich erkenne dich wohl, sprach er mit einer erzenen Stimme: *du bist der Mörder Gottes!*«

Warum aber hat *»Der hässlichste Mensch«,* wie Zarathustra ihn nennt, diesen Frevel begangen, warum hat der kleine Pastorensohn seinen Vater getötet? Daß der offenbar sterben wollte, war ihm schon bei der Rückkehr auf die Walstatt aufgegangen — jetzt meint er, es sei die »Rache an diesem Zeugen« gewesen: Er habe es nicht ertragen, daß Gott ihn in seiner Häßlichkeit sah:

»er sah mit Augen, welche *Alles* sahn, — er sah des Menschen Tiefen und Gründe, alle seine verhehlte Scham und Hässlichkeit . . . er kroch in meine schmutzigsten Winkel.«

Vor lauter Zerknirschung verwechselt der Gottesmörder Ursache und Wirkung: Erst nachdem er ihn getötet hatte, wurde der Vater zum allessehenden Verfolger, der ihm in seine »schmutzigsten Winkel« nachkroch, die vorher durchaus nicht »schmutzig« waren. Erst durch seinen Tod wurde er zum allgegenwärtigen Dämon, seine Stimme zum Dämonion, das ihn nicht mehr in Ruhe ließ. Zarathustra gibt sich vorläufig mit dieser Erklärung zufrieden und lädt das Gespenst, obwohl ihn dabei »fröstelte bis in seine Eingeweide«, wie Mozarts Don Giovanni den steinernen Gast zum Abendessen ein.

Auch seinem Schatten begegnet Zarathustra, den einst die Kaninchenjäger am Vulkan entdeckt hatten. Damals war er entschlossen gewesen, ihn kürzer zu halten, damit er ihm nicht den Ruf verderbe. Nun also trifft er ihn persönlich und entdeckt dabei, daß er ihm nicht davonlaufen kann, da er »längere Beine hat als ich«. Heißt das, er sei der Wahrheit näher als Zarathustra? Oder nur, daß er ein Reisender in Siebenmeilenstiefeln ist? *»Der Schatten«* folgt ihm also, nolens, volens, »auf den Fersen«. Zarathustra, der ein strenges Auge auf ihn wirft, nennt ihn »dünn, schwärzlich, hohl und überlebt«. Schattenhaft eben. In einer gestrichenen Textvariante hatte es noch anders geheißen. Da war der wackere Zarathustra erschrocken, als er sein weitgereistes alter ego erblickte:

»Als er ihn nämlich aber ansah, schrak Zarathustra sein Herz zusammen: so zum Verwechseln ihm selber ähnlich sah sein Nachfolger aus, in der Tracht und dem Bart nicht allein, sondern in der ganzen Art. Wer bist du? fragte Zarathustra heftig. Oder bin ich's selber?«

Das Selbstporträt, das der Schatten von sich und ihm zeichnet, macht verständlich, warum der Autor diese Passage lieber weggelassen hat. Er sei »immer unterwegs«, sagt der Schatten, »aber ohne Ziel«. Jeder Wind wirbelt ihn mit sich, auf jeder Oberfläche läßt er sich »gleich müdem Staube« nieder, »auf Spiegeln und Fensterscheiben«; wie ein Gespenst sei er »in fernsten, kältesten Welten umgegangen« und dabei immer — »Mit dir«, wie er Zarathustra gegenüber hervorhebt — in »jedes Verbotene, Schlimmste, Fernste« eingedrungen. Seine Tugend: »dass ich vor keinem Verbote Furcht hatte«. Aber zu lange ist er »den gefährlichsten Wünschen« nachgelaufen, hat nur nach Lust und Laune gelebt und sich endlich, wie Nietzsches Don Juan der Erkenntnis, den großen Lebensüberdruß eingehandelt.

»Was blieb mir noch zurück? Ein Herz müde und frech; ein unstäter Wille; Flatter-Flügel; ein zerbrochnes Rückgrat.«

Zarathustra tröstet seinen Schatten, der des ewigen Reisens müde ist, mit dem befremdlichen Hinweis, daß dem »Unstäten . . . zuletzt auch ein Gefängniss selig« ist. »Verbrecher«, sagt er, »schlafen ruhig, sie geniessen ihre neue Sicherheit«. Zarathustras Humor. Wie nennt er sich wenige Kapitel weiter, trotzig triumphierend:

»Zarathustra, der Tänzer, Zarathustra der Leichte, der mit den Flügeln winkt, ein Flugbereiter, allen Vögeln zuwinkend, bereit und fertig, ein Selig-Leichtfertiger.«

Am Abend gibt es ein Maskenfest — die »höheren Menschen«, die Zarathustra verachtet, gerade weil sie die zerrissenen Identitäten seines Autors sind, haben sich in der Höhle eingefunden. Seine meist beschäftigungslosen Tiere — der stolze Adler und die kluge Schlange — fühlen sich in dieser »betrübten Gesellschaft« unwohl, zumal der Esel sich bald schon eine Sonderrolle anmaßen wird. Wie Nietzsche gegenüber seinen verständnislosen Freunden, wählt auch Zarathustra gegenüber den Besuchern die Rolle des Hanswursts. Sie sollen wenigstens bei ihm etwas zu lachen haben — wenn sie auch nicht die *»lachenden Löwen«* sind, auf die ihr Gastgeber wartet. Außerdem »*riechen* sie« ihm »nicht gut«. Zarathustra nutzt die erste Gelegenheit, um zu entwischen.

Es schlägt die Stunde des Zauberers. Der Epileptiker, der erst nach der Abstrafung durch seinen unbekannten Gott verlangte, kehrt nun den Spieß um: Sein »schwermüthiger Teufel« befällt ihn, jene grausame Melancholie, die Nietzsche im Gimmelwalder Gewitter als geharnischte Todes-Göttin überkam und schwer zu stillende Begierden in ihm weckte. Umsonst, sagt der Zauberer, in dem zuvor Nietzsches Ariadne steckte, »umsonst ringe ich mit diesem bösen Geiste«. Er kommt schon, der »Abend-Dämmerungs-Teufel« mit seiner bösen Lust — »macht nur die Augen auf! — es gelüstet ihn, *nackt* zu kommen, ob männlich, ob weiblich, noch weiss ich's nicht: aber er kommt, er zwingt mich, wehe! macht eure Sinne auf!« Wehe rief Zarathustra vor dem Gespenst aus, wehe macht ihn seine schwermütige Begierde schreien: Wehe! Denn sie ist, wie alle seine Teufel, stärker als er. Sie ist der Wille seines Leibes.

Und dem steht der Sinn nach anderen Leibern; ob männlich, ob weiblich, ist dem, der nach Grausamkeit giert, egal. Wehe! Gleich gibt es Schläge, fließt Blut. Und noch einmal Wehe! — denn dieser Teufel, der sich da nackt vor den Zuschauern zeigt, weiß selber nicht, was er ist, »ob Mann, ob Weib«. Er weiß nur, was er will. Im Dionysos-Dithyrambus, dem Nietzsche später den Titel »Nur Narr! Nur Dichter!« geben wird, singt er von seinen Lüsten, als gäbe es keine Tabus mehr:

»Bei abgehellter Luft,
Wenn schon des Thau's Tröstung
Zur Erde niederquillt,
Unsichtbar, auch ungehört: —
Denn zartes Schuhwerk trägt
Der Tröster Thau gleich allen Trost-Milden —:
Gedenkst du da, gedenkst du, heisses Herz,
Wie einst du durstetest,
Nach himmlischen Thränen und Thau-Geträufel
Versengt und müde durstetest,
Dieweil auf gelben Gras-Pfaden
Boshaft abendliche Sonnenblicke
Durch schwarze Bäume um dich liefen,
Blendende Sonnen-Gluthblicke, schadenfrohe . . .«

Der hier singt, hat Trost gefunden. Sobald die Helligkeit des Tages der Nacht gewichen ist, kommt die Stunde, in der der Tau der Liebe fällt. In dem Brief an Erwin Rohde, der von seiner Einsamkeit als Folge einer »Naturmarotte« sprach, verglich er die Freundesliebe mit dem Dämon, der dem Verdurstenden »die verdorrten Lippen mit dem Götternektar der Freundschaft« netzt. Auf zarten Sohlen kommt die Erlösung, keiner bemerkt sie. Wie verzweifelt erscheint dem so Getrösteten sein vorheriges Leben: Als er auf göttlichen, metaphysischen Trost hoffte und doch immer nur die Bestrafung durch den allessehenden Gewissensgott bekam, der ihn durchschaute und schon für seine gedachten Wünsche quälte. Ihn, den Henker-Gott, der Ariadne mit »schadenfrohen Götter-Blitz-Augen« folterte und den Zauberer mit ebenso »schadenfrohen« Sonnen-Glutblicken blendete, läßt dieser sein eigenes Lust-

Bekenntnis in Form einer Anklage-Schrift vortragen: Die Wahrheit, nach der zu suchen du vorgibst — so beginnt der scharfe Richter —, interessiert dich in Wahrheit gar nicht. Du bist nur ein Zauberer, ein Lügner — ein Dichter, der den anderen blauen Dunst über sich vormacht. Aber da ich als Gewissensgott alles sehe, blieb mir auch das nicht verborgen. Ich will dir sagen, was du wirklich bist:

»Ein Thier, ein listiges, raubendes, schleichendes,
Das lügen muss,
Das wissentlich, willentlich lügen muss:
Nach Beute lüstern,
Bunt verlarvt,
Sich selber Larve,
Sich selbst zur Beute . . .«

In einer Variante wird der Ankläger deutlicher: »Was trägst du Narr eine zerrissene Larve?« fragt er, »eine Götter-Larve?« Du maskierst dich als Gott, wo du doch nur ein Narr bist. Und außerdem: »Schämst du dich nicht, unter Menschen nach Göttern lüstern hinauszuschnüffeln?« Der Henker mit dem bösen Blick scheint bestens im Bilde. Aber er weiß noch mehr und Schlimmeres: Statt ein Leben als Wissenschaftler zu führen, »still, starr, glatt, kalt«, und der göttlichen Wahrheit zu dienen, selbstlos, interesselos wie ein Standbild, bist du zum Tier verkommen, das im Urwald sein Unwesen treibt:

»In jeder Wildniss heimischer als vor Tempeln,
Voll Katzen-Muthwillens,
Durch jedes Fenster springend
Husch! in jeden Zufall,
Jedem Urwalde zuschnüffelnd,
Süchtig-sehnsüchtig zuschnüffelnd,
Dass du in Urwäldern
Unter buntgefleckten Raubthieren
Sündlich-gesund und bunt und schön liefest,
Mit lüsternen Lefzen,
Selig-höhnisch, selig-höllisch, selig-blutgierig,
Raubend, schleichend, lügend liefest . . .«

Wie hatte Schopenhauer über das »Laster der Päderastie« geschrieben: Es »schleicht unter dem Schleier des tiefsten Geheimnisses allezeit und überall umher«. Der Zauberer, so sein Richter, tut Schlimmeres: Blutgierig springt er durch fremde Fenster, in fremdes Eigentum also, springt mutmaßlich nach rechter Raubkatzenart Menschen und andere Artgenossen an, läuft völlig enthemmt mit »lüsternen Lefzen« umher. Am Schwersten scheint dabei sein Schnüffeln ins Gewicht zu fallen, dieses widerliche »Zuschnüffeln«, die Richtung Erschnuppern. Als Nietzsche einmal jenen dekadenten, effeminierten französischen Schriftstellern, den Flaubert und Zola, heimleuchten will, vergleicht er sie mit neugierigen Hunden, »welche mit aufgeregtem Auge ›dem Weibe‹ bis in seine übelriechendsten Heimlichkeiten nachgehen«. Nietzsches unübertreffliche Galanterie, die an die »übelriechende Äffin« Lou erinnert, ist nicht ganz korrekt: Hunde mögen mit aufgeregten Augen flinke Hasen verfolgen — ihren Angebeteten, aber auch völlig Fremden, nahen sie sich lieber mit ihrer Schnuppernase.

Nietzsche weiß das sehr wohl, wie aus einer späteren Attacke gegen den kranken französischen Geschmack hervorgeht. Er nennt ihn jenen »ésprit français, der so spät, so krank, so neugierig ist, so aushorcherisch, so lüstern«, daß er, immer »Heimlichkeiten schnüffelnd«, ganz »instinktiv die Bekanntschaft mit Menschen von Unten und von Hintenher« sucht — »nicht viel anders als es die Hunde unter einander machen«. Genau das wirft der Henker-Gott dem verlogenen Maskenträger vor. Und daß er sich wie ein wildes Tier benimmt, bei »abgehellter« Luft, versteht sich. Aber schon die musikempfängliche Sappho hatte gesungen: »Gliederlösender Eros treibt wieder mich um, süß-bitter, unzähmbar, ein wildes Tier.«

Die Anklage des bösen Götterblicks ist damit noch nicht zu Ende. Auch wie ein Adler benehme sich der Delinquent, der sich auf wehrlose Lämmer stürzt, mit höhnischer Zerreißungslust — und dem Sinn für konkrete Poesie:

»Dann,
Plötzlich
Geraden Zugs,
Gezückten Flugs,
Auf Lämmer stossen
Jach hinab, heisshungrig,
Nach Lämmern lüstern,
Gram allen Lamms-Seelen,
Grimmig-gram Allem, was blickt
Schafmässig, lammäugig, krauswollig,
Grau, mit Lamms-Schafs-Wohlwollen!«

Kurz, ein Tier, dessen Sehnsüchte »adlerhaft, pantherhaft« nur eines wollen: »Den Gott *zerreissen* im Menschen wie das Schaf im Menschen, und zerreissend *lachen* —« So spricht die strafende Stimme des Gottes — doch ein Urteil bleibt aus. Der Angeklagte ist ihm längst entwischt, aus dem Geltungsbereich seiner sengenden Sonnenstrahlen hinabgesunken, »des Tages müde, krank vom Lichte«, der Nacht zu, die schon dem Wagner-Paar Tristan und Isolde zu liebender Todes-Verschmelzung verhalf. Nur hier findet er »des Thau's Tröstung«, der den Durst seines »heissen Herzens« löscht.

Im nächsten Gesang, den Nietzsche später ebenfalls zum »Dionysos-Dithyrambus« stempeln wird, verlangt es eine »heisse Dattel« nach anderer Befriedigung. Es ist der Schatten Zarathustras, den *»Unter Töchtern der Wüste«* fremdartige Gelüste überkommen. Seinem Herrn sieht er sehr ähnlich, wie schon den Männern am Stromboli auffiel — sie teilen sich auch in gewisse abseitige Erfahrungen. »Ich bin selig, die Wunder zu sehn, welche heisse Sonne ausbrütet«, hatte Zarathustra einmal verraten, »Tiger und Palmen und Klapperschlangen.« War er denn dort gewesen, wo es, wie er predigt, »schöne Brut heisser Sonne und viel Wunderwürdiges an den Bösen« zu betrachten gibt? Sein Freund Gersdorff, der ihn einmal nach Afrika begleiten wollte, nahm es tatsächlich an: »ich glaubte, Du wärest zu den Arabern gegangen, weil ich in Venedig hörte, dass Du nach Messina gereist wärest.« Zur Entzündung von Nietzsches Phantasie genügte auch Lesestoff oder die Beschreibung eines

Freundes. Paul Rée hatte ihm von der Palmenoase Biskra und ihren Reizen berichtet; »Wüstensöhne«, so mag er ihm erzählt haben, gebe es da, desgleichen, wie das Wortspiel suggeriert, »Töchter der Wüste«, die einem Europäer den Aufenthalt kurzweilig machen.

Zarathustras Schatten behauptet, er sei dort gewesen; »gute helle morgenländische Luft« habe es zu schnüffeln gegeben, und die Mädchen, »kleine Geheimnisse« und »Nachtisch-Nüsse«, hätten sich wie Rätsel »rathen lassen«. Danach scheint ihm aber sein schattenhafter Sinn nicht gestanden zu haben— während er »unter Töchtern der Wüste« weilte, erdachte er sich sein Lied. War er nun dort oder nicht? Sein Gedicht verrät Sachkenntnis, wie sie auch einen wirklichen Nordafrika-Reisenden auszeichnet — zum Beispiel Guy de Maupassant. Dessen Kolumnen über die französische Kolonie Algerien und andere eroberte Landstriche wurden seit Anfang der achtziger Jahre in »Le Gaulois« und der »Revue Bleue« gedruckt. Nietzsche, der dem feinsinnigen Reporter »besonders zugethan« war, wie er in »Ecce homo« schreibt, könnte sein symbolistisches Afrika-Bild aus Maupassants hinreißenden Beschreibungen übernommen haben.

»Der Süden! Die Wüste, die Nomaden, das unerforschte Land und dann die Neger, eine ganze neue Welt, gleichsam der Beginn eines neuen Universums! Der Süden! Wie kraftvoll das klingt an der Grenze zur Sahara« — der Ausruf, wie aus dem heißen Herzen des Zarathustra-Schattens, kam von Maupassant. Der hatte auch jene Oulad Nail-Mädchen aufgespürt, über die Nietzsche schon 1880 notierte, sie ergäben sich der Prostitution geradezu aus Pietät. »Beim Anblick dieser Kurtisanen der Wüste« war der Franzose erst einmal »vor Verblüffung sprachlos.« Später entdeckte er die rätselhaften Schönheiten in einem »maurischen Café«:

»Auf dem Fußboden hocken wartend die Oulad Nail mit ihrem glänzenden Putz, ihren prächtigen Schmuckstücken, ihren tätowierten Gesichtern, ihren hochgetürmten Frisuren und Diademen, die an ägyptische Basreliefs erinnern ... Das ein wenig abgewandte Gesicht (der einen) ist starr, gleichmütig, ausdruckslos, es bleibt seltsam reglos, das Antlitz einer Sphinx.«

So sieht es auch der Schatten Zarathustras, der von der kleinen Oase mitten in der Wüste »hinabgeschluckt« wurde und sich nun von »stummen« und doch »ahnungsvollen Mädchen-Katzen« — er bittet eigens um Vergebung für die »Sprach-Sünde« — *»umsphinxt«* sieht. Was sie wohl ahnen, diese ruhenden Raubtiere Dudu und Suleika mit dem Jungfrauen-Rumpf und dem Löwen-Unterleib? Vielleicht, daß dieser »Europäer«, wie er sich nennt, kein gewöhnlicher Freier ist? Immerhin hat er schon einen extravaganten Wunsch geäußert:

»Da sitze ich nun,
In dieser kleinsten Oasis,
Einer Dattel gleich,
Braun, durchsüsst, goldschwürig, lüstern
Nach einem runden Mädchenmunde,
Mehr noch aber nach mädchenhaften
Eiskalten schneeweissen schneidigen
Beisszähnen: nach denen nämlich
Lechzt das Herz allen heissen Datteln. Sela ...«

Als Nietzsche das gewagte Lied später in die »Dionysos-Dithyramben« aufnimmt und mit einem kleinen Abgesang versieht, ändert er nur an wenigen Stellen. Eine davon ist der Mädchenmund, nach dem er lüstern ist — er tauscht ihn aus gegen ein »Mädchen-Maul«; nur als Tiere kommen diese Katzen für ihn in Betracht. Eigentlich geht sein Sinn weder nach einem Mädchenmund noch -maul: Er spekuliert auf die »mädchenhaften« *Beißzähne.* Das Wort entstammt der Kindersprache, und tatsächlich können Kinder beiderlei Geschlechts mit derlei Zähnen zubeißen.

Auch Byrons Don Juan schleicht sich in einen Harem ein, verlarvt unter Mädchenkleidern, und begegnet dort sphinxhaften Odalisken wie jener »Dudu«, die schweigt und gähnt, während ihre Nachbarin »still wie eine Marmorstatue« ruht. Doch Zarathustras Schatten ist kein Don Juan, mit Dudu,

Suleika und ihren Schwestern kann er wenig anfangen. Statt dessen schnüffelt er im Sphingenstall herum, wo er sich an »Paradieses-Luft« delektiert, die er in höchsten Tönen preist: »lichte leichte Luft, goldgestreifte, so gute Luft nur je vom Monde herabfiel« — denkt er dabei an jene Luft, die in der Prophezeiung des Wahrsagers vom »bösen Monde« herniederfällt und die Früchte »faul und braun« macht? Nein, dieser ist ein »guter Mond«, und Zarathustras Schatten genießt das Aroma mit »Nüstern geschwellt gleich Bechern«.

Der Schatten, soviel scheint sicher, ist hier fehl am Platze. Die kindische Geschwätzigkeit, die über seine Verlegenheit hinwegtäuschen soll, verrät nur seine Angst: Die Sphinx, an die ihn die Hürchen erinnern, frißt Jünglinge im Dutzend. Sein Wort-Wasserfall soll einen Vorhang zwischen sich und der Bedrohung aufbauen. Da ihm offenbar die mädchenhaften Zähne in diesem Etablissement nicht zur Verfügung stehen — oder hat er seinen Wunsch sicherheitshalber für sich behalten? —, labt er sich am animalischen Geruch, dem einzig gefahrlosen Vergnügen. Eigentlich, so beteuerte er schon eingangs, wollte er gar nicht ins Bordell, das er zur »kleinsten Oasis« verniedlicht — ihr »liebliches Maul« hatte ihn einfach geschluckt. »Da fiel ich hinein«, sagt er, und es klingt wie: Da bin ich auf sie hereingefallen.

Will sich der Freier rechtfertigen? Singt er sein Lied vor einem strengen tugendhaften heimischen Publikum? Es scheint so. Deshalb nennt er seinen Reisebericht, als käme er aus fernsten biblischen Zeiten, einen »Nachtisch-Psalm«, versieht Vers-Enden mit dem Davidschen »Sela«. Eine Geschichte aus Tausendundeiner Nacht! Schon in der ersten Zeile, die er »mit einer Art Gebrüll« vorträgt, warnt er pflichtschuldigst vor den schrecklichen Folgen der Wollust:

»Die Wüste wächst: weh Dem, der Wüsten birgt!«

Als stünde er wieder als Bonner Theologiestudent am Rednerpult des Gustav-Adolf-Vereins, erhebt er die Tugendstimme, bevor er über die Hölle referiert. Den eingängigen Gedanken von der wachsenden Wüste, mit dem er die Eigendynamik des Lasters charakterisiert, könnte er einst bei Jean Paul aufgelesen haben. In dessen »Traum über das All«, der ihn durch die Unendlichkeit mit ihren flimmernd ausgegossenen Sonnensystemen führt, gelangt er in immer tiefere Finsternisse, die ihn so sehr ängstigen, daß er seinen geflügelten Begleiter bittet:

»Laß ab und führe mich nicht weiter; ich werde zu einsam in der Schöpfung, ich werde noch einsamer in ihren Wüsten; die volle Welt ist groß, aber die leere ist noch größer, und mit dem All wächst die Wüste . . .«

Jean Pauls metaphysisches Bild von der fortschreitenden seelischen Verwüstung eines Weltalls ohne Gott erhält durch Guy de Maupassants Nordafrika-Bericht eine empirische Bestätigung. Die Wüste wächst wirklich, wie er in einer Reportage beschreibt:

»Die mächtige Sonne geht über dieser Erde auf, die sie verwüstet hat, und sie schaut wie eine Herrscherin auf sie herab, als wolle sie sehen, ob auch nichts Lebendiges mehr existiere . . . Eintönig, immer gleich, ausgeglüht und tot ist diese Erde . . . das Feuer verschlingt eine Welt . . . jeden Tag ergreift die schweigende Wüste allmählich Besitz von ihnen.«

In dem späteren Anhang zum Dithyrambus nimmt der Schatten diese Beschreibung auf und wendet sie, mit Blick auf das geneigte Publikum, ins Moralische: Der Mensch, der sich der Fleischeslust hingibt, wird von ihr verschlungen. Sie verwüstet ihn, frißt ihn von innen auf, bis er an seiner eigenen Austrocknung zugrunde geht. Das hätte der heilige Antonius nicht schöner sagen können. Im Abgesang des »Dionysos-Dithyrambus« heißt das:

»Die Wüste wächst: weh dem der Wüsten birgt!
Stein knirscht an Stein, die Wüste schlingt und würgt.
Der ungeheure Tod blickt glühend braun
und *kaut,* — sein Leben ist sein Kaun . . .

Vergiss nicht, Mensch, den Wollust ausgeloht:
du — bist der Stein, die Wüste, bist der Tod . . .«

Das ist nun wirklich gut gebrüllt, wie es eingangs des Liedes heißt, eines »Löwen würdig, oder eines moralischen Brüllaffen«. Nachdem den Bedürfnissen des frommen Publikums Rechnung getragen ist, kann sich der »Europäer« seinen eigenen widmen. Es sind, wie anders, die Bedürfnisse des »Zarathustra«-Autors, der eben auch in diesem Europäer unter Palmen steckt. Als Nietzsche in Venedig die Bekanntschaft einiger Deutscher machte und von einem »Kunstgelehrten« die Visitenkarte überreicht bekam, paßte er: »Bei mir müssen Sie sich begnügen, daß ich auch ein Europäer bin wie Sie.« Auch der Bordell-Gast zieht dieses kontinentale Inkognito vor. Und seine sehr konkreten Wünsche verpackt er in harmlose Kindersprache, als wäre es ein Scherz. Seinen fiktiven Zuhörern macht er es damit um so leichter: Auch sie haben eine verklemmte Einstellung zur Sexualität, sind über die heimlichen Begierden der Kinderstube nie hinausgekommen. Der kitzlige Humor, der sich zwischen derartig Gestörten ausbreitet, ist jener von Mause und seinem Kot. Das Teuflische besteht nur darin, daß Nietzsche in die scheinbar harmlosen Albernheiten sein Bekenntnis verpackt: Er entblößt sich, und keiner bemerkt etwas. Das bringt ihm zusätzliches Vergnügen. Selbst im tugendhaften Auf- und Abgesang hat er eine erotische Anspielung versteckt: Wenn er hier »moralisch« brüllt, als »moralischer Löwe vor den Töchtern der Wüste« die nordische Tugend besingt, dann zitiert er nur den Versucher Mephistopheles aus Berlioz' *»La Damnation de Faust«*. Der Komponist, für den schon der Bonner Student eine »Vorliebe« hatte, läßt seinen Teufel singen: »Maintenant, chantons à cette belle une chanson morale, pour la perdre plus sûrement.« Man kann eine Schöne am besten verderben, indem man ihr ein moralisch' Lied vorsäuselt. Und wahrhaft moralisch brüllt der Schatten seinem Publikum nach dem Munde — auf dessen Nase er gleichzeitig herumtanzt. Denn sein frommer Vortrag gießt nur Hohn über sie aus — sein frivoles Bekenntnis hat sich in eine Asketenkutte gehüllt; als Löwe im Schafspelz bindet er ihnen einen

Bären auf. Selbst der spätere Nachgesang von der mörderischen Wüste, die den Wollüstigen auffrißt, variiert nur das Hauptmotiv seiner Begierde: Sie frißt ja nicht, sie kaut; sie schlingt und würgt wie einst der Hirt die Schlange und beißt dann mit scharfen Zähnen zu. In einer Textvariante heißt das: »Ob Quell und Palme sich hier Nester baun — Der Wüste Drachenzähne kaun und kaun . . .« Für den Masochisten, der von eiskalten Bissen träumt, kann dieser Tod gar nicht schlimm genug sein. Und so tröstet der Schatten: Du, den die Wollust ausgebrannt hat, sollst nie vergessen — dieser Tod, dieses ständige Beißen und Gebissenwerden bist du selbst. Dir kannst du nicht entfliehen.

Nachdem der Schatten bei den Oasen-Katzen mit seinem Beiß-Wunsch sozusagen auf Marmor gebissen und sich dafür an ihrer goldgestreiften Paradieses-Luft schadlos gehalten hat, fesselt ein neuer Gegenstand seine Aufmerksamkeit. Eine Palme wiegt sich vor seinen Augen im Tanz. Schon Flauberts Antonius war von einer solchen Vision versucht worden: »Die alte Palme am Abgrund mit ihren gelben Blätterbüscheln«, so erzählte er entsetzt, »wird zum Körper einer Frau mit langen wehenden Haaren, die sich über die Tiefe neigt.« Auch Zarathustras Schatten erblickt das zweideutige Bild — aber ihn entsetzt dabei etwas ganz anderes:

»So sitze ich hier, ihr
Allerliebsten Freundinnen
Und sehe der Palme zu,
Wie sie, einer Tänzerin gleich,
Sich biegt und schmiegt und in der Hüfte wiegt . . .
Einer Tänzerin gleich, die, wie mir scheinen will,
Zu lange schon, gefährlich lange
Immer, immer nur auf Einem Beine stand?
— da vergass sie darob, wie mir scheinen will,
Das andre Bein?
Vergebens wenigstens
Suchte ich das vermisste
Zwillings-Kleinod
— nämlich das andre Bein —

In der heiligen Nähe
Ihres allerliebsten, allerzierlichsten
Fächer- und Flatter- und Flitterröckchens . . .«

Etwas stimmt nicht an diesem neckischen Geplänkel vor strengem Publikum: Entweder der Schatten sieht wirklich eine Palme, dann fehlt ihr kein Bein, sie steht sehr gut auf ihrem einen — soll sie mit dem zweiten vielleicht laufen lernen? Oder, was wahrscheinlicher ist, der Schatten sieht eine der sphinxhaften Huren — dann fehlt ihr ebenfalls kein Bein, sie hat ja zwei. Aber der witzelnde Sänger meint gar nicht ihre Beine. Im »Dionysos-Dithyrambus« wird er das Wort durch »Beinchen« ersetzen, was das Verständnis erleichtert: Jedes Kind weiß — und das Oasen-Lied imitiert die Kindersprache —, daß den Mädchen etwas fehlt, »ein Beinchen«, das die Knaben haben. Der Schatten, den dies aus der Fassung bringt, sucht sogleich unter ihren Röcken, um das vermißte Juwel zu finden. Doch Fehlanzeige: Beinchen samt Zwillingskleinod, jenes köstlichste Gut, das der Bruder der Schwester voraushat, ist dort nicht auffindbar. Vielleicht lassen sich die ahnungslosen Zuhörer des Psalms damit abspeisen, daß der Schatten unter dem Röckchen wahrhaftig das »andere Beinchen« der Palme gesucht hat — aber nur ein Storch trägt sein Bein in dieser verborgenen Höhe. Und gesetzt, es handelte sich wirklich um eine Palme — wachsen ihr nicht unter dem Blätterrock braune, durchsüßte, goldschwürige Datteln? Oder hat sich der Autor gar an jenes Goethe-Gedicht erinnert, das er einst für seinen Dioskuren Erwin Rohde in »G moll« zum Singen »eingerichtet« hat: Es heißt »Herbstgefühl« und ruft den Trauben, die am Rebengeländer der Hauswand wachsen, zu: »Gedrängter quellet, Zwillingsbeeren, und reifet schneller und glänzend voller«, damit er sie von seinem Fenster aus mit Liebestränen »bethauen« kann, die er der »ewig belebenden Liebe vollschwellende Thränen« nennt.

Was das Publikum zum Lachen bringen soll, ist dem Komödie spielenden Referenten todernst: Vermutlich war es einmal da, sagt er, aber jetzt ist es weg, das Beinchen, das Zwillingsjuwel:

»Hu! Hu! Hu! Hu! Hu! . . .
Es ist dahin,
auf ewig dahin,
das andre Beinchen!
Oh schade um dies liebliche andre Beinchen!
Wo — mag es wohl weilen und verlassen trauern,
dieses einsame Beinchen?
In Furcht vielleicht vor einem
grimmen gelben blondgelockten
Löwen-Unthiere? oder gar schon
abgenagt, abgeknabbert —
erbärmlich wehe! wehe! abgeknabbert! Sela . . .«

So der »Dionysos-Dithyrambus« von 1888. Ein Raubtier hat es, nagenden Zahnes, abgeknabbert. Und das, so schwingt die Befürchtung im Liedchen leise mit, kann jedem passieren. Schrecklich. Jedem kann das Ding abgebissen werden. Deshalb scheint es empfehlenswert, den Ort des Grauens, so verführerisch er duftet, schnellstmöglich zu verlassen. Aber er wäre kein moralischer Brüllaffe, wenn er nicht zuvor seinen Trost zu spenden hätte: »Oh weint mir nicht«, ruft er den beinlosen »Dattel-Herzen« und »Milch-Busen« zu, und, mit einer Spur Gehässigkeit: »Sei ein Mann, Suleika! Muth! Muth!« Dann erhebt sich der Europäer, stößt sein finales »Tugend-Geheul« aus und schlüpft aus dem Oasen-Mäulchen hinaus, »ich kann nicht anders, Gott helfe mir! Amen!«

Er kann nicht anders. Der heiter-frivole Reisebericht vor handverlesenem Publikum, der sich über dessen Naivität und Verklemmtheit lustig macht, endet mit einem Geständnis: Ich mag Frauen nicht »unter den Rock«, weil sie mich an die Gefahr erinnern, meinen eigenen Penis zu verlieren. Auch mir könnte einmal ein bissiger Drache mein Beinchen abknabbern; zum Beispiel jener, der mir mit seinen ewigen »Du sollst!« in der Wüste auflauert. Aber dafür hat sich das Wüstentier, das kamelfromm alle Lasten schleppte, auch in eine schweifende Bestie verwandelt, um dem Drachen seinerseits mit Löwenmut den Kopf abzubeißen. Du sollst beißen, was dich beißt — das war auch der Rat, den Zarathustra dem Hirten gab: »Beiß zu!« Aber die Schlange, in deren Hals der junge Hirt seine schneeweißen, schneidigen Beißzähne grub, war Zarathustras eigene. Der Schatten, der in der Oase weilte, ist ein paradoxes Wesen: Er flieht die Frauen, weil ihnen ihr Beinchen abgebissen ist — und möchte zugleich als heiße Dattel gebissen werden. Was die größte Angst bereitet, bietet auch die tiefste Lust — also sprach Dionysos, der eigens übers Meer kommt, um mit dem Zahn seines Winzermessers seines Jüngers Zwillingsbeeren abzuschneiden.

»Unter Töchtern der Wüste« ist Zarathustra, der seinem Schatten ja zum Verwechseln ähnelt, eine neue Weisheit aufgegangen. Zwar »wurde die Höhle mit Einem Male voll Lärmens und Lachens« darüber — und Zarathustra fürchtet gar »auf ihres Wirthes Unkosten« — aber das Lachen über die Kinderangst vor dem bedrohten Beinchen und Zwillingskleinod, das abgebissen werden könnte, wirkte doch befreiend auf die ganze Maskenversammlung. Jeder, der sich in Zarathustras Höhle geflüchtet hat, litt unter dieser heimlichen Bedrohung und amüsiert sich nun doppelt laut. Auch jener Esel, den die beiden Könige mit sich führten, kann nicht mehr still bleiben. Er empfindet den Lärm regelrecht als »Ermuthigung«. Das Lachen gilt nämlich ihm, dem Symbol für die unversehrte, allmächtige und allzeit bereite Manneskraft. Schon Archilochus hatte dies dem Esel nachgesagt: ». . . da entlud sich ihm sein Ding, das wie beim Eselshengst so groß, beim gutgefütterten.« Die Abendgesellschaft, die sich die Kastrationsangst von der Seele gelacht hat, entdeckt in ihrer Mitte den neuen Gott.

So hat ihn auch Apulejus im zehnten Buch seiner Satire »Der goldene Esel« dargestellt. Der in ein Grautier verwandelte Lucius wird von seinem Besitzer für eine Nacht an eine vornehme Sodomitin vermietet, deren Gelüsten er zu Willen sein soll. Als sie ihm mit Rosenwasser die »Werkzeuge der

Wollust« wäscht, steht plötzlich der Gott vor ihr: »Priapus, sofort durch ihre niedlichen Hände herbeigezaubert, winkte ihr gefällig mit starrem, erhabenem Zepter«; das lose Weib, das kaum »die günstige Gegenwart des Gottes bemerkt« hatte, drängt sogleich darauf, daß er den »Thron der Liebe« besteige. Im nächsten Kapitel verfolgt der langohrige Priapus den Festzug der Isis-Mysterien, bei dem jeder Teilnehmer »nach seiner Phantasie aufs Komischste maskiert« einherkommt — einer davon »mit einem purpurverbrämten Kleid angetan«. Als Zarathustra zum ersten Mal dem potenten Tier begegnet, wird es ihm von zwei Königen zugeführt, mit »Purpurgürteln geschmückt und bunt wie Flamingovögel«. Eigentlich, so eine Textvariante, sind die »gepurpurten« Zwillinge — »die ihr Nullen seid und Zehn bedeutet« — nur Anhängsel des Esels.

Kaum ist das Langohr in den Mittelpunkt des Interesses geraten, wird es totenstill in der Höhle. Und Zarathustra, der sich seiner empfindlichen Nase wegen lieber außerhalb der Pforte aufgehalten hat, riecht nun Verheißungsvolles — »wie von brennenden Pinien-Zapfen«. In der Höhle, in die er zurückschleicht, scheint ein Mysterienkult in vollem Gange:

> »sie lagen Alle gleich Kindern und gläubigen alten Weibchen auf den Knien und beteten den Esel an. Und eben begann der hässlichste Mensch zu gurgeln und zu schnauben, wie als ob etwas Unaussprechliches aus ihm heraus wolle.«

Das Gespenst des toten Gottes, das in Zarathustras Leib lebte und spukte, entpuppt sich als Hoherpriester des neuen Gottes. Indem es den priapischen Esel mit der Litanei des alten Glaubens verehrt, schafft es den alten Gott endgültig ab — »Nicht durch Zorn, sondern durch Lachen tödtet man«, wird der häßlichste Mensch und Phallus-Anbeter später mit Zarathustra sagen. Seine Litanei ist eine Lobpreisung des endlich enthüllten Gottes, vor dem alle Welt auf den Knien liegt. Daß die heiligen Worte direkt dem christlichen Kultus entnommen sind, macht diese »schwarze Messe« wirklich zur »Gotteslästerung«, wie Nietzsche an Gast meldete.

Der neue Gott, der endlich ans Licht getreten ist — so singt der häßlichste Mensch, »nahm Knechtsgestalt an, er ist geduldsam von Herzen und redet niemals Nein«. Und mit dem Zarathustra des *»Tanzlieds«* kann er hinzufügen: »wer seinen Gott liebt, der züchtigt ihn. — Der Esel aber schrie dazu I-A.« Obwohl er unscheinbar, ja unsichtbar durch die Welt geht, und zwar »gerade und krumme Wege«, ist er doch ganz Unschuld: »Jenseits von Gut und Böse ist dein Reich. Es ist deine Unschuld, nicht zu wissen, was Unschuld ist. — Der Esel aber schrie dazu I-A.« Und wieder auf Zarathustra zu gesprochen: »Die Kindlein lässest du zu dir kommen, und wenn dich die bösen Buben locken, so sprichst du einfältiglich I-A.« Eselinnen, so singt der Häßlichste weiter, liebt er, aber auch »frische Feigen« — wohl solche, wie sie *»Auf den glückseligen Inseln«* von den Bäumen fallen, wenn der Zarathustra-Wind sie schüttelt.

Der Weise kommt aufs Stichwort. Er »sprang mitten unter seine tollgewordenen Gäste« und »schrie selber I-A«. Erst jetzt, wo der Held wieder unter der Mysteriengemeinde weilt, kann *»Das Eselsfest«* beginnen. Mit seinem »I-A« hat er ohnehin zu verstehen gegeben, daß der Esel auch nur eine seiner Masken — oder vielleicht Zarathustra nur eine Maske des Esels ist. Mit der »Laune eines Hanswursts« spottet Zarathustra nun über die Eselsanbeter. »Schlimmer, wahrlich, treibst du's hier noch als bei deinen schlimmen braunen Mädchen«, ruft er seinem Schatten zu, der damit seine »göttliche Bosheit« zu schmecken bekommt. Natürlich hat Zarathustra recht — erst hier in der Höhle fand sein Schatten das, was er in der Wüstenoase bei Dudu und Suleika und jener tanzenden Palme vergeblich gesucht hatte. Auch der Wissenschaftler, der im Schlamm wühlt und sich von Blutegeln aussaugen läßt, wird mit dem bedient, was er wirklich will. »Und du gar, sagte Zarathustra zu dem Gewissenhaften des Geistes, erwäge doch und lege den Finger an deine Nase! Geht hier denn Nichts wider dein Gewissen?« Die perplexe Antwort des Durchschauten:

»Es ist Etwas daran, antwortete der Gewissenhafte und legte den Finger an die Nase, es ist Etwas an diesem Schauspiele, das meinem Gewissen sogar wohlthut«. Sein Gastgeber hat es ihm auch *ad nasum* demonstriert.

In Zarathustras düsterer Grotte wurde beim Rauch von brennenden Pinienzapfen und unter dem Gesang des verwandelten Gespensts das Geheimnis des Wiederkunftsmysteriums enthüllt: der Gott Dionysos, der zugleich das unausgesprochene Mysterium seiner Kindheit war; der unbekannte Gott, dessen Allmacht der Knabe angebetet hat, dem er in tiefster Herzenstiefe Altäre weihte; der vor ihm erschien, als alles Holz im jungen Saft stand; der ihn am Meer mit dem orgiastischen Auge des Weibes ansah — jetzt im vierten Teil von »Also sprach Zarathustra«, wo die Masken fallen und der nackte Mensch hervortritt, entblößt der Autor diesen verborgenen, unbekannten Gott. In einem Plan seiner Bücher listete Nietzsche nach »Also sprach Zarathustra« den Titel auf:

»*Dionysos* oder: die heiligen Orgien«

Als deren »Schluß« hatte er vorgesehen: *»Dithyrambisches Zerbrechen seines Herzens«.*

»Das Nachtwandler-Lied«. Zuvor aber lockt Zarathustra seine Gäste ins Freie. »Aber nun lasst mir *diese* Kinderstube«, ruft er ihnen zu. »Kühlt hier draussen euren heissen Kinder-Übermuth und Herzenslärm ab!« Er kann zufrieden sein, die Frustrierten einer sterbenden Gesellschaft haben bei ihm gefunden, was sie suchten:

»Ihr seid wahrlich Alle aufgeblüht: mich dünkt, solchen Blumen, wie ihr seid, thun *neue Feste* noth, — ein kleiner tapferer Unsinn, irgend ein Gottesdienst und Eselsfest, irgend ein alter fröhlicher Zarathustra-Narr, ein Brausewind, der euch die Seelen hell bläst.«

Es ist der Wind, der brausend aus hohen Bergen übers Meer zu den glückseligen Inseln fuhr und mit Donnern die Pforte der Bergburg des Todes eindrückte — der jauchzende Sturm, in dem sich der Löser und Erlöser Dionysos seinen Jüngern naht.

Doch noch einmal verstummt aller Lärm, bricht die Stille seiner einsamsten Einsamkeit aus, seiner stillsten Stunde um Mitternacht. Das Gespenst, das ihn sonst zu Tode ängstigte, ist bei ihm — er hat seine Hand, vor der noch den Genesenden unüberwindlich geekelt hatte, ergriffen; Hand in Hand gehen sie durch die »Nacht-Welt« und unter dem »grossen runden Mond« dahin: Versöhnte.

»Da aber geschah Das, was an jenem erstaunlichen langen Tage das Erstaunlichste war: der hässlichste Mensch begann noch ein Mal und zum letzten Mal zu gurgeln und zu schnauben, und als er es bis zu Worten gebracht hatte, siehe, da sprang eine Frage rund und reinlich aus seinem Munde, eine gute tiefe klare Frage, welche Allen, die ihm zuhörten, das Herz im Leibe bewegte. ›Meine Freunde insgesammt, sprach der hässlichste Mensch, was dünket euch? Um dieses Tags Willen — *ich* bin's zum ersten Male zufrieden, dass ich das ganze Leben lebte . . . War *Das* — das Leben?‹ will ich zum Tode sprechen. ›Wohlan! Noch ein Mal!‹«

Nur einer weiß, was die Wiederkunft des Gespensts bedeutet: Zarathustra. Als »sich diess mit dem hässlichsten Menschen zutrug«, stand er da »wie ein Trunkener: sein Blick erlosch, seine Zunge lallte, seine Füsse schwankten. Und wer«, so fragt sein Autor, dem schon »von Kindesbeinen an« manches Gefährliche über die Seele gelaufen ist, »wer möchte auch errathen, welche Gedanken dabei über Zarathustra's Seele liefen?« Eines ist sicher: Sie laufen zurück, sein Geist weicht aus der Gegenwart, flieht in jene zeitlose Zeit »zwischen Vergangenem und Zukünftigen«, aus der er einst ins Menschenleben hinausgeflohen war. Hand in Hand mit dem Gespenst kehrt Zarathustra in die Katastrophe seines Anfangs zurück — jene Nacht, in der es ihm zuerst erschienen war.

Zarathustras *»Nachtwandler-Lied«* hebt an. *»Kommt! Kommt!«* flüstert er. *»Es geht gen Mitternacht!«* Bald wird die alte Glocke wieder schlagen und alles so sein, wie es seit Ewigkeiten war. Der erste Schlag der »Mitternachts-Glocke« ertönt, welcher schon »eurer Väter Herzens-Schmerzens-Schläge abzählte«, sagt Zarathustra, obwohl er nur an einen Vater denkt, nämlich den eigenen, von dessen Kirche die Turmuhr schlug — »ach! ach! wie sie seufzt! wie sie im Traume lacht! die alte tiefe tiefe Mitternacht!« Mit der Zunge ihrer Glocke spricht sie zu ihm wie der tote Vater: »hörst du's nicht, wie sie heimlich, schrecklich, herzlich zu *dir* redet«? Und was sie sagt, weckt ihn aus tiefem Schlaf mit einem Schlag, einem tiefen Glockenschlag auf: *»Oh Mensch, gieb Acht!«*

Das Kind im Bett ist erwacht, sieht sich ängstlich um: »Wehe mir! Wo ist die Zeit hin?« Träume ich, wache ich? »Sank ich nicht in tiefe Brunnen?« Doch, er fiel in einen bodenlosen Abgrund, in dem ihn der Tod erwartet: »Ach! Ach! Der Hund heult, der Mond scheint. Lieber will ich sterben, sterben, als euch sagen, was mein Mitternachts-Herz eben denkt.« Aber er hat es ja schon erzählt, es war das Traumgesicht vom heulenden Hund und dem Knaben, den eine schwarze Schlange erwürgt. Das Kind erstickt an dem, was es sieht: das Gespenst des toten Vaters, das das Brüderchen ins Grab holt. Will er auch den Ältesten nachholen? »Nun starb ich schon«, sagt Zarathustra. »Es ist dahin.« Aber der Alptraum ist noch nicht zu Ende. Eine Spinne wie im Knittelreim macht sich an ihm zu schaffen. »Spinne«, sagt Zarathustra, »was spinnst du um mich? Willst du Blut?« Seine Frage markiert den Umschlag: Die Qual des Alptraums wird zur Lust daran. Willst du Blut, fragt er die Ekelspinne, die schon im Torweg kroch und zusammen mit dem Alpzwerg und dem Mondschein immer wiederkommt. Willst du mich, fragt er den Henkergott. Die Begierde nach Schmerzen erwacht. »Ach! Ach! der Thau fällt, die Stunde kommt —« Die nächtliche Stunde der Grausamkeit, in der sich Zarathustra in ein schleichendes Raubtier verwandelt, einen blutgierig in die Tiefe stoßenden Adler. Dann fragt er sich »fröstelnd«: »wer soll der Erde Herr sein?« Der Gott der Grausamkeit, Dionysos, dessen Jünger wie Löwen zu beißen verstehen. Und zum zweiten Mal schlägt die Glocke, als wäre gar keine Zeit vergangen, und fragt: *»was spricht die tiefe Mitternacht?«*

Beim Gedanken an den Übermenschen fühlt sich Zarathustra wie von einem Wind getragen: »meine Seele tanzt!« Aber plötzlich verstummt seine Freude. »Der Mond ist kühl, der Wind schweigt. Ach! Ach!« seufzt er, »nun ist alle Lust vorbei, Wein ward Hefe, jeder Becher ward mürbe, die Gräber stammeln.« Zarathustra erlebt das Grauen nach dem »Selbst*orgiasmus*«, wie es der Wahrsager voraussah: Die Früchte faulen, das Meer weicht, die Menschen werden zu lebendigen Leichen. Und jetzt, in dieser zeitlosen Mitternacht, hört Zarathustra die Gräber stammeln: »erlöst doch die Todten! Warum ist so lange Nacht? Macht uns nicht der Mond trunken?« Die Toten leben fort, sie warten auf die Mondnacht, in der sie einst schon dem todessüchtigen Ermanarich ins Gesicht sahen. Zarathustra weiß, daß er die Gräber zerbrechen, die Toten aufwecken muß — wenn er nicht selbst ihr Opfer werden will. »Ihr höheren Menschen« ruft er ohne Hoffnung auf Antwort, »erlöst doch die Gräber, weckt die Leichname auf! Ach, was gräbt noch der Wurm?« Der gespenstische Maulwurf aus Hamlet-Zeiten gräbt wieder in seinem Gewissen, und die vertraute Mitternachtsglocke nimmt einen so fremden Klag an: »— es brummt die Glocke, es schnarrt noch das Herz, es gräbt noch der Holzwurm, der Herzenswurm. Ach! Ach! *Die Welt ist tief!*« Der dritte Schlag der Glocke hat wieder das Gespenst emporgerufen.

Und mit ihm eine andere, noch tiefere Erinnerung: an den Vater am Klavier. Zarathustra hört Musik: »Süsse Leier! Süsse Leier! Ich liebe deinen Ton, deinen trunkenen Unken-Ton — wie lang her, wie fern her kommt mir dein Ton, weit her, von den Teichen der Liebe!« Einst hatte er gedichtet, er rufe »mit der goldnen Leier Saiten« wieder, »die entschwunden«. Die damals mit ihm in Röcken lebten, wo um das Pfarrhaus die Fischteiche lagen. »Du alte Glocke, du süsse Leier!« sagt er jetzt, in den ausschwingenden Klang hinein. »Jeder Schmerz riss dir in's Herz, Vaterschmerz, Väterschmerz, Urväterschmerz.« Glück steigt in ihm auf. »Die Welt selber ward reif«, so spürt er, »die Traube bräunt, — nun will sie sterben, vor Glück sterben. Ihr höheren Menschen, riecht ihr's nicht?« Aus fernsten Kindheitstagen dringt ihm ein fremder, unendlich vertrauter Geruch entgegen. »Es quillt heimlich ein Geruch herauf, — ein Duft und Geruch der Ewigkeit, ein rosenseliger brauner Gold-Wein-Geruch von altem Glücke, — von trunkenem Mitternachts-Sterbeglücke«, wie damals wohl, als sich die Berge neigten und Mause ihn totschlug, was unaussprechliche Erleichterung über ihn gebracht hat und den fernen Duft des verbotenen Kindheitsparadieses. Und so singt die Glocke mit ihrem vierten Schlag: »die Welt ist tief *und tiefer als der Tag gedacht!*«

Beim Schlag kommt das böse Erwachen. Die Bescherung zeitigt Folgen. »Lass mich! Lass mich!« schreit das Kind. »Ich bin zu rein für dich. Rühre mich nicht an! Ward meine Welt nicht eben vollkommen? Meine Haut ist zu rein für deine Hände.« Der Tag dringt mitten in sein kindliches Mitternachts-Glück der körperlichen Freiheit ein. »Oh Tag, du tappst nach mir? Du tastest nach meinem Glücke?« Die Welt, die mit Strafen auf ihn eindringt und ihm sein heimliches Glück verleidet, wird zum grausamen Verfolger. Was will er von mir? fragt Zarathustra. »Oh Welt, du willst *mich?*« Aber dazu bist du zu plump. Dir fehlt das Genie des Herzens, das zart zu greifen weiß; »habt klügere Hände, greift nach tieferem Glücke, nach tieferem Unglücke«, nicht nach mir. Denn »mein Unglück, mein Glück ist tief, du wunderlicher Tag, aber doch bin ich kein Gott, keine Gottes-Hölle«. Laßt mich! Und die Glocke antwortet: *»tief ist ihr Weh.«*

Ich bin nur »eine trunkene süsse Leier«, sagt Zarathustra, »eine Mitternachts-Leier, eine Glocken-Unke, die Niemand versteht, aber welche reden *muss*«. Aus Sehnsucht, aus der Begierde des Schenkenden, der endlich einmal nehmen will, dessen Herz ein »springender Brunnen« ist. Aber es ist spät geworden, weiß er, Jugend, Mittag, Nachmittag sind dahin. »Nun kam Abend und Nacht und Mitternacht, — der Hund heult, der Wind.« Wieder hört er, wie der Wind hündisch »winselt« und »kläfft«. »Ach! Ach! wie sie seufzt! wie sie lacht, wie sie röchelt und keucht, die Mitternacht!« Ist es das Klanggespenst seines Ohrs? — »ihr Weh käut sie zurück«, sagt Zarathustra, »und mehr noch ihre Lust. Lust nämlich, wenn schon Weh tief ist: *Lust ist tiefer noch als Herzeleid.*«

Lust an der Qual des wiederkehrenden Gespensts. Hat es nicht selbst gesagt, daß es wiederkommen will? Das ist die Weisheit des Dionysos, der beim Klang der Mitternachtsglocke spricht: »Du Weinstock! Was preisest du mich? Ich schnitt dich doch! Ich bin grausam, du blutest —: was will dein Lob meiner trunkenen Grausamkeit?« Und der Weinstock, dessen Überfülle nach dem diamantenen Messer gefleht hatte, antwortet: »Was vollkommen ward, alles Reife — will sterben!« Und er segnet das Winzermesser dafür. Nur das Unreife, Unvollkommene leidet am Leben, will, daß das Weh vergeht. Und weiß nicht, daß Leiden selbst schon Leben will, »dass es reif werde und lustig und sehnsüchtig, — sehnsüchtig nach Fernerem, Höherem Hellerem«. Was leidet, ist schwanger und spricht: »ich will Kinder, ich will nicht mich« — doch die Lust »will nicht Erben, nicht Kinder, — Lust will sich selber, will Ewigkeit, will Wiederkunft«. Das Weh begreift es nicht, daß die Lust sich ewig will. Denn wie die alte Glocke weiß: *»Weh spricht: vergeh!«*

Ist Zarathustra »ein Wahrsager? Ein Träumender? Trunkener? Ein Traumdeuter? Eine Mitternachtsglocke?« Er fragt die höheren Menschen. Was wissen sie von ihm. Ist er ein »Tropfen Thaus«? Sie wissen nicht, daß er eben gestorben ist. »Hört ihr's nicht?« fragt Zarathustra wie Isolde an der Leiche ihres Geliebten Tristan: »Fühlt und seht ihr's nicht?« Nein, keiner hört, fühlt und sieht, was dieser Liebestod bedeutet. »Riecht ihr's nicht?« fragt Zarathustra. »Eben ward meine Welt vollkommen, Mitternacht ist auch Mittag, — Schmerz ist auch eine Lust . . . Nacht ist auch eine Sonne — geht davon oder ihr lernt: ein Weiser ist auch ein Narr.« Vor Mitternachts-Glück und -Weh ist Zarathustra zum Narren geworden. »Sagtet ihr jemals Ja zu einer Lust«, so spricht er zu den höheren Menschen, »so sagtet ihr Ja zu *allem* Wehe.« Verstehen sie ihn? Die Glocke schlägt: *»Denn alle Lust will — Ewigkeit!«*

Welche Lust meint Zarathustra? Die Schmerz-Lust, die »aller Dinge Ewigkeit« will: sie »will Honig, will Hefe, will trunkene Mitternacht, will Gräber, will Gräber-Thränen-Trost«. Sie will sich selbst, denn »sie ist durstiger, herzlicher, hungriger, schrecklicher, heimlicher als alles Weh, sie will *sich*«, wiederholt er und sieht die mondbeschienenen Klippen vor sich und den Hirten mit der Schlange. Sie gehören zusammen, ewig. Denn Lust, so sagt er, »beisst in *sich*«. Sie will »Liebe, sie will Hass, sie ist überreich, schenkt, wirft weg, bettelt, dass Einer sie nimmt« — denkt er an die Almosen der Lust, von denen er einst leben mußte? Aber sie durstet ja auch »nach Hölle«, diese Seele, »nach Hass, nach Schmach, nach dem Krüppel, nach *Welt*«. Nach »Missrathenem«.

»Denn alle Lust will sich selber, drum will sie auch Herzeleid! Oh Glück, oh Schmerz! Oh brich, Herz! Ihr höheren Menschen, lernt es doch, Lust will Ewigkeit, — Lust will *aller* Dinge Ewigkeit, *will tiefe, tiefe Ewigkeit!«*

QUELLEN- UND ZITATNACHWEIS

Abkürzungen

W	Friedrich Nietzsche, Sämtliche Werke, Kritische Studienausgabe, hg. von Giorgio Colli und Mazzino Montinari, München/Berlin 1980
B	Friedrich Nietzsche, Sämtliche Briefe, Kritische Studienausgabe, hg. von Giorgio Colli und Mazzino Montinari, München/Berlin 1986
S	Friedrich Nietzsche, Werke in 3 Bänden, hg. von Karl Schlechta, München 1956
HKG	Friedrich Nietzsche, Jugendschriften, Historisch-Kritische Gesamtausgabe, hg. von Hans Joachim Mette, München 1933/34
KGB	Friedrich Nietzsche, Kritische Gesamtausgabe des Briefwechsels, hg. von Giorgio Colli und Mazzino Montinari, Berlin/New York 1975
J	Curt Paul Janz, Friedrich Nietzsche, Biographie in 3 Bänden, München 1978
R	Werner Ross, Der ängstliche Adler, Friedrich Nietzsches Leben, Stuttgart 1980
G	Begegnungen mit Nietzsche, hg. von Sander L. Gilman, unter Mitwirkung von Ingeborg Reichenbach, Bonn 1981

Im Nachweis wird zuerst die Seitenzahl, dann die erste Zeile des Zitats oder der Quelle genannt.

Vorwort des Autors

IX, 1: Thomas Mann, Das essayistische Werk, Frankfurt 1968, Bd. II, S. 37
IX, 17: Thomas Mann 39
IX, 23: W 5, 87
X, 7 :Briefwechsel Franz Overbeck – Erwin Rohde, hg. v. Andreas Patzer, Berlin/New York 1989, Brief 67, 1. 9. 1886
X, 24: G 274
XI, 2: Protokolle der Wiener Psychoanalytischen Vereinigung, Frankfurt 1977, Bd. II, S. 29
XI, 12: Sigmund Freud — Arnold Zweig, Briefwechsel, Frankfurt 1984, S. 96
XI, 14: Wilhelm Stekel, Nietzsche und Wagner, Zeitschrift für Sexualwissenschaft 4/1917, S. 26
XI, 21: Günter Schulte, »Ich impfe euch mit dem Wahnsinn«, Frankfurt 1982, S. 8
XI, 27: Georg Groddeck, Der Mensch und sein Es, Wiesbaden 1970, S. 140
XII, 3: W 6, 254
XII, 7: B 6, 531
XII, 14: Andere Lieben, Homosexualität in der deutschen Literatur, hg. v. Joachim Campe, Frankfurt 1988, S. 174
XII, 29: W 3, 349
XIII, 1: W 10, 111
XIII, 3: W 5, 238
XIII, 15: W 10, 373
XIII, 25: W 6, 254
XIII, 30: B 8, 290
XIV, 3: W 10, 374
XIV, 5: W 5, 19
XIV, 8: W 4, 48
XIV, 15: H. F. Peters, Zarathustras Schwester, München 1983, S. 188
XIV, 24: Peters 230
XIV, 28: Peters 237
XIV, 34: Martin Heidegger, Nietzsche, Pfullingen 1961, Bd. I, S. 474
XV, 24: Nietzsche-Studien Bd. 18, 1989, S. XVI
XV, 29: Nietzsche-Studien LXXII
XVI, 2: Giorgio Colli, Nach Nietzsche, Frankfurt 1980, S. 210
XVI, 23: Briefwechsel Franz Overbeck – Erwin Rohde, Brief 105, 17. 3. 1895
XVII, 18: W 1, 15
XVII, 28: Peters 128
XVIII, 2: Peters 202
XVIII, 9: Peters 170
XVIII, 14: Peters 239
XVIII, 16: Peters 232
XVIII, 17: Peters 236
XVIII, 26: B 8, 536
XVIII, 32: Peters 278
XIX, 3: Peters 300
XIX, 10: Peters 288
XIX, 14: Carl J. Burckhardt, Briefe 1908–1974, Frankfurt 1986, S. 149

I. Die Friedhofspflanze

1, 1: S III, 107
2, 4: S III, 108
2, 8: S III, 13
2, 20: J I, 35
2, 29: S III, 91
2, 33: R 23

3, 5: J III, 88
3, 7: Anacleto Verrecchia, Zarathustras Ende, Wien/Köln/Graz 1986, S. 333
3, 13: S III, 17
3, 14: W 6, 264
4, 3: S III, 13
4, 14: J I, 41
4, 28: B 8, 288
5, 1: S III, 13
5, 18: J I, 39
6, 1: Adalbert Oehler, Nietzsches Mutter, München 1940, S. 26
6, 25: Oehler 29
7, 13: Oehler 26
7, 23: Oehler 33
8, 3: Oehler 35
8, 8: Oehler 36
8, 11: Lou Andreas-Salomé, Friedrich Nietzsche in seinen Werken, Dresden 1924, S. 213
8, 27: Oehler 18
9, 20: J I, 42
9, 30: W 5, 241
10, 9: G 1
10, 13: Oehler 57
10, 16: Oehler 42
10, 27: Oehler 56
10, 29: J I, 43
11, 2: S III, 109
11, 17: S III, 91
11, 18: S III, 92
11, 31: W 6, 326
12, 14: C. G. Jung, Zur Psychologie und Pathologie sogenannter okkulter Phänomene, Leipzig 1902, S. 96
12, 20: W 6, 339
12, 30: S III, 17
13, 8: S III, 93
14, 10: S III, 17
14, 15: B 7, 138
14, 24: Arno Schmidt, Fouqué und einige seiner Zeitgenossen, Zürich 1988, S. 74
15, 3: S III, 14
16, 1: S III, 17
16, 5: S III, 94

II. Das Leben, ein Alptraum

17, 1: G 4
17, 8: W 2, 27
18, 9: S III, 18
18, 14: Oehler 47
18, 18: S III, 18
18, 33: Oehler 50
19, 7: Oehler 47
19, 22: Erich F. Podach, Gestalten um Nietzsche, Weimar 1931, S. 10
19, 24: Oehler 44
19, 27: Podach 14
19, 30: Podach 11
20, 3: Markus 5, 41
20, 7: W 8, 506
20, 16: G 20
21, 2: Oehler 55
21, 9: Oehler 52
21, 13: W 12, 15
21, 24: W 4, 22
21, 33: Oehler 55
22, 12: W 11, 209
22, 22: W 5, 386
22, 27: B 4, 240
22, 29: G 4
22, 30: B 5, 95
22, 34: Oehler 59
23, 10: W 6, 283
23, 23: W 13, 458
24, 1: G 249
24, 8: W 4, 218

24, 9: B 8, 579
24, 10: W 4, 167
24, 18: B 2, 134
24, 24: HKG I, 191
25, 1: W 14, 472
25, 6: W 8, 194
25, 16: W 8, 505
25, 18: Platon, Sämtliche Werke, hg. von Walter F. Otto, Ernesto Grassi, Gert Plamböck, Bd. 1, Hamburg 1982, S. 22
25, 30: W 6, 69
25, 31: W 2, 122
26, 5: G 6
26, 29: HKG II, 115
27, 3: Jean de La Fontaine, Sämtliche Fabeln, München 1981, S. 547
27, 13: W 10, 107
27, 15: Kindlers Literaturlexikon III, Zürich 1965, S. 3378
27, 20: HKG I, 310
27, 28: B 7, 108
27, 34: HKG I, 412
29, 7: Oehler 58
29, 14: HKG I, 307
29, 25: G 143
31, 5: W 12, 474
31, 10: HKG I, 308
31, 26: Elisabeth Förster-Nietzsche, Der werdende Nietzsche, München 1924, S. 196
32, 6: S III, 15
32, 10: HKG I, 91
32, 29: W 4, 142
33, 2: Die schönsten Sagen des klassischen Altertums, nach seinen Dichtern und Erzählern von Gustav Schwab, Stuttgart 1986, S.105
33, 14: S III, 21
33, 24: S III, 15
34, 4: HKG I, 349
34, 22: S III, 65
35, 12: Jacob Grimm, Deutsche Mythologie II, Berlin/Wien 1981, S. 766
35, 15: S III, 67
36, 7: W 4, 145
36, 19: B 5, 209
36, 26: W 14, 310
37, 15: »Science Times«, 23. 10. 1984, »Nightmares Linked to Creativity«
37, 16: Ernest Hartmann, The Nightmare, New York 1984, S. 3
38, 14: Hartmann 86
38, 16: Hartmann 144
38, 25: Wilhelm Heinrich Roscher, Ephialtes, Eine pathologisch-mythologische Abhandlung über die Alpträume und Alpdämonen des klassischen Altertums, Leipzig 1900, S. 10
39, 4: Roscher 14
39, 5: Roscher 8
39, 7: Roscher 14
39, 14: Roscher 75
39, 16: Ludwig Laistner, Das Rätsel der Sphinx, Grundzüge einer Mythologiegeschichte, Berlin 1889, Bd. II, S. 351
39, 21: Laistner I, 301
39, 25: Laistner I, 229
39, 30: Laistner I, 302
39, 33: Laistner II, 177
40, 6: Ernest Jones, Der Alptraum in seiner Beziehung zu gewissen Formen des mittelalterlichen Aberglaubens, Leipzig/Wien 1912, S. 15
40, 10: Jones 15
40, 30: Hartmann 61
40, 32: Roscher 9
40, 33: Hartmann 102
41, 3: Hartmann 104
41, 14: Lou Andreas-Salomé, Friedrich Nietzsche in seinen Werken, 243
41, 21: G 690
41, 28: W 2, 590

III. Die Verwirrungen des Zöglings Friedrich

43, 1: Ludwig Bechstein, Thüringen, München o. J. S. 159
43, 10: J I, 66
44, 1: R 47
44, 5: W 6, 107
44, 15: S III, 48
44, 29: B 1, 96
45, 10: J I, 129
45, 20: J I, 113
45, 25: B 1, 141
45, 30: B 1, 142
46, 11: HKG I, 110
46, 25: G 38
46, 36: W 8, 194
47, 1: S III, 151
47, 11: HKG I, 441
47, 27: HKG I, 275
50, 16: W 6, 379
50, 26: HKG I, 369
50, 32: B 2, 233
50, 35: B 2, 247
51, 5: G 71
51, 9: B 1, 208
51, 21: HKG I, 293
52, 1: HKG II, 101
52, 7: B 1, 265
52, 33: HKG II, 33
53, 23: W 6, 399
54, 34: HKG II, 101
55, 6: Alexander Petöfi, Hundertsechzig lyrische Dichtungen, übers. von K. M. Kertbeny, Leipzig 1866, S. 122
55, 31: HKG II, 108
57, 30: Bechstein 160
58, 8: G 47
58, 22: HKG I, 99
59, 3: Capri, Ein Lesebuch, hg. von Hans Bender, Frankfurt 1988, S. 30
59, 10: HKG I, 100
60, 8: HKG I, 102
61, 12: Georg Groddeck 139
61, 20: Lord Byron, hg. von Gert Ueding, Frankfurt 1988, S. 421
62, 4: Mario Praz, Liebe, Tod und Teufel, Die schwarze Romantik, München 1970, S. 78
62, 25: W 6, 286
63, 10: W 5, 224
64, 10: B 1, 228
64, 16: HKG II, 9
64, 30: W 9, 460
65, 14: HKG II, 10
65, 16: HKG II, 14
65, 19: HKG II, 70
65, 27: HKG I, 247
66, 27: Antonio Panormita, Hermaphroditus, Hanau 1986, S. 403
67, 1: Gisela Bleibtreu-Ehrenberg, Homosexualität, Frankfurt 1981, S. 347
67, 21: HKG II, 71
68, 6: B 1, 217
68, 12: KGB I/3, S. 53
68, 22: G 42
69, 2: B 1, 232
69, 18: J I, 114
69, 35: HKG II, 211
72, 30: B 3, 46
72, 36: G 42
73, 7: G 587
73, 22: B 1, 202
74, 2: W 5, 249
74, 6: HKG II, 54
74, 19: HKG II, 58
75, 18: B 1, 290
75, 20: B 1, 288
75, 27: HKG II, 415
76, 4: W 7, 390
76, 6: B 1, 289
76, 15: HKG II, 415

IV. Ritter, Tod und Domina

79, 9: J I, 124
80, 31: B 2, 12
81, 4: B 2, 15
81, 8: B 2, 13
81, 15: B 2, 21
81, 31: B 2, 35
82, 1: S III, 119
83, 15: W 8, 474
83, 24: B 2, 88
83, 32: R 108
84, 3: B 2, 49
84, 13: KGB I/3, 13
84, 20: KGB I/3, 22
84, 26: KGB I/3, 24
85, 6: KGB I/3, 33
85, 7: KGB I/3, 135
85, 14: B 2, 75
85, 19: B 2, 56
85, 23: B 2, 67
86, 8: W 1, 652
86, 14: W 1, 654
86, 26: W 1, 656
87, 4: W 1, 658
87, 17: W 1, 722
87, 18: W 1, 691
87, 20: W 1, 686
87, 27: W 1, 730
87, 33: W 1, 751
88, 4: W 1, 713
88, 7: W 1, 733
88, 17: J I, 447
88, 28: J I, 185
89, 12: J I, 254
89, 17: J I, 266
89, 22: W 13, 462
89, 26: W 5, 379
89, 31: S III, 148
90, 5: R 186
90, 6: J I, 266
90, 12: Ingmar Bergman, Mein Leben, Hamburg 1987, S. 241
90, 16: Karl Jaspers, Strindberg und van Gogh, München 1977, S. 68
90, 26: Maurice Merleau-Ponty, Phänomenologie der Wahrnehmung, Berlin 1966, S. 390
91, 7: HKG II, 275
91, 22: J I, 47
92, 12: C. A. Emge, Nachricht von bisher unbekannten Erfahrungen Nietzsches, Merkur VIII, 1949, S. 829
93, 4: B 6, 396
93, 10: J I, 221
93, 25: R 790
93, 28: B 2, 165
94, 1: Arthur Schopenhauer, Sämtliche Werke, hg. von Wolfgang Frhr. von Löhneysen, Frankfurt 1986, Bd. IV, S. 343
94, 10: B 4, 265
94, 23: B 2, 88
95, 3: S III, 133
96, 10: S III, 134
96, 20: B 2, 94
97, 10: B 2, 96
97, 21: W 6, 320
97, 25: W 1, 346
97, 31: W 1, 347
98, 4: W 1, 349
98, 16: W 1, 354
98, 27: B 5, 36
98, 32: B 7, 61
98, 33: W 1, 131
99, 18: B 4, 174
99, 26: J I, 208
100, 23: J I, 209
100, 28: B 2, 218
100, 33: G 68
100, 35: B 2, 221
101, 10: J I, 225
101, 13: B 2, 358

101, 15: J I, 210
101, 25: J I, 225
101, 31: W 15, 111
102, 1: B 2, 358
102, 4: W 15, 32
102, 11: KGB I/3, 213
102, 19: KGB I/3, 297
102, 29: KGB I/3, 301
102, 31: KGB I/3, 305
102, 35: KGB I/3, 321
103, 26: B 2, 261
103, 27: B 2, 272
103, 30: KGB I/3, 247
104, 5: B 2, 307
104, 15: KGB I/3, 331
104, 24: KGB I/3, 340
105, 11: E. F. Podach, Gestalten um Nietzsche 52
105, 27: J I, 225
106, 25: B 2, 121
107, 4: B 2, 195
107, 11: B 2, 356
108, 9: B 2, 357
108, 22: Goethes Werke, Sophienausgabe, München 1987, Bd. 17, S. 327
108, 31: B 3, 122
108, 33: B 8, 576
109, 18: Schopenhauer II, 682
109, 21: Schopenhauer II, 713
109, 26: Schopenhauer II, 682
110, 2: Schopenhauer II, 684
110, 5: Schopenhauer II, 685
110, 10: Schopenhauer II, 706
110, 13: Schopenhauer II, 686
110, 18: Schopenhauer II, 699
110, 22: Schopenhauer II, 702
110, 35: S III, 133
111, 12: J I, 202
111, 21: G 59
112, 16: Pia Maria Volz, Nietzsche im Labyrinth seiner Krankheit, Diss. 1987/Verrecchia 332
113, 4: B 3, 211
113, 11: G 166
113, 21: B 3, 212
113, 25: B 3, 73
114, 4: HKG II, 329
114, 19: Schopenhauer II, 744
114, 25: B 3, 212
114, 32: Schopenhauer I, 437
115, 10: Schopenhauer II, 494
115, 20: W 7, 389
115, 30: Schopenhauer II, 494
116, 15: Schopenhauer II, 744
117, 20: W 7, 391
117, 29: B 5, 187
118, 10: W 1, 32
118, 17: Leopold von Sacher-Masoch, Venus im Pelz, Frankfurt 1980, S. 39
118, 29: W 7, 533
119, 12: Sacher-Masoch 12
119, 21: Sacher-Masoch 46
119, 23: Sacher-Masoch 60
119, 25: Sacher Masoch 118
119, 26: Sacher-Masoch 56
119, 30: Sacher-Masoch 58
119, 31: Sacher-Masoch 11/23
119, 32: Sacher-Masoch 81
120, 6: Sacher-Masoch 121
120, 8: Sacher-Masoch 136
120, 10: Sacher-Masoch 96
120, 18: W 5, 178
120, 25: W 3, 428
120, 32: W 4, 86
121, 1: W 4, 84
121, 2: Sacher-Masoch 74
121, 5: Sacher-Masoch 109
121, 6: W 4, 84
121, 11: Sacher-Masoch 62
121, 13: W 4, 85
121, 15: W 6, 306
121, 16: Sacher-Masoch 11
121, 19: W 6, 306
121, 23: W 4, 86
121, 24: Sacher-Masoch 16
121, 31: Sacher-Masoch 138
122, 4: W 4, 73

122, 9: W 7, 399
122, 13: W 1, 783
122, 29: Sacher-Masoch 116
122, 30: Sacher-Masoch 135
122, 31: Sacher-Masoch 133
122, 34: Sacher-Masoch 113
123, 3: Sacher-Masoch 117
123, 4: Sacher-Masoch 115
123, 6: Sacher-Masoch 114
123, 10: Sacher-Masoch 113
123, 14: G 323

V. Erlösungsfest der Brudergötter

125, 8: W 5, 121
126, 4: Plutarch, Große Griechen und Römer, hg. von Dagobert von Mikusch, Berlin o. J., S. 80
126, 11: Plutarch 80
126, 12: Plutarch 120
126, 15: Plutarch 100
126, 18: Plutarch 91
126, 21: Plutarch 83
126, 23: Plutarch 119
126, 27: S III, 118
126, 30: Platon II, 211
127, 1: Platon II, 212
127, 4: Platon II, 223
127, 9: Platon II, 235
127, 13: Platon II, 237
127, 28: Platon II, 240
127, 31: Platon II, 241
127, 35: Platon II, 243
128, 12: Platon II, 246
128, 21: Xenophon, Erinnerungen an Sokrates, Stuttgart 1985, S. 32
128, 23: Xenophon 24
128, 28: Schopenhauer II, 719
128, 32: Xenophon 48
129, 3: B 5, 163
129, 8: Platon II, 211
129, 20: W 1, 91
129, 32: Platon I, 22
130, 1: Xenophon 146
130, 3: Platon I, 30
130, 10: W 1, 90
130, 16: W 6, 69
130, 20: Schopenhauer IV, 311
130, 24: W 8, 505
130, 29: W 2, 122
130, 30: W 1, 90
131, 6: W 6, 72
131, 14: W 1, 116
131, 16: B 3, 100
131, 29: W 15, 46/38
131, 31: J I, 474
132, 1: R 300
132, 2: G 180
132, 7: W 1, 13
132, 14: W 8, 388
132, 22: W 1, 11/14
133, 12: W 1, 28
133, 22: Schopenhauer I, 482
134, 4: W 1, 56
134, 6: W 11, 286
134, 30: W 1, 558
134, 34: W 1, 33
135, 2: W 1, 11
135, 10: B 3, 138
135, 12: B 3, 143
135, 17: B 3, 144
135, 18: B 3, 149
135, 22: W 7, 87
135, 33: W 1, 29
136, 22: W 1, 106
136, 23: W 1, 108
137, 1: W 6, 311
137, 5: W 1, 109
137, 17: W 7, 91
138, 9: W 1, 15

138, 19: W 1, 109
138, 20: W 7, 390
139, 4: W 2, 147
139, 9: W 1, 132
139, 22: W 1, 42
139, 25: W 1, 44
140, 5: Archilochos, hg. von Max Treu, München 1959, S. 77
140, 9: W 1, 44
140, 13: W 1, 43
140, 23: W 1, 47
140, 33: W 1, 27
141, 1: W 1, 28
141, 10: W 1, 140
141, 11: W 1, 42
141, 31: W 1, 16
142, 9: W 1, 39
142, 20: Verrecchia 335
142, 23: W 15, 142
142, 31: W 8, 505
143, 1: W 1, 39
143, 16: W 1, 61
143, 20: W 1, 58
143, 21: W 1, 63
143, 25: W 1, 61
144, 10: W 1, 63
144, 23: W 1, 65
144, 32: W 1, 66
145, 30: W 6, 436
146, 4: W 7, 460
147, 1: W 7, 459
147, 4: W 1, 131
148, 3: W 1, 446
148, 5: W 1, 20
148, 11: W 1, 12
148, 18: Cosima Wagner, Die Tagebücher, München 1982, Bd. I, S. 509
148, 20: C. v. Westernhagen, Richard Wagner, Zürich 1968, S. 387
148, 31: W 1, 132
149, 10: J I, 469

VI. In Klingsors Zaubergarten

151, 4: B 2, 298
153, 6: B 2, 338
154, 22: W 1, 147
154, 27: B 2, 379
155, 5: J I, 255
155, 16: B 3, 9
155, 20: B 3, 52
156, 4: Martin Gregor-Dellin, Richard Wagner, München 1983, S. 523
156, 15: Gregor-Dellin 525
156, 20: Gregor-Dellin 528
157, 12: Gregor-Dellin 566
157, 17: Gregor-Dellin 576
157, 18: Cosima Wagner I, 167
157, 29: Gregor-Dellin 614
158, 12: Gregor-Dellin 605
158, 30: Gregor-Dellin 623
159, 2: W 6, 401
159, 11: Gregor-Dellin 422
159, 17: W 14, 473
159, 28: B 2, 332
159, 30: Gregor-Dellin 524
160, 6: W 1, 135
160, 33: an Clemens Brockhaus, 18. 1. 1872
161, 11: Cosima Wagner I, 96
161, 25: Cosima Wagner I, 375
161, 33: Cosima Wagner I, 335
162, 12: E. T. A. Hoffmann, Sämtliche poetische Werke, hg. von Hannsludwig Geiger, Wiesbaden o. J., Bd. I, S. 200
162, 25: R 260
162, 28: Gregor-Dellin 623
163, 6: an Anton Seidl, 14. 11. 1900

163, 9: Cosima Wagner III, 170
163, 16: W 1, 132
163, 19: W 6, 41
163, 29: E.T.A. Hoffmann 204
164, 2: B 3, 313
164, 10: B 3, 317
164, 18: G 420
164, 25: Joh. 8, 6
164, 32: W 6, 288
165, 6: G 163
165, 27: Thomas Mann, Das essayistische Werk II, 129
166, 15: G 260
166, 18: W 6, 419
166, 26: W 6, 425
167, 4: W 1, 494
167, 16: B 2, 352
167, 22: W 6, 290
167, 27: G 189
167, 30: W 1, 479
167, 33: W 6, 289
168, 5: W 1, 33
168, 14: W 1, 135
168, 34: W 1, 136
169, 28: »Tristan und Isolde«, Dritter Aufzug, erste Szene
170, 8: W 1, 136
170, 25: W 6, 417
171, 20: Schopenhauer IV, 286
171, 22: Schopenhauer IV, 285
171, 24: W 9, 539
171, 32: W 5, 179
172, 4: W 9, 583
172, 32: Gregor-Dellin 646
173, 18: Gregor-Dellin 716
174, 6: Gregor-Dellin 728
174, 8: B 4, 153
174, 14: W 3, 208
174, 31: J I, 746
175, 3: W 15, 85
175, 13: W 15, 84
175, 31: W 15, 56
176, 19: W 15, 32
176, 30: Manfred Eger, Wenn ich Wagnern den Krieg erkläre, Wien 1988, S. 128
177, 29: W 15, 73
177, 34: B 5, 241
178, 8: W 15, 73
178, 27: J I, 787
178, 32: B 5, 288
179, 11: Gregor-Dellin 749
179, 18: G 651
179, 20: J I, 788
179, 25: J I, 789
179, 33: Gregor-Dellin 750
180, 11: Dieter Schickling, Abschied von Walhall, München 1985, S. 75
181, 15: Gregor-Dellin 751
183, 2: W 15, 85
183, 15: Gregor-Dellin 752
183, 23: Sigmund Freud, Briefe an Wilhelm Fließ, Frankfurt 1985, S. 27
183, 31: G 345
184, 17: B 6, 365
184, 29: B 6, 337
185, 2: B 6, 405
185, 13: J I, 790
185, 15: J II, 173
185, 16: Gregor-Dellin 753
185, 28: Cosima Wagner III, 87
185, 32: Cosima Wagner III, 406
185, 34: Cosima Wagner III, 92
186, 3: J I, 824
186, 9: J I, 826
186, 16: W 2, 408
186, 28: J II, 175
187, 13: KGB II 6/2, S. 844
187, 29: W 8, 507
188, 10: W 8, 505
188, 15: W 8, 506
188, 21: W 8, 507
188, 29: W 15, 11
188, 32: W 8, 507
189, 2: »Siegfried«, Dritter Aufzug, dritte Szene
189, 16: W 8, 510

189, 23: W 2, 406
189, 33: W 8, 512
190, 4: W 8, 528
190, 8: B 5, 266
190, 10: B 5, 287
190, 13: B 6, 3
190, 16: W 8, 504
190, 18: W 8, 505
190, 22: W 8, 504
190, 29: W 8, 505
190, 31: W 8, 508
191, 3: Lord Byron 17
191, 8: Colin Wilson, The Misfits, London 1988, S. 96
191, 26: W 2, 530
191, 31: W 8, 509
191, 32: W 8, 508
192, 5: W 8, 511
192, 17: B 5, 225
192, 32: W 14, 610
193, 4: Ferdinand Gregorovius, Die Insel Capri, Leipzig 1868, S. 51
193, 11: W 5, 74
193, 23: W 8, 507
193, 32: Friedrich Rückert, Gedichte, Frankfurt 1875, S. 321
194, 9: W 8, 506
194, 23: W 8, 507
194, 31: W 8, 509
195, 9: W 8, 506
195, 21: W 8, 508
195, 23: W 3, 52
195, 29: W 3, 405
196, 1: W 5, 302
196, 7: W 3, 30
196, 27: Westernhagen 437
196, 31: George R. Marek, Cosima Wagner, Bayreuth 1981, S. 311

VII. Basler Fehltritte

197, 7: G 77
198, 22: G 106
198, 23: G 197
199, 16: G 225
200, 15: G 256
200, 29: B 6, 138
201, 5: J I, 542
201, 22: J I, 544
202, 2: G 199
202, 20: Hermann Anliker, Flims, Bern 1961, S. 80
202, 24: Deutsche Dichtung im 18. Jahrhundert, hg. von Adalbert Elschenbroich, München o.J., S. 391
203, 15: G 201
203, 25: G 126
203, 31: G 100
204, 10: G 101
204, 20: J I, 329
204, 28: W 15, 17
204, 32: W 15, 44
205, 4: B 5, 113
205, 13: G 133
206, 4: G 269
206, 10: G 104
207, 6: G 106
207, 10: G 124
207, 12: G 111
207, 13: G 107
207, 21: W 6, 366
207, 27: G 106
207, 33: W 4, 383
208, 7: G 107
208, 10: G 108
208, 22: G 109
208, 30: J I, 414
208, 32: G 109
209, 4: B 4, 130
209, 5: B 4, 134
209, 7: B 3, 244

209, 13: G 237
209, 32: G 117
209, 34: G 116
210, 9: G 105
210, 21: G 94
210, 22: G 93
210, 30: G 95
211, 6: G 97
211, 18: G 96
211, 23: G 95
212, 3: G 79
212, 20: G 126
212, 27: F. M. Dostojewski, Der Idiot, München 1980, S. 807
213, 4: G 205
213, 8: G 203
213, 13: G 207
213, 14: G 208
213, 17: G 209
213, 19: G 206
213, 22: G 208
214, 1: G 142
214, 10: »Der Spiegel«, 8. 6. 1981
214, 19: G 89
215, 27: G 506
216, 16: G 102
216, 28: W 8, 370
216, 29: W 8, 509/W 9, 418
216, 34: G 537
217, 6: W 2, 478
218, 8: G 103
218, 21: W 13, 557
218, 23: W 6, 51
218, 25: W 3, 352
219, 17: W 1, 876
220, 6: W 1, 881
220, 14: W 1, 877
220, 24: G 102
220, 29: W 1, 877
221, 22: W 1, 886
221, 27: W 1, 882
222, 5: W 1, 883
222, 9: W 1, 877
222, 19: W 1, 886
222, 30: W 1, 890
223, 5: G 219
223, 8: W 1, 890
223, 19: G 4
224, 10: J I, 697
224, 18: W 5, 243
225, 5: G 263
225, 23: G 264
226, 5: G 267
226, 20: G 268
227, 1: G 269
227, 6: G 248
227, 18: G 270
228, 1: G 271
229, 8: G 272
229, 27: G 273
230, 4: G 274
230, 25: G 81
231, 4: J I, 763
231, 12: B 5, 184
232, 3: B 5, 176
233, 1: B 3, 119
233, 4: B 5, 177
233, 14: W 11, 323
233, 25: W 6, 357
233, 27: B 5, 177
234, 3: B 3, 72
234, 9: HKG II, 193
234, 16: HKG II, 199
234, 34: B 3, 166
235, 6: Richard Wagner, Gesammelte Schriften, Leipzig 1897, Bd. IX, S. 92
236, 1: W 6, 291
236, 14: B 7, 61
236, 21: C. A. Bernoulli, Franz Overbeck und Friedrich Nietzsche, Jena 1908, II, 234
236, 29: B 5, 409
237, 2: G 102
237, 16: W 1, 248
238, 12: W 1, 251
238, 14: W 8, 599
238, 20: W 1, 249

238, 34: W 1, 315
239, 28: W 1, 331
239, 31: W 1, 329
240, 16: B 5, 355
240, 17: B 5, 357
240, 18: B 5, 358
240, 21: B 5, 360
240, 22: B 5, 365
240, 24: B 5, 367
240, 28: B 5, 397
240, 29: B 5, 410
240, 32: B 6, 3
241, 5: G 365
241, 8: G 364
241, 11: G 366
241, 23: W 15, 96
241, 26: B 5, 360
242, 5: G 366
242, 16: G 367
243, 3: »Süddeutsche Monatshefte«, November 1931, S. 102
243, 19: B 8, 579
244, 8: B 3, 30

VIII. »Sternen-Freundschaft«

245, 3: B 5, 251
245, 7: B 5, 248
245, 10: KGB II, 6/1, S. 587
246, 10: B 5, 252
246, 11: B 5, 245
246, 13: B 5, 247
246, 17: B 5, 273
246, 19: G 337
246, 27: B 5, 248
246, 29: B 5, 247
246, 33: G 342
247, 11: W 8, 402
247, 13: W 8, 403
247, 19: W 8, 402
247, 20: W 8, 468
248, 3: W 8, 396
248, 13: W 11, 325
249, 26: W 8, 397
250, 8: Heinrich Heine, Werke, hg. von Wolfgang Preisendanz, Frankfurt 1968, Bd. II, S. 366
250, 14: G 343
250, 22: W 8, 469
250, 27: W 8, 397
250, 30: W 8, 583
251, 16: W 10, 599
252, 2: W 11, 323
252, 7: S III, 53
252, 18: KGB II/2, S. 360
252, 19: Adelbert von Chamisso, Sämtliche Werke, hg. von Werner Freudel und Christel Laufer, Herrsching o. J., S. 124
252, 23: W 8, 395
253, 4: Treffliche Wirkungen, Anekdoten von und über Goethe, München 1987, Bd. I, S. 368
253, 17: W 8, 395
254, 7: B 6, 470
254, 25: W 11, 324
254, 31: J I, 752
254, 33: B 5, 246
255, 4: KGB II, 6/1, S. 596
255, 8: KGB II, 6/1, S. 543
255, 11: G 316
255, 14: R 637
255, 19: H. F. Peters, Lou Andreas-Salomé, München 1986, S. 175
256, 3: KGB II, 6/1, S. 248
256, 11: B 5, 122
256, 15: W 2, 365
256, 19: KGB II, 6/1, S. 590
256, 27: KGB II, 6/1, S. 282
256, 31: B 5, 138

257, 3: KGB II, 6/1, S. 349
257, 9: KGB II, 6/2, S. 648
257, 12: Briefwechsel Franz Overbeck – Erwin Rohde, Anm. zu Brief 10, 29, 6. 1877
257, 22: W 6, 323
257, 25: W 6, 328
257, 32: B 5, 193
258, 2: KGB II, 6/1, S. 404
258, 5: B 5, 194
258, 11: B 5, 196
258, 13: KGB II, 6/2, S. 983
258, 24: J I, 743
258, 33: J I, 782
259, 3: B 6, 185
259, 13: B 5, 460
259, 18: KGB II, 6/2, S. 717
260, 3: Platon II, 223
260, 22: Ernst Pfeiffer, Friedrich Nietzsche, Paul Rée und Lou Salomé, Frankfurt 1970, S. 37
260, 23: J I, 741
261, 7: Verrecchia 268
261, 18: »Die Zeit«, 27. 4. 1979
261, 23: Friedrich Hölderlin, Sämtliche Werke und Briefe, hg. von Günter Mieth, München 1970, Bd. I, S. 586
261, 30: Diogenes Laertius III, 23
262, 19: B 5, 290
262, 33: W 3, 523
263, 7: G 434
263, 23: W 9, 657
263, 30: Hugo Daffner, Friedrich Nietzsches Randglossen zu Bizets Carmen, Regensburg 1912, S. 34
263, 33: Daffner 32
264, 5: »Carmen«, Erster Akt, neunte Szene
264, 19: W 5, 250
265, 9: Heine II, 342
265, 12: Hans Mayer, Außenseiter, Frankfurt 1981, S. 182
265, 23: Lou Andreas-Salomé, Lebensrückblick, hg. von Ernst Pfeiffer, Frankfurt 1968, S. 253
265, 27: Gerhard Härle, Die Gestalt des Schönen, Königsstein 1986, S. 71
266, 11: W 13, 563

IX. Der neue Columbus

268, 3: W 3, 369
268, 17: W 3, 370
268, 33: W 3, 372
269, 13: W 14, 306
269, 16: G 628
270, 3: R 554
270, 19: W 11, 313
270, 23: Andere Lieben 176
270, 26: Hans Mayer 179
270, 31: W 3, 641
270, 35: W 15, 107
271, 25: W 2, 15/W 2, 19/W 3, 636
272, 1: W 5, 19
272, 17: B 7, 237
272, 28: W 2, 13
272, 31: W 2, 14
273, 2: W 2, 15
273, 14: W 2, 16
273, 29: W 2, 17
274, 6: W 2, 18
274, 16: W 2, 19
274, 19: W 2, 20
274, 32: W 2, 21
275, 5: W 3, 12
275, 8: W 3, 16
275, 12: W 3, 17
275, 18: W 3, 345
275, 23: W 3, 346

277, 7: Karl Jaspers, Nietzsche, München 1936, S. 94
277, 22: J II, 42
277, 26: B 6, 13
277, 27: B 6, 14
278, 9: W 10, 34
278, 11: KGB II, 6/1, S. 338
278, 17: W 13, 458
278, 20: W 10, 12
278, 21: W 14, 287
278, 24: B 6, 47
278, 29: B 6, 48
278, 30: B 6, 49
278, 32: B 6, 51
279, 4: W 3, 341
279, 7: B 6, 54/59
279, 11: B 6, 85
279, 19: G 610
279, 30: W 6, 329
280, 8: B 6, 80
280, 11: B 6, 135
280, 13: B 6, 138
280, 15: W 12, 198
280, 31: B 6, 151
281, 3: B 6, 161
281, 11: W 3, 521
281, 25: W 6, 398
281, 31: Fabrizia Ramondino/Andreas F. Müller, Neapel, Zürich 1988, S. 64
282, 17: B 8, 286
282, 18: W 3, 335
282, 22: B 6, 139
283, 6: B 5, 324
283, 16: W 3, 335
283, 25: W 14, 229
283, 31: W 3, 641
284, 8: W 3, 335
284, 17: W 3, 282
284, 22: W 3, 641
284, 28: W 3, 335
285, 1: W 14, 229
285, 4: W 3, 335
285, 6: W 14, 229
285, 9: W 3, 335
285, 16: W 3, 642
285, 29: W 3, 352
286, 13: Guy de Maupassant, Reisen nach Nordafrika, Berlin 1985, S. 188
287, 1: W 3, 640
287, 6: W 5, 228
287, 17: Cecile Beurdeley, L'amour bleu, Köln 1977, S. 16
287, 20: W 12, 43
287, 29: W 2, 619
288, 9: W 14, 193
288, 18: KGB III/2, S. 212
288, 27: W 3, 340
288, 33: W 3, 643
289, 27: W 3, 649
289, 31: W 3, 340
290, 31: Goethes Werke, Sophienausgabe, Bd. 44, S. 211
291, 18: W 9, 596
291, 22: B 6, 167
291, 25: Peters, Lou Andreas-Salomé, S. 92
292, 5: B 6, 185
292, 13: W 9, 663
292, 28: W 9, 598
293, 12: W 9, 652
293, 19: W 3, 541
295, 3: W 12, 71
295, 19: W 13, 525
295, 29: W 12, 47
296, 11: W 6, 306
296, 19: Catullus, Sämtliche Gedichte, hg. von G. P. Goold, München 1987, S. 54
296, 30: W 12, 47
297, 11: W 6, 400
297, 19: W 12, 47
298, 2: W 10, 526
298, 7: W 5, 121
298, 10: B 8, 572
298, 29: Schopenhauer II, 684
299, 6: Schopenhauer II, 689

299, 24: W 1, 148
299, 30: W 12, 312
300, 2: Schopenhauer II, 702
300, 9: Schopenhauer II, 706
300, 12: Schopenhauer II, 728
300, 13: Schopenhauer II, 730
301, 11: W 3, 590
301, 14: Hans Mayer 177
301, 19: W 3, 591
301, 23: W 3, 592
301, 34: W 3, 593
302, 23: W 9, 508
302, 25: W 10, 367
303, 8: W 2, 541
303, 17: Schopenhauer II, 704
303, 19: W 1, 24
304, 1: Schopenhauer II, 704
304, 9: W 3, 384
304, 12: W 3, 649

X. Auf den glückseligen Inseln

305, 2: W 3, 529
306, 1: W 3, 532
306, 18: B 6, 68
307, 2: KGB III/2, S. 142
307, 11: KGB III/2, S. 145
307, 22: KGB III/2, S. 197
307, 24: B 6, 143
307, 32: KGB II, 6/2, S. 227
308, 12: B 6, 172
308, 30: KGB II, 6/2, S. 231
309, 1: H. F. Peters, Zarathustras Schwester 189
309, 7: B 6, 276
309, 21: W 15, 147
310, 3: B 7, 87
310, 7: J II, 401
310, 16: E. F. Podach, Gestalten um Nietzsche, Weimar 1931, S. 71
310, 29: Podach 121
311, 3: Maupassant 184
311, 8: W 9, 51
311, 14: J II, 94
311, 29: André Gide, Stirb und Werde, München 1965, S. 254
312, 13: Truman Capote, Ich bin schwul, ich bin süchtig, ich bin ein Genie, Zürich 1986, S. 174
314, 26: Ulrich Pohlmann, Wilhelm von Gloeden, Berlin 1987, S. 14
315, 1: Pohlmann 27
315, 4: Pohlmann 32
315, 8: Pohlmann 33
315, 17: Ekkehard Hieronymus, Wilhelm von Gloeden, Aachen 1982
315, 20: Pohlmann 36
316, 5: Pohlmann 57
316, 28: »Die Zeit«, 26. 4. 1985
316, 35: Gerhard Härle 134
317, 8: Stefan George, Werke in zwei Bänden, Düsseldorf 1968, Bd. I, 212
317, 12: George I, 314
317, 19: Dagmar Nick, Sizilien, München 1987, S. 236
317, 31: B 6, 177
318, 10: Hesiod, Werke und Tage, 166
318, 21: Wilhelm Heinse, Ardinghello und die Glückseeligen Inseln, Nördlingen 1986, S. 275
318, 26: J II, 97
318, 33: Pfeiffer 463
319, 4: B 6, 190
319, 12: KGB III/2, S. 249
319, 16: J II, 98
319, 19: B 6, 189
319, 29: B 6, 188
319, 33: B 6, 190
319, 34: B 6, 188

320, 6: Brief vom 23. 8. 1984 an den Autor
320, 15: R 600
321, 1: B 6, 190
321, 12: B 6, 142
321, 16: R 601
321, 25: B 6, 189
321, 28: W 3, 541
322, 11: W 11, 302
322, 29: Briefwechsel Franz Overbeck – Erwin Rohde, Br. 40, 18. 7. 1882
323, 6: W 6, 12
323, 7: W 6, 15
323, 8: W 13, 23
323, 17: W 13, 24
323, 31: W 4, 247
324, 15: W 4, 248
324, 19: Verrecchia 265

XI. »Das Raubtier ...«

325, 9: B 6, 124
326, 21: Pfeiffer 92
326, 23: Pfeiffer 94
327, 2: B 6, 185
327, 11: B 6, 186
327, 23: Lou Andreas-Salomé, Lebensrückblick, hg. von Ernst Pfeiffer, Frankfurt 1974, S. 76
327, 28: H. F. Peters, Lou Andreas-Salomé, München 1986, S. 65
328, 4: Peters, L. Andreas-Salomé 26
328, 13: Lou Andreas-Salomé 226
328, 19: Peters, L. Andreas-Salomé 51
328, 25: Lou Andreas-Salomé 223
328, 30: Lou Andreas-Salomé 29
329, 8: Peters, L. Andreas-Salomé 49
329, 29: Peters, L. Andreas-Salomé 37
330, 1: Peters, L. Andreas-Salomé 29
330, 9: Peters, L. Andreas-Salomé 175
330, 31: Peters, L. Andreas-Salomé 97
330, 33: Lou Andreas-Salomé 234
331, 5: Lou Andreas-Salomé 75
331, 7: B 6, 169
331, 8: Lou Andreas-Salomé 79
331, 10: Lou Andreas-Salomé 80
332, 17: J II, 123
332, 24: Lou Andreas-Salomé 80
332, 28: Peters, Lou Andreas-Salomé 104
333, 9: W 15, 125
333, 10: J II, 128
333, 17: W 10, 443
333, 29: Lou Andreas-Salomé 81
334, 5: Lou Andreas-Salomé 245
334, 12: Lou Andreas-Salomé 81
334, 19: Lou Andreas-Salomé 236
334, 29: W 11, 311
335, 10: B 6, 230
335, 11: B 6, 221
335, 20: Schickling, Abschied von Walhall 169
335, 35: J II, 145
336, 8: Lou Andreas-Salomé 83
336, 11: W 15, 125
336, 12: Peters, Lou Andreas-Salomé 131
336, 13: Peters, Lou Andreas-Salomé 133
336, 17: Lou Andreas-Salomé 84
337, 2: Lou Andreas-Salomé 85
337, 5: Lou Andreas-Salomé 241
337, 15: Peters, Lou Andreas-Salomé 149
337, 27: W 15, 125
337, 33: W 15, 126
338, 5: Lou Andreas-Salomé, In der Schule bei Freud, hg. von Ernst Pfeiffer, Zürich 1958, S. 155

338, 16: Andere Lieben 183
338, 26: Lou Andreas-Salomé, Die Erotik, Berlin 1986, S. 171
338, 31: Sigmund Freud, Briefe an Wilhelm Fließ 492
339, 7: Peters, Lou Andreas-Salomé 129
339, 8: G 425
339, 12: »Süddeutsche Monatshefte«, November 1931, S. 107
339, 17: Peters, Lou Andreas-Salomé 156
339, 26: B 6, 191
339, 29: B 6, 297
340, 8: W 4, 167
340, 11: W 4, 171
340, 15: W 4, 380
340, 34: B 6, 310
341, 10: B 6, 194
341, 14: B 6, 195
341, 17: B 6, 197
341, 22: B 6, 224
341, 28: R 641
342, 4: Peters, L. Andreas-Salomé 179
342, 10: B 6, 199
342, 16: B 6, 201
342, 23: B 6, 222
343, 9: B 6, 203
343, 13: B 6, 212
343, 15: B 6, 217
343, 22: B 6, 251
343, 26: KGB III/2, S. 284
343, 32: B 6, 281
344, 1: B 6, 275
344, 3: B 6, 279
344, 8: B 6, 284
344, 9: B 6, 286
344, 29: B 6, 294
344, 30: B 6, 298
344, 31: B 6, 293
344, 32: B 6, 315/298
345, 1: B 6, 310
345, 2: B 6, 300
345, 7: B 6, 297
345, 11: B 6, 400
345, 13: B 6, 401
345, 16: B 6, 402
345, 29: Peters, Lou Andreas-Salomé 375
345, 34: B 6, 290
346, 5: Pfeiffer, Friedrich Nietzsche, Paul Rée und Lou Salomé 186
346, 7: Lou Andreas-Salomé 91
346, 8: Lou Andreas-Salomé 201
346, 10: B 6, 316
346, 14: Peters, Lou Andreas-Salomé 197
346, 17: Lou Andreas-Salomé 200
346, 30: Ursula Welsch / Michaela Wiemer, Lou Andreas-Salomé, München/Wien 1988, S. 96
347, 2: Peters, L. Andreas-Salomé 330
347, 13: Peters, Lou Andreas-Salomé 339
348, 16: W 2, 576
348, 22: W 5, 327
348, 29: G 490
349, 2: W 5, 51
349, 8: W 5, 291
349, 10: W 5, 292
349, 13: W 12, 256
349, 15: W 5, 38
349, 24: Freud, Briefe an Fließ 438
349, 28: Sigmund Freud, Gesammelte Werke, Frankfurt 1968, Bd. 10, S. 151
350, 8: Sigmund Freud, Studienausgabe, Frankfurt 1982, Bd. 3, S. 292
350, 16: Protokolle der Wiener Psychoanalytischen Vereinigung, Frankfurt 1976, Bd. I, S. 338
350, 22: Protokolle I, 337 (Nach Angabe von Ernst Federn, dem Sohn Paul Federns, hat dieser seine Aussage nie zurückgenommen.)
350, 33: J II, 256
350, 34: B 6, 494
351, 4: B 6, 573

351, 12: Sigmund Freud – Arnold Zweig, Briefwechsel, hg. von Ernst L. Freud, Frankfurt 1984, S. 89
351, 20: Freud, Studienausgabe II, 409
351, 27: Sigmund Freud – C. G. Jung, Briefwechsel, Frankfurt 1974, S. 544
351, 34: Freud-Jung Briefwechsel 545
352, 10: Otto Rank, Das Trauma der Geburt, Frankfurt 1988, S. 150
352, 11: Rank 151
352, 12: Rank 184
352, 16: Paul Roazen, Sigmund Freud und sein Kreis, Bergisch-Gladbach 1976, S. 398
352, 22: Freud-Zweig Briefwechsel 35
352, 31: Freud-Zweig, Briefw. 37
352, 33: Freud-Zweig, Briefw. 85
353, 1: Freud-Zweig, Briefwechsel 87
353, 6: Freud-Zweig, Briefwechsel 89
353, 11: Freud-Zweig, Briefw. 90
353, 21: Freud-Zweig, Briefw. 96
354, 28: Freud, Studienausg. III, 343
355, 8: Freud, Studienausg. III, 347
355, 21: W 5, 322
356, 8: Protokolle II, 27
356, 19: Protokolle II, 28
357, 13: W 1, 67
358, 1: Freud, Studienausg. IX, 351
358, 27: Freud, Studienausg. IX, 428
358, 34: Freud, Studienausg. IX, 438
359, 11: Freud, Studienausg. IX, 439
360, 21: Isadora Duncan, Memoiren, Berlin 1988, S. 99
360, 31: Max Niehaus, Isadora Duncan, München 1988, S. 49
361, 3: Isadora Duncan, Memoiren 106
361, 10: Isadora Duncan, Memoiren 110
361, 23: B 6, 288
361, 25: B 6, 318
361, 28: W 6, 337
361, 32: B 6, 288
362, 9: B 6, 306
362, 17: B 6, 307
362, 26: B 6, 308
362, 28: B 6, 309
363, 6: R 651
363, 13: B 2, 262
363, 15: B 3, 149
363, 17: B 5, 226
363, 18: Friedrich Nietzsche, Kritische Gesamtausgabe, hg. von Giorgio Colli und Mazzino Montinari, Werke Bd. VII, 4/2, S. 567 (Hinweis Pia Maria Volz)
363, 19: W 3, 643
363, 22: W 3, 647
363, 24: Elisabeth Förster-Nietzsche, Der einsame Nietzsche, Leipzig 1925, S. 533
363, 30: G 678
364, 10: Thomas de Quincey, Bekenntnisse eines Opiumessers, Wien/Berlin 1982, S. 181
364, 15: Thomas de Quincey 182
364, 23: Thomas de Quincey 183
364, 35: Elisabeth Förster-Nietzsche 532
365, 21: B 6, 568
365, 22: G 510
365, 27: G 524
365, 28: G 525
365, 34: G 526
366, 23: G 492
367, 4: W 10, 29
367, 6: G 494
367, 10: G 491
367, 21: G 568
367, 25: G 569
367, 32: G 568
368, 6: Verrecchia 397

XII. Zarathustras Geheimnis

Motto 1: Elisabeth Förster-Nietzsche, Der einsame Nietzsche 320
Motto 2: B 6, 357
370, 8: W 6, 374
370, 14: B 8, 461
370, 15: B 8, 298
370, 16: B 8, 286
370, 17: W 6, 356
370, 21: W 6, 259
370, 33: W 6, 260
371, 10: W 6, 335
371, 16: W 6, 336
371, 30: W 6, 337
372, 1: W 6, 339
372, 19: W 10, 210
372, 21: W 14, 495
372, 24: W 6, 335
373, 16: G 608
373, 21: W 6, 336
373, 24: B 6, 311
373, 29: B 6, 324
374, 7: G 609
374, 15: W 6, 337
374, 18: W 6, 344
374, 26: W 10, 134
374, 34: W 6, 344
375, 3: W 6, 345
375, 6: B 6, 321
375, 9: B 6, 348
375, 16: B 6, 326
375, 22: B 6, 406
375, 25: B 6, 321
375, 26: B 6, 333
375, 33: B 6, 324
376, 2: B 6, 328
376, 7: B 6, 356
376, 13: KGB III/2, S. 360
376, 24: B 6, 496
376, 31: B 6, 363
376, 32: B 6, 364
377, 3: B 6, 525
377, 13: Thomas Mann, Das essayistische Werk III, 27
377, 26: B 6, 444
377, 32: B 6, 99
378, 1: B 6, 100
378, 4: B 6, 99
378, 6: B 6, 109
378, 9: B 6, 111
378, 22: B 6, 112
379, 10: B 6, 122
379, 22: W 9, 494
380, 22: W 9, 496
381, 10: W 10, 479
381, 22: W 6, 404
382, 4: B 8, 566
382, 24: »Ilias«, 18. Gesang, Vers 590 bis 596
382, 32: G 101
383, 4: B 8, 566
383, 19: W 10, 340
383, 26: Verrecchia 335
383, 34: Psychoanalytische Traumforschung, hg. von Günter Ammon, Hamburg 1974, S. 64
384, 3: F. M. Dostojewski, Der Idiot, München 1980, S. 347
384, 16: W 10, 210
385, 23: W 6, 341
386, 1: W 9, 519
386, 19: W 10, 108
386, 22: W 10, 107
386, 35: W 3, 525
387, 7: W 10, 150
387, 8: W 9, 596
387, 15: W 10, 157
387, 33: Elisabeth Förster-Nietzsche, Der einsame Nietzsche 202
388, 16: W 11, 311
388, 33: W 5, 243
388, 35: W 14, 375
389, 7: W 3, 649

389, 32: Friedrich Hölderlin, Sämtliche Werke und Briefe, hg. von Günter Mieth, München 1970, Bd. I, 726
390, 9: Hölderlin I, 727
390, 23: HKG II, 2
390, 30: HKG II, 4
391, 1: HKG II, 2
391, 5: W 4, 142
391, 23: W 10, 168
391, 31: Pierre Bertaux, Hölderlin und die Französische Revolution, Frankfurt 1970, S. 64
391, 32: Bertaux 68
392, 3: Hölderlin II, 565
392, 9: Hölderlin I, 586
392, 10: W 2, 213
392, 17: Hölderlin I, 599
392, 19: Hölderlin I, 602
392, 22: Hölderlin I, 603
392, 30: Hölderlin I, 604
392, 34: Hölderlin I, 720
393, 7: Hölderlin I, 696
393, 10: Hölderlin I, 585
393, 18: Hölderlin I, 617
393, 21: Hölderlin I, 629
393, 29: Hölderlin I, 644
393, 33: Hölderlin I, 632
394, 2: Hölderlin I, 705
394, 5: Hölderlin I, 634
394, 8: Hölderlin I, 725
394, 11: Hölderlin I, 732
394, 21: Die Vorsokratiker, hg. von Wilhelm Capelle, Stuttgart 1968, S. 101
394, 22: Die Vorsokratiker 104
394, 24: Die Vorsokratiker 108
394, 25: Die Vorsokratiker 109
394, 31: B 6, 199
394, 33: W 1, 758
395, 2: W 1, 262
395, 3: W 11, 166
395, 6: W 3, 493/W 7, 462
395, 11: W 1, 806
395, 23: J II, 230
395, 26: B 6, 366
395, 31: W 4, 75
396, 1: W 10, 349
396, 5: W 9, 519
396, 9: J II, 232
396, 22: Gustave Flaubert, Die Versuchung des heiligen Antonius, Frankfurt 1979, S. 124
397, 1: W 11, 428
397, 4: B 4, 94
397, 7: W 6, 34
397, 10: Cosima Wagner I, 392
397, 20: Cosima Wagner III, 540
397, 27: W 6, 431
397, 29: W 11, 63
397, 32: W 5, 153
397, 33: W 11, 272
398, 4: W 12, 202
398, 7: W 12, 201
398, 12: B 7, 12
398, 24: Flaubert 190
398, 30: W 4, 11
399, 4: W 9, 607
399, 9: W 9, 600
399, 10: W 9, 606
399, 19: Fabrizia Ramondino/Andreas F. Müller, Neapel 217
399, 34: J I, 744
400, 9: W 9, 607
400, 19: Marcel Reich-Ranicki, Thomas Mann und die Seinen, Frankfurt 1987, S. 24
400, 26: Hölderlin I, 661
401, 24: W 9, 574
401, 35: W 9, 577
402, 1: W 9, 579
402, 3: W 9, 580
402, 9: W 3, 573
402, 27: W 9, 590
403, 28: W 3, 467
404, 1: W 9, 626
404, 7: W 14, 253
404, 26: W 3, 480

405, 15: W 3, 481
405, 19: S III, 16
405, 29: W 3, 26
405, 30: W 3, 27
405, 31: W 3, 28
405, 34: W 3, 481
406, 20: W 14, 256
407, 2: B 6, 357
407, 6: Flaubert 159
407, 14: Flaubert 161
407, 16: Jean Paul, Werke, hg. von Norbert Miller, München 1963, Bd. VI, S. 682
407, 17: Flaubert 163
407, 18: Flaubert 164
407, 29: Flaubert 165
407, 31: Flaubert 166
408, 1: Flaubert 168
408, 16: W 1, 13
408, 22: Flaubert 163
409, 7: W 3, 570
409, 13: W 9, 480
409, 21: W 9, 614
409, 28: »Süddeutsche Monatshefte«, November 1931, S. 78
410, 1: G 484
410, 13: W 3, 570
411, 5: W 12, 79
411, 31: W 3, 570
412, 12: W 14, 271
412, 30: W 3, 636
413, 3: W 6, 337
413, 9: W 6, 338
413, 22: W 13, 217
413, 30: W 14, 758
414, 3: G 650
414, 8: W 4, 11
414, 11: W 4, 380
414, 18: Hölderlin I, 641
414, 23: Flaubert 5
414, 27: W 4, 11
415, 9: W 3, 551
415, 31: W 1, 381
416, 1: Hölderlin I, 667
416, 4: Hölderlin I, 668
416, 7: W 4, 11
416, 21: W 4, 136
416, 23: W 4, 138
416, 31: W 4, 12
417, 6: W 4, 14
417, 8: W 9, 579
417, 17: W 9, 631
417, 25: W 14, 257
417, 29: W 4, 82
417, 32: W 4, 172
417, 35: Hölderlin I, 617
418, 7: W 4, 12
418, 10: W 10, 576
418, 33: W 4, 14
419, 9: W 4, 15
419, 11: W 10, 210
419, 17: W 10, 209
419, 28: W 4, 14
420, 1: W 14, 283
420, 14: W 10, 443
420, 17: W 10, 457
420, 25: W 4, 111
420, 29: W 4, 16
420, 34: W 10, 485
421, 1: W 4, 16
421, 7: W 10, 162
421, 11: W 4, 16
421, 31: W 12, 220
421, 35: W 12, 303
422, 3: W 13, 18
422, 9: W 4, 21
422, 23: W 4, 17
423, 4: W 4, 19
423, 8: W 10, 115
423, 17: W 4, 19
423, 19: W 4, 20
423, 25: W 4, 21
423, 32: W 4, 23
423, 34: W 10, 143
424, 3: W 10, 507
424, 5: W 10, 454
424, 14: W 4, 21
425, 1: W 3, 359

425, 10: Schriften Jakob Böhmes, hg. von Hans Kayser, Leipzig 1923, S. 152
425, 18: W 4, 16
426, 4: W 4, 22
427, 22: W 4, 66
427, 34: W 4, 21
428, 16: W 10, 491
428, 29: W 10, 492
429, 1: W 9, 651
429, 6: W 4, 27
429, 11: W 10, 531
429, 19: J I, 533
429, 22: W 6, 317
429, 24: W 6, 318
429, 27: B 4, 200
429, 33: W 11, 689
430, 9: W 4, 23
430, 14: W 14, 285
430, 34: W 4, 25
431, 11: W 4, 26
431, 20: W 4, 27
431, 30: J II, 229
432, 4: W 4, 28
433, 25: W 4, 29
433, 31: W 4, 30
433, 33: W 10, 178
433, 34: W 14, 286
434, 4: W 10, 180
434, 11: W 4, 30
434, 28: W 4, 31
435, 12: W 14, 286
435, 25: W 4, 32
435, 30: W 4, 34
435, 35: W 14, 286
436, 3: W 3, 643
436, 35: W 6, 283
437, 6: W 6, 268
437, 22: W 4, 36
437, 28: W 4, 35
439, 3: W 4, 39
439, 4: W 4, 40
439, 22: W 14, 287
439, 25: W 13, 562
439, 30: W 4, 39
439, 34: W 4, 36
440, 7: W 4, 43
440, 25: W 14, 287
441, 4: W 4, 43
441, 8: W 4, 42
441, 23: W 4, 45
441, 28: W 4, 46
441, 30: W 4, 47
442, 14: W 14, 287
442, 15: W 1, 40
442, 20: W 1, 71
442, 32: W 4, 48
443, 3: W 4, 49
443, 31: W 14, 288
444, 1: W 4, 49
444, 11: W 4, 55
444, 15: W 4, 56
444, 17: W 4, 61
444, 18: W 4, 62
444, 21: W 4, 63
444, 23: W 4, 66
444, 27: W 4, 67
444, 28: W 4, 68
444, 30: B 6, 470
444, 32, W 4, 68
444, 34: W 4, 63
445, 2: W 4, 64
445, 11: W 4, 73
445, 17: W 4, 72
446, 14: W 10, 170
446, 26: Friedrich Schiller, Sämtliche Werke, hg. von Gerhard Fricke und Herbert G. Göpfert, München 1958, Bd. I, S. 187
446, 30: W 1, 505
447, 7: Friedrich Nietzsche, Kritische Gesamtausgabe, hg. von Giorgio Colli und Mazzino Montinari, Werke Bd. VII, 4/2, S. 69
447, 19: W 9, 655
448, 3: W 10, 167
448, 10: W 4, 77
448, 16: W 4, 78

449, 1: W 4, 84
449, 4: W 4, 85
449, 11: W 10, 516
449, 21: W 14, 292
449, 29: W 4, 87
449, 34: W 6, 391
450, 10: W 14, 293
450, 13: W 4, 91
450, 17: W 4, 92
450, 25: W 14, 294
451, 2: W 4, 85
451, 4: W 4, 97
451, 18: W 4, 100
451, 28: W 4, 102
452, 16: W 4, 80
452, 21: W 4, 81
453, 1: W 4, 36
453, 8: W 4, 82
454, 5: W 4, 81
454, 14: W 4, 82
454, 18: W 10, 79
455, 7: W 9, 612
455, 25: W 14, 651
455, 30: W 9, 612
456, 14: W 4, 105
457, 16: W 4, 106
458, 8: W 4, 107
458, 18: W 14, 296
458, 26: W 4, 107
459, 19: Kenneth J. Dover, Homosexualität in der griechischen Antike, München 1983, S. 58
459, 22: Cecile Beurdeley, L'amour bleu 11
460, 1: W 4, 107
460, 10: W 4, 247
461, 2: HKG II, 209
461, 6: Beurdeley 18
461, 10: B 6, 429
461, 12: B 6, 482
461, 18: B 6, 529
461, 26: B 8, 600
461, 33: W 4, 109
462, 24: Archilochos 29
462, 26: Archilochos 47
462, 28: Archilochos 63
462, 33: B 3, 62
463, 2: W 3, 398
463, 13: W 4, 109
464, 10: W 4, 110
464, 17: W 6, 231
464, 26: W 10, 432
465, 5: W 4, 111
466, 9: W 14, 297
466, 33: W 4, 112
467, 5: W 10, 427
467, 12: W 10, 432
467, 25: W 12, 325
468, 14: Hölderlin I, 657
468, 20: W 4, 124
468, 23: W 4, 125
468, 28: W 10, 440
468, 30: W 4, 125
469, 10: W 4, 126
469, 20: W 1, 14
469, 24: W 1, 15
469, 31: W 6, 341
470, 5: S III, 115
470, 10: W 6, 345
470, 17: B 6, 374
470, 19: B 6, 381
470, 21: B 6, 379
471, 5: W 4, 136
471, 18: W 14, 299
471, 29: W 10, 458
472, 2: W 4, 137
472, 9: W 14, 299
472, 11: W 4, 136
472, 15: W 4, 137
472, 30: W 14, 300
473, 16: W 6, 348
474, 8: W 14, 299
474, 16: W 14, 324
475, 1: W 4, 279
475, 3: W 4, 280
475, 13: W 4, 139
475, 31: W 4, 49
476, 1: W 4, 139

476, 7: W 10, 445
476, 10: W 4, 382
476, 16: W 4, 140
476, 34: Andere Lieben 188
477, 13: W 2, 662
477, 28: W 4, 126
477, 35: W 4, 297
478, 13: W 10, 350
478, 20: W 4, 140
479, 1: W 4, 141
479, 18: W 4, 282
479, 25: »Tristan und Isolde«, Dritter Aufzug, dritte Szene
480, 12: W 4, 142/ W 14, 301
480, 15: B 6, 14
480, 16: B 6, 16
480, 21: W 4, 142
480, 25: W 4, 143
480, 30: W 4, 142
480, 34: W 10, 594
481, 5: S III, 60
481, 12: W 6, 388
481, 19: W 4, 143
482, 2: W 4, 144
482, 13: »Tristan und Isolde«, Zweiter Aufzug, zweite Szene
482, 21: W 4, 145
482, 34: W 14, 302
483, 5: W 4, 146
483, 9: W 4, 147
483, 22: W 10, 459
483, 28: W 4, 148
483, 33: W 4, 149
484, 1: W 4, 106
484, 12: W 3, 209
484, 18: W 13, 567
484, 23: W 4, 148
485, 5: W 4, 404
485, 8: W 3, 240
485, 11: W 10, 362
485, 13: W 13, 37
485, 19: W 12, 209
485, 21: W 13, 38
486, 1: W 12, 295
486, 10: W 12, 312
486, 28: Schopenhauer II, 689
487, 12: W 12, 312
487, 25: W 13, 18
487, 27: W 10, 325
487, 32: W 3, 152
488, 10: W 4, 152
488, 16: W 10, 441
488, 29: W 4, 152
489, 6: W 4, 167
489, 14: W 4, 171
489, 17: W 14, 306
489, 26: W 4, 168
490, 10: W 4, 169
490, 15: W 4, 170
490, 23: W 4, 171
491, 6: Maupassant 239
491, 8: Maupassant 233
491, 27: W 10, 449
491, 34: W 10, 469
492, 16: Justinus Kerner, Blätter aus Prevorst, Heusenstamm 1961, S. 301
494, 4: W 4, 167
495, 5: W 1, 875
495, 20: W 4, 82
495, 30: G 481
496, 11: Hippolyte Taine, Les Origines de la France Contemporaine, Paris 1907, Bd. II, S. 315
497, 11: W 4, 172
497, 20: W 4, 382
497, 33: W 4, 172
498, 3: W 8, 599
498, 6: W 4, 173
498, 12: Hölderlin I, 628
499, 11: Lou Andreas-Salomé, Friedrich Nietzsche in seinen Werken, Dresden 1924, S. 243
499, 15: Lou Andreas-Salomé, Lebensrückblick 233
499, 19: C. A. Bernoulli, Franz Overbeck und Friedrich Nietzsche I, 322
499, 27: W 8, 474

500, 16: W 4, 173
501, 1: B 6, 51
501, 20: W 4, 174
501, 31: W 1, 886
502, 1: J I, 192
502, 8: W 2, 163
502, 30: W 7, 461
502, 33: W 8, 474
503, 12: W 4, 174
503, 20: S III, 93
503, 31: Karl Philipp Moritz, Schriften, Nördlingen 1986, Bd. 5, S. 260
504, 1: W 3, 232
504, 14: Adalbert Stifter, Gesammelte Werke, hg. von Michael Benedikt und Herbert Hornstein, Gütersloh o. J., Bd. III, S. 197
504, 26: Schiller I, 105
505, 11: W 4, 174
505, 25: Flaubert 120
506, 8: HKG I, 307
506, 28: W 4, 175
507, 2: W 9, 599
507, 7: W 6, 24
507, 30: W 4, 257
507, 34: W 4, 258
508, 13: W 4, 174
508, 15: W 4, 175
508, 23: W 4, 176
508, 31: W 4, 258
509, 12: W 14, 306
510, 12: Adelbert von Chamisso 183
511, 12: W 10, 348
511, 14: W 6, 392
511, 24: W 4, 145
512, 5: W 4, 35
512, 9: W 4, 36
512, 16: W 4, 40
512, 21: W 4, 105
513, 4: W 4, 258
513, 27: W 4, 175
514, 16: W 9, 206
514, 31: Goethes Werke, Sophienausgabe, Bd. 17, S. 72
515, 6: Hölderlin I, 620
515, 28: W 10, 451
515, 33: W 10, 369
516, 14: W 10, 368
516, 31: W 4, 40
517, 14: W 4, 172
517, 24: B 6, 274
518, 10: W 4, 176
518, 20: W 4, 185
519, 10: W 4, 186
519, 17: W 4, 187
520, 9: W 4, 189
520, 20: W 4, 190
520, 34: W 10, 532
521, 14: W 4, 193
521, 19: W 4, 195
521, 20: W 4, 196
521, 26: B 2, 299
522, 16: Heinrich Heine, Werke, hg. von Wolfgang Preisendanz, Frankfurt 1968, Bd. II, S. 271
522, 17: Heinrich Heines Sämtliche Werke, hg. von Ernst Elster, Leipzig 1887, Bd. III, S. 540
523, 7: Heinrich Heines Sämtliche Werke III, 542
524, 3: W 4, 197
524, 26: W 4, 380
524, 33: W 4, 198
525, 29: W 2, 327
525, 35: Laistner I, 60
526, 3: Laistner II, 220
526, 6: Laistner I, 275
526, 19: B 7, 108
526, 29: »Hamlet«, Erster Akt, fünfte Szene
527, 1: W 1, 56
527, 11: W 4, 198
527, 26: W 14, 309
529, 3: W 4, 198
529, 9: W 4, 199
530, 9: G 2
530, 26: S III, 26
531, 4: W 4, 200

531, 10: B 6, 283
531, 20: B 6, 485
531, 27: W 4, 200
532, 6: W 4, 201
532, 25: Justinus Kerner, Blätter aus Prevorst 319
533, 23: W 4, 201
534, 29: Laistner I, 251
535, 4: Laistner I, 269
535, 17: HKG I, 121
536, 3: Alexander Petöfi, Hundertsechzig lyrische Dichtungen 162
536, 28: W 11, 381
536, 31: W 4, 398
537, 26: W 10, 627
537, 31: W 2, 15
538, 1: W 2, 17
538, 18: W 2, 18
538, 22: W 14, 308
538, 33: Flaubert 74
539, 4: Flaubert 76
539, 6: Flaubert 77
539, 16: B 3, 72
539, 20: B 6, 311/322
539, 27: W 4, 201
540, 18: W 10, 577
540, 21: W 10, 578
541, 5: W 4, 202
541, 22: W 14, 100
542, 1: W 5, 12
542, 5: W 2, 198
542, 22: W 10, 139
543, 9: B 7, 261
543, 34: B 7, 263
544, 4: W 6, 393
544, 20: W 14, 516
544, 26: W 4, 382
544, 32: 31. 7. 1883
545, 2: B 7, 223
545, 7: W 14, 517
545, 14: W 3, 367
545, 16: W 10, 570
546, 1: W 4, 202
546, 7: W 4, 203
546, 12: W 14, 310
546, 17: W 4, 204
546, 18: W 14, 310
546, 20: W 4, 205
547, 17: W 14, 310
548, 11: W 13, 306
548, 26: W 13, 313
549, 1: W 10, 618
549, 13: W 10, 619
549, 28: W 4, 270
550, 30: »Siegfried«, Dritter Aufzug, erste Szene
551, 3: HKG II, 34
551, 11: W 4, 271
551, 23: W 4, 274
551, 26: W 10, 585
552, 4: W 4, 271
552, 15: W 10, 602
553, 16: W 4, 247
553, 17: W 4, 268
553, 21: W 6, 388
553, 30: W 4, 269
554, 12: W 4, 75
554, 18: W 6, 399
554, 21: W 4, 138
554, 23: W 4, 136
554, 26: W 4, 278
554, 33: W 6, 345
554, 34: W 4, 136
555, 9: W 14, 324
555, 14: W 4, 279
555, 24: W 4, 280
556, 22: W 1, 14
556, 25: W 11, 684
556, 26: W 11, 685
556, 33: W 11, 482
557, 6: W 11, 483
557, 17: W 11, 680
557, 21: W 11, 681
558, 26: W 4, 283
558, 27: W 14, 325
558, 35: W 4, 282
560, 3: W 13, 557
560, 21: W 6, 399

560, 24: W 6, 400
560, 25: W 6, 398
561, 20: W 6, 401
562, 10: Magnus Hirschfeld, Geschlechtsverirrungen, Flensburg 1977, S. 297
562, 17: W 13, 567
562, 21: W 6, 401
562, 25: W 3, 546
563, 11: W 6, 401
563, 29: B 8, 572
563, 30: B 8, 573
564, 1: B 8, 604
564, 17: W 4, 313
565, 35: W 4, 287
566, 4: W 4, 286
566, 22: W 14, 325
567, 18: W 5, 237
567, 31: Schopenhauer V, 725
571, 6: W 5, 238
571, 17: W 5, 239
572, 9: G 474
572, 15: G 475
572, 20: G 476
572, 28: Hugo Daffner, Friedrich Nietzsches Randglossen zu Bizets Carmen 27
572, 32: Daffner 28
573, 8: Daffner 58
573, 12: Daffner 19
573, 16: Stendhal, Über die Liebe, München 1921, S. 65
573, 21: Sappho, hg. von Max Treu, München 1968, S. 109
573, 23: G 477
574, 3: B 6, 347
574, 23: W 4, 370
575, 1: B 7, 9
575, 12: B 7, 12
575, 13: B 7, 21
575, 17: B 7, 12
575, 29: B 7, 25
575, 32: B 7, 26
575, 35: B 7, 30
577, 7: W 14, 327/328
577, 20: Verrecchia 265
577, 34: W 4, 313
578, 3: W 14, 333
578, 15: W 4, 314
578, 17: W 4, 315
578, 22: W 4, 316
578, 25: W 4, 318
579, 1: W 4, 327
579, 23: S III, 148
579, 30: W 4, 328
580, 19: W 4, 331
581, 3: W 4, 339
581, 12: W 14, 337
581, 18: W 4, 339
581, 25: W 4, 340
581, 33: W 4, 341
582, 4: W 4, 366
582, 11: W 4, 346
582, 16: W 4, 351
582, 18: W 4, 369
582, 22: W 4, 370
583, 5: W 4, 371
583, 26: B 2, 357
584, 8: W 4, 371
584, 15: W 11, 298
584, 22: W 4, 372
585, 2: Schopenhauer II, 720
585, 12: W 12, 229
585, 21: W 13, 11
585, 29: Sappho 95
586, 1: W 4, 373
586, 17: W 4, 374
586, 28: W 4, 185
586, 34: KGB III/2, S. 280
587, 7: W 4, 380
587, 18: W 6, 285
587, 22: Maupassant 58
587, 29: Maupassant 59
587, 32: Maupassant 60
587, 33: Maupassant 63
588, 5: W 4, 381
588, 6: W 4, 382
588, 26: W 6, 384

589, 3: W 4, 382
589, 6: W 4, 172
589, 9: W 4, 383
589, 20: W 4, 381
589, 27: W 4, 380
590, 9: Jean Paul VI, 684
590, 17: Maupassant 72
590, 19: Maupassant 76
590, 30: W 6, 387
591, 8: G 613
591, 23: W 4, 385
591, 27: B 2, 31
591, 28: »La Damnation de Faust«, Zwölfte Szene
592, 5: W 11, 299
592, 18: Flaubert 19
592, 24: W 4, 383
593, 11: W 6, 385
593, 27: W 7, 388
593, 29: Goethes Werke, Sophienausgabe Bd. 1, S. 83
594, 3: W 6, 385
594, 22: W 4, 384
595, 14: W 4, 386
595, 26: Archilochos 95
596, 11: W 4, 304
596, 13: W 11, 349
596, 18: W 4, 388
596, 28: W 4, 392
597, 2: W 4, 388
597, 4: W 4, 389
597, 17: W 4, 390
597, 24: W 4, 391
598, 18: W 11, 351
598, 19: W 11, 365
598, 22: W 4, 393
599, 9: W 4, 395
599, 21: W 4, 396
599, 33: W 4, 397
600, 1: W 4, 398
601, 1: W 4, 399
602, 2: W 4, 400
602, 31: W 4, 401
603, 22: W 4, 402
604, 8: W 4, 403

*

Motto vor S. 1: W 11, 498
Motto Umschlagrückseite: B 8, 196

PERSONEN- UND ORTSREGISTER

Aetna 469, 554
Aischylos 89, 155
Algier 311
Alkibiades 72, 123–130, 204, 315, 459
Alkmaion 394
Altenburg 3
Alwine (Hausmädchen) 363
Anakreon 69, 460
Andrea Doria 282, 293, 327
Andreas, Friedrich Karl 346
Annaberg 224
d'Annunzio, Gabriele 317
Apuleius 595
Aristophanes 127
Aristoteles 394
Arnim, Bettina von 253
Athen 315, 327
August Wilhelm, preußischer Kronprinz 317

Baden-Baden 187
Basel XIX, 86, 89, 92f., 98f., 104, 137, 148, 154f., 161, 165, 174f., 187, 198ff., 203f., 209–219, 221, 224, 227, 230, 233, 236f., 239, 241ff., 250, 255f., 270, 274, 310, 322, 334, 373, 382, 385, 409, 431, 500
Bayreuth 161, 164, 172ff., 176ff., 182, 185ff., 224, 230f., 257, 334f., 343f.
Bebel, August 310
Bechstein, Ludwig 43, 57
Beethoven, Ludwig van 81
Berg am Starnberger See 156
Bergman, Ingmar 90
Berlin 102, 256, 265, 346, 360
Berlioz, Hector 591
Bernini, Lorenzo 471
Bernoulli, Carl Albrecht 203, 218, 220, 237
Bertaux, Pierre 261, 391
Bex 257ff., 263f., 266, 273, 276, 311, 323, 515
Binswanger, Ludwig 179
Biskra 311, 317, 365, 587
Bjerre, Poul 347
Bodenstein, Richard 84
Böcklin, Arnold 480
Böhme, Jakob 425
Bonn 79f., 82f., 85f., 97, 111, 131, 236, 430, 549, 589
Bonndorf 209
Bonnet, Jules 334
Bootty, Mrs. 492
Bootty, Mr. 492f.
Bormann, Siegfried 58
Bradke, Marie von 367
Breughel, Pieter, d. Ä. 397
Brockhaus, Clemens 160
Brockhaus, Ottilie 153
Brutus, Marcus Iunius 234
Buddha 403
Bülow, Cosima von s. Cosima Wagner
Bülow, Hans von 62f., 156f., 159, 165, 473f., 563
Bülow, Isolde von 156, 162
Buffon, George Louis Leclerc de 421

Bungert, August 279
Burckhardt, Carl Jacob XIX
Burckhardt, Jacob 23f., 88, 132, 205 214, 224, 226f., 237, 243f., 563
Byron, George Gordon Noel, Lord 61ff., 81, 116, 190f., 195, 431, 588

Caesar, Gaius Julius 125, 291, 296ff., 578
Capol, Herkules von 202
Capol, Josef von 202
Capote, Truman 312
Capri 58ff., 192f., 195, 269, 314
Caroline (Basler Dienstmädchen) 200
Cassius, Gaius 234
Catull, Gaius Valerius 296
Caumasee 201
Cazotte, Jacques 495f.
Chamisso, Adelbert von 252, 510, 515
Charnacé, Claire 157
Chateaubriand, François René, Vicomte de 33
Chemnitz 288
Chopin, Frédéric 287f., 296
Colli, Giorgio XVf.
Columbus, Christoph 278, 291, 293, 305, 386, 431
Cornelius Nepos 125
Creuzer, Friedrich 395f., 408, 414

Dante Alighieri 47, 50, 54
Darwin, Charles 338
David (König) 589
Demokrit 89
Deussen, Paul 57, 68f., 72f., 80, 111, 203, 213
Diogenes Laertius 89, 261, 502
Diogenes von Sinope 404
Dostojewski, Fedor Michailowitsch 212, 383f.
Dürer, Albrecht 98f., 113f., 117, 147, 232
Dumas, Alexandre, d.J. 212
Duncan, Isadora 360

Edinburgh 190f.
Edward VII., König von England 317
Eichendorff, Joseph von 160
Eiser, Otto 178–185, 187ff., 212, 246, 260, 343, 427
Elisabeth, sächsische Prinzessin 7
Emerson, Ralph Waldo 85
Emge, Carl August 92
Engadin 351
Erlangen 135
Euripides 137, 139, 206, 559

Federn, Karl 360
Federn, Paul 350, 354f., 360
Finochietti, Nerina 231
Fino, Davide 324
Flaubert, Gustave 396ff., 406, 408, 414, 452, 505, 538, 576, 585, 592
Fließ, Wilhelm 338, 349
Flims 201f.
Florenz 209, 314
Förster, Bernhard XVII, 309, 335
Förster-Nietzsche, Elisabeth (Schwester) XII, XIV, XVIIff., 8, 10, 12, 18, 20ff., 24, 26, 29, 31, 33, 41, 46, 65, 85, 89, 92ff., 96, 113, 120, 142, 177f., 186, 196–203, 215, 223f., 226, 236, 242f., 245, 263, 269, 271, 308ff., 330, 335ff., 339, 347, 363, 365, 369, 437, 444, 461, 470, 526, 530, 575
Fouqué, Friedrich de la Motte-Fouqué 14
Frankfurt 178, 182, 187
Freud, Sigmund Xf., 12, 25, 40f., 178, 183, 332, 338, 346–359, 366, 491
Friedrich Wilhelm IV., König von Preußen 2ff.
Fritzsch, Ernst Wilhelm 272
Fynn, Emily 216f.

Gardasee 277
Gast, Peter s. Heinrich Köselitz

Gelzer, Clara (geb. Thurneysen) 215ff., 220f., 335, 339
Genua XII, 258, 261, 270f., 277ff., 282f., 286, 292f., 296, 305ff., 311, 318, 320, 322, 326, 330f., 344, 350, 361, 373, 386f., 397, 401f., 431, 461, 490, 500, 529, 572
George, Stefan 317
Gersdorff, Carl von 84ff., 100, 113, 129, 164, 176, 201, 203, 208f., 231, 256f., 269, 306f., 574f., 586
Geyer, Ludwig 163
Gide, André 27, 311f.
Gillot, Hendrik 328f., 332, 336
Gimmelwald 113ff., 117f., 120, 122, 138, 345
Gloeden, Charlotte von 314
Gloeden, Wilhelm von 312, 314ff., 321, 323, 436
Goethe, Johann Wolfgang 63, 65f., 83, 108, 155, 201, 234f., 253, 261, 290, 321, 514, 593
Göttingen 180
Gramont, Duchesse de 495f.
Granier, Raimund 65, 68
Graubünden 201
Gregorovius, Ferdinand 192ff., 399
Gregor-Dellin, Martin 156, 158, 165, 172, 179, 185, 564
Grimm, Jacob 35
Groddeck, Georg XI, 61, 350
Großgörschen 5
Grünewald, Matthias (Mathis Neithardt) 369
Gustaf Adolf, König von Schweden 4

Händel, Georg Friedrich 507
Hagen, Edmund von 180
Hartmann, Ernest 37f., 40f.
Heidegger, Martin XIVf., 486f.
Heine, Heinrich 60, 152, 265, 521ff.
Heinse, Wilhelm 318
Helgoland 58f.
Heraklit 395
Hesiod 122, 316, 318
Hindenburg, Paul von Beneckendorff und von XIX
Hirschfeld, Magnus 66
Hitler, Adolf XIX, 12
Hölderlin, Friedrich 261, 389–395, 400, 414ff., 436, 468, 498, 515
Hoffmann, Ernst Theodor Amadeus 161f., 260f.
Hoffmann, Ludwig von 316f.
Holbein, Hans, d.J. 227
Homer 63, 122, 204, 222, 294f., 306, 318, 321f., 382, 486, 524
Horaz 171
Hüffer, Franz 100
Hufeland, Christoph Wilhelm 66

Ischia 461

Janz, Curt Paul 43, 69, 89f., 100, 111, 185, 231, 260, 277, 318ff., 429
Jaspers, Karl 277
Jean Paul Richter 407, 590
Jena 19, 111, 179, 215, 335, 414
Jenatsch, Jörg 202
Johannes (Evangelist) 372
Jones, Ernest 40f.
Joukowsky, Paul von 177, 335
Jung-Stilling, Heinrich 13
Jung, Carl Gustav 351, 492
Juvenal 217

Karthago 33, 76, 292
Keller, Gottfried 94, 198, 215
Kelterborn, Louis 206ff., 223, 433
Kerner, Justinus 12, 36, 492, 532
Kiel 102ff.
Köln XII
Köselitz, Heinrich, alias Peter Gast XIVf., 184, 224, 226ff., 241, 257, 263, 269, 278f., 288, 292, 306–311, 317ff., 321f., 339f., 361, 375f., 378ff., 395, 461, 470, 499, 507, 543f., 572, 575, 596

Kösen 69, 93
Krug, Gustav 26, 28, 57
Krupp, Karl Friedrich 185

Labruyère, Jean de 276
La Fontaine, Jean de 26f.
Lago Maggiore 277
La Harpe, Frédéric César de 495
Laistner, Ludwig 39, 525f.
Lanzky, Paul 365f., 526, 543
La Rochefoucauld, François, Duc de 276
Lassalle, Ferdinand 184
La Spezia 282
Lausanne 215
Leigh, Augusta 191
Leinefelder, von 159
Leipzig XII, XVI, 2, 38, 83, 85f., 88, 89, 92, 94, 96, 99, 101ff., 111, 131, 140, 188, 199, 224f., 230, 267, 270 307, 361, 579
Lesage, Alain René 259
Ligurien 271, 281, 344
Lionardo da Vinci 125, 168f., 370
Lipari 491
Liparische Inseln 490
Lissabon 278
Liszt, Franz 158, 564, 576
London 191, 399
Ludwig II., König von Bayern 2, 26, 148f., 153, 156f., 159f., 173, 176f., 180, 224, 309, 373
Lützen 4
Lugano 210
Lukas (Evangelist) 521
Lukian von Samosata 459
Lurgenstein (Nachbar) 93f.
Luther, Martin 20
Luzern 157, 333f., 389

Maderanertal 211f.
Mähly, Jacob 210f.
Mann, Klaus 265
Mann, Thomas IXf., XVIII, 56, 90, 111, 165, 265, 316, 377, 400
Marienbad 277
Marx, Karl 435
Maupassant, Guy de 286, 311, 436, 491, 587, 590
Mayer, Hans 265, 270
Meiringen 246
Mellien, Fräulein 461
Mentone 271
Merleau-Ponty, Maurice 90
Messina 319ff., 331, 490f., 586
Metz 135
Meyer, Guido 68f., 72, 326
Meyerhof-Hildeck, Leonie 374
Meysenbug, Malwida von 167, 170, 174ff., 178, 192f., 228, 231, 258, 327, 330ff., 335, 341, 376, 399f., 407, 470, 572, 575
Miaskowski, Ida von 199
Michelangelo Buonarotti 228, 488
Mine (Röckener Dienstmädchen) 9, 18, 20
Mommsen, Theodor 237
Monaco 308
Monod, Olga 399
Montaigne, Michel de 276
Monte Sacro 332
Monte Ziretto 324
Monte Carlo 331
Montinari, Mazzino XV, 320
Moritz, Karl Philipp 503
Mosengel, Adolf 209
Mozart, Wolfgang Amadeus 503, 580

Napoleon Bonaparte 5, 91
Naumburg XVII, 18, 22, 26, 28, 33ff., 44f., 57ff., 73, 75, 77, 79, 82, 84f., 91ff., 96, 103, 131, 187f., 193, 195, 196f., 223, 240, 258, 271, 277f., 280, 319, 335, 404, 426, 431, 470, 526, 530, 550
Naxos 297, 315
Naxos Giardini 315
Neapel 179, 281, 318, 363, 397, 399f.
Nervi 279, 282

New York 201
Nick, Dagmar 317
Nietzsche, Auguste (Tante) 3f., 8, 18, 58
Nietzsche, Carl Ludwig (Vater) 2–15, 20f., 24ff., 31f., 34ff., 48f., 66f., 74, 80, 82f., 91, 142, 146, 177, 186, 249, 251, 402ff., 410, 427, 430, 432, 435, 437f., 494f., 497, 501, 523, 531ff., 539, 549, 580, 600f., 603
Nietzsche, Elisabeth s. Elisabeth Förster-Nietzsche
Nietzsche, Erdmuthe (Großmutter) 3f., 8, 17ff., 177
Nietzsche, Franziska (Mutter) XVIII 4–11, 14, 17ff., 29ff., 45ff., 51, 69, 80, 91, 96, 117, 120, 142, 177, 181, 186, 197f., 215, 223, 254, 339, 363, 426, 437, 444, 461, 526
Nietzsche, Friedrich August Ludwig (Großvater) 3
Nietzsche, Joseph (Bruder) 3, 8, 14, 34, 36, 49, 494, 532, 534, 600
Nietzsche, Rosalie (Tante) 3f., 8, 18, 58
Nitzsche, Martha 307
Nizza 270f., 296, 351, 365, 413, 461, 495, 526f., 571

Oehler, Adalbert (Neffe) 8, 18f., 29
Oehler, Adele (Tante) 5ff.
Oehler, Cäcilie (Tante) 5ff.
Oehler, David Ernst (Großvater) 5ff., 13, 20, 36, 46, 494, 503
Oehler, Sidonie (Tante) 5ff.
Oehler, Wilhelmine (Großmutter) 5ff., 46, 494
Orta 332
Otto, Carl Gotthelf 18
Ott, Louise 231
Overbeck, Franz X, XIIf., XVII, 14, 94, 105, 186, 203, 212f., 230f., 236, 243, 278, 309, 319, 322, 339, 342, 373, 375f., 409, 461, 470, 499, 531, 544f., 577
Overbeck, Ida (geb. Rothpletz) 211f., 339, 341

Pahlen, Isabelle von der 258, 310, 333
Palermo 308, 340
Paneth, Joseph 350f., 360
Paneth, Sophie 351
Paracelsus, Theophrastus Bombastus von Hohenheim 409
Paris 104, 231, 399
Pascal, Blaise 379
Patzer, Andreas XVII
Pedro II., Kaiser von Brasilien 173
Pegli 282
Perikles 126
Peters, H. F. 328f., 347
Petöfi, Sándor 54ff., 535ff.
Pfeiffer, Ernst 260, 334, 337
Pforta XI, 23f., 33ff., 43f., 47, 49f., 52, 57f., 61ff., 69, 82, 84, 91, 107, 125, 129, 132, 141, 223, 202, 252, 278, 385, 390, 426, 446, 460, 481, 510
Piccard, Julius 214f.
Pindar 155
Pinder, Wilhelm 26, 28, 57
Pisa 258
Platen, August von IXf., XII, 46, 58f., 61, 228, 250, 265, 270
Plato 87, 126, 130, 141, 188, 204, 224, 228, 254f., 259, 261f., 315, 392f., 433, 463
Plauen 82
Plutarch 125f., 201, 296
Pobles 5f., 12, 46, 164, 425, 492
Pohlmann, Ulrich 314f.
Portofino 282, 286, 361, 371, 386, 389
Posillipo 399
Praxiteles 313
Pythagoras 394ff., 502

Quincey, Thomas de 363ff.,

Raffaello Santi 142f., 541
Ranke, Leopold von 237

Rank, Otto 352
Rapallo 282, 296, 361 ff., 367, 371, 385 f., 432
Rathenau, Walther 361
Rau, Leopold 208 f., 256, 306
Recoaro 271, 279, 377
Rée, Georg 345
Rée, Jenny 278
Rée, Paul 174 f., 180, 184, 186, 192, 253–266, 269, 272, 275 f., 278 f., 281 ff., 291 f., 307 f., 311, 325 ff., 329–334, 336 f., 339 ff., 343 ff., 360, 362, 373, 375, 387, 393, 395, 399, 415, 482, 499, 507, 515, 587
Rilke, Rainer Maria 342
Ritschl, Friedrich Wilhelm 83, 88 f., 96, 99 f., 111, 131, 151 f., 154 f., 198, 204, 521
Ritschl, Sophie 151 f., 166, 521
Ritter, Karl 180
Roazen, Paul 352
Röcken 2, 4 ff., 14 f., 24, 31 ff., 36, 46, 48, 53, 82 f., 132, 164, 177, 236, 402, 405, 419, 454, 493 f., 500 f., 532, 542, 601
Rohde, Erwin X, XVI f., 99–108, 111 ff., 117, 141, 148, 153 ff., 159, 164, 175, 201, 203, 209, 230–236, 246, 257, 272, 389, 462, 471, 522, 539, 583, 593
Rohn (Antiquar) 94 f., 97, 112
Rohr, Bertha 217
Rom 234, 271, 308, 311, 326 f., 340 f., 343, 469 ff., 475, 539, 554
Roscher, Wilhelm Heinrich 38 ff.
Rosenberg, Alfred XIX
Rosenlauibad 245 f., 249 ff., 254, 256, 262, 435, 499, 509, 515
Ross, Werner 43, 90, 255, 270, 320 f., 341, 363
Rothpletz, Ida s. Ida Overbeck
Rückert, Friedrich 102, 193
Ruta Ligure 261, 282, 296, 366, 543
Sacher-Masoch, Leopold von 118 bis 123, 222, 448, 559
Salis-Seewies, Johann Gaudenz von 202
Salomé, Eugène von 329
Salomé, Gustav von 327 ff.
Salomé, Lou von (auch: Lou Andreas-Salomé) 8, 41, 164 ff., 186, 215, 263, 265, 327–347, 352 f., 360, 362, 373, 386 ff., 409, 470, 482, 499, 517, 531, 539, 559, 572, 585
Salomé, Louise von 328, 332
San Remo 278
Sankt Moritz 377
Sankt Petersburg 327, 336
Santa Margherita 282, 362, 531
Sappho 69, 573, 585
Scheffler, Ludwig von X f., 224–230, 240 ff., 433
Scherzlingen 29
Schiller, Friedrich 136, 446, 481
Schirnhofer, Resa von 366 f., 409, 495 f., 572 f.
Schlieckmann (Mitschüler) 84
Schmeitzner, Ernst XVIII, 182 f., 185, 188, 288, 320, 376
Schmidt, Arno 14
Schopenhauer, Arthur 65, 87, 93, 95 ff., 101, 105–116, 127, 130, 133, 136, 152, 154 f., 166, 171, 183, 255, 267 f., 299 ff., 345, 415, 419, 427, 485 f., 521, 564, 567, 576, 585
Schubert, Franz 202
Schulte, Günter XI
Schumann, Robert 81, 108
Schwab, Gustav 32
Sewastopol 28
Seydlitz, Reinhart Freiherr von 269, 509, 511
Shakespeare, William 234, 526
Shelley, Percy Bysshe 431
Sils-Maria 73, 216 f., 271, 373, 377, 379 ff., 386, 389 f., 401, 409
Silvaplana 372, 383 f., 388 f., 395, 565

Sizilien 271, 315, 318f., 321, 327, 339f., 461, 532
Sokrates 25, 72, 102, 123, 126, 128ff., 188, 190, 204, 327, 541f.
Sophokles 144, 204
Sorrent 123, 174, 176, 182, 192, 258, 264, 269, 500, 515
Spandau 100
Spinoza, Baruch de 378
Steinabad 209
Stein, Heinrich von 257, 326, 389, 575
Stekel, Wilhelm XI, 562
Stendhal (Henri Beyle) 467, 573
Sterne, Laurence 364
Stibbe 278, 337, 345
Stifter, Adalbert 500, 504
Stöckert, Georg 84
Straton von Sardes 287
Strauß, David Friedrich 429
Stresa 271
Strindberg, August 90
Stromboli 491ff., 585
Suidas 89
Surlei 372

Taine, Hippolyte 495f.,
Taormina 312, 314, 316f., 321, 490
Tautenburg 335, 337, 339, 343, 354
Theben 206
Theognis 89, 459
Thorvaldsen, Bertel 333
Thurneysen, Clara s. Gelzer
Tiberius, römischer Kaiser 193ff.
Tribschen 154f., 157, 162, 164f., 172f., 176, 188, 236, 333f., 388
Triebel 32, 77
Trient 522
Tunis 306f., 311, 317
Turenne, Henri de 301
Turin 24, 165, 213, 236, 244, 271, 324, 368ff., 577
Twain, Mark (Samuel Langhorne Clemens) 199

Ulrichs, Karl 338
Usener, Hermann 131

Vallombrosa 526, 543
Vauvenargues, Luc de 178, 276
Venedig 234ff., 270f., 277, 306f., 309, 480, 586, 591
Verdi, Giuseppe 212
Veronese, Paolo 229
Vischer-Bilfinger, Wilhelm 214
Volkshagen, Schloß 314
Vulcano 491

Wagner, Cosima (auch: Cosima von Bülow) 148, 156–166, 174ff., 185f., 190, 196, 269, 272, 298, 308, 334, 340, 343, 360f., 375, 397, 428, 473f., 563f., 571
Wagner, Richard 19, 52, 54, 63, 72, 94, 102f., 108, 118, 144, 148–196, 201, 218, 224ff., 230, 232ff., 257, 263, 272, 308f., 320, 323, 333ff., 340, 343f., 261, 397f., 427, 429, 473f., 479, 482, 507, 521, 537, 545f., 549, 564, 576, 586
Wagner, Siegfried 157, 161f., 177
Wapping 492
Weimar XVIIIf., 196, 347
Weißenfels 2
Wien 209, 351, 360, 366
Wilamowitz-Moellendorff, Ulrich von 131, 141, 149
Wilde, Oscar 312, 317
Wilhelm I., Deutscher Kaiser 173
Winckelmann, Johann Joachim 270, 313
Wismar 314
Wittekind 151, 521
Wörth 135
Wolzogen, Hans von 158, 179ff.
Wunderlich, Oskar 85

Xenophon 128f., 188

Zarathustra (auch: Zoroaster) 395f., 414
Zimmermann, August 45, 364
Zoagli 282, 361, 371, 374
Zola, Emile 585
Zürich 113, 215, 572
Zweig, Arnold XI, 352ff.

Biographien

Gianni Granzotto
Christoph Kolumbus
(rororo 12378)
«Granzotto ist mit einem Segelschiff die ganze Route seines Helden nachgefahren. ... leidenschaftlich und zugleich mit kritischer Distanz verfaßt.» Aalener Volkszeitung

Hans Dieter Zimmermann
Heinrich von Kleist
(rororo 12906)
«Hans Dieter Zimmermanns einfühlsame wie kenntnisreiche Biographie ist ein Paradestück der Interpretationskunst.» Stuttgarter Zeitung

Rüdiger Safranski
Schopenhauer und Die wilden Jahre der Philosophie
(rororo 12530)
«Über Schopenhauer hat Safranski ein sehr schönes Buch geschrieben, das tatsächlich so etwas wie ‹eine Liebeserklärung an die Philosophie› ist. Wer sie nicht hören will, dem ist nicht (mehr) zu helfen.» Die Zeit

Werner Fuld
Walter Benjamin
(rororo 12675)
«Ein Versuch, der angesichts der Bedeutung Benjamins wohl längst überfällig war.» Die Presse, Wien

Bernard Gavoty
Chopin
(rororo 12706)
«Ich selbst bin immer noch Pole genug, um gegen Chopin den Rest der Musik hinzugeben.» Friedrich Nietzsche

rororo Unterhaltung

Donald A. Prater
Ein klingendes Glas. Das Leben Rainer Maria Rilkes
(rororo 12497)
In diesem Buch wird «ein Mosaik zusammengetragen, das als die genaueste Biographie gelten kann, die heute über Rilke zu schreiben möglich ist». Neue Zürcher Zeitung

Klaus Harpprecht
Georg Forster oder Die Liebe zur Welt
(rororo 12634)
«Ein exakt dokumentiertes und lebendig geschriebenes Buch, das in einem exemplarischen Sinne eine deutsche Biographie genannt zu werden verdient.» Frankfurter Allgemeine Zeitung

«Das Leben eines jeden Menschen ist ein von Gottes-hand geschriebenes Märchen.» Hans Christian Andersen